Springer-Lehrbuch

Paul Engelkamp · Friedrich L. Sell

Einführung in die Volkswirtschaftslehre

Vierte, überarbeitete
und erweiterte Auflage

Mit 179 Abbildungen

 Springer

Professor Dr. Paul Engelkamp
DST – Entwicklungszentrum
für Schiffstechnik und Transportsysteme e.V.
Oststraße 77
47047 Duisburg
engelkamp@dst-org.de
www.dst-org.de

Professor Dr. Friedrich L. Sell
Universität der Bundeswehr München
Fakultät für Wirtschafts- und Organisationswissenschaften
Institut für Volkswirtschaftslehre
Werner-Heisenberg-Weg 39
85577 Neubiberg
friedrich.sell@unibw-muenchen.de

ISSN 0937-7433

ISBN 978-3-540-74215-9   Springer Berlin Heidelberg New York
ISBN 978-3-540-24400-4   3. Auflage Springer Berlin Heidelberg New York

Bibliografische Information der Deutschen Nationalbibliothek
Die Deutsche Nationalbibliothek verzeichnet diese Publikation in der Deutschen Nationalbibliografie;
detaillierte bibliografische Daten sind im Internet über http://dnb.d-nb.de abrufbar.

Springer ist ein Unternehmen von Springer Science+Business Media

springer.de

© Springer-Verlag Berlin Heidelberg 1998, 2003, 2005, 2007

Herstellung: LE-TEX Jelonek, Schmidt & Vöckler GbR, Leipzig
Umschlaggestaltung: WMX Design GmbH, Heidelberg

SPIN 12108398   42/3180YL - 5 4 3 2 1 0   Gedruckt auf säurefreiem Papier

Vorwort zur vierten Auflage

Diese vierte Auflage unseres Einführungsbuches erscheint gut zweieinhalb Jahre nach der dritten Auflage; auch dieses Mal halten sich die Ergänzungen/Änderungen in Grenzen. Wo erforderlich, haben wir die entsprechenden Aktualisierungen vorgenommen. Einige Erweiterungen hat es in dieser Auflage im Kapitel zur Makroökonomik gegeben: So wurde im einleitenden Abschnitt zum „Geld" der Geldschöpfungsmultiplikator aus einem Zahlenbeispiel heraus hergeleitet, in dem Teil zu „Konjunktur und Wachstum" das Modell der „real business cycles" deutlicher ausgearbeitet als bisher, die Knappheitsrente von Ricardo wurde durch die Lage- und die Intensitätsrente im Sinne von Heinrich von Thünen ergänzt. Im Teil „Außenwirtschaft" findet sich nun auch die ISXM-LM-ZB-Analyse in Verbindung mit der AS-AD-Analyse. Damit war es nun möglich, das Konzept des realen Wechselkurses einzuführen, mit dessen Hilfe u. a. auch Wettbewerbsverschiebungen innerhalb einer Währungsunion aufgedeckt werden können.

Im Detail sind allerdings auch andere frühere Abschnitte und Kapitel abgerundet worden: So haben wir etwa in dem Kapitel IV („Theorie der Wirtschaftspolitik") einen Abschnitt IV.7.5 eingefügt, in dem einfache Zwei-Personen-Spiele die Alternativen Konflikt und Kooperation in der Wirtschaftspolitik demonstrieren sollen. In Kapitel V wurde das Phänomen der öffentlichen Güter und der sogenannten Club-Güter ebenfalls spieltheoretisch fundiert.

Ein besonderer Dank für zahlreiche sehr nützliche Tipps und Ratschläge gilt im Falle dieser 4. Auflage Herrn Prof. Dr. Gerold Blümle (Universität Freiburg). Sein Anliegen war es u. a. , uns auf die Wichtigkeit der sunk costs im Falle des natürlichen Monopols und auf die Bedeutung der personellen Einkommensverteilung für die staatliche Verteilungspolitik hinzuweisen. Auch beim Thema der „meritorischen Güter" haben wir von seinen Texten profitiert. Bei den Korrekturen und Aktualisierungen gegenüber der dritten Auflage haben uns weitere zahlreiche Hinweise und Recherchen geholfen. Diese stammen nicht nur von den StudentInnen, die entsprechende Veranstaltungen bei uns gehört haben – hier gebührt etwa Michael Däuschinger, Rico Nickel, Michael Seebauer und Siegfried Strobel ein besonderer Dank –, sondern auch von wissenschaftlichen Mitarbeitern am Institut für Volkswirtschaftslehre an der UniBw München. Silvio Kermer hat Teile des Manuskripts erneut kritisch durchgesehen und eine Reihe von Verbesserungsvorschlägen gemacht. Beate Sauer hat durch Aktualisierungen und Recherchen das Gelingen der vierten Auflage stark unterstützt. Martin Reidelhuber danken wir für die sorgfältige Schlussredaktion. Mitgewirkt haben schließlich bei Ausführungsarbeiten und dem sehr sorgfältigen Anfertigen von Zeichnungen erneut Frau Christine Barth (München) und Frau Gisela Schönwald (Duisburg).

Hinweisen möchten wir zuletzt auf das im März 2007 erschienene Buch: „Aufgaben und Lösungen in der Volkswirtschaftslehre. Arbeitsbuch zu Engelkamp/Sell". Darin werden zu allen Kapiteln dieses Buches Aufgaben mit einer Lösungsskizze und einer Diskussion der Ergebnisse geliefert. Es stellt also eine ideale Ergänzung zur Lektüre dieses Lehrbuchs dar.

Duisburg und München im Juni 2007   Paul Engelkamp
                                                      Friedrich L. Sell

Vorwort zur dritten Auflage

Diese dritte Auflage unseres Einführungsbuches erscheint knapp zweieinhalb Jahre nach der zweiten Auflage; dieses Mal halten sich die Änderungen in Grenzen. Wo erforderlich, haben wir die entsprechenden Aktualisierungen vorgenommen. Wesentliche Erweiterungen gibt es durch diese Auflage nicht. Im Detail sind allerdings frühere Abschnitte und Kapitel abgerundet worden: So haben wir etwa in dem Kapitel zur Mikroökonomie das Modell des Mengenduopols von Cournot durch Bertrands Analyse der Preiskonkurrenz im Oligopol ergänzt. Der mittlerweile unverzichtbare spieltheoretische Begriff des „Nash-Gleichgewichts" wurde eingeführt. Im Kapitel zur Makroökonomie hat es an mehreren Stellen Korrekturen und Präzisierungen gegeben. Die Theorie der Wirtschaftspolitik – erstmals in der zweiten Auflage im Buch enthalten – bedurfte nur weniger Verbesserungen. Das abschließende Kapitel zur Finanzwissenschaft hat am deutlichsten Veränderungen erfahren.

Das hat seine Gründe. Diese liegen nicht nur darin, dass es in der Zwischenzeit zwei Stufen einer Reform der Einkommensteuer gegeben hat. Der Wohlfahrtsstaat ist unter dem Eindruck der Globalisierung noch stärker ins Zentrum des Interesses und der Diskussion, ja scharfer Kritik, gerückt. Um die Frage zu beantworten, „wie viel Staat wir uns noch leisten können", bedarf es u. a. einer tieferen Beschäftigung mit dem Begriff der „öffentlichen Güter" und ihrer Abgrenzung zu den privaten Gütern. Zu diesem Zweck haben wir den bisherigen Text an den passenden Stellen ergänzt. Seit dem Ende des Jahres 2002 – in der zweiten Auflage glaubten wir, wie viele andere auch, noch an die Nachhaltigkeit der Sparanstrengungen – ist die deutsche Finanzpolitik in schweres Fahrwasser geraten. Die Verschuldungspraxis des Bundes und der Länder sowie der Umgang mit der eigenen Defizitquote gegenüber der EU-Kommission und den europäischen Partnerstaaten droht mittlerweile den „Stabilitäts- und Wachstumspakt" auszuhöhlen und zu diskreditieren. Im Rahmen einer Einführung lässt sich diese Problematik nicht umfassend beschreiben. Trotzdem sollen die Leser dieses Buches ein Gefühl für die Größenordnungen, um die es geht, bekommen.

Bei den Korrekturen und Aktualisierungen gegenüber der zweiten Auflage haben wir von zahlreichen Hinweisen und Recherchen profitiert. Diese stammen nicht nur von den StudentInnen, die entsprechende Veranstaltungen bei uns gehört haben – hier gebührt Klaus Geiger ein besonderer Dank –, sondern auch von studentischen und wissenschaftlichen Mitarbeitern. Dank sei an dieser Stelle gesagt an die Münchner StudentInnen Frau Manuela Baumann, Herrn Johannes Krieger und Herrn Markus Mayer. Besonders verpflichtet fühlen wir uns gegenüber dem Münchner wissenschaftlichen Mitarbeiter, Herrn Dipl.-Volkswirt Silvio Kermer. Er hat das Manuskript erneut kritisch durchgesehen, zahlreiche Verbesserungsvorschläge gemacht und auch in formaler Hinsicht den Text bearbeitet. Auch der zweite Münchner wissenschaftliche Mitarbeiter, Herr Diplom-Volkswirt Christian Oberpriller, hat sich bereits durch wertvolle Hinweise in diese dritte Auflage „eingebracht". Unterstützt hat uns schließlich bei Ausführungsarbeiten und dem Anfertigen von Zeichnungen erneut Frau Christine Barth (München).

Duisburg und München im Januar 2005   Paul Engelkamp
                                                       Friedrich L. Sell

Vorwort zur zweiten Auflage

Seit der Erstauflage unseres Einführungsbuches ist in Europa, aber auch in Deutschland viel passiert: die Europäische Währungsunion hat am 1. Januar 1999 mit zunächst elf Ländern begonnen (Griechenland kam am 1. Januar 2001 als 12. Land hinzu), der Euro hat auch als Banknote und Münze die D-Mark als Währung zu Beginn dieses Jahres abgelöst. Die Volkswirtschaftliche Gesamtrechnung (VGR) wurde im Jahr 1999 entsprechend den Europäischen Richtlinien umgestellt. Mit dem Regierungswechsel im Oktober 1998 kam die stark angebotsorientierte Wirtschaftspolitik der christlich-liberalen Regierung (1982–1998) zu einem vorläufigen Ende. Die neue Regierung hat andererseits durch eine Reform der Unternehmensbesteuerung und auch der Einkommensteuer neue Rahmenbedingungen geschaffen. Die Einführung der Öko-Steuer und der strikte Sparkurs des

Finanzministers – vor dem Hintergrund des Europäischen Stabilitäts- und Wachstumspakts von 1997 – sind weitere Eckpfeiler der Rot-Grünen Koalition in den Jahren 1998 bis 2002 gewesen.

Ein Einführungsbuch in die Volkswirtschaftslehre hat nicht die Aufgabe, alle Details dieser Neuerungen für den Leser aufzuschlüsseln. Trotzdem haben wir nahezu alle Preise in Euro umgestellt, die Ermittlung der volkswirtschaftlichen Leistung eines Landes an das Konzept des Bruttoinlandsprodukts angepasst und das Kapitel zur Außenwirtschaft deutlich ausgeweitet, insbesondere in den Ausführungen zur Währungsunion im allgemeinen und zur Europäischen Wirtschafts- und Währungsunion im besonderen. Konzeptionell fehlte dem Buch bisher eine „Theorie der Wirtschaftspolitik", welche die klassischen volkswirtschaftlichen Disziplinen der „Wirtschaftstheorie" und der „Finanzwissenschaft" abrundet und ergänzt. Ein entsprechendes Kapitel findet sich nun auch in diesem Buch. Bei den schon in der Erstauflage unseres Buches enthaltenen Hauptkapiteln zur „Mikroökonomie" und zur „Makroökonomie" hat insbesondere letzteres eine deutliche methodische Präzisierung und Akzentuierung erfahren.

Bei den Korrekturen und Aktualisierungen gegenüber der ersten Auflage haben wir von zahlreichen Hinweisen und Recherchen profitiert. Diese stammen nicht nur von den StudentInnen, die entsprechende Veranstaltungen bei uns gehört haben, sondern auch von studentischen und wissenschaftlichen Hilfskräften und schließlich vor allem von wissenschaftlichen Mitarbeitern. Dank sei an dieser Stelle gesagt an die Münchner Studenten Hans-Jürgen Fehlinger, Jens Hemmerling und Falk Richter. Besonders verpflichtet fühlen wir uns gegenüber den Münchner wissenschaftlichen Mitarbeitern, Herrn Dipl.-Volkswirt Silvio Kermer und Herrn Dipl.-Wirtschaftsingenieur Marcus Mittendorf. Beide haben das Manuskript kritisch durchgesehen, zahlreiche Verbesserungsvorschläge gemacht und auch in formaler Hinsicht den Text bearbeitet. Unterstützt haben uns schließlich auch bei Ausführungsarbeiten und dem Anfertigen einiger Zeichnungen Frau Gisela Schönwald (Duisburg) und Frau Christine Barth (München).

Duisburg und München im Mai 2002   Paul Engelkamp
                                                              Friedrich L. Sell

Vorwort zur ersten Auflage

Das hiermit vorgelegte, einführende Lehrbuch zur Volkswirtschaftslehre ist entstanden aus Vorlesungsmanuskripten zahlreicher Lehrveranstaltungen, vor allem Einführungsvorlesungen und Anfängerübungen, welche die Verfasser an den Universitäten Freiburg i. Breisgau, Kiel, Gießen und Dresden gehalten haben. Wir wissen natürlich, dass es bereits zahlreiche Einführungen zur Volkswirtschaftslehre gibt. Was können, was wollen wir also bewirken? Zum einen möchten wir mit diesem Buch den „Grad der Produktdifferenzierung" bei vergleichbaren Einführungen (weiter) erhöhen. Im Wettbewerb mit den konkurrierenden Produkten wird sich zeigen, inwieweit uns dies gelungen ist. Zum anderen haben wir mit dem Buch ganz spezifische Zielvorstellungen, die sich wie folgt umreißen lassen:

Unsere Einführung wendet sich in erster Linie an Studenten der Volkswirtschaftslehre im Grundstudium, aber auch an Studenten von Fachhochschulen und an Studenten anderer Fakultäten, die Volkswirtschaftslehre im Nebenfach studieren, beziehungsweise in diesem Fach einen Pflichtschein erwerben müssen.

Ziel dieser Einführung ist es, mit den typischen volkswirtschaftlichen Problemstellungen vertraut zu machen und eine Vorstellung von den möglichen Lösungsansätzen zu vermitteln. Dabei steht für uns das „Verstehen" (ganz im Sinne Max Webers) im Vordergrund, nicht die Präsentation endgültiger Lösungen.

Für das „Verstehen" der Zusammenhänge kommt der Theorie besondere Bedeutung zu. Der Schwerpunkt dieser Einführung liegt deshalb auf der mikro- und makroökonomischen Theorie (einschließlich der Außenwirtschaftstheorie), stärker anwendungsorientierte Fragen der Theorie der Wirtschaftspolitik und der Finanzwissenschaft werden jedoch ergänzend angesprochen.

Die Methoden in der Volkswirtschaftslehre beruhen in erheblichem Umfang auf einem „Denken in Modellen". Von daher ist ein gewisser formaler Aufwand zum Verständnis notwendig, zum Teil aber auch sehr hilfreich. Da das Erarbeiten der Inhalte aufgrund der Komplexität des Phänomens „Wirtschaft" ohnehin ein hohes Maß an Konzentration und bisweilen auch Geduld erfordert, haben wir uns als Autoren gezielt um eine in formaler Hinsicht einfache Darstellung bemüht. Wegen der bekannten Schwierigkeiten vieler Studenten im Umgang mit mathematischen Verfahren liegt das Schwergewicht bei der formalen Darstellung in diesem Buch auf der grafischen Methode.

Schließlich zeichnet sich gerade die Nationalökonomie dadurch aus, dass zu den meisten Problemkreisen unterschiedliche Lehrmeinungen vertreten werden. Insbesondere im Hinblick auf die makroökonomischen Grundpositionen, die von zentraler Bedeutung für die Wirtschafts- und dabei insbesondere für die Beschäftigungspolitik sind, haben sich die Autoren um eine Verdeutlichung der gegensätzli-

chen Auffassungen – wie sie sich gegenwärtig auch in der politischen Auseinandersetzung niederschlagen – bemüht.

Eine erste unkorrigierte Fassung des Manuskripts wurde von Frau Dipl. oec. Silke
Gehle und Herrn Dipl.-Volkswirt Uwe Greiner durchgesehen. Dafür danken wir
ihnen. Für zahlreiche wertvolle Hinweise und Anmerkungen zu einer vorläufigen
Fassung des Manuskripts danken die Autoren besonders Herrn Professor Dr. Dr.
h. c. Karl Brandt. Die Reinschrift des Manuskripts sowie die Anfertigung der
Zeichnungen besorgte Frau Mandy Windisch; unterstützt wurde sie dabei von Frau
Annette Karl, Herrn Marcus Mittendorf und Herrn Marco Rautenberg. Auch ihnen
gilt ein herzlicher Dank der Autoren. Unnötig zu sagen, dass alle verbliebenen
Irrtümer zu unseren Lasten gehen.

Dresden und Duisburg im Dezember 1997   Paul Engelkamp
                                                         Friedrich L. Sell

Inhaltsverzeichnis

Abkürzungsverzeichnis

BIP	Bruttoinlandsprodukt
BNE	Bruttonationaleinkommen
BNP	Bruttonationalprodukt
BWS	Bruttowertschöpfung
DIHT	Deutscher Industrie- und Handelstag
DK	Durchschnittskosten
EG	Europäische Gemeinschaft
EGKS	Europäische Gemeinschaft für Kohle und Stahl
ESA	Exportselbstbeschränkungsabkommen
ESVG 95	Europäisches System Volkswirtschaftlicher Gesamtrechnungen
EU	Europäische Union
EWU	Europäische Währungsunion
EWWU	Europäische Wirtschafts- und Währungsunion
EZB	Europäische Zentralbank
GATT	General Agreement on Tariffs and Trade
HDI	Human Development Index
HWK	Handwerkskammer
IHK	Industrie- und Handelskammer
IWF	Internationaler Währungsfonds
MHB	Mengenmäßige Handelsbeschränkung
NGO´s	Non governmental organisations (Nichtregierungsorganisationen)
PKE	Pro-Kopf-Einkommen
PW	Produktionswert
SVR	Sachverständigenrat zur Begutachtung der gesamtwirtschaftlichen Entwicklung

UN	United Nations (Vereinte Nationen)
UNCTAD	United Nations Conference on Trade and Development
VGR	Volkswirtschaftliche Gesamtrechnung
WTO	World Trade Organisation (Welthandelsorganisation)

Symbolverzeichnis

A	Arbeit
A^A	Arbeitsangebot
A^N	Arbeitsnachfrage
AD	aggregierte Nachfrage (aggregated demand)
AS	aggregiertes Angebot (aggregated supply)
A_{St}	Staatsausgaben
A^{VB}	Arbeitseinsatz bei Vollbeschäftigung
C	Konsum
c	marginale Konsumquote
D	Staatsdefizit/Kreditaufnahme des Staates
GE	Grenzerlös/Grenzumsatz
GK	Grenzkosten
GRS	Grenzrate der Substitution
GRT	Grenzrate der Transformation
GRTS	Grenzrate der technischen Substitution
GU	Grenznutzen
h	marginale Investitionsneigung/ Zinsreagibilität der Investitionsnachfrage
I	Investition
i	Realzins
IM	Import
j	marginale Nachfrage nach Spekulationskasse
k	Kassenhaltungskoeffizient
K	(Sach)Kapital
l	Lohnniveau/Nominallohn
L	Geldnachfrage

LBS	Leistungsbilanzsaldo
L_S	Spekulationskassennachfrage
L_T	Transaktionskassennachfrage
M	reales Geldmengenangebot, reale Geldmenge
M^n	nominale Geldmenge
p	Preis eines Gutes
P	Preisniveau
PI	Preisindex
q	Faktorpreis
r	Marktzins
S	Sparen/Ersparnis
s	marginale Sparquote
T	Steuern
t	Steuersatz
T^a	Pauschalsteuer
U	Nutzen
v	Kapitalkoeffizient
V	Umlaufgeschwindigkeit
v_i	Produktionsfaktor i
w	Devisen-/Wechselkurs
X	Export
Y	Realeinkommen, Output
Y^A	Güterangebot
Y^N	Güternachfrage
Y^{VB}	Vollbeschäftigungseinkommen/-output
Z	Zuschüsse, Transfers

I   Grundlagen

I.1   Gegenstand und Methoden der Volkswirtschaftslehre

I.1.1   Entwicklung der Disziplin[1]

Betrachtet man die Entwicklung der Volkswirtschaftslehre, so ist festzustellen, dass wirtschaftliche Fragen lange am Rande anderer Wissensgebiete abgehandelt wurden. Erst mit dem Aufkommen der Industrialisierung und der Zunahme der Arbeitsteilung Ende des 18. Jahrhunderts verstärkt sich das Interesse an wirtschaftlichen Fragen.[2] Bis ins 19. Jahrhundert hinein kommen deshalb die Gelehrten, die sich mit Ökonomie beschäftigen, aus anderen Bereichen. Zum Beispiel hatte Adam Smith (1723–1790) – einer der Hauptvertreter der klassischen Nationalökonomie – einen Lehrstuhl für Moralphilosophie, zu der neben Ethik auch die Ökonomik gehörte. Karl Marx (1818–1883) – der Begründer des wissenschaftlichen Sozialismus – kommt von der Rechtswissenschaft, Philosophie und Geschichte.

Die Wirtschaftswissenschaft ist also eine relativ junge Disziplin, die sich altersmäßig mit den tradierten Wissenschaften wie der Philosophie,[3] der Theologie, der Medizin und der Juristerei nicht messen kann. Die heute übliche Unterscheidung von Volkswirtschaftslehre und Betriebswirtschaftslehre kam noch später auf. Erst mit Beginn des 20. Jahrhunderts setzte sich die Einsicht durch, dass wirtschaftliche Phänomene eine andere Aufarbeitung verlangen, je nachdem, ob sie aus Sicht eines einzelnen Betriebes oder im Hinblick auf die Volkswirtschaft als Ganzes betrachtet werden.

Zur Verdeutlichung der unterschiedlichen Betrachtungsweise beider ökonomischer Teilgebiete sei eine Erhöhung der Mineralöl- bzw. Energiesteuer betrachtet. Aus dem Blickwinkel der Betriebswirtschaftslehre werden zum Beispiel die Auswirkungen auf die Absatzlage, also auf Preise, Absatzmengen und Gewinn der einzelnen Unternehmung, auf die eigene Wettbewerbsposition, die Finanzsituation oder das Investitionsverhalten untersucht.

---

[1]   Ein ausführlicher Überblick über die Entwicklung der Volkswirtschaftslehre und den Systembezug der Nationalökonomie findet sich u. a. bei Hösch/Szigetti (1988), Kap. 1.

[2]   Die Schule der Physiokraten in Frankreich ist allerdings schon relativ weit entwickelt gewesen und wurde bereits vor der Industrialisierung konzipiert. Ein Hauptvertreter dieser Schule war Francois Quesnay (1694–1774).

[3]   An den mittelalterlichen Universitäten wurden die Mathematik und die Naturwissenschaften im Rahmen der Philosophie gelehrt.

Die Volkswirtschaftslehre dagegen interessiert sich für die dadurch ausgelöste Änderung der Nachfrage nach Kraftfahrzeugen und deren Einfluss auf die Beschäftigung in der Automobilindustrie, die Auswirkungen auf die Zulieferindustrien, den Einfluss auf Fahrverhalten und Umwelt, die Veränderung der Staatseinnahmen oder die Auswirkungen auf Export und Import.

Gleichzeitig existieren jedoch enge Verbindungen zwischen beiden Teilbereichen:

- Der Volkswirt muss bei seinen Analysen natürlich auch das Verhalten der einzelnen Wirtschaftssubjekte, also der einzelnen Betriebe und Haushalte, in Rechnung stellen, wenn er beispielsweise die Auswirkungen einer Steueränderung untersucht.

- Umgekehrt muss zum Beispiel ein Unternehmen bei der Festlegung seiner Investitionen sowohl die sektorale als auch die gesamtwirtschaftliche Entwicklung berücksichtigen, denn hiervon hängt entscheidend die Absatzlage ab. Ebenso muss beispielsweise im Hinblick auf die Rentabilität des Investitionsvorhabens die Zinsentwicklung antizipiert werden, die wiederum nur gesamtwirtschaftlich gesehen werden kann.

Betriebs- und Volkswirtschaftslehre weisen somit – trotz im Einzelnen unterschiedlicher Betrachtungsweise – eine Reihe von Berührungspunkten und zum Teil auch Überschneidungen auf, was unter anderem darin zum Ausdruck kommt, dass an den meisten deutschen Hochschulen das Grundstudium in den Fächern Volks- und Betriebswirtschaftslehre übereinstimmt.

I.1.2   Wirtschaftswissenschaften zwischen Natur- und Geisteswissenschaften

Die Wirtschaftswissenschaften als Teil der Sozialwissenschaften werden den Realwissenschaften sowie bei weiterer Untergliederung den Geistes-/Kulturwissenschaften zugeordnet, wie das unser kleines Schaubild verdeutlicht. Dabei untersuchen die Realwissenschaften solche Erscheinungen, die in der (realen) Welt tatsächlich auftreten, also beispielsweise ökonomische Prozesse. Natürlich gibt es auch eine ganze Reihe von Vorgängen, die weniger mit der Ökonomie zu tun haben, sondern durch das Zusammenwirken von Individuen und Gruppen entstehen, z. B. Sprache. Dies ist der Gegenstand der Geistes- und Kulturwissenschaften. Während in den Geistes- und Kulturwissenschaften das Verstehen von Zusammenhängen im Vordergrund steht, gilt das Bestreben der Naturwissenschaften dem Aufdecken eindeutiger Gesetzmäßigkeiten im Bereich der Natur.[4]

Hierzu bedient man sich der so genannten analytischen Methode, das heißt, der Gegenstand der Untersuchung wird, soweit möglich, in seine Bestandteile zerlegt.

---

[4]   In Kapitel IV.2 wird auf die Einteilung der Wissenschaften noch einmal etwas detaillierter eingegangen.

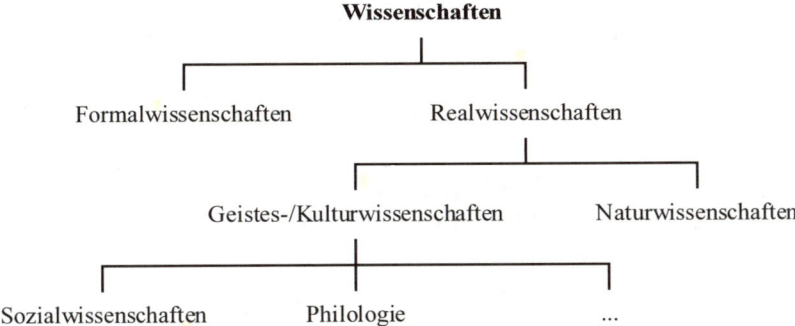

Betrachtet werden in der Folge nun die Beziehungen, die zwischen den einzelnen Elementen existieren. Das Ziel der Analyse besteht darin, Gesetzmäßigkeiten aufzudecken, die zwischen den einzelnen Elementen bestehen (systemtheoretischer Ansatz).

Auch wenn die Wirtschaftswissenschaften – als Teil der Sozialwissenschaften – vom Grundsatz her bei den Geistes- und Kulturwissenschaften angesiedelt werden, so orientiert man sich heute doch überwiegend an den Methoden und Vorgehensweisen der Naturwissenschaften, z. B. Kybernetik, Thermodynamik und Systemtheorie. Das Problem dabei ist jedoch, dass die ökonomische Realität sehr komplex strukturiert ist und damit die ökonomischen Gesetze weder die Determiniertheit noch den universellen Charakter aufweisen, der den Naturgesetzen zukommt.[5]

So unterliegen die ökonomischen Gesetze zunächst in erheblichem Umfang einem spezifischen Raum-Zeit-Bezug, der sie von den universellen, das heißt allgemein gültigen Naturgesetzen unterscheidet. Dieser spezifische Raum-Zeit-Bezug äußert sich beispielsweise im Entwicklungsgrad einer Volkswirtschaft, denn – wie leicht nachzuvollziehen ist – für Entwicklungsländer dürften sicherlich andere Rahmenbedingungen gelten als für entwickelte Volkswirtschaften.

Darüber hinaus handelt es sich bei den ökonomischen Gesetzen lediglich um Aussagen, die nur mit einer gewissen Wahrscheinlichkeit Geltung beanspruchen können und deshalb nicht in dem deterministischen Sinne von Naturgesetzen zu verstehen sind. Betrachten wir hierzu das Standardbeispiel für ein ökonomisches Gesetz, das so genannte Engelsche Gesetz, das besagt, dass mit steigendem Einkommen der Anteil der Nahrungsmittelausgaben an den gesamten Konsumausgaben abnimmt. Damit ist jedoch nicht ausgeschlossen, dass in Ausnahmefällen durchaus Verhaltensweisen vorkommen können, die bei steigendem Einkommen eine relative Zunahme der Nahrungsmittelausgaben nach sich ziehen, was vom

---

[5]   Dabei ist allerdings zu berücksichtigen, dass Determiniertheit in der modernen Physik nicht mehr uneingeschränkt gilt (z. B. in der Chaostheorie) und etwa in der Biologie nie im Sinne strikter Kausalität galt (z. B. in der Evolutionstheorie).

Prinzip her im Widerspruch zu dem Gesetz stehen würde. Derartige Fälle müssen jedoch bei den ökonomischen Gesetzen akzeptiert werden, da diese keinen Anspruch auf eine 100%ige Geltung erheben können.

Die Ursachen für diese Unterschiede gegenüber den Naturgesetzen sind vor allem in zwei Faktoren zu sehen:

1. In der Freiheit des menschlichen Verhaltens, welches keinen naturgesetzlichen Zusammenhängen genügt und auch nicht durch instinktives Verhalten wie im Tierreich gekennzeichnet ist.

2. Im Systembezug der Ökonomie. Dieser Systembezug kommt zunächst darin zum Ausdruck, dass die Ökonomie lediglich ein Subsystem darstellt, welches zusammen mit anderen Subsystemen, etwa dem Rechtssystem, der Technik oder der Umwelt, das gesellschaftliche Gesamtsystem bildet. Eine Änderung in diesen anderen Subsystemen bleibt natürlich nicht ohne Auswirkungen auf den wirtschaftlichen Bereich und die hier herrschenden Gesetze beziehungsweise Gesetzmäßigkeiten. Aber auch dann, wenn man die Verbindung zu anderen Subsystemen außer Acht lässt, gibt es in der Ökonomie in der Regel weder monokausale Zusammenhänge noch lineare Kausalketten. So hängt beispielsweise die Beschäftigung sicher nicht allein von der gesamtwirtschaftlichen Nachfrage ab, geschweige denn, dass man sagen könnte, die Beschäftigung würde proportional mit der Nachfrage ansteigen. Vielmehr sind Wechselwirkungen und Rückkopplungen charakteristisch, die den Naturgesetzen vergleichbare Aussagen nahezu unmöglich machen.

I.1.3   Wirtschaft als (Sub-)System

Betrachten wir diesen Systemaspekt ein wenig näher. Unter einem System versteht man in Anlehnung an Ulrich ganz allgemein eine abgegrenzte Menge von Elementen, die durch Beziehungen oder Relationen miteinander verbunden sind.[6] Von komplexen beziehungsweise äußerst komplexen Systemen spricht man dann, wenn ein System aus vielen verschiedenartigen Elementen besteht, die wiederum durch eine Reihe unterschiedlicher Relationen miteinander verkoppelt sind.[7]

Betrachtet man vor dem Hintergrund dieser Definitionen das System Wirtschaft, so findet man hier eine kaum überschaubare Anzahl von Elementen, die zum Teil erhebliche Unterschiede aufweisen: Zu diesen Elementen zählen vor allem die privaten Haushalte, die staatlichen Haushalte, die Unternehmen des produzierenden Gewerbes, die Banken, Versicherungen usw. So existieren in Deutschland fast 39 Millionen private Haushalte und nahezu drei Millionen steuerpflichtige Unternehmen. Die Relationen betreffen unter anderem die Waren- und Dienstleistungsströme, die Forderungsströme, die Informationsströme etc., welche die Elemente

---

[6]   Vgl. Ulrich (1970), S. 105.
[7]   Vgl. Hösch/Szigetti (1988), S. 24.

miteinander verbinden. Aufgrund dieser Vielfalt von Elementen und Relationen muss das System Wirtschaft deshalb als äußerst komplexes System angesehen werden.

Es wurde bereits erwähnt, dass neben dem System Wirtschaft andere Subsysteme existieren, zum Beispiel Recht, Technik, Umwelt, und es sind natürlich nicht nur die Elemente innerhalb des Subsystems Wirtschaft, sondern auch die einzelnen Subsysteme untereinander, die durch vielfältige Beziehungen miteinander verbunden sind. Man spricht deshalb auch von einer allgemeinen Interdependenz. Diese allgemeine Interdependenz äußert sich zum Beispiel darin, dass Eingriffe in das Subsystem Wirtschaft nicht nur die verschiedenen Elemente des eigenen Systems, also der Wirtschaft, sondern zugleich auch die Elemente der anderen Subsysteme tangieren.

Als Beispiel diene wiederum eine Erhöhung der Mineralölsteuer. Oben wurden bereits die Auswirkungen auf verschiedene Elemente des Subsystems Wirtschaft angesprochen. Gleichzeitig berührt diese Maßnahme zum Beispiel das Subsystem Umwelt oder das Subsystem Technik, etwa in Form einer verstärkten Suche nach Fahrzeugen mit geringerem Benzinverbrauch.

Dies zeigt, dass wirtschaftspolitische Maßnahmen in der Regel auch auf andere Teilsysteme des gesellschaftlichen Systems einwirken und hier positive (erwünschte) und/oder negative (unerwünschte) Nebenwirkungen hervorrufen. Natürlich gibt es auch umgekehrte Auswirkungen, das heißt Änderungen in anderen Teilsystemen haben auch Rückwirkungen auf die Wirtschaft. Man denke hierzu zum Beispiel an den weiten Bereich der Kommunikationstechnik und die hierdurch ausgelösten Veränderungen im Wirtschaftsleben.

Wenn bei den weiteren Betrachtungen primär auf das Subsystem Wirtschaft abgestellt wird, so sollen damit keinesfalls die Interdependenzen zwischen den verschiedenen Subsystemen bestritten werden. Vielmehr geschieht diese Beschränkung aus Gründen der Zweckmäßigkeit, denn nur so ist es möglich, die spezifischen Fragestellungen, Probleme und Lösungsansätze dieses Teilbereichs aufzuzeigen.

I.1.4   Methodenfragen

Sowohl in den Wirtschaftswissenschaften als auch in den Naturwissenschaften ist man darum bemüht, empirische Gesetze beziehungsweise Gesetzmäßigkeiten zu finden.[8] Gesucht werden also Aussagen mit empirischer Geltung, die an der Realität überprüft, das heißt die verifiziert (vorläufig bestätigt) oder falsifiziert

---

[8]   Neben empirischen Gesetzen gibt es noch andere Gesetze, z. B. die Gesetze der Logik in den Formalwissenschaften.

(mit Gegenbeispiel widerlegt) werden können. Diese Suche dient letztlich dem Ziel, die Realität zu erklären und Prognosen für die Zukunft abgeben zu können.[9]

Wenden wir uns der Frage zu, wie diese Gesetze beziehungsweise Theorien entstehen. Den Ausgangspunkt bildet im Normalfall die Beobachtung von Regelmäßigkeiten oder, allgemeiner, von erklärungsbedürftigen Erscheinungen. In der Ökonomie könnte es sich hierbei zum Beispiel um bestimmte Beschäftigungsschwankungen oder Nachfrageänderungen handeln, die es zu erklären gilt. Bezogen auf die erklärungsbedürftigen Erscheinungen spricht man in diesem Zusammenhang deshalb von dem Explanandum, dem zu Erklärenden.

Die Wissenschaft sucht nun nach Erklärungen für diese Beobachtungen. Hierbei handelt es sich zunächst um Vermutungen darüber, welche Ursache hinter dem betreffenden Phänomen stehen könnte. Dieser Ursache-Wirkungs-Zusammenhang wird vorläufig als Hypothese formuliert. Das Explanandum wird auf das Explanans – das Erklärende – zurückgeführt. Beispielsweise könnte der beobachtete Rückgang des Anteils der Nahrungsmittelausgaben an den gesamten Konsumausgaben mit der Einkommensentwicklung in Zusammenhang gebracht werden, wie Engel dies getan hat. Soweit sich eine solche Hypothese bei der Überprüfung an der Realität hinreichend bestätigt hat[10] und sich damit bewährt, kann auch von einem „Gesetz" gesprochen werden.

Nun können die Hypothesen oder Gesetze natürlich nur erklären, warum und wie sich bestimmte Dinge vollziehen, nicht aber, wann und wo sich diese Dinge ereignen. Ein Gesetz besagt also nur, dass dann, wenn eine bestimmte Ursache gegeben ist, hieraus eine bestimmte Wirkung resultiert – es besagt aber nichts darüber, ob die Ursache tatsächlich gegeben ist. Bleiben wir zur Verdeutlichung wieder bei dem bekannten Engelschen Gesetz. Dann besagt dieses Gesetz zunächst nur, dass mit steigendem Einkommen der Anteil der Nahrungsmittelausgaben an den gesamten Konsumausgaben abnimmt. Ob jedoch das Einkommen tatsächlich gestiegen ist, geht aus dem Gesetz nicht hervor. Um also das Gesetz „anwenden" zu können, müssen wir die tatsächlichen Rand- oder Anfangsbedingungen kennen. Das Gesetz bezieht sich auf den allgemeinen Sachverhalt – nämlich hier auf die Auswirkungen eines gestiegenen Einkommens auf die Nahrungsmittelausgaben –, die Randbedingungen charakterisieren die individuellen Gegebenheiten des Einzelfalls – hier also die tatsächliche Steigerung des Einkommens.

---

[9] Hinter dieser Aufgabendefinition für die Realwissenschaften steht eine wissenschaftstheoretische Position, die als kritischer Rationalismus bezeichnet wird und vor allem auf Karl Popper (1902–1994) und Hans Albert (*1921) zurückzuführen ist.

[10] Die Hypothesen sollten so formuliert werden, dass sie prinzipiell einer empirischen Überprüfung zugänglich sind. Man spricht dann auch von der „Falsifikationsfähigkeit" in den Realwissenschaften.

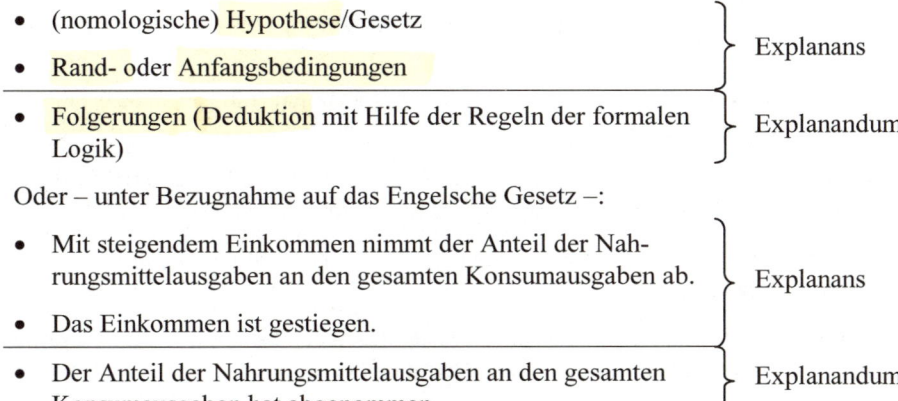

- (nomologische) Hypothese/Gesetz

- Rand- oder Anfangsbedingungen

  } Explanans

- Folgerungen (Deduktion mit Hilfe der Regeln der formalen Logik)

  } Explanandum

Oder – unter Bezugnahme auf das Engelsche Gesetz –:

- Mit steigendem Einkommen nimmt der Anteil der Nahrungsmittelausgaben an den gesamten Konsumausgaben ab.

- Das Einkommen ist gestiegen.

  } Explanans

- Der Anteil der Nahrungsmittelausgaben an den gesamten Konsumausgaben hat abgenommen.

  } Explanandum

Wir hatten eingangs festgestellt, dass die primäre Aufgabe der Realwissenschaften in der Erklärung und Prognose der Realität zu sehen ist. Beide Fälle lassen sich mit diesem formalen Rahmen erfassen. Bei der Erklärung ist das Explanandum gegeben, gesucht werden das Gesetz beziehungsweise die Hypothese sowie die Randbedingungen, die gemeinsam das betreffende Phänomen hervorrufen. Bei der Prognose dagegen haben wir das Gesetz sowie bestimmte Aussagen über die zukünftigen Randbedingungen gegeben, aus denen dann eine bestimmte Folgerung für die Zukunft abgeleitet werden kann.

Zum Teil werden diese Zusammenhänge auch in einer stärker formalisierten Form zum Ausdruck gebracht:

Wenn wir die Anfangs- beziehungsweise Randbedingungen mit „A", die nomologischen Hypothesen mit „H" und das Explanandum mit „E" bezeichnen, dann lässt sich z. B. die Erklärung formelmäßig darstellen als:

$$A_1, \dots A_n; H_1, \dots H_m/E,$$

wobei „/" bedeutet „impliziert logisch".

Betrachten wir zur Verdeutlichung ein weiteres Beispiel. Es sei festgestellt worden, dass der Absatz von Zigaretten im Land L im Zeitraum T_1 gesunken ist. Dafür werde folgende Erklärung gegeben:

H_1: Immer wenn eine Mengensteuer auf das von einem Monopolisten erzeugte Gut erhoben wird, verringert der nach Gewinnmaximierung strebende Monopolist den Absatz dieses Gutes, sofern sich die Präferenzen und Einkommen der Konsumenten und die Preise der Produktionsfaktoren nicht ändern.

A_1: Im Land L werden Zigaretten von einem nach Gewinnmaximierung strebenden Monopolisten hergestellt.

A_2: Die Präferenzen und Einkommen der Konsumenten und die Preise der Produktionsfaktoren haben sich im Zeitraum T_1 nicht geändert.

A_3: Für Monopolisten ist der Preis eine stetig fallende Funktion der abgesetzten Menge.

A_4: Die Kosten des Monopolisten steigen proportional mit der Ausbringung (konstante Grenzkosten).

A_5: Wenn der Staat die Mengensteuer um einen bestimmten Betrag erhöht, dann erhöhen sich die Grenzkosten um den gleichen Betrag.

A_6: Die im Land L erhobene Mengensteuer auf Zigaretten ist am Beginn des Zeitraums T_1 erhöht worden.

Aus H_1, A_1, A_2 bis A_6 folgt logisch – wie unmittelbar einsichtig – die Aussage, dass der Zigarettenabsatz im Land L im Zeitraum T_1 gesunken ist.[11]

Nun sind diese allgemeinen Überlegungen zur Struktur theoretischer Aussagen natürlich an das Vorhandensein von Gesetzen beziehungsweise Gesetzmäßigkeiten gebunden, und hier liegt das zentrale wissenschaftstheoretische Problem der Wirtschaftswissenschaften, denn in der Ökonomie gibt es kaum Gesetzmäßigkeiten mit einer unbeschränkten empirischen Geltung. Die wesentlichen Ursachen hierfür wurden bereits genannt. Es sind dies zum einen das menschliche Verhalten, mit dem wir es allgemein in den Sozialwissenschaften zu tun haben, und zum anderen die Komplexität der Zusammenhänge aufgrund der Vielzahl von Elementen, Wechselwirkungen etc. Außerdem fehlt häufig die Möglichkeit zur Durchführung von Experimenten, wie sie in den Naturwissenschaften gegeben ist. Die experimentelle Spieltheorie hat in den letzten 15 Jahren Wege aufgezeigt, wie Probanden in Wahlsituationen gebracht werden können, bei denen ihnen unterschiedliche (tatsächliche, nicht fiktive) Auszahlungen angeboten werden. Da ein Proband aber diese Experimente nie schlechter gestellt verlässt als er sie betreten hat, fehlt diesen Experimenten bis heute die Erfahrung echter Verluste am Markt bzw. konfiskatorischer Eingriffe des Staates, wie sie in sozialen Marktwirtschaften üblich sind.[12]

Zwar würde man auch in der Ökonomie gern mit empirischen Gesetzen operieren, die Möglichkeiten hierzu sind jedoch sehr beschränkt. Aus diesen Gründen arbeitet man in der Volkswirtschaftslehre in der Regel nicht mit Gesetzen beziehungsweise Theorien im Sinne von empirisch gehaltvollen Aussagen, sondern mit Modellen. Unter einem Modell versteht man zunächst ein vereinfachtes Abbild der Wirklichkeit. Die Realität wird auf eine überschaubare Anzahl von Zusammenhängen zurückgeführt. Dies geschieht vor allem auf zwei Wegen, nämlich einmal durch eine Beschränkung auf die als wesentlich angesehenen Einflussfaktoren und Beziehungen und zum anderen durch eine bewusste Zerschneidung der Interdependenzen. Außerdem werden zum Teil radikale Vereinfachungen vorgenommen, um das Problem handhabbar zu machen, zum Beispiel durch die Beschränkung auf den Zwei-Güter-Fall.

---

[11] Vgl. Fleischmann (1966), S. 5 ff. und Schüz (1995), S. 108 ff.
[12] Vgl. Mummert/Sell (2005), S. 401 ff.

Parallel zu diesen Vereinfachungen gibt es ein zweites Kennzeichen von Modellen. Und zwar werden empirische Zusammenhänge, wie sie in Gesetzen zum Ausdruck kommen, im Modell durch Annahmen ersetzt.

Machen wir uns diese Unterschiede zwischen den empirisch gehaltvollen theoretischen Aussagen und den für die Wirtschaftstheorie typischen Modellbetrachtungen an einem Beispiel klar, und zwar am Nachfrageverhalten der Haushalte. Um zu empirisch gehaltvollen Aussagen zu gelangen, müsste man das tatsächliche Nachfrageverhalten der Haushalte beobachten können, zum Beispiel über Haushaltsbücher, in die alle Einnahmen und Ausgaben des betreffenden Haushalts einzutragen wären. Über eine detaillierte Analyse der einzelnen Nachfrageakte müsste man versuchen, hieraus die zentralen Einflussfaktoren und ihre Wirkungsweise herauszufiltern. Dass es sich hierbei um ein relativ schwieriges Unterfangen handeln dürfte, zumal kaum eine isolierte Variation einzelner Variablen – etwa die systematische Variation eines Preises bei konstanten Preisen aller übrigen Güter – gesteuert herbeigeführt werden kann, bedarf keiner näheren Erläuterungen.

Im Gegensatz dazu wird bei der Modellbetrachtung auf Annahmen abgestellt. Legt man die neoklassische Modellwelt[13] zugrunde, auf die wir im Folgenden noch ausführlich eingehen werden, so wird die nachgefragte Menge eines Gutes (x_i) von folgenden Faktoren als abhängig angesehen:

- vom Preis des betreffenden Gutes (p_i)

- von den Preisen aller übrigen Güter (p_j)

- vom Einkommen (y), über das der Haushalt oder die Haushalte verfügen.

Wir haben damit eine Nachfragefunktion, die sich formal wie folgt darstellt:

$$x_i = f(p_i, p_j, y).$$

Diese Faktoren werden als die wesentlichen Einflussgrößen herausgegriffen, und die Analyse wird darauf beschränkt, den Einfluss dieser Faktoren auf die Nachfragemenge näher zu untersuchen.

Natürlich gibt es darüber hinaus weitere Faktoren, welche die Nachfrage beeinflussen, beispielsweise die spezifische Bedürfnislage des Haushalts – etwa aufgrund der Altersstruktur –, die Werbung, soziologische Komponenten wie etwa Mitläuferverhalten oder Geltungsnutzen bei besonders prestigeträchtigen Gütern und Ähnliches mehr. Der Einfluss dieser Faktoren – und hier wird die Erklärungs-

---

[13] Die neoklassische Denkweise hat ihren Ursprung in der zweiten Hälfte des 19. Jahrhunderts. Sie führt die Markt- und Preistheorie auf klassisches Gedankengut zurück, erklärt dabei aber die Nachfrage auf der Grundlage von Nutzenüberlegungen. Die Neoklassik ist untrennbar mit dem englischen Nationalökonomen Alfred Marshall (1842–1924) und seinem Hauptwerk „Principles of Economics" (1890) verbunden. Auf die Vorstellungen der Klassiker wird im weiteren Verlauf dieser Einführung noch an verschiedenen Stellen näher eingegangen.

kette bewusst unterbrochen – wird jedoch nicht weiterverfolgt, sondern im Rahmen einer gegebenen Bedürfnisstruktur als konstant angenommen. Der Fachbegriff ist hier derjenige der „ceteris paribus-Klausel". Diese Klausel besagt (aus dem Lateinischen übersetzt), dass alle nicht näher betrachteten Einflussfaktoren als konstant angenommen werden. Problematisch ist die ceteris paribus-Bedingung immer dann, wenn die als konstant angenommenen Faktoren nicht näher bestimmt werden, denn dann entzieht sich das Modell möglicherweise gänzlich einer empirischen Überprüfung oder sein Informationsgehalt geht gegen null. Hier sind wir an der Schnittstelle zu anderen Wissenschaftsdisziplinen, deren Aufgabe es ist, eben diese Zusammenhänge näher zu untersuchen. Man kann diese Grenzziehung quasi als Preis dafür ansehen, um bezüglich der als wesentlich herausgestellten Einflussgrößen überhaupt zu brauchbaren – wenngleich notwendig unvollkommenen beziehungsweise begrenzten – Erklärungsmustern zu gelangen.

Allerdings reicht es, um zu Ergebnissen zu kommen, in der Regel nicht aus, nur die wesentlichen Einflussgrößen zu bestimmen. Vielmehr sind zusätzlich weitere Annahmen notwendig, die häufig nur der Vereinfachung dienen, um das Problem lösbar zu machen. Genannt wurde bereits die Beschränkung auf den Zwei-Güter-Fall, ebenso gehören beispielsweise die Annahme vollständiger Information oder die Linearisierung von Zusammenhängen hierzu. Aber auch Annahmen über die von den Haushalten verfolgte Zielsetzung, zum Beispiel Nutzenmaximierung, sind in diesem Kontext zu sehen.

Damit stellt sich die generelle Frage, welchen Erklärungsgehalt man einem Modell zumessen kann, das – im Gegensatz zu einer auf empirischen Gesetzmäßigkeiten beruhenden Theorie – lediglich auf Annahmen basiert. Eine Antwort auf diese Frage hängt vor allem davon ab, ob die wesentlichen Einflussfaktoren richtig identifiziert und darüber hinaus ihr Einfluss auf das Ergebnis richtig eingeschätzt werden.

Woher aber weiß man, was richtig ist? Um dies zu entscheiden, muss eigentlich vorausgesetzt werden können, dass man den Zusammenhang, den man erhellen will, bereits kennt. Denn nur in diesem Fall könnte man entscheiden, was richtig beziehungsweise was wesentlich ist. Da diese Kenntnis jedoch im Normalfall nicht gegeben ist, hat man es in der Volkswirtschaftslehre nicht selten mit mehreren miteinander konkurrierenden Erklärungsansätzen beziehungsweise Modellen zu tun. Gerade bei interessengebundenen Zusammenhängen kann dies beobachtet werden. So gibt es beispielsweise zur Erklärung der Arbeitslosigkeit zwei viel beachtete Ansätze, die unterschiedliche Maßnahmen zu ihrer Bekämpfung verlangen. Der eine Ansatz zielt auf eine Lohnerhöhung zur Stärkung der Kaufkraft, der andere verlangt die Senkung der Kosten und damit auch der Löhne, um die Wettbewerbsfähigkeit zu steigern.

Natürlich sollten Modelle wie auch Gesetze beziehungsweise theoretische Aussagen an der Realität geprüft werden. Dies ist jedoch in der Regel nur begrenzt möglich, da die den jeweiligen Modellen zugrundeliegenden vereinfachenden Annahmen, zum Beispiel „Zwei-Güter-Fall" oder „vollständige Information", in der Realität kaum gegeben sind. Hier besteht deshalb ein erheblicher Spielraum bezüglich der Immunisierung von Modellen, so dass durchaus unterschiedliche Erklärungsansätze nebeneinander existieren können, wie wir gerade am Beispiel der Arbeitslosigkeit gesehen haben.

Abgesehen davon, dass eine Prüfung der Aussagen somit nur im Einzelfall möglich sein dürfte, kommt hinzu, dass in den Wirtschaftswissenschaften kaum Experimente durchgeführt werden können. Dies bedeutet, dass die Zahl der Beobachtungen notwendigerweise gering bleiben muss und eine isolierte Variation einzelner Variablen allenfalls in sehr beschränktem Umfang vorgenommen werden kann. Allerdings hat in den letzten 10-15 Jahren die sogenannte „experimentelle Spieltheorie" damit begonnen, Probanden unter Laborbedingungen (auch interaktiv) zu befragen und dabei unterschiedliche (echte!) Auszahlungen als Anreize anzubieten. Bemerkenswert ist, dass dabei Ergebnisse erzielt werden, die teilweise den „orthodoxen" Annahmen ökonomischer Modelle widersprechen.[14]

Stellt man diese Faktoren und Probleme in Rechnung, so dürfte verständlich geworden sein, dass man an die Modelle und Erklärungen der Ökonomen sicher nicht die gleichen Anforderungen stellen darf wie an die Gesetze und Theorien der Naturwissenschaftler. Gleichwohl trägt die Modellanalyse sehr wohl zum Verständnis wirtschaftlicher Zusammenhänge bei und leistet einen wichtigen Beitrag bei einzel- und gesamtwirtschaftlichen Entscheidungen, indem vor allem verhindert wird, dass nur emotional zu begründende Ad-hoc-Entscheidungen getroffen werden. Außerdem sollte die Leistungsfähigkeit erfahrener, modelltheoretisch ausgebildeter Ökonomen nicht unterschätzt werden. So kann beispielsweise davon ausgegangen werden, dass spezialisierte Mitarbeiter im Finanzministerium oder in Forschungsinstituten die Aufkommensänderung bei einer Steuererhöhung ziemlich genau prognostizieren können.

I.2   Grundtatbestände des Wirtschaftens

I.2.1   Systemunabhängige Tatbestände

Bisher haben wir nur sehr allgemein umrissen, womit sich die ökonomische Theorie beschäftigt. Wir haben von wirtschaftlichem Verhalten beziehungsweise wirtschaftlichen Zusammenhängen oder Phänomenen gesprochen, ohne auf den Begriff des Wirtschaftens beziehungsweise auf die Grundtatbestände des Wirtschaftens einzugehen. Dies ist im Folgenden nachzuholen.

Bevor diese Zusammenhänge im Einzelnen betrachtet werden, soll zunächst ein kurzer Überblick vorangestellt werden. Den Ausgangspunkt der Überlegungen

---

[14] Vgl. Sell (2007).

bildet die Tatsache, dass Menschen in jeder Wirtschaftsgesellschaft eine Fülle von Wünschen haben, die wir in der ökonomischen Theorie „Bedürfnisse" nennen. Dabei wird der Begriff Bedürfnis definiert als ein Gefühl einer Mangelsituation mit dem Wunsch, diese zu beseitigen.

Auf der anderen Seite stehen die Mittel, die zur Befriedigung der Bedürfnisse geeignet sind. Diese Mittel werden „Güter" genannt. Das Problem ist nun, dass die Güter beziehungsweise die Möglichkeiten zur Herstellung von Gütern begrenzt sind. Dies hat zur Folge, dass die Gesamtheit der Bedürfnisse bei weitem größer ist als die vorhandenen Möglichkeiten, diese Bedürfnisse zu befriedigen. Der Normalfall ist damit durch eine Knappheit der Mittel gekennzeichnet. Für den einzelnen Haushalt drückt sich dieses Spannungsverhältnis zwischen seinen Bedürfnissen und den Möglichkeiten ihrer Befriedigung vor allem in der Beschränkung seines Einkommens aus. Aus dieser Knappheit resultiert die Notwendigkeit zum Wirtschaften. Hierunter versteht man in der Ökonomie allgemein den Einsatz knapper Mittel zur Bedürfnisbefriedigung.

Von besonderem Interesse ist eine spezielle Form des Wirtschaftens, nämlich das „rationale Wirtschaften". Rationales Wirtschaften bedeutet die Beachtung des ökonomischen Prinzips, welches sowohl als Maximierungs- als auch als Minimierungsaufgabe formuliert werden kann. In der Maximierungsversion verlangt dieses Prinzip, mit gegebenem Mitteleinsatz einen maximalen Erfolg zu erzielen; als Minimierungsaufgabe beinhaltet es, ein gegebenes Ziel mit minimalem Mitteleinsatz zu erreichen. Ein Beispiel hierfür ist die Bemühung, mit einer gegebenen Kraftstoffmenge eine möglichst weite Fahrstrecke zurückzulegen oder eine gegebene Fahrstrecke mit minimalem Kraftstoffverbrauch zu bewältigen. Es ist aber unmöglich, mit minimalem Einsatz einen maximalen Erfolg zu erzielen, also ohne Kraftstoff eine unendliche Fahrstrecke zurückzulegen.

Wie wir gesehen haben, ist die Knappheit der Mittel im Vergleich zu den Bedürfnissen als die eigentliche Ursache anzusehen, warum gewirtschaftet werden muss. Damit liegt die Frage nahe, wie diese Knappheit – wenn nicht überwunden – so doch zumindest reduziert werden kann. Sieht man davon ab, dass die Bedürfnisse – etwa durch Verzicht auf Werbung oder im Wege der Erziehung – eingeschränkt werden können, so kann die Knappheit nur dadurch vermindert werden, indem die Produktionsmöglichkeiten erhöht werden.[15] Wichtige Wege, um dies zu erreichen, sind einmal die Arbeitsteilung, zum anderen der technische Fortschritt.

Damit haben wir in groben Zügen die Grundtatbestände umrissen, welche die Basis eines jeden Wirtschaftssystems bilden. Diesen systemunabhängigen Tatbeständen gilt zunächst unsere Aufmerksamkeit.

---

[15] Auf die Möglichkeiten einer Erweiterung der Ressourcen durch unrechtmäßige Aneignung, z. B. im Wege kriegerischer Auseinandersetzung, soll hier nicht eingegangen werden.

I.2.1.1   Bedürfnisse

Beginnen wir mit den Bedürfnissen. Ihre Erklärung ist nicht Gegenstand der Wirtschaftswissenschaften, sondern erfolgt in anderen Disziplinen, etwa im Rahmen der Psychologie, Soziologie oder Biologie. Wir haben mit den Bedürfnissen damit ein Beispiel, bei dem die Erklärungskette gezielt unterbrochen wird. Allerdings ist nicht ausgeschlossen, dass bei speziellen Problemstellungen auf die Erkenntnisse anderer Disziplinen zurückgegriffen wird, wenn beispielsweise bezüglich der Werbung danach gefragt wird, auf welche Weise Bedürfnisse beeinflusst werden können.

Nun werden im Rahmen der ökonomischen Theorie die Bedürfnisse zwar nicht weiter hinterfragt, sehr wohl aber interessieren mögliche Kriterien, nach denen man die Bedürfnisse einteilen kann. Betrachten wir hierzu anhand von Abbildung I.1 ein Beispiel, und zwar die Bedürfnisebenen nach Maslow, die in Form der so genannten Maslow-Pyramide dargestellt werden.[16]

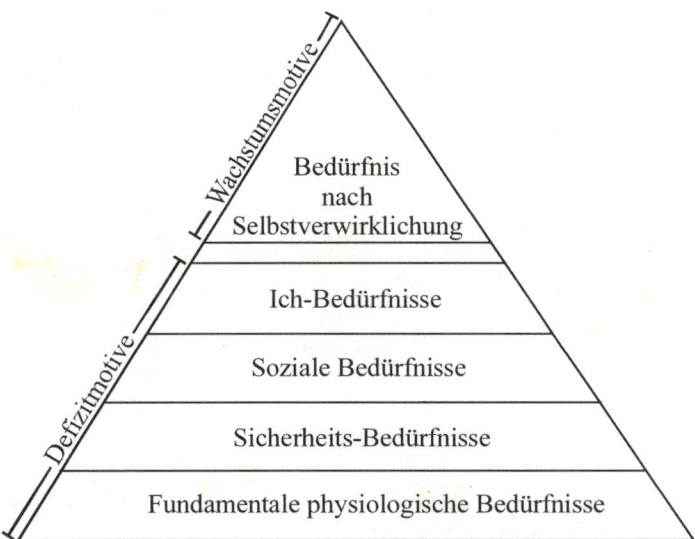

Abbildung I.1

Die Bedürfnisebenen reichen von den Grundbedürfnissen, etwa Hunger oder Durst, bis hin zum Wunsch nach Selbstverwirklichung. Im Einzelnen ergibt sich folgende Hierarchie von Bedürfnissen.

- Fundamentale physiologische Bedürfnisse: z. B. Hunger, Durst;

---

[16]   Vgl. Nieschlag et al. (2002), S. 1039.

- Sicherheits-Bedürfnisse: Wunsch nach Absicherung der Befriedigung der Grundbedürfnisse für die Zukunft, z. B. durch Sparen;

- Soziale Bedürfnisse: Wunsch nach sozialen Kontakten, Leben in der Gemeinschaft, Geselligkeit etc.;

- Ich-Bedürfnisse: Wunsch nach Anerkennung und Bestätigung durch andere;

- Bedürfnis nach Selbstverwirklichung.

Schon in der zweiten Ebene finden wir sogenannte „Sicherheitsbedürfnisse". Diese können sich manifestieren (s. o.) in Gestalt des Wunsches nach Absicherung bei der Befriedigung der Grundbedürfnisse in der Zukunft, z. B. durch Sparen. Natürlich gehören im weiteren auch die Sicherheit am Arbeitsplatz und nota bene die des Arbeitsplatzes selbst, der Wunsch nach einer sicheren, also wertstabilen Währung oder nach sicheren Renten zu den ökonomischen Sicherheitsbedürfnissen. Auf dem weiteren Weg nach „oben" schichtet Maslow die sozialen Bedürfnisse, wie etwa den Wunsch nach sozialen Kontakten, das Leben in der Gemeinschaft etc. noch über die Sicherheitsbedürfnissen, aber unterhalb der „Ich-Bedürfnisse" (etwa dem Wunsch nach Anerkennung und Bestätigung durch andere). Das Bedürfnis nach Selbstverwirklichung wird als Gipfel der Pyramide angesehen. Ihm liegt – anders als den darunter liegenden Bedürfnisebenen – ein „Wachstums-" und kein „Defizitmotiv" zugrunde.

Interessant sind vor allem zwei Aussagen von Maslow. Zum einen bauen die verschiedenen Bedürfnisebenen nach Maslow aufeinander auf. Dies bedeutet, dass erst dann, wenn eine Ebene ausreichend befriedigt ist, die nächst höhere wirklich relevant wird. Zum anderen geht Maslow davon aus, dass mit der Erschließung höherer Bedürfnisebenen das angestrebte Befriedigungsniveau der bisher erreichten Ebenen angehoben wird. Das ist im Hinblick auf die ökonomischen Sicherheitsbedürfnisse in doppelter Weise bemerkenswert. Denn es bedeutet ja, dass Menschen das Ziel, ihre sozialen, ihre Ich-Bedürfnisse und erst recht ihr Bedürfnis nach Selbstverwirklichung zu befriedigen, nicht ernsthaft angehen, solange ihre fundamentalen Bedürfnisse wie Hunger und Durst sowie ihre Sicherheitsbedürfnisse nur unzureichend gestillt sind. Verunsicherte Menschen sind weder gute Gesellschafter noch fähig, um ihre Anerkennung zu ringen oder gar nach Selbstverwirklichung zu streben. Gibt es zu viele davon, dürfte es schwierig werden, einen wie immer kodifizierten Gesellschaftsvertrag zu erhalten.

Es kommt noch ein zweites hinzu: Gelingt es den Menschen, sich alle weiteren Bedürfnisebenen oberhalb der Sicherheitsbedürfnisse zu erschließen, so lässt dies das Anspruchsniveau an gewünschter Sicherheit nicht etwa unberührt, sondern hebt es an. Aussagen über den Anstieg des Anspruchsniveaus sind aber aus dem Ansatz Maslows nicht ableitbar, da keine Budgetbegrenzungen berücksichtigt werden.

Ökonomen dagegen würden in Rechnung stellen, dass der Mittelvorrat für die Bedürfnisbefriedigung des Einzelnen, aber auch derjenige für die Wirtschaft insgesamt, begrenzt ist. Der berühmte ungarische Ökonom János Kornai hat dies so formuliert: Eine Volkswirtschaft, die sich keinen harten, sondern nur „weichen" Budgetrestriktionen unterwirft, ist zum Scheitern verurteilt. Deshalb prophezeite er den sozialistischen Zentralverwaltungswirtschaften, weil sie anhaltend gegen diese Einsicht flagrant verstießen, schon Jahre vor der Wende ihr Waterloo.

Die Berücksichtigung von Budgetbeschränkungen führt nun dazu, dass es immer dort, wo für die Befriedigung von Bedürfnissen knappe Ressourcen eingesetzt werden müssen, es aus der Sicht der Ökonomen sinnvollerweise nicht um ein maximales Niveau der Befriedigung dieser Bedürfnisse gehen kann, sondern nur um ein „optimales" Niveau. Das gilt auch für die Bedürfnisse nach Sicherheit. Für Ökonomen gibt es demzufolge keine „maximale", sondern nur eine „optimale" Sicherheit. Wie kann sie bestimmt werden? Das Kalkül der neoklassischen Marginalanalyse gilt auch hier: Für den letzten Euro, der für Sicherheit ausgegeben wird, darf der Grenznutzen, den er stiftet nicht höher (oder niedriger) als die Grenzkosten sein, die er auslöst, sondern Grenznutzen und Grenzkosten müssen gerade gleich groß sein. Man spricht in diesem Zusammenhang auch von dem „2. Gossenschen Gesetz", benannt nach dem Ökonomen Hermann Heinrich Gossen (1810-1858). Dieser Ansatz ist keineswegs statisch: Eine Gesellschaft, die aus den verschiedensten Gründen ein immer stärkeres Bedürfnis nach Sicherheit empfindet, lässt sich ihre Sicherheit etwas (mehr) kosten.

I.2.1.2   Güter

Bei den bisher betrachteten Gütern wurde implizit vorausgesetzt, dass es sich um wirtschaftliche Güter handelt. Charakteristisch für wirtschaftliche Güter ist die Knappheit, das heißt, im Verhältnis zur Summe der Bedürfnisse sind diese Güter nur in beschränkter Menge vorhanden beziehungsweise produzierbar. Vielleicht könnten einzelne Güter sogar in ausreichender Menge produziert werden, sie würden dann jedoch die Produktion anderer wirtschaftlicher Güter einschränken. Im Gegensatz zu den wirtschaftlichen Gütern sind freie Güter im Verhältnis zu den Bedürfnissen in ausreichender Menge vorhanden. Ihre Produktion ist nicht erforderlich. Dies gilt beispielsweise (noch) für die Luft zum Atmen oder den Sand am Nordseestrand.

Ein anderes Einteilungskriterium der Güter stellt auf die Nähe zum Konsum ab. Hier haben wir zunächst die Konsumgüter, die unmittelbar zur Befriedigung von Bedürfnissen eingesetzt werden. Sofern die Güter dagegen in einem Produktionsprozess eingesetzt werden, um andere Güter herzustellen, spricht man von Produktionsmitteln oder Produktionsfaktoren. In der Volkswirtschaftslehre werden üblicherweise die Produktionsfaktoren Arbeit, Boden und Kapital unterschieden. Häufig wird der Kapitalbegriff dabei auf dauerhafte Produktionsmittel wie Maschinen, Werkzeuge, Gebäude oder Verkehrswege beschränkt. In diesem Fall sind neben den dauerhaften Produktionsmitteln zusätzlich die Rohstoffe und Vorprodukte zu berücksichtigen, die ebenfalls Produktionsgüter darstellen, jedoch bei der Produktion verbraucht werden.

Bei den Produktionsfaktoren kann darüber hinaus zwischen originären und produzierten Produktionsmitteln unterschieden werden. Während Arbeit und Boden als originär gelten,[17] handelt es sich beim Faktor Kapital um produzierte Produktionsmittel. Hier wird über den Umweg der Herstellung eines Produktionsmittels, unter Verzicht auf eine sonst mögliche bessere Versorgung in der Gegenwart, ein höherer Ertrag in der Zukunft ermöglicht. Damit ist das Problem der Realkapitalbildung durch Sparen und Investieren angesprochen, auf das im Rahmen der makroökonomischen Überlegungen zurückzukommen sein wird.

Schließlich sei auf die Unterscheidung zwischen privaten und öffentlichen Gütern hingewiesen. Bei öffentlichen Gütern liegen bestimmte Kriterien vor, auf die wir an späterer Stelle noch näher zu sprechen kommen, die es erforderlich machen, dass diese Güter vom Staat bereitgestellt werden. Typische Beispiele sind die innere und äußere Sicherheit, das Rechtswesen oder die Verwaltung.

I.2.1.3   *Produktionsmöglichkeiten*

Da die Bestände an Produktionsfaktoren begrenzt sind, kann auch nur – dies wurde bereits angedeutet – eine begrenzte Menge an Gütern hergestellt werden. Damit angesprochen sind die Produktionsmöglichkeiten einer Volkswirtschaft, die wir im Folgenden an einer einfachen Modelldarstellung, der so genannten „Transformationskurve", näher betrachten wollen. Obwohl es sich hierbei um ein sehr einfaches Modell handelt, werden wir noch häufiger darauf zurückkommen, um bestimmte Fragestellungen zu verdeutlichen.

Betrachtet wird eine Volkswirtschaft, in der nur zwei Güter hergestellt werden, zum Beispiel Nahrungsmittel und Kleidung. Der Bestand an Produktionsfaktoren – im einfachsten Fall wird nur von einem einzigen Produktionsfaktor ausgegangen – wird als gegeben angenommen, gleiches gilt für die Produktionstechnik beziehungsweise das technische Wissen, das darüber entscheidet, welcher Output mit dem Einsatz bestimmter Faktormengen erzielt werden kann. Wie Abbildung I.2 zeigt, lassen sich die Produktionsmöglichkeiten einer solchen Volkswirtschaft mit Hilfe einer Transformationskurve abbilden.

---

[17]   Man beachte jedoch, dass Ausbildung, Urbarmachung, Landgewinnung usw. durchaus als „Produktionsprozesse" interpretiert werden können.

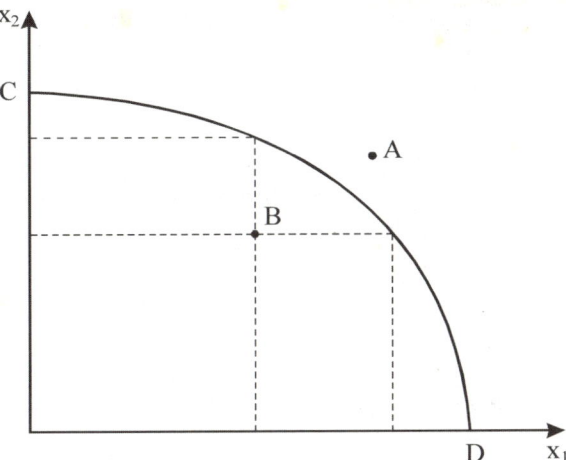

Abbildung I.2

Auf den Achsen sind die Produktionsmengen der Güter x_1 und x_2 abgetragen. Die Achsenschnittpunkte C und D zeigen, welche Mengen maximal erzeugt werden können, wenn man sich ausschließlich auf die Produktion eines der beiden Güter beschränkt. Auf der Kurve selbst liegen alle Kombinationen der beiden Güter, die mit dem gegebenen Bestand an Produktionsmitteln und im Rahmen des gegebenen technischen Wissens maximal erzeugt werden können. Der konkave Verlauf der Transformationskurve ist durch besondere ertragsgesetzliche Zusammenhänge der Produktion zu erklären, die erst an späterer Stelle behandelt werden.

Punkte auf der Transformationskurve bedeuten Vollbeschäftigung, das heißt den restlosen Einsatz des betrachteten Produktionsmittels; bei Kombinationen unterhalb der Transformationskurve, zum Beispiel in Punkt B, wird der Bestand an Produktionsfaktoren nur teilweise genutzt, wir haben eine Situation der Unterbeschäftigung. Das Phänomen der Knappheit, welches für wirtschaftliche Güter charakteristisch ist, kommt darin zum Ausdruck, dass jene Güterkombination, die zur Befriedigung sämtlicher Bedürfnisse ausreichen würde, deutlich oberhalb der Transformationskurve liegt: zum Beispiel Punkt A.

Weiter ist der Abbildung zu entnehmen, dass eine Ausdehnung der Produktion des einen Gutes nur möglich ist bei gleichzeitiger Einschränkung der Produktion des anderen Gutes. Die Menge eines Gutes, auf die man verzichten muss, um eine bestimmte Menge des anderen Gutes herzustellen, wird als „Opportunitätskosten" bezeichnet (zum Beispiel kostet die zusätzliche Erzeugung von 1 kg Nahrung die Aufgabe der Produktion von 0,5 kg Kleidung).

Wenden wir uns nun der Frage zu, wie die Produktionsmöglichkeiten vergrößert werden können, was also eine Verschiebung der Transformationskurve nach außen hin bewirkt. Zunächst kann sich der Bestand an Produktionsfaktoren erhöhen, beispielsweise durch das Wachstum der Bevölkerung (Anstieg der Geburtenrate, Zuwanderungen) oder die Ausweitung des Bestandes an Kapitalgütern, also an produzierten Produktionsmitteln. Letzteres setzt allerdings voraus, dass in der Vergangenheit gespart wurde, das heißt die Konsummöglichkeiten nicht voll ausgeschöpft wurden.

Auch bei technischem Fortschritt verschiebt sich die Transformationskurve nach außen. Technischer Fortschritt wäre in diesem Fall gleichzusetzen mit der Anwendung neuer Verfahren, die bei gleichem Bestand an Produktionsmitteln einen höheren Output zulassen (Verfahrensfortschritt).

Eine dritte, nicht zu unterschätzende Möglichkeit schließlich besteht in der Zunahme der Arbeitsteilung.[18] Arbeitsteilung, wie wir sie heute kennen, ist eine relativ junge Erscheinung. Bis vor einigen Jahrhunderten war die wesentlichste Form des Wirtschaftslebens die Selbstversorgung, auch „Subsistenzwirtschaft" genannt. Erst allmählich entwickelte sich die Tauschwirtschaft. Teile der Produktion wurden für andere Wirtschaftseinheiten hergestellt. Dabei bildeten sich mit zunehmendem Warenaustausch gleichzeitig Märkte heraus, auf denen die verschiedenen Produkte gehandelt wurden. Eine wichtige Voraussetzung hierzu war die Entwicklung des Geldwesens, da durch das Tauschmittel Geld die Tauschvorgänge erheblich vereinfacht wurden. Wir werden hierauf noch an späterer Stelle zurückkommen.

Im Zuge dieses Prozesses, also der Entwicklung der Tauschwirtschaft und Ausbreitung der Märkte, kam es zugleich zu einer immer stärkeren Arbeitsteilung und Berufsspezialisierung, deren Vorteile der bereits erwähnte Adam Smith schon im 18. Jahrhundert am Beispiel der Stecknadelherstellung veranschaulicht hat. Er beschreibt zunächst die Tätigkeiten, die zur Herstellung einer Stecknadel notwendig sind, und fährt dann fort:

> „Um eine Stecknadel anzufertigen, sind somit etwa 18 verschiedene Arbeitsgänge notwendig, die in einigen Fabriken jeweils verschiedene Arbeiter besorgen, während in anderen ein einzelner zwei oder drei davon ausführt. Ich selbst habe eine kleine Manufaktur dieser Art gesehen, in der nur 10 Leute beschäftigt waren, so dass einige von ihnen zwei oder drei Arbeiten übernehmen mussten. Obwohl sie nun sehr arm und nur recht und schlecht mit dem nötigen Werkzeug ausgerüstet waren, konnten sie zusammen am Tage doch etwa 12 Pfund Stecknadeln anfertigen, wenn sie sich einigermaßen anstrengten. Rechnet man nun für ein Pfund über 4000 Stecknadeln mittlerer Größe, so waren 10 Arbeiter imstande, täglich etwa 48 000 Nadeln herzustellen, jeder also ungefähr 4800 Stück. Hätten sie indes alle einzeln und unabhängig voneinander gearbeitet, noch dazu ohne besondere Ausbildung, so hätte der einzelne gewiss nicht einmal 20, vielleicht sogar keine einzige Nadel am Tag zustande gebracht."[19]

---

[18]   Einen guten Überblick über Formen und Probleme der Arbeitsteilung sowie über die systemabhängigen Tatbestände des Wirtschaftens geben u. a. Baßeler et al. (2002), Kap. 1 und Thieme (1999).

[19]   Smith (1978), S. 10.

Smith beschreibt allerdings lediglich eine bestimmte Form der Arbeitsteilung, und zwar die so genannte innerbetriebliche, also die Zerlegung der Produktion in verschiedene Teilverrichtungen innerhalb eines Betriebes. Von mindestens gleicher Bedeutung ist die zwischenbetriebliche Arbeitsteilung, also die Aufgabenteilung zwischen verschiedenen selbständigen Betrieben durch Spezialisierung auf bestimmte Tätigkeiten oder bestimmte Teile der Produktion. Eine spezielle Form der zwischenbetrieblichen Arbeitsteilung, nämlich die internationale Arbeitsteilung, steht gerade in den letzten Jahren wieder im Mittelpunkt des Interesses im Rahmen der Globalisierungsdiskussion. Diese Form der Arbeitsteilung zwischen verschiedenen Volkswirtschaften ist es, von der man sich vor allem Wohlfahrtsgewinne nach Vollendung des europäischen Binnenmarktes verspricht.

Die Vorteile der Arbeitsteilung liegen vor allem in einer Senkung der Kosten, und zwar unter anderem

- durch Spezialisierung auf wenige Tätigkeiten, die mit entsprechender Geschwindigkeit ausgeführt werden können, hierzu zählt auch die Berufsspezialisierung,

- durch den Einsatz von Spezialmaschinen,

- durch eine Konzentration auf jene Produktionsbereiche, in denen relative beziehungsweise „komparative" Vorteile bestehen; in einem weiteren Sinn kann hierunter auch das so genannte „Outsourcing" beziehungsweise „Offshoring" mit Konzentration auf das Kerngeschäft verstanden werden, welches Großunternehmen zunehmend praktizieren.

Gleichzeitig ist die Arbeitsteilung aber auch mit verschiedenen Nachteilen verbunden, die ihrer Ausdehnung Grenzen setzen:

- So wird sich eine zunehmende Eintönigkeit der Arbeit ab einem bestimmten Grad in Effizienzverlusten niederschlagen, z. B. infolge mangelnder Arbeitslust oder einer Zunahme des Krankenstandes.

- Die gleichen Auswirkungen ergeben sich, wenn mit zunehmender Arbeitsteilung der Bezug zur Arbeit verloren geht (Entfremdung nach Karl Marx). Man stellt nicht mehr ein bestimmtes Produkt her, welches gegebenenfalls sogar selbst konsumiert wird, sondern die Tätigkeit ist auf die Verrichtung bestimmter Handgriffe beschränkt.

- Gerade im internationalen Bereich kann die Arbeitsteilung zu politisch unerwünschten Abhängigkeiten der heimischen Wirtschaft vom Ausland führen, etwa in den Bereichen Landwirtschaft oder Energie.

- Aber auch im nationalen Bereich schafft die Arbeitsteilung Abhängigkeiten zwischen den Betrieben, die zu Abstimmungsproblemen führen können. So setzt die Produktion einer bestimmten Zahl von Automobilen voraus, dass in entsprechendem Umfang Reifen, Autositze, Windschutzscheiben etc. zur Verfügung stehen, was keineswegs als selbstverständlich angesehen werden kann.

Jedoch müssen nicht nur die Pläne der einzelnen Produzenten aufeinander abgestimmt werden, sondern es muss zugleich auch sichergestellt sein, dass die erzeugten Güter den Wünschen der Verbraucher entsprechen, so dass wir ein doppeltes Abstimmungsproblem haben:

- Zum einen müssen die Produktionspläne auf die Wünsche der Verbraucher abgestellt sein.

- Zum anderen müssen in einer arbeitsteiligen Wirtschaft die Produktionspläne der verschiedenen Unternehmen untereinander abgestimmt sein.

Damit ist ein Kernproblem jeder Wirtschaftsordnung angesprochen, und zwar die Frage, wie die Pläne der Produzenten und Verbraucher aufeinander abgestimmt werden sollen. In der Lösung dieses so genannten Koordinationsproblems, welches wir als nächstes betrachten wollen, unterscheiden sich die einzelnen Wirtschaftsordnungen, womit wir zugleich den Bereich der systemunabhängigen Tatbestände verlassen.

I.2.2   Systemabhängige Tatbestände

Die wohl wichtigsten Elemente, die ein Wirtschaftssystem im Sinne eines gedanklichen Ordnungsmodells auszeichnen, betreffen

- den Koordinationsmechanismus sowie

- die Eigentumsordnung bezüglich der Produktionsmittel.

I.2.2.1   *Koordinationsmechanismus*

Wenden wir uns zunächst dem Koordinationsmechanismus zu. Aufgrund der Knappheit der Güter müssen in jedem Wirtschaftssystem mindestens die folgenden drei Probleme gelöst werden:

- Was soll produziert werden, das heißt, welche Güterarten und -mengen sollen hergestellt werden?

- Wie soll produziert werden, das heißt, welche Verfahren, Produktionsfaktoren und -mengen sollen eingesetzt werden?

- Für wen soll produziert werden, das heißt, wer erhält was und in welcher Menge?

Wie diese Fragen zu beantworten sind, das heißt, wie diese Entscheidungen zustande kommen, hängt von dem gewählten Koordinationsmechanismus ab. Die grundlegenden Koordinationsformen sind die dezentrale Planung und die zentrale Planung.

Bei der dezentralen Planung entscheiden letztlich die einzelnen Wirtschaftssubjekte, also die einzelnen Unternehmungen und Haushalte, was, wie und für wen produziert wird. Die Koordination der individuellen Einzelpläne erfolgt dezentral über den Markt, wobei den Marktpreisen eine Steuerungsfunktion zukommt. Die Koordination über den Markt führt zu einer Marktwirtschaft.

Bei zentraler Planung haben wir eine zentrale Entscheidungsinstanz, die vom Staat kontrolliert wird. Die Koordination der Einzelpläne erfolgt per Anweisung. Die Steuerung erfolgt nicht über den Preis, sondern durch Vorgabe von Mengen. Wir haben es mit einer „Zentralverwaltungswirtschaft" oder auch „Planwirtschaft" zu tun.

I.2.3 Eigentumsordnung der Produktionsmittel

Bezüglich der Eigentumsordnung der Produktionsmittel muss zwischen zwei Grundvarianten unterschieden werden. Befinden sich die Produktionsmittel in Privateigentum, so spricht man von einem kapitalistischen Wirtschaftssystem. Sind die Produktionsmittel in Gemeineigentum, wird das Wirtschaftssystem als sozialistisch bezeichnet.

Kombiniert man die beiden vorgenannten Elemente, also den Koordinationsmechanismus und die Eigentumsordnung, so ergeben sich folgende Ordnungsmodelle.

Koordinationsprinzip	Eigentumsordnung	
	Privateigentum an Produktionsmitteln	Gemeineigentum an Produktionsmitteln
Dezentrale Planung	Kapitalistische Marktwirtschaft	Sozialistische Marktwirtschaft
Zentrale Planung	Kapitalistische Zentralverwaltungswirtschaft	Sozialistische Zentralverwaltungswirtschaft

Die Pole der Modelle bilden die kapitalistische Marktwirtschaft auf der einen und die sozialistische Zentralverwaltungswirtschaft auf der anderen Seite. Dem Modell der sozialistischen Marktwirtschaft, welche in Ansätzen im ehemaligen Jugoslawien verwirklicht war, sowie der kapitalistischen Zentralverwaltungswirtschaft, die ansatzweise in der Kriegswirtschaft während des zweiten Weltkrieges realisiert war, kommt nur untergeordnete Bedeutung zu. Jedoch handelt es sich auch bei der kapitalistischen Marktwirtschaft sowie der sozialistischen Planwirtschaft nur um Modelle, die in Reinkultur nirgendwo verwirklicht sind. Die tatsächlichen Wirtschaftsordnungen bilden stets Mischformen, die jedoch in ihrer Grundausrichtung an dem einen oder anderen Modell orientiert sind. So ist Deutschland beispielsweise eindeutig an einer kapitalistischen Marktwirtschaft ausgerichtet. Dennoch halte man sich vor Augen, dass die öffentlichen Haushalte von Bund, Ländern und

Gemeinden sowie der Sozialversicherungsträger rund 50 Prozent des Inlandsprodukts ausmachen.

Andere Elemente von Wirtschaftssystemen, auf die im Rahmen dieser Einführung erst später im Kapitel „Theorie der Wirtschaftspolitik" eingegangen werden soll, sind beispielsweise die Institutionen, die Träger der Wirtschaftspolitik oder bestimmte Elemente der Wirtschaftsverfassung. So hängt etwa vom System der Institutionen die konkrete Ausgestaltung einer Wirtschaftsordnung ab, so dass unterschiedliche Rechtssysteme – bei grundsätzlicher Übereinstimmung in der Ordnungszuordnung – noch erheblichen Gestaltungsspielraum lassen (Ordnungspolitik).

I.2.4   Vergleich von Wirtschaftsordnungen

Nach diesen grundlegenden Überlegungen zur Charakterisierung und Entwicklung von Wirtschaftssystemen wollen wir uns im Folgenden einem ersten knappen Vergleich von marktwirtschaftlich und planwirtschaftlich orientierten Systemen zuwenden. Bis in die jüngste Vergangenheit hinein haben sich die Wirtschaftswissenschaftler relativ intensiv mit einem solchen Vergleich von Wirtschaftsordnungen beziehungsweise -systemen beschäftigt. Zum Teil wurde sogar die Frage einer Konvergenz der Wirtschaftsordnungen, also des Aufeinanderzubewegens der verschiedenen Systeme diskutiert. Dabei standen den so genannten Konvergenztheoretikern jene Wissenschaftler gegenüber, welche die Unvereinbarkeitsthese vertraten. Nach dieser Auffassung führt jedes systemfremde Element zu einer Schwächung des Gesamtsystems, so dass die größte Effizienz in den reinen Modellformen zu finden ist.

Mit dem Zusammenbruch der sozialistischen Planwirtschaften Ende der 1980er Jahre dürfte der Wettstreit der Wirtschaftsordnungen zugunsten der marktwirtschaftlich orientierten Formen entschieden sein, womit zugleich der Vergleich von Wirtschaftsordnungen in den Hintergrund tritt und die Konvergenzdiskussionen wohl beendet sein dürften. Dennoch erscheint es angebracht, bevor im Weiteren ausschließlich auf marktwirtschaftlich orientierte Systeme abgestellt wird, im Rahmen dieser Einführung auf einige zentrale Aspekte beim Vergleich der beiden Koordinationssysteme hinzuweisen.

Ein erster Aspekt, auf den es sich in diesem Zusammenhang die Aufmerksamkeit zu lenken lohnt, ist gesellschaftspolitischer Natur. So wird allein einem marktwirtschaftlichen System die Eigenschaft zugeschrieben, der Freiheit des Individuums Rechnung zu tragen und damit dem demokratischen Grundverständnis zu entsprechen, während diese Eigenschaft planwirtschaftlichen Systemen aufgrund der dominanten Rolle des Staates abgesprochen wird.

Aus ökonomischer Sicht wichtiger sind jedoch zwei andere Aspekte, und zwar die Verteilungsgerechtigkeit und die Effizienz. Bei der Verteilungsgerechtigkeit geht es um die Frage, wer wie viel von den produzierten Gütern erhält, wie also der Kuchen – sprich das Inlandsprodukt – verteilt wird? Hier werden der Marktwirtschaft teilweise Defizite zugeschrieben. Denn die Verteilung, die sich aus dem Marktprozess ergibt, ist natürlich nicht an sozialen Kriterien orientiert, so dass es Zufall wäre, wenn die primäre Marktverteilung den möglicherweise in der Gesellschaft vorhandenen Gerechtigkeitsvorstellungen entsprechen würde.

Gelegentlich wird gesagt, der Markt sei „sozial blind". So dürfte beispielsweise eine alleinerziehende Mutter mit Kleinkindern über den Markt häufig ein geringeres Einkommen erzielen als eine gleichaltrige alleinstehende Person. Hier kann der Staat mit Hilfe von Transfers (Erziehungsgeld, Kindergeld etc.) versuchen, einen „Ausgleich" herzustellen. Aufgrund der prinzipiell nicht an Gerechtigkeitsvorstellungen ausgerichteten Verteilung des Marktes wird von manchen Autoren einer Zentralverwaltungswirtschaft vom Grundsatz her eine größere Verteilungsgerechtigkeit zugeschrieben. Dies ist aber nur vordergründig so; es sei hier lediglich darauf hingewiesen, dass der Staat in einer Zentralverwaltungswirtschaft zwar die Verteilung direkt steuern kann, dass dies jedoch nicht im Interesse der Gesamtheit der Bevölkerung erfolgen muss. So wird die planende Instanz zunächst den Staatsanteil festlegen, bevor über die Verteilung des verbleibenden Restes für private Konsum- und Investitionszwecke entschieden wird. Dass dabei der private beziehungsweise konsumtive Bereich nicht die höchste Priorität genießt, liegt auf der Hand. Als Beispiel hierfür sei auf die hohen Aufwendungen für Rüstung und Weltraumprogramme bei gleichzeitigen Versorgungsengpässen der Bevölkerung in der ehemaligen Sowjetunion verwiesen.

Kommen wir damit zu einem dritten Aspekt, nämlich der Effizienz. Hier dürfte heute unumstritten sein, dass die marktwirtschaftlichen Ordnungen unter Effizienzaspekten erhebliche Vorteile aufweisen. Zurückgeführt werden diese Vorteile einmal darauf, dass es im Wesentlichen die Konsumenten sind, die mit ihren Marktentscheidungen dafür sorgen, dass diejenigen Güter produziert werden, die sie auch haben wollen. Denn es liegt grundsätzlich im Eigeninteresse der Unternehmen, ihre Produktion an den Wünschen der Konsumenten zu orientieren, um Gewinn zu erzielen und im Wettbewerb zu bestehen. Darüber hinaus – und das ist der zweite Grund, der für die Überlegenheit des Marktsystems ins Feld geführt wird – zwingt der Wettbewerb die Produzenten dazu, nach möglichst kostengünstigen Produktionsverfahren zu suchen, das heißt die knappen Ressourcen effizient einzusetzen und den technischen Fortschritt zu nutzen. Diese Aspekte werden insbesondere von den klassischen Nationalökonomen herausgestellt, auf die gleich näher einzugehen ist.

Damit in einem engen Zusammenhang steht der sicherlich größte Vorteil, über den die Marktwirtschaft im Vergleich zu einer Zentralverwaltungswirtschaft verfügt. Und zwar betrifft dieser Vorteil den Aspekt der Informationsbewältigung, um die Produktion in die gewünschte Richtung zu lenken. In einer Marktwirtschaft werden die relevanten Informationen weitergeleitet über die Marktentscheidungen der einzelnen Wirtschaftssubjekte und die daraus resultierenden Marktsignale – dies sind vor allem die Preise. Der mittlerweile verstorbene Nobelpreisträger für Nationalökonomie, Friedrich August von Hayek (1899–1992), pflegte diesen Zusammenhang so zu beschreiben: „In einem Marktsystem sagen uns die heutigen Preise nicht, was in der Vergangenheit für Aufwendungen getätigt worden sind, sondern was wir heute tun sollen! Auf diese Weise wird sichergestellt, dass sich die Produktion an den Wünschen der Verbraucher orientiert. Erhöht sich beispielsweise die Nachfrage nach einem bestimmten Gut, so steigt auch der Preis, was wiederum dafür sorgt, dass dieses Gut in größerer Menge bereitgestellt wird."

In einer Zentralverwaltungswirtschaft dagegen besteht zunächst das Problem, dass die planende Instanz die individuellen Ziele der einzelnen Wirtschaftseinheiten gar nicht in ihrer Gesamtheit kennt und damit die Güterproduktion – selbst wenn sie es wollte – auch nicht nach den Bedürfnissen der Bevölkerung lenken kann. Aber auch bei Kenntnis der individuellen Ziele bestünde das Problem der Umsetzung. Nicht nur die zentrale Planung der gesamten Volkswirtschaft stellt ungeheure Anforderungen an die Informationsbewältigung; vor allem bei Abweichungen und Störungen des Plans ist das System zu schwerfällig, um flexibel reagieren zu können.

Betrachten wir hierzu als Beispiel den Plattenbau in der ehemaligen DDR. Sofern die Betriebe ganz normal ihre Mengenvorgaben und damit den Plan erfüllen, ergeben sich keine Probleme, wenn man voraussetzt, dass bei der Planung keine Fehler gemacht worden sind. Was aber geschieht, wenn die Sollvorgaben überschritten werden, also eine Übererfüllung des Plans vorliegt? Jetzt besteht die Gefahr, dass nur bestimmte Elemente produziert werden („Tonnenideologie"), weil damit zum Beispiel Umrüstzeiten vermieden werden. Um dies zu verhindern, müssten geeignete Vorgaben gemacht werden, die dem tatsächlichen Bedarf entsprechen. Darüber hinaus muss die Frage gestellt werden, welchen Nutzen die Übererfüllung des Plans mit sich bringt, wenn nicht gleichzeitig auch mehr Fenster, mehr Türen usw. hergestellt werden.

Es zeigt sich, dass damit in einer Zentralverwaltungswirtschaft nicht nur bei der Aufstellung, sondern vor allem bei Abweichungen vom Plan erhebliche Informationsanforderungen zu bewältigen sind.

Nun ist das Problem der Überproduktion noch relativ einfach zu handhaben. Ähnliche Probleme bestehen jedoch auch, wenn die Planziele nicht erreicht und beispielsweise bestimmte Elemente selbst zum Engpass werden. Hier fehlen die Signale, die etwa über ansteigende Preise rechtzeitig die richtigen Anpassungen auslösen, um dem sich abzeichnenden Engpass entgegenzuwirken.

Man kann deshalb zusammenfassend davon ausgehen, dass der Kuchen, der in einer Marktwirtschaft zur Verteilung ansteht, insgesamt größer ist und besser dem Geschmack der Konsumenten entspricht als in einer Zentralverwaltungswirtschaft, gleichzeitig aber die Verteilung des Kuchens durchaus mit sozialen Spannungen verbunden sein kann. Allerdings hat wieder v. Hayek auf die Gefahr eines Missverständnisses hingewiesen: Interessenvertreter in der „sozialen Marktwirtschaft", wie etwa die Gewerkschaften, sprechen gerade vor Tarifverhandlungen gerne davon, dass man erst abwarten müsse, wie groß der volkswirtschaftliche Kuchen werde, um dann über seine Verteilung zu verhandeln. Eine solche Aussage übersieht, dass die erwartete Verteilung des Sozialprodukts entscheidenden Einfluss darauf hat, wie groß der Kuchen überhaupt wird. Unternehmer werden sich nämlich in der Produktion plausiblerweise weniger (mehr) anstrengen, wenn sie damit rechnen müssen (dürfen), dass ihnen nach Tarifabschluss (und nach Steuern) niedrige (hohe) Profite verbleiben.

Auf unser erstes Modell, die Transformationskurvendarstellung, übertragen bedeutet dies für eine Marktwirtschaft, dass anzunehmen ist, dass ein Punkt auf beziehungsweise in der Nähe der Transformationskurve realisiert wird und dass darüber hinaus aufgrund des Wettbewerbs immanente Kräfte zur Verschiebung der Transformationskurve nach außen wirksam sein dürften. In einer Zentralverwaltungswirtschaft dagegen dürfte stets das Problem bestehen, die Produktion aus einer Position unterhalb der Kurve – also aus einer ineffizienten Position – herauszuführen und die Volkswirtschaft in Richtung Transformationskurve zu bewegen. Ursache für die Effizienzmängel sind u. a. die verborgene Arbeitslosigkeit in den volkseigenen Betrieben. Neben diesem Effizienzproblem hat eine Zentralverwaltungswirtschaft darüber hinaus mit Fortschrittsproblemen zu kämpfen, da ein Wettbewerbsmechanismus fehlt, der auf eine Erweiterung der Produktionsmöglichkeiten hinwirkt.

I.3   Gleichgewichtstendenzen und Stabilität des Marktsystems

Nach diesem knappen Vergleich von Wirtschaftssystemen wollen wir uns im Folgenden auf marktwirtschaftliche Ordnungen beschränken. Wie bereits angedeutet, gibt es unter den Verfechtern und Anhängern einer marktwirtschaftlichen Ordnung dem Grundsatz nach zwei Richtungen. Die eine Richtung baut letztlich auf den Grundgedanken der klassischen Nationalökonomie auf, die andere Richtung folgt dem englischen Nationalökonomen John Maynard Keynes (1883–1946).

Der Kernpunkt, um den es bei der Auseinandersetzung zwischen diesen beiden Richtungen geht beziehungsweise worin sich diese beiden Richtungen unterscheiden, betrifft folgende Frage: Was passiert, wenn eine Wirtschaft sich selbst überlassen bleibt, das heißt, wenn wir es mit einer freien Marktwirtschaft zu tun haben. Tendiert eine freie Marktwirtschaft letztlich zu einem gesamtwirtschaftlichen Gleichgewicht mit stabilen Eigenschaften – dies wäre die klassische Position –, oder ist damit zu rechnen, dass eine solche Wirtschaft der Tendenz nach instabil, das heißt anfällig für Störungen ist, was sich vor allem in mangelnder Beschäftigung am Arbeitsmarkt niederschlägt – dies wäre die Keynessche Position.

Dass sich – je nachdem, welche Position man hier vertritt – als Konsequenz zugleich auch eine andere Haltung gegenüber den Aufgaben des Staates beziehungsweise der Wirtschaftspolitik ergibt, braucht nicht näher erläutert zu werden.

De facto gibt es natürlich viele Richtungen und Verästelungen, die jedoch stärker an der einen oder der anderen Grundposition orientiert sind. Dies gilt analog für die vorgeschlagenen Rezepte zur Bekämpfung der Arbeitslosigkeit. Von daher kommt der Kenntnis der unterschiedlichen Grundpositionen eine zentrale Rolle für das Verständnis zu, weshalb bereits an dieser Stelle ein erster Überblick gegeben werden soll, der später noch vertieft wird.[20]

I.3.1   Klassische Auffassung

Beginnen wir mit der Auffassung der Klassiker, die vor allem um den Nachweis bemüht waren, dass der Marktmechanismus die Pläne sämtlicher Wirtschaftseinheiten koordiniert und dass diese Koordination in einer freien Wirtschaft ohne staatliche Eingriffe zu einer bestmöglichen Güterversorgung führt.

Die Grundlage der klassischen Auffassung bildet zunächst das Gesetz von Angebot und Nachfrage, auch Gesetz vom Wettbewerb genannt. Dabei gibt es zwei zentrale Mechanismen, die für die Steuerung der Wirtschaft verantwortlich sind:

- den Wettbewerbsmechanismus für den einzelnen Markt und

- den Ausgleichsmechanismus zwischen den Branchen.

Betrachten wir hierzu anhand der Abbildung I.3 den Markt für ein bestimmtes Gut, beispielsweise für Farbfernseher. Hier geht es zunächst nur um einige Grundüberlegungen, an späterer Stelle werden wir noch ausführlicher auf dieses Marktmodell zurückkommen.

Auf den Achsen sind der Preis p und die Menge x des Gutes abgetragen. Man kann davon ausgehen, dass die nachgefragte Menge x nach diesem Gut (z. B. Farbfernseher) um so größer ist, je niedriger der Marktpreis p ist. Wir haben es also mit einer fallenden Nachfragekurve (NE) zu tun. Umgekehrt werden die Produzenten um so mehr Farbfernseher am Markt anbieten, je höher der hierfür erzielbare Marktpreis ist. Die Angebotskurve (AT) steigt deshalb positiv an. Zum Preis p^*, bei dem sich die beiden Kurven schneiden, stimmen die angebotene und die nachgefragte Menge überein. Der Markt für Farbfernseher befindet sich im Gleichgewicht.

---

[20] In besonders einfacher und verständlicher Form werden diese Grundpositionen dargestellt bei Koesters (1995), wobei insbesondere auf die Kapitel über A. Smith und J. M. Keynes verwiesen sei.

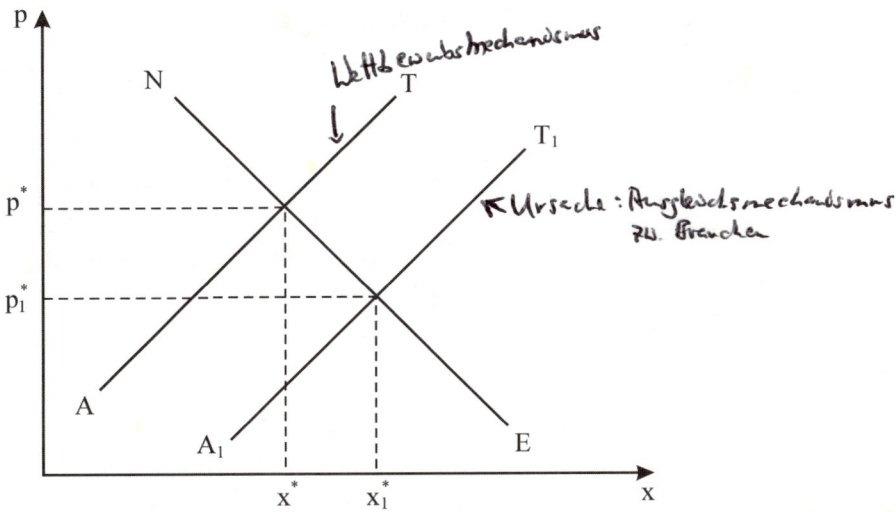

Abbildung I.3

Bei Preisen unter p^* ist die Nachfrage größer als das Angebot. Die Konkurrenz zwischen den Nachfragern führt zu Preissteigerungen. Umgekehrt ist bei Preisen über p^* das Angebot größer als die Nachfrage. Einige Hersteller können ihre Waren nicht absetzen. Die Konkurrenz auf der Angebotsseite führt zu Preissenkungen.

Neben diesem Wettbewerbsmechanismus auf den einzelnen Märkten – hier dem Markt für Farbfernseher – gibt es noch einen zweiten wichtigen Ausgleichsmechanismus, der sich zwischen den Branchen abspielt. Und zwar wird dieser Mechanismus herbeigeführt über das Gewinnniveau, das auf den verschiedenen Märkten erreicht wird. Liegt beispielsweise die zum Preis p^* realisierte Profitrate über dem Durchschnitt der Volkswirtschaft, so werden einige Anbieter aus anderen Branchen veranlasst, in diesen Markt einzutreten. Hierdurch vergrößert sich das Angebot – Verschiebung der Angebotskurve von AT nach A_1T_1 – mit der Folge, dass auf diesem Markt bei steigender Menge (x_1^*) der Gleichgewichtspreis (p_1^*) sinkt. Da sich das Gewinnniveau dem Prinzip nach gleichläufig zum Preis entwickelt, geht die Profitrate (das Verhältnis des erzielten Gewinns zum eingesetzten Kapital) zurück. Auf diese Weise kommt es zu Wanderungsbewegungen zwischen den Branchen, also zu einem Zustrom beziehungsweise zu einer Abwanderung von Anbietern, die auf einen Ausgleich der Profitraten hinwirken. Voraussetzung hierfür ist ein freier Marktzutritt zu allen Märkten, der verhindert, dass auf einem Markt über längere Zeit überhöhte Gewinnpositionen Bestand haben können.

Damit haben wir die beiden Kernmechanismen kennen gelernt – nämlich einmal den Wettbewerbsmechanismus für den einzelnen Markt und zum anderen den Ausgleichsmechanismus zwischen den Branchen über die Profitrate –, auf denen nach klassischer Vorstellung die Steuerung der Wirtschaft beruht. Adam Smith, einer der Begründer der klassischen Nationalökonomie, hat diese beiden Mechanismen als erster herausgearbeitet und sie als die „ökonomischen Gesetze des Wettbewerbs" bezeichnet.

Für Smith hatten diese ökonomischen Gesetze den gleichen Rang wie Naturgesetze. Seiner Ansicht nach sind es diese beiden Gesetze, die dafür sorgen, dass es – quasi wie von einer unsichtbaren Hand gelenkt – zu einer natürlichen Ordnung, man kann auch sagen, zu einem Gleichgewicht der Wirtschaft kommt. Auch nach Störungen sind es diese Gesetze beziehungsweise die unsichtbare Hand des Marktes, die garantieren, dass die Wirtschaft nicht im Chaos versinkt, sondern wiederum einem Gleichgewichtszustand zustrebt. Zugleich führt diese Selbstregulierung über den Markt zu einer bestmöglichen Versorgung der Volkswirtschaft, weshalb Smith eine freie Wirtschaft ohne staatliche Eingriffe forderte.

Von besonderem Interesse ist dabei, dass diese harmonische Ordnung nicht auf einer gezielten beziehungsweise bewussten Planung der Ergebnisse beruht, sondern nach Smith dadurch erreicht wird, dass jeder einzelne sein Eigeninteresse verfolgt. Denn – so Smith – nicht vom Wohlwollen des Bäckers hängt es ab, ob wir etwas zu essen haben, sondern von seiner Eigenliebe. Um einen möglichst großen Gewinn zu erzielen und im Wettbewerb zu bestehen, ist der Bäcker nämlich gezwungen, das anzubieten, was die Kunden haben wollen, und das nach Möglichkeit besser, als es die Konkurrenten tun. Indem der Bäcker also seinem Eigeninteresse folgt, trägt er so zugleich zu einer bestmöglichen Versorgung der Konsumenten bei.

Die von Adam Smith herausgestellte Selbstregulierung des Marktes bei optimaler Versorgung der Konsumenten ist sicherlich das Hauptargument gegen staatliche Eingriffe in das Wirtschaftsgeschehen. Da sich nach klassischer Ansicht das System der freien Wirtschaft nach einer Störung selbst heilt und wieder zurück zu einem Gleichgewicht tendiert, konnten die Klassiker natürlich darauf verzichten, sich mit Maßnahmen und Rezepten zur Überwindung aktueller Krisensituationen auseinander zu setzen.[21] Im Vordergrund ihres Interesses stand vielmehr die Funktionsweise des Systems selbst.

Dies gilt auch für andere wichtige Vertreter der klassischen Nationalökonomie, die sich nach Smith mit Fragen der Selbststeuerung und Stabilität von marktwirtschaftlichen Systemen auseinandergesetzt haben. Zu nennen sind vor allem Jean Baptiste Say (1767–1832) und David Ricardo (1772–1823), die unabhängig voneinander zu Beginn des 19. Jahrhunderts den Nachweis zu erbringen versucht haben, dass

---

[21] Zwar sah Smith durchaus die Gefahr einer Monopolisierung und Kartellierung der Wirtschaft; dennoch forderte er, dass sich der Staat auf die Herstellung der inneren und äußeren Sicherheit, die Verwaltung und das Rechtswesen beschränken sollte. Lediglich in bestimmten Fällen, so beim Verkehr, der Bildung und dem Gesundheitswesen, befürwortet er ein staatliches Engagement, da hier das Eigeninteresse nicht zu einer volkswirtschaftlich wünschenswerten Versorgung führe.

Absatzkrisen oder – was das gleiche ist – ein Überangebot an Waren von vorübergehenden Störungen abgesehen nicht möglich ist. Dauerhafte Arbeitslosigkeit könne es deshalb nicht geben, weil sich jedes Angebot – so ihre Begründung – letztlich selbst die eigene Nachfrage schaffe. Denn aus der Produktion entstehen in genau gleicher Höhe Einkommen, und diese Einkommen würden voll nachfragewirksam.

Bei dieser Begründung des so genannten Sayschen Theorems wird implizit vorausgesetzt, dass diejenigen Teile des Einkommens, die nicht für Konsumgüterkäufe verausgabt, das heißt gespart werden, in gleicher Höhe durch die Nachfrage nach Investitionsgütern kompensiert werden – eine Annahme, die später von Keynes angegriffen wurde.

Rund einhundert Jahre nach Adam Smith hat Léon Walras (1834–1910) den mathematischen Nachweis geliefert, dass eine Marktwirtschaft automatisch zum Gleichgewicht tendiert und dabei eine bestmögliche Güterversorgung garantiert. Voraussetzung hierfür sind neben der Zielsetzung der Nutzen- beziehungsweise Gewinnmaximierung freie Konkurrenz und flexible, das heißt nach oben und unten bewegliche Preise und Löhne. Auch hier findet sich damit wieder eine Bestätigung der These von Smith, wonach die Verfolgung des Eigeninteresses zugleich das Gesamtwohl fördere.

Diese Harmonievorstellungen und der Glaube an die Überlegenheit einer freien Marktwirtschaft ohne staatliche Eingriffe gegenüber allen anderen Wirtschaftsformen sind auch heute wieder bei vielen Ökonomen verbreitet. Ein herausgehobener Vertreter der Gegenwart ist sicherlich Milton Friedman (1912*), der mit seiner Geldtheorie eine Richtung geprägt hat, die als Monetarismus bezeichnet wird und die letztlich auf den gleichen Überzeugungen beruht, die bereits von den Vertretern der klassischen Nationalökonomie propagiert wurden.

I.3.2 Keynessche Auffassung

Den klassischen Vorstellungen gegenüberzustellen ist eine Position, die in den dreißiger Jahren des letzten Jahrhunderts in ihren Grundzügen von dem englischen Nationalökonomen John Maynard Keynes formuliert worden ist. Die in der Tradition von Keynes stehende Denkschule wird deshalb als Keynesianismus bezeichnet.[22] Keynes bezweifelt die von der Klassik behauptete Tendenz, dass eine freie Wirtschaft, die sich selbst überlassen ist, nach einer Störung automatisch zum Gleichgewicht zurückkehrt. Dabei hat er vor allem den Arbeitsmarkt vor Augen. Ein Gleichgewicht bei Vollbeschäftigung, welches in der Klassik als Normalfall angesehen wird, sei nicht die Regel, sondern ein Glücksfall. Vielmehr beinhaltet

---

[22] Den eigentlichen Gegensatz zur Klassik bildet der Marxismus. Dem Harmoniedenken steht hier ein Konfliktdenken gegenüber, welches sich im Klassenkampf äußert und zum Zusammenbruch des Kapitalismus und letztlich zum Endzustand einer kommunistischen Gesellschaft führt.

der Kapitalismus nach Keynes eine Tendenz zur Instabilität, und es ist die Aufgabe des Staates, dafür zu sorgen, dass ein Gleichgewicht bei Vollbeschäftigung erreicht wird.

Mit dieser Auffassung, die Keynes 1936, also unmittelbar im Anschluss an die Weltwirtschaftskrise von 1929 bis 1933, in seiner „Allgemeinen Theorie der Beschäftigung, des Zinses und des Geldes" dargelegt hat, steht er in krassem Widerspruch zu der bis dato herrschenden klassischen Lehre, die den Harmonie- gedanken und die Selbstheilungskräfte des Marktes betont. Dabei bestreitet Key- nes gar nicht einmal, dass sich eine freie Wirtschaft langfristig vielleicht von alleine einem Gleichgewichtszustand annähert. Auf lange Sicht jedoch – so Key- nes – sind wir alle tot. Und es reicht in stürmischen Zeiten nicht aus zu sagen, dass der Ozean wieder ruhiger wird, sondern hier ist aktives Handeln gefordert.

Allerdings darf man Keynes sicherlich unterstellen, dass er auch an der von der Klassik behaupteten langfristigen Tendenz zum Gleichgewicht seine Zweifel hatte. Denn die Anpassungen des Marktes nach einer Störung des Gleichgewichts erfor- dern Zeit, und je schwerfälliger sich diese Anpassungen vollziehen, desto wahr- scheinlicher wird es, dass zwischenzeitlich aufgrund neuer Datenänderungen weitere Störungen eintreten, die nun andere Anpassungsmaßnahmen verlangen. Man kann also sehr wohl davon ausgehen, dass auf den einzelnen Märkten Kräfte wirksam sind, die auf das Erreichen der Gleichgewichtslage abzielen, gleichwohl jedoch aufgrund zu langsamer Anpassungsprozesse beziehungsweise zu schneller Datenänderungen von einer Tendenz zum Gleichgewicht im Sinne einer stetigen Annäherung an die Gleichgewichtslage nicht gesprochen werden kann.

Was sind nun die Gründe, die Keynes zu dieser pessimistischen Beurteilung der Stabilität eines marktwirtschaftlichen Systems veranlassen? Im Mittelpunkt seiner Kritik an den klassischen Vorstellungen steht das Saysche Theorem. Dieses Theo- rem, das wir bereits kennen gelernt haben, besagt, dass sich jedes Angebot seine ei- gene Nachfrage schafft, also ein dauerhafter Angebotsüberschuss mit Arbeitslosig- keit quasi ausgeschlossen sei. Denn in Höhe der Produktion entstehen Einkommen, die zum einen zu Konsumzwecken verausgabt werden und zum anderen in Höhe der Ersparnis eine entsprechende Investitionsgüternachfrage auslösen. Nach die- sem Theorem stimmen also Gesamtangebot und Gesamtnachfrage immer überein.

Damit dieser Zusammenhang gilt, muss jedoch ein Mechanismus existieren, der dafür sorgt, dass Sparen und Investieren zum Ausgleich gebracht werden. Im klassischen System erfolgt dieser Ausgleich über den Zinssatz. Genauso wie der Preis auf dem Gütermarkt für einen Ausgleich von angebotener und nachgefragter Gütermenge sorgt, führen hier Zinsanpassungen zu einer entsprechenden Abstim- mung von Sparen und Investieren. In Abbildung I.4 stehen sich eine (positiv) vom Zins abhängige Spar- und eine (negativ) vom Zins abhängige Investitionsfunk- tion gegenüber. Im Schnittpunkt beider Funktionen stellt sich der gleichgewichtige Zinssatz i^* ein, zu dem Sparen (S^*) und Investieren (I^*) übereinstimmen.

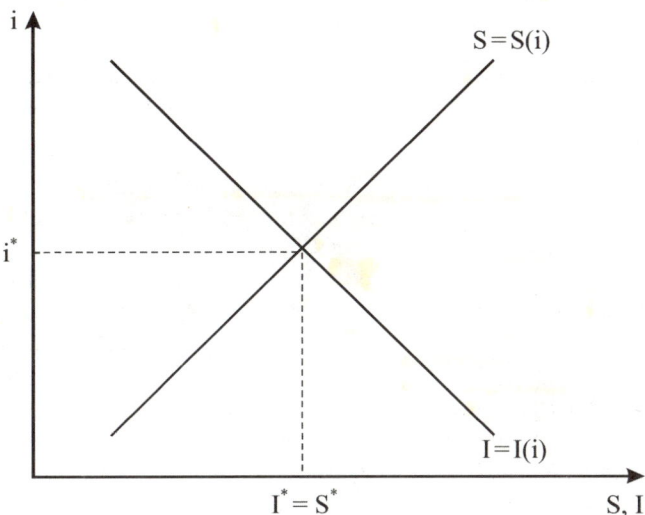

Abbildung I.4

Keynes bestreitet diesen Ausgleichsmechanismus von Sparen und Investieren über den Zins. Denn, so Keynes, das Sparen hängt gar nicht vom Zins ab, sondern ist anderweitig bestimmt. Und zwar unterstellt er aufgrund seiner Beobachtungen und Analysen, dass das Sparen ebenso wie die Konsumausgaben vom Einkommen abhängt. Diesen Zusammenhang hat er in seinem „fundamentalpsychologischen Gesetz" formuliert, wonach mit steigendem Einkommen der Anteil der Konsumausgaben zurückgeht und der Anteil des Sparens zunimmt.

Damit hängen, wie in Abbildung I.5 veranschaulicht, Sparen und Investieren bei Keynes von unterschiedlichen Größen ab, und es gibt keine Garantie, dass das gesamtwirtschaftliche Angebot und die gesamtwirtschaftliche Nachfrage übereinstimmen. Vielmehr neigt die Wirtschaft nach Keynes eher zu einem „Gleichgewicht bei Unterbeschäftigung", das heißt, die Nachfrage von Konsum- und Investitionsgütern ist tendenziell zu niedrig, um ein Gleichgewicht bei Vollbeschäftigung sicherzustellen.

Keynes zieht hieraus – im Gegensatz zur Klassik mit ihren Harmoniegedanken und Selbstheilungsvorstellungen – den Schluss, dass der Staat aktiv in das Wirtschaftsgeschehen eingreifen muss, um die Nachfrage auf ein Niveau zu bringen, welches Vollbeschäftigung garantiert.

Hierzu stehen dem Staat grundsätzlich zwei Möglichkeiten offen, die hier nur angerissen werden sollen: Entweder kann die Notenbank Geldpolitik betreiben, um über eine Zinssenkung, zum Beispiel durch Herabsetzung des Leitzinssatzes oder eine Erhöhung der Geldmenge, die Investitionsnachfrage anzukurbeln. Der Erfolg der Geldpolitik ist nach Keynes jedoch ungewiss,

- da die Zinsen bereits so niedrig sein können, dass eine weitere Senkung durch geldpolitische Maßnahmen nicht mehr erreicht werden kann, oder

- da die Investitionen zinsunelastisch sein können, das heißt auf Zinsänderungen kaum reagieren, weil die allgemeine Absatzlage pessimistisch eingeschätzt wird.

Keynes bevorzugt deshalb als Alternative zur Geldpolitik die Fiskalpolitik, bei der entweder – beispielsweise über steuerliche Vergünstigungen – die private Nachfrage angeregt wird oder der Staat selbst seine Nachfrage, etwa für den Straßenbau, ausweitet, um die Nachfragelücke zu schließen. Dabei soll sich der Staat dem Prinzip nach „antizyklisch" verhalten und sich in konjunkturellen Krisenzeiten verschulden – man spricht von „deficit-spending" –, um so zusätzliche Nachfrage zu finanzieren. In Zeiten der Hochkonjunktur dagegen soll sich der Staat zurückhalten, seine Nachfrage einschränken, um Überhitzungen der Konjunktur entgegenzuwirken und dabei die eingesparten Finanzmittel zum Schuldenabbau verwenden. Damit wird von Keynes – im Gegensatz zur Klassik – staatliches Handeln nicht nur befürwortet, sondern geradezu gefordert, um Vollbeschäftigung sicherzustellen.

Keynes hat – darauf wurde bereits hingewiesen – seine Vorstellungen 1936, das heißt unmittelbar im Anschluss an die Weltwirtschaftskrise (1929–1933), veröffentlicht. Da die Weltwirtschaftskrise in krassem Widerspruch zur klassischen Lehre stand, das heißt im Gedankengebäude der Klassik eigentlich gar nicht vorkam und damit keinen Platz hatte, suchte man natürlich nach neuen Erklärungsansätzen, so dass von hierher gute Bedingungen für die Aufnahme der Keynesschen Lehre gegeben waren.

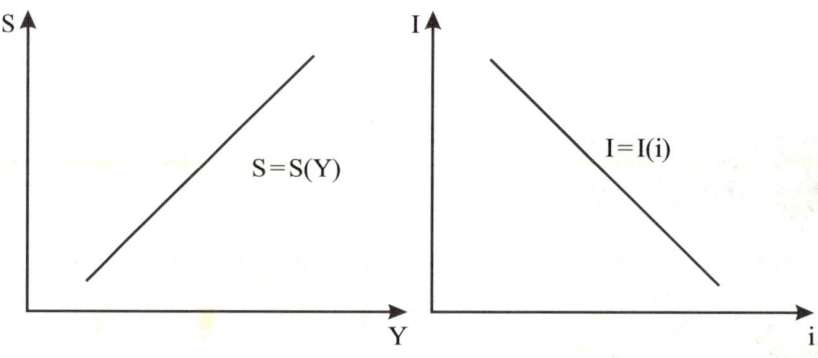

Abbildung I.5

Ein zweites kam hinzu. Da die Keynessche Lehre zur Legitimation von staatlichen Ausgabensteigerungen herangezogen werden kann, hatte sie es auch leicht, bei den Politikern Zustimmung zu finden. Gleiches gilt mit Blick auf die Gewerkschaften. Denn mit der Keynesschen Theorie wechselt die Verantwortung für Vollbeschäftigung vom einzelnen und den von ihm am Markt erbrachten Leistungen respektive von den Gewerkschaften als ihren Interessenvertretern zum Staat. Der Staat muss durch zusätzliche Nachfrage für Vollbeschäftigung sorgen, so dass sich die Gewerkschaften in Lohnverhandlungen keinerlei Zurückhaltung mehr auferlegen müssen.

Die Keynessche Lehre fand schnell Verbreitung und hatte ihren Höhepunkt in Deutschland in den sechziger und siebziger Jahren des letzten Jahrhunderts. Auch wenn die Keynessche Lehre und die darauf aufbauenden Rezepte seither an Bedeutung stark eingebüßt haben, ist ihre Kenntnis zum Verständnis der aktuellen Positionen – beispielsweise der zum Teil gewandelten Auffassung der Gewerkschaften zum Zusammenhang von Lohnhöhe und Beschäftigung – auch heute noch von grundlegender Bedeutung.

Auf beide Positionen, das heißt sowohl auf die keynesianische als auch auf die klassischen Vorstellungen, werden wir im Rahmen unserer makroökonomischen Überlegungen wieder zurückkommen.

Quellen und Literaturempfehlungen

Bartling, H./Luzius, F. (2004): Grundzüge der Volkswirtschaftslehre, 15. Aufl., München: Vahlen.

Baßeler, U./Heinrich, J./Utecht, B. (2002): Grundlagen und Probleme der Volkswirtschaft, 17. Aufl., Stuttgart: Schäffer-Poeschel.

Blum, U. et al. (2003): Grundlagen der Volkswirtschaftslehre, 2. Aufl., Berlin/Heidelberg/New York: Springer.

Blum, U. (2004): Volkswirtschaftslehre. Studienhandbuch, 4. Aufl., München: Oldenbourg.

Bender, D. et al. (2003): Vahlens Kompendium der Wirtschaftstheorie und Wirtschaftspolitik, Bd. 1 und 2, 8. Aufl., München: Vahlen.

Bofinger, P. (2003): Grundzüge der Volkswirtschaftslehre. Eine Einführung in die Wissenschaft von Märkten, München: Pearson.

Brinkmann, G. (1998): Analytische Wissenschaftstheorie, 4. Aufl., München: Oldenbourg.

Fleischmann, G. (1966): Nationalökonomie und sozialwissenschaftliche Integration, Tübingen: Mohr.

Henrichsmeyer, W./Gans, O./Evers, I. (1993): Einführung in die Volkswirtschaftslehre, 10. Aufl., Stuttgart: Ulmer.

Hösch, F./Szigetti, P.R.(1988): Volkswirtschaftslehre, 5. Aufl., Herne u. a.: Verlag Neue Wirtschaftsbriefe.

Koesters, P.-H. (1995): Ökonomen verändern die Welt, München: Goldmann.

Mummert, U./Sell, F. L (2005): Emotionen, Markt und Moral, Kulturelle Ökonomik, Bd. 7, Tagungsband zur Schleyer-Tagung. Münster, Hamburg, Berlin, London: Lit.

Luckenbach, H. (1994): Grundlagen der Volkswirtschaftslehre, München: Vahlen.

Neubauer, G. (2004): Grundzüge der Volkswirtschaftslehre, 4. Aufl., Bayreuth: Verlag PCO.

Nieschlag, R./Dichtl, E./Hörschgen, H. (2002): Marketing, 19. Aufl., Berlin: Duncker & Humblot.

Schüz, T. (1995): Falsche Annahmen in der Wirtschaftstheorie. Eine wissenschaftstheoretische Analyse unter besonderer Berücksichtigung der Vorstellungen Milton Friedmans, Pfaffenweiler: Centaurus.

Sell, F. L. (2007): Emotionen in der Ökonomie und Ökonomik der Emotionen, in: S. Sackmann (Hrsg.), Mensch und Ökonomie – Innovationspotenziale des „Wertespagats". Festschrift für Rainer Marr. Wiesbaden: Gabler (in Vorbereitung).

Siebert, H. (2000): Einführung in die Volkswirtschaftslehre, 13. Aufl., Stuttgart u. a.: Kohlhammer.

Smith, A. (1978): Der Wohlstand der Nationen, München: dtv.

Thieme, H. J. (2003): Wirtschaftssysteme, in: Bender, D. et al. (Hrsg.): Vahlens Kompendium der Wirtschaftstheorie und Wirtschaftspolitik, Bd. 1., 8. Aufl., München: Vahlen, S. 1–52.

Ulrich, H. (1970): Die Unternehmung als produktives soziales System, 2. Aufl., Bern u. a.: Haupt.

Woll, A. (2003): Allgemeine Volkswirtschaftslehre, 14. Aufl., München: Vahlen.

II   Mikroökonomie

II.1   Vorbemerkung

Nach diesen einführenden und zum auch Teil grundlegenden Darstellungen kommen wir im Folgenden zu den eigentlichen Inhalten der Volkswirtschaftslehre, die zunächst im Überblick dargestellt werden sollen. Üblicherweise wird die Volkswirtschaftslehre in drei Teilbereiche untergliedert, und zwar in die Wirtschaftstheorie, die Theorie der Wirtschaftspolitik und die Finanzwissenschaft.

Volkswirtschaftslehre

Wirtschaftstheorie   Theorie der Wirtschaftspolitik   Finanzwissenschaft

Die *Wirtschaftstheorie* fragt nach allgemein gültigen Zusammenhängen des Wirtschaftslebens. Ihr Ziel besteht darin, generelle Ursache-Wirkungs-Beziehungen für die betrachteten Phänomene herauszuarbeiten.

Einige typische Fragestellungen der Wirtschaftstheorie mögen dies verdeutlichen: Auf welche Faktoren ist Arbeitslosigkeit zurückzuführen? Wovon hängt die Nachfrage eines Haushaltes ab? Welche Faktoren entscheiden über die Preisbildung?

Mit Hilfe der gefundenen Ursache-Wirkungs-Zusammenhänge können die wirtschaftlichen Phänomene erklärt werden. Ferner kann auf dieser Basis, wie wir bereits im einleitenden Teil gesehen haben, eine Prognose für die Zukunft getroffen werden. Wir wollen dies noch einmal an einem Beispiel verdeutlichen und greifen hierzu auf die so genannte Quantitätstheorie zurück, die einen Ursache-Wirkungs-Zusammenhang zwischen der Geldmenge und dem Preisniveau beschreibt. Und zwar besagt diese Theorie, dass mit steigender Geldmenge auch das Preisniveau ansteigt.

Die Quantitätstheorie kann einerseits zur Erklärung beobachteter Inflation herangezogen werden, und zwar dann, wenn gleichzeitig die Geldmenge gestiegen ist. Dabei entspricht das Geldmengenwachstum, wie wir bereits wissen, der Randbedingung, die zur Anwendung der Quantitätstheorie gegeben sein muss. Die Erklärung lautet dann, dass das Preisniveau gestiegen ist, weil die Geldmenge gewachsen ist.

Zum anderen kann auf die Quantitätstheorie zur Prognose zurückgegriffen werden, und zwar dann, wenn bekannt ist, dass die Geldmenge – etwa infolge einer steigenden Staatsverschuldung – stärker erhöht werden soll als das Wachstum der Produktion, wenn also die zukünftigen Randbedingungen als bekannt vorausgesetzt werden können. In diesem Fall würde man unter Rückgriff auf die Quantitätstheorie prognostizieren, dass die geplante Geldmengenerhöhung eine Steigerung des Preisniveaus nach sich ziehen wird. Hierbei handelt es sich um eine bedingte Vorhersage, denn nur dann, wenn die Geldmenge tatsächlich erhöht wird, steigt auch das Preisniveau.

Kommen wir damit zum zweiten Teilbereich der Volkswirtschaftslehre, der Theorie der Wirtschaftspolitik. Die *Theorie der Wirtschaftspolitik* zielt darauf ab, bestehende Zustände oder zu erwartende Entwicklungen, zum Beispiel bezüglich der Rentenfinanzierung, im Sinne bestimmter Ziele zu verändern. Es geht also um die Gestaltung der wirtschaftlichen Wirklichkeit. Dabei sind die Ziele selbst, die mit den ergriffenen Maßnahmen erreicht werden sollen, für den Wissenschaftler vorgegeben; sie sind das Ergebnis der politischen Willensbildung und können wissenschaftlich nicht näher begründet werden.

Der Wirtschaftspolitiker untersucht also nur, mit welchen Maßnahmen oder Mitteln bestimmte vorgegebene Ziele erreicht werden können. Gegenstand der Untersuchung sind somit so genannte Ziel-Mittel-Relationen. Die Kenntnisse, die dabei für die Gestaltung der wirtschaftlichen Rahmenbedingungen benötigt werden, stammen aus der Wirtschaftstheorie. Denn die Ursache-Wirkungs-Zusammenhänge der Theorie sind dem Prinzip nach identisch mit den Ziel-Mittel-Relationen, auf denen die Wirtschaftspolitik aufbaut. Greifen wir zur Verdeutlichung noch einmal auf den quantitätstheoretischen Erklärungsansatz der Inflation zurück. Wenn aus der Wirtschaftstheorie bekannt ist, dass das Preisniveau von der Geldmenge abhängt, so kann die Wirtschaftspolitik, auf dieser Erkenntnis aufbauend, das Ziel einer Preisniveaustabilisierung durch eine entsprechende Steuerung der Geldmenge erreichen: Das Ziel entspricht der gewünschten Wirkung, gesucht ist die Ursache oder das Mittel, das diese Wirkung nach sich zieht, und das ist in diesem Fall die Kontrolle der Geldmenge.

Die Aufgabe der *Finanzwissenschaft* schließlich besteht in der Erfassung und Analyse der Wirtschaftstätigkeit des Staates unter Einschluss sonstiger öffentlicher Verbände sowie der Hilfsfiski, also der staatlichen Sozialversicherungen. Dies bedeutet, dass alle Aktivitäten des Staates, die sich in den öffentlichen Einnahmen und Ausgaben, also im staatlichen Budget, niederschlagen, Gegenstand der Finanzwissenschaft sind. Zum einen lässt sich die Sonderstellung der Finanzwissenschaft auf den enormen Umfang der öffentlichen Haushalte zurückführen; zum anderen hat der Einsatz finanzpolitischer Mittel zur Erreichung wirtschaftspolitischer Ziele insbesondere mit der von Keynes propagierten Globalsteuerung an Bedeutung zugenommen.

Wir wollen uns im Rahmen dieser Einführung schwerpunktmäßig auf die Wirtschaftstheorie konzentrieren. Abschließend werden wir jedoch in gesonderten

Kapiteln auf einige Grundfragen der Wirtschaftspolitik und der Finanzwissenschaft eingehen.

Betrachtet man die Wirtschaftstheorie näher, so kann man auf einer ersten Ebene zwischen der *Mikroökonomie* auf der einen und der *Makroökonomie* auf der anderen Seite unterscheiden. Diese Unterscheidung entspricht dem Gliederungsprinzip dieser Einführung hinsichtlich der Kapitel II und III.

Wirtschaftstheorie

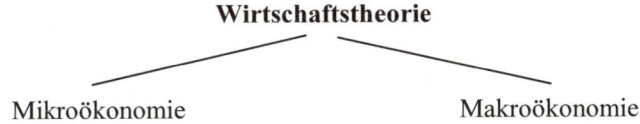

Mikroökonomie   Makroökonomie

Während die Mikroökonomie am einzelwirtschaftlichen Verhalten, also am Verhalten der einzelnen Haushalte beziehungsweise Unternehmungen ansetzt, besteht der Ansatzpunkt der Makroökonomie in der Betrachtung und Analyse volkswirtschaftlicher Aggregate. Volkswirtschaftliche Aggregate entstehen aus der Zusammenfassung von Einzel- oder Teilgrößen und können sich sowohl auf Wirtschaftseinheiten als auch auf ökonomische Aktivitäten beziehen.

Einige Beispiele sollen den Unterschied zwischen mikro- und makroökonomischer Theorie oder Betrachtungsweise verdeutlichen: Typisch mikroökonomische Fragestellungen betreffen beispielsweise das Nachfrageverhalten eines einzelnen Haushalts – etwa in Abhängigkeit vom Einkommen oder von den Preisen der einzelnen Güter – oder das Angebotsverhalten einer einzelnen Unternehmung. Auch die Erklärung der Preisbildung für ein bestimmtes Gut auf der Basis der individuellen Entscheidungen von Haushalten und Unternehmen ist der Mikroökonomie zuzuordnen.

Fragt man dagegen generell nach den Konsumausgaben aller Haushalte, also des gesamten Haushaltssektors, oder nach den Bestimmungsgründen der Produktion oder der Investitionen aller Unternehmungen, so befinden wir uns im Bereich der Makroökonomie. Ebenso gehört die Frage nach dem Durchschnitt aller Preise und ihrer Veränderung, also nach Preisniveau und Inflation, ins Gebiet der Makroökonomie. Weitere hochaggregierte Größen, mit denen sich die Makroökonomie beschäftigt, sind zum Beispiel Beschäftigung und Arbeitslosigkeit, Konjunktur und Wachstum oder Volkseinkommen und Sozialprodukt.

So viel zu den Unterschieden zwischen der mikro- und der makroökonomischen Betrachtungsweise. Bevor wir uns als Erstes den mikroökonomischen Ansätzen näher zuwenden, zunächst ein kurzer Überblick über die verschiedenen Teilbereiche der Mikroökonomie.

Die wichtigsten Teil- bzw. Kernbereiche der mikroökonomischen Theorie sind die Haushaltstheorie, die Unternehmenstheorie und die Preistheorie. Darüber hinaus

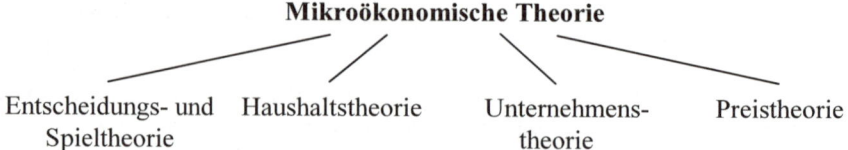

Mikroökonomische Theorie

Entscheidungs- und   Haushaltstheorie   Unternehmens-   Preistheorie
Spieltheorie   theorie

zu nennen sind vor allem die Entscheidungs- und Spieltheorie, die jedoch im Rahmen dieser Einführung nicht näher behandelt werden.[23]

Nur so viel sei gesagt, dass es sich bei der *Entscheidungs- und Spieltheorie* um einen formaltheoretischen Ansatz handelt, der auf beliebige Entscheidungssituationen, also auch – aber nicht ausschließlich – auf die wirtschaftlichen Entscheidungen der Haushalte und Unternehmungen anwendbar ist. Im Wesentlichen geht es dabei um die Analyse, also die Beschreibung und Strukturierung von Entscheidungssituationen und die Entwicklung oder Ableitung allgemeiner rationaler Lösungsansätze. Uns interessieren hier dagegen nur die konkreten, das heißt die wirtschaftlichen Entscheidungssituationen, mit denen es die Haushalte und die Unternehmungen zu tun haben.

Gegenstand der *Haushaltstheorie*, zum Teil auch verkürzend Konsumtheorie genannt, sind die Angebots- und Nachfrageentscheidungen der privaten Haushalte. Auf der Angebotsseite geht es um die Bereitstellung von Produktionsfaktoren, also vor allem um den Faktor Arbeit, und damit um die Erzielung von Einkommen. Auf der Nachfrageseite geht es einmal um die Frage, welcher Anteil des Einkommens gespart und welcher für den Kauf von Konsumgütern verausgabt werden soll; vor allem aber interessiert die Aufteilung der Konsumsumme für den Kauf der verschiedenen Konsumgüter. Da das erzielbare Einkommen – zumindest kurzfristig – durch den Haushalt kaum beeinflussbar ist – die Ausbildung ist nur langfristig veränderbar, die Möglichkeiten zur Variation der Arbeitszeit, etwa in Form der Teilzeitbeschäftigung, sind in der Regel sehr begrenzt –, steht im Rahmen der Haushaltstheorie die Einkommensverwendung im Vordergrund. Die Kernfrage, die die Haushaltstheorie zu beantworten sucht, bezieht sich dabei auf die vom Haushalt nachgefragten Gütermengen. Insbesondere interessiert die Frage, wie sich diese Nachfrage in Abhängigkeit von den Preisen der Güter verändert.

Der zweite wichtige Teilbereich der Mikroökonomie ist die *Unternehmenstheorie*. Alternativ finden sich die Bezeichnungen Produktions- und Kostentheorie. Analog zur Haushaltstheorie besteht das Ziel der Unternehmenstheorie in der Erklärung des Angebots- und Nachfrageverhaltens der Unternehmung. Die Nachfrage der Unternehmung bezieht sich auf den Faktoreinsatz, also auf jene Produktionsfaktoren, die zur Herstellung der Absatzgüter benötigt werden. Gefragt wird nach der optimalen, das heißt in der Regel nach der gewinnmaximalen Faktornachfrage und nach der Veränderung dieser Nachfrage bei Variation der Faktorpreise.

---

[23]   Weitere Gebiete der mikroökonomischen Theorie sind etwa die „Standorttheorie“, die „Allokationstheorie“, die „Wettbewerbstheorie“ und (Teile der) „Verteilungstheorie“.

Im Vordergrund des Interesses steht jedoch das Verhalten der Unternehmung am Absatzmarkt, wobei es für die Analyse gleichgültig ist, ob die Unternehmung Konsumgüter oder Produktionsgüter herstellt und anbietet. Die zentralen Fragen, um die es hier geht, beziehen sich einmal auf die Bestimmung der optimalen, also wiederum in der Regel der gewinnmaximalen Absatzmenge, zum anderen auf die Veränderung dieser Menge bei Variation des Absatzpreises.[24]

Haushalts- und Unternehmenstheorie erklären also letztlich das Agieren der einzelnen Wirtschaftseinheiten am Markt. Dieses einzelwirtschaftliche Verhalten, welches im Rahmen der Haushalts- und Unternehmenstheorie analysiert wird, nimmt die *Preistheorie* – und damit kommen wir zum dritten zentralen Teilbereich der Mikroökonomie – als gegeben an. Auf der Basis des zuvor abgeleiteten Nachfrage- und Angebotsverhaltens untersucht die Preistheorie zum einen das Zusammenspiel beziehungsweise die Koordination der individuellen Entscheidungen am Markt, also den Prozess der marktlichen Abstimmung der Einzelpläne der verschiedenen Wirtschaftseinheiten, der im Zusammenhang mit den Steuerungsmechanismen der Klassik bereits angesprochen wurde. Zum anderen fragt die Preistheorie danach, welches Marktergebnis, das heißt welche Gleichgewichtslage von Preisen und Mengen, sich unter verschiedenen Marktbedingungen – die Preistheorie spricht hier von Marktformen – einstellt.[25]

Da die Preistheorie bei ihren Analysen auf die Ergebnisse der Haushalts- und Unternehmenstheorie – quasi als Vorstufe – zurückgreift, können die Kernbereiche der Mikroökonomie auch in hierarchischer Form veranschaulicht werden.

Preistheorie
(Koordination/Marktergebnis)

Haushaltstheorie   Unternehmenstheorie
(individuelle Marktentscheidungen)

---

[24]   Ob Fragen der Standortwahl (Standorttheorie) der Unternehmenstheorie zuzuordnen oder als eigenständige Theorie zu sehen sind, soll im Rahmen dieser Einführung nicht weiter diskutiert werden.

[25]   Da die partiellen Marktmodelle sowohl für den Güter- wie auch für den Faktormarkt gelten, liefert die Preistheorie damit zugleich die Grundlagen für die Analyse mikroökonomisch ausgerichteter Fragen der Verteilung, auf die im Rahmen dieser Einführung jedoch nicht gesondert eingegangen wird.

II.2   Haushaltstheorie

II.2.1   Budgetgerade

Das Problem, dem wir uns zunächst zuwenden wollen, besteht in der modelltheoretischen Analyse der Einkommensverwendungsentscheidungen eines Haushalts. Wie wir bereits erfahren haben, sind Modelle vereinfachende Abbildungen der Wirklichkeit. Wir vereinfachen nun insofern, als wir unterstellen, dass der Haushalt über ein gegebenes Einkommen verfügt, also Fragen der Einkommenserzielung für uns ausgeklammert bleiben können. Außerdem unterstellen wir, dass der Haushalt weder spart, noch Ersparnisse der Vergangenheit auflöst, dass also genau das gesamte (verfügbare) Einkommen der Periode verausgabt wird.[26] Und schließlich nehmen wir zur Vereinfachung an, um das Problem grafisch lösen zu können, dass in unserer Modellwelt nur zwei Güter existieren, deren Mengen wir mit x_1 und x_2 bezeichnen, und für die wir beliebige Teilbarkeit unterstellen. Bezeichnet man das Einkommen mit y und die Preise der Güter mit p_1 und p_2, so können wir damit eine Gleichung bestimmen, die die Budgetgleichung des Haushaltes wiedergibt:

$$y = p_1 \cdot x_1 + p_2 \cdot x_2.$$

$p_1 \cdot x_1$ beziehungsweise $p_2 \cdot x_2$ – also das jeweilige Produkt aus Preis und Menge – kennzeichnen die partiellen Ausgaben für Gut 1 beziehungsweise Gut 2. Das gesamte Einkommen muss annahmegemäß der Summe der partiellen Ausgaben entsprechen. Von Ersparnissen wird an dieser Stelle bewusst abgesehen. Wird auf den Konsum eines Gutes ganz verzichtet, so steht das Einkommen voll für den Erwerb des anderen Gutes zur Verfügung.

Geht man davon aus, dass neben dem Einkommen auch die Preise der Güter gegeben, das heißt vom Haushalt nicht beeinflussbar sind, so enthält die Budgetgleichung lediglich die Gütermengen als Variable und kann damit in einem x_2-x_1-Diagramm dargestellt werden.

Zur grafischen Veranschaulichung gehen wir von folgenden Werten aus:

$p_1 = 1$, $p_2 = 2$, $y = 10$.

Nach Einsetzen dieser Werte in die Budgetgleichung von oben

$$10 = 1x_1 + 2x_2$$

und Auflösen nach x_2 erhalten wir die Funktion

$$x_2 = 5 - \frac{1}{2}x_1,$$

---

[26] Die Modellstellung würde sich nicht ändern, wenn alternativ von einer konstanten Konsumsumme ausgegangen würde.

die den Verlauf einer negativ geneigten Geraden beschreibt. Zur grafischen Darstellung in Abbildung II.1 bedienen wir uns einer Wertetabelle, in der wir sechs Wertepaare für das x_2-x_1-Diagramm berechnet haben. Sie stellen jeweils Realisationen der (im Prinzip beliebig viele Kombinationen ermöglichenden) Budget- oder Bilanzgeraden dar.

Gut	Menge					
x_1	0	2	4	6	8	10
x_2	5	4	3	2	1	0

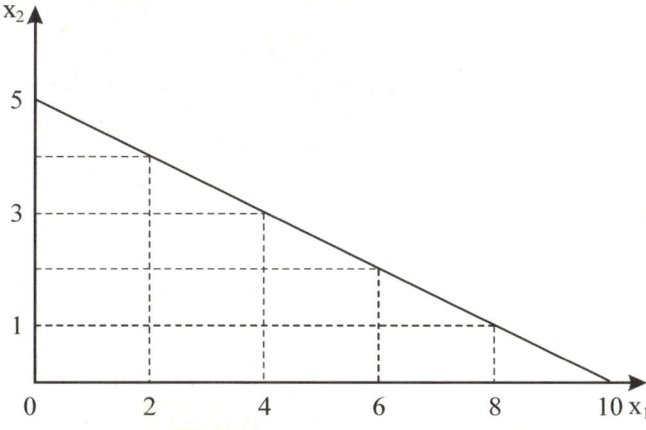

Abbildung II.1

Die Bilanzgerade begrenzt das Feld der Konsummöglichkeiten. Auf ihr liegen alle Gütermengenkombinationen von x_1 und x_2, die der Haushalt bei gegebenem Einkommen und gegebenen Preisen maximal, das heißt demnach bei voller Verausgabung des Einkommens, erwerben kann. Punkte unterhalb der Budgetgeraden sind möglich, jedoch wird hier nicht das gesamte Einkommen verausgabt; Punkte oberhalb der Budgetgeraden würden das Einkommen überschreiten und sind damit ausgeschlossen.[27]

II.2.2   Präferenzstruktur

Um zu bestimmen, welche Gütermengenkombinationen der Haushalt erwerben wird, benötigen wir eine Zielsetzung beziehungsweise eine Zielfunktion. Bei wirtschaftstheoretischen Überlegungen wird in der Regel davon ausgegangen, dass die Haushalte das Ziel der Nutzenmaximierung verfolgen, wobei der Nutzen als

---

[27]   Solche Realisationen könnten nur durch Auflösung von Ersparnissen und/oder Verschuldung zustande kommen.

Grad der Bedürfnisbefriedigung verstanden wird.[28] Der Nutzen selbst – und das ist die entscheidende Annahme – resultiert aus dem Konsum der Güter, das heißt, das Nutzenniveau (U) des Haushalts ist eine Funktion der verfügbaren, das heißt für uns, der erworbenen Gütermengen. Formal können wir deshalb schreiben:

$$U = f(x_1, x_2).$$

Wenn man eine ausschließliche Abhängigkeit des Nutzens von den verfügbaren Gütermengen unterstellt, bedeutet dies unter anderem, dass der Preis keinen Einfluss auf das Nutzenniveau ausübt, also beispielsweise Geltungsnutzen aufgrund besonders hoher Preise ausgeschlossen ist. Auch der Fall, dass der Nutzen von der konsumierten Menge anderer Personen abhängt, ist damit ausgeschlossen. Also zum Beispiel Erscheinungen wie der Snob-Effekt – hier ist der Nutzen um so größer, je weniger andere Menschen das Gut konsumieren – oder wie der Mitläufereffekt – hier steigt der Nutzen mit der Zahl der Konsumenten – können mit dieser Nutzenfunktion nicht erfasst werden. Gleiches gilt für eine Orientierung an der relativen Einkommensposition. Die oben getroffene Annahme kann damit nur dann Gültigkeit beanspruchen, wenn das Nutzenniveau tatsächlich im Wesentlichen von den verfügbaren Gütermengen x_1 und x_2 bestimmt wird.

Eine exakte Messbarkeit des Nutzens – vergleichbar etwa mit dem Messen der Temperatur – wird heute von der Theorie nicht mehr unterstellt. Statt einer solchen kardinalen Nutzenmessbarkeit begnügt man sich mit der Annahme, der Nutzen sei ordinal messbar, das heißt, man geht lediglich davon aus, dass der Haushalt die Güter beziehungsweise Gütermengenkombinationen in eine Präferenzrangfolge bringen kann. Er muss also beim Vergleich von zwei Güterbündeln nur angeben können, welches der beiden Bündel ihm einen größeren Nutzen stiftet, beziehungsweise ob beide Bündel zu einem gleich hohen Nutzenniveau führen. Außerdem wird angenommen, dass beim Konsum der Güter Sättigungserscheinungen ausgeschlossen sind, das heißt, dass eine größere Menge stets einer kleineren Menge vorgezogen wird. Auf den Zwei- beziehungsweise Mehr-Güter-Fall übertragen bedeutet diese Nicht-Sättigungsannahme, dass eine Gütermengenkombination einer anderen immer dann vorgezogen wird, wenn von mindestens einem Gut eine größere Menge vorhanden ist, ohne dass die Menge des anderen Gutes beziehungsweise der anderen Güter abgenommen hat.

Auf der Grundlage dieser Annahmen kann man die Nutzenfunktion eines Haushalts folgendermaßen in einem x_2-x_1-Diagramm abbilden: Da der Haushalt annahmegemäß sagen kann, welche Gütermengenkombinationen den gleichen Nutzen stiften, muss es für jedes Nutzenniveau eine Kurve geben, auf der alle Güterbündel liegen, die den gleichen Nutzen stiften. Eine solche Kurve wird Indifferenzkurve oder auch Isonutzenkurve genannt. Sie ist der geometrische Ort aller Gütermengenkombinationen, die in den Augen des Haushalts einen gleich großen Nutzen stiften. Bekannt sind vergleichbare Kurven etwa aus dem Wetterbericht, wo

---

[28] Bisweilen wird auch eine anspruchsniveauorientierte Zielsetzung angenommen.

Punkte gleichen Luftdrucks durch so genannte Isobaren verbunden sind. Formal gilt für eine Indifferenzkurve die Gleichung:

$$\overline{U} = f(x_1, x_2).$$

In der nachstehenden Abbildung II.2 sieht man, dass Indifferenzkurven nichts anderes darstellen als die Projektionen von Horizontalschnitten durch ein notwendigerweise dreidimensionales Nutzengebirge auf die Grundebene. Sie sind deshalb, geometrisch gesehen, den Höhenlinien einer Landkarte vergleichbar. Der zunehmende Index der Indifferenzkurven steht dabei für ein wachsendes Nutzenniveau.

Zeichnet man für verschiedene Nutzenniveaus die Indifferenzkurven, so erhält man das in Abbildung II.2 dargestellte Indifferenzkurvensystem. Aufgrund der Nicht-Sättigungsannahme steigt das Nutzenniveau der Indifferenzkurven mit größeren Gütermengen, also mit zunehmender Entfernung vom Ursprung. Um wie viel das Nutzenniveau dabei zunimmt, kann allerdings nicht gesagt werden. Lediglich die Aussage $U_3 > U_2 > U_1$ ist möglich.

Normalerweise unterstellt man, dass die Indifferenzkurven – wie in Abbildung II.3 angenommen – stetig und konvex zum Ursprung, das heißt links gekrümmt, verlaufen, jedoch sind auch andere Verläufe möglich.[29]

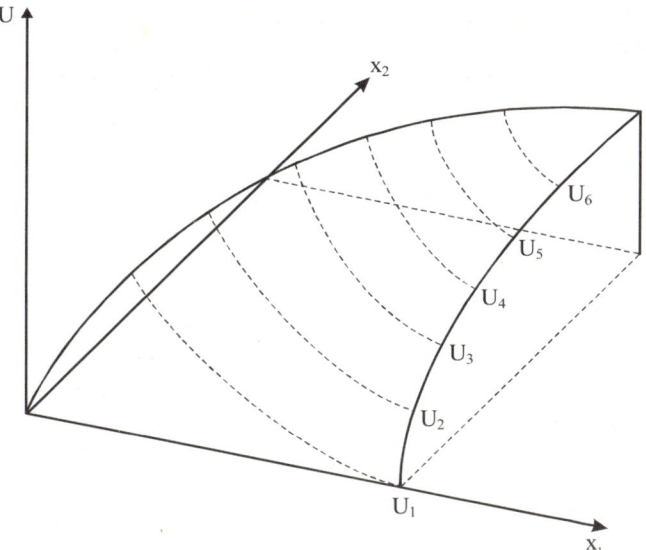

Abbildung II.2

---

[29] Ein zum Ursprung konkaver Verlauf wäre typisch für substitutionsfeindliche Güter wie beispielsweise Tee und Kaffee für passionierte Teetrinker.

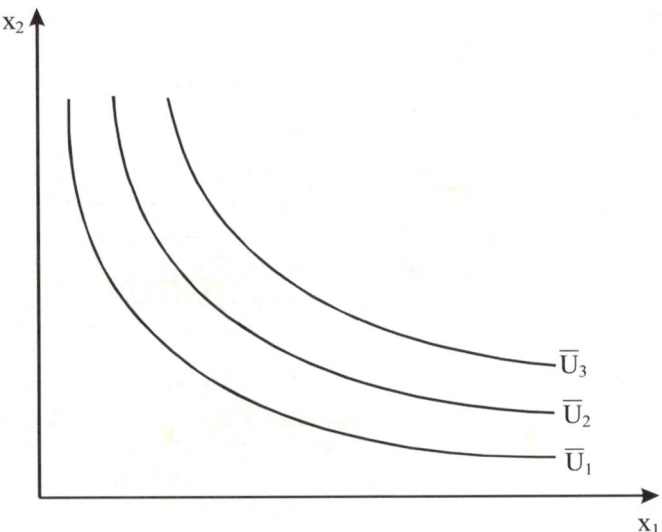

Abbildung II.3

Ein wichtiger Fall, den die oben gewählte Schreibweise für die Nutzenfunktion einschließt, betrifft das Vorliegen komplementärer Güter. Die Indifferenzkurven verlaufen dann rechtwinklig, wie die nachfolgende Abbildung II.4 demonstriert. Zwei Güter stiften hierbei ein bestimmtes Nutzenniveau, wenn sie in einem ganz bestimmten, als konstant angenommenen Verhältnis zueinander stehen. Dadurch wird, wie die vertikalen und horizontalen Achsen, die von den Eckpunkten ausge-

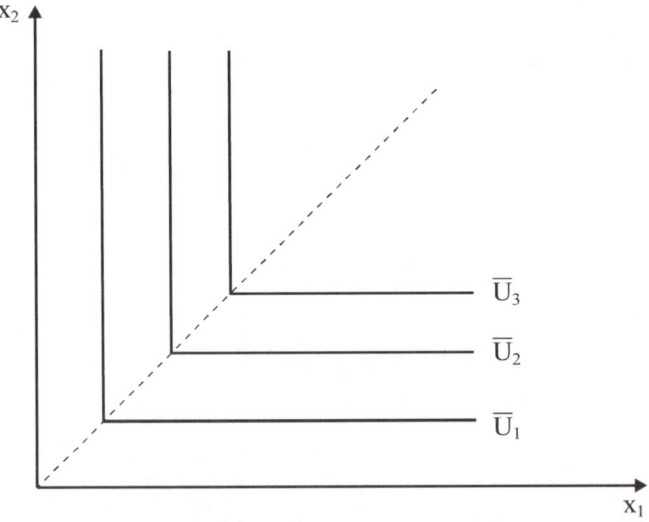

Abbildung II.4

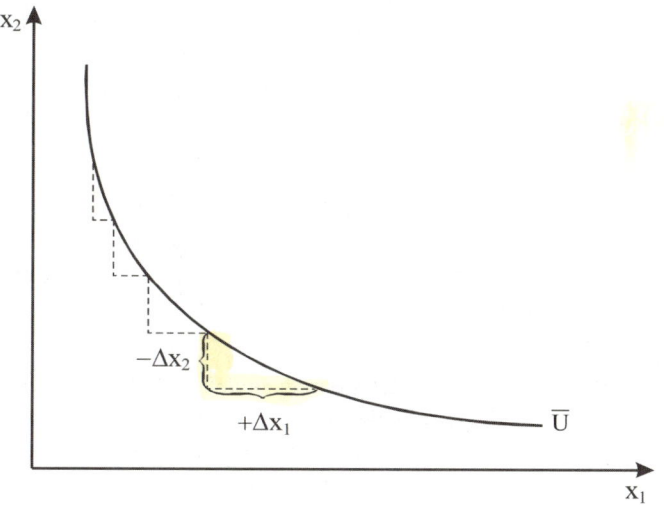

Abbildung II.5

hen, in der Grafik zeigen, das eine oder das andere Gut schnell zu „reichlich vorhanden". Anders ausgedrückt: Das jeweils andere Gut wird zum Engpassfaktor für das Erreichen eines höheren Nutzenniveaus. Als Beispiel kann man die für ein Tennisspiel erforderlichen Mittel auffassen. Dazu braucht es, wie allgemein bekannt, für ein Match zwischen zwei Einzelspielern 2 Tennisschläger und einen einzigen (jeweils im Spiel befindlichen) Tennisball. Diese beiden Instrumente stehen zueinander in einem festen Verhältnis. Das Spiel kann weder dadurch verbessert werden, dass die Spieler jeweils mit zwei Schlägern agieren noch dadurch, dass zugleich mehrere Bälle über das Netz die Seiten wechseln.

Ein zum Ursprung konvexer Verlauf beruht auf der Annahme, dass es um so schwerer fällt, auf eine bestimmte Menge eines Gutes zu verzichten, je weniger man von diesem Gut besitzt.[30] Denn in diesem Fall werden, wie leicht an Hand von Abbildung II.5 nachzuvollziehen ist, zunehmend mehr Einheiten des Gutes 1 benötigt, um das Nutzniveau konstant zu halten, wenn die Menge des Gutes 2 sukzessive um eine Einheit vermindert wird.

Bildet man den Quotienten:

$$\frac{\Delta x_2}{\Delta x_1},$$

---

[30] Dies ist gleichbedeutend mit der Aussage, dass der Nutzen mit zunehmender Gütermenge unterproportional ansteigt, das heißt, die Nutzeneinbuße ist bei Verzicht auf beispielsweise eine Gütereinheit um so geringer, je mehr von diesem Gut vorhanden ist. Man spricht auch vom positiven, aber abnehmenden Grenznutzen: $\partial U/\partial x_1 > 0$ und $\partial^2 U/\partial x_1^2 < 0$.

dann wird deutlich, dass dieser wegen des negativen Zählers selbst auch kleiner als null, also negativ sein muss. Betrachtet man schließlich infinitesimal kleine Änderungsschritte beim ersten Gut, so wird daraus beim Grenzübergang:

$$\lim_{\Delta x_1 \to 0} \frac{\Delta x_2}{\Delta x_1} = \frac{dx_2}{dx_1} < 0.$$

Diesen Differentialquotienten bezeichnet man auch als die so genannte „Grenzrate der Substitution" zwischen den Gütern 2 und 1. Er misst die Steigung in jedem beliebigen Punkt auf einer Indifferenzkurve. Wie wir in Abbildung II.5 gut beobachten können, nimmt diese Steigung entlang einer konvexen Indifferenzkurve, wie wir sie dort gezeichnet haben, stetig ab.

Die Nutzenfunktion selbst – das heißt ihre Entstehung und ihre Veränderung – wird im Rahmen der ökonomischen Theorie in der Regel nicht weiterverfolgt. Dies ist vor allem Aufgabe der Psychologie und Soziologie, wo beispielsweise untersucht wird, wie Präferenzen entstehen oder wie diese, zum Beispiel durch Werbung, beeinflusst werden. Teilweise wird sogar im Rahmen wirtschaftlicher Entscheidungen, etwa im Bereich des Marketing, von diesen Ergebnissen Gebrauch gemacht.

II.2.3   Haushaltsoptimum

Wenden wir uns nun der eigentlich interessanten Frage zu, welche Mengen der Haushalt von den Gütern 1 und 2 erwerben wird, um bei den gegebenen Preisen mit dem verfügbaren Einkommen seinen Nutzen zu maximieren. Um diese Frage zu beantworten, zeichnen wir die Bilanzgerade und die Indifferenzkurven in ein gemeinsames Diagramm und erhalten so Abbildung II.6.

Der Haushalt möchte bei der Zielsetzung der Nutzenmaximierung eine Indifferenzkurve erreichen, die möglichst weit vom Ursprung entfernt liegt. Die bei voller Verausgabung des Einkommens realisierbaren Gütermengenkombinationen liegen auf der Bilanzgeraden CD. Punkte unterhalb sind realisierbar, bedeuten jedoch eine kleinere Ausgabensumme als das Einkommen, so dass Einkommensteile gespart würden. Das höchste realisierbare Nutzenniveau – hier $\overline{U}_2$ – wird in dem Tangentialpunkt T erreicht. Andere Positionen auf der Bilanzgeraden, zum Beispiel A oder B, sind zwar erreichbar, führen jedoch, etwa mit $\overline{U}_1$, zu geringerem Nutzen. Eine Indifferenzkurve oberhalb von $\overline{U}_2$, also etwa $\overline{U}_3$, ist unter den gegebenen Restriktionen nicht zu verwirklichen. Mithin ist T das so genannte „Haushaltsoptimum". Um bei dem gegebenen Einkommen und den gegebenen Preisen seinen Nutzen zu maximieren, wird der Haushalt die Mengen x_1^* und x_2^* erwerben.

Das Optimum in T behält auch dann seine Bedeutung, wenn der Haushalt nur vage Vorstellungen von seinen Präferenzen besitzt, die Nutzenfunktion also nicht

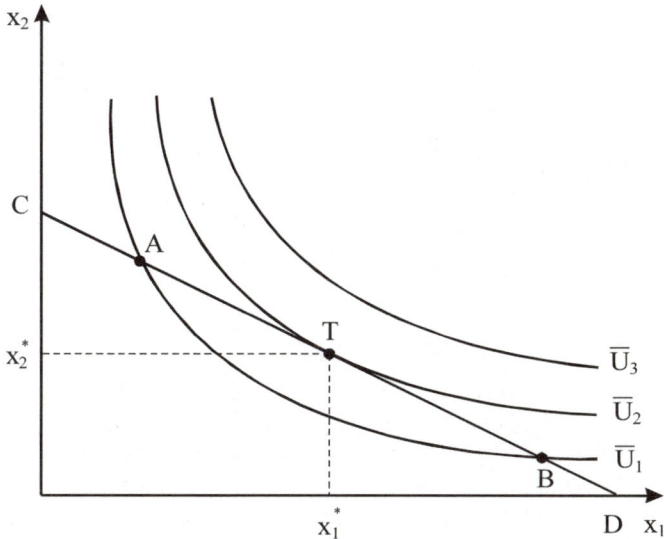

Abbildung II.6

vollständig bekannt ist. Wenn Preise und Einkommen sicher sind, bewegt sich der Haushalt bei Kenntnis dieser Größen stets *auf* der Bilanzgeraden. Von einer zufälligen Ausgangslage dürfte sich deshalb der Haushalt bei Wiederholbarkeit des Konsumvorganges in Richtung des Optimums bewegen, sofern nur das Unterscheidungsvermögen ausreicht, höhere Nutzenniveaus wahrzunehmen.

Solange sowohl Einkommen und Preise als auch die Nutzenfunktion, das heißt die Präferenzstruktur, des Haushalts konstant bleiben, wird der Haushalt seine Nachfrage beibehalten. Man spricht deshalb auch vom Haushaltsgleichgewicht, welches nur bei einer Änderung der Daten verlassen wird. Für dieses Haushaltsgleichgewicht gilt, dass die Grenzrate der Substitution zwischen den Gütern gleich dem Anstieg der Budgetgeraden ist. Dieses grafisch leicht erkennbare Ergebnis werden wir auch in einem Zahlenbeispiel verdeutlichen, bei dem das alte zugunsten eines neuen Haushaltsgleichgewichts verlassen wird.

II.2.4 Nachfragekurven

Die Auswirkungen der gerade angesprochenen Datenänderungen sollen im Folgenden exemplarisch am Beispiel einer Preisänderung demonstriert werden. Betrachten wir hierzu den Fall, dass der Preis des Gutes 1 bei einem gegebenen Einkommen von 10 sowie einem Preis für Gut 2 von $p_2 = 2$ ansteigt, etwa von $p_{11} = 1$ auf $p_{12} = 2$.

Setzt man in die bekannte Budgetgleichung

$$y = p_1 \cdot x_1 + p_2 \cdot x_2$$

für p_1 den Wert $p_{12} = 2$ ein, erhält man nach Auflösung nach x_2 die Funktion nach der Preisänderung

$$x_2 = 5 - x_1,$$

zu deren Darstellung wir folgende Wertetabelle errechnen.

Gut	Menge					
x_1	0	1	2	3	4	5
x_2	5	4	3	2	1	0

Abbildung II.7 zeigt die Veränderungen, die sich aus dem Preisanstieg des Gutes 1 von $p_{11} = 1$ auf $p_{12} = 2$ ergeben. Für die neue Bilanzgerade CD_2 gilt, dass sich bei konstantem Abschnitt auf der x_2-Achse der Abschnitt auf der x_1-Achse halbiert. Denn bei voller Verausgabung des Einkommens für das im Preis konstant gebliebene Gut 2 ergibt sich keine Veränderung, bei voller Verausgabung für das Gut 1 dagegen schlägt die Preiserhöhung voll durch, und es kann nur noch die halbe Menge erworben werden. Im Ergebnis haben wir also eine Drehung der Bilanzgeraden im Punkt C, die natürlich mit einer Steigungsänderung, das heißt mit einem steileren Verlauf der Bilanzgeraden verbunden ist. Genauer: Vor der Datenänderung betrug im Gleichgewicht die Grenzrate der Substitution beziehungsweise der Anstieg der Budgetgeraden

$$\frac{dx_2}{dx_1} = -\frac{1}{2} = -\frac{p_{11}}{p_{21}}.$$

Nach der Datenänderung verlagert sich aufgrund der Drehung der Bilanzgeraden das Haushaltsoptimum von T_1 nach T_2. Der gestiegene Preis des Gutes 1 führt – und dies entspricht dem Normalfall – zu einem Rückgang der Nachfrage nach diesem Gut von x_{11} auf x_{12}. Die Grenzrate der Substitution beziehungsweise der Anstieg der Budgetgeraden ist im Haushaltsoptimum jetzt

$$\frac{dx_2}{dx_1} = -1 = -\frac{p_{12}}{p_{22}}.$$

Die damit verbundene Abhängigkeit der nachgefragten Menge vom Preis des betreffenden Gutes ist in dem darunter liegenden Quadranten veranschaulicht.

Um von den beiden Haushaltsoptima (für p_{11} und p_{12}) auf die Nachfragefunktion für Gut 1 schließen zu können, wird der Preis dieses Gutes auf der nach unten verlängerten Ordinate abgetragen. Durch Zuordnung der in den Haushaltsoptima T_1 und T_2 nachgefragten Mengen x_{11} und x_{12} zu den zugehörigen Preisen p_{11} und p_{12}, lassen sich im unteren Teil der Abbildung zwei Punkte der gesuchten Nachfragekurve gewinnen. Verbindet man diese beiden Punkte, so erhält man die Nach-

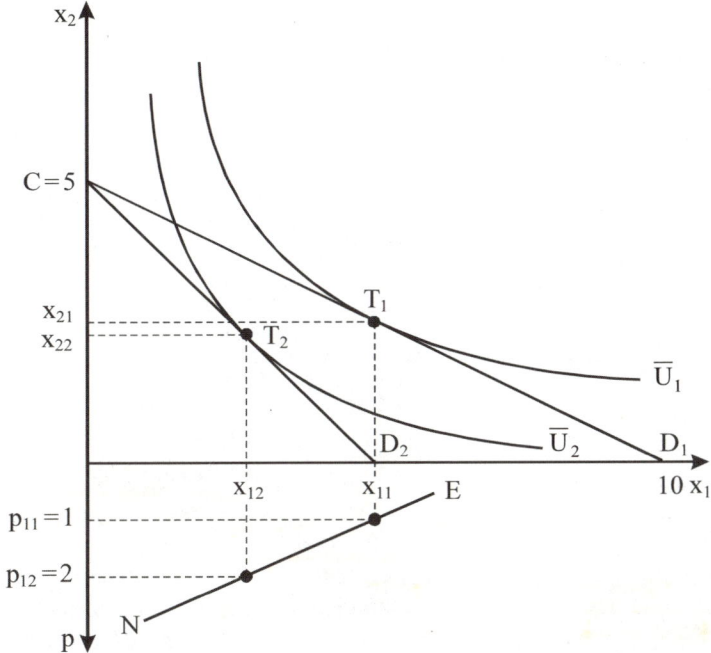

Abbildung II.7

fragekurve für das Gut 1.[31] Die Klappung der p_1-Achse nach oben führt zu der bekannten Darstellung der Nachfragekurve, die im Normalfall einen fallenden Verlauf hat und auf die im Rahmen unserer preistheoretischen Überlegungen zurückgegriffen wird. In Abbildung II.8 stellen wir die abgeleitete Nachfragekurve für Gut 1 (NE) noch einmal gesondert dar.

Der fallende Verlauf ist typisch, aber nicht der einzig denkbare: So ergibt sich für preisinferiore Güter – so genannte „Giffen-Güter" –, die mit steigendem Preis zunehmend nachgefragt werden, eine positiv ansteigende Nachfragekurve. Das Standardbeispiel hierfür beruht auf einer um die Wende vom 19. ins 20. Jahrhundert in England gemachten Beobachtung, wonach Kartoffeln bei steigendem Preis dieses Nahrungsmittels von den ärmeren Schichten vermehrt nachgefragt wurden, um überhaupt ausreichend Lebensmittel kaufen zu können. Denn Fleisch und andere höherwertige Nahrungsmittel konnte man sich aufgrund des gestiegenen Preises für das Grundnahrungsmittel nicht mehr leisten.

Ausgeklammert wurde bisher die Frage, wie sich die Nachfrage nach dem zweiten Gut entwickelt. In unserem Beispiel der Abbildung II.7 geht auch die Nachfrage nach dem zweiten Gut von x_{21} auf x_{22} zurück. Eine solche Reaktion ist jedoch

---

[31] Wir haben hier der Einfachheit halber einen linearen Kurvenverlauf unterstellt, so dass die Kenntnis von zwei Punkten ausreicht. Bei nichtlinearem Verlauf müssten für alternative Preise von Gut 1 weitere Punkte der Nachfragekurve bestimmt werden.

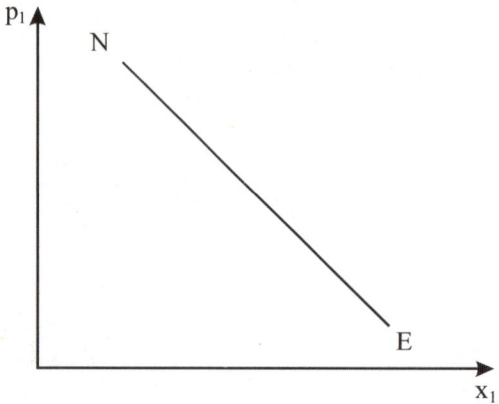

Abbildung II.8

keineswegs immer der Fall. Denn die Preissteigerung beim Gut 1 hat einen doppelten Effekt, wobei die beiden Teileffekte in der Regel einander entgegengerichtet sind: Zum einen bedeutet der gestiegene Preis des Gutes 1 bei gegebenem Nominaleinkommen eine verminderte Kaufkraft des Haushalts. Man spricht auch von einer Senkung des Realeinkommens. Dieser *Einkommenseffekt* führt im Normalfall auch bei dem zweiten Gut, welches im Preis konstant geblieben ist, zu einem Nachfragerückgang („Niveaueffekt").

Zum anderen beinhaltet der gestiegene Preis des Gutes 1 bei gegebenem Preis des Gutes 2 eine Veränderung der Preisrelation zugunsten des Gutes 2. Gut 2 ist *relativ* billiger geworden. Dieser zweite Effekt zieht stets eine Nachfragesteigerung bei dem relativ billiger gewordenen Gut nach sich und wird als *Substitutionseffekt* bezeichnet.

Von Ausnahmen abgesehen wirken damit Einkommens- und Substitutionseffekt in unterschiedlicher Richtung, so dass das Ergebnis vom Verhältnis der beiden Teileffekte abhängt. Eine Preissteigerung bei Gut 1 kann deshalb, wie in unserem Beispiel, zu einem Nachfragerückgang bei dem zweiten Gut führen; möglich ist jedoch auch, dass die Nachfrage nach dem zweiten Gut ansteigt. Die Auswirkungen sind also ungewiss.

Schließlich kann man zeigen, welche Nachfrageänderungen aus einer isolierten Variation des Einkommens resultieren. Wir wollen es dem interessierten Leser überlassen, diese Auswirkungen, die sich aus dem veränderten Verlauf der Bilanzgeraden auf das Haushaltsgleichgewicht ergeben, selbst nachzuvollziehen.

Damit beschließen wir unseren kurzen Abriss zur Haushaltstheorie. Natürlich muss ein solcher Abriss im Rahmen einer Einführung auf Grundzüge beschränkt bleiben, was analog für die im Folgenden zu behandelnden Themenkomplexe gilt. Exemplarisch soll deshalb an dieser Stelle ein stichwortartiger Ausblick auf ausgewählte Modellerweiterungen der Haushaltstheorie gegeben werden, um dem

Leser zum einen eine Vorstellung von den Grenzen der erarbeiteten Modellstellungen zu vermitteln, gleichzeitig aber auch die Anwendbarkeit des Instrumentariums zur Analyse weiterführender Fragestellungen anzudeuten.

So wäre im Rahmen der Haushaltstheorie zu fragen, wie sich die abgeleiteten Ergebnisse ändern, wenn etwa andere Zielsetzungen (zum Beispiel eine anspruchsniveauorientierte Zielsetzung), andere Präferenzstrukturen oder andere Nutzenfunktionen (zum Beispiel mit Abhängigkeit des Nutzens vom Preis oder der insgesamt nachgefragten Menge) unterstellt werden. Ebenso interessieren die Auswirkungen, die bei unvollständiger Information beziehungsweise Unsicherheit oder bei nur begrenzter Teilbarkeit der Güter zu beachten sind. Ein mathematischer Ansatz wird benötigt, um zu zeigen, dass die erarbeitete Lösung auch auf den n-Güter-Fall übertragen werden kann. Auf das erarbeitete Instrumentarium kann zurückgegriffen werden, um die Aufteilung des Einkommens auf Konsum und Sparen abzuleiten oder das optimale Arbeitsangebot im Rahmen eines Freizeit-Einkommens-Modells zu bestimmen. Ein letzter Hinweis schließlich bezieht sich auf die Möglichkeit, die Nachfrage- und Angebotsentscheidungen eines Haushalts simultan zu erfassen. Auch hierzu bildet das bekannte Instrumentarium die Grundlage.

II.3   Unternehmenstheorie

II.3.1   Produktionstheoretische Grundlagen

Der zweite Baustein der Mikroökonomie, der als Vorstufe der Preistheorie angesehen werden kann, ist die Unternehmenstheorie. Aufgabe der Unternehmenstheorie ist es, wie wir bereits gesehen haben, einerseits das Angebotsverhalten der Unternehmung am Absatzmarkt, andererseits das Nachfrageverhalten der Unternehmung am Beschaffungsmarkt zu erklären. Wir beschränken uns hier auf die Betrachtung des Absatzmarktes.

Bei der Behandlung dieses Problemfeldes, also der Analyse des Angebotsverhaltens, kann zwischen drei Bearbeitungsschritten unterschieden werden, nämlich

- den produktionstheoretischen Grundlagen, die hier nur kurz dargestellt werden sollen,

- der Kostenanalyse, die auf den produktionstheoretischen Überlegungen aufbaut, und schließlich

- der eigentlichen Analyse des Angebotsverhaltens, bei der wiederum auf die Kostenbetrachtung zurückgegriffen wird.

Eine Unternehmung wird gemeinhin definiert als eine Wirtschaftseinheit, die Produktionsfaktoren nachfragt, transformiert, das heißt einem Umwandlungs- oder

Veränderungsprozess unterzieht, und die erzeugten Güter am Markt anbietet. Wir haben es also mit einer produzierenden Einheit zu tun, die durch den Einsatz von Input-Faktoren im Rahmen eines technisch bestimmten Prozesses der Transformation oder Umwandlung die gewünschten Output-Güter herstellt. Dieser Transformationsprozess der Input- in die Output-Güter lässt sich formal durch eine Produktionsfunktion beschreiben. Wir wollen, um die Zusammenhänge grafisch im zweidimensionalen Raum darstellen zu können, wiederum annehmen, dass die Unternehmung nur zwei Input-Faktoren einsetzt, deren Mengen wir mit v_1 und v_2 bezeichnen. Dann lässt sich der Output x als Funktion der Einsatzmengen v_1 und v_2 darstellen:

$$x = f(v_1, v_2).$$

Formal hat die Produktionsfunktion eine ähnliche Form, wie wir sie bereits von der Nutzenfunktion her kennen. Zur grafischen Darstellung können wir deshalb wieder auf das gleiche Prinzip zurückgreifen, welches wir zur Gewinnung der Indifferenzkurven angewendet haben. Bei der Darstellung der Nutzenfunktion haben wir danach gefragt, welche Gütermengenkombinationen den gleichen Nutzen stiften; jetzt fragen wir danach, welche Faktormengenkombinationen zum gleichen Output führen. Die Verbindungslinie dieser Faktormengenkombinationen, deren Pendant in der Haushaltstheorie als Indifferenzkurve oder Isonutzenkurve bezeichnet wird, nennt man in der Unternehmenstheorie Isoquante. Bestimmt man diese Kurven für verschiedene Output- beziehungsweise Ertragsniveaus, erhält man als Abbildung der Produktionsfunktion ein System von Isoquanten (Abbildung II.9).

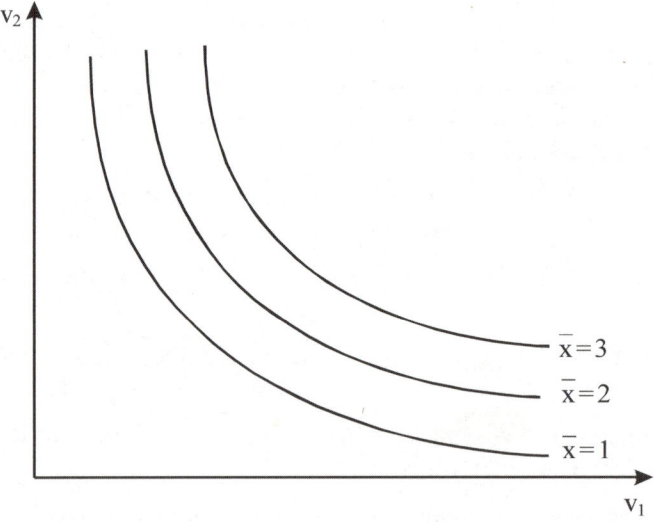

Abbildung II.9

Während im Rahmen der Haushaltstheorie den Indifferenzkurven lediglich ein ordinal messbares Nutzenniveau zugeordnet werden konnte, ist es jetzt möglich, für jede Isoquante den genauen Ertragswert anzugeben. Dass weiter vom Ursprung entfernt liegende Isoquanten, also größere Faktoreinsatzmengen, in der Regel einen höheren Ertrag bedeuten, bedarf keiner näheren Erläuterungen. Der zum Ursprung konvexe Verlauf dagegen, der in der Regel unterstellt wird, bedarf der Erläuterung. Die Annahme, die dahintersteht, betrifft die Leichtigkeit, mit der die Faktoren substituiert, das heißt, ersetzt werden können. Und zwar wird davon ausgegangen, dass es um so leichter fällt, eine bestimmte Menge eines Faktors durch den anderen zu ersetzen, je mehr von dem ersten Faktor noch vorhanden ist.[32] Auch hier gilt also – jetzt für die technische Grenzrate der Substitution zwischen den Produktionsfaktoren –, dass diese kleiner als null ist und entlang einer Isoquante abnimmt:

$$\frac{dv_2}{dv_1} < 0.$$

Dies sei anhand eines Beispiels verdeutlicht: Zur Erzielung eines bestimmten landwirtschaftlichen Ertrages werden die Faktoren Arbeit (A) und Boden (B) eingesetzt. Dabei führen folgende Faktormengenkombinationen zum gleichen Ertrag:

Arbeit	Boden
1 Manntag	10 ha
1,5 Manntage	8 ha
2,5 Manntage	6 ha
5 Manntage	4 ha
10 Manntage	2 ha

In der Ausgangslage ist Arbeitskraft zunächst knapp, während Boden reichlich vorhanden ist. Mit zunehmender Substitution kehrt sich dieses Verhältnis um, so dass am Ende der Boden knapp und die Arbeit reichlich vorhanden ist. Eine Substitution von Boden – hier jeweils von 2 ha – fällt um so leichter, das heißt, erfordert um so weniger Arbeitseinheiten, je größer die verfügbare Bodenfläche ist. Hieraus ergibt sich der in Abbildung II.10 dargestellte konvexe Verlauf der Isoquanten.

---

[32] Den Hintergrund bildet das Gesetz vom abnehmenden Grenzertrag. Dieses wird im Kapitel III.4.1.1 näher ausgeführt.

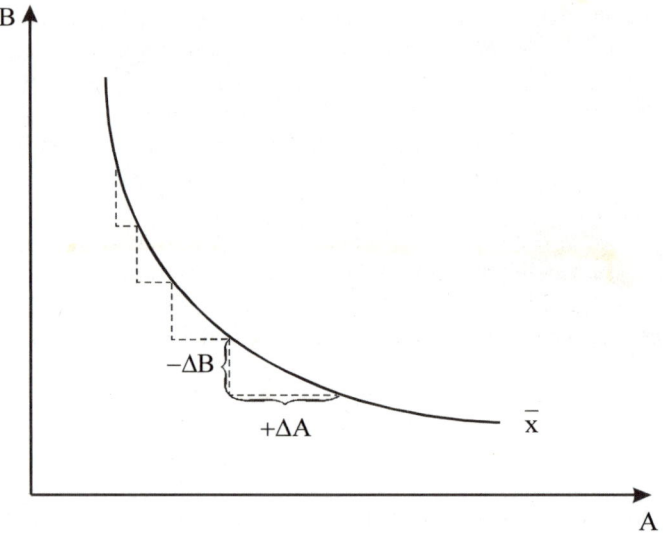

Abbildung II.10

Anders gesagt: der Grenzertrag eines Produktionsfaktors ist stets positiv, nimmt aber mit wachsender Ausstattung als:

$$\frac{\partial x}{\partial v_1} > 0 \quad \text{und} \quad \frac{\partial^2 x}{\partial v_1^2} < 0.$$

Auch hier sei darauf hingewiesen, dass der Produktionsprozess selbst, der sich in der Produktionsfunktion widerspiegelt, nicht Gegenstand der Ökonomie ist, sondern in anderen Wissenschaften, zum Beispiel in den Agrarwissenschaften, den Ingenieurwissenschaften oder der Chemie, behandelt wird.

II.3.2   Kostenbetrachtung

Wir wollen damit die reine Ertragsbetrachtung verlassen und uns nun den Kosten-aspekten der Produktion zuwenden. Der Übergang von der Ertrags- zur Kostenbe-trachtung erfolgt durch Berücksichtigung der Faktorpreise, die wir im weiteren mit q_1 und q_2 bezeichnen wollen.

Kosten – so die allgemeine Definition – sind mit Faktorpreisen (q_i) bewerteter Faktorverbrauch (v_i). Auf unser Zwei-Faktoren-Modell bezogen, lassen sich die Kosten damit schreiben als

$$K = q_1 \cdot v_1 + q_2 \cdot v_2,$$

wobei das erste Produkt auf der rechten Seite der Gleichung die Kosten für den

Einsatz des Faktors 1, das zweite Produkt die Kosten für den Einsatz des Faktors 2 kennzeichnet.

Unterstellt man, dass die Faktorpreise (q_1, q_2) für die Unternehmung gegeben sind, so lässt sich aus obiger Kostengleichung bei Vorgabe einer bestimmten Kostensumme (K) eine Funktion ableiten, die den Verlauf der so genannten Isokostenlinie beschreibt. Zur grafischen Darstellung der Isokostenlinie, die formal mit der Bilanzgeraden des Haushalts übereinstimmt, legen wir folgende Zahlenwerte zugrunde:

$$q_1 = 4, \; q_2 = 5, \; K = 40.$$

Setzt man diese Werte in die allgemeine Kostenfunktion ein, so erhält man durch Auflösung nach v_2 die Gleichung:

$$v_2 = 8 - \frac{4}{5} v_1,$$

die wiederum eine negativ geneigte Gerade darstellt. Mit Hilfe der Wertetabelle gewinnen wir hieraus den in Abbildung II.11 gezeichneten Verlauf der Isokostenlinie.

Faktor	Menge				
v_1	0	2,5	5	7,5	10
v_2	8	6	4	2	0

Auf der Isokostenlinie liegen alle jenen Faktorkombinationen, die mit der gegebenen Kostensumme zu den herrschenden Faktorpreisen erworben werden können. Faktorkombinationen unterhalb der Isokostenlinie sind grundsätzlich realisierbar, führen jedoch nicht zu einer vollen Verausgabung der vorgegebenen Kostensumme. Faktorkombinationen rechts oberhalb der Isokostenlinie sind mit dem unterstellten Kostenrahmen nicht finanzierbar.

Geht man den formalen Weg, den wir bereits vom Haushaltsmodell her kennen, weiter, so besteht der nächste Schritt darin, Isokostenlinie und Isoquanten in einem gemeinsamen Diagramm zusammenzubringen. Man erhält so Abbildung II.12:

Aus dem Tangentialpunkt T der Isokostenlinie mit einer Isoquanten – hier $\bar{x} = 4$ – können wir ersehen, welcher Ertrag unter den gegebenen Bedingungen, das heißt

- bei gegebener Kostensumme,

- bei gegebenen Faktorpreisen sowie

- im Rahmen der gegebenen Produktionstechnik, die sich im Verlauf und Niveau der Isoquanten widerspiegelt,

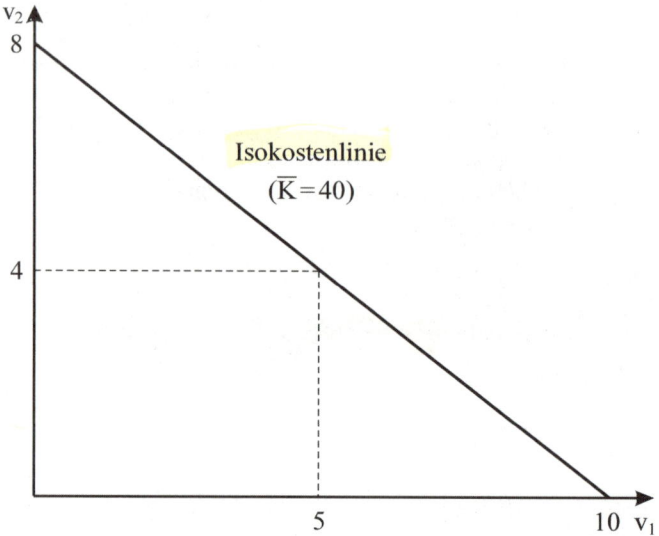

Abbildung II.11

maximal erzeugt werden kann und welche Faktormengen hierzu eingesetzt werden müssen. Andere Punkte auf oder unterhalb der Isokostenlinie sind zwar realisierbar, führen jedoch nur zu einem geringeren Output, beispielsweise zu den Punkten A und B. Eine Isoquante mit höherem Ertragsniveau, zum Beispiel $\bar{x} = 5$, ist mit der vorgegebenen Kostensumme bei den herrschenden Preisen nicht zu erreichen. Mithin markiert der Punkt T das Optimum. Im Optimum gilt – analog zum Haushaltsoptimum:

$$\frac{dv_2}{dv_1} < 0 \qquad \text{und} \qquad \frac{dv_2}{dv_1} = -\frac{4}{5} = -\frac{q_1}{q_2}.$$

Man kann dieses Optimum, wie wir dies gerade getan haben, im Sinne einer Ertragsmaximierung bei gegebener Kostensumme interpretieren. Man kann den Punkt T aber genauso gut als Kostenminimum verstehen.[33] Denn der Punkt T kennzeichnet zugleich jene Faktormengenkombination, mit deren Einsatz die Outputmenge $\bar{x} = 4$ zu den geringst möglichen Kosten erzeugt wird. Alle anderen Faktorkombinationen, mit denen diese Menge ebenfalls hergestellt werden könnte, liegen rechts oberhalb unserer Isokostenlinie und würden damit eine höhere Kostensumme verlangen. Mithin wird der Punkt T – und das ist der übliche Ausdruck – als „Minimalkostenkombination" bezeichnet.

---

[33] Wir haben hier damit ein weiteres Beispiel für die Anwendung des ökonomischen Prinzips zum einen als Maximierungs-, zum anderen als Minimierungsaufgabe.

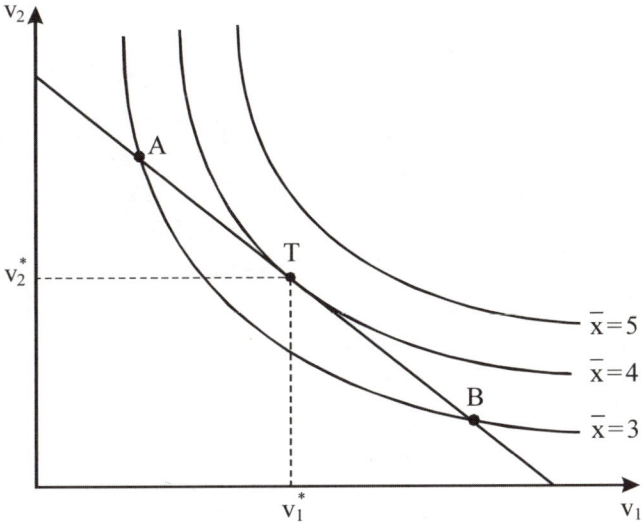

Abbildung II.12

Nun beschränkt sich das Interesse in der Regel nicht darauf, für eine einzige Outputmenge die minimalen Kosten zu ermitteln, sondern man will üblicherweise wissen, welche Kosten bei der Herstellung alternativer Produktmengen anfallen. Um diese Frage mit unserem Modell zu beantworten, variieren wir zunächst die Kostensumme. Wie leicht an einem Beispiel nachzuprüfen ist, führt eine Veränderung der Kostensumme bei konstanten Faktorpreisen zu einer Parallelverschiebung der Isokostenlinie. Wird eine größere Kostensumme zur Verfügung gestellt, so verschiebt sich die Isokostenkurve nach rechts oben; reduziert man dagegen die Kostensumme, so verschiebt sich die Gerade parallel zum Ursprung hin. Die Steigung bleibt konstant, da sich das Preisverhältnis nicht verändert hat.

Bei einer Variation der Kostensumme erhält man so – wie in Abbildung II.13 dargestellt – eine Reihe von Optima, die zunächst für verschiedene alternative Kostensummen die maximale Outputmenge anzeigen. Gleichzeitig sind damit jedoch auch für jede Outputmenge die minimal aufzuwendenden Kosten bekannt, die wir in unserer Darstellung an den Achsenabschnitten ablesen können. Dieser Zusammenhang zwischen den aufzuwendenden Kosten und der Outputmenge, also die Abhängigkeit der Kosten von der Produktmenge, ist es, der uns eigentlich interessiert. Formal wird dieser Zusammenhang durch die Kostenfunktion

$$K = f(x)$$

beschrieben, welche die Kosten in Abhängigkeit von der Outputmenge zum Ausdruck bringt. Um diesen Zusammenhang auch grafisch auf der Grundlage unseres Minimalkostenmodells zu veranschaulichen, kann man wie folgt verfah-

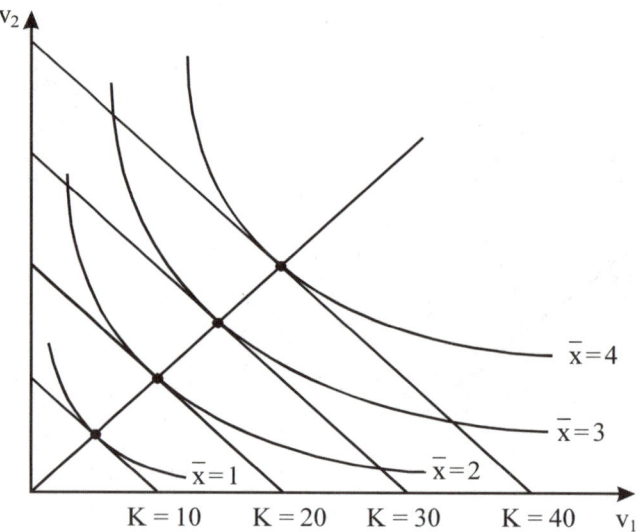

Abbildung II.13

ren: Wir erstellen hierzu eine neue Abbildung, bei der wir auf der Ordinate die Kosten und auf der Abszisse den Output x abtragen:

Ausgehend von Abbildung II.13 erhalten wir auf diese Weise durch Übertragung und Zuordnung der korrespondierenden Werte die in Abbildung II.14a dargestellte linear ansteigende Kostenkurve. Das heißt, dass beispielsweise eine Verdoppelung der Outputmenge auch eine Verdoppelung der Kosten nach sich zieht.

Ein solch linearer Zusammenhang ist zwar wahrscheinlich, jedoch keineswegs zwingend. Vielmehr dürfte in vielen Fällen eine Outputsteigerung nur – wie in Abbildung II.14b veranschaulicht – zu überproportional steigenden Kosten zu realisieren sein, das heißt, dass beispielsweise eine Verdoppelung der Outputmenge zu mehr als einer Verdoppelung, also zum Beispiel zu einer Vervierfachung der Kosten führt. Die Ursachen hierfür könnten beispielsweise darin bestehen, dass das Führungspersonal nicht in der gewünschten Qualität in beliebigem Umfang erweitert werden kann, weil interne Erfahrungen notwendig sind oder nur zu höheren Kosten anderweitig abgeworben werden kann – letzteres wäre allerdings ein Widerspruch zu unserer Annahme konstanter Faktorpreise. Auch ist es denkbar, dass das Management mit zunehmender Unternehmensgröße an Effizienz verliert. Im Wesentlichen sind es also Engpässe, die für einen überproportionalen Anstieg der Kosten verantwortlich sind.

Seltener dagegen ist der in Abbildung II.14c dargestellte Fall, dass die Kosten bei einer Outputsteigerung nur unterproportional ansteigen, dass also bei der Produktion Größenvorteile – so genannte „economies of scale" – wirksam werden. In diesem Fall würde beispielsweise eine Verdoppelung des Outputs zu weniger als einer Verdoppelung der Kosten führen, also beispielsweise bei einer Erhöhung des

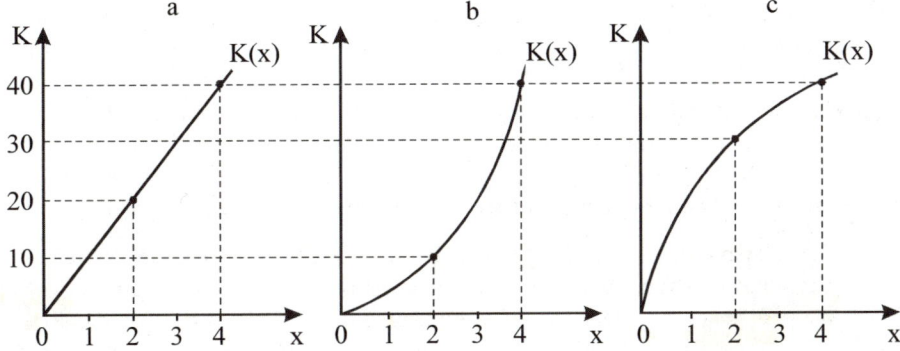

Abbildung II.14

Outputs um 100% nur zu einer Kostensteigerung um 33,3%. Derartige Kostenverläufe könnten beispielsweise darauf zurückzuführen sein, dass bei einer Ausdehnung der Produktion eine vorhandene Maschinenanlage besser ausgenutzt oder auf eine Erweiterung des Managements verzichtet werden kann. Auch die Bewältigung einer größeren Verkehrsleistung im Rahmen eines vorhandenen Schienennetzes kann als Beispiel genannt werden.

In diesen Fällen können sich bereichsweise degressiv beziehungsweise unterproportional steigende Kostenverläufe ergeben, und zwar so lange, bis die in fixer Menge eingesetzten Faktoren – in unseren Beispielen also die Maschinenanlage, das Management beziehungsweise das Schienennetz – nicht mehr im Überschuss vorhanden sind, sondern selbst zu einem Engpass werden. Erklärungen für solche Kostenverläufe beruhen damit primär auf Unteilbarkeiten bestimmter Produktionsfaktoren, was jedoch vom Grundsatz her unserer Modellstellung mit vollständiger Teilbarkeit der Faktoren widerspricht. Die Isoquanten für die Kostenfunktionen der Fälle b und c könnten beispielsweise den in Abbildung II.15 veranschaulichten Verlauf aufweisen.

Bei den bisherigen Betrachtungen auf der Grundlage des Minimalkostenmodells

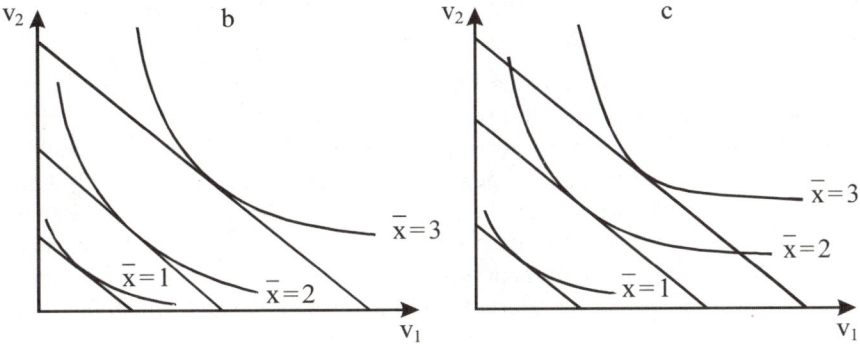

Abbildung II.15

haben wir unterstellt, dass alle Inputfaktoren in beliebiger Menge eingesetzt werden können, dass also alle Faktoren, so der Fachausdruck, „variabel" sind. Eine derartige Annahme ist jedoch nur langfristig zu vertreten, da nur bei einem solchen Zeithorizont letztlich alle Einsatzfaktoren beliebig variiert werden können. Je kürzer dagegen die Betrachtungsperiode gewählt wird, desto eher ist davon auszugehen, dass bestimmte Faktoren fix sind, also nicht – wie beispielsweise der Materialeinsatz – beliebig der jeweiligen Produktmenge angepasst werden können.

Typisches Beispiel für einen fixen Faktor ist der Boden respektive die Betriebsfläche einer Unternehmung sowie die gegebenenfalls darauf befindlichen Gebäude. Eine Veränderung, vor allem eine Verminderung dieser Faktoren, ist in der Regel nur langfristig möglich. Ähnliche Überlegungen gelten für den Maschinenpark, da die einzelnen Aggregate meistens nur mit erheblichen Verlusten verkauft und deshalb kaum als variabel eingestuft werden können. Aber auch der Faktor Arbeit muss – je nach den Möglichkeiten und Fristen einer eventuellen Kündigung – zumindest in gewissem Umfang als fix angesehen werden.

Natürlich gibt es, wie diese Beispiele zeigen, Unterschiede in dem Grad, zu dem ein Faktor als fix zu bezeichnen ist. So ist die Aufgabe eines Teils der Betriebsfläche in der Regel sicher schwieriger zu bewerkstelligen als die Kündigung von Mitarbeitern, vor allem dann, wenn man entsprechende Abfindungszahlungen in Rechnung stellt. Auch dürfte klar sein, dass langfristig selbstverständlich alle Faktoren als variabel anzusehen sind, es also keine absolut fixen Faktoren gibt. Hierzu trägt auch die Möglichkeit einer Aufgabe der Geschäftstätigkeit mit Liquidation der Unternehmung bei, die allerdings in der Regel mit erheblichen Einbußen verbunden sein dürfte.

Diese Überlegungen mögen genügen, um zu verdeutlichen, dass die Annahme der Variabilität aller Faktoren, wie sie bei der Minimalkostenkombination unterstellt wird, zwar langfristig akzeptabel ist, kurzfristig jedoch nicht der Realität entsprechen dürfte. Vielmehr ist für die kurze Periode davon auszugehen, dass ein Teil der Faktoren als fix anzusehen ist, was zur Konsequenz hat, dass die für diese Faktoren zu tätigenden Aufwendungen unabhängig von der erzeugten Produktmenge anfallen. Man spricht von fixen Kosten (K_f), die, wie Abbildung II.16 zeigt, grafisch als Parallele zur Abszisse darzustellen sind.

Zu den fixen Kosten hinzu kommen die Kosten für die variablen Faktoren, also beispielsweise für den Materialeinsatz, welche von der Produktionsmenge abhängen und deshalb als variable Kosten (K_v) bezeichnet werden. Für die variablen Faktoren beziehungsweise Kosten gelten dem Prinzip nach ähnliche Optimierungsüberlegungen, wie wir sie im Zusammenhang mit der Minimalkostenkombination kennen gelernt haben, so dass wir hierauf nicht mehr erneut einzugehen brauchen. Wir können uns deshalb hier darauf beschränken, die wichtigsten Kostenverläufe ohne gesonderte Herleitung in den nachfolgenden Abbildung II.16 bis Abbildung II.18 darzustellen. Es sind dies:

- Ein linearer Anstieg der variablen und damit der Gesamtkosten als Summe aus fixen und variablen Kosten in Abbildung II.16 (entsprechend Abbildung II.14a).

- Ein progressiver beziehungsweise überproportionaler Anstieg der variablen und damit auch der Gesamtkosten in Abbildung II.17 (entsprechend Abbildung II.14b).

- Und schließlich in Abbildung II.18 der als ertragsgesetzlich bezeichnete Verlauf mit zunächst unterproportional, dann – wie im vorangehenden Fall – überproportional ansteigenden variablen und damit auch Gesamtkosten (entsprechend einer Kombination der Abbildung II.14b und Abbildung II.14c).

Wir wollen damit die Betrachtung der verschiedenen Verlaufsformen beziehungsweise Typen von Kostenfunktionen beenden und uns als nächstes einigen Definitionen spezieller Kostenbegriffe zuwenden, die wir für die weitere Analyse benötigen.

Wie eben dargelegt, setzen sich die Gesamtkosten zusammen aus den fixen Kosten und den variablen Kosten:

$$K = K_f + K_v.$$

Die fixen Kosten fallen, wie wir eben gesehen haben, unabhängig von der Produktmenge an, die variablen Kosten sind ausbringungsabhängig und steigen mit der hergestellten Menge.

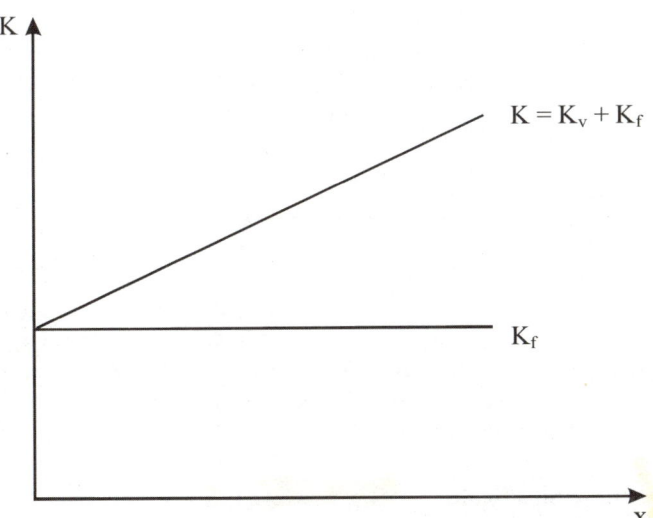

Abbildung II.16

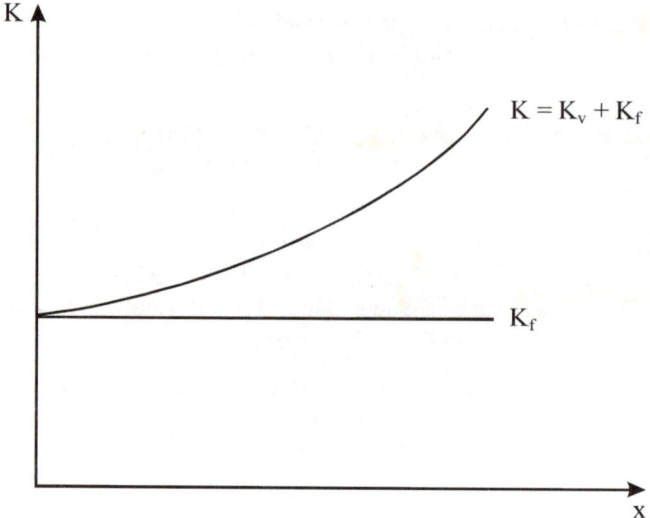

Abbildung II.17

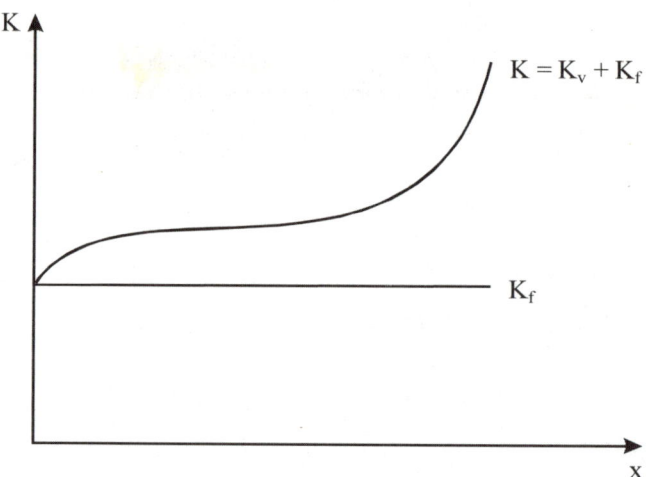

Abbildung II.18

Fragt man nicht nach den insgesamt anfallenden Kosten, sondern nach den je Ausbringungseinheit anfallenden Kosten, so gelangt man zu den Stückkosten beziehungsweise Durchschnittskosten. Um die Stückkosten zu errechnen, werden die Gesamtkosten durch die Ausbringungsmenge geteilt:

$$\frac{K}{x} = \frac{K_f}{x} + \frac{K_v}{x} \qquad \text{beziehungsweise} \qquad DK = DK_f + DK_v.$$

Dabei kann man unterscheiden zwischen

- den Gesamtkosten je Ausbringungseinheit K/x, dies sind die eigentlichen Stückkosten oder Durchschnittskosten (DK) – auch totale Durchschnittskosten oder durchschnittliche Gesamtkosten genannt –,

- den Fixkosten je Ausbringungseinheit K_f/x – hier spricht man auch von fixen Stückkosten, fixen Durchschnittskosten oder durchschnittlichen Fixkosten (DK_f) – und schließlich

- den variablen Kosten je Ausbringungseinheit K_v/x, die auch als variable Stückkosten, variable Durchschnittskosten oder durchschnittliche variable Kosten (DK_v) bezeichnet werden.

Neben den verschiedenen Durchschnittskostengrößen sind die Grenzkosten (GK) von Interesse. Die Grenzkosten geben Auskunft über die Veränderung der Kosten (Zusatzkosten) bei Variation der Ausbringungsmenge. Mathematisch gesehen handelt es sich hierbei um die erste Ableitung der Kostenfunktion, also

$$GK = \frac{dK}{dx}.$$

Stellt man nicht auf diese infinitesimale Betrachtungsweise ab, sondern variiert man statt dessen die Ausbringungsmenge um eine Einheit, so erhält man eine anschauliche Interpretation der Grenzkosten. Die Grenzkosten beschreiben dann den Kostenzuwachs, der entsteht, wenn die Produktion um eine Mengeneinheit ausgedehnt wird.

Zur Verdeutlichung dieser Kostenbegriffe sei von der Kostenfunktion

$$K = 10 + \frac{1}{2}x^2$$

ausgegangen, aus der unmittelbar der fixe und variable Kostenanteil zu ersehen ist. Hieraus ermittelt man für die durchschnittlichen Kosten die Gleichung

$$\frac{K}{x} = \frac{10}{x} + \frac{1}{2}x,$$

die zugehörige Grenzkostenfunktion lautet

$$GK = \frac{dK}{dx} = \frac{d(10 + 0,5x^2)}{dx} = \frac{2x}{2} = x.$$

Zur Darstellung dieser Kostenfunktionen bedienen wir uns folgender Wertetabelle.

Kostenart	Menge x					
	0	2	4	6	8	10
K	10	12	18	28	42	60
K_f	10	10	10	10	10	10
K_v	0	2	8	18	32	50
DK	∞	6	4,5	4,67	5,25	6
DK_f	∞	5	2,5	1,67	1,25	1
DKv	0	1	2	3	4	5
GK	0	2	4	6	8	10

Unter Rückgriff auf die errechneten Werte lässt sich der Zusammenhang zwischen den verschiedenen Kostenarten damit anhand von Abbildung II.19 veranschaulichen.

Für unsere weiteren Überlegungen sind vor allem zwei Aspekte von Bedeutung: Und zwar gehört zu dem unterstellten Verlauf der Gesamtkosten, die einen progressiven oder überproportionalen Anstieg aufweisen, zum einen eine positiv ansteigende (in unserem Zahlenbeispiel lineare) Grenzkostenkurve. Zum anderen wollen wir festhalten, dass die zugehörige Durchschnittskostenkurve u-förmig[34] verläuft und dass die Grenzkostenkurve diese in ihrem Minimum schneidet.

Unterstellt man statt einer progressiv ansteigenden eine linear wachsende Gesamtkostenkurve, so ergeben sich die in Abbildung II.20 dargestellten Kostenverläufe.

Die Grenzkosten sind konstant und entsprechen den variablen Durchschnittskosten. Aufgrund der Fixkostendegression erhalten wir damit mit steigender Ausbringung sinkende Stückkosten. Sofern ein solcher Kostenverlauf unterstellt wird, ist es für die Unternehmung aus Kostensicht von Vorteil, ihre Produktion möglichst weit auszudehnen, man spricht in diesem Zusammenhang von den „Vorteilen der Massenproduktion". Als Zahlenbeispiel möge gelten:

$$K = 10 + \frac{3}{4}x,$$

mit den zugehörigen Durchschnittskostenfunktionen

$$DK = \frac{10}{x} + \frac{3}{4}, \qquad DK_f = \frac{10}{x}, \qquad DK_v = \frac{3}{4}$$

---

[34] Vereinfachend kann man diesen u-förmigen Verlauf der DK-Kurve darauf zurückführen, dass ein Faktor in fixer Menge eingesetzt wird, der bis zum Erreichen des Minimums im Überschuss vorhanden ist, danach aber zum Engpassfaktor wird.

und den Grenzkosten

$$GK = \frac{3}{4}.$$

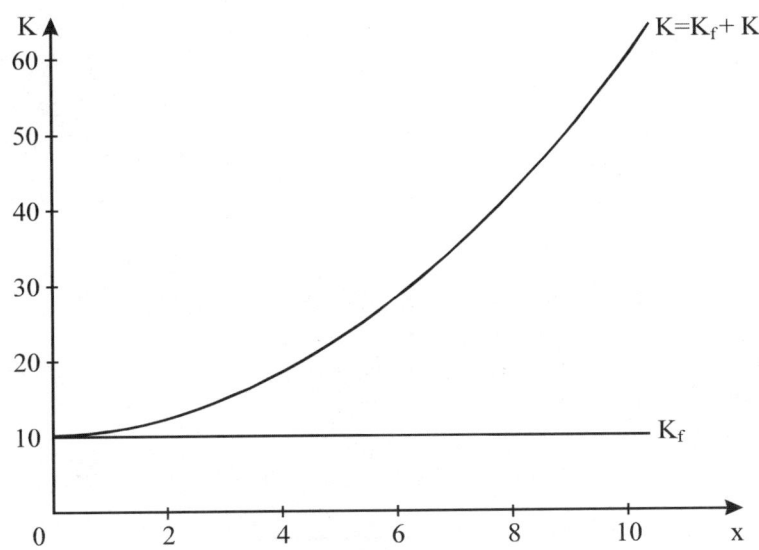

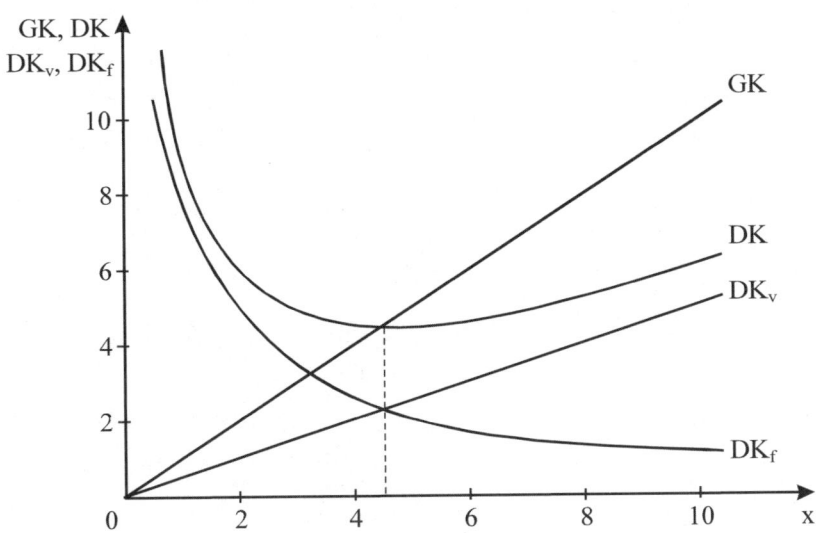

Abbildung II.19

Hiervon zu unterscheiden ist der Fall, bei dem die Unternehmung auf verschiedene Produktionsprozesse zurückgreifen kann, die bei linearem Gesamtkostenverlauf in ihren fixen und variablen Kosten differieren. Und zwar möge – wie in Abbildung

II.21 dargestellt – die Unternehmung zwischen drei Produktionsverfahren wählen können. Diese Verfahren zeichnen sich dadurch aus, dass bei steigender Fixkostenbelastung der Anstieg der Kostenkurve und damit die variablen Durchschnittskosten sinken.

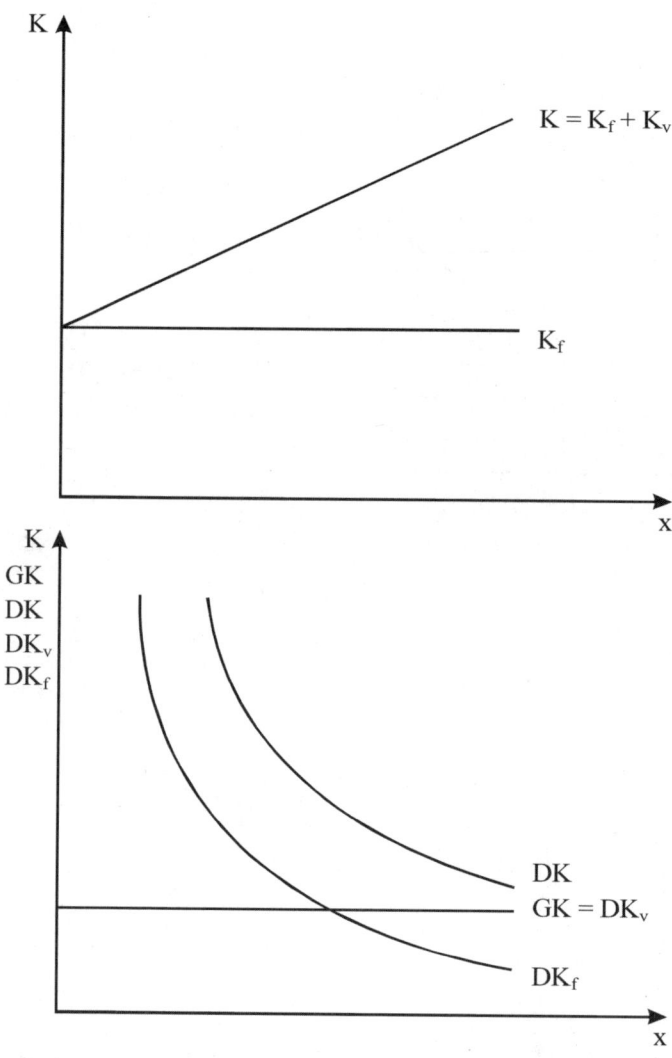

Abbildung II.20

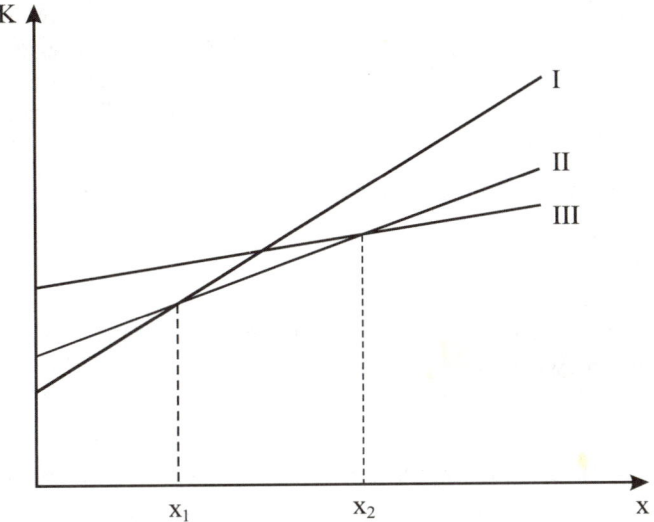

Abbildung II.21

Für die Unternehmung ist es nun von Vorteil, bis zur Ausbringungsmenge x_1 das Verfahren I einzusetzen, bei Mengen zwischen x_1 und x_2 auf das Verfahren II zurückzugreifen und schließlich - bei Produktmengen größer x_2 - auf das Verfahren III umzustellen.[35] Auch hier spricht man von Vorteilen der Massenproduktion, da die niedrigeren variablen Kosten erst ab einer bestimmten Mindestproduktionsmenge auf die Gesamtkosten durchschlagen.

II.3.3   Angebotsverhalten der einzelnen Unternehmung

Damit kommen wir zum dritten Schritt unserer Analyse, nämlich zur Frage des Verhaltens der Unternehmung am Absatzmarkt. Um das Verhalten am Absatzmarkt zu erklären, ist die Zielsetzung von entscheidender Bedeutung. Im Rahmen der ökonomischen Theorie wird meistens unter der Voraussetzung argumentiert, dass die Unternehmungen danach streben, ihren Gewinn zu maximieren. Wir wollen uns hier dieser gängigen Annahme anschließen. Jedoch würde es keine grundsätzlichen Probleme aufwerfen, mit dem erarbeiteten Instrumentarium auch das Unternehmensverhalten bei anderer Zielsetzung, zum Beispiel bei der für öffentliche Unternehmungen typischen Zielsetzung der Absatzmaximierung bei gleichzeitiger Kostendeckung, zu analysieren. Auch wäre es denkbar, wie bei der Haushaltstheorie bereits angedeutet, das Erreichen eines Anspruchsniveaus, hier also eines als zufriedenstellend angesehenen Gewinnniveaus, als Zielsetzung zu

---

[35] Bei der Kombination verschiedener Verfahren zur Herstellung einer bestimmten Menge eines Gutes spricht man auch von der so genannten Niedrigstkostenfunktion. Vgl. Bloech (2003), Kap. II.4.

unterstellen. Für die im Folgenden angenommene Maximierungshypothese spricht jedoch, dass der Zwang für die Unternehmungen zur Orientierung am Ziel der Gewinnmaximierung um so größer ist, je stärker der Wettbewerb auf dem betreffenden Markt ausgeprägt ist, da ansonsten Verluste drohen und damit langfristig ein Ausscheiden aus dem Marktgeschehen zu befürchten wäre.

Der Gewinn ist definiert als die Differenz zwischen Umsatz beziehungsweise Erlös und Kosten:

$$G = E - K.$$

Wie wir gesehen haben, hängen die Kosten von der produzierten Menge ab und sind damit eine Funktion der Ausbringung, also

$$K = f(x).$$

Ebenso lässt sich der Erlös, der zunächst allgemein als Produkt aus Preis und Menge definiert ist, also

$$E = p \cdot x$$

als Funktion der ausgebrachten Menge darstellen.

Wenn Kosten und Erlös als Funktion der Ausbringungsmenge geschrieben werden können, so gilt dies auch für den Gewinn,

$$G(x) = E(x) - K(x),$$

und es ist gemäß der angenommenen Zielsetzung jene Menge zu bestimmen, bei der die Differenz zwischen Erlös und Kosten maximal wird.

Dieses Problem können wir zunächst auf einfachem Wege grafisch lösen, indem wir die Kosten- und Erlöskurve der Unternehmung in ein einziges Diagramm einzeichnen und jene Menge suchen, bei der die positive Differenz zwischen den Kurven, und zwar die vertikale Differenz, maximal wird.

Greifen wir hierzu zur Veranschaulichung auf die ausführlich diskutierte Kostenkurve mit Fixkosten und progressivem Anstieg zurück. Bezüglich der Erlöskurve gehen wir von dem einfachsten Fall aus und unterstellen, dass der Preis vom Markt vorgegeben und durch die einzelne Unternehmung (Mengenanpasser beziehungsweise Preisnehmer) nicht beeinflusst werden kann. Unter dieser Voraussetzung steigt der Erlös linear mit der Absatzmenge an:

$$E = \overline{p} \cdot x.$$

Wie Abbildung II.22 zu entnehmen ist, übersteigt der Erlös bei einer Ausbringungsmenge zwischen x_1 und x_2 die Kosten, so dass die Unternehmung hier einen Gewinn erzielt. Dagegen sind bei Mengen, die kleiner als x_1 oder größer als x_2 sind, die Kosten höher als der Erlös, die Unternehmung würde mit Verlust produ-

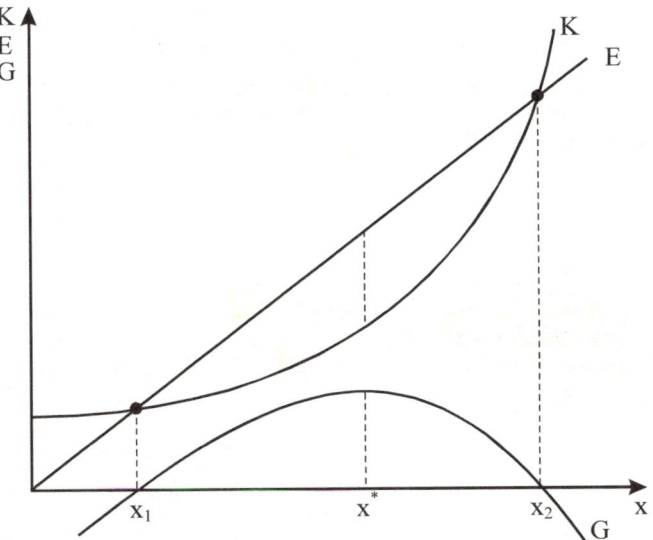

Abbildung II.22

zieren. x_1 und x_2 kennzeichnen deshalb die Gewinnschwellen der Unternehmung. Aus der vertikalen Differenz zwischen Erlös- und Kostenkurve kann unmittelbar die Höhe des Gewinns beziehungsweise des Verlustes ersehen werden. Wie Abbildung II.22 zeigt, verläuft die Gewinnkurve zwischen x_1 und x_2 im positiven Bereich und erreicht ihr Maximum bei Ausbringung der Menge x^*.

Daneben gibt es einen eleganteren Weg, um das Gewinnmaximum zu bestimmen, bei dem von der Mathematik, genauer der Differentialrechnung, Gebrauch gemacht wird. Bekanntlich weist eine Funktion an jener Stelle einen Extremwert auf, also ein Minimum oder ein Maximum, an der die erste Ableitung der Funktion und damit der Grenzgewinn (GG) null wird. Auf unsere Gewinnfunktion übertragen ist deshalb zu fordern:

$$\frac{dG}{dx} = \frac{dE}{dx} - \frac{dK}{dx} \qquad \text{beziehungsweise} \qquad GG(x) = GE(x) - GK(x) = 0.$$

Dies bedeutet, dass im Gewinnmaximum die Bedingung

$$GE(x) = GK(x)$$

erfüllt sein muss. $GK(x)$ kennen wir bereits, denn dies sind die Grenzkosten. Analog ist $GE(x)$ als Grenzerlös zu definieren. Während aus den Grenzkosten zu ersehen ist, welche zusätzlichen Kosten entstehen, wenn die Ausbringungsmenge um eine Einheit erhöht wird, bringt der Grenzerlös zum Ausdruck, welcher zusätzliche Erlös erzielt wird, wenn eine weitere Gütereinheit am Markt abgesetzt wird. Der Grenzerlös beschreibt also die Erlösänderung bei Variation der Absatzmenge.

Nun stellt die Bedingung Grenzerlös gleich Grenzkosten lediglich sicher, dass ein Extremwert vorliegt. Es handelt sich also – mathematisch gesehen – um die notwendige Maximierungsbedingung. Die hinreichende Bedingung für das Vorliegen eines Maximums, auf die hier nur hingewiesen werden soll, fordert zusätzlich, dass die zweite Ableitung der Gewinnfunktion negativ ist, also

$$\frac{d^2G}{dx^2} = \frac{d^2E}{dx^2} - \frac{d^2K}{dx^2} < 0$$

gilt, das heißt, dass die zweite Ableitung der Erlösfunktion kleiner sein muss als die zweite Ableitung der Kostenfunktion oder, womit das gleiche zum Ausdruck gebracht wird, dass die Steigung der Grenzkostenkurve größer sein muss als die Steigung der Grenzerlöskurve:

$$\frac{d^2E}{dx^2} < \frac{d^2K}{dx^2}.$$

Beschränkt man sich auf die notwendige Maximierungsbedingung, also die Gleichheit von Grenzerlös und Grenzkosten, so fehlt uns zu ihrer Anwendung noch die Kenntnis der Grenzerlöskurve. Wie sich der Grenzerlös entwickelt, ist abhängig vom Verlauf der Erlösfunktion. Im einfachsten Fall, nämlich bei konstanten Absatzpreisen, handelt es sich hierbei um eine lineare Beziehung, die Erlöskurve verläuft, wie wir eben gesehen haben, linear durch den Ursprung:

$$E = \bar{p} \cdot x.$$

Da der Preis gemäß unserer Annahme konstant ist, wird der Erlös genau um diesen Betrag zunehmen, wenn die Unternehmung eine weitere Einheit am Markt anbietet. Der Grenzerlös ist deshalb im Falle einer linearen Erlösfunktion identisch mit dem Preis. Es gilt also

$$GE = \bar{p},$$

das heißt, die Grenzerlöskurve verläuft im Abstand $\bar{p}$ parallel zur Abszisse. Da der Grenzerlös dem Preis entspricht, kann die Gewinnmaximierungsbedingung, die die Gleichheit von Grenzerlös und Grenzkosten fordert, in diesem Fall auch geschrieben werden als

$$\bar{p} = GK.$$

Betrachten wir diesen Zusammenhang näher anhand von Abbildung II.23. Im unteren Teil der Abbildung ist neben der bereits bekannten steigenden Grenzkostenkurve die Grenzerlöskurve eingezeichnet, die im Abstand des Preises $\bar{p}$ parallel zur Abszisse verläuft. Anders als in Abbildung II.17 ist die Kurve der GK nun zwar positiv ansteigend, aber keine Ursprungsgerade mehr. Sie ist etwas allgemeinerer Art. Analytisch liegt hier eine Kostenfunktion der Art:

$$K(x) = a+cx+bx^2$$

zugrunde; deren Ableitung lautet bekanntlich:

$$GK = \frac{dK}{dx} = \frac{d(ax + cx + bx^2)}{dx} = 2bx + c$$

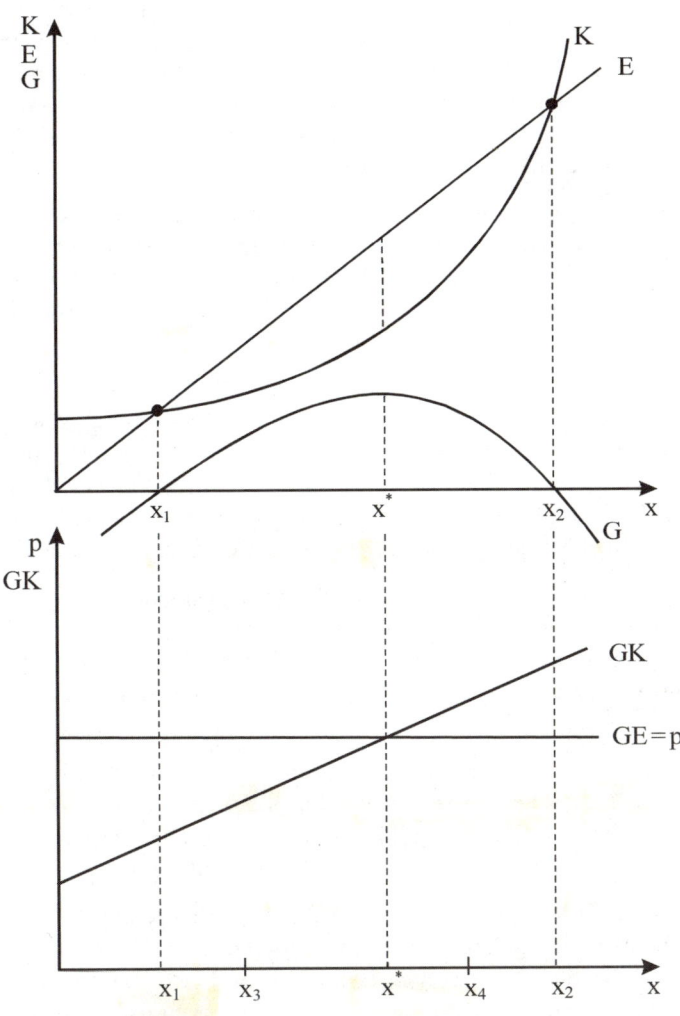

Abbildung II.23

Das ist genau eine um einen konstanten Betrag gegenüber dem Ursprung nach oben verschobene, lineare Grenzkostenfunktion! Aufgrund unserer vorangegangenen Ableitungen markiert der Schnittpunkt von Grenzerlöskurve beziehungsweise Preisgeraden und Grenzkostenkurve das Gewinnmaximum, so dass die zugehörige Menge x^* die gewinnmaximale Ausbringungsmenge angibt. Hierbei handelt es sich natürlich um dieselbe Menge, die wir oben mit Hilfe der vertikalen Differenz von Gesamterlös- und Gesamtkostenkurve abgeleitet haben. Zeichnet man deshalb beide Abbildungen, also die Total- und die Marginalbetrachtung, bei gleichem Maßstab der Abszisse untereinander, so müssen die Optima genau übereinstimmen.

Warum, wie wir bisher nur mathematisch begründet haben, das Gewinnmaximum auch über die Gleichheit von Grenzerlös und Grenzkosten bestimmt werden kann, soll die folgende Überlegung verdeutlichen. Hierzu greifen wir eine beliebige Menge heraus und fragen, ob der Gewinn durch Ausdehnung oder Einschränkung dieser Menge gesteigert werden kann. Besteht eine derartige Möglichkeit, so ist das Gewinnmaximum offensichtlich noch nicht erreicht.

Prüfen wir zunächst die Menge x_3, die charakteristisch für alle Mengen links von x^* ist. Bei der Menge x_3 übersteigt der Grenzerlös die Grenzkosten. Dies bedeutet, dass der Gewinn durch eine Ausdehnung der Produktion gesteigert werden kann, da der zusätzlich erzielbare Erlös die zusätzlichen Kosten übersteigt. Wir können hieraus schließen, dass bei allen Mengen links von x^* eine Vergrößerung der Ausbringungsmenge angezeigt ist.

Umgekehrtes gilt bei all jenen Mengen, die rechts von x^* liegen, also beispielsweise bei x_4. Hier sind die Grenzkosten höher als der Grenzerlös. Eine Einschränkung der Produktion würde deshalb zu einer Gewinnsteigerung führen, da der dabei erzielbare Kostenrückgang die Umsatzeinbußen übersteigen würde. Folglich ist bei allen Mengen rechts von x^* mit einer Verminderung der Ausbringung zu rechnen.

Die Unternehmung wird sich deshalb – entweder durch Ausdehnung oder durch Einschränkung ihrer Menge – in Richtung auf den Schnittpunkt von Grenzerlös- und Grenzkostenkurve zu bewegen, in dem keine weiteren Möglichkeiten zur Gewinnsteigerung mehr existieren, so dass hier das Gewinnmaximum realisiert wird.

Um das Angebotsverhalten der Unternehmung umfassender zu beschreiben, ist die Frage zu beantworten, wie sich die Unternehmung anpasst, wenn der vom Markt vorgegebene Preis einen anderen Wert annimmt. In diesem Fall gilt weiterhin die Bedingung $\bar{p} = GK$, jedoch ist für $\bar{p}$ der jeweils aktuelle Wert einzusetzen.

Angenommen der Preis steigt, beispielsweise von $\bar{p}$ auf p_2 in Abbildung II.24, so wird die Unternehmung den Schnittpunkt der neuen Preisgeraden mit der Grenzkostenkurve anstreben und die Ausbringungsmenge auf x_2^* ausdehnen. Entsprechend wird sich die Unternehmung bei einer Preissenkung, etwa von $\bar{p}$ auf p_1, mit einer Einschränkung ihrer Angebotsmenge, hier auf x_1^*, anpassen. Die Unternehmung

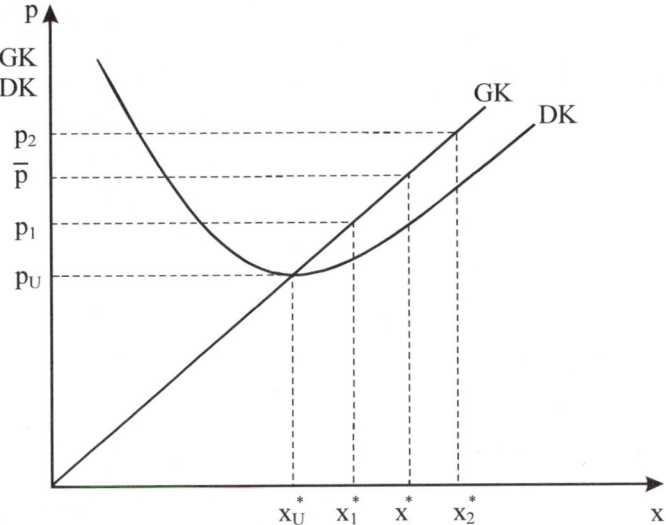

Abbildung II.24

wird also jeweils den Schnittpunkt der relevanten Preisgeraden mit der Grenzkostenkurve anstreben, so dass wir sagen können, dass die Grenzkostenkurve die Angebotskurve der Unternehmung für alternativ vom Markt vorgegebene Preise darstellt.

Allerdings gilt diese Aussage nur, solange der Preis nicht unter p_U sinkt. Denn zum Preis p_U, zu dem die Menge x_U^* ausgebracht würde, kann die Unternehmung gerade noch ihre Stückkosten decken. Diese Bedingung ist bei Preisen unterhalb von p_U nicht mehr erfüllt, da nun der Preis niedriger liegt als das Minimum der Stückkosten. Hier ist deshalb – zumindest soweit keine Erholung des Preises erwartet wird – mit einer Einstellung der Produktion zu rechnen. Die Angebotskurve der Unternehmung wird deshalb nur durch jenen Teil der Grenzkostenkurve gebildet, der oberhalb des Schnittpunktes mit der Durchschnittskostenkurve verläuft.

In gleicher Weise kann man die Frage stellen, wie sich veränderte Beschaffungspreise auf das Angebotsverhalten der Unternehmung auswirken. Soweit nur der Preis des fixen Faktors betroffen ist, wird die Grenzkostenkurve nicht tangiert. Das Angebotsverhalten bleibt unverändert, lediglich der Schnittpunkt von Durchschnittskosten- und Grenzkostenkurve verschiebt sich: Bei einer Preiserhöhung (Preissenkung) des fixen Faktors wird die Preisuntergrenze (p_U) steigen (sinken).

Ändert sich der Preis des variablen Faktors, so hat dies Einfluss auf den Verlauf der Grenzkostenkurve. Steigt der Preis, so wird der Verlauf der Grenzkostenkurve steiler, die Unternehmung wird tendenziell ihr Angebot einschränken. Umgekehrtes gilt bei einer Senkung des Preises. Jetzt verläuft die Grenzkostenkurve flacher, womit vom Grundsatz her eine Ausdehnung des Angebots verbunden ist.

Abschließend sei die Frage gestellt, welche Zusammenhänge zu beachten sind, wenn alle Faktoren variabel sind. Bei 3 Faktoren Kapital $C(x)$, Arbeit $A(x)$ und Energie $E(x)$ mit den zugehörigen Preisen r, l, und e gilt:

$$K = r \cdot C(x) + l \cdot A(x) + e \cdot E(x).$$

Die Ableitung der Kostenfunktion nach der Ausbringungsmenge ergibt:

$$\frac{dK}{dx} = r \cdot \frac{dC(x)}{dx} + l \cdot \frac{dA(x)}{dx} + e \cdot \frac{dE(x)}{dx}.$$

Eine einfache Umstellung führt zu:

$$\frac{dK}{dx} = \frac{r}{dx/dC(x)} + \frac{l}{dx/dA(x)} + \frac{e}{dx/dE(x)}.$$

Die Grenzkosten bleiben demnach immer dann konstant, wenn die jeweiligen Faktorpreise nicht stärker steigen als die entsprechende Grenzproduktivität des Produktionsfaktors zunimmt. In Zeiten stark steigender Energiepreise (bei mäßig zunehmender Energieproduktivität) kann es zweitens bedeuten, dass die Faktoren Arbeit und Kapital (aber zumindest einer der beiden), sollen die Grenzkosten insgesamt nicht zunehmen, den vollen Zuwachs ihrer Grenzproduktivität nicht ausgezahlt bekommen können.

II.4   Preistheorie

Kommen wir damit zum dritten Teilbereich der Mikroökonomie, der Preistheorie, die sicherlich als das zentrale Element der mikroökonomischen Analyse anzusehen ist. Bisher haben wir uns im Rahmen der Haushalts- und Unternehmenstheorie mit dem Nachfrage- und Angebotsverhalten der einzelnen privaten Wirtschaftseinheiten beschäftigt. Wir haben untersucht, welche Planungen ein Haushalt anstellt, um seinen Nutzen zu maximieren, ebenso wie wir die Planungen einer Unternehmung betrachtet haben, für die wir als Zielsetzung Gewinnmaximierung unterstellt haben. Für den Haushalt haben wir bei gegebenem Einkommen und gegebenen Preisen die optimalen Nachfragemengen der einzelnen Güter abgeleitet und danach gefragt, wie sich die Planungen ändern, wenn der vom Markt vorgegebene Preis einen anderen Wert annimmt. Für die Unternehmung haben wir zunächst bei gegebener Produktionsfunktion, das heißt im Rahmen des gegebenen technischen Wissens, und bei gegebenen Faktorpreisen die Kostenfunktion bestimmt. Auf diese Kostenfunktion haben wir anschließend zurückgegriffen, um bei vom Markt vorgegebenem Produktpreis das gewinnmaximale Angebot zu ermitteln. Auch hier haben wir untersucht, wie sich das Angebot ändert, wenn vom Markt ein anderer Preis vorgegeben wird. Wir haben also gezeigt, wie sich die einzelnen Haushalte und Unternehmungen mit ihren Wirtschaftsplänen, das heißt mit ihren nachgefragten und angebotenen Mengen, an die jeweils vom Markt vorgegebenen Daten – also an die gegebenen Marktpreise – anpassen. Wir haben uns damit mit dem Haushalts- und Unternehmensgleichgewicht beziehungsweise den Haushalts- und Unternehmensplänen bei vom Markt gegebenen Preisen beschäftigt.

Offen geblieben ist dabei die Frage, wie die einzelnen Preise, an denen sich die Haushalte und Unternehmungen orientieren, überhaupt zustande kommen und wie ferner über den Preis sichergestellt wird, dass die individuellen Pläne der Haushalte und Unternehmungen miteinander kompatibel sind, das heißt so über den Markt koordiniert werden, dass die insgesamt nachgefragte der insgesamt angebotenen Menge entspricht. Diese Fragen sind Gegenstand der Preistheorie, der wir uns jetzt zuwenden wollen.

Der Preis für eine Ware bildet sich am Markt. Hier treffen Angebot und Nachfrage zusammen, es findet ein Austausch von Waren beziehungsweise Dienstleistungen und Geld statt. Der Geldbetrag, der im Austausch gegen eine Mengeneinheit eines Gutes hergegeben werden muss, ist der Preis. Um zum Ausdruck zu bringen, dass sich der Marktbegriff in der Regel nicht – wie man vielleicht annehmen könnte – auf einen geographischen Ort bezieht, etwa im Sinne eines Wochenmarktes, sondern, wie etwa das Beispiel der Versandhäuser oder des E-Commerce zeigt, in einem weiteren, man kann auch sagen abstrakteren Sinne zu verstehen ist, wird in der Ökonomie eine besondere Definition gewählt. Und zwar wird der Markt als ökonomischer Ort des Tausches definiert, womit die Gesamtheit der Tauschbeziehungen von Anbietern und Nachfragern eines bestimmten Gutes oder einer bestimmten Gütergruppe gemeint ist.

Grundsätzlich ist bei Zugrundelegung eines marktwirtschaftlichen Systems davon auszugehen, dass alle Märkte untereinander in Beziehung stehen. Man spricht deshalb auch von einer allgemeinen Interdependenz der Märkte. Dabei gibt es durchaus mehrere Erscheinungsformen der Interdependenz, so zum Beispiel eine lokale mit Arbitrage zwischen räumlich getrennten Märkten oder eine sachliche zwischen Marktkomplexen heterogener, also unterschiedlicher Güter. Diese letztgenannte Form können wir bereits mit Hilfe des uns bekannten Haushalts- und Unternehmensmodells beschreiben. Unterstellen wir beispielsweise eine Preisänderung beim Gut 1, etwa eine Erhöhung der Wohnungsmieten, so wird dies nicht nur Auswirkungen auf die Nachfrage nach Wohnraum haben, sondern auch die Nachfrage nach Gut 2, also z. B. die Nachfrage nach Nahrungsmitteln, betreffen. Diese horizontale Verbindung zwischen den Märkten können wir aus dem einfachen Haushaltsmodell ableiten.

Die Preisänderung eines Gutes führt jedoch nicht nur zu Anpassungen auf der Nachfrageseite, sondern hat auch Auswirkungen auf das Angebot. So wird eine Preissteigerung in der Regel zu einer Ausdehnung der Produktion führen, was in dem steigenden Verlauf der Angebotskurve zum Ausdruck kommt. So dürften sich etwa verbesserte Renditeerwartungen am Wohnungsmarkt unter sonst gleichen Bedingungen in einer Belebung der Bautätigkeit niederschlagen. Eine verstärkte Bautätigkeit wiederum führt zu einer entsprechenden Nachfragesteigerung auf den relevanten Faktormärkten, also beispielsweise der Nachfrage nach Arbeitskräften am Bau, nach Baumaterialien, Grundstücken und ähnlichem mehr, so dass sich neben den horizontalen Auswirkungen auch Effekte auf die vorgelagerten Märkte ergeben. Man spricht hier von einer vertikalen Verflechtung der Märkte.

Diese allgemeine Interdependenz der Märkte wird im Rahmen der Preistheorie zerschnitten. Man konzentriert sich auf die Analyse eines einzelnen Marktes und vernachlässigt Rückwirkungen auf die anderen Märkte. Ein solches Vorgehen wird in der Fachsprache als Partialanalyse bezeichnet, die Methode, die man dabei anwendet, wird *ceteris paribus* Methode genannt, da trotz de facto vorhandener Rückwirkungen – hier auf andere Märkte – alles andere als konstant angenommen wird.

Aber auch im Rahmen eines solchen partialanalytischen Vorgehens mit bewusster Zerschneidung der Verbindungen zu anderen Märkten besteht das Problem, den betrachteten Markt abzugrenzen. Damit angesprochen ist vor allem die Frage der sachlichen und räumlichen Abgrenzung eines Marktes, aber auch der zeitliche Aspekt ist zu beachten. Zu welchem Markt gehört beispielsweise ein bestimmter Wein, etwa ein Gutedel vom Lorettoberg des Jahres 2004? Einige Fragen, die in diesem Zusammenhang zu entscheiden beziehungsweise zu klären wären, sollen die Problematik verdeutlichen:

- Soll sich die Betrachtung auf Wein beschränken oder sind auch andere Getränke, etwa Sekt oder Bier, einzubeziehen? Was ist mit alkoholfreien Getränken?

- Falls auf Wein abgestellt wird, sollen alle Weine berücksichtigt werden, also beispielsweise Riesling, Sylvaner, Weißherbst usw.? Sollen nur trockene oder auch andere Weine einbezogen werden? Was ist mit Auslese- und Kabinettweinen? Sind hier relevante Teilmärkte zu unterscheiden?

- Welche regionale Abgrenzung ist zu wählen? Nur Markgräfler oder badische Weine, nur Weine aus der Region, Weine aus Deutschland, Frankreich, Italien? Was ist mit Weinen aus Amerika oder aus Australien?

Und schließlich ist der zeitliche Aspekt zu beachten, wobei sich die Bedeutung dieses Gesichtspunktes sicherlich einfacher an anderen Beispielen mit stark saisonalem Einfluss, etwa dem Markt für Heizöl oder Spargel, verdeutlichen lässt.

Derartige Abgrenzungsfragen, die hier nur angerissen werden können, werden im Rahmen der Preistheorie nicht weiterverfolgt; vielmehr wird vorausgesetzt, dass für diese Probleme eine geeignete Lösung gefunden worden ist. Eine praktische Lösung derartiger Fragen ist jedoch beispielsweise erforderlich, wenn das Kartellamt – etwa bei geplanten Unternehmenszusammenschlüssen – die Frage der Marktmach zu beurteilen hat. Hier sind entsprechende Konzepte zur Abgrenzung des relevanten Marktes entwickelt worden, mit denen man sich hilfsweise dem Problem nähern kann. Auf solche Konzepte kann im Rahmen dieser Einführung jedoch nur verwiesen werden, ohne die dabei entwickelten Gedanken hier näher vertiefen zu können.

II.4.1   Marktformen

Bei der Erklärung der Preisbildungsprozesse unterscheidet man in der Preistheorie zwischen verschiedenen Marktformen, die mit bestimmten Strukturmerkmalen des Marktes in Verbindung gebracht werden. Das wichtigste Strukturmerkmal ist quantitativer Natur und betrifft die Anzahl und Größe der Marktteilnehmer auf beiden Marktseiten, also auf der Angebots- und auf der Nachfrageseite. Mit Heinrich von Stackelberg (1905–1946), einem deutschen Wirtschaftswissenschaftler, können nach der Besetzung der beiden Marktseiten neun elementare Marktformen unterschieden werden. Und zwar unterscheidet von Stackelberg auf jeder Marktseite zwischen einem, wenigen und vielen Marktteilnehmern und erhält so folgendes Schema, das auch als Stackelbergsches Marktformenschema bezeichnet wird:

Nachfrager	Anbieter		
	viele	wenige	einer
viele	bilaterales Polypol	Angebots- oligopol	Angebots- monopol
wenige	Nachfrageoligopol (Oligopson)	bilaterales Oligopol	beschränktes Angebots- monopol
einer	Nachfragemonopol (Monopson)	beschränktes Nachfra- gemonopol	bilaterales Monopol

Bezüglich der Größe der Marktteilnehmer macht von Stackelberg die so genannte Symmetrieannahme, das heißt, dass für ihn alle Teilnehmer auf einer Marktseite die gleiche Größe (Marktanteil) aufweisen, wobei folgende Zuordnung gilt:

- einer – groß
- wenige – mittel
- viele – klein.

Neben diesen quantitativen Kriterien zur Bestimmung der Marktform gibt es eine Reihe qualitativer Kriterien, von denen hier nur zwei genannt werden sollen. Das wichtigste Kriterium betrifft die Frage, ob der Markt als vollkommen oder als unvollkommen zu bezeichnen ist. Bisweilen wird auch vereinfachend nur von homogenen und heterogenen Märkten gesprochen.

Von einem **vollkommenen Markt** spricht man in der ökonomischen Theorie, wenn folgende fünf Bedingungen gleichzeitig erfüllt sind:

- Homogenität der Güter

- Fehlen von persönlichen Präferenzen

- Fehlen von zeitlichen Differenzierungen

- Fehlen von räumlichen Differenzierungen

- vollständige Markttransparenz.

Die erste Bedingung betrifft die sachliche Gleichartigkeit der gehandelten Waren. Damit ist jedoch nicht nur die Qualität gemeint, sondern auch zum Beispiel die Verpackung, der Service oder die Garantieleistung. Das Fehlen persönlicher Präferenzen bedeutet, dass die Marktbeziehungen nicht deshalb zustande kommen, weil bestimmte Vorlieben oder Abneigungen für die Person des Marktpartners bestehen. Ein Verstoß gegen diese Annahme läge beispielsweise vor, wenn ein Café wegen der besonders freundlichen Bedienung aufgesucht würde. Zeitliche Differenzierungen fehlen, wenn alle Anbieter zum gleichen Zeitpunkt liefern, den Kunden die gleichen Zahlungsfristen eingeräumt werden, keine Unterschiede in den Garantiezeiten bestehen und Ähnliches mehr. Räumliche Unterschiede sind nicht vorhanden, wenn ein Punktmarkt vorliegt, das heißt, wenn sich alle Marktteilnehmer am selben Ort befinden, oder wenn die Entfernung zu allen Marktpartnern gleich groß ist.

Sofern diese vier Bedingungen gleichzeitig erfüllt sind, das heißt, sofern keine sachlichen, persönlichen, zeitlichen oder räumlichen Differenzierungen gegeben sind, ist das einzige Entscheidungskriterium aus der Sicht der Nachfrager und Anbieter der Preis. Das Ziel der Nachfrager besteht darin, die von ihnen gewünschten Waren zu einem möglichst günstigen Preis zu erhalten; die Verkäufer werden versuchen, einen möglichst hohen Preis für ihr Angebot zu realisieren.

Die fünfte Annahme stellt schließlich sicher, dass die Marktteilnehmer auch über die entsprechenden Informationen verfügen, um ihren Zielen gemäß zu handeln. Denn nur bei vollständiger Transparenz des Marktes kann davon ausgegangen werden, dass jeder Marktteilnehmer auch weiß, wo er am günstigsten kaufen beziehungsweise verkaufen kann.

Sind die vorgenannten fünf Bedingungen für den vollkommenen Markt gleichzeitig erfüllt, so kann es auf dem betreffenden Markt nur einen Preis geben. Bei unterschiedlichen Preisforderungen der Anbieter würde die gesamte Nachfrage dem billigsten Anbieter zufallen. Bei ausreichender Kapazität dieses Anbieters würde der Absatz der Konkurrenten auf null schrumpfen. Analoge Aussagen gelten für unterschiedliche Preisgebote der Nachfrager, da sich nun das gesamte Angebot auf den zahlungswilligsten Nachfrager konzentrieren würde. Sofern die Nachfrage dieses Abnehmers hinreichend groß ist, um das gesamte auf ihn entfallende Angebot aufzunehmen, käme allein dieser Nachfrager zum Zuge. Um zu Geschäftsabschlüssen zu gelangen, müssten im ersten Fall die Anbieter mit den höheren Preisforderungen auf das Niveau des günstigsten Wettbewerbers heruntergehen, im zweiten Fall müssten sich die nicht zum Zuge gekommenen Nachfrager am höchsten Preisgebot orientieren. Auf jeden Fall werden auf dem vollkommenen Markt sämtliche Geschäftsabschlüsse, sofern keine Kapazitätsbegrenzungen vorhanden sind, nur zu einem einzigen Preis getätigt, es gilt das „Gesetz der Unterschiedslosigkeit des Preises".

Ist dagegen eine der genannten Bedingungen nicht erfüllt, so haben wir es mit einem unvollkommenen Markt zu tun. Hier können aufgrund der Differenzierungen oder der mangelnden Markttransparenz verschiedene Preise nebeneinander existieren, so dass hier das Prinzip der Preiseinheitlichkeit aufgehoben ist.[36]

Ein zweites qualitatives Kriterium, auf das hier eingegangen werden soll, betrifft die Frage des Marktzutritts, welche insbesondere im Hinblick auf Marktformenänderungen von Interesse ist. Hier kann unterschieden werden zwischen Märkten mit freiem Marktzutritt und solchen, bei denen der Marktzutritt beschränkt ist. Bei freiem Marktzutritt können jederzeit neue Wettbewerber auf den Markt hinzutreten, was in bestimmten Fällen zu einer Änderung der Marktform führen kann. Gerade bei einer geringen Zahl von Konkurrenten kann das Auftreten so genannter „Newcomer" die Marktstellung der bereits etablierten Einheiten nachhaltig beeinträchtigen. Allein die potentielle Konkurrenz dürfte deshalb vielfach ausreichen, den im Markt befindlichen Wettbewerbern bei der Ausnutzung eventuell vorhandener Machtpositionen Grenzen zu setzen.

Bei beschränktem Marktzutritt dagegen unterliegt die Beteiligung neuer Wirtschaftssubjekte am Marktgeschehen bestimmten Voraussetzungen – man denke zum Beispiel an erforderliche Befähigungsnachweise oder staatliche Konzessionen – oder ist gänzlich ausgeschlossen, wenn beispielsweise Patentrechte einen entsprechenden Schutz gewähren. Da nun die Gefahr einer Verschärfung des Wettbewerbs durch Zutritt neuer Wirtschaftseinheiten zumindest deutlich vermindert ist, verliert die potentielle Konkurrenz an Bedeutung mit der Folge, dass die im Markt befindlichen Wirtschaftssubjekte kaum einen Anlass haben dürften, sich bei der Ausnutzung ihrer Machtposition zurückzuhalten, um ein Anlocken neuer Wettbewerber zu vermeiden. Märkte mit beschränktem Zutritt weisen im Zeitablauf weniger starke Veränderungen auf als solche mit freiem Marktzugang.[37]

---

[36] Der Leser möge beachten, dass die Bezeichnung „vollkommener Markt" kein Werturteil beinhaltet, sondern dass damit lediglich ein Markttyp gekennzeichnet wird, bei dem das Prinzip des Preiswettbewerbs voll zur Geltung gelangt und der aufgrund der Preiseinheitlichkeit besonders einfach zu analysieren ist.

[37] Bemerkenswerterweise ist für die Kritiker des Kapitalismus gerade die durch Eigentumsrechte oder Besitzkonzentration bedingte Zugangssperre zu Märkten ein Grund, nach einer anderen Wirtschaftsordnung zu suchen.

II.4.2   Konkurrenzpreisbildung

Nach diesem Überblick über die wohl wichtigsten Kriterien zur Charakterisierung der Marktformen wollen wir uns nun den eigentlichen Preisbildungsprozessen zuwenden. Eine Unterscheidung nach Güter- und Faktormärkten ist nicht notwendig, da die im Folgenden zu behandelnden partiellen Marktmodelle dem Grundsatz nach für beide Fälle gelten. Die weiteren Ausführungen konzentrieren sich auf die Konkurrenzpreisbildung, das Angebotsmonopol und das Angebotsoligopol. Mit der Konkurrenzpreisbildung und dem Angebotsmonopol haben wir – was die Marktmacht der Anbieter betrifft – die Grenzfälle völliger Machtlosigkeit auf der einen und vollständiger Monopolmacht auf der anderen Seite erfasst. Das Angebotsoligopol, welches wir als drittes behandeln werden, nimmt hier eine Zwischenstellung ein.

Betrachten wir zunächst die Konkurrenzpreisbildung oder – wie man auch sagen kann – das bilaterale Polypol auf dem vollkommenen Markt. Sowohl die Angebots- als auch die Nachfrageseite sind bei dieser Marktform mit vielen kleinen Einheiten besetzt, die aufgrund ihrer geringen Größe über keinen spürbaren Einfluss auf das Marktergebnis verfügen, sondern den vom Markt gegebenen Preis als Datum hinnehmen müssen. Wie sich der einzelne Haushalt und das einzelne Unternehmen unter diesen Umständen am Markt verhalten, haben wir – ohne dies ausdrücklich zu erwähnen – bereits im Rahmen der Haushalts- und Unternehmenstheorie untersucht. Und zwar haben wir dort festgestellt, dass der einzelne Haushalt im Normalfall eine um so größere Menge eines Gutes nachfragt, je niedriger der vom Markt vorgegebene Preis ist, die individuelle Nachfragekurve also – wie Abbildung II.25 noch einmal zeigt – fallend verläuft.

Für das einzelne Unternehmen haben wir herausgearbeitet, dass entsprechend dem Verlauf der Grenzkostenkurve die angebotene Menge ausgedehnt wird, wenn der vom Markt vorgegebene Preis steigt. Wie in Abbildung II.26 dargestellt, weist die individuelle Angebotskurve somit eine positive Steigung auf.

Die in Abbildung II.26 dargestellte, monoton ansteigende Güterangebotsfunktion hat, wie man auch sagt, einen „normalen" Verlauf. Gerade für Erzeugnisse der Landwirtschaft wurde früher in der Literatur gelegentlich behauptet, dass auch ein „anomaler", das heißt fallender Verlauf, plausibel sei: Demnach würden Agrarproduzenten u.U. bei steigenden (sinkenden) Preisen ihr Angebot einschränken (ausdehnen). Zumindest abschnittsweise würde dann die Angebotsfunktion einen fallenden Verlauf aufweisen. Die oben genannten „Umstände" beziehen sich auf ein bestimmtes, vom Produzenten als Anspruchsniveau angestrebtes Einkommen: Ein solches kann bei steigenden (sinkenden) Preisen mit einer geringeren (größeren) Ausbringungsmenge aufrecht erhalten werden. Umfangreiche empirische (i.d.R. ökonometrische) Untersuchungen zum Angebotsverhalten in der Landwirtschaft, sowohl jener aus Entwicklungsländern als auch derjenigen aus Industrieländern haben aber für die These der „Anomalität" keine Bestätigung gefunden.

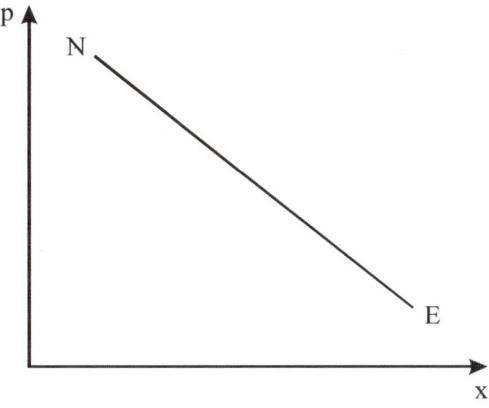

Abbildung II.25

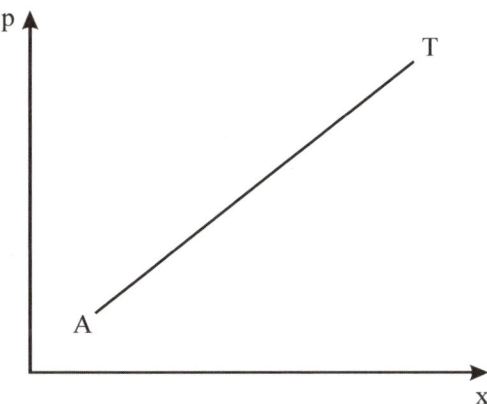

Abbildung II.26

Damit wurde im Umkehrschluss die Annahme der Gewinnmaximierung – die ja dem Konzept eines Anspruchsniveaus widerspricht – auch für die Landwirtschaft als stichhaltig bestätigt.

Bei der Herleitung der zuvor dargestellten individuellen Kurve sind wir davon ausgegangen, dass der Preis vom Markt gegeben ist und sich sowohl der einzelne Haushalt als auch die einzelne Unternehmung mit ihrer Menge an diesen Preis anpassen. Ein solches Preisnehmerverhalten ist typisch für die Konkurrenzpreisbildung auf dem vollkommenen Markt und wird in der ökonomischen Theorie als Mengenanpassung bezeichnet. Unsere jetzige Aufgabe besteht darin zu erklären, wie dieser Preis, den wir bei den vorangegangenen Überlegungen als gegeben vorausgesetzt haben, am Markt zustande kommt. Wir machen also jetzt den Preis selbst zum Gegenstand unserer Untersuchung.

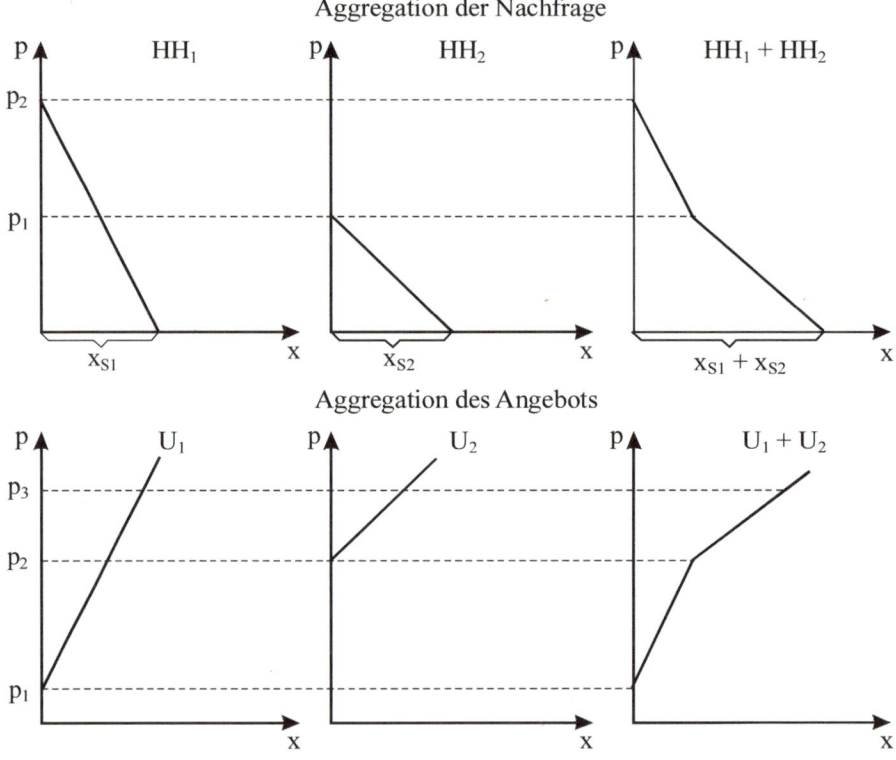

Abbildung II.27

Um das Zusammenwirken aller Marktbeteiligten näher betrachten zu können, fassen wir zunächst für jede Marktseite die individuellen Nachfrage- beziehungsweise Angebotskurven zur Gesamtnachfrage beziehungsweise zum Gesamtangebot zusammen. Das Prinzip dieser Zusammenfassung sei anhand von Abbildung II.27 am Beispiel zweier Haushalte beziehungsweise zweier Unternehmungen erläutert.

Oberhalb des Preises p_1 wird das betrachtete Gut nur von Haushalt 1 nachgefragt, so dass die aggregierte Nachfragekurve beider Haushalte hier mit der von Haushalt 1 übereinstimmt. Sofern der Preis niedriger als p_1 liegt, tritt auch Haushalt 2 als Nachfrager am Markt auf, so dass die aggregierte Kurve bei p_1 einen Knick aufweist. Unterhalb von p_1 sind deshalb die individuellen Nachfragemengen der Haushalte 1 und 2 zusammenzufassen. Zur grafischen Konstruktion bietet es sich an, zunächst die zum Preis Null bestehende Gesamtnachfrage – dies ist die Sättigungsmenge des Marktes – zu ermitteln. Zu diesem Zweck sind die Abszissenabschnitte, welche die individuellen Sättigungsmengen x_{S1} und x_{S2} wiedergeben, zu addieren und in den rechten Teil der Abbildung zu übertragen („horizontale Aggregation"). Durch Verbindung des so gewonnenen Punktes mit der zuvor ermittelten Knickstelle ergibt sich der gesamte Verlauf der aggregierten Nachfragekurve. In analoger Weise ist bei der Aggregation der individuellen Angebotskurven zu verfahren, so dass wir uns hier mit dem Verweis auf Abbildung II.27 begnügen können.

Sofern nicht nur die individuellen Kurven von zwei Wirtschaftseinheiten, sondern – wie es dem Konkurrenzfall entspricht – von hinreichend vielen Marktteilnehmern zusammengefasst werden, können die festgestellten Unstetigkeitsstellen vernachlässigt werden, und wir erhalten Marktfunktionen, für welche die gleichen Grundaussagen zutreffen wie für die individuellen Kurven: Die Marktnachfrage sinkt, das Marktangebot steigt mit zunehmendem Preis.

Wie wir bereits gesehen haben, vollzieht sich die Preisbildung für eine Ware am Markt, wo Gesamtangebot und Gesamtnachfrage aufeinandertreffen. Um den Preisbildungsprozess zu untersuchen, zeichnen wir deshalb nun die aggregierten Kurven in ein Diagramm. Der Einfachheit halber unterstellen wir dabei einen linearen Verlauf der Kurven.

Anhand der so gewonnenen Abbildung II.28 können wir nun für alternative Preise die insgesamt angebotene und die insgesamt nachgefragte Menge vergleichen. Bei jedem Preis, der über p^* liegt, beispielsweise bei p_2, übersteigt das mengenmäßige Angebot die mengenmäßige Nachfrage. Man spricht in einem solchen Fall von einem Angebotsüberhang (AÜ). Die Anbieter bleiben kurzfristig auf einem Teil ihrer Waren sitzen, die zu dem Preis p_2 nicht abgesetzt werden können. Umgekehrt ist bei jedem Preis unterhalb von p^*, also etwa beim Preis p_1, die Nachfrage größer als das Angebot. Hier liegt ein Nachfrageüberschuss (NÜ) vor, die Nachfrager kommen nicht im gewünschten Umfang zum Zuge, das heißt, sie können die von ihnen gewünschten Mengen nicht am Markt erwerben.

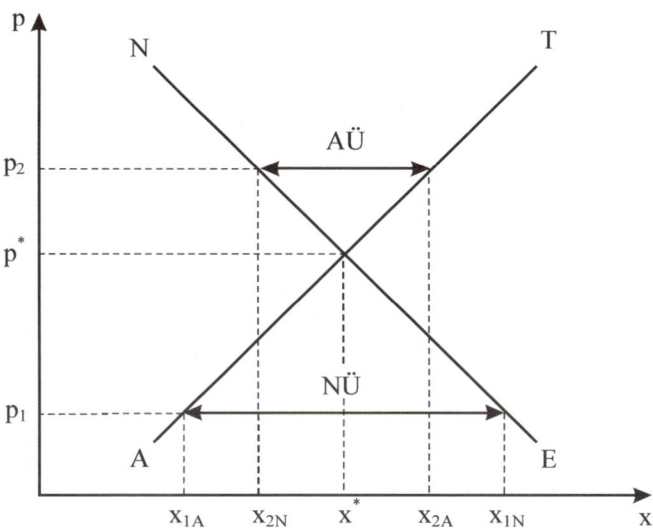

Abbildung II.28

Wie man sieht, gibt es nur einen Preis, nämlich p^*, zu dem die angebotenen und die nachgefragten Mengen übereinstimmen. Alle Wirtschaftseinheiten, die zu diesem (oder einem höheren) Preis kaufen oder die zu diesem (oder einem niedrigeren) Preis verkaufen wollen, kommen auch zum Zuge, der Markt wird geräumt. In diesem Sinne können alle individuellen Wirtschaftspläne realisiert werden, es gibt keine Überraschungen. Bei den rechts des Schnittpunktes liegenden Abschnitten kommen diejenigen Nachfrager (Anbieter) nicht zum Zuge, denen der Preis p^* zu hoch (niedrig) ist, auf der Nachfrageseite (Angebotsseite) also niedrigere (höhere) Preise als p^* voraussetzen. Aufgrund dieser besonderen Eigenschaften wird deshalb der Preis p^* als Gleichgewichtspreis bezeichnet, die zugehörige Menge x^* entsprechend als Gleichgewichtsmenge. Werden diese Werte, also der Schnittpunkt der Angebots- und Nachfragekurve, realisiert, spricht man auch von einem Marktgleichgewicht.

Nun haben wir mit dem Aufzeigen der Gleichgewichtslage noch nicht erklärt, wie es dazu kommt, dass dieses Gleichgewicht auch eingenommen wird. Über das Zustandekommen des Marktgleichgewichts gibt es in der Theorie verschiedene Vorstellungen, von denen wir zwei näher betrachten wollen.

Die organisierte Konkurrenzpreisbildung ist von der Börse her bekannt. Ein neutraler Makler nimmt die Kauf- und Verkaufsaufträge der Nachfrager und Anbieter entgegen und ermittelt den Gleichgewichtspreis, hier also jenen Kurs, zu dem die mengenmäßige Nachfrage dem mengenmäßigen Angebot entspricht. Um das Prinzip zu verdeutlichen, wollen wir der Einfachheit halber annehmen, dass sich die Aufträge auf jeweils eine Mengeneinheit beziehen, wobei die Nachfrager jenen Kurs nennen, bis zu dem sie zu kaufen bereit sind, die Anbieter dagegen jenen Kurs, von dem ab sie verkaufen wollen. Es sei unterstellt, dass dem Makler folgende Aufträge vorliegen:

Kaufaufträge	Kurs	Verkaufsaufträge
1	10	1
1	20	1
1	30	1
1	40	1
1	50	1

Um den Gleichgewichtskurs zu bestimmen, werden die vorliegenden Kauf- und Verkaufsaufträge so zusammengefasst, dass zu jedem Kurs direkt die angebotene und die nachgefragte Menge abgelesen werden kann:

Zusammengefasste Kaufaufträge	Kurs	Zusammengefasste Verkaufsaufträge
5	10	1
4	20	2
3	**30**	**3**
2	40	4
1	50	5

Betrachten wir zunächst die Nachfrageseite: 5 Nachfrager sind offenbar bereit, das Wertpapier zu einem Kurs von 10 oder zu einem niedrigeren Kurs zu erwerben. Zu einem Kurs von 20 sind es nur noch 4 etc. Auf der Angebotsseite verhält es sich invers: 5 sehen sich in der Lage, zu einem Kurs von 50 und darüber zu verkaufen, bei einem Kurs von 40 sind es nur noch 4 etc. Der Übersicht ist zu entnehmen, dass sich in unserem Beispiel der Gleichgewichtskurs gerade auf 30 Geldeinheiten beläuft. Zu diesem Kurs stimmen Angebot und Nachfrage mit jeweils drei Einheiten überein, das heißt, alle Anbieter und Nachfrager, die zu diesem Kurs (oder einem höheren) zu verkaufen beziehungsweise zu diesem (oder einem niedrigeren) zu kaufen bereit sind, kommen zum Zuge, so dass sich der Markt im Gleichgewicht befindet. Nicht zum Zuge kommen jene beiden Nachfrager (Anbieter), die nur zu einem Kurs von 20 oder niedriger (40 oder höher) Aufträge erteilen wollten.

Das Vorhandensein eines Maklers, der für die Herbeiführung des Marktgleichgewichts sorgt, dürfte jedoch die Ausnahme sein. Betrachten wir deshalb als zweites einen Erklärungsansatz, der sich auf den häufigeren und damit realistischeren Fall eines nicht organisierten Marktes bezieht. Die Kernfrage, die für den nicht organisierten Markt zu beantworten ist, betrifft das Verhalten der Anbieter und Nachfrager in Situationen, die vom Marktgleichgewicht abweichen.

Betrachten wir hierzu anhand von Abbildung II.29 zunächst den Fall, dass der Marktpreis über dem Gleichgewichtspreis liegt, das Angebot also größer als die Nachfrage ist, was beispielsweise für den Preis p_2 zutrifft. In diesem Fall gehen die Pläne der Anbieter nicht in Erfüllung, sie können einen Teil ihrer Waren nicht absetzen. Hierdurch entsteht ein Druck auf die Preise, der sich in einer offenen Preisunterbietung, aber beispielsweise auch in einer besseren Verhandlungsposition der Nachfrager äußern kann. Der Rückgang der Preise führt auf der Angebotsseite dazu, dass einige Produzenten aus dem Markt ausscheiden und dass gleichzeitig die im Markt verbliebenen Anbieter ihre Produktion einschränken. Damit einher geht eine Ausdehnung der nachgefragten Menge, und zwar einmal, weil bei sinkendem Preis neue Nachfrager angezogen werden, und zum anderen, weil jene Konsumenten, die das Gut bisher schon nachgefragt haben, zusätzliche Mengeneinheiten abnehmen. Der Preisdruck führt also zu einer Einschränkung des Angebots bei gleichzeitiger Erhöhung der Nachfrage, so dass der Angebotsüber-

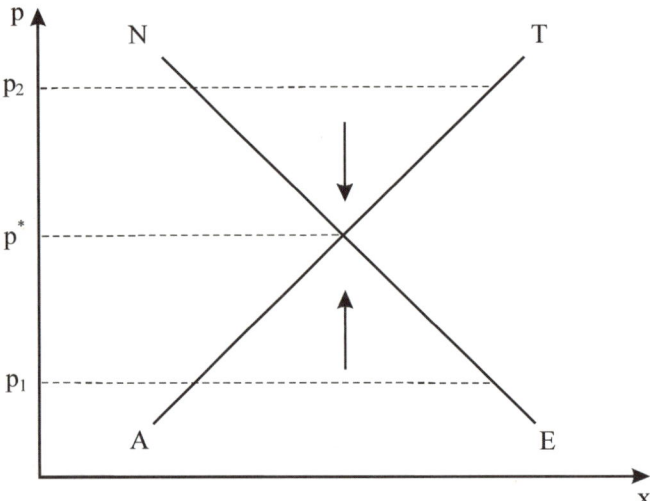

Abbildung II.29

schuss abgebaut und damit eine Bewegung in Richtung auf das Marktgleichgewicht ausgelöst wird. Der ganze Prozess verläuft spiegelbildlich, wenn der Preis in
der Ausgangslage unterhalb des Gleichgewichtspreises liegt, also beispielsweise p_1
beträgt. Jetzt übersteigt die Nachfrage das Angebot, und die Nachfrager sind es,
deren Pläne nicht in Erfüllung gehen. Man kann unterstellen, dass es zu einem
Überbietungsprozess kommt, solange Nachfrager nicht zum Zuge kommen, die
grundsätzlich bereit sind, auch einen höheren als den herrschenden Marktpreis zu
bezahlen; aber auch für die Anbieter besteht ein Anreiz, ihren Preis heraufzuset-
zen. Die Preissteigerungen veranlassen einen Teil der bisherigen Nachfrager, ganz
auf den Kauf des betreffenden Gutes zu verzichten, andere werden ihre Nachfrage
einschränken. Gleichzeitig erhöht sich die angebotene Menge – teils weil bestimmte Anbieter aufgrund des gestiegenen Preises überhaupt erst zu einem Angebot bereit sind, teils weil der höhere Preis zu einer Ausdehnung des bisherigen Angebots
veranlasst. Somit kommt es auch hier zu einem Abbau der Überschussnachfrage in
Richtung auf das Marktgleichgewicht.

Dieser zweite Erklärungsansatz, der den Preiswettbewerb als Motor für das Zustandekommen des Marktgleichgewichts herausstellt, geht auf den bereits an anderer Stelle erwähnten französischen Nationalökonomen Léon Walras zurück.

Bei den bisher angestellten Überlegungen haben wir vorausgesetzt, dass die
Marktfunktionen gegeben sind. Wie wir bereits wissen, gelten diese Funktionen
jedoch nur unter bestimmten Konstanzannahmen. De facto aber befindet sich die
Wirtschaft dem Prinzip nach in einem permanenten Entwicklungsprozess. Vor
allem wegen Änderungen der Produktionsbedingungen und den Wandlungen in
den Bedürfnisstrukturen, aber auch aufgrund von Einkommensänderungen, etwa
infolge von Wirtschaftswachstum, kommt es deshalb im Zeitverlauf zu mehr oder

weniger starken Veränderungen der Marktfunktionen und damit zu Verlagerungen des Marktgleichgewichts.

Aus den Konstanzannahmen, die wir oben bei der Herleitung der individuellen Kurven getroffen haben, lässt sich ableiten, unter welchen Bedingungen diese Kurven ihre Lage ändern. So ergibt sich eine Verschiebung der Nachfragekurve, wenn beispielsweise

- bei anderen Gütern eine Preisänderung eintritt,

- das Haushaltseinkommen steigt oder fällt oder

- sich die Präferenzstruktur der Haushalte ändert.

Ursachen, die zu einer Verschiebung der Angebotskurve führen, sind vor allem

- veränderte Preise der Einsatzfaktoren und

- Veränderungen, in der Regel Verbesserungen, der Produktionstechnik.

Betrachten wir exemplarisch die Auswirkungen, die sich aus einer Verteuerung der Rohstoffe, also aus einer Steigerung der Faktorpreise, ergeben. Die damit verbundene Verschlechterung der Kostenstruktur hat, wie man leicht selbst anhand unseres Unternehmensmodells nachvollziehen kann, eine Linksverschiebung der Angebotskurve zur Folge, das heißt, zu jedem Marktpreis bieten die Anbieter jetzt eine geringere Menge an als zuvor. Die hieraus resultierende Veränderung der Gleichgewichtswerte lässt sich anhand von Abbildung II.30 nachvollziehen.

Das Marktgleichgewicht verlagert sich von G_0 nach G_1. Dabei ist das neue Gleichgewicht durch einen höheren Preis – bei gleichzeitig verminderter Angebotsmenge

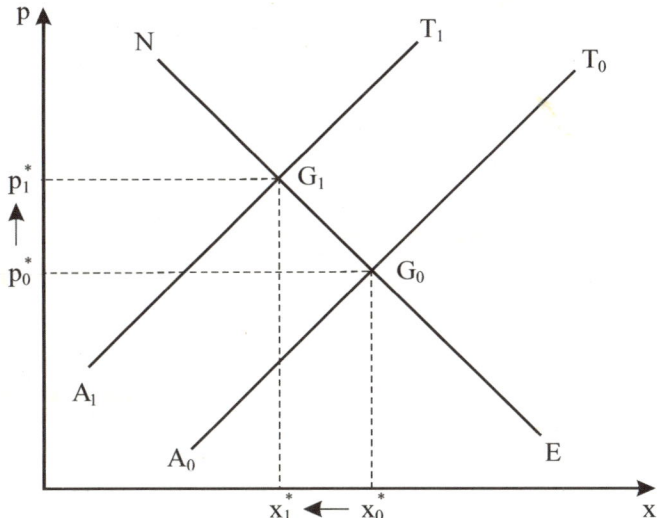

Abbildung II.30

gekennzeichnet. Wie stark sich die Gleichgewichtswerte im Einzelnen verändern, ist – wie der Leser sehr einfach durch entsprechende Variationen nachprüfen kann – abhängig von der Steigung der Marktfunktionen.

Dieses Beispiel einer Verschiebung der Angebotskurve soll zur Verdeutlichung genügen. Analog lassen sich Veränderungen der Nachfragekurve oder eine gleichzeitige Veränderung von Nachfrage und Angebot analysieren. In allen diesen Fällen – darauf sollte zum Abschluss unserer Überlegungen noch einmal hingewiesen werden – beschränkt sich die Analyse jedoch darauf, die Auswirkungen der Kurvenverschiebungen aufzuzeigen. Eine Erklärung der Verschiebungen selbst, also der eigentlichen Marktentwicklungen, wird dagegen im Rahmen dieser Modellbetrachtung nicht geliefert. Wohl aber gibt es Konzeptionen, welche die Marktentwicklung zum Beispiel auf der Grundlage eines Marktphasenkonzepts aus unterschiedlichen Wachstumsphasen der Märkte erklären. Auf diese Ansätze, die im Zusammenhang mit sektoralen Wachstumsüberlegungen zu sehen sind, kann hier jedoch nur hingewiesen werden.

II.4.3   Konsumenten- und Produzentenrente

Es stellt sich nun die Frage, wie beobachtete Preisveränderungen auf einem Markt – sei es, dass sie durch explizite Politikmaßnahmen (wie etwa die Einführung von Höchst- oder Mindestpreisen in der geschlossen beziehungsweise von Zöllen in der offenen Volkswirtschaft) oder durch Veränderungen als exogen betrachteter Bestimmungsgründe von Angebot oder Nachfrage zustande kommen – aus Nutzen- beziehungsweise Wohlfahrtssicht beurteilt werden können.

Wir gehen dabei von der Gesamtnachfragekurve eines Markts aus und unterstellen, dass jeder Nachfrager gerade eine Mengeneinheit zu einem bestimmten Preis erwerben möchte. Der maximale Nachfragepreis (Punkt C in Abbildung II.31 symbolisiert diesen für den zahlungswilligsten Nachfrager) liegt i.d.R. deutlich über den durch Angebot und Nachfrage zustande kommenden Marktpreis p_1. Für alle Konsumenten, die bereit gewesen wären, einen höheren Preis als p_1 zu bezahlen, ergibt sich aus der Differenz der eigenen Preisvorstellung und dem tatsächlich zu zahlenden Marktpreis eine Konsumentenrente (bezogen auf die erworbene Mengeneinheit). Nachfrager, die keine Konsumentenrente erzielen, weil für sie der Marktpreis ihrem eigenen maximalen Nachfragepreis entspricht, werden Grenznachfrager genannt. Die Konsumentenrente des Gesamtmarktes (KR) ergibt sich als Summe aller individuellen Konsumentenrenten und entspricht dem Dreieck p_1BC in Abbildung II.31. Die Größe des Dreieckes hängt von der Höhe des Marktpreises ab; dabei gilt der Zusammenhang, dass die Konsumentenrente steigt (sinkt), wenn der Marktpreis sinkt (steigt).

Analog zur Interpretation der Fläche unter einer Marktnachfragekurve als Maß der Wohlfahrt der Konsumenten können wir die Fläche über einer Marktangebotskurve als Maß der Wohlfahrt der Produzenten heranziehen.

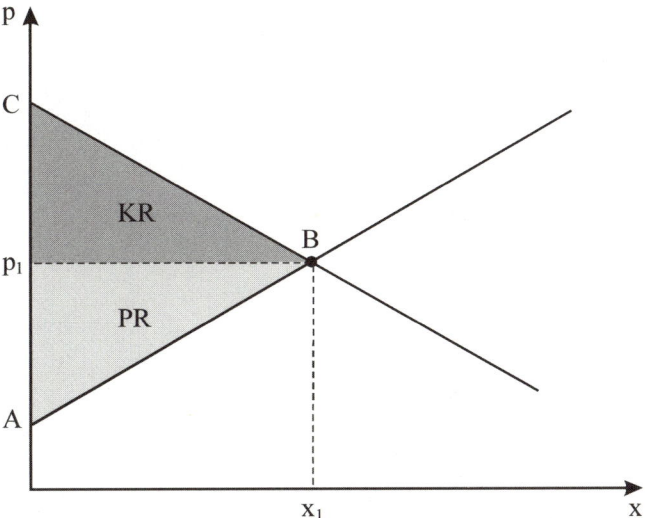

Abbildung II.31

In Analogie zum maximalen Nachfragepreis existiert auf der Marktgegenseite ein minimaler Angebotspreis z.B. Punkt A für den günstigsten Anbieter: Dies ist die unterste Preisgrenze, zu der ein Unternehmen gerade noch bereit ist, am Markt anzubieten. Dieser Preis ist für die weiteren Anbieter je nach ihrer Kostenstruktur unterschiedlich hoch. Die durch A und B verlaufende ansteigende Linie – die aggregierte Angebotsfunktion unseres Markts – verbindet alle der ihrer Höhe nach geordneten Mindestpreisvorstellungen der Anbieter. Übersteigt nun der Marktpreis den minimalen Angebotspreis eines Anbieters, so erzielt dieser eine individuelle Produzentenrente. Anbieter, die keine Produzentenrente erzielen, für die also Marktpreis und minimaler Angebotspreis übereinstimmen, werden Grenzanbieter genannt. Die kollektive Produzentenrente, die von allen am Markt tätigen Anbietern erreicht wird, lässt sich als Fläche des Dreiecks ABp_1 darstellen. Die Größe des Dreieckes hängt von der Höhe des Marktpreises ab; dabei gilt der Zusammenhang, dass die Produzentenrente steigt (sinkt), wenn der Marktpreis steigt (sinkt).

II.4.4 Monopolpreisbildung

Wir wollen damit unsere Betrachtungen zum Konkurrenzfall zunächst abschließen und uns als nächstes der Monopolpreisbildung zuwenden. Wie wir bereits einleitend erwähnt haben, können diese beiden Marktformen als Grenzfälle angesehen werden, zwischen denen sich die tatsächlichen Preisbildungsprozesse abspielen. Im Konkurrenzfall – so haben wir erfahren – muss der einzelne Marktteilnehmer den vom Markt vorgegebenen Preis akzeptieren, und er kann sich hieran nur mit seiner Menge anpassen. Der einzelne Anbieter oder Nachfrager hat aufgrund seiner geringen Größe keinerlei Einfluss auf das Marktergebnis. Würde ein Anbie-

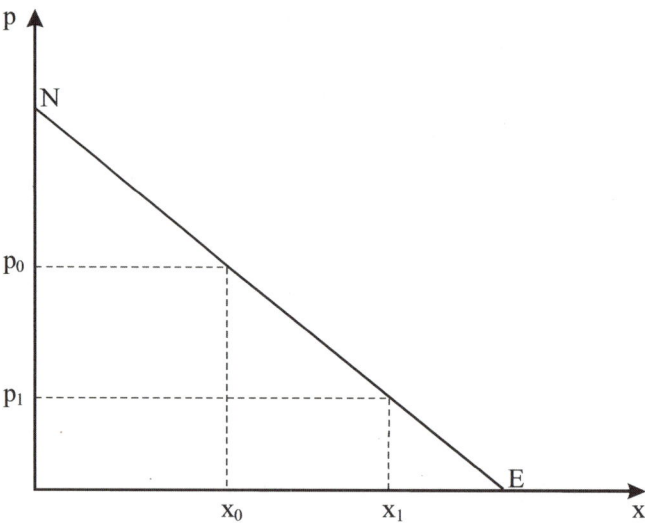

Abbildung II.32

ter oder ein Nachfrager ganz vom Markt verschwinden, so würde sich das Marktergebnis nicht ändern, zumindest wäre eine solche Änderung nicht spürbar. Der einzelne kann sich damit – und darin kommt seine Machtlosigkeit zum Ausdruck – nur in jenem Rahmen bewegen, der von der Gesamtheit aller Anbieter und Nachfrager vorgegeben ist und der sich letztlich im Marktpreis äußert.[38]

Demgegenüber ist das Monopol – und hier wollen wir uns im Folgenden auf das Angebotsmonopol konzentrieren – als jene Marktform anzusehen, die sich durch die größte Marktmacht des Anbieters auszeichnet. Wie bereits dargelegt, ist die Marktform des Angebotsmonopols dadurch gekennzeichnet, dass hier ein einziger großer Anbieter, nämlich der Monopolist, der gesamten Marktnachfrage gegenübersteht. Diese Marktnachfrage stimmt mit derjenigen des Konkurrenzfalls überein, da auch im Angebotsmonopol die Marktgegenseite mit vielen kleinen Einheiten besetzt ist. Wie Abbildung II.32 zeigt, steht der Monopolist damit einer fallenden Nachfragekurve gegenüber, an der seine Aktionsmöglichkeiten abgelesen werden können.

Dabei hat der Monopolist zwei Möglichkeiten: Er kann entweder den Preis fixieren und der Nachfrageseite die Entscheidung über die zu diesem Preis nachgefragte Menge überlassen, oder er bringt eine bestimmte Menge auf den Markt und akzeptiert den Preis, zu dem die Nachfrageseite diese Menge abzunehmen bereit ist. Im ersten Fall spricht man von Preisfixierung, im zweiten von Mengenfixierung.

---

[38]   Der einzelne Anbieter kann nur Mengenanpassung betreiben, weil – er aufgrund seiner geringen Größe – über die von ihm angebotene Menge den Marktpreis nicht beeinflussen kann. Bei Preisunterbietung würde lediglich der Gewinn schrumpfen und bei einer höheren Preisforderung würde der Absatz auf null fallen.

Alle Preis-Mengen-Kombinationen, die für den Monopolisten – gleichgültig, ob durch Mengen- oder Preisfixierung – realisierbar sind, liegen auf der Nachfragekurve. Um diesen Zusammenhang zu unterstreichen, wird die Nachfragekurve auch als Preis-Absatz-Kurve des Monopolisten bezeichnet. Der Angebotsmonopolist kann also entweder einen hohen Preis fordern und sich mit einer geringen Absatzmenge zufrieden geben – er kann aber auch einen niedrigen Preis fordern und dabei einen entsprechend großen Absatz realisieren.

In dieser Wahlmöglichkeit des Monopolisten, also letztlich in der Auswahl des für ihn günstigsten Punktes auf der Preis-Absatz-Kurve, kommt die starke Machtstellung des Monopolisten zum Ausdruck. Der Monopolist kann damit nahezu allein über das Marktergebnis entscheiden. Dabei hat er jedoch – und darin findet auch die Macht des Monopolisten ihre Beschränkung – eine wichtige Restriktion zu beachten, und zwar die Preis-Absatz-Kurve. Denn auch für einen Monopolisten sind nicht beliebige Preis-Mengen-Kombinationen realisierbar, sondern nur diejenigen, wie sie die Preis-Absatz-Kurve zum Ausdruck bringt.

Kommen wir damit zu der eigentlich interessanten Frage, welchen Punkt auf der Preis-Absatz-Kurve der Monopolist anstreben wird, wenn er seinen Gewinn maximieren will. Wie wir bereits wissen, können wir das Gewinnmaximum auf zwei verschiedenen Wegen ermitteln. Einmal können wir im Rahmen einer Darstellung der Gesamtgrößen die Erlös- und Kostenfunktion in ein Diagramm einzeichnen und jene Menge bestimmen, bei der die vertikale Differenz zwischen den Kurven und damit der Gewinn maximal werden. Zum anderen können wir, mathematisch gesehen, auf die Ableitung der Gewinnfunktion abstellen und im Rahmen einer Marginalbetrachtung das Gewinnmaximum über die Gleichheit von Grenzerlös und Grenzkosten bestimmen. Beide Ansätze sollen im Folgenden näher betrachtet werden.

Der grundsätzliche Unterschied zum Konkurrenzfall besteht im Verlauf der Grenzerlösfunktion. Unter Konkurrenzbedingungen ist der Preis für den einzelnen Anbieter ein Datum, die Erlöskurve verläuft deshalb linear durch den Ursprung, die Grenzerlöskurve wird durch die Preisgerade wiedergegeben, also durch eine Parallele zur Abszisse im Abstand des Preises.

Für den Monopolisten dagegen – und dies ist das entscheidend Neue – ist der Preis kein Datum, sondern er variiert die ausgebrachte Menge gemäß seiner Preis-Absatz-Funktion. Betrachten wir die hieraus resultierenden Zusammenhänge näher anhand eines Beispiels. Hierzu wählen wir die Preis-Absatz-Funktion

$$p = 6 - x,$$

zu der die Erlösfunktion

$$E = p \cdot x = 6x - x^2$$

sowie die Grenzerlösfunktion

$$GE = \frac{dE}{dx} = 6 - 2x$$

gehören. Auf dieser Grundlage ergibt sich die folgende Wertetabelle.

p	x	E	GE[39]
6	0	0	
			> 5
5	1	5	
			> 3
4	2	8	
			> 1
3	3	9	
			> −1
2	4	8	
			> −3
1	5	5	
			> −5
0	6	0	

Unter Rückgriff auf die in der Tabelle errechneten Werte erhalten wir den in Abbildung II.33 dargestellten Verlauf der Preis-Absatz-Funktion sowie der Erlös- und der Grenzerlösfunktion.

Die Preis-Absatz-Kurve (PAK) verläuft, das ist unmittelbar aus der vorgegebenen Funktion zu ersehen, linear fallend. Sie beginnt auf der Ordinate beim so genannten Prohibitivpreis von $p = 6$, zu dem keine Nachfrage mehr beobachtet wird, und sie endet bei der so genannten Sättigungsmenge von $x = 6$ auf der Abszisse, das heißt bei jener Menge, die zum Preis von null nachgefragt wird.

Der Erlös als Produkt von Preis und Menge beträgt null, wenn $p = 0$ beziehungsweise $x = 0$ gilt. Ansonsten kann man die Umsatzentwicklung, die durch eine nach unten offene Parabel beschrieben wird, über das jeweilige Rechteck aus Preis und Menge verfolgen. Der Umsatz steigt bis zur halben Sättigungsmenge an, erreicht hier sein Maximum und fällt anschließend wieder auf null ab.

Die Grenzerlöskurve, welche die Steigung der Erlöskurve wiedergibt, beginnt im gleichen Punkt wie die Preis-Absatz-Kurve. Sie verläuft bei linearer Preis-Absatz-Funktion ebenfalls linear fallend und schneidet die Abszisse dort, wo der Umsatz seinen maximalen Wert annimmt, also bei der halben Sättigungsmenge.

---

[39]   Die Umsatzänderung bei Ausbringung einer weiteren Mengeneinheit kennzeichnet den Grenzerlös (GE). Dieser ist jeweils auf die Mitte des Intervalls zu beziehen, also beispielsweise ist der Grenzerlös bei Erhöhung der Ausbringung von 2 auf 3 Mengeneinheiten auf 2,5 Mengeneinheiten zu beziehen.

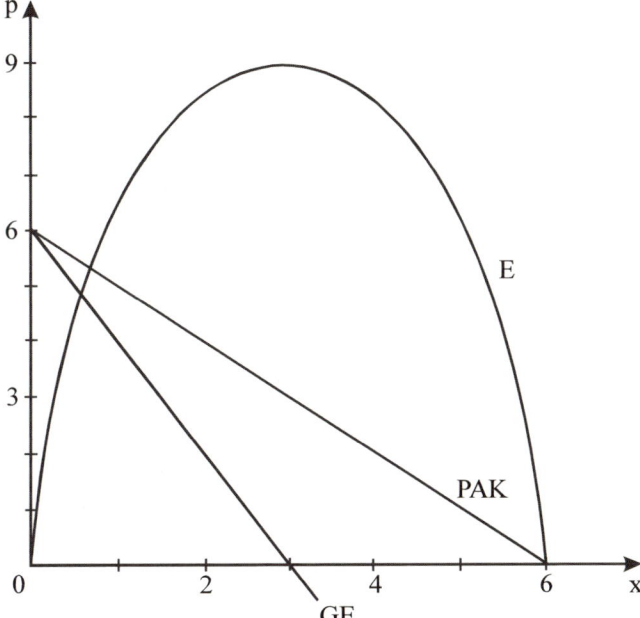

Abbildung II.33

Um das Gewinnmaximum des Monopolisten zu bestimmen, müssen diese Kurven, welche die Nachfrage charakterisieren, mit den bekannten Kostenkurven in Verbindung gebracht werden. Zu diesem Zweck haben wir im oberen Teil der Abbildung II.34 die Erlös- und Kostenkurve eingezeichnet und aus der vertikalen Differenz in bekannter Weise die zugehörige Gewinnkurve abgeleitet. Das Maximum der Gewinnkurve bestimmt die gewinnmaximale Ausbringungsmenge des Monopolisten.

Der untere Teil der Abbildung nimmt Bezug auf die Grenzgrößen. Neben der Preis-Absatz-Kurve finden wir die Grenzerlös- und die Grenzkostenkurve abgebildet. Wie wir bereits wissen, ist die gewinnmaximale Menge in der Marginalbetrachtung über den Schnittpunkt von Grenzerlös- und Grenzkostenkurve bestimmt.

Dass wir in beiden Fällen, also einmal im obigen Diagramm unter Rückgriff auf die Gesamtgrößen von Umsatz und Kosten und zum anderen im Rahmen der Betrachtung der Grenzgrößen im unteren Diagramm, mit x_{MON} dasselbe Ergebnis ermitteln, bedarf keiner näheren Erläuterung.

Der Preis, zu dem diese gewinnmaximale Ausbringung am Markt abgesetzt werden kann, ist allerdings nur aus der unteren Abbildung ersichtlich. An der Preis-Absatz-Kurve kann abgelesen werden, dass die Nachfrageseite bereit ist, die Menge x_{MON} zum Preis p_{MON} abzunehmen. Der zugehörige Punkt C auf der Preis-

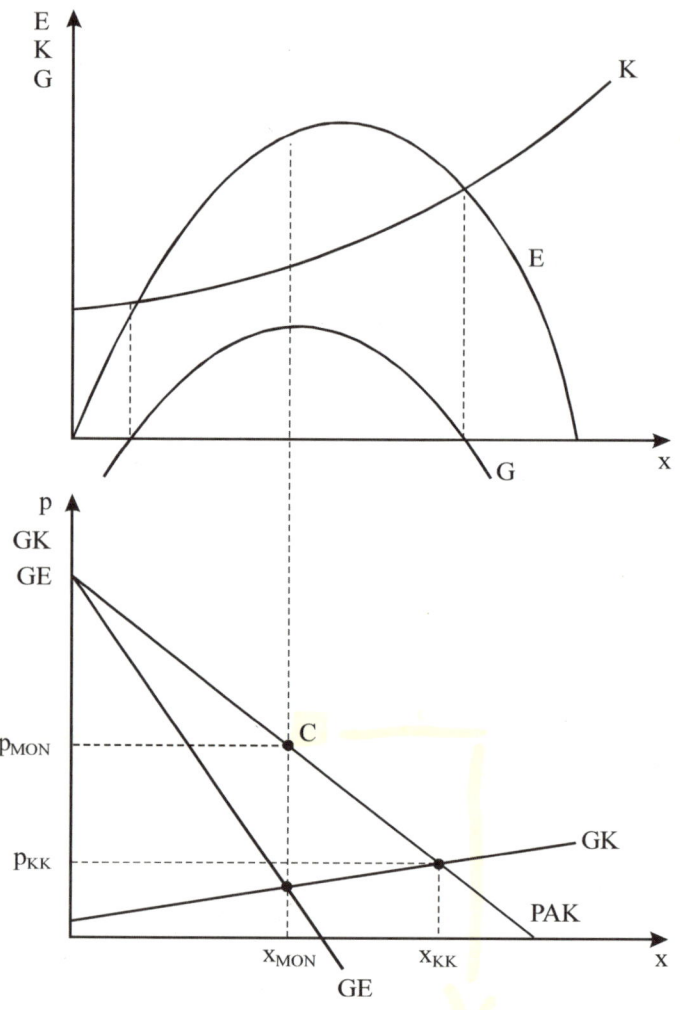

Abbildung II.34

Absatz-Kurve wird als so genannter Cournotscher Punkt bezeichnet, weil Augustin Cournot (1801–1877) diese Lösung 1838 als erster entwickelt hat.

Die Erklärung, warum der Schnittpunkt von Grenzerlös- und Grenzkostenkurve das Gewinnmaximum bestimmt, ist analog zum Konkurrenzfall zu sehen. Bei jeder Menge, die kleiner ist als x_{MON}, ist der Grenzerlös größer als die Grenzkosten. Durch eine Ausdehnung der Menge kann deshalb der Gewinn gesteigert werden. Umgekehrtes gilt für alle Mengen, die größer als x_{MON} sind. Hier sind die Grenzkosten höher als der Grenzerlös, so dass jetzt durch eine Einschränkung der Produktion der Gewinn gesteigert werden kann.

Will man die Monopollösung mit dem Konkurrenzfall vergleichen, so kann zwar von einer identischen Nachfragekurve ausgegangen werden, bezüglich des Verlaufs der Angebotskurve, das heißt der aggregierten Grenzkostenkurve der Polypolisten, muss jedoch eine Annahme getroffen werden. Im Allgemeinen unterstellt man bei einem solchen Vergleich, dass die Angebotskurve des Konkurrenzmodells mit der Grenzkostenkurve des Monopolisten übereinstimmt. Dem Prinzip nach bedeutet dies, dass im Konkurrenzfall von der gleichen Kostenstruktur auszugehen ist wie im Monopol.

Legt man diese Annahme zugrunde, so wird die Konkurrenzlösung über den Schnittpunkt von Grenzkostenkurve und Preis-Absatz-Kurve bestimmt. Dies bedeutet, dass im Angebotsmonopol (x_{MON}/p_{MON}) eine kleinere Menge zu einem höheren Preis abgesetzt wird als unter Konkurrenzbedingungen (x_{KK}/p_{KK}). Dieses Ergebnis ist durchaus einleuchtend, bringt es doch, wie eigentlich nicht anders zu erwarten, für den Monopolfall eine schlechtere Marktversorgung zum Ausdruck als unter Wettbewerbsbedingungen. Auch kann man zur Unterstützung dieses Ergebnisses darauf hinweisen, dass sich eine Monopolstrategie im Allgemeinen durch eine Verknappungspolitik auszeichnet.

Dennoch lässt sich das Vorgehen, dass wir unserem Vergleich zugrunde gelegt haben, unter zwei Aspekten angreifen: Zum einen kann man mit einiger Berechtigung die Frage stellen, ob nicht aufgrund der Größenvorteile im Monopol von einer günstigeren Kostenstruktur auszugehen ist als unter Konkurrenzbedingungen. Akzeptiert man diesen Einwand, so wäre zumindest der Unterschied zwischen der Monopol- und der Konkurrenzlösung geringer, als wir dies angenommen haben. Theoretisch wäre sogar im Monopol eine bessere Marktversorgung denkbar.

Der zweite mögliche Einwand weist jedoch in die entgegengesetzte Richtung. Und zwar spricht einiges dafür, dass aufgrund des fehlenden Konkurrenzdrucks der Zwang zu technischen Neuerungen im Monopol – wenn es sich nicht um ein „temporäres Monopol" handelt – geringer ist als unter Wettbewerbsbedingungen. Dieses Argument wiederum spräche tendenziell für eine schlechtere Kostenstruktur des Monopolisten. Will man diesen Aspekt formal ausdrücken, so kann man von einer umgekehrten „Subadditivität" sprechen, die nun folgendes bedeutet:

$$K'(x) > \sum_{i=1 \text{ bis } n} K_i'(x_i) \quad \text{für } x_i = \frac{x}{n}$$

Mit anderen Worten: Die Grenzkosten des einzelnen Monopolisten sind größer als die Summe der Grenzkosten aller Anbieter zusammen, die unter Konkurrenz das Gesamtangebot bestreiten. Damit ist auf theoretischem Wege eine eindeutige Antwort auf die oben aufgeworfene Frage nicht möglich. Wohl aber kann man, und darin liegt letztlich der Wert einer solchen Modellbetrachtung, die Auswirkungen verschiedener Effekte sichtbar machen und damit den Blick für die Einflussfaktoren beziehungsweise die relevanten Zusammenhänge schärfen.

Schließlich lassen sich auch die Wohlfahrtswirkungen eines Monopols mit Hilfe des oben eingeführten Rentenkonzepts evaluieren: Wir bedienen uns dabei der folgenden Abbildung II.35:

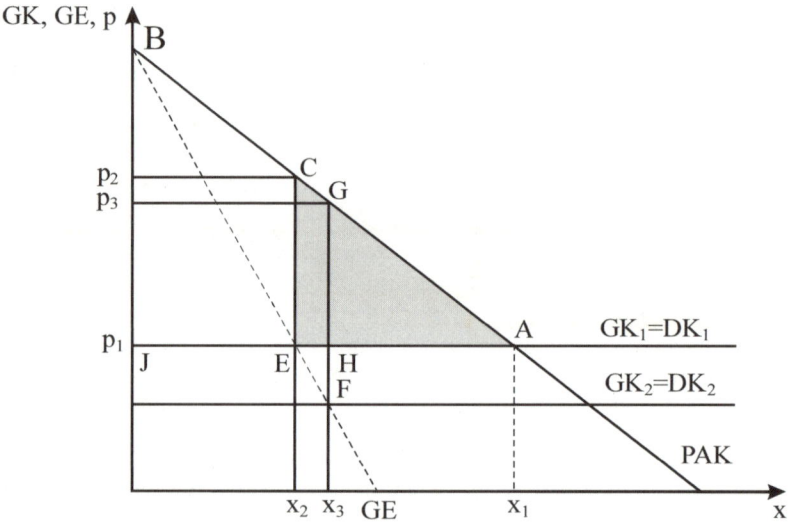

Abbildung II.35

Die Besonderheit dieser Darstellung liegt nun darin, dass hier (aus Vereinfachungsgründen) Grenzkosten und Durchschnittskosten zusammenfallen (GK_1 = DK_1), der Monopolist bietet im Optimum die Menge x_2 zum Preis p_2 an. Zu Konkurrenzbedingungen entspräche die Konsumentenrente der Fläche p_1BA. Im Monopol schrumpft die Konsumentenrente dagegen auf die Fläche p_2BC zusammen. Berücksichtigt man noch den Gewinn des Monopolisten in Höhe von p_1p_2CE, der allerdings an diesen allein geht, so verbleibt der Gesellschaft als ganzer ein Verlust im Umfang von ECA. Im Vergleich zur Konkurrenz wird das hier betrachtete Gut in zu geringer Menge angeboten, mithin werden auch zu wenig Ressourcen in die Produktion des Gutes gelenkt. Daher wird die Fläche ECA auch als „dead weight loss" bezeichnet. Unter dynamischen Gesichtspunkten fällt der Vergleich noch ungünstiger aus, denn dann wäre unter Konkurrenz ein Kostenwettbewerb wahrscheinlich, der Grenz- und Durchschnittskosten beispielsweise in die neue Lage (GK_2 = DK_2) bringen könnte. Ein solcher Kostenwettbewerb ist im Monopol dagegen kaum zu erwarten. Der Preis würde bei Konkurrenz weiter sinken, die Absatzmenge steigen und die Konsumentenrente zunehmen. Würde ein solcher Markt im Laufe der Zeit monopolisiert, dann böte der Monopolist im Optimum jetzt die Menge x_3 zum Preis p_3 an. Die Höhe des „dead weight loss" müsste nun auf die Fläche HGA zusammenschrumpfen.

Ein letzter Hinweis soll unsere Betrachtungen zum Angebotsmonopol beschließen. Wichtiger als die Frage nach einer unterschiedlichen Marktversorgung unter

Monopol- und Wettbewerbsbedingungen dürfte vermutlich ein anderer Aspekt sein, und zwar die Frage nach der Freiheit des Marktzutritts. Sofern der Zutritt zum Markt des Monopolisten grundsätzlich frei ist, kann die Monopolstellung eigentlich nur auf einer besonderen Leistungsfähigkeit des Monopolisten beruhen. Eine solche leistungsbedingte Monopolstellung ist wettbewerbspolitisch als unproblematisch anzusehen, denn sobald die Leistungsvorteile des Monopolisten verloren gehen oder er so hohe Preise fordert, dass nun auch andere Anbieter wettbewerbsfähig werden, treten neue Wettbewerber auf den Markt, es käme zu einer Marktformänderung mit Auflösung der Monopolstellung. Man spricht deshalb in diesem Zusammenhang von einem temporären Monopol.

Problematisch dagegen ist eine Monopolstellung dann, wenn aufgrund von Marktzutrittsbeschränkungen potentielle Konkurrenten ausgeschlossen werden. In diesem Fall fehlt eine überlegene Leistungsfähigkeit als Rechtfertigung für die Monopolstellung, außerdem trifft unter diesen Bedingungen das eben erwähnte Argument zu, dass aufgrund des fehlenden Wettbewerbsdrucks kaum ein Anreiz, geschweige denn ein Zwang zur Vornahme technischer Neuerungen gegeben ist. Um derartige Konstellationen möglichst auszuschließen, ist die Wettbewerbspolitik deshalb gut beraten, ihr besonderes Augenmerk auf einen freien Marktzugang zu richten.

Der amerikanische Ökonom Israel M. Kirzner (*1930) hat in seiner unnachahmlich klaren Diktion die Möglichkeiten und Grenzen des Monopols so zusammengefasst: Ein Absatzmonopol kann die Koordination des Marktsystems nicht (wirklich) behindern, es sei denn, es ist mit dem alleinigen Besitz einer wichtigen Ressource verbunden, der den Auftritt von Neulingen (auch auf Dauer) verhindert. Dann (und nur dann) entsteht eine Monopolrente. Auch kann ein Absatzmonopol die von der Theorie des sozialökonomischen Optimums[40] beschriebene optimale Faktorallokation nicht entscheidend behindern, sondern lediglich die Produktion in eine andere Richtung lenken.

II.4.5   Oligopolpreisbildung

Das Angebotsoligopol zeichnet sich dadurch aus, dass wenigen Marktteilnehmern auf der Angebotsseite viele kleine Einheiten auf der Nachfrageseite gegenüberstehen. Aufgrund der angenommenen mittleren Größe beeinflusst jeder der wenigen Anbieter mit seinen Aktionen, das heißt mit etwaigen Preis- oder Mengenänderungen, spürbar das Marktergebnis. Während dieser spürbare Einfluss auf das Marktergebnis dem Monopol vergleichbar ist, kommt jedoch im Oligopol ein weiterer Aspekt hinzu. Und zwar muss der Oligopolist bei der Planung seiner Aktionen neben dem Verhalten der Marktgegenseite auch den Reaktionen seiner Konkurrenten Rechnung tragen. Die Rivalen werden nämlich auf Veränderungen des Marktergebnisses in der Regel mit einer Anpassung ihrer eigenen Aktionsparameter reagieren, das heißt ihre Preisforderungen beziehungsweise ihre ausge-

---

[40]   Siehe im Detail das Kapitel zur „Theorie der Wirtschaftspolitik".

brachte Menge aufgrund der veränderten Absatzlage neu festsetzen, womit wiederum Rückwirkungen für den ersten Anbieter verbunden sind. Die hieraus resultierende Abhängigkeit zwischen den Oligopolisten wird gemeinhin als oligopolistische Interdependenz bezeichnet.

Jeder Oligopolist muss sich also, bevor er eine Aktion startet, überlegen, wie seine Rivalen hierauf reagieren werden. Für den Erfolg seiner Aktion kommt es darauf an, welche Situation sich *nach* erfolgter Reaktion der Konkurrenten einstellt. Damit hängt der Preisbildungsprozess im Oligopol entscheidend davon ab, was jeder Oligopolist glaubt, wie seine Rivalen reagieren werden, das heißt, welche Annahme er über das Reaktionsverhalten seiner Konkurrenten zugrunde legt. Da diesbezüglich eine Vielzahl von Annahmen möglich ist, gibt es, anders als in den beiden zuvor betrachteten Marktformen, keine eindeutige Lösung für das Oligopol. Vielmehr haben wir es in der Oligopoltheorie mit einer Reihe konkurrierender Reaktionshypothesen zu tun, woraus eine entsprechende Fülle von Oligopolmodellen resultiert. Um das Prinzip dieser Modelle zu verdeutlichen, soll deshalb im Folgenden exemplarisch auf die von Cournot bzw. Bertrand entwickelten Oligopollösungen abgestellt werden.

Von Cournot stammt das Modell des Mengenduopols (zwei Oligopolisten), er geht von folgenden Annahmen aus:

- Es konkurrieren nur *zwei Anbieter* miteinander (Angebotsduopol).

- Betrachtet wird ein *vollkommener Markt*, so dass nur ein Preis zustande kommen kann.

- Jeder Anbieter verhält sich *autonom* und betreibt *Gewinnmaximierung durch Mengenfixierung*, das heißt, die Angebotsmenge des Mitanbieters wird konstant und unabhängig vom eigenen Verhalten angesehen und geht deshalb als feste Größe in die Ermittlung der jeweils eigenen gewinnmaximierenden Menge ein.

Da von einem vollkommenen Markt und damit identischen, dass heißt homogenen Produkten der Anbieter ausgegangen wird, ergibt sich der Marktpreis in Abhängigkeit von der Summe der individuellen Angebotsmengen $x = x_1 + x_2$. Die für beide Anbieter geltende Preis-Absatz-Funktion, die wir im Anschluss an Cournot als linear annehmen, kann deshalb geschrieben werden als

$$p = f(x_1 + x_2) = b - a(x_1 + x_2) \quad \text{mit } a, b > 0$$

$$p = b - ax_1 - ax_2.$$

Hieraus folgen die Erlösfunktionen

$$E_1 = p \cdot x_1 = (b - ax_1 - ax_2)x_1$$

$$E_2 = p \cdot x_2 = (b - ax_1 - ax_2)x_2.$$

Die Annahme eines homogenen Gutes rechtfertigt die Existenz von identischen Kostenfunktionen, was zugleich eine analytische Vereinfachung mit sich bringt. Hier sei bei Vernachlässigung von fixen Kosten ein linearer Verlauf unterstellt:

$$K_1 = cx_1$$

$$K_2 = cx_2 \qquad \text{mit } c > 0.$$

Wegen

$$G = E - K$$

erhalten wir damit die Gewinnfunktionen

$$G_1(x_1, x_2) = (b - ax_1 - ax_2)x_1 - cx_1$$

$$G_2(x_1, x_2) = (b - ax_1 - ax_2)x_2 - cx_2.$$

Im nächsten Schritt lassen sich die gewinnmaximierenden Angebotsmengen des Anbieters 1 (2) für alternative, als konstant unterstellte Angebotsmengen des Rivalen ermitteln. Dazu müssen wir für jeden Anbieter dessen Gewinnfunktion partiell nach der eigenen Absatzmenge differenzieren und gleich null setzen:

$$\frac{\partial G_1}{\partial x_1} = b - ax_2 - 2ax_1 - c = 0.$$

$$\frac{\partial G_2}{\partial x_2} = b - ax_1 - 2ax_2 - c = 0.$$

Daraus ergeben sich die so genannten Reaktionsfunktionen R_1 und R_2

$$\text{Anbieter 1: } x_1 = \frac{b - ax_2 - c}{2a}$$

$$\text{Anbieter 2: } x_2 = \frac{b - ax_1 - c}{2a},$$

die in Abbildung II.36 veranschaulicht sind und zum Ausdruck bringen, welche Menge der betreffende Duopolist anbietet, um seinen Gewinn zu maximieren, wenn das Konkurrenzangebot als konstant angenommen wird. Aus der grafischen Darstellung kann deshalb direkt ersehen werden, mit welcher Menge sich der jeweilige Anbieter an das Angebot seines Rivalen anpassen wird.

Man kann zeigen, dass eine gleichgewichtige Lösung dort liegt, wo sich beide Reaktionskurven schneiden. Die im Gleichgewicht ausgebrachten Mengen beider Anbieter stimmen aufgrund der unterstellten identischen Kostenfunktionen überein und betragen in unserem Fall:

$$x_1 = x_2 = \frac{b-c}{3a}.$$

Der Absatz dieser Mengen ist gemäß der Preis-Absatz-Funktion möglich zum (einheitlichen) Preis von

$$p = \frac{b+2c}{3}.$$

Wir wollen dieses Ergebnis an einem Beispiel verdeutlichen. Gegeben sei:

$a = 1, b = 15, c = 2.$

Anbieter 2 beginnt das „Spiel" durch (autonome) Wahl einer Angebotsmenge von $x_2 = 10$. Ist dieser erste Wert vorgegeben, können alle weiteren aus den Reaktionsfunktionen errechnet werden.

Wie der Tabelle zu entnehmen ist, wird bereits nach wenigen „Zügen" die Gleichgewichtslage mit (annähernd) identischen Mengen der Anbieter eingenommen. Der Anpassungsprozess, der schließlich zum Gleichgewicht in Punkt A führt, lässt sich grafisch sehr anschaulich anhand von Abbildung II.36 verfolgen.

Periode	x_2	x_1
0	10,000	1,500
1	5,750	3,625
2	4,688	4,156
3	4,422	4,289
4	4,355	4,323
5	4,339	4,331
6	4.335	4,332
7	4,333	4,333

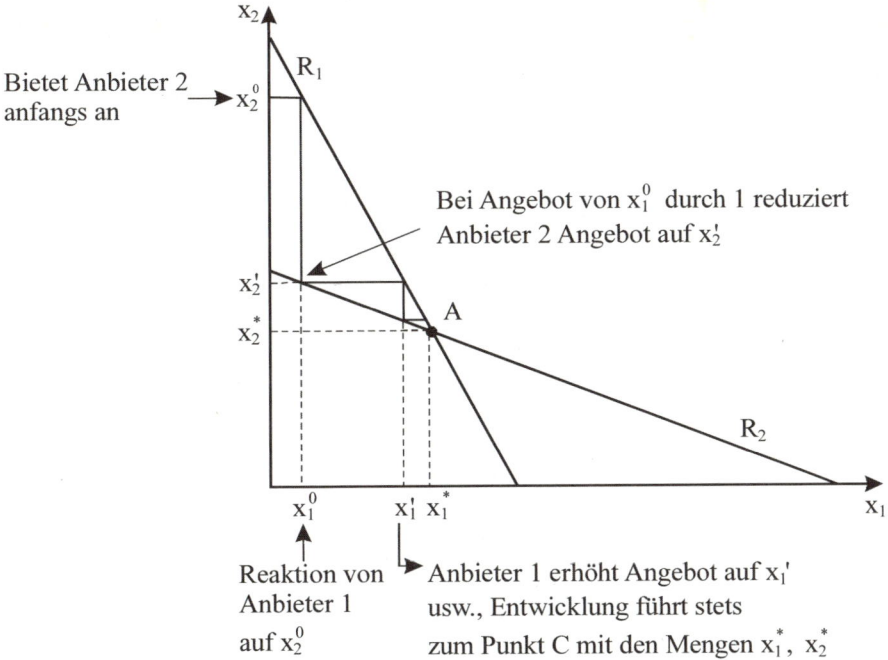

Bietet Anbieter 2 anfangs an → x_2^0

R_1

Bei Angebot von x_1^0 durch 1 reduziert Anbieter 2 Angebot auf $x_2^!$

$x_2^!$

x_2^*

A

R_2

x_1^0 $x_1^!$ x_1^*

x_1

Reaktion von Anbieter 1 auf x_2^0

Anbieter 1 erhöht Angebot auf $x_1^!$ usw., Entwicklung führt stets zum Punkt C mit den Mengen x_1^*, x_2^*

Abbildung II.36

Das Gleichgewicht im Punkt A ist ein Beispiel für das so genannte „Nash-Gleichgewicht", das nach dem US-amerikanischen Nobelpreisträger John Forbes Nash (*1928) benannt ist. Ein solches Gleichgewicht liegt immer dann vor, wenn in einem 2-Personen-Spiel jeder Spieler seine optimale Strategie gegeben die Strategie des anderen Spielers wählt.

Nachdem wir damit am Beispiel der Cournot-Lösung die für die Marktform des Oligopols typische Reaktionsverbundenheit der Anbieter kennen gelernt haben, wollen wir uns nun zwei Phänomenen zuwenden, die in der Realität auf Oligopolmärkten immer wieder zu beobachten sind. Das erste Phänomen betrifft das häufig anzutreffende Parallelverhalten von Oligopolisten. Ein Anbieter erhöht oder senkt seinen Preis, die anderen ziehen nach. Standardbeispiel hierfür sind die Mineralölkonzerne mit ihren regelmäßigen Preisrunden, aber auch in der Automobilindustrie sind ähnliche Beobachtungen zu machen. Es stellt sich deshalb die Frage, ob es sich dabei um ein in irgendeiner Form abgestimmtes, wettbewerbswidriges Verhalten handelt oder ob sich ein solches Verhalten sehr wohl auf der Basis unabhängiger Einzelentscheidungen erklären lässt. Auch hier „hilft" die Oligopoltheorie weiter: Von J. Bertrand (1822–1900) stammt gewissermaßen das „Zwillingsmodell" zum Mengenduopol von Cournot. Er geht davon aus, dass die mögliche Absatzmenge jedes einzelnen Oligopolisten positiv vom Preis des Konkurrenten, negativ vom eigenen Preis abhängt, soweit es die „Laufkundschaft" betrifft. Die

„Stammkundschaft" verhalte sich innerhalb einer bestimmten Preisspanne als preisunempfindlich. Daraus folgt für die Absatzfunktion der beiden Duopolisten:

$$x_1 = a_1 - b_1 p_1 + e_1 p_2$$

$$x_2 = a_2 - b_2 p_2 + e_2 p_1,$$

wobei aus Symmetriegründen:

$$a_1 = a_2 = a; \ b_1 = b_2 = b; \ e_1 = e_2 = e.$$

gelten soll. Zur Vereinfachung nehmen wir bei beiden Oligopolisten identische Produktionskostenstrukturen an. Hier sei bei der Vernachlässigung von fixen Kosten und konstanten Grenzkosten wiederum ein linearer Verlauf unterstellt:

$$K_1 = c x_1$$

$$K_2 = c x_2.$$

Die entsprechenden Gewinnfunktionen lauten dann:

$$G_1(p_1, p_2) = (a - b p_1 + e p_2) p_1 - c x_1$$

$$G_2(p_1, p_2) = (a - b p_2 + e p_1) p_2 - c x_2.$$

Notwendige Bedingungen für ein Gewinnmaximum sind:

$$\frac{\partial G_1}{\partial p_1} = a - 2 b p_1 + e p_2 = 0$$

$$\frac{\partial G_2}{\partial p_2} = a - 2 b p_2 + e p_1 = 0.$$

Die entsprechenden Reaktionsfunktionen lauten:

$$R_1 \equiv p_1 = \frac{a + e p_2}{2b}$$

$$R_2 \equiv p_2 = \frac{a + e p_1}{2b}.$$

Wie im Mengenduopol lässt sich zeigen, dass eine gleichgewichtige Lösung dort liegt, wo sich beide Reaktionskurven schneiden. Die im Gleichgewicht geforderten Preise stimmen aufgrund der unterstellten identischen Kostenfunktionen überein und betragen in diesem Fall

$$p_1 = p_2 = \frac{ae + 2ab}{4b^2 - e^2}.$$

Machen wir uns den jetzt relevanten Preiswettbewerb wieder an einem Beispiel klar. Gegeben sei:

a = 3, b = 1; c = 1,5; e = 1.

Beim Wettbewerb um Kunden zwischen zwei nahezu identischen Gütern (z.B. Zeitschriften) gibt es einen Teil, der sich als Stammleser für eine Zeitschrift bereits entschieden hat sowie einen zweiten Teil, der im Preiswettbewerb von beiden Magazinen gewonnen werden kann. Die Produktionskosten liegen jeweils bei 1,50 Euro.

Wird Zeitschrift 2 zur Kundengewinnung zu einem aggressiven Preis (p_2) von einem Euro angeboten, so folgt Zeitschrift 1 dieser Strategie nicht, sondern wird einen Preis (p_1) oberhalb der Produktionskosten festlegen – beispielsweise zwei Euro –, da auch wenn die gesamte bewegliche Kundschaft abwandert, durch die Stammleser noch ein positiver Gewinn realisiert werden kann. Erhöht Zeitschrift 2 den Preis, so wird Zeitschrift 1 dieser Preiserhöhung folgen, jedoch um einen geringeren Betrag, um so einen Wettbewerbsvorteil zu erhalten. Insofern ergibt sich eine Preisspirale in folgender Form: Falls der Zeitschrift 2 einen Euro verlangt, kann Zeitschrift 1 zu zwei Euro angeboten werden. Da das Zeitschrift 2 bekannt ist, wird sie mit 2,50 Euro an den Markt gehen. Die beste Antwort von Zeitschrift 2 wird 2,75 Euro sein.

Wie die folgende Tabelle und Abbildung II.37 zeigen, lässt sich dieses sukzessive Gedankenspiel sich fortführen, bis die Preisänderungen nur noch minimal sind und der Verkaufspreis von drei Euro als „Grenzwert" erreicht ist. In diesem Punkt schneiden sich die beiden Reaktionsfunktionen, so dass der Preis von Zeitschrift 1 die beste Antwort auf den Preis von Zeitschrift 2 ist und umgekehrt. Somit kommt ein stabiles „Nash-Gleichgewicht" im Punkt A zustande.

Periode	p_2	p_1
0	1,000	2,000
1	2,500	2,750
2	2,875	2,938
3	2,969	2,985
4	2,993	2,997
∂		
n	3,000	3,000

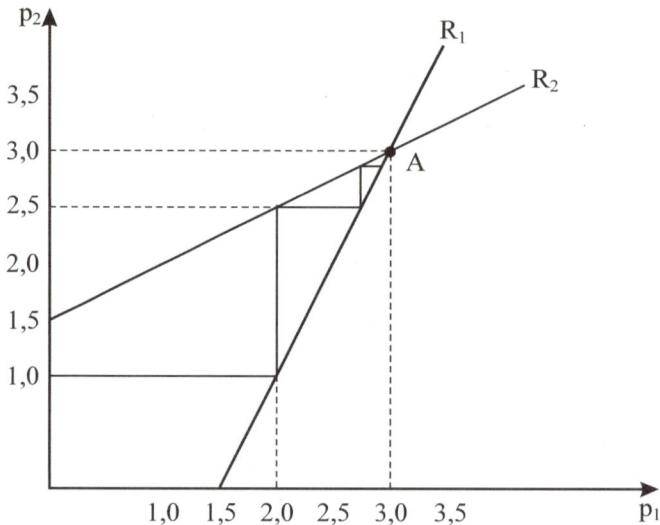

Abbildung II.37

Das zweite Phänomen betrifft die auf vielen Oligopolmärkten anzutreffenden Preisstarrheiten, das heißt, auf Oligopolmärkten werden im Durchschnitt deutlich weniger Preisanpassungen registriert als auf Märkten mit anderer Marktform. Statt dessen beobachtet man in Oligopolen ein verstärktes Agieren mit anderen Aktionsparametern, zum Beispiel der Produktgestaltung, der Qualität, den Serviceleistungen und ähnlichem mehr. Auch hierfür gibt es im Rahmen der Oligopoltheorie verschiedene Erklärungsansätze. Betrachten wir hierzu ein einfaches und zugleich plausibles Beispiel.

Wir unterstellen, dass alle Oligopolisten mit dem Preis agieren, wobei sich eine bestimmte Preiskonstellation in der Ausgangslage herausgebildet haben möge. Für einen beliebig herausgegriffenen Anbieter ergibt sich damit die in Abbildung II.38 veranschaulichte Absatzsituation.

Bei gegebenen Preisen der Konkurrenten (p_j) kann er zum Preis p_i^* die Menge x_i^* absetzen. Sofern die Rivalen ihre Preisforderungen aufrechterhalten, möge sich unser Anbieter einer linear fallenden Nachfragekurve (NAE) gegenübersehen. Eine einfache Reaktionshypothese könnte nun folgende Form haben: Da eine Preiserhöhung unseres Anbieters die Situation seiner Konkurrenten verbessern würde, wird für diesen Fall mit keinen Reaktionen der Mitbewerber gerechnet. Die Preis-Absatz-Kurve oberhalb des Punktes A fällt damit mit der Preis-Absatz-Kurve bei konstanten Konkurrenzpreisen zusammen.

Preissenkungen unseres Anbieters dagegen verschlechtern die Absatzlage seiner Rivalen. Für diesen Fall wird deshalb mit Anpassungen der anderen Anbieter gerechnet, und zwar wird unterstellt, dass die Konkurrenten Preissenkungen

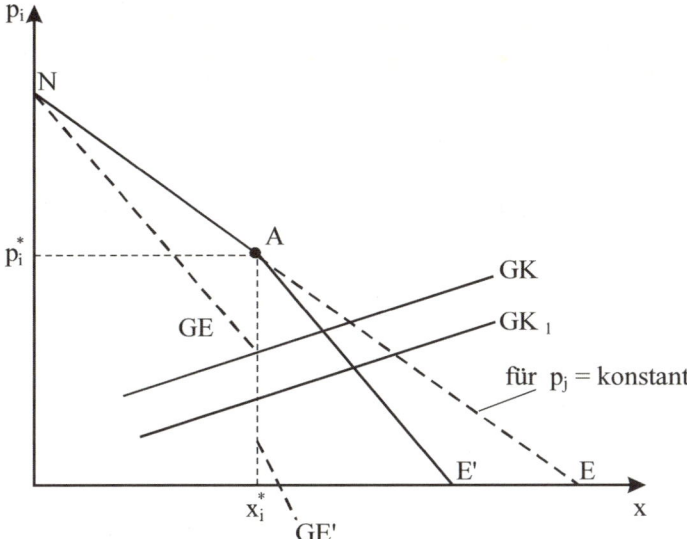

Abbildung II.38

unseres Anbieters ebenfalls mit Preissenkungen beantworten. Da Preissenkungen der Konkurrenten die eigenen Absatzmöglichkeiten verschlechtern, muss die Preis-Absatz-Kurve unseres Anbieters unterhalb des Punktes A links von jener Kurve liegen, die für konstante Konkurrenzpreise gilt, hier also einen steileren Verlauf (AE′) aufweisen.

Wir erhalten damit eine Preis-Absatz-Kurve (NAE′), die in Höhe der augenblicklichen Preisforderung eine Knickstelle aufweist. Eine solche Knickstelle hat eine Sprungstelle der zugehörigen Grenzerlösfunktion (GE) zur Folge. Dies bedeutet, dass sich – innerhalb gewisser Grenzen – der Verlauf der Kostenkurve (z.B. Verlagerung der Grenzkostenkurven von GK nach GK$_1$) ändern kann, ohne dass sich damit zugleich auch die gewinnmaximale Preis-Mengen-Kombination ändern würde. Faktorpreisänderungen oder die Realisierung von technischem Fortschritt, die unter anderen Bedingungen zu Preisanpassungen am Markt führen würden, bleiben auf der Grundlage unserer Reaktionshypothese ohne Auswirkungen auf die optimale Preisforderung, so dass die geknickte Preis-Absatz-Kurve mit den dahinterstehenden Verhaltensannahmen sehr wohl zur Erklärung der auf Oligopolmärkten zu beobachtenden Preisstarrheiten herangezogen werden kann.

Wir wollen damit unsere Überlegungen zur Preisbildung in den verschiedenen Marktformen abschließen und uns im Folgenden einigen wirtschaftspolitischen Überlegungen zuwenden, die auf eine mikroökonomisch orientierte Beeinflussung der Marktprozesse abzielen. Die möglichen Maßnahmen, die dem Staat hier zur Verfügung stehen, sind vielfältiger Art. So kann der Staat direkt in den Preisbildungsprozess eingreifen, indem beispielsweise auf bestimmten Märkten – etwa dem Wohnungsmarkt oder in der Landwirtschaft – über eine Verordnung von Fest-,

Mindest- oder Höchstpreisen zu beachtende Grenzen fixiert werden. Hierzu zählen auch die Zahlung von Subventionen oder die Erhebung von Zöllen und die Festlegung von Kontingenten im Rahmen der Außenhandelspolitik, auf die wir bei unseren Ausführungen zur Außenwirtschaft noch ausführlicher zu sprechen kommen werden. Neben derartigen Maßnahmen, die unmittelbar in den Ablauf der Wirtschaftsprozesse eingreifen und deshalb der Mikroablaufspolitik zugerechnet werden, wird über eine Gestaltung der rechtlich-organisatorischen Rahmenbedingungen indirekt auf die Marktprozesse eingewirkt. Zu diesen Maßnahmen, die unter dem Begriff der Mikroordnungspolitik zusammengefasst werden, zählen beispielsweise die staatliche Regulierung des Marktzugangs, die etwa in bestimmten Befähigungsnachweisen ihren Ausdruck findet, Marktordnungen, vor allem im Agrarbereich der EU, oder Vorschriften, die im Rahmen der Produktion zu beachten sind, also etwa Bestimmungen zum Arbeitsrecht, zur Regelung von Industrieansiedlungen, zum Brandschutz oder zur Emission von Schadstoffen. Vor allem aber ist hier die Wettbewerbspolitik angesprochen, die auf eine institutionelle Absicherung der wettbewerblichen Marktprozesse ausgerichtet ist. Wir wollen im Folgenden zwei Schwerpunkte setzen. Zum einen werden wir am Beispiel staatlich festgesetzter Höchst- und Mindestpreise die Auswirkungen direkter staatlicher Eingriffe in den Preisbildungsprozess betrachten; zum anderen werden wir auf einige grundlegende Aspekte der Wettbewerbstheorie und -politik eingehen.

II.4.6   Staatliche Eingriffe in die Preisbildung

Wie gerade bereits erwähnt, finden sich vor allem in der Landwirtschaft zahlreiche Beispiele für staatliche Eingriffe in die Preisbildung, aber auch auf dem Wohnungs- und Verkehrsmarkt waren beziehungsweise sind staatlich fixierte Grenzen zu beachten.

Lässt man Richtpreise außer Acht, da ihnen kein verbindlicher Charakter zukommt, so sind neben Festpreisen vor allem Mindest- und Höchstpreise zu unterscheiden. Während Festpreise genau einzuhalten sind, markieren Mindest- beziehungsweise Höchstpreise lediglich Grenzen, die nicht unter- beziehungsweise überschritten werden dürfen. Ein Mindestpreis kennzeichnet eine Preisuntergrenze, höhere Preise sind erlaubt; umgekehrt legt ein Höchstpreis eine Obergrenze fest, hier sind geringere Preisforderungen zulässig.

Um uns die Auswirkungen dieser wirtschaftspolitischen Maßnahmen anhand von Abbildung II.39 deutlich zu machen, wollen wir noch einmal auf das Konkurrenzmodell zurückgreifen. Ein staatlich festgesetzter Höchstpreis, wie wir ihn etwa bei Mieten im sozialen Wohnungsbau finden, soll dem Schutz der Konsumenten dienen. Der Preis kann sich vom Grundsatz her frei bilden, er darf aber die vorgegebene Grenze nicht überschreiten. Würde sich diese Grenze oberhalb des Gleichgewichtspreises befinden, käme das gleiche Marktergebnis zustande wie bei freier Preisbildung, der staatliche Preiseingriff bliebe wirkungslos. Man kann deshalb davon ausgehen, dass der Höchstpreis unterhalb des Gleichgewichtspreises festgelegt wird.

Nehmen wir an, als Höchstpreis sei der Preis p_H vorgegeben. Zu diesem Preis übersteigt die Nachfrage das Angebot, ein Teil der Nachfrager kommt nicht zum Zuge. Wie wir bereits wissen, würde der Konkurrenzmechanismus bei freier Preisbildung dafür sorgen, dass dieses Gleichgewicht durch einen Anstieg des Preises auf das Gleichgewichtsniveau p^* abgebaut wird. Da dieser Mechanismus jetzt jedoch nicht greifen kann, bleibt der Nachfrageüberschuss bestehen. Dies zeigt sich beispielsweise in entsprechenden Lieferfristen beziehungsweise Wartezeiten, möglich ist aber auch, dass die Zuteilung der verfügbaren Mengen über ein Rationierungssystem („Windhundverfahren", „Losverfahren" etc.) erfolgt.

Man kann annehmen, dass sowohl die Nachfrager als auch die Anbieter bestrebt sein werden, diese staatlichen Vorschriften zu umgehen. Sofern sich ein Parallelmarkt herausbildet, auf dem die Waren – quasi unter der Hand – zu einem höheren Preis gehandelt werden, spricht man von einem „Schwarzmarkt".

Um diese unerwünschten Folgen zu vermeiden, muss der Staat deshalb zusätzliche Maßnahmen ergreifen, die vor allem auf eine Ausdehnung des Angebots, eventuell aber auch auf eine Drosselung der Nachfrage abzielen. Denkbar ist etwa, dass der Staat selbst als Anbieter auf dem betreffenden Markt auftritt oder dass die privaten Produzenten durch entsprechende Vergünstigungen, etwa in Form von Abschreibungserleichterungen, Investitionszulagen oder verbilligten Krediten, auf der Kostenseite entlastet und so zu einer Ausweitung des Angebots bewegt werden.

Bei einem Mindestpreis, der eine untere Grenze markiert, sind es die Produzenten,

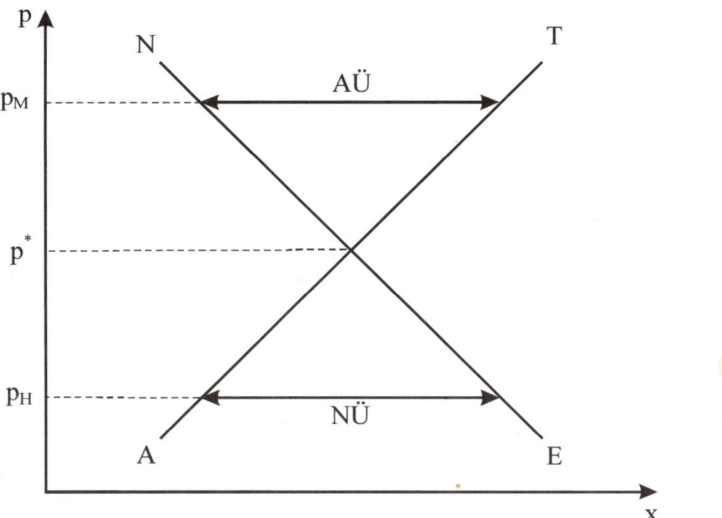

Abbildung II.39

zum Beispiel die Landwirte, die geschützt werden sollen. Damit ein solcher Preis wirksam werden kann, muss er oberhalb des Gleichgewichtspreises festgesetzt werden, wie dies beispielsweise für den Preis p_M in Abbildung zutrifft. Der zu diesem Preis bestehende Angebotsüberschuss kann wiederum durch die freien Marktkräfte nicht abgebaut werden, ein Teil der Anbieter bleibt auf ihren Waren sitzen, obwohl sie zu Preiszugeständnissen bereit wären, was jedoch offiziell verboten ist. Auch hier muss – zumindest auf längere Sicht – mit Ausweichreaktionen gerechnet werden, die auf eine Umgehung der staatlichen Vorschriften, das heißt auf einen Verkauf der Waren zu einem niedrigeren Preis, abzielen. Ein solcher Parallelmarkt wird in diesem Fall als „Grauer Markt" bezeichnet.

Da diese Ausweichreaktionen nicht den vom Staat verfolgten Zielen entsprechen, sind wiederum ergänzende staatliche Maßnahmen erforderlich, um den Markt zu stabilisieren. Wegen des Angebotsüberschusses sind nun Maßnahmen angezeigt, die auf eine Ausdehnung der Nachfrage und/oder eine Einschränkung des Angebots hinwirken. Aus der Landwirtschaft bekannt sind beispielsweise die staatliche Abnahme von Überschussmengen oder die Zahlung so genannter Stillegungsprämien, um die Anbaufläche zu reduzieren.

Wie diese einfachen Überlegungen bereits zeigen, ist die staatliche Festlegung eines Höchst- beziehungsweise Mindestpreises in der Regel nicht ausreichend, die verfolgten Ziele zu erreichen. Um die hervorgerufenen Ungleichgewichtslagen zu beseitigen, sind zusätzliche Maßnahmen erforderlich. Die Problematik derartiger Eingriffe liegt vor allem darin begründet, dass die Auswirkungen nicht auf den betreffenden Markt beschränkt bleiben, sondern aufgrund der allgemeinen Interdependenz auf andere Märkte durchschlagen und damit leicht eine Spirale von Interventionen auslösen.

II.5   Wettbewerbstheorie und -politik

Wie wir bei unseren preistheoretischen Betrachtungen gesehen haben, fragt die Preistheorie nach dem Marktgleichgewicht, welches sich bei rationalem Verhalten als Ergebnis eines Wettbewerbsprozesses einstellt, der durch marktstrukturelle Faktoren geprägt ist. Die Rahmenbedingungen, also vor allem die Anzahl der Anbieter und Nachfrager, die Art der Güter und die angewandte Produktionstechnik, werden als gegeben angenommen. Das Interesse ist primär darauf gerichtet, welche Gleichgewichtslage sich unter diesen Bedingungen aus den individuellen Preis-Mengen-Entscheidungen ergibt. Die Preistheorie betrachtet also vornehmlich den Preis- beziehungsweise Mengenwettbewerb,[41] und zwar bei gegebenen Rahmenbedingungen. Ein wichtiges Ergebnis der bisherigen Betrachtungen war, dass

---

[41]   Andere Wettbewerbsparameter, zum Beispiel Werbeaktivitäten, können aber ebenso mit dem preistheoretischen Instrumentarium analysiert werden, stehen jedoch nicht im Vordergrund der Modellbildung.

die Marktversorgung, wie der Vergleich der Marktformen von Konkurrenz und Monopol gezeigt hat, offensichtlich stark von der Anbieterzahl abhängt, denn das Marktgleichgewicht bei Konkurrenz ist unter sonst gleichen Bedingungen durch niedrigere Preise und größere Mengen gekennzeichnet als im Monopolfall.

Nun befindet sich jede reale Wirtschaft in einem permanenten Entwicklungsprozess, der gekennzeichnet ist durch sich verändernde Nachfragestrukturen, neue beziehungsweise verbesserte Produkte sowie neue, kostengünstigere Produktionsverfahren. Derartige Veränderungen sind im Rahmen der Preistheorie nur über Datenvariationen, das heißt über eine Verschiebung der relevanten Marktfunktionen erfassbar,[42] ohne dass die Prozesse, etwa in ihrer Entstehung, ihrer Verstärkung oder ihrem Ablauf, erklärt werden können. Diese Prozesse, die sich im Fortschritt der Wirtschaft äußern, stehen im Mittelpunkt der Wettbewerbstheorie. Betont wird der evolutorische Charakter, von Hayek bezeichnet den Wettbewerb als ein Entdeckungsverfahren.

Damit haben wir im Rahmen der Wirtschaftswissenschaften zwei Ansätze, die sich mit dem Phänomen des Wettbewerbs auseinandersetzen. Einerseits die Preistheorie, die von gegebenen Rahmenbedingungen – gegebenenfalls unter Einschluss alternativer Datenlagen – ausgeht und auf dieser Grundlage die Koordinations- und Allokationsprozesse von Marktsystemen untersucht, und andererseits die Wettbewerbstheorie, die gerade die Veränderung der Rahmenbedingungen zum Gegenstand ihrer Analysen macht und damit das dynamische Element des Wettbewerbs herausstellt. Da die Wettbewerbspolitik in ihrem Bemühen um die Gestaltung der wettbewerblichen Rahmenbedingungen auf beide Ansätze zurückgreift, empfiehlt es sich, zunächst einen Überblick über einige grundlegende wettbewerbstheoretische Überlegungen vorauszuschicken und damit zugleich die theoretische Behandlung von Marktprozessen auf eine breitere Basis zu stellen.

Wenn wir im täglichen Sprachgebrauch von Wettbewerb sprechen, so wird damit im Allgemeinen auf Situationen Bezug genommen, bei denen verschiedene Personen oder Parteien das gleiche Ziel verfolgen, nämlich eine bestimmte Aufgabe besser zu bewältigen als die Konkurrenten, zumindest aber möglichst gut abzuschneiden. Auch in der Ökonomie kennzeichnet der Wettbewerbsbegriff eine derartige Rivalitätsbeziehung. Stellt man auf die Angebotsseite ab, so dominiert in den meisten Fällen das Gewinnziel. Um dieses Ziel zu erreichen, ist es notwendig, Abschlüsse mit der Marktgegenseite zu tätigen. Dies wird nur dann gelingen, wenn das eigene Angebot in den Augen der Käufer als mindestens gleich gut angesehen wird wie das der Rivalen. Wettbewerb im ökonomischen Sinn kann damit als rivalisierende Marktbeziehung bezeichnet werden, bei welcher der Gunst der Marktgegenseite eine besondere Bedeutung zukommt.

---

[42] Die dabei angewendete Methode, die einen Vergleich der alternativen Gleichgewichtslagen beinhaltet, wird als komparative Statik bezeichnet.

Das Bestreben der Wettbewerber ist es, die Rivalen zu übertreffen (Parallelprozess), um über Geschäftsabschlüsse mit der Marktgegenseite (Austauschprozess) das eigentliche Ziel, in der Regel also einen möglichst hohen Gewinn, zu realisieren. Indem die Anbieter ihre eigenen Ziele verfolgen, sind sie aufgrund des Wettbewerbs gezwungen, sich an den Wünschen der Marktgegenseite zu orientieren. Diesem Zwang ist der Monopolist insofern nicht ausgesetzt, als der Vergleich seines Angebots mit dem der Konkurrenten entfällt. Die Verbraucher haben hier nicht die Wahl zwischen verschiedenen Alternativen, sondern können lediglich entscheiden, ob sie das Angebot des Monopolisten akzeptieren oder zurückweisen. Sieht man von der potentiellen Konkurrenz, das heißt vom Markteintritt neuer Anbieter, ab, so fehlt die Kontrolle durch den Wettbewerb, das Angebot ist nicht dem Vergleich mit konkurrierenden Offerten ausgesetzt. Sind dagegen mehrere oder – wie im Konkurrenzfall – viele Anbieter vorhanden, so müssen sich diese dem Vergleich stellen, und ihr Erfolg wird um so größer sein, je besser sie dabei den Wünschen der Marktgegenseite Rechnung tragen.[43]

Lässt man zunächst einmal die Möglichkeiten außer Acht, sich durch wettbewerbsbeschränkende Praktiken diesem Druck zu entziehen, so besteht für die Anbieter ein systemimmanenter Anreiz, sich durch geeignete Maßnahmen eine gute Wettbewerbsposition zu verschaffen und damit zugleich die Wohlfahrt zu steigern. Hierzu gibt es grundsätzlich zwei Ansatzpunkte. Zum einen wird es das Bemühen der Anbieter sein, ihre Kosten zu senken. Dies bedeutet zunächst – sofern noch nicht erreicht – die Realisierung der kostenminimalen Faktorkombination. Gleichzeitig werden die Produzenten danach trachten, neue, kostengünstigere Produktionsverfahren zu entdecken, um so einen Wettbewerbsvorteil gegenüber der Konkurrenz zu erlangen. Je intensiver der Wettbewerb ist, das heißt je niedriger die am Markt durchsetzbaren Preise sind, desto wichtiger ist es für jedes Unternehmen, alle Potentiale der Kostensenkung zu nutzen, um überhaupt am Markt bestehen beziehungsweise auf eine weitere Senkung des Marktpreises reagieren zu können. Aber auch bei weniger ausgeprägtem Wettbewerb ist eine Verbesserung der Kostenstruktur von Vorteil, da damit bei gegebenen Preisen eine Verbesserung der Gewinnposition verbunden ist und sich zugleich die Möglichkeit eröffnet, über eine Verminderung der Preisforderung einen größeren Marktanteil zu sichern.

---

[43] Die Wettbewerbstheorie befasst sich allerdings so gut wie gar nicht mit der Frage, wie sich ein verstärkter Wettbewerbsdruck der Endnachfrager auswirkt. Führt dieser zu stärkerem Suchen nach Alternativen, längerem Aushandeln von Kaufverträgen oder einfach generell zu einer höheren Kaufbereitschaft? In diesem Zusammenhang interessiert auch die Frage der Informationsbeschaffung. Da in dem beschriebenen Rivalitätssystem Informationsmängel durchaus auftreten, sind die Konsumenten gehalten, eine „optimale" Menge an Informationen zu beschaffen. Spontankäufe bergen etwa das Risiko in sich, dass sie im nachhinein als nicht befriedigend eingestuft werden. Dies liegt daran, dass beim Kauf dieser Art der Grenznutzen einer weiteren Informationsbeschaffung die Grenzkosten (noch) erheblich übersteigen. Daher hätte das Optimalkalkül es nahegelegt, die Informationsbeschaffung bis zum Ausgleich von Grenznutzen und Grenzkosten (der Informationen) auszudehnen.

Der zweite Ansatzpunkt zur Stärkung der Wettbewerbsposition besteht in der Entwicklung neuer beziehungsweise besserer Produkte, die den Wünschen der Abnehmer stärker entsprechen als das bisherige Angebot. Damit einher geht eine Präferenzbildung für das eigene Angebot und eine höhere Zahlungsbereitschaft der Nachfrager. Auch hier gilt, dass der Zwang zur Suche und Einführung von Produktverbesserungen beziehungsweise -neuerungen mit dem Wettbewerbsdruck zunimmt.

Während der Anreiz zur Vornahme von Verfahrens- beziehungsweise Produktinnovationen grundsätzlich auch im Monopol gegeben ist, hängt die Notwendigkeit zur Suche nach Neuerungen in hohem Maße von der Wettbewerbsintensität ab. Je stärker der Wettbewerb, desto geringer ist die Differenz zwischen Preisen und Kosten und desto größer ist die Gefahr, bei einem Vorpreschen der Konkurrenz die Wettbewerbsfähigkeit zu verlieren und aus dem Markt ausscheiden zu müssen. Man kann deshalb vermuten, dass der Wettbewerb mit zunehmender Intensität den Fortschritt begünstigt.

Die Vornahme der Innovationen erfolgt durch initiative Unternehmer, die im Anschluss an Joseph A. Schumpeter (1883–1950) *Pionierunternehmer* genannt werden. Diese verschaffen sich durch Einführung einer Produkt- oder Verfahrensneuerung einen Wettbewerbsvorsprung, erzeugen ein Gewinngefälle und geben so den Anstoß zu einer Auflösung und Veränderung des Marktgleichgewichts, indem sie Nachfolger anlocken. Schumpeter spricht deshalb vom Prozess der schöpferischen Zerstörung. Die Marktposition der anderen Unternehmen wird in der Regel durch den Vorstoß des innovativen Unternehmers geschwächt, gegebenenfalls kann sogar deren Existenz gefährdet sein. Um ihre Stellung wieder zu festigen, sind sie deshalb zur Reaktion gezwungen, das heißt, sie werden sich bemühen, das verlorene Terrain durch geeignete Maßnahmen zurückzugewinnen, eventuell sogar selbst einen Vorsprung zu realisieren. Zumindest aber werden die höheren Gewinne des innovativen Unternehmens Ansporn für eigene Anstrengungen sein. In der Regel ist es dieser reaktive, nachahmende Wettbewerb, der für die eigentliche Verbreitung der Fortschrittswirkungen sorgt. Dieser durch Vorstoß und Nachahmung gekennzeichnete Wettbewerb mündet schließlich in eine neue (temporäre) Gleichgewichtslage mit verbesserter Marktversorgung. Preistheoretisch gesehen hat der Fortschritt damit zu einem neuen Marktgleichgewicht bei veränderten Marktfunktionen geführt, ausgelöst durch ein Aufbrechen der alten Gleichgewichtslage durch einen innovativen Akt schöpferischer Zerstörung.

Der Anreiz zur Vornahme von Neuerungen, das heißt zum vorstoßenden Wettbewerb, hängt entscheidend davon ab, wie lange die daraus resultierende Vorzugsposition, die sich in entsprechenden Gewinnsteigerungen niederschlägt, aufrechterhalten werden kann. Der Anreiz ist um so stärker, je länger es dauert, bis der nachahmende Wettbewerb den Vorsprung aufgeholt hat. Eine mangelnde Transparenz des Marktes, die nicht jeden Vorstoß für die Konkurrenten sofort sichtbar macht, wird deshalb sicherlich den Fortschritt begünstigen. Wichtiger jedoch sind

Regelungen des Patentrechts, die für eine gewisse Zeit Schutz bieten vor dem imitierenden Wettbewerb, aber auch der Zeichenschutz ist hier zu nennen. In Deutschland spricht man auch vom so genannten „Gebrauchs- und Geschmacksmuster".

Patente sollen geistiges Eigentum schützen, daher spricht man im Englischen auch von den sogenannten „intellectual property rights (IP)". Zu den wichtigsten Problemen zählt dabei die Frage: Wie kann verhindert werden, dass teuer entwickelte Technologien direkt vom Wettbewerber übernommen werden können? Würde das nämlich häufig geschehen, dann ist der Anreiz, Innovationen zu tätigen, deutlich herabgesetzt. Innovationen sind aber, gerade in den hoch industrialisierten Ländern, für rund die Hälfte des wirtschaftlichen Wachstums verantwortlich und damit volkswirtschaftlich von großer Bedeutung. Patente gehören zu den „juristischen Schutzstrategien" (Gassmann/Bader 2004, S. 182) für das geistige Eigentum. Diese behalten nur dann ihren Abschreckungscharakter gegenüber Dritten, wenn die grundsätzliche Bereitschaft des Patentinhabers zur Durchsetzung der IP-Rechte auch glaubwürdig ist. „Der reale Wert von Patenten sinkt nämlich, wenn Wettbewerber diese verletzen und der Patentinhaber dies wissentlich oder unwissentlich duldet." (ebenda).

Während diese allgemeine Voraussetzung für die Entfaltung eines dynamischen Wettbewerbs unumstritten ist, gibt es unterschiedliche Vorstellungen darüber, welche Faktoren die Wettbewerbsprozesse bestimmen und deshalb bei wettbewerbspolitischen Überlegungen berücksichtigt werden sollten. Im Folgenden sollen exemplarisch einige ausgewählte Grundpositionen skizziert werden.

Die Vorstellungen der Klassik sind bereits ansatzweise bekannt. Die Antriebskräfte für die Steuerung der Marktprozesse resultieren aus der unabhängigen Verfolgung des Eigeninteresses der Marktbeteiligten. Wie durch eine unsichtbare Hand gelenkt, ergibt sich hieraus zugleich eine Maximierung der gesamtwirtschaftlichen Wohlfahrt. Um möglichst hohe Gewinne zu erzielen, sind die Produzenten im Wettbewerb gezwungen, sich an den Verbraucherwünschen zu orientieren, möglichst bessere Angebote zu machen als die Konkurrenten.

Den Gewinnen kommt jedoch nicht nur eine besondere Bedeutung zu als Anreiz für bessere Leistungen und kostengünstigere Produktionsverfahren, sondern auch wegen ihrer Informations- und Signalwirkungen für Marktein- und -austritte. Voraussetzung für das Funktionieren des Systems ist freier Wettbewerb, das heißt ungehinderter Marktzugang. Dieser ist durch eine staatliche Rahmenordnung, die insbesondere Gewerbefreiheit garantiert, zu gewährleisten. Bei freiem Marktzutritt sind (temporäre) Monopolstellungen unbedenklich, da die hohen Gewinne neue Anbieter anlocken. Problematisch sind nur künstliche – etwa durch Protektion erreichte – oder natürliche Wettbewerbsbeschränkungen, die auf Dauer zu monopolistischen Strukturen führen.

Die Klassik betont also den Prozesscharakter des Wettbewerbs, der sich im Anreiz zu Neuerungen und im Mobilitätsverhalten niederschlägt. Das System selbst ist auf Fortschritt ausgerichtet und führt nach Gleichgewichtsstörungen zu Anpassungsprozessen hin auf eine neue Gleichgewichtslage, die jedoch wiederum nur temporärer Natur ist.[44]

Während die klassische Nationalökonomie die Initiative der Unternehmen und die durch Gewinndifferenzen ausgelösten Anpassungsprozesse hervorhebt, bleiben die Gleichgewichtslagen selbst im Hintergrund. Dies ändert sich mit dem Aufkommen der neoklassischen Preistheorie in der zweiten Hälfte des 19. Jahrhunderts.

Ein wesentliches Element dieser Entwicklung bildet das Modell der vollkommenen Konkurrenz und die Herausarbeitung der Bedingungen, unter denen sich ein Gleichgewicht einstellt, bei dem alle Anbieter im Minimum der totalen Durchschnittskosten produzieren, so dass bei Realisierung der Gewinnmaximierungsbedingung Preis gleich Grenzkosten keine Gewinne mehr entstehen. Wie bereits dargelegt, konzentrieren sich die preistheoretischen Modelle jedoch auf das Ergebnis des Wettbewerbsprozesses, das heißt auf das Marktgleichgewicht, welches sich bei gegebenen Rahmenbedingungen herausbildet. Damit würde eine Wettbewerbspolitik, die sich an preistheoretischen Modellen orientiert, den gesamten Fortschrittsaspekt vernachlässigen und damit letztlich wesentliche Elemente des Wettbewerbssystems außer Acht lassen.

Aus dieser Kritik am Leitbild der vollkommenen Konkurrenz entwickelte sich – ausgelöst durch einen Vortrag J.M. Clarks (1884–1963) im Jahre 1939 – eine Neuorientierung der Wettbewerbstheorie, die mit dem Begriff „workable competition" bezichungsweise „funktionsfähiger" Wettbewerb bezeichnet wird. Ein bekannter Vertreter dieser Richtung in Deutschland ist Erhard Kantzenbach (*1931). Kantzenbach geht bei seinem aus dem Jahre 1966 stammenden Konzept der optimalen Wettbewerbsintensität von den Funktionen aus, die der Wettbewerb aus gesamtwirtschaftlicher Sicht erfüllen soll. Es sind dies:

- Steuerung des Angebots entsprechend den Präferenzen der Nachfrager (Konsumentensouveränität),

- Lenkung der Produktionsfaktoren in ihre effizienteste Verwendung (optimale Allokation der Faktoren),

- marktleistungsgerechte Verteilung (Primärverteilung vor staatlichen Eingriffen),

- flexible Anpassung bei exogenen Datenänderungen und

- Förderung des technischen Fortschritts, das heißt von Produkt- und Verfahrensinnovationen.

---

[44] Vgl. zu den Vorstellungen der Klassiker auch oben Abschnitt I.3.1.

Die ersten drei Funktionen werden als statisch bezeichnet, ihre Erfüllung steht bei dem aus der Preistheorie abgeleiteten Leitbild der vollkommenen Konkurrenz im Vordergrund. Die beiden letztgenannten Funktionen, denen Kantzenbach besondere Bedeutung zumisst, betonen den dynamischen Aspekt des Wettbewerbs.

Kantzenbach sieht den Wettbewerbsprozess als Funktion der Anbieterzahl und der Produktdifferenzierung. Zur Bestimmung der Marktform, die vor allem zur Erfüllung der dynamischen Wettbewerbsfunktionen am besten geeignet ist, stellt Kantzenbach auf die Innovationsmöglichkeiten und die Innovationsneigung ab. Die Innovationsmöglichkeiten werden insbesondere durch die Finanzierungsmöglichkeiten bestimmt, die Innovationsneigung hängt in erster Linie vom Verlust- beziehungsweise Existenzrisiko bei aktivem Verhalten der Konkurrenten und eigener Passivität ab. Im Rahmen einer empirisch-theoretischen Analyse kommt Kantzenbach zu dem Ergebnis, dass Marktstrukturen anzustreben seien, die auf der Angebotsseite ein weites Oligopol aufweisen – dies entspricht nach seinen Vorstellungen etwa 10 bis 20 Wettbewerbern – und die durch eine mäßige Produktdifferenzierung und eine begrenzte Markttransparenz gekennzeichnet sind. Zur Begründung verweist Kantzenbach auf die effektive Wettbewerbsintensität, die hier am größten sei. Im Polypol sei diese zu niedrig, da bei passivem Verhalten keine Existenzgefährdung gegeben und zudem die Finanzierungsmöglichkeiten für Innovationen zu gering seien. Im engen Oligopol – nach Kantzenbach also bei Anbieterzahlen von weniger als zehn – und bei homogenen Gütern beziehungsweise geringer Produktdifferenzierung dagegen sei der Wettbewerb zu stark. Zwar sei hier grundsätzlich ein hoher Grad der Existenzgefährdung gegeben, die Möglichkeit und Neigung zu wettbewerbsbeschränkendem Verhalten stünden dem jedoch entgegen, so dass die effektive Wettbewerbsintensität geringer sei als im weiten Oligopol mit mäßiger Produktdifferenzierung.

Entscheidend für Kantzenbach sind also die zu erwartenden Marktergebnisse, die in Abhängigkeit von der Marktstruktur gesehen werden. Gefordert werden Abweichungen von der vollkommenen Konkurrenz, das heißt das Vorhandensein gewisser monopolartiger Elemente, um die Durchsetzung des technischen Fortschritts zu fördern (Dilemmathese). Damit bleibt bei Kantzenbach das neoklassische Denken noch entscheidender Ansatzpunkt der Analyse, das tradierte neoklassische Konzept wird nur durch gewisse dynamische Elemente erweitert, um die Funktionsfähigkeit sich verändernder Systeme sicherzustellen.

Gegen die Sichtweise Kantzenbachs wendet sich Erich Hoppmann (*1923) als herausragender Vertreter eines Wettbewerbskonzepts, welches unter Rückgriff auf die klassischen Vorstellungen den Gedanken der Wettbewerbsfreiheit ins Zentrum rückt und deshalb auch als neuklassisch bezeichnet wird. Nach Hoppmann ist es aufgrund der Komplexität des Marktsystems und der Interdependenzen zwischen den einzelnen Teilmärkten unmöglich, die auf einem bestimmten Partialmarkt zu erwartenden Ergebnisse vorherzusagen. Der spontane Charakter der Ordnung verhindert derartige Prognosen. Jeder Marktteilnehmer verfügt über ein begrenztes, spezifisches Wissen, an dem er seine Handlungen orientiert und das in seiner Gesamtheit kein einzelner kennen kann. Folglich sei das Kantzenbachsche Konzept vom Ansatz her verfehlt. Statt der gewünschten Marktergebnisse stellt Hoppmann das Marktverhalten in den Mittelpunkt. Entscheidend sei, dass keine wettbewerbsbeschränkenden Praktiken zur Anwendung gelangen. Ein solchermaßen freier Wettbewerb führe zugleich zu guten ökonomischen Ergebnissen. Zwar seien diese Ergebnisse nicht im Einzelnen vorhersagbar, sondern nur im Sinne von „Mustervorhersagen" zu verstehen, da es sich beim Wettbewerb letztlich um ein Entdeckungsverfahren mit unbekanntem Ausgang handle; dennoch führt nach seiner Auffassung jede Wettbewerbsbeschränkung zu einer Verschlechterung, so dass kein Konflikt zwischen Wettbewerbsfreiheit und guten Marktergebnissen gegeben sei. Gefordert wird deshalb im Wesentlichen ein Verbot wettbewerbsbeschränkender Verhaltensweisen sowie die Freiheit zu wettbewerblichem Handeln.

Die praktische Wettbewerbspolitik, die in Deutschland vor allem in dem 1958 in Kraft getretenen und seither mehrfach ergänzten Gesetz gegen Wettbewerbsbeschränkungen (GWB) ihren Ausdruck findet, ist als Ergebnis eines politischen Willensbildungsprozesses zu sehen.[45] Die daraus resultierende Notwendigkeit zum Kompromiss verhindert in der Regel eine durchgängige Orientierung an einer bestimmten wettbewerbspolitischen Konzeption, woraus sich ein gewisser Mangel an Stringenz erklärt. Die zentralen Elemente des deutschen Wettbewerbsrechts sind

- das Kartellverbot,

- die Missbrauchsaufsicht über marktbeherrschende Unternehmen sowie

- die Fusionskontrolle,

womit den wichtigsten Formen der Wettbewerbsbeschränkung entgegengewirkt werden soll. Im übrigen werden die Rahmenbedingungen des Wettbewerbs durch allgemeine Rechtsnormen geprägt, die beispielsweise in der Eigentumsverfassung oder dem Grundsatz der Vertragsfreiheit zum Ausdruck kommen.

Kartelle sind vertragliche Vereinbarungen zwischen rechtlich selbständigen Unternehmen, die dem Ziel dienen, den Wettbewerb zwischen den Beteiligten zu beschränken. Gegenstand einer solchen Vereinbarung sind Abstimmungen über bestimmte Parameter, zum Beispiel Preise, Mengen, Rabatte oder Konditionen, die ansonsten jedes Unternehmen frei setzen könnte. Auf diese Weise wird ein Teil der wirtschaftlichen Aktivitäten der Koordination über den Markt entzogen.

Die Vorteilhaftigkeit derartiger Praktiken aus Sicht der Unternehmen sei am Beispiel eines Preiskartells verdeutlicht. Wie wir anhand der preistheoretischen Modelle gesehen haben, fordert ein Monopolist unter sonst gleichen Bedingungen

---

[45] In milderer Form gab es eine Wettbewerbspolitik auch schon in der Weimarer Republik („Kartellverordnung"). Auch in anderen industriellen Volkswirtschaften (man denke etwa an die Anti-Trust-Politik der USA) gab es Vorbilder.

einen höheren Preis als jenen, der sich bei Konkurrenz herausbilden würde. Zwar muss sich der Monopolist aufgrund der höheren Preisforderung mit einer geringeren Absatzmenge begnügen als im Konkurrenzfall, sein Gewinn – und das ist das Entscheidende – ist jedoch höher als die Summe der Einzelgewinne, die die kleinen Anbieter bei Konkurrenz insgesamt erwirtschaften würden. Sofern sich die Wettbewerber einigen können, dass jeder von ihnen ebenfalls den Monopolpreis oder zumindest einen höheren Preis als im Wettbewerb fordert, so verbessern sie damit ihre Gewinnlage und können gemeinsam das Monopolergebnis realisieren.[46] Die Lasten trüge die Nachfrageseite, deren Versorgungslage sich nun bei erhöhten Preisen und geringerer Menge verschlechtert hätte.

Auch wenn die Möglichkeiten einer Verständigung in praxi mit zahlreichen Problemen verbunden sein dürften und der Bestand eines Kartells stets bedroht ist durch die vorteilhafte Position von Außenseitern, die nicht den Kartellvereinbarungen unterliegen beziehungsweise ihr Verhalten nicht daran ausrichten, ist der Anreiz zur Verhaltensabstimmung evident. Um derartigen Praktiken vorzubeugen und damit den Wettbewerb zu schützen, sind Kartellverträge nach § 1 GWB unwirksam, Verstöße werden mit Geldbußen geahndet. Gleiches gilt für aufeinander abgestimmtes Verhalten der Wettbewerber, welches praktisch jedoch nur schwer nachzuweisen ist. Allerdings gibt es zahlreiche Verwässerungen und Ausnahmen von diesem grundsätzlichen Kartellverbot, so dass seine Wirksamkeit einer Reihe von Einschränkungen unterliegt.

Die beiden weiteren Säulen des GWB beziehen sich auf die unerwünschte Macht, die von marktbeherrschenden Unternehmen ausgeht, das heißt von Unternehmen, die keinem oder keinem wesentlichen Wettbewerb ausgesetzt sind (§ 22 GWB). Die Gefahren, die hier bestehen, betreffen einmal den Ausbeutungsmissbrauch und zum anderen den Behinderungsmissbrauch. Von Ausbeutungsmissbrauch spricht man dann, wenn ein Unternehmen aufgrund seiner machtbedingten Stellung dazu in der Lage ist, auf den Absatzmärkten überhöhte Preise durchzusetzen beziehungsweise die Lieferanten auf den Beschaffungsmärkten zu unangemessenen Zugeständnissen zu zwingen, wobei hier offen bleiben mag, an welche Kriterien die Feststellung konkret gebunden werden kann. Behinderungsmissbrauch betrifft die Beeinträchtigung konkurrierender Unternehmen. Eine solche Behinderung läge beispielsweise vor, wenn ein Unternehmen aufgrund seiner Marktstellung seine Lieferanten oder Abnehmer durch Ausschließlichkeitsvereinbarungen dazu veranlassen könnte, auf bestimmten Gebieten nur mit ihm Geschäftsbeziehungen zu unterhalten.

Da das GWB – in welcher Form auch immer – keine Auflösung beziehungsweise Entflechtung marktbeherrschender Unternehmen vorsieht, verbleiben zwei Möglichkeiten, den unerwünschten Folgewirkungen von Marktmacht zu begegnen. Sofern bereits eine marktbeherrschende Stellung entstanden ist, hat das Kartellamt als zuständige Instanz gemäß § 22 GWB die Befugnis zur Missbrauchsaufsicht.

---

[46]   Von Problemen unterschiedlicher Kostenstrukturen sei dabei abgesehen.

Bei Feststellung einer missbräuchlichen Ausnutzung von Marktmacht kann das Kartellamt ein solches Verhalten untersagen, ohne jedoch – sofern sich das Verhalten auf den Preis bezieht – selbst einen angemessenen Preis bestimmen zu können. Darüber hinaus bleibt generell festzustellen, dass mit dem Instrument der Missbrauchsaufsicht lediglich eine Korrektur bestimmter Marktergebnisse erzielt, nicht jedoch die eigentliche Ursache, also das Vorhandensein von Marktmacht, beseitigt werden kann.

Die zweite Möglichkeit, die das GWB vorsieht, ist die Fusionskontrolle, durch die der Entstehung von Marktmacht entgegengewirkt werden soll. Gerade das externe Unternehmenswachstum, das heißt Wachstum durch Erwerb anderer Unternehmenseinheiten, ist für die Herausbildung einer marktbeherrschenden Stellung von besonderer Bedeutung. Dabei kann unterschieden werden zwischen horizontalen Unternehmenszusammenschlüssen, das heißt der Verschmelzung von Unternehmen der gleichen Branche, vertikalen Zusammenschlüssen, das heißt der Übernahme eines Unternehmens einer vor- beziehungsweise nachgelagerten Produktionsstufe, sowie Konglomeraten (Zusammenschlüsse von Firmen, die auf voneinander unabhängigen Märkten agieren). Seit 1973 ist der Zusammenschluss von Unternehmen verboten, wenn dadurch eine marktbeherrschende Stellung entsteht beziehungsweise verstärkt wird. Allerdings gilt dieses Verbot nicht, wenn die Unternehmen den Nachweis erbringen können, dass die Nachteile der Marktbeherrschung überwogen werden durch Vorteile einer Verbesserung der Wettbewerbsbedingungen aufgrund des Zusammenschlusses. Auch kann der Bundesminister für Wirtschaft den Zusammenschluss genehmigen, wenn gesamtwirtschaftliche Vorteile oder ein überragendes Interesse der Allgemeinheit höher zu bewerten sind als die entstehenden Nachteile. Wann ein Zusammenschluss von Unternehmen beim Kartellamt anzuzeigen beziehungsweise anzumelden ist und gegebenenfalls einem Prüfverfahren unterzogen wird, ist in den §§ 23 und 24 GWB geregelt.

Quellen und Literaturempfehlungen

Baßeler, U./Heinrich, J./Utecht, B. (2002): Grundlagen und Probleme der Volkswirtschaft, 17. Aufl., Stuttgart: Schäffer-Poeschel.

Berg, H. (1999): Wettbewerbspolitik, in: Bender, D. et al. (Hrsg.): Vahlens Kompendium der Wirtschaftstheorie und Wirtschaftspolitik, Bd. 2., 7. Aufl., München: Vahlen, S. 299–362.

Bloech, J. et al. (2003): Einführung in die Produktion, 5. Aufl., Heidelberg: Physica-Verlag.

Borchert, M./Grossekettler, H. (1985): Preis- und Wettbewerbstheorie, Stuttgart u.a.: Kohlhammer.

Brandt, K. et al. (1993): Grundzüge der Mikroökonomie, 3. Aufl., Freiburg i. Br.: Haufe.

Brandt, K. (1984): Das neoklassische Marktmodell und die Wettbewerbstheorie, in: Jahrbuch für Nationalökonomie und Statistik 199, Heft 2, S. 97–122.

Cox, H./Hübener, H. (1981): Einführung in die Wettbewerbstheorie und Wettbewerbspolitik, in: Cox, H./Jens, U./Markert, K. (Hrsg.): Handbuch des Wettbewerbs, München: Vahlen, S. 1–48.

Dixit, A.K./Nalebuff, B.J. (1997): Spieltheorie für Einsteiger, Stuttgart: Schäffer-Poeschel.

Eßig, M. (2004): Preispolitik in Netzwerken, Wiesbaden: Deutscher Universitätsverlag.

Fehl, U./Oberender, P. (2004): Grundlagen der Mikroökonomie, 9. Aufl., München: Vahlen.

Gassmann, O./Bader, M. (2004): Geschickter Einsatz von Patenten. Mit Schutz- und Störstrategien zu Wettbewerbsvorteilen, in: Neue Zürcher Zeitung, Nr. 182, 07./08. August, S. 19.

Kirschke, D./Jechlitschka, K.(2002): Angewandte Mikroökonomie und Wirtschaftspolitik mit Excel, München.

Kerber, W. (2003): Wettbewerbspolitik, in: Bender, D. et al. (Hrsg.): Vahlens Kompendium der Wirtschaftstheorie und Wirtschaftspolitik, Bd. 2., 8. Aufl., München: Vahlen, S. 297–361.

Kirzner, I.M. (1978): Wettbewerb und Unternehmertum, Tübingen: Mohr.

Kreps, D.M. (1994): Mikroökonomische Theorie, Landsberg/Lech: Verlag Moderne Industrie.

Morasch, K. (2003): Industrie- und Wettbewerbspolitik, München: Oldenbourg.

Nicholson, W. (2004): Microeconomic Theory: Basic Principles and Extensions, 9th ed., Mason, Ohio u.a.: Thomson/South-Western.

Pindyck, R.S./Rubinfeld, D.L. (2003): Mikroökonomie, 5. Aufl., München: Pearson.

Schumann, J./Meyer, U./Ströbele, W. (1999): Grundzüge der mikroökonomischen Theorie, 7. Aufl., Berlin/Heidelberg/ New York: Springer..

Varian, H.R. (1994): Mikroökonomie. 3. Aufl., München u.a: Oldenbourg.

Wied-Nebbeling, S. (2004): Preistheorie und Industrieökonomik, 4. Aufl., Berlin/Heidelberg/New York: Springer.

Wied-Nebbeling, S./Schott, H. (2005): Grundlagen der Mikroökonomik, 3. Aufl., Berlin/ Heidelberg/New York: Springer.

III   Makroökonomie

III.1   Vorbemerkung

Wie oben bereits dargelegt, bildet die Makroökonomie neben der Mikroökonomie das zweite große Hauptgebiet der Wirtschaftstheorie. Während die Mikroökonomie – wie wir in den vorangegangenen Abschnitten gesehen haben – am einzelwirtschaftlichen Verhalten, also am Verhalten der einzelnen Haushalte und Unternehmungen, ansetzt und auf dieser Grundlage die Koordination der individuellen Entscheidungen am Markt untersucht, stehen bei der makroökonomischen Analyse volkswirtschaftliche Aggregate im Vordergrund. Volkswirtschaftliche Aggregate sind Zusammenfassungen von Einzel- oder Teilgrößen. Diese Aggregate beziehen sich zum einen auf die Wirtschaftseinheiten. So werden vor allem die einzelnen privaten Haushalte zum Haushaltssektor und die einzelnen Unternehmungen zum Unternehmenssektor zusammengefasst. Aber auch bezüglich der wirtschaftlichen Aktivitäten findet eine Aggregation statt. So bilden beispielsweise die während einer Periode erzeugten Güter das Inlandsprodukt, die einzelnen Investitionsvorhaben werden zu einer einzigen Größe – nämlich den Investitionen – aggregiert, oder die gesamten Käufe von Konsumgütern werden zur Position Konsum zusammengefasst. Dieses Denken in Aggregaten bildet die Grundlage der makroökonomischen Analyse, deren Teilbereiche schematisch in der nachfolgenden Übersicht dargestellt sind.

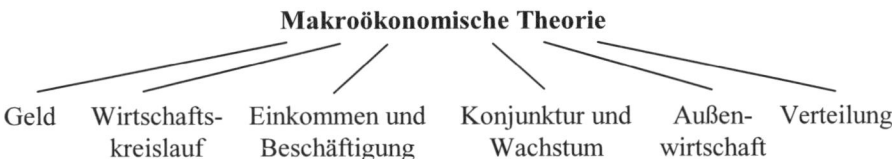

Makroökonomische Theorie

| Geld | Wirtschafts-kreislauf | Einkommen und Beschäftigung | Konjunktur und Wachstum | Außen-wirtschaft | Verteilung |

Die zentralen Phänomene, mit denen sich die Makroökonomie beschäftigt, sind Volkseinkommen und Beschäftigung sowie Konjunktur und Wachstum. Die Einkommens- und Beschäftigungstheorie hat sich vor allem im Anschluss an Keynes zu einem Kernbereich der Wirtschaftstheorie entwickelt. Im Vordergrund steht die Frage, welche Faktoren über die Höhe des Volkseinkommens und der Beschäftigung einer Volkswirtschaft bestimmen. Dieser Frage kam natürlich im Rahmen der klassischen Theorie eine vergleichsweise geringere Bedeutung zu als bei Keynes, denn die Klassik vertraut bekanntlich auf die Selbstheilungskräfte des

Marktes und geht von einer Tendenz zu einem Vollbeschäftigungsgleichgewicht aus. Erst mit Keynes und der Betonung der Instabilität marktwirtschaftlicher Systeme wuchs die Bedeutung der Einkommens- und Beschäftigungstheorie, und es fiel ihr die wichtige Aufgabe zu, die Grundlagen für eine erfolgversprechende Beschäftigungspolitik zu erarbeiten.

Die Einkommens- und Beschäftigungstheorie ist ihrer Natur nach kurzfristig angelegt. Dies kommt vor allem darin zum Ausdruck, dass der Kapitalbestand und das technische Wissen als gegeben angenommen werden, so dass Veränderungen im Produktionsniveau ausschließlich dem Arbeitseinsatz zuzurechnen sind. Auf dieser Grundlage kann zwar das Phänomen der Unterbeschäftigung aufgrund einer zu geringen effektiven Nachfrage erklärt werden, weshalb wegen des Nachfrage-mangels zum Teil auch von konjunktureller Arbeitslosigkeit gesprochen wird; was jedoch fehlt, ist eine Konjunkturerklärung im eigentlichen Sinne, das heißt eine Erklärung für die zyklischen Schwankungen im Auslastungsgrad einer Volkswirt-schaft, welche sich über mehrere Perioden hinweg erstrecken und ein relativ regelmäßiges Erscheinungsbild aufweisen, eben den typischen Konjunkturzyklus.

Von diesen konjunkturellen Schwankungen zu unterscheiden ist der langfristige Wachstumstrend einer Volkswirtschaft. Man kann sich diesen Unterschied von Konjunktur und Wachstum am einfachsten anhand einer Graphik klarmachen.

Der langfristige Anstieg des realen Inlandsprodukts (Y), der in Abbildung III.1 als Trend dargestellt ist, beruht auf einer Ausweitung des Produktionspotentials und kann damit auch als Rechtsverschiebung der bereits bekannten Transformations-kurve interpretiert werden. Dieser langfristige Trend, der den Wachstumspfad einer Volkswirtschaft kennzeichnet, wird überlagert von konjunkturellen Schwan-kungen, die auf einer unterschiedlich starken Auslastung des Produktionspotentials

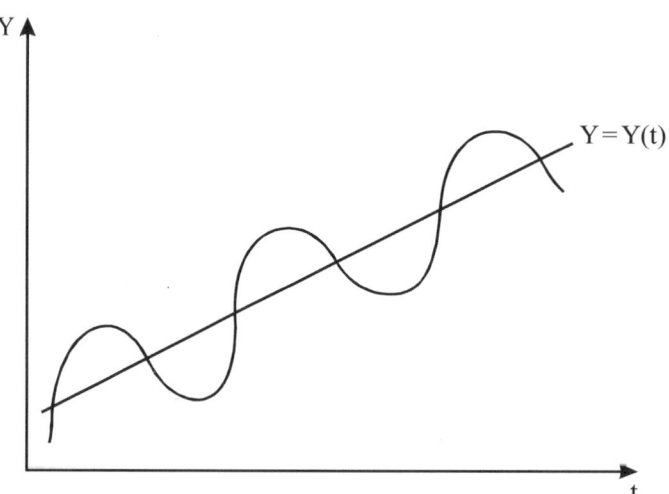

Abbildung III.1

beruhen. Aufgabe der Konjunkturtheorie ist damit die Erklärung der zyklischen Schwankungen im Auslastungsgrad des Produktionspotentials, während die Wachstumstheorie die Veränderungen des Produktionspotentials selbst zum Gegenstand hat. Trotz dieser vom Grundsatz her unterschiedlichen Fragestellungen stehen beide Bereiche jedoch in einem recht engen Zusammenhang, und zwar vor allem deshalb, weil in beiden Fällen den Investitionen in der Regel eine herausgehobene Bedeutung zugemessen wird und weil darüber hinaus eine Verbindung zwischen der Stärke des Wachstums einerseits und der Amplitude und Frequenz der Zyklen andererseits zu vermuten ist.

Volkseinkommen und Beschäftigung auf der einen sowie Konjunktur und Wachstum auf der anderen Seite stehen im Mittelpunkt der Makroökonomik. Während die Einkommens- und Beschäftigungstheorie auf die kurze Periode abstellt, werden im Rahmen der Konjunktur- und Wachstumstheorie Veränderungen im Kapitalbestand und/oder im technischen Wissen berücksichtigt, so dass eine mittel- bis langfristigen Betrachtung vorliegt.

Bei der Behandlung der gerade genannten Kernbereiche werden wir der Einfachheit halber zunächst auf eine geschlossene Volkswirtschaft abstellen, das heißt, wir werden von Auslandsbeziehungen abstrahieren. Außerdem werden staatliche Aktivitäten vernachlässigt. Aufgrund dieser vereinfachenden Annahmen werden wir uns anschließend in einem gesonderten Kapitel mit den Grundzügen der Außenwirtschaftstheorie beschäftigen und im letzten Teil dieser Einführung auf die Theorie der Wirtschaftspolitik sowie auf einige Grundfragen der Finanzwissenschaft, die als eigene Disziplinen neben der Wirtschaftstheorie zu sehen sind, eingehen.

Die Verteilungstheorie gehört ebenfalls zur makroökonomischen Theorie, denn sie betrachtet die Verteilung des Einkommens auf sozioökonomische Gruppen (personelle Einkommensverteilung), auf Produktionsfaktoren (funktionale Einkommensverteilung) oder auf Einkommensklassen (Theorie der Verteilungsquoten).

Neben diesen Erweiterungen der Betrachtung durch Berücksichtigung des Auslands und der staatlichen Aktivitäten haben wir unseren Kernbereichen einleitend zwei Kapitel vorangestellt. Zum einen werden wir uns hier mit ausgewählten Aspekten des volkswirtschaftlichen Rechnungswesens beschäftigen. Generell kann man sagen, dass die Aufgabe des volkswirtschaftlichen Rechnungswesens darin besteht, für eine abgelaufene Periode („ex post") ein überschaubares Bild der wirtschaftlichen Aktivitäten einer Volkswirtschaft zu vermitteln. Es handelt sich also um eine Art nationale Buchführung, mit der die makroökonomischen Größen erfasst werden. Uns geht es hier jedoch nicht um die tatsächlichen Zahlen, beispielsweise um die Höhe des Inlandsprodukts, sondern in erster Linie um das dahinter stehende Denkschema, den Wirtschaftskreislauf, sowie um Definition und um die Problematik des Inlandsproduktbegriffs. Es hat hier in den letzten Jahren einige bedeutende Änderungen gegeben, die sich auf die Anpassung des deutschen Systems im Rechnungswesen – die volkswirtschaftliche Gesamtrechnung (VGR) –

an die europäische Systematik („Europäisches System Volkswirtschaftlicher Gesamtrechnungen", ESVG 95) zurückführen lassen.

Bevor wir uns jedoch diesen Fragenkomplexen zuwenden, wollen wir uns zunächst näher mit dem Medium auseinandersetzen, welches für eine arbeitsteilige Wirtschaft unverzichtbar ist, nämlich dem Geld. Neben der Klärung einiger zentraler Begriffe und Grundtatbestände werden wir unter Bezugnahme auf die institutionellen Verhältnisse der Bundesrepublik Deutschland als Teil des Euro-Systems hier als Erstes der Frage nachgehen, wie die Geldversorgung der Wirtschaft durch das Bankensystem gewährleistet wird. Daran schließt sich die Frage nach den Instrumenten an, die der Zentralbank zur Verfügung stehen, um im Rahmen der Geldpolitik die wirtschaftspolitischen Ziele, allen voran das Ziel der Preisniveaustabilität, zu verfolgen. Ein weiterer, an späterer Stelle zu vertiefender Fragenbereich betrifft die Geldwirkungen, also die Frage, welche anderen monetären und realwirtschaftlichen Größen über und durch den Geldsektor beeinflusst werden. Und schließlich werden wir uns als letztes mit einigen grundlegenden Aspekten der Inflationserklärung beschäftigen.

III.2   Geld

III.2.1   Geldfunktionen

Kommen wir damit als Erstes zu der Frage, wie „Geld" in den Wirtschaftswissenschaften definiert ist. Die Definition des Begriffs Geld erfolgt heute nach gängiger Auffassung auf indirektem Wege, indem man sagt: Geld ist alles, was Geldfunktionen erfüllt.

Um diese Definition inhaltlich zu füllen, müssen die Geldfunktionen benannt werden. Die Kernfunktionen, auf die dabei abgestellt wird, sind:

- die Tauschmittelfunktion,

- die Recheneinheitsfunktion sowie

- die Wertaufbewahrungsfunktion.

Diese Funktionen müssen erfüllt sein, damit man von Geld sprechen kann. Zusätzlich wird auf so genannte Nebenfunktionen verwiesen, etwa die Rolle des Geldes als gesetzliches Zahlungsmittel, auf die hier jedoch nicht näher eingegangen werden soll.

Die wichtigste Funktion, die Geld erfüllen muss, ist sicherlich die, dass es als Tauschmittel allgemein anerkannt wird. Dies bedeutet, dass jeder grundsätzlich bereit sein muss, dasjenige Gut, welches als Geld fungiert, als Tauschmittel bei der Herausgabe von Waren oder zur Begleichung von Forderungen zu akzeptieren. Das Geld übernimmt damit in einer arbeitsteiligen Wirtschaft eine ganz zentrale

Aufgabe, indem es die Abwicklung der Tauschakte entscheidend vereinfacht und damit zugleich die Arbeitsteilung erleichtert.

Ohne Geld wäre nur ein Naturaltausch „Ware gegen Ware" (ein so genannter Barter) möglich. Ein solcher Tauschakt würde jedoch erfordern, dass zwei Beteiligte mit entgegengesetzter Interessenlage zueinander finden. Nehmen wir zum Beispiel an, dass eine Person einen Stuhl gegen zwei Zentner Kartoffeln tauschen möchte. Um diesen Tauschakt durchführen zu können, benötigt diese Person einen Tauschpartner, der folgende Bedingungen erfüllen muss:

- Erstens muss diese Person über die begehrten zwei Zentner Kartoffeln verfügen, und

- zweitens muss diese Person bereit sein, diese Kartoffelmenge im Austausch gegen den Stuhl herzugeben, das heißt den Stuhl höher bewerten als zwei Zentner Kartoffeln.

Diese Notwendigkeit, einen Tauschpartner zu finden, der quasi die entgegengesetzten Voraussetzungen und Wünsche mit sich bringt, entfällt in einer Geldwirtschaft. Denn nun kann unsere Person den angestrebten Tauschakt in zwei Etappen vollziehen: Der erste Schritt besteht im Verkauf des Stuhls für einen bestimmten Geldbetrag. Dieser Geldbetrag kann dann in einem zweiten Schritt dazu verwendet werden, hierfür die gewünschte Menge Kartoffeln zu erwerben. Der ursprüngliche Tauschakt „Ware gegen Ware" wird damit in zwei eigenständige Tauschakte, nämlich einmal „Ware gegen Geld" und einmal „Geld gegen Ware" zerlegt. Geld als anerkanntes Tauschmittel übernimmt dabei als Zwischenglied eine Mittlerfunktion und erleichtert damit den Tauschvorgang in entscheidender Weise. Diese Vereinfachung ist es, die in vielen Fällen überhaupt erst ein Zustandekommen eines Tauschaktes ermöglicht und damit zugleich als Voraussetzung für den heute erreichten Grad der Arbeitsteilung angesehen werden kann.

Auch die Verwendung des Geldes als Recheneinheit führt zu einer erheblichen Vereinfachung der Tauschvorgänge gegenüber der Naturalwirtschaft und damit zu günstigeren Voraussetzungen für die Entwicklung der Arbeitsteilung. Wenn nämlich ein solches Standardgut zur Kennzeichnung des Marktwertes oder Preises der einzelnen Güter nicht existieren würde, müsste für jedes Gut die Austauschrelation gegenüber allen anderen Gütern zum Ausdruck gebracht werden. Das heißt anstatt des in Geldeinheiten ausgedrückten Preises, zum Beispiel 1 kg Schweinefleisch zu 15 €, müsste für jedes Gut eine Relation der Art

1 kg Schweinefleisch = 50 Eier = 7,5 kg Kartoffeln = 0,75 kg Wurst

aufgestellt werden. Durch die Verwendung des Geldes als Recheneinheit gewinnen die möglichen Tauschrelationen an Transparenz; man kann auch sagen, der für die Gewinnung der relevanten Marktinformationen notwendige Aufwand, dies sind die Informationskosten, vermindert sich, so dass sich Tauschvorgänge insgesamt vereinfachen und damit verbilligen.

Die dritte Funktion schließlich, die Geld erfüllen muss, wird als „Wertaufbewahrungsfunktion" bezeichnet. Damit angesprochen ist die Tatsache, dass aufgrund der Zerlegung des Tauschaktes in die beiden Komponenten „Tausch von Ware gegen Geld" und „Tausch von Geld gegen Ware" der Erhalt und die Verausgabung des Tauschmittels Geld in der Regel zeitlich auseinanderfallen. Damit diese zeitliche Überbrückung gewährleistet ist, muss die im Geld verkörperte Tauschfähigkeit im Zeitablauf erhalten bleiben. Dies ist nur möglich, wenn Geld über eine zumindest relative Wertkonstanz verfügt. Was dabei genau unter relativ zu verstehen ist, braucht hier (noch) nicht weiterverfolgt zu werden. Eine Preissteigerungsrate von wenigen Prozent pro Jahr beeinträchtigt sicher nicht die Wertaufbewahrungsfunktion des Geldes, eine solche von zehn Prozent oder mehr führt dagegen schnell, wie entsprechende Erfahrungen zeigen, zu einer Flucht in die Sachwerte bis hin zur Herausbildung anderer Güter – man denke an die in Kriegszeiten übliche Zigarettenwährung –, welche die Geldfunktion übernehmen. Wichtig ist, dass diese Güter – ähnlich dem Gold oder anderen Edelmetallen – relativ wertbeständig und fungibel, das heißt handelbar, sind. Vor allem kommt es darauf an, dass diese Güter bei einem allgemeinen Anstieg der Preise auch unter Berücksichtigung von Zinsverlusten ein besseres Wertaufbewahrungsmittel darstellen als das Währungsgeld. Eine Alternative kann auch im Rückgriff auf andere Währungen bestehen. Ein Beispiel hierfür ist die frühere Verwendung der DM in den Krisengebieten des Balkans, die mittlerweile – etwa in Kroatien – ganz offiziell durch den Euro ersetzt wurde.

Diese Funktionen, die wir gerade kennen gelernt haben und über die das Geld definiert ist, werden in unserem Wirtschaftssystem durch verschiedene Erscheinungsformen des Geldes erfüllt. Es ist dies einmal das Bargeld, welches in Form von Münzen, vor allem aber als Banknoten im Umlauf ist. Hinzu kommt das Buch- oder Giralgeld, auch Sichteinlagen genannt. Hierbei handelt es sich um die dem Zahlungsverkehr dienenden, jederzeit fälligen Einlagen bei Banken. Buchgeld deshalb, weil wir es hier mit einem abstrakten Rechtstitel zu tun haben, der nur in Form von Eintragungen in den Büchern der Banken existiert. Die Bezeichnung Giralgeld, die aus dem Italienischen stammt – „giro" bedeutet Kreis –, stellt auf den dadurch möglichen bargeldlosen Zahlungsverkehr zwischen den Banken ab.

Aufgrund der nur eingeschränkten Tauschmittelfunktion zählen Termin- und Spareinlagen nur zu den Geldsurrogaten oder geldnahen Anlagen. Diese Einlagen haben zwar ähnliche Eigenschaften wie Geld; sie können jedoch in der Regel nicht direkt zu Zahlungszwecken verwendet werden, sondern müssen vorher in Bar- oder Buchgeld umgetauscht werden. Der Hauptunterschied zwischen diesen Anlageformen besteht darin, dass über Termineinlagen in der Regel nach Ablauf einer bestimmten Frist verfügt werden kann, während Spareinlagen in der Regel nicht von vornherein befristet sind, sondern – von kleineren, jederzeit fälligen Beträgen abgesehen – der Kündigung bedürfen.

III.2.2   Geldmengenkonzepte

Diese verschiedenen Geldarten bilden die Grundlage für die unterschiedlichen Geldmengenkonzepte der Europäischen Zentralbank, wie im übrigen auch der meisten Zentralbanken entwickelter Volkswirtschaften. Um die Frage zu beantworten, welche Geldmenge in einer Volkswirtschaft vorhanden ist, ist eine Bemerkung zum Bankensystem in Euroland vorauszuschicken. In Euroland haben wir ein so genanntes zweistufiges Bankensystem mit der Europäischen Zentralbank (EZB) an der Spitze und den normalen Geschäftsbanken, also zum Beispiel den Sparkassen oder Universalbanken, auf der nächsten Ebene. Die Zentralbankfunktion wird in Euroland durch die EZB in Zusammenarbeit mit den nationalen Zentralbanken der Teilnehmerstaaten an der Europäischen Währungsunion wahrgenommen.

Entsprechend dieser Zweiteilung ist auch zwischen Zentralbankgeld auf der einen und Geschäftsbankengeld auf der anderen Seite zu unterscheiden. Zum Zentralbankgeld zählen prinzipiell das Bargeld sowie die Sichteinlagen bei der Zentralbank, welche nur von den Geschäftsbanken sowie vom Staat – nicht aber von anderen privaten Wirtschaftseinheiten – unterhalten werden können. Das Geschäftsbankengeld besteht aus den übrigen Sichtguthaben, also den Sichteinlagen bei den Geschäftsbanken, sowie den Termin- und Spareinlagen (geldnahe Anlagen) bei diesen Banken:

- Zentralbankgeld: Bargeld plus Sichteinlagen bei der Zentralbank

- Geschäftsbankengeld: Sichteinlagen, Termineinlagen und Spareinlagen bei den Geschäftsbanken.

Stellt man auf die offiziellen Geldmengenbegriffe der Europäischen Zentralbank ab, so ist zu unterscheiden zwischen den Geldmengen M1 bis M3, die wie folgt aufeinander aufbauen:

- M1: Bargeldumlauf und täglich fällige Einlagen (3423,4)

- M2: M1 plus Einlagen mit vereinbarter Laufzeit von bis zu 2 Jahren und Einlagen mit vereinbarter Kündigungsfrist von bis zu 3 Monaten (6075,0)

- M3: M2 plus Repogeschäfte, Geldmarktfondsanteile und Geldmarktpapiere sowie Schuldverschreibungen von bis zu 2 Jahren (7071,1).

In Klammern angegeben ist die jeweilige Höhe der Geldmenge in Mrd. Euro, Stand Dezember 2005. Die Geldmengenaggregate umfassen die monetären Verbindlichkeiten der Monetären Finanzinstitute im Euro-Währungsgebiet (MFIs) und der Zentralstaaten (Post, Schatzämter) gegenüber den im Euro-Währungsgebiet ansässigen Nicht-MFIs (ohne Zentralstaaten). Repogeschäfte sind dabei befristete Transaktionen von Forderungen mit Rückkaufvereinbarung, wobei ein MFI als Verkäufer und ein im Euroraum ansässiges Nicht-MFI als Käufer auftritt.

Es werden also sukzessive weitere Geldformen beziehungsweise -surrogate berücksichtigt, die sich durch einen abnehmenden Grad an Liquidität oder Zahlungsmittelnähe, also durch eine schwieriger werdende Verwendbarkeit als Zahlungsmittel, auszeichnen.

III.2.3   Geldversorgung der Wirtschaft

Nach diesen im Wesentlichen definitorischen Bemerkungen zum Geldbegriff, zu den Geldarten und den Geldmengenkonzepten der Europäischen Zentralbank wollen wir uns nun einem Problemkreis zuwenden, der mit „Geldversorgung der Wirtschaft" überschrieben werden kann. Wir fragen also nach den Möglichkeiten der Geldentstehung oder Geldschöpfung durch das Bankensystem und richten unser Augenmerk damit zunächst auf die Geldangebotsseite.

Beginnen wir mit dem Zentralbankgeld und betrachten hierzu zunächst die Bilanz der Europäischen Zentralbank.

Zu den Aktiva sind folgende Anmerkungen zu machen: Die Hauptrefinanzierungsgeschäfte der EZB sind Wertpapierpensionsgeschäfte mit einer Regellaufzeit von einer Woche; längerfristige Refinanzierungsgeschäfte sind gleichfalls Pensionsgeschäfte, allerdings mit einer dreimonatigen Laufzeit. Feinsteuerungsoperationen und strukturelle Operationen sind weitere Formen von Offenmarktgeschäften der EZB, die Spitzenrefinanzierungsfazilität steht für Liquiditätskredite mit einer Laufzeit von nur einem Tag.

Zu den Passiva sind die folgenden Hinweise wichtig: Die Abgrenzung des Begriffs „Zentralbankgeld", wie sie in obiger Bilanz vorgenommen wurde, haben wir bewusst in Anführungszeichen gesetzt. Eine der Vorläuferinnen der EZB, die Deutsche Bundesbank, definierte die Zentralbankgeldmenge als die Summe aus

Aktiva	Passiva	
1. Währungsreserven	1. Bargeldumlauf	
• Devisenforderungen (netto)		
• Gold		
2. Forderungen an den Finanzsektor im Euro-Währungsgebiet:	2. Verbindlichkeiten in Euro gegenüber dem Finanzsektor im Euro-Gebiet:	„Zentralbankgeldmenge"
• Hauptrefinanzierungsgeschäfte		
• Längerfristige Refinanzierungsoperationen	• Einlagen auf Girokonten (Mindestreserven)	
• Feinsteuerungsoperationen in Form von befristeten Transaktionen	• Einlagenfazilität	
• Strukturelle Operationen in Form von befristeten Transaktionen	• Termineinlagen	
• Spitzenrefinanzierungsfazilität	• Feinsteuerungsoperationen in Form befristeter Transaktionen	
3. Sonstiges	3. Sonstiges	

Bargeldumlauf und den Einlagen der Geschäftsbanken (Mindestreserven plus Überschussreserven). Die Position 2 unserer stilisierten Bilanz der EZB enthält, wie man sieht, einige zusätzliche Einlageformen. Dazu gehört etwa die Einlagenfazilität, welche eine Anlagemöglichkeit für Kreditinstitute darstellt im Hinblick auf überschüssige Liquidität.

Wie dem auch sei: Zentralbankgeld entsteht stets durch den Erwerb von Aktiva durch die Notenbank und führt damit zu einer Bilanzverlängerung, umgekehrt wird Zentralbankgeld vernichtet durch den Verkauf von Aktiva durch die Notenbank, womit eine Verkürzung der Bilanz verbunden ist. Folgende Beispiele verdeutlichen die Entstehung von Zentralbankgeld:

- Die Zentralbank kauft Gold oder Devisen, das heißt ausländische Zahlungsmittel, an. Die Bezahlung erfolgt entweder durch die Ausgabe von Bargeld oder – sofern vom Staat beziehungsweise den Geschäftsbanken gekauft wird – durch die Einräumung entsprechender Guthaben.

- Die Zentralbank nimmt im Rahmen der Hauptrefinanzierungsgeschäfte Wertpapiere von Geschäftsbanken auf Zeit in Pension. Die Bezahlung erfolgt analog zum ersten Beispiel.

- Die EZB emittiert eigene Schuldverschreibungen, die sie zu einem Kurs „unter pari" (unter dem Ausgabekurs) verkauft und zum Fälligkeitstermin zum Nennwert einlöst. Die Emission führt dabei zunächst zu einer Ausdehnung, die Einlösung der Schuldverschreibungen später zu einer Kontraktion der Zentralbankgeldmenge.

Theoretisch existieren für die Zentralbankgeldschöpfung keinerlei Grenzen. Praktisch jedoch ist die Europäische Zentralbank an ihren vertraglichen Auftrag gebunden, der in der Sicherung der Währung besteht. Aus dieser Verpflichtung, die sich vor allem auf das Ziel der Preisniveaustabilität bezieht, ergeben sich enge Grenzen für die Geldschöpfung der Zentralbank.

Kommen wir damit zu den Geldschöpfungsmöglichkeiten der Geschäftsbanken. Wie bereits dargelegt, setzt sich das Geschäftsbankengeld im Wesentlichen aus den Sichtguthaben sowie den Termin- und Spareinlagen bei diesen Banken zusammen, wobei wir uns im Folgenden auf das Giralgeld konzentrieren wollen.

Die einfachste Form, wie Giralgeld entsteht, besteht darin, dass ein Kunde bei einer Geschäftsbank ein Girokonto eröffnet und dabei einen bestimmten Geldbetrag in bar einzahlt. Da der Bargeldbestand der Kreditinstitute nicht zur Geldmenge hinzugerechnet wird, bleibt in diesem Fall die Geldmenge des Nichtbankensektors konstant. Lediglich die Struktur, das heißt die Zusammensetzung der Geldmenge, hat sich geändert: Die Bargeldmenge ist gesunken, die Sichteinlagen bei den Geschäftsbanken sind entsprechend gestiegen. In derartigen Fällen, die sich nur durch eine Umstrukturierung, nicht aber durch eine Veränderung der Geldmenge des Nichtbankensektors auszeichnen, spricht man von passiver Giralgeldschöpfung. Gleichwohl sind derartige Fälle, soweit sie mit einem Geldzufluss für die Geschäftsbanken verbunden sind, für diese von besonderem Interesse. Denn hiervon hängt, wie wir noch sehen werden, der Spielraum ab, der den Geschäftsbanken für Kreditgewährung offen steht.

Die aktive Giralgeldschöpfung der Geschäftsbanken verläuft nach dem gleichen Prinzip wie bei der Zentralbank, nämlich durch den Erwerb von Aktiva. Standardbeispiel ist die gerade erwähnte Einräumung eines Kredits. Auf der Aktivseite der Bankbilanz steigen die Forderungen aus der Kreditgewährung, auf der Passivseite erhöhen sich in entsprechendem Umfang die Sichteinlagen, über die der Kunde verfügen kann.

Aktiva	Passiva
Δ Kreditforderungen	Δ Sichteinlagen

Andere analog zu sehende Beispiele sind etwa die Einräumung eines Kredits gegen Hinterlegung eines Wechsels oder der Erwerb von Wertpapieren. Auch in diesen Fällen stehen den entsprechenden Zuwächsen auf der Aktivseite gleich große Erhöhungen der Sichteinlagen gegenüber, es kommt zu einer Verlängerung der Bankbilanz.

Die Vernichtung von Giralgeld der Geschäftsbanken braucht auch hier nicht gesondert behandelt zu werden, da wiederum lediglich eine Umkehrung der Beispiele vorgenommen werden muss.

Im Gegensatz zur Zentralbank, die bezüglich ihrer Geldschöpfungsmöglichkeiten nur ihrem gesetzlichen Auftrag unterliegt, ist der Geldschöpfungsspielraum der Geschäftsbanken begrenzt. Diese Beschränkung steht in enger Verbindung zu den Barreserven, über welche die Geschäftsbanken verfügen. Betrachten wir hierzu folgendes Beispiel: Ein Kunde zahlt bei der Geschäftsbank A 100 € auf sein Girokonto ein. Dem Kassenbestand von 100 € auf der Aktivseite der Bankbilanz steht damit eine Einlage in gleicher Höhe auf der Passivseite gegenüber.

	Geschäftsbank A	
Aktiva	Passiva
Kasse 100 €	Sichteinlagen 100 €

Wie wir wissen, handelt es sich hierbei lediglich um eine passive Giralgeldschöpfung, da dem Nichtbankensektor im gleichen Umfang Barmittel entzogen werden. Nun weiß die Bank aus Erfahrung, dass von den Kunden immer nur zu einem gewissen Teil auf diese Einlagen zu Zahlungszwecken zurückgegriffen wird. Deshalb ist die Bank bestrebt, die hierzu notwendigen Reserven möglichst gering zu halten, da Kassenbestände bekanntlich keine Erträge abwerfen. Die überschüssige Reserve dagegen kann zur Kreditvergabe und damit ertragswirksam verwendet werden. Die Höhe dieses Anteils, der mindestens als Reserve zu halten ist, liegt allerdings nicht im Ermessen der einzelnen Geschäftsbank, sondern wird durch die Zentralbank vorgegeben. Das sind die so genannten Mindestreservesätze, die von der jeweiligen Einlagenart abhängen. Nehmen wir an, dass in unserem Beispiel der Mindestreservesatz 10 % beträgt. Dann verfügt die Bank A bei einer Einlage von 100 € über freie Reserven von 90 €. Diese freien Reserven (FR) können, wie im unteren Teil der Bankbilanz unterstellt, zur Kreditvergabe und damit zur Giralgeldschöpfung verwendet werden:

Geschäftsbank A

Aktiva	Passiva
Kasse 10 € (Mindestreserve) Kasse 90 € (freie Reserven)	Sichteinlagen 100 €
Δ Kreditforderungen 90 €	Δ Sichteinlagen 90 €

Entscheidend für den weiteren Prozess der Geldschöpfung ist, in welcher Form der Kunde über den eingeräumten Kredit verfügt. Dabei sind folgende Möglichkeiten in Betracht zu ziehen:

- Barabhebung

- Verbleib auf dem eigenen Konto

- Überweisung auf das Konto eines Kunden der gleichen Bank

- Überweisung auf das Konto eines Kunden einer anderen Bank.

Während bei einer Barabhebung keine weiteren Möglichkeiten zur Geldschöpfung mehr gegeben sind und ein Verbleib auf dem eigenen Konto bei einer Kreditgewährung als unwahrscheinlich einzustufen ist, kann der Prozess bei einer Überweisung auf ein anderes Konto – gleichgültig ob bei der gleichen oder einer anderen Bank – fortgesetzt werden. Dabei stellt sich die Situation für die betreffende Geschäftsbank, welche die Überweisung empfangen hat, wie folgt dar.

Geschäftsbank A beziehungsweise B

Aktiva	Passiva
Kasse 9 € (Mindestreserve) Kasse 81 € (freie Reserven)	Sichteinlagen 90 €

Erneut bestehen Kreditschöpfungsmöglichkeiten im Umfang der freien Reserven, so dass sich der Prozess mit abnehmender Stärke fortsetzen kann.

Sofern keine Barabhebungen erfolgen und jede Bank ihren maximalen Kreditschöpfungsspielraum ausnutzt, ergibt sich in unserem Beispiel eine aktive Giralgeldschöpfung des Geschäftsbankensystems ($\Sigma \Delta Kr$) in Höhe von 900 €. Dies ist –

bezogen auf die *ursprüngliche freie Reserve* (FR) der Bank A – der zehnfache Wert. Wie leicht nachzuprüfen ist, ist dieser Wert – der so genannte Geldschöpfungsmultiplikator (m) – um so größer, je niedriger der Mindestreservesatz (r) festgesetzt wird. Die von einer Geschäftsbank zu haltenden Mindestreserven (MR) ergeben sich als Produkt aus dem Mindestreservesatz (r) und dem Bestand an gehaltenen Sichteinlagen (SE). Genau:

$$\sum \Delta Kr = m \Delta FR = \frac{1}{r} \Delta FR; \text{ für } m = \frac{1}{r}.$$

Das folgende Beispiel wandelt unser bisheriges Exempel insofern ab, als wir nun einen Mindestreservesatz (r) von 25 Prozent unterstellen und zulassen, dass von jeder Sichteinlage (SE) von den Kontoinhabern 1/3 als Bargeld (BG) abgehoben wird. Diese sogenannte „Barabhebungsquote" wollen wir mit c bezeichnen.

Geldschöpfung mit Barabhebungsquote
Beispiel: r = 0,25, c = 0,33

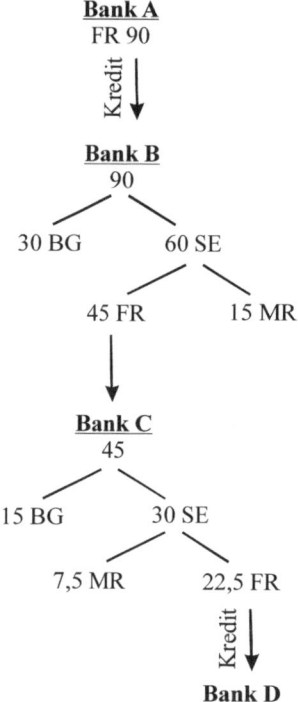

Der Geldschöpfungsprozess möge mit neuem Bargeld (ΔB) in Höhe von 180 Geldeinheiten beginnen. Dieses wurden beispielsweise von einem Exporteur bei der Notenbank gegen Hingabe von Devisen erworben. Als Bankkunde behält dieser davon 60 Geldeinheiten als Bargeld zurück und zahlt die restlichen 120

Geldeinheiten auf ein Sichtkonto bei seiner Hausbank A ein. Diese verfügt demzufolge nun über (zusätzliche) freie Reserven (FR) in Höhe von 90 Geldeinheiten. Bank A vergibt nun einen Kredit an einen Kunden von Bank B in eben dieser Höhe. Bei einem Mindestreservesatz von 0,25 und einer Barabhebungsquote von 0,33 entsteht in Bank B eine Sichteinlage von 60 Geldeinheiten. Bank B kann nun ihrerseits einem Kunden von Bank C einen Kredit in Höhe von 45 Geldeinheiten vergeben. Bei gleichem Verhaltensmuster aller Akteure führt dies im nächsten Schritt zu einer Kreditgewährung durch Bank C in Höhe von 22,5 Geldeinheiten. Die gesamte aktive Kreditschöpfung *im Geschäftsbankensektor*, die wir oben in Gestalt eines Flussdiagramms sichtbar gemacht haben,, lässt sich wie folgt berechnen:

$$\sum \Delta Kr = 180\underbrace{\left[\left(1-\frac{1}{3}\right)-\left(1-\frac{1}{3}\right)\frac{1}{4}\right]}_{\underbrace{120-30}_{90}} + 90\underbrace{\left[\left(1-\frac{1}{3}\right)-\left(1-\frac{1}{3}\right)\frac{1}{4}\right]}_{\underbrace{60-15}_{45}}$$

$$+ 90\underbrace{\left[\left(1-\frac{1}{3}\right)-\left(1-\frac{1}{3}\right)\frac{1}{4}\right]^2}_{\underbrace{90\cdot\underbrace{\left(\frac{2}{3}-\frac{1}{6}\right)^2}_{0,25}}_{22,5}} + \cdots$$

$$\sum \Delta Kr = 90\left\{1 + \left[\left(1-\frac{1}{3}\right)-\left(1-\frac{1}{3}\right)\frac{1}{4}\right] + \left[\left(1-\frac{1}{3}\right)-\left(1-\frac{1}{3}\right)\frac{1}{4}\right]^2\right\} + \cdots$$

Dieser Ausdruck entspricht einer nicht abbrechenden geometrischen Reihe. Für die Σ-Formel lässt sich verkürzt schreiben:

$$\sum \Delta Kr = \frac{1}{1-q}\cdot a; q = \left[\left(1-\frac{1}{3}\right)-\left(1-\frac{1}{3}\right)\frac{1}{4}\right]; a = 90$$

Es handelt sich demnach um eine nicht abbrechende geometrische Reihe mit dem Anfangsglied a und dem konstanten Quotienten q. Setzt man die Parameter des Geldschöpfungsprozesses in die Summenformel ein, so ergibt sich:

$$a\frac{1}{1-q} = a\frac{1}{c+r(1-c)}$$

In unserem Zahlenbeispiel ist der Wert dieser Summenformel:

$$90\frac{1}{0,33+0,25\left(1-0,33\right)}=90\cdot2=180\,.$$

Es werden demnach 180 Geldeinheiten (€) an Krediten bzw. an aktiven Depositen im Geschäftsbankensektor geschaffen. Zählt man das zusätzliche Zentralbankgeld in Höhe von ebenfalls 180 dazu, ist die gesamte Geldmengenerhöhung 360 €. Demnach beläuft sich der gesamte Geldschöpfungsmultiplikator ebenfalls auf $m=\Delta M\,/\,\Delta B=360\,/\,180=2$. Zwischen aktiver Giralgeldschaffung und der Geldmengenausweitung insgesamt besteht also die Beziehung:

$$\sum\Delta Kr=\left(1-c\right)\left(1-r\right)m\Delta B=\frac{\left(1-c\right)\left(1-r\right)}{c+r\left(1-c\right)}\Delta B$$

Entscheidend für die Kreditschöpfungsmöglichkeiten des Bankensystems sind also

- die freien Reserven,

- die Mindestreservesätze sowie

- der Anteil der Barabhebungen.

Mit dem letztgenannten Punkt ist zugleich ein genereller Aspekt angesprochen, der auch die freien Kassenreserven betrifft, nämlich die Frage, wie das Publikum die zur Verfügung stehenden liquiden Mittel aufteilt auf

- Bargeld,

- Sichteinlagen sowie

- Termin- und Spareinlagen.

Die Banken gelangen nämlich nur insoweit zu freien Reserven, wie das Publikum Einlagen tätigt und auf Bargeldhaltung verzichtet.

Im Hinblick auf das Geldangebot können wir damit folgende Punkte festhalten:

1. Die Zentralbank steuert die Zentralbankgeldmenge und legt bestimmte Rahmenbedingungen, unter anderem die Mindestreservesätze, fest, die das Verhalten der Geschäftsbanken beeinflussen.

2. Das Publikum, das heißt der Nichtbankensektor, entscheidet über die gewünschte Bargeldhaltung und die Aufteilung seiner Depositen in Sichteinlagen, Termingelder und Sparguthaben.

3. Die Banken entscheiden über die Ausnutzung ihrer Kreditschöpfungsmöglichkeiten, wobei sie sich an den am Markt durchsetzbaren Zinssätzen für Kredite orientieren werden. Dabei wird eine „normale", das heißt eine mit höheren Zinsen ansteigende Kreditangebotsfunktion unterstellt.

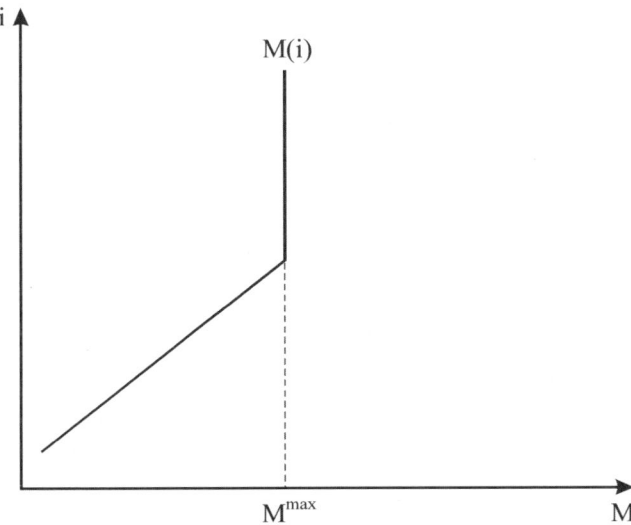

Abbildung III.2

Grafisch lässt sich dies anhand von Abbildung III.2 darstellen. Es gibt eine maximale Geldmenge (M^{max}), die durch die Vorgaben der Zentralbank sowie das Verhalten des Publikums bestimmt ist. Inwieweit dieses Volumen tatsächlich realisiert wird, hängt von den Zinssätzen (i) ab. Je höher die erzielbaren Zinssätze sind, desto größer ist das Interesse der Geschäftsbanken, ihren Kreditschöpfungsspielraum auszunutzen.

III.2.4   Instrumente der Geldpolitik

Es wurde bereits darauf hingewiesen, dass die Europäische Zentralbank über verschiedene Instrumente verfügt, die Bedingungen am Geldmarkt und damit letztlich die Höhe der umlaufende Geldmenge sowie der Zinssätze zu beeinflussen. Die wichtigsten Instrumente ihrer Geldpolitik, die wir im Folgenden kurz erläutern wollen, dürften sein:

- die bereits erwähnte Mindestreservepolitik,

- die Offenmarktpolitik und

- die so genannten „ständigen Fazilitäten".

Die Mindestreservepolitik der Europäischen Zentralbank betrifft, wie wir bereits wissen, einerseits die Festlegung der Mindestreservesätze, zum anderen aber auch die Bestimmung der so genannten Mindestreservebasis. Hier handelt es sich um die Erfassung all jener Bilanzpositionen auf der Passivseite der Kreditinstitute, auf die Mindestreserven erhoben werden sollen. In entsprechendem Umfang sind die Geschäftsbanken verpflichtet, Einlagen zinslos oder zu einem niedrigen, vorab festgelegten Zins bei der Zentralbank zu unterhalten. Das Mindestreservesoll berechnet sich dann nach der Formel:

$$MR\text{-}Soll \triangleq MR\text{-}Satz \cdot MR\text{-}Basis.$$

Während mit der Mindestreservepolitik unmittelbar der Kreditschöpfungsspielraum der Geschäftsbanken begrenzt wird, wirken die Offenmarktpolitik und die ständigen Fazilitäten eher indirekt.

Im Rahmen der Offenmarktpolitik setzt die Europäische Zentralbank geldpolitische Signale und betreibt eine Zins- und Liquiditätssteuerung. Die EZB kann dabei sowohl eigene Schuldverschreibungen emittieren als auch sehr kurz-, kurz- und mittelfristige Wertpapierpensionsgeschäfte mit den Kreditinstituten abschließen.

Wertpapierpensionsgeschäfte[47] wurden schon seit Ende der 1980er Jahre als Steuerungsinstrument der Zentralbankgeldmenge für die Notenbanken der Industrieländer, wie die Deutsche Bundesbank, zunehmend wichtiger: Es handelt sich hier um Offenmarktgeschäfte mit einer Rückkaufvereinbarung. Geschäftsbanken geben Wertpapiere bei der Zentralbank „in Pension", mit der Verpflichtung sie zu einem heute festgelegten Preis später auszulösen. Aus der Differenz zwischen Kassa- und Terminkurs[48] ergibt sich der so genannte Pensionssatz (Zinssatz).

Jede Zentralbank verfügt mindestens über zwei Ausschreibungsverfahren: Beim *Mengentender* legt sie den Pensionssatz selbst fest, die bietenden Kreditinstitute nennen in ihren Geboten lediglich die Beträge, über die sie Wertpapiere an die Zentralbank zu verkaufen wünschen. Auf die Gesamtsumme der eingegangenen Gebote wird jeweils derjenige Betrag zugeteilt, welcher der liquiditätspolitischen Vorstellung der Zentralbank entspricht. Die Einzelangebote werden mithin gleichmäßig, das heißt unter Anwendung einer einheitlichen Zuteilungsquote, repartiert (zugeteilt).

Beim *Zinstender* müssen die bietenden Kreditinstitute in ihren Geboten auch den Zinssatz nennen, zu dem sie bereit sind, Pensionsgeschäfte abzuschließen. Die Zentralbank gibt entsprechend ihren geldpolitischen Vorstellungen die Zuteilungsmenge und den so genannten Mindestbietungssatz bekannt. Dieser Mindestbietungssatz wird von der Zentralbank regelmäßig neu festgelegt und die Kreditinstitute dürfen ihn bei der Abgabe ihrer Gebote zu verschiedenen Sätzen nicht unterbieten. Die Notenbank kann nun über zwei verschiedene Zuteilungsverfahren das Zentralbankgeld zuteilen. Bei dem so genannten „amerikanischen" Verfahren werden die Gebote – beginnend mit den höchsten Zinssätzen – zu den individuellen Bietungssätzen der Kreditinstitute zu geteilt. Beim zweiten Zuteilungsverfah-

---

[47] Vgl. im Folgenden die Darstellung bei Borchert (2003).

[48] Der Kassakurs ist der Preis für sofort zu erfüllende Geschäfte, das heißt, Geschäftsabschluss und Geschäftserfüllung fallen zeitlich zusammen. Der Terminkurs ist der Preis für erst später zu erfüllende Geschäfte, das heißt, Geschäftsabschluss und Geschäftserfüllung fallen zeitlich auseinander.

ren, dem so genannten „holländischen" Verfahren, wird zuerst der niedrigste, noch zum Zuge kommenden Satz, der marginale Zinssatz bestimmt. Alle Gebote, die über diesem Satz liegen, werden voll zu diesem einheitlichen Zinssatz zugeteilt, während Gebote zu diesem Satz gegebenenfalls wieder unter Verwendung einer einheitlichen Zuteilungsquote repartiert werden.

Die Wirkungen des *Mengentenders* machen wir uns anhand von Abbildung III.3 klar.

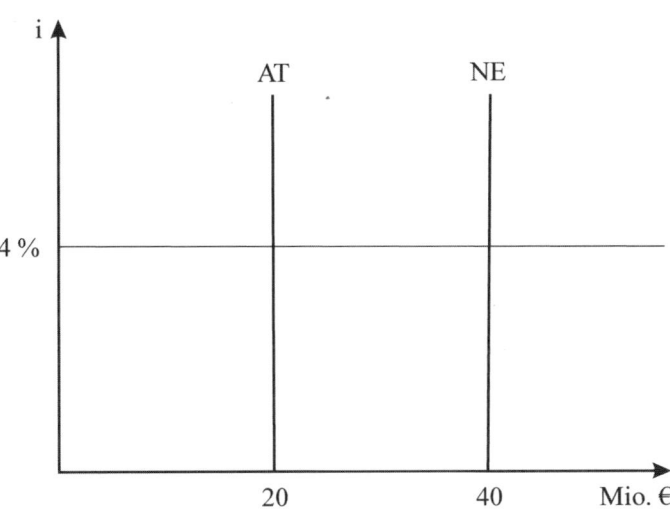

Abbildung III.3

Die Zentralbank, so nehmen wir in unserem Beispiel an, bietet zu 4% Liquidität (Zentralbankgeld) im Umfang von 20 Mio. Euro an. Die drei Kreditinstitute nennen zu diesem Zinssatz folgende Gebote.

Zinssatz	Gebote (in Mio. Euro)				
	Bank 1	Bank 2	Bank 3	Summe der Gebote	Kumulierte Gebote
4,00%	10	14	16	40	40

Da die Nachfrage der drei Kreditinstitute mit insgesamt 40 Mio. Euro zu diesem Zins doppelt so hoch ist als die Zuteilungsmenge, erfolgt eine Repartierung von 50%, berechnet nach der folgenden Formel:

$$\frac{\text{gewünschte Zuteilungsmenge der ZB}}{\text{gesamte Gebote der Geschäftsbanken}} = \frac{20 \text{ Mio. Euro}}{40 \text{ Mio. Euro}} = 50\,\%.$$

Das heißt, jedes der drei Institute erhält die gleiche Zuteilungsquote von 50%.

Zinssatz	Zuteilung (in Mio. Euro				
	Bank 1	Bank 2	Bank 3	Summe der Zuteilung	Kumulierte Zuteilung
4,00%	5	7	8	20	20

Wie funktioniert der *Zinstender*? Wir nehmen für unser Beispiel an, dass die Zentralbank 20 Mio. Euro zuteilen will und der Mindestbietungssatz 3,7% beträgt. Die Kreditinstitute geben folgende Gebote ab.

Zinssatz	Gebote (in Mio. Euro)				
	Bank 1	Bank 2	Bank 3	Summe der Gebote	Kumulierte Gebote
4,50%	2,5	–	–	2,5	2,5
4,30%	5,0	2,5	–	7,5	10,0
4,00%	5,0	2,5	2,5	10,0	20,0
3,70%	7,5	5,0	7,5	20,0	40,0

Bietet die Zentralbank das Pensionsgeschäft als Zinstender mit amerikanischen Zuteilungsverfahren an, so entsprechen in unserem Beispiel die kumulierten Gebote von 20 Mio. Euro bei einem Zins von 4% gerade den Vorstellungen der Zentralbank (siehe Abbildung III.4).

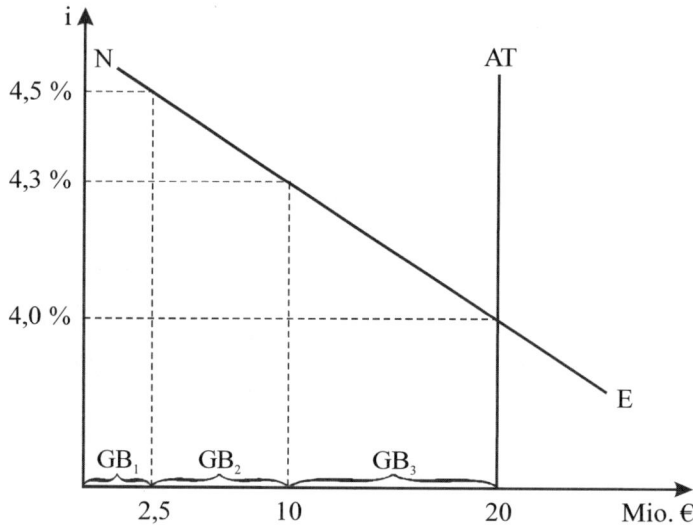

Abbildung III.4

Die Zentralbank „versteigert" die Gebote der Banken (GB$_i$) „von oben nach unten". Das heißt, für die ersten 2,5 Mio. wird Bank 1 mit einem Zins von 4,5% zur Kasse gebeten. Für die nächsten 5 beziehungsweise 2,5 Mio. (also insgesamt 7,5 Mio.) werden Bank 1 und 2 mit einem Zins von 4,3% bedient. Beim Zins von 4,0% werden insgesamt drei Banken bedient. Alle Gebote unter 4,0% werden nicht mehr bedient:

Zinssatz	Zuteilung (in Mio. Euro)				
	Bank 1	Bank 2	Bank 3	Summe der Zuteilung	Kumulierte Zuteilung
4,50%	2,5	–	–	2,5	2,5
4,30%	5,0	2,5	–	7,5	10,0
4,00%	5,0	2,5	2,5	10,0	20,0
3,70%	–	–	–	–	–
	12,5	5,0	2,5		

Was geschieht aber, wenn die Gebote zum marginalen Satz höher sind als die noch nicht zugeteilte Menge? Es ist jetzt wiederum eine Repartierung der noch nicht zugeteilten Menge möglich. Nehmen wir an, die maximale Zuteilung der Zentralbank sei, abweichend vom bisherigen Beispiel, 15 Mio. Euro. Dann ist 4,0% der so genannte marginale Zinssatz: Alle Gebote über 4,0%, also 10 Mio. Euro, werden voll zugeteilt. Eine Repartierung der Gebote zum marginalen Zinssatz erfolgt nun nach der Formel:

$$\frac{\text{noch nicht zugeteilte Menge}}{\text{Summe der Gebote bei marginalem Satz}} = \frac{15 \text{ Mio. Euro} - 10 \text{ Mio. Euro}}{10 \text{ Mio. Euro}} = 50\%.$$

Zinssatz	Zuteilung (in Mio. Euro)				
	Bank 1	Bank 2	Bank 3	Summe der Zuteilung	Kumulierte Zuteilung
4,50%	2,5	–	–	2,5	2,5
4,30%	5,0	2,5	–	7,5	10,0
4,00%	2,5	1,25	1,25	5,0	15,0
3,70%	–	–	–	–	–
	10,0	3,75	1,25		

Zum marginalen Zinssatz von 4,0% erhält die Bank 1 demnach als repartierten Zuteilungsbetrag 2,5 Mio. Euro, während Bank 2 und Bank 3 jeweils 1,25 Mio. Euro erhalten.

Die Vorteile der Wertpapierpensionsgeschäfte werden u. a. darin gesehen, dass

- die Zentralbank über ihre Zinsvorstellungen informiert (Mengentender)

- sie allen Kreditinstituten offen stehen

- die Zuteilungssätze die Geldmarktlage gut reflektieren (Zinstender).

Diese Ausführungen zu ausgewählten Instrumenten der Geldpolitik sollen genügen, um die Möglichkeiten der Zentralbank sowie die grundsätzliche Funktionsweise geldpolitischer Maßnahmen zu verdeutlichen. Darüber hinaus gibt es weitere Instrumente, etwa die so genannte Einlagenpolitik oder Interventionen am Devisenmarkt, auf die im Rahmen dieser Einführung jedoch nicht oder erst weiter unten näher eingegangen werden soll.

Halten wir damit fest: Soweit im Wege der Geldpolitik die Mindestreservesätze gesenkt, die Zentralbankgeldmenge erhöht beziehungsweise die Kosten der Refinanzierung vermindert werden, ergibt sich tendenziell eine Ausweitung der Geldmenge. In allen Fällen kann jedoch nur die Richtung der Wirkungen, nicht jedoch der genaue Effekt auf die Geldmenge angegeben werden. Der genaue Effekt hängt ab von der tatsächlichen Nutzung der Möglichkeiten, und hierauf hat die Zentralbank keinen Einfluss.

III.2.5   Geldnachfrage

Nach diesen recht ausführlichen Darlegungen zum Geldangebot kommen wir damit zur zweiten Seite des Geldmarktes, nämlich der Nachfrage nach Geld. Bevor wir die Bestimmungsgründe für die Geldnachfrage näher betrachten, muss zunächst klargestellt werden, was unter der Geldnachfrage eigentlich zu verstehen ist.

Vielleicht ist es in diesem Fall einfacher, damit zu beginnen, was *nicht* unter der Geldnachfrage zu verstehen ist. Und zwar ist damit nicht die Nachfrage nach Geld gemeint zu dem Zwecke, dieses unmittelbar für den Kauf von Konsum- oder Investitionsgütern zu verausgaben. Vielmehr steht bei der Geldnachfrage die Kassenhaltung der Wirtschaftssubjekte im Vordergrund, das heißt, es wird auf jene Geldbestände abgestellt, welche die Wirtschaftssubjekte durchschnittlich als Kasse bereithalten.

Betrachten wir hierzu ein Beispiel: Ein Schüler erhält am Ersten eines jeden Monats eine Überweisung von 100 € Taschengeld auf sein Girokonto. Bei gleichmäßiger Verausgabung gibt er durchschnittlich pro Tag 100/30 € aus, so dass er am 15. noch über einen Kassenbestand von 50 € verfügt. Am 30. schließlich ist die Kasse auf null geschrumpft. Der durchschnittliche monatliche Kassenbestand wäre

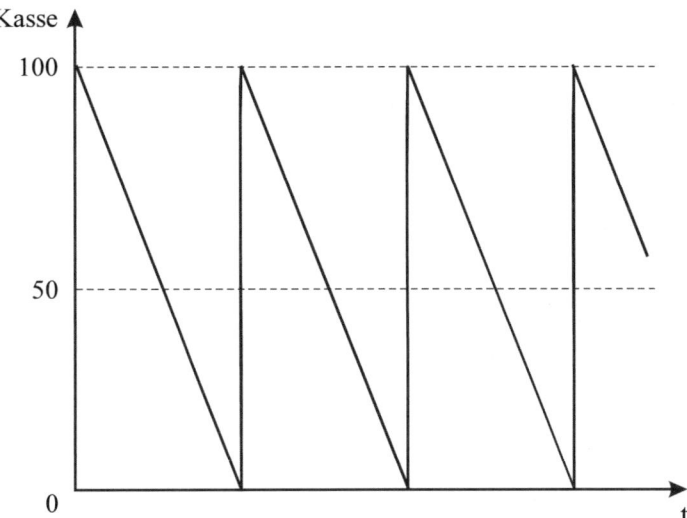

Abbildung III.5

in diesem Fall genau in der Mitte des Monats realisiert und beliefe sich auf 50 €. Sein variierender Kassenbestand ist in Abbildung III.5 dargestellt.

Unsere Überlegungen werden nur leicht modifiziert, wenn wir statt an Taschengeld an das Einkommen des (repräsentativen) Haushalts denken und dieser nicht nur täglich von seinem Girokonto Geld abhebt, sondern in bestimmten Abständen „Plastikgeld" in Form von EC- und Kreditkarten einsetzt. Die EC-Karte wirkt prinzipiell völlig analog zur Barabhebung, da das Sichtkonto sofort belastet wird. Bei der Kreditkarte werden Ansprüche des Kartenausstellers an unser Girokonto bis zum Monatsende gesammelt und dann in Summe abgebucht. Tendenziell wird dadurch die Kassenhaltung in den ersten drei Wochen des Monats erhöht und in der letzten Woche dafür stark abgesenkt. Die durchschnittliche monatliche Kassenhaltung dürfte per Saldo zunehmen.

Mit diesem Beispiel ist zugleich eine erste wichtige Determinante der Geldnachfrage, nämlich die Höhe des Einkommens, angesprochen. Und zwar kann davon ausgegangen werden, dass die Geldnachfrage zu Transaktionszwecken mit steigendem Einkommen zunimmt. Da sich ähnliche Überlegungen, die wir gerade am Beispiel eines privaten Haushalts angestellt haben, auch für die Unternehmungen anstellen lassen – hier wäre insbesondere auf die Höhe der Produktion abzustellen –, greift man auf volkswirtschaftlicher Ebene auf das Volkseinkommen zurück, um diese Abhängigkeit zum Ausdruck zu bringen. Und zwar unterstellt man, wie in Abbildung III.6 grafisch veranschaulicht, dass diese erste Komponente der Geldnachfrage (L), also die Nachfrage zu Transaktionszwecken, linear mit dem Volkseinkommen (Y) ansteigt.

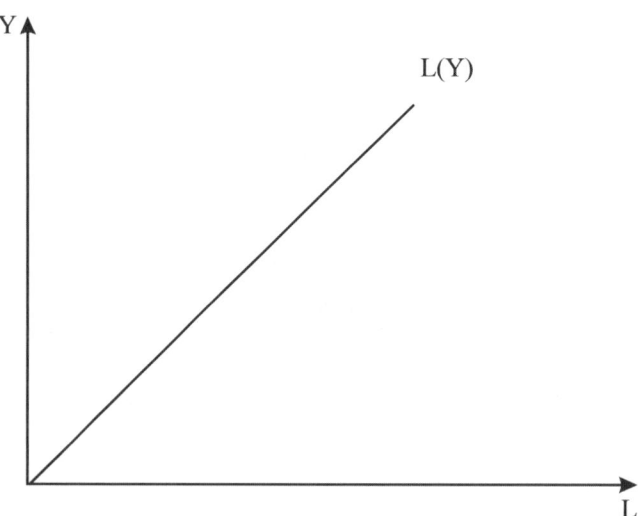

Abbildung III.6

Der zweite Bestimmungsgrund oder die zweite Komponente der Geldnachfrage ist abhängig vom Zinsniveau. Und zwar geht es dabei um die Frage, in welchem Umfang über den Bedarf an Transaktionskasse hinaus weitere Mittel in bar gehalten werden sollen, die alternativ beispielsweise in langfristigen Schuldverschreibungen angelegt werden könnten. In diesem Zusammenhang kann auf verschiedene Erklärungsansätze zurückgegriffen werden, die im Prinzip jedoch zu dem gleichen Ergebnis führen, weshalb es hier genügen soll, auf den einfachen „Opportunitätskostenansatz" zu verweisen. Der Grundgedanke dieses Ansatzes lässt sich wie folgt umreißen: Je höher das bei einer alternativen Anlage erzielbare Zinseinkommen ist, desto höher ist der entgangene Zinsgewinn einer Kassenhaltung. Man kann deshalb annehmen, dass bei sehr hohen Zinsen die Kassenhaltung auf das Notwendigste reduziert wird, während bei sehr niedrigen Zinsen, das heißt geringen Opportunitätskosten der Kassenhaltung, auf eine anderweitige Anlageform vollständig verzichtet wird. Für diese zweite Komponente der Geldnachfrage ergibt sich damit der in Abbildung III.7 dargestellte Zusammenhang.

Die gesamte Geldnachfrage kann somit formal geschrieben werden als

$$L = f(Y, i).$$

Zur graphischen Darstellung dieser Funktion, die drei Variablen aufweist, geht man in der Regel von einem gegebenen Volkseinkommen und damit einer gegebenen Nachfrage nach Geld für Transaktionszwecke aus und verschiebt die zinsabhängige Geldnachfrage entsprechend um den Betrag der gewünschten Transaktionskasse. So liegt beispielsweise der durchgezogenen Kurve der Geldnachfrage in Abbildung III.8 ein Volkseinkommen von Y_1 zugrunde. Würde man ein höheres

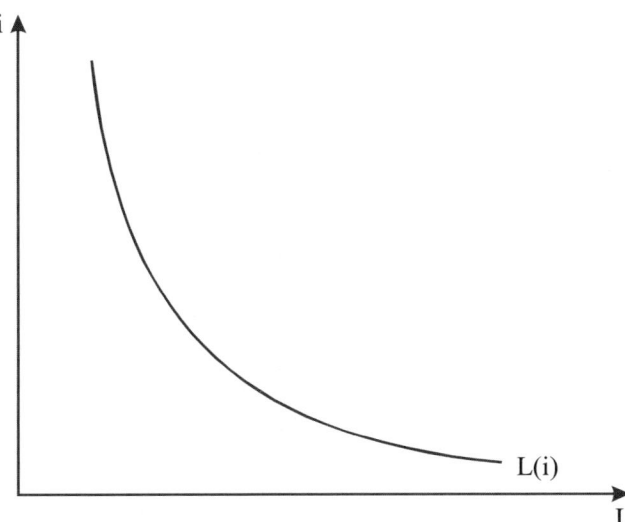

Abbildung III.7

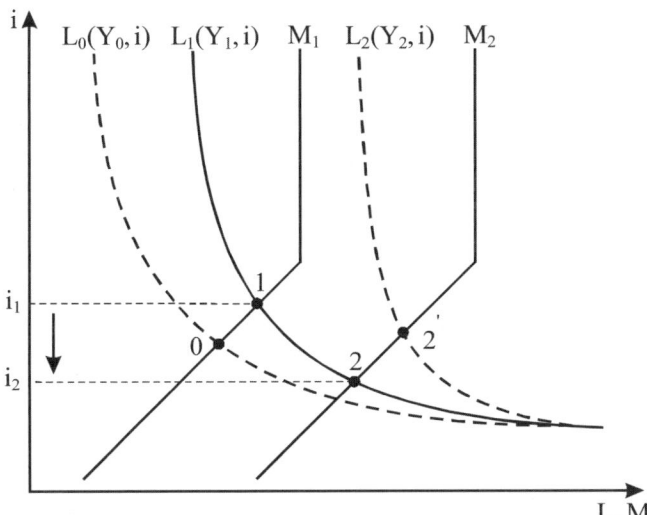

Abbildung III.8

oder ein geringeres Volkseinkommen unterstellen, würde sich diese Kurve parallel nach rechts (Y_2) beziehungsweise nach links (Y_0) verschieben.

Wir wollen nun der Geldnachfrage das bereits behandelte Geldangebot (M_1) gegenüberstellen. Wie man sieht, gibt es bei gegebenem Einkommen (Y_1) nur einen

Zinssatz (i_1), zu dem Geldnachfrage und Geldangebot übereinstimmen. Bei diesem Zinssatz und diesem Einkommen wäre damit der Geldmarkt im Gleichgewicht.

Nun handelt es sich bei dieser Darstellung um eine vereinfachte Version, de facto – und darauf kommen wir an anderer Stelle noch ausführlicher zu sprechen – sind die Zusammenhänge komplizierter. Dennoch reicht diese vereinfachte Darstellung aus, um eine zentrale Frage, mit der sich die Geldpolitik auseinandersetzen muss, deutlich zu machen.

Betrachten wir hierzu die Auswirkungen, die sich ergeben, wenn die Zentralbank über geeignete Maßnahmen, wie wir sie oben besprochen haben, auf das Geldangebot einwirkt. So würde beispielsweise eine Ausweitung des Geldangebots von M_1 auf M_2 in unserem einfachen Modell eine Senkung des Zinssatzes auf i_2 nach sich ziehen. Eine Senkung des Zinssatzes jedoch wird nicht ohne Auswirkungen auf die Investitionsnachfrage bleiben und damit Rückwirkungen auf das Volkseinkommen haben, welches wir im Rahmen unserer Betrachtung (noch) als konstant unterstellt haben. Bei einer Veränderung des Geldangebots hätten wir damit zugleich eine Verlagerung unserer Nachfragekurve in Rechnung zu stellen.

Wir brauchen diese Zusammenhänge hier nicht im Einzelnen weiter zu verfolgen, denn für unsere Zwecke genügt die Feststellung, dass über Maßnahmen im monetären Sektor durchaus in den realwirtschaftlichen oder güterwirtschaftlichen Bereich eingegriffen werden kann. Die grundsätzliche Frage, die sich hieraus für die Geldpolitik ableitet, ist die, ob sie von diesen Möglichkeiten, etwa zur Bekämpfung der Arbeitslosigkeit, Gebrauch machen soll – dies wäre die keynesianische Position – oder ob sie sich neutral verhalten und lediglich die Geldmenge – grob gesprochen – an das Wachstum des Volkseinkommens anpassen soll, was eher der klassischen beziehungsweise monetaristischen Position entsprechen würde. Letzteres entspricht weitgehend einer der beiden „Säulen" in der heutigen Strategie der Europäischen Zentralbank, die auf der Basis des erwarteten Wachstums des Produktionspotentials in Euroland einen bestimmten Referenzwert für das Wachstum der Geldmenge M3 verfolgt.

Wir begegnen damit auch im Rahmen der Geldpolitik wieder den bereits bekannten Grundpositionen, die wir im ersten Teil dieser Einführung kennen gelernt haben. Auch bei den weiteren Ausführungen werden wir hierauf noch mehrfach zu sprechen kommen.

III.2.6   Inflation

Bei unseren bisherigen Überlegungen haben wir einen wichtigen Aspekt weitgehend außer Acht gelassen, nämlich die gerade im Zusammenhang mit der Geldversorgung wichtige Frage des Preisniveaus beziehungsweise seiner Veränderung. Sofern es sich dabei nicht um einen einmaligen, sondern um einen anhaltenden Prozess der Preisniveausteigerungen handelt, spricht man von Inflation.

Um uns dem Inflationsproblem zu nähern, wollen wir von der so genannten Quantitätsgleichung ausgehen. Bei der Quantitätsgleichung handelt es sich um eine immer erfüllte Gleichung, eine so genannte Identitätsgleichung, die zum Ausdruck bringt, dass dem mit seinen Preisen bewerteten Güterstrom einer Volkswirtschaft ein gleich großer Geldstrom gegenüberstehen muss oder – was das gleiche zum Ausdruck bringt – dass in jeder Periode das mit den Preisen bewertete Güterangebot, welches auch tatsächlich abgesetzt wird, der getätigten monetären Nachfrage entsprechen muss. Formal lässt sich die Quantitätsgleichung wie folgt schreiben:

$$M \cdot V = H \cdot P.$$

Dabei bezeichnet H das Handelsvolumen beziehungsweise die umgesetzte Gütermenge, man spricht auch vom realen Volkseinkommen, P kennzeichnet das Preisniveau dieser Güter. Dann stellt das Produkt $H \cdot P$ das mit den jeweiligen Preisen bewertete Gesamtangebot dar. Auf der linken Seite der Gleichung bezeichnet M die Geldmenge, V steht für die Umlaufgeschwindigkeit des Geldes. Die Umlaufgeschwindigkeit des Geldes gibt an, wie oft jede Geldeinheit im Durchschnitt der betrachteten Periode die Kasse gewechselt hat, so dass das Produkt aus Geldmenge und Umlaufgeschwindigkeit die gesamte monetäre Nachfrage der Periode wiedergibt. Definitionsgemäß muss diese Nachfrage mit der mit den Preisen bewerteten umgesetzten Gütermenge übereinstimmen. Auf weiterführende Differenzierungen, zum Beispiel mit der Unterscheidung zwischen Bargeld und Sichteinlagen, soll hier nicht eingegangen werden.

Mit folgendem Beispiel wollen wir das Gespür für die Umlaufgeschwindigkeit und ihren Kehrwert, den Kassenhaltungskoeffizienten, noch etwas schärfen. Gegeben sei die in der folgenden Tabelle dargestellte monetarisierte Tauschökonomie, bestehend aus den drei Wirtschaftssubjekten A_1, A_2, A_3. In der Volkswirtschaft betrage die gesamte Geldmenge 20 Einheiten, die sich zu gleichen Teilen im Besitz des ersten und des dritten Akteurs befinden; das mittlere Wirtschaftssubjekt hat kein Geld, wohl aber ein Gut x_2, das es zum Preis p_2 an das erste Wirtschaftssubjekt verkaufen kann.

Geld vor Transaktionen	Käufer	Verkäufer			Geld nach Transaktionen
		A1	A2	A3	
10	A1	–	$x_2 \cdot p_2 = 10$	–	20
–	A2	–	–	$x_3 \cdot p_3 = 10$	–
10	A3	$x_1 \cdot p_1 = 20$	–	–	–
$M = 20$		$Y = \sum_{i=1}^{3} p_i \cdot x_i = 40$			$M = 20$

Mit den Erlösen kauft sich Akteur 2 seinerseits das von Wirtschaftssubjekt 3 angebotene Gut x_3 zum Preis p_3. Damit verfügt A_3 jetzt über 20 Einheiten zum Kauf von Gut x_1 zum Preis von p_1. In der letzten Zeile der Tabelle erkennen wir, dass in unserer Volkswirtschaft mit einer Geldmenge von 20 Einheiten Umsätze in Höhe von 40 getätigt wurden. Es gilt demnach in der Gesamtwirtschaft:

$$M \cdot V = H \cdot P$$

$$M \cdot V = Y = 40$$

$$V = 2 \qquad \text{beziehungsweise} \qquad 1/V = k = 0{,}5.$$

Der Kehrwert der Umlaufgeschwindigkeit ist der so genannte Kassenhaltungskoeffizient k. Er gibt an, welcher Teil des Einkommens sich für die Dauer der Untersuchungsperiode durchschnittlich in der Kasse der Wirtschaftssubjekte befindet. Diesen Teil der Geldnachfrage hatten wir bereits oben kennen gelernt.

Die Quantitätsgleichung wird oft herangezogen, um zu zeigen, dass bei konstantem Handelsvolumen und gegebener Umlaufgeschwindigkeit des Geldes ein proportionaler Zusammenhang zwischen der Geldmenge und dem Preisniveau besteht, dass also beispielsweise eine Verdoppelung der Geldmenge auch eine Verdoppelung des Preisniveaus nach sich ziehen würde. Dieser Zusammenhang ist unmittelbar einsichtig, wenn man die Quantitätsgleichung in der Form

$$P = \frac{\overline{V}}{\overline{H}} \cdot M \, ; \quad M \uparrow \; \rightarrow \; P \uparrow$$

schreibt. Damit ist zugleich die Grundlage der bereits erwähnten Quantitätstheorie angesprochen, die einen proportionalen Zusammenhang zwischen der Geldmenge und dem Preisniveau behauptet.

Eine solche Argumentation ist jedoch nicht unproblematisch, da die Aussage aus einer rein definitorischen Beziehung hergeleitet ist. Der behauptete Zusammenhang würde nämlich nur dann gelten, wenn die einzelnen Größen der Gleichung voneinander unabhängig wären, das heißt wenn eine Veränderung der Geldmenge die Umlaufgeschwindigkeit und das Handelsvolumen konstant lassen würde. Hiervon kann jedoch nicht ausgegangen werden. So kann eine erhöhte Geldmenge, die nicht auf einer entsprechenden Nachfrage des Publikums beruht, durchaus eine Verminderung der Umlaufgeschwindigkeit nach sich ziehen, so dass die monetäre Gesamtnachfrage im Grenzfall konstant bleiben kann. Ebenso kann eine vergrößerte Geldmenge bei konstanter Umlaufgeschwindigkeit, also eine gestiegene monetäre Nachfrage, das Preisniveau unberührt lassen, wenn beispielsweise bei den Unternehmen freie Kapazitäten vorhanden sind und das Güterangebot bei gegebenen Preisen der Nachfrage nach oben angepasst wird.

Wenngleich Rückschlüsse auf einen proportionalen Zusammenhang zwischen Geldmenge und Preisniveau damit nicht zulässig sind, kann doch eine enge Beziehung zwischen diesen Größen nicht von der Hand gewiesen werden. Ist man sich dieser Einschränkungen bewusst, so leistet die Quantitätsgleichung durchaus gute Dienste, um das Inflationsproblem besser zu verstehen, weil sie auf die zentralen Variablen hinweist.

Nun gibt es eine Reihe von Inflationstheorien, die hier nicht im Einzelnen besprochen werden können. Sie unterscheiden sich darin, was als eigentliche Ursache, das heißt als Anstoß des Inflationsproblems, angesehen wird:

- die Geldmenge,

- eine im Verhältnis zum Güterangebot gestiegene Nachfrage oder

- übertriebene Kostensteigerungen, beispielsweise infolge einer machtbedingten Durchsetzung von Lohnsteigerungen, die über den Produktivitätsfortschritt hinausgehen.

Trotz der im Einzelnen unterschiedlichen Ursachen sind die Abläufe jedoch in allen Fällen ähnlich. Vor allem – und das ist das Entscheidende – kann gezeigt werden, dass keine Inflation, gleichgültig worin die eigentliche Ursache zu sehen ist, längerfristig bestehen kann, wenn nicht parallel eine Ausweitung der Geldmenge stattfindet. Das ist eine zentrale Erkenntnis der Inflationstheorien, die sich ansatzweise jedoch auch bereits aus der Quantitätsgleichung ableiten lässt.

Die wirtschaftspolitische Bedeutung der Quantitätsgleichung kann man daher dahingehend umreißen, dass sie die Geldpolitik auf eine inflationsstrategisch wichtige und zugleich wirtschaftspolitisch beeinflussbare Größe hinweist, nämlich die Geldmenge. Akzeptiert man diese Aussage, so kommt der Geldmengensteuerung und damit der Geldpolitik für die Inflationsbekämpfung eine zentrale Rolle zu.

III.3   Wirtschaftskreislauf und Inlandsprodukt

Nach diesen Ausführungen zum Medium Geld wollen wir uns nun einem neuen Problemfeld zuwenden, nämlich dem Wirtschaftskreislauf. Wie wir im Zusammenhang mit den Geldfunktionen bereits gesehen haben, kann die Entwicklung der Geldwirtschaft als zentrale Voraussetzung für den heute erreichten Grad der Arbeitsteilung angesehen werden. Denn erst die Wahrnehmung der Tauschmittel- und Recheneinheitsfunktion durch das Geld hat die komplexen Verflechtungen der Wirtschaft ermöglicht, die für das moderne Wirtschaftsleben charakteristisch sind.

Aufgrund dieser Verflechtungen ist es in besonderem Maße wünschenswert, sich ein Bild von den wirtschaftlichen Aktivitäten zu verschaffen, die in einer Volkswirtschaft stattfinden. Vor allem der Staat ist auf derartige Informationen über den Zustand der Wirtschaft angewiesen, wenn er – etwa im Rahmen der Konjunkturpolitik – den Ablauf der Wirtschaft beeinflussen und die Wirkung seiner Maßnahmen kontrollieren will. Man denke in diesem Zusammenhang auch an den Sachverständigenrat zur Begutachtung der gesamtwirtschaftlichen Entwicklung, die großen Wirtschaftsforschungsinstitute mit ihren Frühjahrs- und Herbstgutachten, aber auch an die vielen Unternehmen, die mit derartigen Informationen arbeiten.

Diese Informationen bereitzustellen, ist Aufgabe des volkswirtschaftlichen Rechnungswesens. Hierbei handelt es sich um eine Art nationale Buchführung, in der die Ergebnisse des Wirtschaftsgeschehens zahlenmäßig für die abgelaufene Periode – in der Regel für ein Jahr – festgehalten werden. Wir haben es damit beim volkswirtschaftlichen Rechnungswesen ausschließlich mit einer Vergangenheitsbetrachtung zu tun, deren einziges Ziel in der adäquaten Beschreibung der abgelaufenen Vorgänge besteht. Erfasst werden also die tatsächlichen Prozesse, so wie sie abgelaufen sind, ohne danach zu fragen, ob diese Vorgänge auch mit den ursprünglichen Planungen der einzelnen Wirtschaftseinheiten übereinstimmen. Diese Betrachtungsweise des volkswirtschaftlichen Rechnungswesens kennzeichnet den zentralen Unterschied im Vergleich zu den Fragestellungen der Klassik beziehungsweise von Keynes. Soweit auf die realisierten und nicht auf die geplanten Größen abgestellt wird, spricht man deshalb auch von einer „ex-post-Betrachtung" – im Gegensatz zur „ex-ante-Betrachtung", die an den Plangrößen ansetzt. Nicht die Erklärung des Wirtschaftsprozesses mit Hilfe von Ursache-Wirkungs-Zusammenhängen, sondern dessen Beschreibung steht im Vordergrund.

Nun ist der Wirtschaftsprozess in einer marktwirtschaftlich organisierten Volkswirtschaft – wie bereits im ersten Teil dieser Einführung dargelegt – durch eine kaum zu überschauende Vielzahl von Wirtschaftseinheiten sowie von Beziehungen zwischen diesen Wirtschaftseinheiten gekennzeichnet. Dies um so stärker, je weiter die Entwicklung und der Grad der Arbeitsteilung einer Volkswirtschaft vorangeschritten sind. Um trotzdem einen Überblick über das Wirtschaftsgeschehen zu gewinnen, sind deshalb die für die makroökonomische Sichtweise typischen Zusammenfassungen oder Aggregationen erforderlich. Dabei erfolgt die Aggregation unter zwei Aspekten:

- Einmal erfolgt eine Zusammenfassung der verschiedenen Wirtschaftseinheiten zu Aggregaten. Dies betrifft vor allem die privaten Haushalte und Unternehmen, die bei hochaggregierter Betrachtung zum Haushalts- beziehungsweise Unternehmenssektor zusammengefasst werden. Aber auch alle Wirtschaftseinheiten des Auslands, mit denen ökonomische Beziehungen bestehen, können als ein Sektor angesehen werden. Gleiches gilt für die öffentlichen Haushalte, die gemeinsam den Sektor Staat bilden.

- Zum anderen erfolgt eine Zusammenfassung der wirtschaftlichen Aktivitäten beziehungsweise Transaktionen nach ihrer ökonomischen Bedeutung. So bilden beispielsweise sämtliche Käufe von Konsumgütern die Position Konsum. Auf ähnliche Weise wird vorgegangen, um weitere Positionen, zum Beispiel Investition, Ersparnis oder Steuern, zu gewinnen.

• Eine Besonderheit betrifft die vermögenswirksamen Vorgänge, also das Sparen und Investieren. Sämtliche dieser Aktivitäten werden über einen eigenen Sektor abgebildet, der als Bankensystem interpretiert werden kann und über den die Vermögensänderungen erfasst werden.

Betrachtet man die Entwicklung der volkswirtschaftlichen Gesamtrechnung – dem Kerngebiet des volkswirtschaftlichen Rechnungswesens[49] – näher, so ist zunächst festzustellen, dass sich mit dem Aufkommen und der Verbreitung der Keynesschen Lehre aufgrund der makroökonomischen Orientierung ein starker Bedeutungszuwachs vollzogen hat. Gleichwohl zählt das zugrundeliegende Denkschema, nämlich der Wirtschaftskreislauf, zu den ältesten Modellen der Ökonomie. Und zwar lässt sich der Kreislaufgedanke auf den französischen Physiokraten und Arzt François Quesnay (1694–1774) zurückführen, der bereits im 18. Jahrhundert die ökonomischen Beziehungen zwischen den einzelnen Wirtschaftseinheiten in Analogie zum Blutkreislauf als Wirtschaftskreislauf interpretiert hat.

Diesem auf Quesnay zurückzuführenden Denkschema wollen wir uns zunächst zuwenden, bevor wir uns anschließend mit einem wichtigen Ausschnitt der volkswirtschaftlichen Gesamtrechnung näher befassen. Und zwar werden wir uns im Rahmen der volkswirtschaftlichen Gesamtrechnung vor allem auf den Produktionsaspekt konzentrieren, der uns zu den wichtigen Inlandsproduktsbegriffen führt. Zum Abschluss dieses Kapitels werden wir die Frage stellen, inwieweit das Inlandsprodukt einen geeigneten Indikator darstellt, um daran die Wohlfahrt einer Volkswirtschaft zu messen.

III.3.1   Wirtschaftskreislauf

Beginnen wir also mit dem Denkmodell, dem Wirtschaftskreislauf. Generell kann man sagen, dass im Rahmen der Kreislaufbetrachtungen das wirtschaftliche Geschehen als Prozess aufgefasst wird. Das Ziel besteht darin, Struktur und Ausmaß der Beziehungen, die zwischen den einzelnen Wirtschaftseinheiten beziehungsweise Aggregaten von Wirtschaftseinheiten bestehen, zu analysieren. Dabei werden die einzelnen Wirtschaftseinheiten beziehungsweise ihre Zusammenfassung als Pole bezeichnet, die zwischen diesen Polen bestehenden Austauschbeziehungen werden Ströme genannt. Die Ströme selbst sind – wie in Abbildung III.9 angedeutet – gekennzeichnet durch ihre Richtung und ihre Stärke. Die Stärke der Ströme wird in späteren Darstellungen vernachlässigt.

---

[49]   Weitere Teilbereiche des volkswirtschaftlichen Rechnungswesens sind die Input-Output-Rechnung, die Vermögensrechnung, die gesamtwirtschaftliche Finanzierungsrechnung sowie die Zahlungsbilanz.

Abbildung III.9

III.3.1.1 Wirtschaftskreislauf ohne Sparen und Investieren

Um uns mit dem Instrumentarium der Kreislauftheorie vertraut zu machen, wollen wir als Erstes ein ganz einfaches Kreislaufmodell betrachten, in dem nicht nur vom Staat und vom Ausland, sondern auch von der Kapitalbildung durch Sparen und Investieren abgesehen wird. Damit verbleiben als Aktivitäten nur die Produktion und der Konsum, die sich, wie in Abbildung III.10 dargestellt, zusammenfassen lassen.

Zunächst haben wir nur zwei Pole, nämlich den Haushalts- und den Unternehmenssektor. Die Haushalte stellen den Unternehmen Faktorleistungen (i.d.R. Arbeit) zur Verfügung und erhalten dafür ein Faktoreinkommen. Es fließt also ein Güterstrom von den Haushalten zu den Unternehmungen (1), dem in umgekehrter Richtung ein Geldstrom (2) gegenübersteht. Die Relation von Faktoreinkommen und Faktorleistung bringt den Entlohnungssatz der Faktoren zum Ausdruck, der sich am Faktormarkt herausgebildet hat.

Da von Sparen abstrahiert wird, verwenden die Haushalte ihr gesamtes Einkommen ausschließlich dazu, um von den Unternehmen Konsumgüter zu erwerben. Für unser Modell bedeutet dies, dass von den Unternehmen ein Güterstrom zu den Haushalten fließt (3), dem wiederum in umgekehrter Richtung ein Geldstrom, nämlich in Form der Konsumausgaben, gegenübersteht (4). Auch hier kommt in dem Verhältnis von Konsumausgaben und ausgetauschter Menge an Konsumgütern der Warenpreis zum Ausdruck, der über den Gütermarkt bestimmt wird.

Die Preise, die sich auf dem Faktor- und Gütermarkt herausgebildet haben, steuern das Wirtschaftsgeschehen und entscheiden über die Stärke der einzelnen Ströme, auf deren Wiedergabe wir in unserer Darstellung verzichtet haben. Wir haben uns hier auf die *Richtung* der Ströme konzentriert, wobei zwischen zwei Kreisläufen unterschieden werden kann, und zwar einmal:

- dem Güterkreislauf, der durch die Güterströme (reale Ströme) Faktorleistungen und Konsumgüter gebildet wird, und zum anderen

- dem (entgegengesetzten) Geldkreislauf. Hier fließen Geldströme (monetäre Ströme) in Form der Faktoreinkommen und der Konsumausgaben.

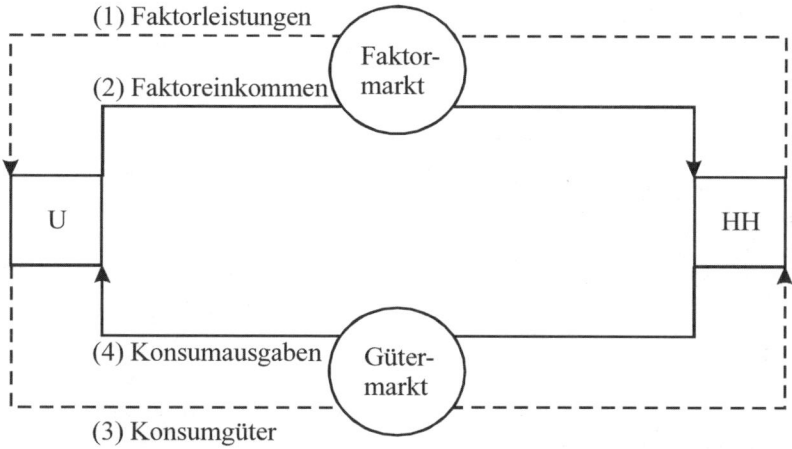

Abbildung III.10

Normalerweise beschränkt man sich bei der Darstellung der Kreislaufmodelle, wie wir dies im Folgenden auch tun wollen, auf die Geldströme. Sofern es sich, wie in unserem einfachen Beispiel, um wechselseitige Kreislaufströme handelt, bei denen jedem Geldstrom in umgekehrter Richtung ein Güterstrom gegenübersteht, ist dies unproblematisch. Man beachte jedoch, dass es auch einseitige Kreislaufströme gibt, bei denen die Gegenleistung fehlt, zum Beispiel bei Steuern, Subventionen oder Schenkungen. Hier können bei Beschränkung auf die Geldströme unter Umständen bestimmte Informationen verloren gehen. Dennoch werden diese Einschränkungen aus Gründen der Einfachheit und Übersichtlichkeit in Kauf genommen.

Bevor wir unser einfaches Modell erweitern, wollen wir noch auf eine wichtige Eigenschaft hinweisen, die für die hier betrachteten Kreislaufmodelle gilt. Und zwar handelt es sich bei unseren Modellen stets um geschlossene Kreisläufe. Dies bedeutet, dass in einem solchen Kreislauf weder Zuflüsse von außen noch Abflüsse, das heißt Versickerungen etwa in Form von Entwicklungshilfe, stattfinden. Ein Zu- und Abfluss von Mitteln – wie in Abbildung III.11 skizziert – ist also bei den hier betrachteten geschlossenen Kreislaufmodellen ausgeschlossen.

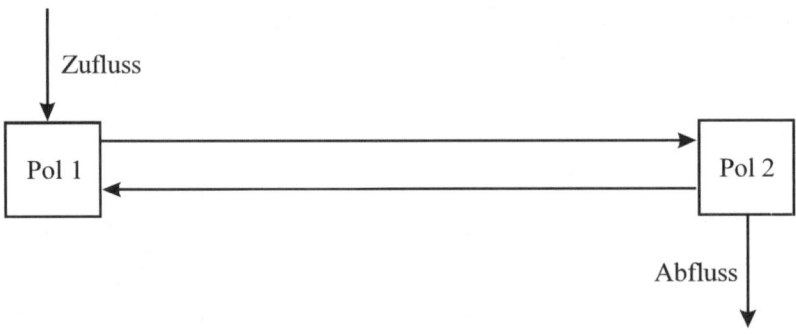

Abbildung III.11

Ein geschlossener Kreislauf zeichnet sich dadurch aus, dass an allen Polen die Summe der zufließenden Ströme gleich der Summe der abfließenden Ströme ist. Dieses so genannte Kreislaufaxiom führt in unserem einfachen Modell zu folgenden Gleichungen:

	monetärer Zufluss		monetärer Abfluss
Haushalte (HH):	Y	=	C
Unternehmen (U):	C	=	Y

III.3.1.2 Wirtschaftskreislauf mit Sparen und Investieren

In unserem ersten Modell fließen die gesamten Einkommen, die aus der Produktion entstehen, voll in den Konsum. Dies entspricht jedoch sicherlich nicht der Realität. Vielmehr ist davon auszugehen, dass die Haushalte nicht ihr gesamtes Einkommen für Konsumzwecke verausgaben, sondern einen Teil ihres Einkommens sparen. Definiert man denjenigen Einkommensteil, der nicht für Konsumzwecke verausgabt wird, als Sparen, so gilt mit Bezug auf die realisierten Größen die Definitionsgleichung

$$S = Y - C.$$

Wenn die Haushalte einen Teil ihres Einkommens sparen, so bedeutet dies zugleich, dass auch nicht die gesamte Produktion der Unternehmen zu Konsumzwecken an die Haushalte abgegeben wird; vielmehr verbleibt ein Teil der erzeugten Produkte im Unternehmenssektor und erhöht hier den Kapitalbestand. Dabei kann es sich sowohl um Ausrüstungsgüter wie Maschinen handeln, können aber auch Produkte sein, die entweder nicht abgesetzt werden konnten oder eventuell sogar bewusst auf Lager produziert worden sind. Damit haben wir zugleich die Investitionen definiert als jenen Teil der Produktion, der nicht zu Konsumzwecken an die Haushalte abgegeben wird, sondern im Unternehmenssektor verbleibt. Bezeichnet man die Höhe der Produktion mit Y, da ja stets in gleicher Höhe Einkommen entstehen, so erhalten wir für die Investitionen die Definitionsgleichung:

$$I = Y - C.$$

Auch hier bezieht sich die Gleichung auf realisierte Größen.

Bevor wir auf diese Gleichungen zurückkommen, wollen wir uns anhand von Abbildung III.12 das zugehörige Kreislaufschema anschauen.

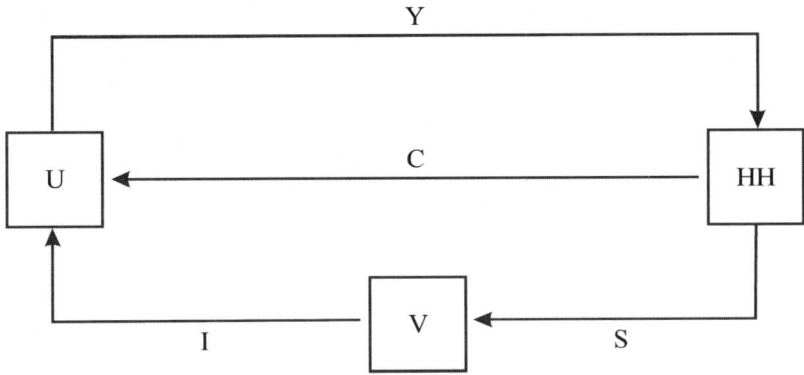

Abbildung III.12

Die gerade angesprochenen vermögenswirksamen Vorgänge, nämlich Sparen und Investieren, werden – wie bereits angedeutet – in der Kreislaufanalyse über einen gesonderten Pol erfasst, der als Vermögensänderungspol (V) bezeichnet wird. Hierbei handelt es sich um einen fiktiven Pol, der quasi als Bankensystem interpretiert werden kann: Die Haushalte stellen dem Bankensektor ihre gesamten ersparten Einkommensteile (S) zur Verfügung. Diese Mittel werden von den Banken in voller Höhe zur Finanzierung der Investitionen (I) an die Unternehmen weitergeleitet.[50]

Da wir es mit einem geschlossenen Kreislauf zu tun haben, können wir auch hier die Zusammenhänge in Gleichungsform darstellen:

	monetärer Zufluss		monetärer Abfluss
Haushalte (HH):	Y	=	C + S
Unternehmen (U):	C + I	=	Y
Vermögensänderungspol (V):	S	=	I

---

[50] Diese gedankliche Erfassung über den Vermögensänderungspol beziehungsweise Bankensektor gilt also auch dann, wenn die Haushalte ihre Ersparnis horten oder die Unternehmen ihre Investitionen selbst finanzieren.

Diese definitorische Gleichheit von S und I können wir auch aus unseren bekannten Definitionsgleichungen herleiten. Aus

$$S = Y - C \quad \text{und} \quad I = Y - C$$

folgt

$$S = I.$$

Denn wir haben Sparen definiert als denjenigen Einkommensteil, der nicht zu Konsumzwecken verausgabt wird, und als Investition denjenigen Teil der Produktion bezeichnet, der nicht zu Konsumzwecken an die Haushalte abgegeben wird. Da das Einkommen der Haushalte genau der Höhe der Produktion entspricht oder – anders ausgedrückt – genau in Höhe der Produktion Einkommen entstehen, müssen aufgrund dieser definitorischen Beziehungen Sparen und Investieren am Ende jeder Periode übereinstimmen. Hierbei handelt es sich um eine stets erfüllte Ex-post-Identität der realisierten Größen, denn alle Produkte, welche die Haushalte nicht zu Konsumzwecken erworben haben, stellen definitionsgemäß Investitionsgüter dar.

Bei unseren Ausführungen zum Sayschen Theorem sowie zu den Vorstellungen von Keynes haben wir bereits die Frage diskutiert, ob der durch Sparen entstandene Nachfrageausfall durch die Investitionsgüternachfrage kompensiert wird. Dabei ging es – ohne dies explizit zu sagen – um die geplanten Größen. Die gerade von uns abgeleitete Ex-post-Identität von S und I bezieht sich dagegen auf die realisierten Größen. Damit ist noch nichts darüber ausgesagt, ob die Haushalte und Unternehmen auch entsprechende Ersparnisse beziehungsweise Investitionen zuvor geplant haben. So könnte es beispielsweise sein, dass die Unternehmen aufgrund einer falsch eingeschätzten Nachfrage auf einem Teil ihrer für den Konsum produzierten Güter sitzen bleiben. Diese nicht abgesetzten Konsumgüter würden dann zu ungeplanten oder unfreiwilligen Investitionen werden. Näheres hierzu werden wir im nächsten Kapitel im Rahmen der Einkommens- und Beschäftigungstheorie ausführen.

III.3.1.3 Offene Volkswirtschaft mit staatlicher Aktivität

Nach diesen kurzen Ausführungen zu einer wichtigen Implikation unseres Kreislaufmodells für die geschlossene Volkswirtschaft ohne staatliche Aktivität wollen wir uns nun wiederum der Modellerweiterung zuwenden und zunächst das Ausland sowie anschließend den Staat einbeziehen.

Recht einfach zu integrieren sind die Beziehungen zum Ausland (A), welches nun als vierter Pol in unser Schema eingeführt wird. Unterstellt man zur Vereinfachung, dass der gesamte Außenhandel über den Unternehmenssektor abgewickelt wird, so ergibt sich die in Abbildung III.13 dargestellte Erweiterung unseres Kreislaufschemas.

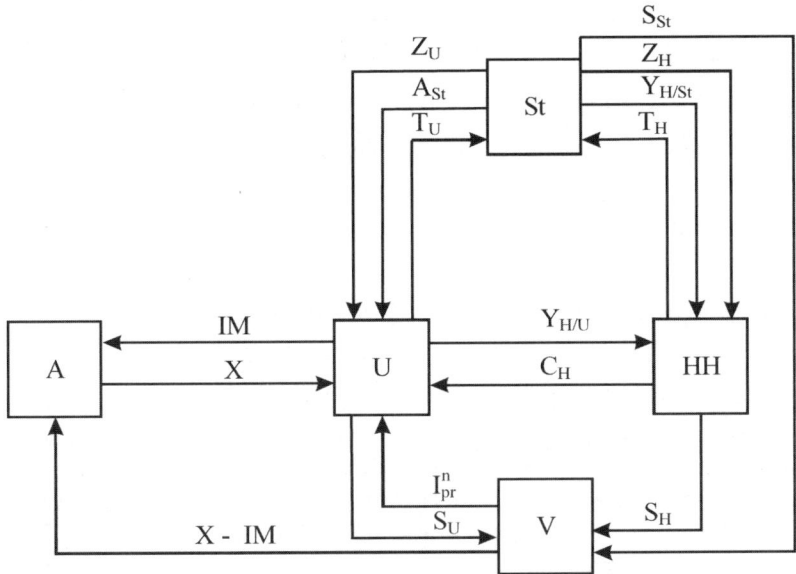

Abbildung III.13

Importe (IM) führen zu Zahlungen an das Ausland, umgekehrt führen Exporte (X) zu Zahlungen aus dem Ausland. Sofern die Exporte nicht mit den Importen übereinstimmen, muss ein weiterer Strom in das Modell aufgenommen werden, um den Kreislauf zu schließen.

Betrachten wir hierzu zunächst den Fall eines Exportüberschusses, der sich durch die Ungleichung $X > IM$ beziehungsweise $X - IM > 0$ beschreiben lässt. Dem Prinzip nach entspricht ein Exportüberschuss einer Kreditgewährung an das Ausland, die aus der Ersparnisbildung finanziert werden muss. Denn derjenige Teil der Produktion, der nicht für Konsumzwecke in Anspruch genommen wird, steht nun nicht mehr ausschließlich für die Investitionen der Unternehmen zur Verfügung, sondern aus diesem Teil muss auch der Exportüberschuss gespeist werden. Dieser Fall liegt der Abbildung III.13 zugrunde und kommt dort in dem Strom vom Vermögensbildungs- zum Auslandssektorpol zum Ausdruck.

Kommen wir damit zu den Aktivitäten des Staates (St), die ebenfalls bereits in unser Kreislaufschema der Abbildung III.13 integriert sind. Der Staat ist mit diversen Aktivitäten am Wirtschaftsgeschehen beteiligt, die sich wie folgt systematisieren lassen.

Die *Einnahmen* des Staates stammen vor allem aus der Besteuerung, aber auch aus Beiträgen und Gebühren, die im Folgenden jedoch nicht gesondert ausgewiesen werden. Im Kreislaufschema zu unterscheiden sind einmal:

- Steuerzahlungen der Haushalte (insbesondere Einkommensteuer) einschließlich der Sozialversicherungsabgaben (T_H) und zum anderen

- Steuerzahlungen der Unternehmungen (vor allem Umsatz- beziehungsweise Mehrwertsteuer und Körperschaftssteuern) (T_U).

Die *Ausgaben* des Staates führen zu folgenden Geldströmen:

- Einkommenszahlungen an die Haushalte für die zur Verfügung gestellten Faktorleistungen ($Y_{H/St}$),

- Zahlungen an die Unternehmungen für Käufe von Waren und Dienstleistungen (A_{St}),

- Transferzahlungen an private Haushalte, also zum Beispiel Renten/Pensionen, Wohngeld u. ä. (Z_H), und schließlich

- Subventionen an Unternehmen, zum Beispiel im Agrarsektor (Z_U).

Ein *Budgetüberschuss* (*Budgetdefizit*) liegt immer dann vor, wenn die Einnahmen (Ausgaben) des Staates seine Ausgaben (Einnahmen) übersteigen. Im ersten Fall werden Ersparnisse dem Vermögenspol zugeführt, im alternativen Fall werden Finanzierungsmittel von dort abgerufen. Wir haben also entweder einen Geldstrom, der – wie in Abbildung III.13 unterstellt – zum Vermögensänderungspol hinfließt (S_{St}) oder von dort zum Staat führt.

III.3.2   Volkswirtschaftliche Gesamtrechnung und Inlandsprodukt

Mit dieser erweiterten Kreislaufdarstellung mit den Polen Haushalte, Unternehmen, Vermögensänderung, Ausland und Staat erhält man zwar einen durchaus brauchbaren Überblick über die Struktur der wirtschaftlichen Vorgänge einer Volkswirtschaft; für viele Anforderungen der Praxis ist die Differenzierung jedoch zu gering. Um diesen Anforderungen gerecht zu werden, hat man sich deshalb um eine Weiterentwicklung dieser Grundgedanken bemüht. Das Ergebnis dieser Bemühungen um eine zweckmäßigere Erfassung der Kreislaufzusammenhänge ist die volkswirtschaftliche Gesamtrechnung (VGR). Seit 1999 wurden im deutschen System der VGR eine Reihe von Änderungen eingeführt, um es an das Europäische System Volkswirtschaftlicher Gesamtrechnungen (ESVG 95) aus dem Jahr 1995 anzupassen.

Die volkswirtschaftlichen Gesamtrechnungen haben die Aufgabe, ein möglichst umfassendes, übersichtliches, hinreichend gegliedertes quantitatives Gesamtbild des wirtschaftlichen Geschehens zu geben.

Zur Volkswirtschaft wird die wirtschaftliche Betätigung aller Wirtschaftseinheiten gerechnet, die ihren ständigen Sitz bzw. Wohnsitz im Wirtschaftsgebiet haben. Die Region außerhalb des jeweiligen Wirtschaftsgebietes wird als „übrige Welt" berechnet.

Die großen, in den volkswirtschaftlichen Gesamtrechnungen unterschiedenen Sektoren sind:

- Nichtfinanzielle Kapitalgesellschaften (AGs, GmbHs, OHGs, KGs etc.)

- Finanzielle Kapitalgesellschaften (Banken, Versicherungen etc.)

- Staat (Bund, Länder, Gemeinden und Sozialversicherung)

- Private Haushalte (einschließlich Einzelunternehmer, Landwirte, Freiberufler)

- Private Organisationen ohne Erwerbszweck (politische Parteien, Gewerkschaften, Kirchen etc.)

Es werden bei den ökonomischen Aktivitäten nicht nur die Zu- und Abflüsse einander gegenübergestellt, sondern für jeden Bereich werden die folgenden Aktivitäten betrachtet, die auf gesonderten Konten ausgewiesen werden. Im Einzelnen handelt es sich um die folgenden Konten für jeden Sektor:

- Produktion

- Einkommensentstehung

- primäre, sekundäre Einkommensverteilung (Ausgabenkonzept, Verbrauchskonzept)

- Einkommensverwendung (Ausgabenkonzept, Verbrauchskonzept)

- Reinvermögensänderung (Sparen, Vermögenstransfers)

- Sachvermögensbildung (Anlageinvestitionen, Vorratsveränderungen)

- Finanzierung (Veränderung von Forderungen und Verbindlichkeiten)

Hinzu kommen ein zusammengefasstes Konto der übrigen Welt (Außenkonto) sowie aus Gründen der Übersichtlichkeit ein zusammengefasstes Güterkonto.[51]

Wir wollen in diesem kurzen Überblick nicht alle Transaktionen beziehungsweise wirtschaftlichen Tätigkeiten aus der volkswirtschaftlichen Gesamtrechnung beleuchten, sondern uns im Folgenden vor allem auf Produktion, Einkommensentstehung, Einkommensverwendung und Einkommensverteilung konzentrieren.

Beginnen wir hierzu mit dem Produktionskonto einer einzelnen „Nichtfinanziellen Kapitalgesellschaft". Auf diesem Konto wird der Wert der Produktion des betreffenden, für den Markt produzierenden Unternehmens ermittelt – der Produktionswert.

Der Produktionswert steht auf der rechten Seite des Kontos einer repräsentativen Unternehmung A und stellt das monetäre Aufkommen einer Unternehmung dar. Er setzt sich zusammen aus den Verkäufen von Gütern am Markt und den Verände-

---

[51] Auf der linken Seite dieses Kontos („Aufkommen") sind der Produktionswert, der Saldo von gezahlten Gütersteuern und empfangenen Gütersubventionen sowie die Einfuhren ausgewiesen. Auf der rechten Seite („Verwendung") stehen die Vorleistungen, der private und staatliche Konsum, die Bruttoinvestitionen und die Exporte. Siehe nationales Güterkonto S. 162.

Produktionskonto Unternehmung A

	Verwendung		Aufkommen	
Bruttowertschöpfung		Vorleistungen	Verkäufe von Gütern (einschließlich Mieten und Eigenkonsum der Unternehmer)	**Produktionswert zu Herstellungspreisen**
		Abschreibungen		
	Nettowertschöpfung	Löhne und Gehälter	Wert von Bestandsveränderungen aus eigener Produktion	
		Zinsen		
		Gewinne	Wert der selbst erstellten Anlagen	

rungen bei den selbsterstellten Anlagen und im Lagerbestand. Dem Produktionswert steht auf der linken Seite die Verwendung gegenüber: Die Käufe der Unternehmung A von anderen Unternehmen (die Vorleistungen), die Abschreibungen und die Faktorkosten wie Löhne, Zinsen und Gewinne. Zieht man von dem Produktionswert die (eingekauften) Vorleistungen ab, so erhält man die Bruttowertschöpfung des Unternehmens. Zieht man von diesen wiederum die Abschreibungen ab, so erhält man die so genannte Nettowertschöpfung.

Kommen wir nun kurz zur Bewertung der einzelnen Positionen: Während die zur Produktion notwendigen Leistungen (Vorleistungen und Faktoreinsatz) mit den tatsächlichen Anschaffungswerten bewertet werden, wird der Produktionswert zu den Herstellungspreisen bewertet. Bei den Herstellungspreisen handelt es sich um jenen Betrag, den das Unternehmen je Einheit der von ihm produzierten Güter vom Käufer erhält, und zwar abzüglich der Gütersteuern und zuzüglich aller empfangenen Subventionen für die Herstellung dieses Gutes.

Bisher haben wir nur von privaten Unternehmen gesprochen. Wie sieht die Bewertung der Leistung öffentlicher Unternehmen aus? Handelt es sich um ein öffentliches Unternehmen mit marktbestimmter Produktion (Stadtwerke, Landeskrankenhäuser etc.), dann werden die Leistungen zu Herstellungspreisen bewertet. Öffentliche Unternehmen mit nicht-marktbestimmter Produktion gehören hingegen zur so genannten Gruppe der Organisationen ohne Erwerbszweck, das heißt, die Produktion von Gütern dient hier nicht als Einkommens-, Gewinn- oder sonstige Verdienstquelle. Die erbrachten Leistungen werden demzufolge zu Produktionskosten bewertet. Dazu gehören die Vorleistungen, Arbeitnehmerentgelte, Abschreibungen und sonstige Produktionsabgaben abzüglich etwaiger erhaltener Subventionen.

Fasst man die Produktionskonten sämtlicher Unternehmen zusammen, dann erhält man das nationale Produktionskonto. Die Bruttowertschöpfung (BWS) entspricht der Differenz zwischen dem gesamtwirtschaftlichen Produktionswert und den Vorleistungen. Vermindert man die Bruttowertschöpfung um die Abschreibungen, so gelangt man zur Nettowertschöpfung (NWS). In der folgenden Übersicht verwenden wir die konkreten Werte aus der VGR des Jahres 2005, wie sie vom Statistischen Bundesamt veröffentlicht werden:

Nationales Produktionskonto

Verwendung	Aufkommen
Vorleistungen, ohne unterstellte Bankgebühr (2020,68 Mrd. Euro)	Produktionswert zu Herstellungspreisen (4050,08 Mrd. Euro)
Bruttowertschöpfung (2029,40 Mrd. Euro) — Abschreibungen (327,68 Mrd. Euro)	
Nettowertschöpfung (1701,72 Mrd. Euro)	

Wie kommen wir vom nationalen Produktionskonto zu volkswirtschaftlichen Einkommensbegriffen? Für das Bruttoinlandsprodukt zu Marktpreisen (BIP) gilt folgende Beziehung:

BIP = BWS – unterstellte Bankgebühr + (Gütersteuern – Gütersubventionen).

Den Banken wird in Höhe der Differenz von eingenommenen und gezahlten Zinsen die Produktion von Dienstleistungen unterstellt. Dadurch steigt die BWS, ohne dass an anderer Stelle der VGR diese Dienstleistungen als Vorleistungen gegengebucht werden. Damit ist die BWS „zu hoch" . Deshalb müssen nach der Aggregation über alle Sektoren hinweg die „unterstellten Bankgebühren" wieder abgezogen werden.

Das BIP entspricht dem Wert aller in der Periode produzierten Güter (Waren und Dienstleistungen) abzüglich jener Güter und Dienstleistungen, die als Vorleistungen bei der Produktion verbraucht werden. Hierbei ist zu berücksichtigen, dass in der gesamtwirtschaftlichen Bruttowertschöpfung die Leistungserstellung des Staates und auch die für den Außenhandel entstandene Wertschöpfung enthalten sind.

Da die Gütersteuern die nichtabziehbare Umsatzsteuer, Importabgaben (an die EU abzuführende Zolleinnahmen) und sonstige Verbrauchsabgaben enthalten, die von den Unternehmen zu tragen sind, müssen sie von den produzierenden Unternehmen erwirtschaftet werden und sind Teil der wirtschaftlichen Leistung einer Volkswirtschaft gemäß dem Konzept des BIP. Abzuziehen sind dagegen die Gütersubventionen, da hier Zahlungen ohne Gegenleistung vorliegen, die der Staat oder die EU an gebietsansässige Produzenten leisten.

Für das Nettoinlandsprodukt zu Marktpreisen (NIP) gilt:

Nettoinlandsprodukt zu Marktpreisen (NIP) = BIP – Abschreibungen.

Schließlich ergibt sich das Bruttonationaleinkommen (BNE), welches als Konzept das frühere Bruttoinlandsprodukt (BSP) abgelöst hat, aus:

BNE = BIP + Saldo der Primäreinkommen (Erwerbs- und Vermögenseinkommen) aus der übrigen Welt.

Für das Nettonationaleinkommen (NNE) gilt:

NNE = BNE - Abschreibungen

Das BNE entspricht demnach dem sogenannten Bruttoinländerprodukt, also dem Wert der Waren und Dienstleistungen, die von Personen mit ständigem Wohnsitz im Bundesgebiet erstellt wurden.

Was unterscheidet nun das BNE vom BIP? Im ersten Fall wird auf das von Inländern, im zweiten auf das im Inland erzeugte Produkt abgestellt. Zwischen diesen Größen liegt der Saldo der Primäreinkommen aus der übrigen Welt (SPEÜW). Der Begriff des Inländers bezieht sich dabei auf die Staatsangehörigkeit eines Wirtschaftssubjektes, das erwähnte Inlandsprodukt umfasst dagegen alle im Staatsgebiet erzeugten Waren und Dienstleistungen.

Bei dem Saldo der Primäreinkommen aus der übrigen Welt handelt es sich um die Differenz zwischen den aus der übrigen Welt empfangenen Arbeitnehmerentgelten, den Vermögenseinkommen und Subventionen auf der einen Seite und den an die übrige Welt geleisteten Arbeitnehmerentgelten, Vermögenseinkommen sowie Produktions- und Importabgaben auf der anderen Seite. Im Jahr 2005 betrug das BIP 2247,40 Mrd. Euro, das BNE dagegen 2251,17. Daraus ergibt sich ein Saldo der Primäreinkommen aus der übrigen Welt von 3,77 Mrd. Euro.

Das folgende Konto enthält die aggregierte Einkommensentstehung über alle Sektoren der VGR hinweg für das Jahr 2005.

Nationales Einkommensentstehungskonto

Verwendung	Aufkommen
1. Arbeitnehmerentgelt (1130,07 Mrd. Euro)	1. *Nettowertschöpfung* (1701,72 Mrd. Euro)
2. Sonstige Produktionsabgaben (46,87 Mrd. Euro)	
3. Sonstige Subventionen (−26,80 Mrd. Euro)	
4. *Nettobetriebsüberschuss/ Selbstständigeneinkommen* (551,58 Mrd. Euro)	

Dabei enthält die NWS – ganz im Sinne des Sayschen Theorems, wonach in Höhe der Produktion (NWS = NIP – Nettogütersteuern) in einer Volkswirtschaft immer Einkommen und damit Nachfrage entsteht – das in den Wirtschaftsbereichen beziehungsweise Sektoren entstandene Arbeitnehmerentgelt (1.) und den Netto-Betriebsüberschuss beziehungsweise die Selbstständigeneinkommen (einschließlich Zinsen, Pacht und Mieten). Während die „sonstigen Produktionsabgaben" die NWS erhöhen, vermindert sich die NWS um die Subventionen.

Zum Abschluss unserer ausgewählten Aktivitäten im Rahmen der VGR betrachten wir im Folgenden das Einkommensverwendungskonto und die Einkommensverteilungskonten mit Zahlen aus dem Jahr 2005.

In den aggregierten Konsumausgaben ist neben dem Konsum der privaten Haushalte auch der Konsum des Staates und der Konsum der Privaten Organisationen ohne Erwerbszweck enthalten. Der Konsum des Staates umfasst Ausgaben für soziale Sachtransfers zugunsten privater Haushalte (Dienstleistungen des Gesundheits- und Erziehungswesens) und selbst produzierte Güter – jedoch ohne selbst erstellte Anlagen und Güterverkäufe. Zum Posten privater Konsum gehören nach dem Ausgabenkonzept sowohl die Konsumausgaben der privaten Haushalte als auch diejenigen der privaten Organisationen ohne Erwerbszweck. Die Position „Zunahme der betrieblichen Versorgungsansprüche" erscheint auf beiden Seiten des Einkommensverwendungskontos, weil mit den Einzahlungen der privaten Haushalten und privaten Organisationen ohne Erwerbszweck (Verwendung) gleichzeitig eine Forderung gegenüber den Nichtfinanziellen Kapitalgesellschaften (Aufkommen) in gleicher Höhe entsteht. Die Höhe des verfügbaren Einkommens – denn nur daraus kann konsumiert oder gespart werden – wird in der „sekundären Einkommensverteilungsrechnung" ermittelt. Dieser geht die „primäre Einkommensverteilungsrechnung" voraus, die das Ergebnis der Marktprozesse vor der Umverteilungsaktivität des Staates wiedergeben soll: Das so genannte „primäre Einkommensverteilungskonto" hat dabei die folgende Gestalt (wiederum mit Zahlen von 2005): Auf der Aufkommensseite erscheint – als Gegenbuchung zum

Nationales Einkommensverwendungskonto (Ausgabenkonzept)

Verwendung	Aufkommen
1. Konsum (1749,37 Mrd. Euro) 2. Zunahme betrieblicher Versorgungsan- sprüche (20,34 Mrd. Euro) 3. Sparen (146,69 Mrd. Euro)	1. *Verfügbares Einkommen* (1869,06 Mrd. Euro) 2. Zunahme betrieblicher Versorgungsan- sprüche (20,34 Mrd. Euro)

Primäres Einkommensverteilungskonto

Verwendung	Aufkommen
1. Geleistete Vermögenseinkommen (785,39 Mrd. Euro) 2. *Primäreinkommen* (1923,49 Mrd. Euro) 1. + 2. = 2708,88 Mrd. Euro	1. *Nettobetriebsüberschuss/das* *Selbständigeneinkommen* (551,58 Mrd. Euro) 2. *Arbeitnehmerentgelt* (1128,81 Mrd. Euro) 3. Geleistete Produktions- und Importab- gaben (264,86 Mrd. Euro) 4. Güter- und sonstige Subventionen (-27,18 Mrd. Euro) 5. Empfangene Vermögenseinkommen (790,81 Mrd. Euro) 1. + 2. + 3. +4. +5. = 2708,88 Mrd. Euro

Einkommensentstehungskonto – der Nettobetriebsüberschuss bzw. die Selbständigeneinkommen. Hinzu kommt das Arbeitnehmerentgelt (an inländische Haushalte/nicht inländische Arbeitnehmer).

Dazu kommt das Aufkommen an geleisteten Produktions- und Importabgaben (Mehrwertsteuer, Importabgaben, sonstige Gütersteuern). Abzuziehen sind die (Güter- und sonstigen) Subventionen. Letzter Teil des Aufkommens sind die empfangenen Vermögenseinkommen (insbesondere Zinsen und Dividenden, reinvestierte Gewinne aus der übrigen Welt etc.).

Auf der Verwendungsseite erscheinen die geleisteten Vermögenseinkommen (u. a. Zinsen, die reinvestierten Gewinne an die übrige Welt, Ausschüttungen und Gewinnentnahmen etc.). Als Residuum wird auf der Verwendungsseite das „Primäreinkommen" (PE) ermittelt. Im Jahr 2005 betrug das PE 1795,91 Mrd. Euro, die sich aufschlüsseln lassen in:

$$1132,19 + (255,59-28,94) + 513,57 + (692,02-768,52)$$

Den Betrag vor dem zweiten Klammerausdruck bezeichnet man auch als „Unternehmens- und Vermögenseinkommen" (s. u.). Das PE entspricht im übrigen dem Nettonationaleinkommen (NNE) und hängt definitorisch wie folgt mit dem BIP und mit dem Volkseinkommen (VE) zusammen:

BIP = PE + Abschreibungen – Saldo der Primäreinkommen aus der übrigen Welt

VE = PE – (Gütersteuern + sonst. Produktionsabgaben) + Subventionen

Bsp. für das Jahr 2005:
1685,81 Mrd. Euro = 1923,49 Mrd. Euro – 264,86 Mrd. Euro + 27,18 Mrd. Euro

Im sogenannten „sekundären Einkommensverteilungskonto" werden die Umverteilungsvorgänge durch den Staat erfasst:

Sekundäres Einkommensverteilungskonto

Verwendung	Aufkommen
1. Einkommen- und Vermögenssteuern (224,01 Mrd. Euro)	1. *Primäreinkommen* (1923,49 Mrd. Euro)
2. Sozialbeiträge (449,39 Mrd. Euro)	2. Einkommen- und Vermögensteuer (226,27 Mrd. Euro)
3. Monetäre Sozialleistungen (463,73 Mrd. Euro)	3. Sozialbeiträge (450,85 Mrd. Euro)
4. Sonstige laufende Transfers (367,66 Mrd. Euro)	4. Monetäre Sozialleistungen (459,05 Mrd. Euro)
5. *Verfügbares Einkommen* (1896,06 Mrd. Euro)	5. Sonstige laufende Transfers (341,19 Mrd. Euro)

Alle Sektoren leisten gemeinsam die Summe an Steuern, Beiträgen, Sozialleistungen und sonstigen laufenden Transfers (Verwendung). Dem Staat fließt das gesamte Aufkommen zu. Das verfügbare Einkommen (VER) wird schließlich als Residuum ermittelt. Wie das sekundäre Einkommensverteilungskonto zeigt, ergibt es sich wie folgt:

VER = PE + empfangene Einkommen- und Vermögensteuer + empfangene Sozialbeiträge + empfangene Monetäre Sozialleistungen + empfangene sonstige laufende Transfers – (geleistete Einkommen- und Vermögenssteuern + geleistete Sozialbeiträge + geleistete Monetäre Sozialleistungen + geleistete sonstige laufende Transfers).

Die Abweichungen zwischen den Positionen 1 bis 4 auf der Verwendungsseite einerseits und 2 bis 5 auf der Aufkommensseite andererseits kommen durch das Ausland zustande. Machen wir uns dies am Beispiel der „Monetären Sozialleistungen" klar: Der Staat schüttet im Jahr 2005 an die Inländer nur 459,05 Mrd. Euro aus, da das Ausland per Saldo 5,05 ./. 0,37 = 4,68 Mrd. Euro vom Inland erhält, was den Betrag von 463,73 Mrd. Euro (459,05 + 4,68) erklärt. Daher lässt sich das verfügbare Einkommen der Gesamtwirtschaft auch einfacher berechnen aus:

> VER=NNE + laufende Transfers aus der übrigen Welt –laufende Transfers an die übrige Welt

In der primären Einkommensverteilung betrachten wir die Verteilung des Einkommens auf Produktionsfaktoren *und* Haushalte noch unter Ausschluss staatlicher Eingriffe; dagegen wird in der sekundären Einkommensverteilung die Verteilung des Einkommens auf Produktionsfaktoren *und* Haushalte unter Einschluss staatlicher Eingriffe dargestellt. Konzentriert man sich ausschließlich auf die Verteilung des Einkommens auf die Produktionsfaktoren, so spricht man von der sogenannten *„funktionellen Einkommensverteilung"*; im wesentlichen läuft diese Sichtweise auf eine Erklärung der Einkommensquoten hinaus. Dabei unterscheidet man die Lohnquote als den Anteil des Arbeitnehmerentgelts von der Profitquote als Anteil des Unternehmens- und Vermögenseinkommens am Volkseinkommen (s. u.). Stellt man dagegen die Verteilung des Volkseinkommens auf die Haushalte in den Mittelpunkt, so sprechen wir von der *„personellen Einkommensverteilung"*.

Im gesamtwirtschaftlichen Güterkonto wird das gesamte Güteraufkommen einer Volkswirtschaft der gesamten Güterverwendung gegenübergestellt; die Buchungen erfolgen seitenverkehrt zu den bisherigen Transaktionskonten, da die hier (mit Preisen bewerteten) erfassten Güterströme in die entgegengesetzte Richtung fließen wie die Geldströme in den Transaktionskonten. Die Zahlen aus dem Jahr 2005 lauten hier:

Nationales Güterkonto

Aufkommen	Verwendung
1. Produktionswert zu Herstellungspreisen (4050,08Mrd. Euro)	1. Vorleistungen, einschließlich unterstellter Bankgebühr (2020,68 Mrd. Euro)
2. Gütersteuern (224,50 Mrd. Euro)	2. Konsumausgaben (1749,37 Mrd. Euro)
3. Gütersubventionen (–6,50 Mrd. Euro)	3. Bruttoinvestitionen (385,96 Mrd. Euro)
4. Importe (789,62 Mrd. Euro)	4. Exporte (901,69 Mrd. Euro)

Auf der rechten Seite des nationalen Güterkontos verbleiben damit:

- die Vorleistungen,

- die Konsumausgaben,

- die Bruttoinvestitionen sowie die

- Exporte.

Mit dem nationalen Güterkonto für eine offene Volkswirtschaft mit staatlicher Aktivität haben wir die Grundlage geschaffen, um das von oben bekannte Bruttoinlandsprodukt zu Marktpreisen (BIP) weiter aufzuschlüsseln:

$$Y_M^b = C_{pr} + C_{St} + I^b + (X - IM).$$

Das Nettoinlandsprodukt zu Marktpreisen ist dann das um die Abschreibungen (D) verminderte BIP:

$$Y_M^n = C_{pr} + C_{St} + I^b - D + (X - IM) = C_{pr} + C_{St} + I^n + (X - IM).$$

In folgender Staffelrechnung lassen sich schließlich Entstehung, Verwendung und Verteilung des BIP gegenüberstellen:

Entstehung, Verwendung und Verteilung des Bruttoinlandsprodukts 2005
in Mrd. Euro
2247,4

Entstehung	=	Verwendung	=	Verteilung

Entstehung	Bruttowertschöpfung	Verwendung	Private Konsumausgaben	Verteilung	Volkseinkommen
Land- und Forst-wirtschaft, Fischerei 17,8		Konsumausgaben der privaten Haushalte 1295,0		Arbeitnehmer-entgelt 1128,8	
Produzierendes Gewerbe ohne Baugewerbe 524,2					
Baugewerbe 78,1					
Handel, Gastgewerbe und Verkehr 366,4					
Finanzierung, Vermietung und Unternehmens-dienstleister 590,4		Konsumausgaben der privaten Organisationen ohne Erwerbszweck 37,2		Unternehmens- und Vermögens-einkommen 557,0	
Öffentliche und private Dienstleister 452,4		Konsumausgaben des Staates 417,2		+ Produktions- und Import-abgaben an den Staat abzüglich Subventionen vom Staat 237,7	
- unterstellte Bankgebühr -0,1		Bruttoinvestitionen 386,0		+ Abschreibungen 327,7	
+ Gütersteuern abzüglich Gütersubventionen 218,0		+ Außenbeitrag (Exporte abzüglich Importe) 112,1		- Saldo der Primäreinkommen aus der übrigen Welt 3,8	

Nachdem wir die verschiedenen Inlandsproduktsbegriffe und den Zusammenhang zwischen diesen erläutert haben, erscheint es zwingend notwendig, die Aussage-kraft von entsprechenden Messziffern zu diskutieren.

III.3.3   Kritik am Inlandsprodukt als Wohlfahrtsmaß[52]

Ein letzter Problemkreis, dem wir uns in diesem Zusammenhang zuwenden wollen, betrifft die Frage, inwieweit das Inlandsprodukt und damit zugleich die auf der Veränderung des Inlandsprodukts beruhenden Wachstumsraten Auskunft über die Wohlfahrt (beziehungsweise das Nutzenniveau) einer Volkswirtschaft geben. Wie allgemein bekannt ist, wird seit geraumer Zeit das Inlandsprodukt – zumindest als alleiniger Wohlfahrtsindikator – zunehmend in Frage gestellt. Im Kern wird bemängelt, dass auf der Grundlage des Inlandsproduktskonzepts keine beziehungsweise keine hinreichenden Aussagen zur Lebensqualität – was immer das sein mag – möglich sind. Neben dieser grundsätzlichen Kritik gibt es eine Reihe weiterer immanenter Kritikpunkte, die sich vor allem auf die Methoden der Erfassung beziehungsweise der Berechnung beziehen. Auch diese, auf die Genauigkeit des Konzepts abzielenden Einwände sind bei der folgenden Zusammenstellung berücksichtigt.

Um überhaupt Aussagen über die Wohlfahrtssituation treffen zu können, muss auf das Inlandsprodukt pro Kopf der Bevölkerung abgestellt und – soweit auf zeitliche Entwicklungen Bezug genommen wird – eine Preisbereinigung zur Eliminierung von Geldwertschwankungen vorgenommen werden. Diesen Einwänden, die hier nur der Vollständigkeit halber aufgeführt sind, ist sicherlich leicht Rechnung zu tragen.

Von größerer Bedeutung dürfte ein zweiter Aspekt sein, der darauf abzielt, dass das Inlandsprodukt mit dem Einkommen beziehungsweise dem Wert der produzierten Güter an monetären Größen und nicht an dem daraus resultierenden Nutzen ansetzt. Der Hintergrund dieses Einwands wird besonders deutlich, wenn man ihn in Verbindung mit der Einkommensverteilung sieht. Im Rahmen des Inlandsproduktskonzepts ist allein die Höhe des Volkseinkommens wohlfahrtsrelevant, nicht jedoch seine Verteilung. Es dürfte aber weitgehend Einigkeit darüber bestehen, dass bei gegebenem Inlandsprodukt auch die Verteilung der Einkommen das Wohlfahrtsniveau beeinflusst. Denn der gleiche Einkommenszuwachs einer Person, zum Beispiel von 1.000 €, ist bei geringem Einkommensniveau sicherlich anders zu (be)werten als bei höherem Einkommen, weil hieraus ein unterschiedlicher Nutzenzuwachs resultiert. Derartige Effekte können jedoch mit dem Inlandsproduktskonzept nicht erfasst werden, da hierbei nur auf monetäre Größen abgestellt wird. Akzeptiert man also, dass der Nutzen eines gegebenen Volkseinkommens auch von der Verteilung abhängt, so ist damit natürlich zugleich die Aussagekraft des Inlandsprodukts als Wohlfahrtsindikator eingeschränkt.

Ein dritter Einwand setzt daran an, dass das Inlandsproduktskonzept vom Grundsatz her nach wie vor marktbezogen ist, auch wenn die Leistungen in der neuen VGR nicht mehr zu „Marktpreisen", sondern zu „Herstellungspreisen" erfasst werden. Dies hat zur Konsequenz, dass bestimmte Produktionen, die nicht über

---

[52]   Vgl. im Folgenden vor allem Blümle/Patzig (1999), Kap. 1.2, insb. S. 91 ff.

den Markt abgewickelt werden, gleichwohl aber die verfügbare und damit die wohlfahrtsrelevante Gütermenge erweitern, nicht erfasst werden. Allerdings wird im neuen System der VGR versucht, diesem Problem durch entsprechende Schätzungen Rechnung zu tragen. Alle hergestellten Waren und erbrachten Dienstleistungen werden prinzipiell im neuen System der VGR – ob dies gegen Entgelt oder ehrenamtlich, legal oder illegal, auf Vorrat oder zum sofortigen Verkauf geschieht – grundsätzlich berücksichtigt.

Jedoch verbleiben Fälle wie die Hausarbeit, die nach wie vor in der neuen VGR nicht erfasst werden. Paradoxerweise würden diese Tätigkeiten jedoch ins Inlandsprodukt eingehen, wenn sich die Hausfrauen – quasi über Kreuz – gegenseitig einstellen würden, also beispielsweise Hausfrau A im Haushalt B angestellt würde und gleichzeitig Hausfrau B im Haushalt A ein Beschäftigungsverhältnis einginge.

Auf einer ähnlichen Ebene liegt ein weiterer Einwand, der sich auf die Vernachlässigung der Freizeit bezieht. Denn es dürfte unumstritten sein, dass das gleiche Inlandsprodukt bei geringerer Arbeitszeit eine größere Wohlfahrt bedeutet als bei höherem Arbeitseinsatz.

Die Leistungsabgabe des Staates kann nicht zu Herstellungspreisen, sondern nur auf Produktionskostenbasis bewertet werden. Hier werden – und das ist der fünfte Kritikpunkt – insofern Verzerrungen geltend gemacht, als nicht die erfassten Produktionskosten, sondern der Output in Form der abgegebenen Leistungen wohlfahrtsrelevant ist. Bei dem angewendeten Inlandsproduktskonzept führt jedoch jeder vom Staat verausgabte Euro zum gleichen Wohlfahrtsgewinn, gleichgültig ob er für Bildung, Justiz, Verteidigung oder Verkehr verwendet wird und damit unterschiedliche Wohlfahrtseffekte nach sich ziehen dürfte.

Schließlich – und das ist sicherlich einer der wichtigsten Kritikpunkte am Inlandsproduktskonzept – wird dem Umweltaspekt nur in äußerst unbefriedigender Weise Rechnung getragen. Machen wir uns dies an einem Beispiel klar. So würde etwa eine produktionsbedingte Verschmutzung des Rheins zweifellos die Wohlfahrt mindern, da beispielsweise die Entnahme von Trinkwasser, der Genuss von Rheinfischen oder die Bademöglichkeiten eingeschränkt wären. Diese Wohlfahrtsminderungen würden jedoch im Inlandsprodukt nicht in Erscheinung treten. Das Inlandsprodukt würde deshalb eine zu hohe Wohlfahrt ausweisen. Gleiches gilt auch dann, wenn man herginge und diese Schäden, beispielsweise durch den Bau und Betrieb einer Kläranlage, beseitigen würde. Denn nun würden die zur Beseitigung der Schäden getätigten Aufwendungen wohlfahrtssteigernd zu Buche schlagen, obwohl de facto lediglich ein Ausgleich für die verursachten Schäden stattgefunden hat.[53] Weitere Beispiele, für die analog zu argumentieren wäre, betreffen etwa durch den Verkehr verursachte Gesundheitsschäden, Unfälle oder sonstige Belästigungen. In all diesen Fällen gibt das Inlandsprodukt ein zu hohes

---

[53]   Gesondert zu prüfen wäre die Frage, ob nicht bei einer alternativen Verwendung der zur Schadensbeseitigung eingesetzten Produktionsfaktoren ein größerer Wohlfahrtsgewinn realisiert werden könnte.

Wohlfahrtsniveau wieder, wobei es hinsichtlich der Überschätzung unerheblich ist, ob die Schäden beseitigt werden oder ob auf eine Beseitigung verzichtet wird. Mittlerweile hat die „Nordamerikanische Kommission für Umwelt-Kooperation", die von den Staaten der nordamerikanischen Freihandelszone NAFTA (Mexiko, Kanada, USA) eingesetzt wurde, zu Beginn des Jahres 2002 gefordert, dass bei der Berechnung der Wirtschaftskraft eines Landes der Verbrauch beziehungsweise die Zerstörung natürlicher Ressourcen einbezogen werden. Die Experten dieser Kommission verweisen darauf, dass die traditionelle VGR den Wert der natürlichen Ressourcen wie Boden, Wasser und Luft sowie deren Verbrauch nicht berücksichtigen. Anders als bei Maschinen oder Gebäuden werde der Wertverlust dieses natürlichen Kapitals nicht gegen den Produktionswert abgeschrieben. Mexikos Statistikamt ermittelte, dass das eigene Wirtschaftswachstum zwischen 1985 und 1992 im Durchschnitt bei 2,2 % lag. Würde die Zerstörung der Umwelt mit einberechnet, ergäbe sich ein „ökologisches BIP-Wachstum" von nur noch 1,3 %.

Aus diesen sicherlich ernst zunehmenden Kritikpunkten, die sich auf die Verwendung des Inlandsprodukts als Wohlfahrtsindikator beziehen, haben sich schon vor geraumer Zeit zwei Reformrichtungen entwickelt, die sich allerdings nur sehr begrenzt haben durchsetzen können. Gleichwohl trägt die Kenntnis dieser Bestrebungen zum Verständnis der Gesamtproblematik bei, weshalb im Folgenden darauf kurz eingegangen werden soll.

Die erste Richtung, die beispielsweise von dem früheren Wirtschafts-Nobelpreisträger Paul Samuelson (*1915) vertreten wird, hält am Inlandsprodukt als eindimensionalem Wohlfahrtsindikator fest, versucht jedoch – soweit möglich – den vorgebrachten Einwänden durch Auf- beziehungsweise Abschläge Rechnung zu tragen, um so letztlich zu einem bereinigten oder Nettowohlfahrtsmaß zu gelangen. Ein Beispiel hierfür wäre die Vornahme von Korrekturen, um etwaige Umweltschäden in Abzug zu bringen. Dieses Konzept kommt den dargelegten Vorschlägen der NAFTA-Kommission sehr nahe.

Die zweite Reformrichtung, die verfolgt wird, führt zum Konzept der sozialen Indikatoren, welches entweder als Ergänzung oder als Ersatz der Inlandsproduktsrechnung angesehen werden kann. Die Grundidee dieses Konzepts beruht darauf, die Wohlfahrtssituation eines Landes durch verschiedene Kennzahlen zu beschreiben, so dass von einem mehrdimensionalen Indikator gesprochen werden muss.

Bei diesem Konzept müssen als Erstes so genannte wohlfahrtsrelevante Bereiche definiert werden, welche für die Lebensqualität als wichtig angesehen werden. Ein älterer Vorschlag der OECD unterscheidet beispielsweise zwischen folgenden Bereichen:

- Gesundheit,

- Entwicklung der Persönlichkeit durch Bildung,

- Arbeit und Qualität des Arbeitslebens,

- Zeiteinteilung und Freizeit,

- Verfügung über Waren und Dienstleistungen,

- physische Umwelt,

- persönliche Sicherheit und Rechtspflege,

- gesellschaftliche Chancen und Beteiligung.

Nach Festlegung der wohlfahrtsrelevanten Bereiche besteht die zweite Aufgabe darin, für jedes Gebiet Kennziffern beziehungsweise Indikatoren zu entwickeln, die geeignet erscheinen, ein zutreffendes Bild über den Zustand auf dem jeweiligen Sektor zu vermitteln. Für den Bereich Gesundheit beispielsweise könnte auf die Relation Ärzte je Einwohner, die Säuglingssterblichkeit, die durchschnittliche Lebenserwartung, die durchschnittlichen Krankheitstage pro Jahr oder ähnliche Indikatoren zurückgegriffen werden. Ein international gebräuchlicher Indikator ist der Human Development Index (HDI).

Jedoch – und das dürfte einer Verbreitung im Wege stehen – gibt es kein in sich geschlossenes Konzept sozialer Indikatoren. Vielmehr ist sowohl die Auswahl der wohlfahrtsrelevanten Bereiche als auch der sozialen Indikatoren in hohem Maße subjektiv, so dass bei einer Anwendung dieses Konzepts die Gefahr politischer Manipulationen sicherlich nicht von der Hand zu weisen ist.

Gleichwohl – und damit wollen wir unsere diesbezüglichen Betrachtungen abschließen – zeigen sowohl die Reformbestrebungen als auch die zuvor betrachteten Einwände die Grenzen, denen das Inlandsproduktskonzept unterliegt und die man bei seiner Anwendung im Auge behalten sollte, zumal es überzeugende Alternativen zu diesem Konzept bisher nicht gibt.

III.4   Einkommens- und Beschäftigungstheorie

Unsere bisherigen Betrachtungen zum Wirtschaftskreislauf waren vergangenheitsbezogen, im Vordergrund stand die Beschreibung des abgelaufenen Wirtschaftsprozesses. Erfasst wurden die realisierten Größen, also etwa die Höhe des Volkseinkommens, des privaten Konsums oder der Investitionen eines Landes in einem bestimmten Jahr. Auf diese Weise haben wir beispielsweise aus den Kreislaufzusammenhängen abgeleitet, dass ex-post, das heißt am Ende einer abgelaufenen Periode, Sparen und Investieren stets übereinstimmen müssen. Diese Ex-Post-Identität folgt aus den Definitionsgleichungen[54]

---

[54]   Dabei ist bezüglich der Investitionen, wie oben dargelegt, auf die Nettoinvestitionen abgestellt.

$$Y = C + I \quad \text{beziehungsweise} \quad I = Y - C$$

und

$$Y = C + S \quad \text{beziehungsweise} \quad S = Y - C.$$

Die erste Gleichung – auch als so genannte „Einkommensentstehungsgleichung" bekannt – gibt an, dass sich die von den Unternehmen erzeugte Produktion aus den Konsumgütern sowie den Investitionsgütern zusammensetzt, wobei letztere definitionsgemäß alle Güter umfassen, die nicht zu Konsumzwecken abgesetzt worden sind, also auch etwaige Lagererhöhungen einschließen. Die zweite Gleichung – auch als so genannte „Einkommensverwendungsgleichung" bezeichnet – bringt zum Ausdruck, dass das Einkommen der Haushalte entweder zum Kauf von Konsumgütern oder zur Ersparnisbildung verwendet wird. Da das Einkommen genau der Höhe der Produktion entspricht – die erste Gleichung beschreibt die Entstehung, die zweite Gleichung die Verwendung des Inlandsprodukts –, müssen auch I und S am Ende der Periode übereinstimmen. Denn alle Produkte, die die Haushalte nicht zu Konsumzwecken erworben haben, stellen definitionsgemäß Investitionsgüter dar, es gilt folglich

$$I = S.$$

Nun ist aufgrund dieser Identität, also aufgrund der immer gegebenen Übereinstimmung der realisierten Investitionen und der realisierten Ersparnisbildung, natürlich nichts darüber ausgesagt, ob die Unternehmen und Haushalte in der abgelaufenen Wirtschaftsperiode auch genau in dieser Höhe Investitionen tätigen beziehungsweise Ersparnisse bilden wollten, ob also die realisierten Größen auch genau den geplanten Größen entsprachen. Denn die realisierten Größen umfassen sowohl geplante als auch ungeplante Elemente:

$$S_{real} = S_{gepl} + S_{ungepl}$$

und

$$I_{real} = I_{gepl} + I_{ungepl}.$$

Ungeplante (positive) Ersparnisse entstehen beispielsweise dann, wenn die Haushalte aufgrund von Lieferfristen ihre Konsumpläne nicht realisieren können. Zu ungeplanten (positiven) Investitionen würde es etwa dann kommen, wenn die Unternehmen weniger absetzen können als geplant und die nicht abgesetzte Ware unfreiwillig auf Lager nehmen müssen.

Setzen wir die beiden Gleichungen (was erlaubt ist) gleich, so sieht man folgendes:

$$S_{real} = S_{gepl} + S_{ungepl} = I_{gepl} + I_{ungepl} = I_{real}.$$

Nehmen wir an, S_{ungepl} sei null und S_{gepl} sei kleiner (größer) als I_{gepl} Die Gleichung kann unter diesen Umständen offenbar nur dann erfüllt werden, wenn negative (positive) ungeplante Investitionen auftreten. Diese kann man sich als (unfreiwilligen) Lagerabbau (-aufbau) vorstellen. Nehmen wir dagegen an, I_{ungepl} sei null und I_{gepl} falle größer (kleiner) aus als S_{gepl}: Jetzt kann das produzierte Angebot an Konsumgütern nur zu steigenden (sinkenden) Güterpreisen beziehungsweise mit längeren (kürzeren) Lieferfristen bei konstanten Preisen abgesetzt werden. Da im Falle von steigenden (sinkenden) Preisen die reale Kaufkraft der Konsumenten kurzfristig sinkt (steigt), spricht man auch von so genannten „Zwangsersparnissen" (beziehungsweise in Analogie von unfreiwilligen Zusatzkäufen).

Mit dieser Unterscheidung von geplanten und ungeplanten Größen, die wir hier am Beispiel von Sparen und Investieren demonstriert haben, vollziehen wir den Übergang von der ex-post- zur ex-ante-Analyse, der wir uns jetzt zuwenden wollen. Bei der ex-ante-Analyse geht es nicht um die Erfassung und Beschreibung der realisierten Größen, sondern im Vordergrund stehen die Planungen der Wirtschaftssubjekte, die durch Verhaltensfunktionen beschrieben werden, sowie die aus diesen Planungen gegebenenfalls resultierenden (Un-)Gleichgewichtslagen auf den im Rahmen der Makroökonomie betrachteten Teilmärkten. Dabei wird dem Prinzip nach auf den gleichen Begriffsapparat und das gleiche kreislauftheoretisch orientierte Denkschema zurückgegriffen wie bei der ex-post-Analyse, um zu einer Erklärung der gesamtwirtschaftlichen Variablen zu gelangen.

Im Rahmen der makroökonomischen ex-ante-Analyse kann – wie bereits angesprochen – zwischen einer kurzfristigen und einer langfristigen Betrachtung unterschieden werden. Bei der kurzfristigen Betrachtung wird von einem gegebenen Kapitalstock sowie von gegebenem technischen Wissen ausgegangen, die Produktionshöhe wird durch den Einsatz des Faktors Arbeit variiert. Dies ist die Sichtweise der Einkommens- und Beschäftigungstheorie, der wir uns jetzt zuwenden wollen. In einer langfristigen Betrachtung dagegen ist vor allem zu berücksichtigen, dass sich aufgrund der Investitionstätigkeit auch die Kapazitäten und damit die Produktionsmöglichkeiten verändern. Hierauf werden wir später im Rahmen wachstumstheoretischer Überlegungen zurückkommen.

Bei der kurzfristigen Betrachtung steht die Frage im Vordergrund, welche Faktoren über die Höhe des Volkseinkommens und der Beschäftigung einer Volkswirtschaft bestimmen. Diese Frage ist besonders dann von Bedeutung, wenn eine sich selbst überlassene Wirtschaft nicht zu einem Gleichgewicht bei Vollbeschäftigung tendiert. Haben wir es mit dem Fall einer unterausgelasteten Volkswirtschaft zu tun, so ist es die vornehmliche Aufgabe der Einkommens- und Beschäftigungstheorie, die Grundlagen für eine erfolgreiche Wirtschaftspolitik bereitzustellen. Wie wir bereits im ersten Teil dieser Einführung gesehen haben, handelt es sich hierbei um eine Problemstellung, die dem klassischen Gedankengut vom Grundsatz her fremd ist. Vielmehr steht bei der klassischen Lehre der Harmoniegedanke im Vordergrund, der sich in gesamtwirtschaftlicher Sicht darin äußert, dass eine freie, sich selbst überlassene Marktwirtschaft stets einem Gleichgewicht bei Vollbeschäftigung zustrebt. Aufgrund dieser Betonung der Selbstheilungskräfte schäftigung zustrebt. Aufgrund dieser Betonung der Selbstheilungskräfte des Marktes spielen makroökonomische Überlegungen, die letztlich auf die Überwindung gesamtwirtschaftlicher Krisenzustände ausgerichtet sind, im klassischen Lehrgebäude auch nur eine untergeordnete Rolle.

Der Stabilitätsoptimismus, der sich hinter dieser Einstellung verbirgt, wurde durch die Weltwirtschaftskrise stark erschüttert. Die anhaltende Massenarbeitslosigkeit stand im Widerspruch zur klassischen Lehre, welche die Arbeitslosigkeit im Wesentlichen nur als einen vorübergehenden Anpassungsvorgang an ein neues Gleichgewicht sieht. Diese neue, durch fortdauernde Unterauslastung der Produktionskapazitäten gekennzeichnete Situation wurde damit zu einem Phänomen, das nach einem eigenständigen Erklärungsansatz verlangte. Die Antwort auf diese wissenschaftliche Herausforderung gab John Maynard Keynes mit seiner 1936 in London erschienenen „General Theory of Employment, Interest and Money", die im gleichen Jahr noch unter dem Titel „Allgemeine Theorie der Beschäftigung, des Zinses und des Geldes" in Deutschland erschien. Eine breite Diskussion des Werkes setzte in Deutschland allerdings erst nach dem 2. Weltkrieg ein. Nachdem die fünfziger und sechziger Jahre des 20. Jahrhunderts den großen Industrienationen mehrheitlich Vollbeschäftigung bescherten, trat die Einkommens- und Beschäftigungstheorie und -politik etwas in den Hintergrund. Erst als Ende der 1960er Jahre und – besonders ausgeprägt – Anfang und Ende der 1970er Jahre die Arbeitslosenzahlen in (fast nicht mehr bekannte) Höhen schnellten, gewann die Einkommens- und Beschäftigungstheorie ihre Bedeutung zurück. Anfang der 1980er Jahre kam es zu einer Renaissance klassischen Gedankenguts, als die keynesianisch ausgerichtete Politik einer Nachfragesteuerung beziehungsweise -belebung den gewünschten Erfolg (insbesondere am Arbeitsmarkt) nicht erzielen konnte.

Die Einkommens- und Beschäftigungstheorie bildet damit den zentralen Bereich, in dem die unterschiedlichen Grundauffassungen der klassisch beziehungsweise neuklassisch orientierten Ökonomen auf der einen und der keynesianisch/neukeynesianisch orientierten Ökonomen auf der anderen Seite zum Ausdruck kommen. Gerade hier treten die unterschiedlichen Erklärungsmuster oder Paradigmen besonders deutlich zutage. Den Stabilitätsoptimisten mit ihrem Vertrauen in die Selbststeuerungs- und Selbstheilungskräfte des Marktes stehen die Stabilitätspessimisten gegenüber, welche die Instabilität des marktwirtschaftlichen Systems vor allem im Hinblick auf den Arbeitsmarkt betonen und deshalb staatliche Eingriffe in das Wirtschaftsgeschehen fordern.

Beide Systeme sollen nachfolgend in ihren Grundzügen erläutert werden. Dabei beginnen wir mit der klassischen Gedankenwelt, in der die unsichtbare Hand des Marktes oder – anders ausgedrückt – die ökonomischen Gesetze des Wettbewerbs dafür sorgen, dass die Wirtschaft immer wieder einem Gleichgewichtszustand zustrebt.

Sowohl bei der Darstellung der klassischen Harmoniewelt als auch bei der anschließenden Betrachtung des Keynesschen Systems stehen drei Märkte im Vordergrund, nämlich:

- der Arbeitsmarkt,

- der Gütermarkt und

- der Geldmarkt.

Diese makroökonomischen Teilmärkte bilden in beiden Erklärungsansätzen die zentralen Bausteine, die nun sowohl isoliert als auch – unter Beachtung der bestehenden Interdependenzen – in ihrem Systemzusammenhang zu analysieren sind.

III.4.1   Klassisches System

III.4.1.1   Arbeitsmarkt

Im Rahmen des klassischen Systems empfiehlt es sich, mit einer Betrachtung des Arbeitsmarktes zu beginnen, da diesem Teilmarkt nach klassischer Vorstellung die zentrale Rolle bei der Bestimmung von Volkseinkommen und Beschäftigung zukommt.[55]

Die Parteien, die am Arbeitsmarkt aufeinandertreffen, sind auf der einen Seite die Unternehmen, welche die Arbeitskräfte nachfragen, um diese im Produktionsprozess einzusetzen, und auf der anderen Seite die Haushalte, die ihre Arbeitskraft anbieten, um mit dem erzielten Einkommen ihre Konsumwünsche zu befriedigen.

Grundlage der Nachfrageentscheidung der Unternehmen sind die produktionstechnischen Beziehungen zwischen dem Einsatz des Faktors Arbeit (A) und dem hieraus resultierenden Output beziehungsweise als Aggregat dem Inlandsprodukt als physischer Größe (Y).[56] Da wir uns im Rahmen einer kurzfristigen Betrachtung bewegen, ist von einem gegebenen Kapitalbestand ($K = \overline{K}$) auszugehen. Sofern ein Produktionsfaktor – wie hier das Kapital – in der Einsatzmenge fix vorgegeben ist, wächst bei einer Vermehrung des variablen Faktors – hier also der Arbeit – der Output in der Regel nur unterproportional an.[57] Wie in Abbildung III.14 dargestellt, wird die Produktionsfunktion der Volkswirtschaft in Abhängigkeit eines variablen Faktors deshalb bei makroökonomischen Betrachtungen im Allgemeinen als degressiv ansteigende Kurve angenommen.

---

[55] Zum Teil wird dabei auf mikroökonomische Überlegungen zurückgegriffen, die in Kapitel II noch nicht (vollständig) behandelt wurden.

[56] Y_r kann als Standardgut, zum Beispiel Korn, interpretiert werden, welches sowohl zu Konsum- als auch zu Investitionszwecken (Saatgut) verwendet werden kann.

[57] Exakt: Bei Vorliegen einer Produktionsfunktion mit konstanten Skalenerträgen. Konstante Skalenerträge liegen immer dann vor, wenn eine Verdopplung des Faktorbündels auch zu einer Verdopplung des Outputs führt.

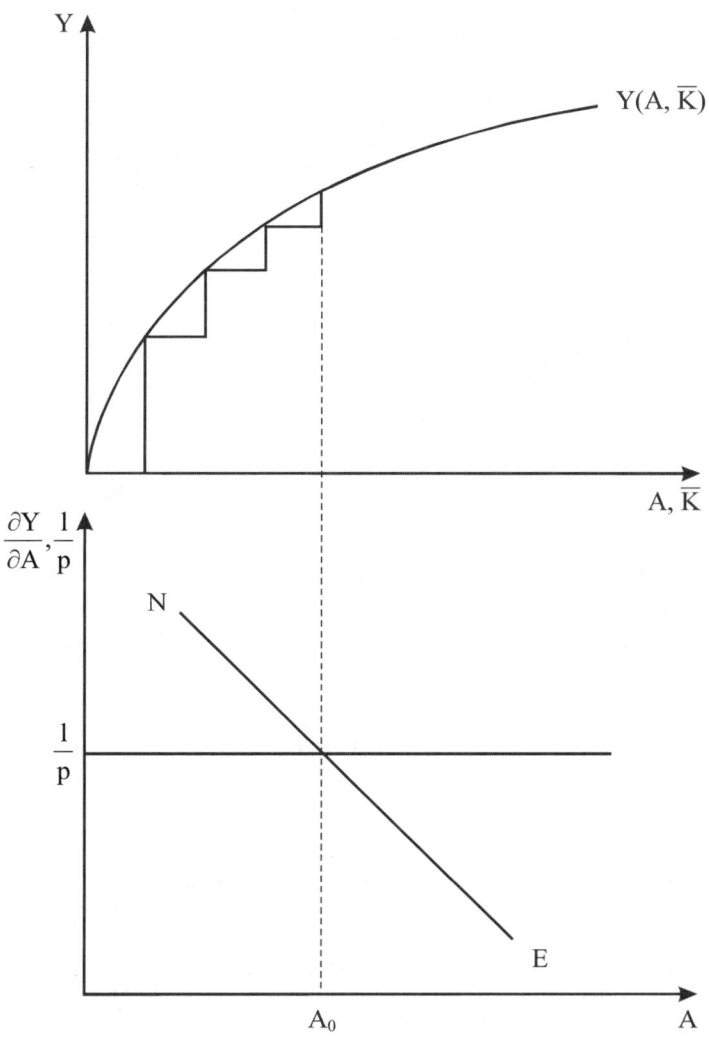

Abbildung III.14

Wichtig ist nun, wie sich eine Variation des Arbeitseinsatzes auf den Ertrag auswirkt. Wie leicht anhand von Abbildung III.14 nachgeprüft werden kann, steigt zwar mit jeder weiteren Arbeitseinheit, die eingesetzt wird, der Output weiter an; der Zuwachs, der damit erzielt wird, nimmt jedoch fortlaufend ab. Wir wollen den Ertragszuwachs, der mit der jeweils letzten Arbeitseinheit erzielt wird, also $\partial Y/\partial A$, als Grenzertrag bezeichnen. Dann gehört zu einer mit abnehmender Rate ansteigende Ertragsfunktion eine fallende Grenzertragskurve (NE), die im unteren Teil von Abbildung III.14 der Einfachheit halber linear gezeichnet wurde.

Wie entscheiden nun Unternehmen, ob eine weitere Arbeitskraft eingesetzt werden soll oder nicht? Hierzu ist ein Vergleich anzustellen. Auf der einen Seite haben wir den Grenzertrag, also den zusätzlichen Ertrag, der mit einer weiteren Arbeitseinheit erzielt werden kann und der mit zunehmendem Arbeitseinsatz abnimmt. Wird dieser zusätzliche Ertrag am Markt verkauft, so führt dies zu zusätzlichen Einnahmen, deren Höhe natürlich von dem erzielten Preis abhängt.

Da der Grenzertrag abnimmt, müssen bei gegebenem Marktpreis auch die zusätzlichen Erlöse (GE) mit steigendem Arbeitseinsatz geringer werden, der Ausdruck

$$GE = \frac{\partial E}{\partial A} = p \cdot \frac{\partial Y}{\partial A} > 0$$

muss also mit wachsendem A sinken, das bedeutet:

$$\frac{\partial^2 E}{\partial A^2} = p \cdot \frac{\partial^2 Y}{\partial A^2} < 0.$$

Zur graphischen Darstellung muss die Grenzertragskurve inflationiert oder deflationiert werden, je nachdem, ob der Preis größer oder kleiner eins ist.[58] Wir wollen annehmen, dass sich auf diese Weise die in Abbildung III.15 mit GE_0 bezeichnete Kurve ergibt, die auch als Grenzwertproduktkurve bezeichnet wird.

Auf der anderen Seite stehen die zusätzlichen Ausgaben, die aufzuwenden sind, wenn eine weitere Arbeitseinheit eingesetzt wird. Bei Konkurrenz auf dem Arbeitsmarkt ist der Lohnsatz für die einzelne Unternehmung als Datum anzusehen. Die bei Einsatz einer weiteren Arbeitseinheit anfallenden Zusatzausgaben entsprechen deshalb dem Lohnsatz und sind konstant. Bei Annahme eines Lohnsatzes von l_0 beschreibt deshalb die zugehörige Lohngerade in Abbildung III.15 die zu berücksichtigenden Zusatz- oder Grenzausgaben.

Um zu entscheiden, welche Arbeitsmenge eingesetzt werden soll, müssen die zusätzlichen Einnahmen, die beim Einsatz einer weiteren Arbeitseinheit erzielt werden, mit den zusätzlichen Ausgaben, also dem Lohnsatz, verglichen werden. Für die Unternehmungen ist es so lange lohnend, ihren Arbeitseinsatz auszudehnen, wie die zusätzlichen Einnahmen die zusätzlichen Ausgaben übersteigen. Bei sinkenden Zusatzeinnahmen und konstanten Zusatzausgaben bedeutet dies, dass die Arbeitsnachfrage genau so weit ausgedehnt wird, bis folgende Gleichheit erreicht wird:

$$l = p \cdot \frac{\partial Y}{\partial A},$$

---

[58]   Zum Beispiel müsste bei einem Preis von 2 jeder Ordinatenabschnitt verdoppelt werden.

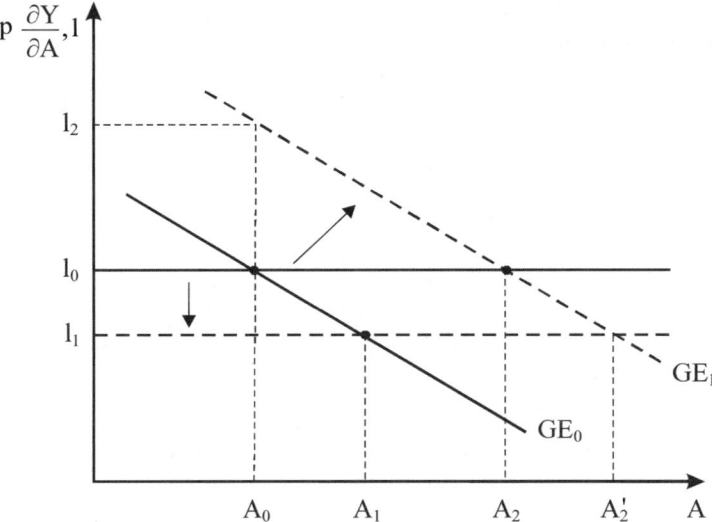

Abbildung III.15

das heißt, bis der Nominallohnsatz, also die zusätzlichen Ausgaben, den zusätzlichen Einnahmen – das ist das Produkt aus Preis und Grenzertrag – entspricht. Auf Abbildung III.15 bezogen folgt hieraus, dass die Unternehmen ihren Arbeitseinsatz so ausrichten, dass der Schnittpunkt der Lohngeraden l_0 und der Grenzwertproduktkurve GE_0 realisiert wird. Nachgefragt werden also Arbeitskräfte im Umfang A_0.

Betrachten wir als nächstes, welche Veränderungen sich ergeben, wenn der vom Markt vorgegebene Lohnsatz einen anderen Wert, z.B. den niedrigeren Wert l_1, annimmt. In diesem Fall kommt es zu einer Verschiebung der Lohngeraden nach unten, und die Unternehmung wird sich so anpassen, dass der Schnittpunkt der neuen Lohngeraden l_1 mit der Grenzwertproduktkurve GE_0 realisiert wird. Der Arbeitseinsatz würde aufgrund des gesunkenen Lohnsatzes auf A_1 ausgedehnt. Die Grenzwertproduktkurve stellt also bei gegebenem Marktpreis und gegebenem Grenzertrag der Arbeit die Arbeitsnachfragekurve dar.

Im Rahmen einer makroökonomischen Betrachtung ist jedoch ebenfalls von Bedeutung, welche Änderungen sich bei einer Variation des Preises ergeben. Eine Veränderung des vom Markt vorgegebenen Preises hätte zur Folge, dass sich die Grenzwertproduktkurve verlagert. So würde beispielsweise eine Erhöhung des Preises die Grenzwertproduktkurve nach oben verschieben, zum Beispiel auf GE_1, so dass nun bei gegebenem Lohnsatz (l_0) eine größere Arbeitsmenge (A_2) nachgefragt würde. Bei einem Lohnsatz von l_1 könnte der Arbeitseinsatz sogar auf die Höhe A_2' ansteigen.

Bei gegebener Produktionsfunktion und damit gegebenem Verlauf der Grenzertragsfunktion ist die Nachfrage nach Arbeit demnach um so größer, je höher der für das erzeugte Produkt erzielbare Preis p ist und je niedriger der für die Arbeitseinheit aufzuwendende Lohnsatz l ist.

Um diese Abhängigkeit der Arbeitsnachfrage zum einen vom Produktpreis und zum anderen vom Lohnsatz unmittelbar zum Ausdruck zu bringen, empfiehlt es sich, die ermittelte Nachfragegleichung in der Form

$$\frac{l}{p} = \frac{\partial Y}{\partial A}$$

zu schreiben. Wie dieser Gleichung zu entnehmen ist, wird die Nachfrage nach Arbeit so weit ausgedehnt, bis das Verhältnis von Lohnsatz und Produktpreis dem Grenzertrag der Arbeit entspricht.

Stellt man auf das Verhältnis l/p ab, so bringt damit die im unteren Teil der Abbildung III.14 dargestellte Grenzertragskurve unmittelbar die Arbeitsnachfrage der Unternehmen zum Ausdruck. Um den Arbeitseinsatz zu bestimmen, müssen wir nur im Abstand l/p eine Parallele zur Abszisse einzeichnen. Der Schnittpunkt dieser Geraden mit der Grenzertragskurve markiert die nachgefragte Arbeitsmenge (A_0). Würde sich nun an den vom Markt vorgegebenen Werten von l beziehungsweise p etwas ändern, das heißt würde sich ein anderes Verhältnis von l/p ergeben, so würde sich die Parallele entsprechend verschieben, und die Unternehmung sich entlang der Grenzertragskurve anpassen. Alternativ zu unserer vorangegangenen Darstellung kann damit auch die Grenzertragskurve der Arbeit – bezogen auf das Verhältnis l/p – als Nachfragekurve nach Arbeit bezeichnet werden.

Das Verhältnis von Nominallohn l zum Güterpreis (p) beziehungsweise zum Güterpreisniveau P – die in einem Ein-Gut-Modell identisch sind – wird allgemein als Reallohn bezeichnet. Machen wir uns zunächst an einem Beispiel klar, was der Reallohn aus der Sicht der Arbeitskräfte zum Ausdruck bringt. Die Arbeitskräfte erhalten für ihre Arbeit einen bestimmten Lohnsatz je Zeiteinheit, zum Beispiel je Stunde oder je Monat. Wenn daher im öffentlichen Dienst oder in der gewerblichen Wirtschaft die Verlängerung der Wochen- bzw. der Monatsarbeitszeit beschlossen wird, so kommt dies einer Senkung des Lohnsatzes gleich.

Nehmen wir an, ein Arbeiter erhalte pro Monat einen Lohn von 3.000 €. In der Regel finden nun – meistens einmal pro Jahr – Tarifverhandlungen statt. Von den Gewerkschaften wird in diesen Verhandlungen unter anderem ein Inflationsausgleich gefordert, um die zwischenzeitlich eingetretenen Preissteigerungen zu kompensieren, das heißt, um einen Ausgleich für die gesunkene Kaufkraft der Löhne zu erreichen. Wenn also die Preise beispielsweise um 5 % gestiegen sind, dann kostet das, was früher für 3.000 € zu haben war, heute 3.150 €. Um die Kaufkraft zu erhalten, muss der Lohnsatz deshalb ebenfalls um 5 % steigen. In diesem Fall bliebe der Reallohn und damit die Kaufkraft konstant.

Die Preissteigerungen werden über einen Index, den so genannten Preisindex (PI), gemessen. Dieser wird im Basisjahr mit 100 festgesetzt. Eine Preissteigerung um

5% bedeutet einen Anstieg des Index auf 105. Der Reallohn errechnet sich dann als Quotient aus Nominallohn und Preisindex, in unserem Beispiel also

$$\frac{l_0}{PI_0} = \frac{3000}{100} \cdot 100 \quad \text{und} \quad \frac{l_1}{PI_1} = \frac{3150}{105} \cdot 100.^{[59]}$$

Würde der Nominallohn um mehr (weniger) als 5% ansteigen, hätten wir eine Steigerung (Senkung) des Reallohns. Allgemein kann man sagen, dass der Reallohn um so höher ausfällt, je höher der Geldlohn und je niedriger das Preisniveau ist.

Während aus der Sicht der Arbeitnehmer ein hoher Reallohn von Vorteil ist, gilt für die Unternehmen das Gegenteil. Für sie ist die Situation um so günstiger, je niedriger der Reallohn ist, denn der Reallohn kennzeichnet das Verhältnis von Arbeitskosten (l) und erzielbaren Erlösen (p). Die Unternehmen werden deshalb um so mehr Arbeitskräfte einsetzen, je geringer die Nominallöhne im Vergleich zu den Produktpreisen sind, was sich in dem fallenden Verlauf der Arbeitsnachfragekurve widerspiegelt.

Betrachten wir nun das Arbeitsangebot. Während sich die Arbeitsnachfragekurve aus den produktionstechnischen Grundlagen in Verbindung mit der Gewinnmaximierungsannahme herleitet, beruht die Arbeitsangebotskurve auf Nutzenüberlegungen des Haushalts. Auch hierzu sind verschiedene modelltheoretische Lösungen erarbeitet worden. Es liegt nahe, dass auch das Arbeitsangebot vom Reallohn, das heißt von der Kaufkraft der Geldlöhne abhängt. Denn die Haushalte bieten ihre Arbeitskraft an, um mit dem erzielten Einkommen (Y) in erster Linie ihre Konsumwünsche zu erfüllen – und dabei kommt natürlich dem Reallohn eine entscheidende Bedeutung zu. Die Nutzenfunktion der Arbeitsanbieter hat also folgendes Aussehen

$$U = f(Y, F).$$

In Konkurrenz zur Arbeit steht die Verwendung der „Nettozeit" eines Tages – also abzüglich acht Stunden Schlafzeit – für Freizeit (F):

$$F = 16 - A.$$

Das Tageseinkommen des Arbeitnehmerhaushalts erhält man durch Multiplikation des Lohnsatzes l mit der geleisteten Arbeitszeit $(16 - F)$:

$$Y = l \cdot (16 - F).$$

In der folgenden Abbildung III.16 ist das Optimalkalkül des Arbeitnehmerhaushalts dargestellt. Dabei gehen wir – wie schon früher – von konvexen Indifferenzkurven, jetzt zwischen Einkommen und Freizeit, aus. Bei Gültigkeit des Lohnsatzes l_1 ist P der Optimalpunkt. Was geschieht bei einer Lohnsenkung von l_1

---

[59] Durch die Multiplikation mit 100 wird der Preisindex des Basisjahres auf 1 normiert.

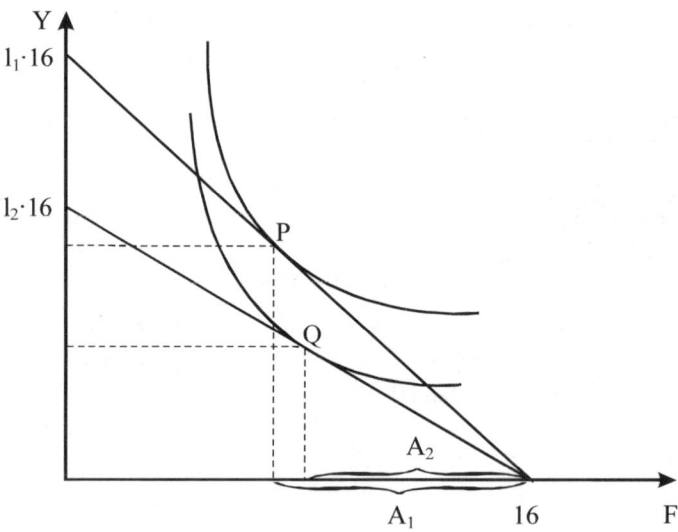

Abbildung III.16

auf l_2? Hier stehen sich zwei Effekte gegenüber: Zum einen „verteuert sich das Einkommen", wie man an der Drehung der Budgetgeraden in Richtung Koordinatenursprung erkennen kann. Dem kommt eine relative Verbilligung von Freizeit gleich. Zugleich führt die Lohnsenkung aber auch zu einer Wohlfahrtseinbuße. Beim Übergang zum neuen Punkt Q überwiegt offensichtlich der zuerst genannte Effekt, da der Haushalt sich für eine Ausdehnung seiner Freizeit und zu einer Einschränkung seines Arbeitspensums entscheidet.

Dieses Ergebnis hängt natürlich vom Verlauf der Indifferenzkurven ab. Dennoch wollen wir im weiteren aus Vereinfachungsgründen die – keinesfalls unumstrittene – Annahme treffen, dass in dem für uns relevanten Bereich das Arbeitsangebot monoton mit dem Reallohn ansteigt. Die sich damit für den Arbeitsmarkt ergebenden Kurvenverläufe sind im unteren Teil der Abbildung III.17 veranschaulicht.

Der Arbeitsmarkt befindet sich im Gleichgewicht, wenn sich der Reallohnsatz $(l/p)^*$ einstellt. Zu diesem gleichgewichtigen Reallohnsatz entspricht das geplante Arbeitsangebot einer gleich großen geplanten Arbeitsnachfrage der Unternehmen (A^*). Jeder, der zum Gleichgewichtsreallohn arbeiten will, findet einen Arbeitsplatz, und jede Unternehmung, die zum Gleichgewichtsreallohn Arbeitskräfte einstellen will, findet Arbeitswillige. Eine solche Situation wird üblicherweise als Vollbeschäftigung definiert.

Nach klassischer Vorstellung bedarf es keiner Frage, dass das Vollbeschäftigungsgleichgewicht realisiert wird, denn der Konkurrenzmechanismus sorgt stets für Vollbeschäftigung am Arbeitsmarkt. Sofern der Reallohnsatz oberhalb des Gleichgewichts liegt, übersteigt das Angebot die Nachfrage, es besteht Arbeitslosigkeit. Bei flexiblen Löhnen führt die Konkurrenz unter den Arbeitslosen zu einem

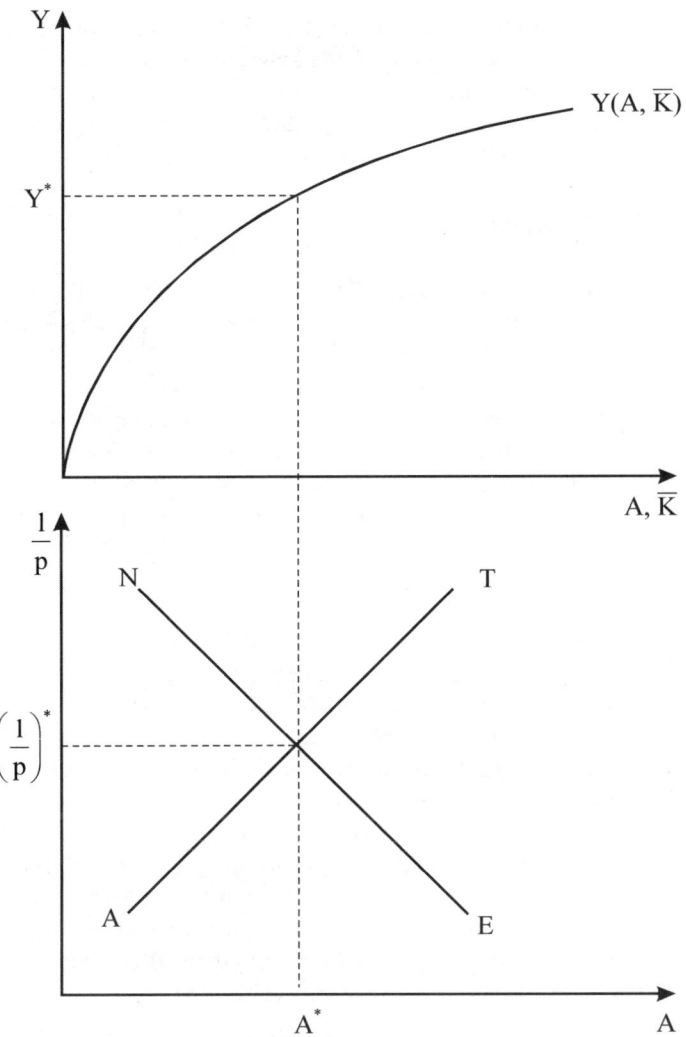

Abbildung III.17

Rückgang des Lohnsatzes auf das vollbeschäftigungskonforme Niveau. Umgekehrtes gilt in Situationen, in denen ein unterhalb des Gleichgewichts liegender Reallohnsatz dazu führt, dass die Nachfrage nach Arbeit größer ist als das Angebot. Jetzt ist es die Konkurrenz unter den Unternehmen, die für einen Anstieg des Geldlohns und damit des Reallohns auf das Gleichgewichtsniveau sorgt. Es sind also die symmetrisch flexiblen Nominallöhne, die für die Überwindung vorübergehender Ungleichgewichte ausschlaggebend sind.

Nun gehört zu dem durch das Vollbeschäftigungsgleichgewicht bestimmten Arbeitseinsatz (A^*) eine durch die Produktionsfunktion bestimmte Produktion (Y_r^*)

und damit ein ganz bestimmtes Einkommen. Damit stellt sich die Frage, ob es sich bei diesem Einkommen zugleich auch um das Gleichgewichtseinkommen handelt, das heißt, ob sich auch der Gütermarkt bei dieser durch die Bedingungen des Arbeitsmarktes bestimmten Konstellation im Gleichgewicht befindet. Um diese Frage zu beantworten, gilt es als nächstes, den Gütermarkt näher zu betrachten.

III.4.1.2 Güter- und Kapitalmarkt

Geht man davon aus, dass die Unternehmen die durch das Vollbeschäftigungsgleichgewicht bestimmte Produktion realisieren, so ist damit noch längst nicht sichergestellt, dass die erzeugte Gütermenge auch auf eine entsprechende geplante Nachfrage stößt. Wie wir bereits wissen, sehen die klassisch orientierten Nationalökonomen hier jedoch keine Probleme, denn ihrer Ansicht nach gilt das Saysche Theorem, wonach jedes Angebot sich seine eigene Nachfrage schafft. Denn einmal – dies ist aus der Kreislauftheorie bekannt – führt die Produktion dazu, dass in genau gleicher Höhe Einkommen entstehen. Diese Bedingung ist immer erfüllt. Wichtiger ist der zweite Teil der Begründung, der darauf abstellt, dass exakt in Höhe der Einkommen Nachfrage entsteht. Dies ist keineswegs selbstverständlich, denn ein Teil der Einkommen wird von den Haushalten gespart und macht sich damit nicht direkt als Nachfrage nach Konsumgütern bemerkbar. Das Saysche Theorem gilt also nur dann, wenn gezeigt werden kann, dass der durch Sparen entstandene Nachfrageausfall am Konsumgütermarkt genau in gleicher Höhe durch eine anderweitige Nachfrage ausgeglichen wird – und dies kann in einer geschlossenen Volkswirtschaft ohne staatliche Aktivität, wie wir sie bisher unterstellen, nur durch die Nachfrage der Unternehmen nach Investitionsgütern erfolgen. Also muss zur Begründung des Sayschen Theorems und damit des Gütermarktgleichgewichts dargelegt werden, dass das von den Haushalten geplante Sparen mit den von den Unternehmen geplanten Investitionen übereinstimmt. Wie wir bereits wissen, ist es der Zinsmechanismus, der diese Übereinstimmung der geplanten Größen herbeiführt, denn nach klassischer Auffassung sind – wie in Abbildung III.18 unterstellt – sowohl Sparen als auch Investieren vom realen Zins i abhängig.

Bezüglich der Investitionsgüternachfrage ist die fallende Abhängigkeit vom Zinssatz unmittelbar einsichtig. Denn soweit die Investitionen fremdfinanziert werden, steigen die aufzuwendenden Kosten mit dem Zinssatz an. Dies bedeutet gleichzeitig, dass mit sinkendem Zinssatz die Zahl rentabler Investitionsprojekte zunimmt, so dass die Investitionsfunktion den in Abbildung III.18 dargestellten fallenden Verlauf aufweist.

Die kritische Annahme betrifft jedoch das Sparen. Sparen wird aus klassischer Sicht als Verschiebung des Konsums in eine spätere Periode verstanden. Der Zins stellt dabei die Prämie dar, die für den Konsumverzicht in der Gegenwart gezahlt wird. Dementsprechend führt ein bestimmter, heute geleisteter Konsumverzicht zu um so größeren Konsummöglichkeiten in der Zukunft, je höher der Zinssatz ist. Da somit mit steigendem Zinssatz der Anreiz zur Konsumverschiebung wächst,

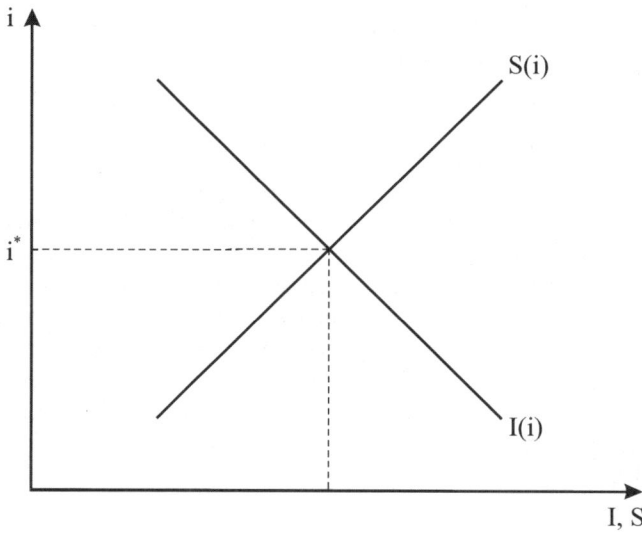

Abbildung III.18

erhalten wir den ebenfalls in Abbildung III.18 dargestellten ansteigenden Verlauf der als zinsabhängig angenommenen Sparfunktion. Damit ist zugleich auch der Konsum vom Zinssatz i abhängig.

Sparen und Investieren hängen damit in der beschriebenen Weise vom Zinssatz ab. Genaugenommen muss man vom Realzinssatz sprechen, da sich die Entscheidungen an dem um die zu erwartenden Preissteigerungen bereinigten Nominalzinssatz orientieren. Der Zinsmechanismus sorgt also dafür, dass Sparen und Investieren – oder anders ausgedrückt – Kapitalangebot und Kapitalnachfrage – zum Ausgleich gebracht werden. Wird beispielsweise zu einem bestimmten Zinssatz unterhalb von i^* mehr Kapital nachgefragt als angeboten, treibt die Konkurrenz der Investoren um das angebotene Kapital den Zinssatz in die Höhe, so dass das Ungleichgewicht abgebaut wird. Umgekehrtes gilt, wenn bei einem Zinssatz oberhalb von i^* das Kapitalangebot größer ist als die Kapitalnachfrage. In diesem Fall sind es die Sparer, die sich gegenseitig unterbieten, um ihre Ersparnisse anzulegen. Mithin stellt der Zinssatz i^* den Gleichgewichtszinssatz dar, bei dem Kapitalangebot und Kapitalnachfrage übereinstimmen.

Der Zinsmechanismus stellt damit im klassischen System sicher, dass der durch das geplante Sparen entstandene Nachfrageausfall in gleicher Höhe durch geplante Investitionen kompensiert wird. Dies hat zur Folge, dass sich der Gütermarkt nach klassischer Vorstellung stets im Gleichgewicht befindet.

Somit können wir festhalten, dass es nach klassischer Vorstellung die Bedingungen des Arbeitsmarktes sind, die über die Höhe der Produktion und damit des Volkseinkommens entscheiden. Bei Gültigkeit des Sayschen Theorems trifft das auf dieser Grundlage von den Unternehmen geplante Angebot stets auf eine gleich große geplante Nachfrage. Am Gütermarkt entscheidet sich lediglich, wie sich diese Nachfrage auf Konsumgüter und Investitionsgüter aufteilt, wobei der Ausgleich zwischen Sparen und Investieren über den Realzinssatz herbeigeführt wird.

III.4.1.3   Geldmarkt

Der dritte Teilmarkt, den es zu analysieren gilt, ist der Geldmarkt. Bei unseren Betrachtungen zum Thema Geld haben wir zwischen einer einkommensabhängigen Nachfrage nach Transaktionskasse und einer zinsabhängigen Kassenhaltung unterschieden. Die zinsabhängige Geldnachfrage haben wir dabei mit dem Opportunitätskostenansatz begründet und gesagt, dass die Haltung von Kasse, die nicht zu Transaktionszwecken benötigt wird, mit sinkendem Zinssatz ansteigt, da der entgangene Zinsgewinn kleiner wird. Eine solche Zinsabhängigkeit der Kassenhaltung wird von der Klassik bestritten, denn nach ihrer Auffassung ist eine zinstragende Anlage überschüssiger Kassenbestände auf jeden Fall – das heißt auch bei sehr niedrigen Zinsen – von Vorteil.

Nach klassischem Verständnis wird Geld ausschließlich zu Transaktionszwecken, das heißt zur Abwicklung von Tauschgeschäften, gehalten. Welche Geldmenge unter dieser Voraussetzung benötigt wird, um die Tauschaktionen durchzuführen – und dies ist zugleich die gewünschte Kassenhaltung –, lässt sich leicht aus der Quantitätsgleichung

$$M \cdot V = P \cdot Y$$

herleiten, wenn man das Handelsvolumen H durch das reale Inlandsprodukt Y ersetzt.

Da die Klassik von einer institutionell vorgegebenen, also vor allem durch die Zahlungssitten bestimmten Umlaufgeschwindigkeit ausgeht, hängt nach dieser Gleichung die benötigte und damit die nachgefragte Geldmenge vom realen Einkommen sowie vom Preisniveau ab. Bezeichnet man die nachgefragte Geldmenge mit L, so kann man deshalb schreiben:

$$L = \frac{1}{V} \cdot P \cdot Y.$$

Nun wird, wie wir eben gesehen haben, das reale Inlandsprodukt im klassischen System über den Arbeitsmarkt bestimmt. Da damit neben der Umlaufgeschwindigkeit auch das reale Inlandsprodukt vorgegeben ist, hängt die Geldnachfrage allein vom Preisniveau ab, und zwar dergestalt, dass die Geldnachfrage, wie in Abbildung III.19 dargestellt, proportional zum Preisniveau ansteigt:

$$L = \frac{\overline{Y}}{V} \cdot P$$

beziehungsweise für die Zwecke der grafischen Darstellung

$$P = \frac{\overline{V}}{\overline{Y}} \cdot L.$$

Das Geldangebot wird im Wesentlichen durch die geldpolitischen Entscheidungen der Zentralbank festgelegt. Unterstellt man der Einfachheit halber eine vollständige Kontrolle der Zentralbank, so kann die Geldmenge (M) als exogen gegeben angesehen werden. Die Geldangebotskurve ist dann als Parallele zur Ordinate zu zeichnen, und es gibt demnach nur ein Preisniveau (P^*), welches den Ausgleich von Geldangebot und Geldnachfrage und damit ein Gleichgewicht auf dem Geldmarkt herbeiführt.

Wenn der Geldmarkt über das Preisniveau entscheidet, so ergibt sich hieraus die grundsätzliche Frage, ob im klassischen System Auswirkungen vom monetären Sektor auf die realwirtschaftlichen Größen in Rechnung zu stellen sind. Für den Gütermarkt kann diese Frage unmittelbar verneint werden, denn hier entscheidet sich – bei gegebenem Realeinkommen – über den Zinssatz nur die Aufteilung der Nachfrage auf Konsum- und Investitionsgüter.

Denkbar sind jedoch Auswirkungen auf den Arbeitsmarkt, denn hier ist der Reallohn die entscheidende Größe. Von daher ist zu fragen, was passieren würde, wenn beispielsweise der Reallohn aufgrund einer Preisniveausteigerung von P_0 auf P_1 sinkt.

Wie Abbildung III.20 zu entnehmen ist, würde in diesem Fall die Nachfrage nach Arbeitskräften das Angebot im Umfang von $A_2 - A_1$ übersteigen, das heißt, die Unternehmen würden einen höheren Arbeitseinsatz wünschen, als sie ihn am

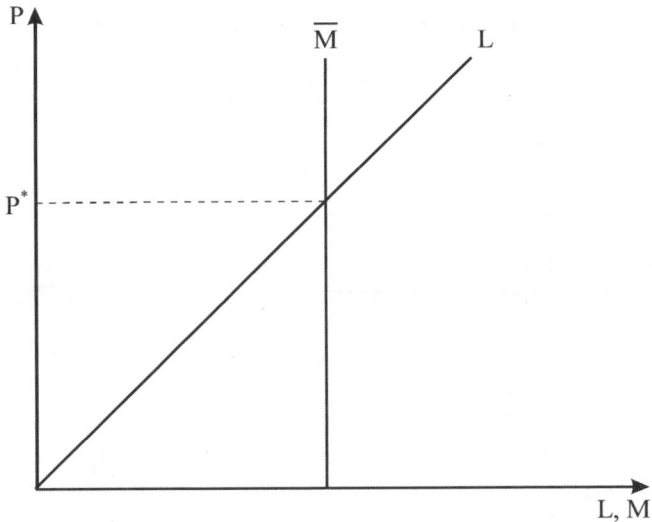

Abbildung III.19

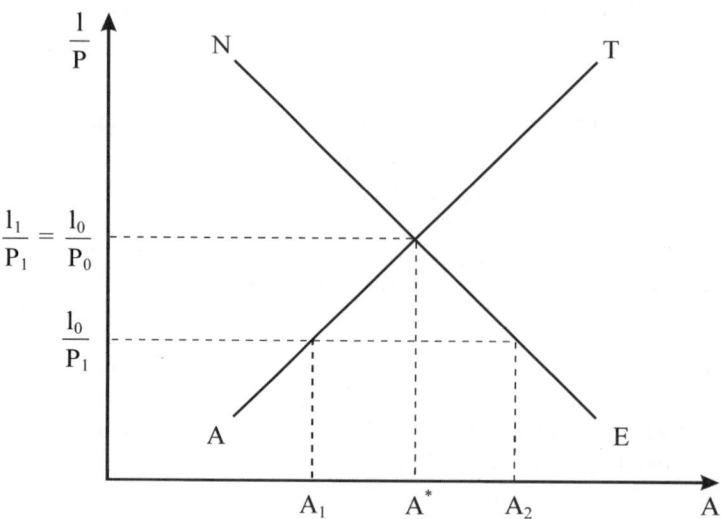

Abbildung III.20

Markt erhalten können. In einer solchen Situation wird die Konkurrenz unter den arbeitskräftesuchenden Unternehmen die Nominallöhne nach oben treiben, und zwar so lange, bis der Reallohn bei nun gestiegenen Löhnen und Preisen mit l_1/P_1 wieder die alte Höhe erreicht hat.

Wir können deshalb festhalten, dass im klassischen System das Preisniveau die einzige Größe ist, die durch den Geldmarkt bestimmt wird und dass Rückwirkungen vom Geldmarkt in den realwirtschaftlichen Teil, also auf den Arbeits- und Gütermarkt, ausgeschlossen sind. Dies ist der Inhalt des so genannten „Separationstheorems". Weder die Höhe der Beschäftigung und des Volkseinkommens noch die Aufteilung der Nachfrage auf Konsum- und Investitionsgüter hängen von den Bedingungen am Geldmarkt ab. Zwischen dem güterwirtschaftlichen und dem monetären Bereich besteht eine vollständige Trennung. Da sich der Geldsektor somit lediglich in der Höhe des Preisniveaus, nicht aber in den realen Gegebenheiten niederschlägt, spricht man auch vom Geldschleier, um diese neutrale Funktion des Geldes im klassischen System zu charakterisieren.

Wir wollen damit unsere Betrachtungen zu den Grundzügen des klassischen Systems abschließen. Vom Grundsatz her tendiert das System zu einem Vollbeschäftigungsgleichgewicht. Sofern sich dennoch Störungen am Arbeitsmarkt in Form anhaltender Unterbeschäftigung zeigen, können die Ursachen nur am Arbeitsmarkt selbst zu suchen sein. Die Hauptursache für eventuelle Störungen wird von den Klassikern in überhöhten Reallohnpositionen gesehen, die nicht durch Nominallohnflexibilität abgebaut werden. Ein wichtiger Grund hierfür kann in der Machtposition der Gewerkschaften liegen, wenn es ihnen gelingt, über ihre Tarifpolitik solche Nominallöhne und damit (in der kurzen Frist) Reallohnpositionen durchzusetzen, die über dem Gleichgewichtsniveau liegen. Von daher setzen die

Rezepte, mit denen die klassisch orientierten Nationalökonomen gegebenenfalls auftretende Arbeitslosigkeit bekämpfen wollen, direkt am Arbeitsmarkt an. Im Mittelpunkt steht dabei einmal generell die Frage nach den Bestimmungsgründen der Reallöhne, zum anderen wird dem Problem von Lohnstarrheiten, welche die notwendigen Anpassungen behindern, breite Aufmerksamkeit geschenkt.[60]

Fasst man die wichtigsten Aspekte noch einmal zusammen, so kann festgehalten werden:

- Im klassischen System entscheidet die Lohnhöhe beziehungsweise der Reallohn über den Arbeitseinsatz und damit über die Höhe der Produktion beziehungsweise des Einkommens.

- Die Produktion trifft immer auf eine entsprechende Nachfrage, denn der reale Zinssatz sorgt dafür, dass durch Sparen entstandene Nachfrageausfälle durch Investitionen kompensiert werden.

- Die Geldmenge entscheidet gemäß der Quantitätsgleichung lediglich über das Preisniveau, hat aber ansonsten keinen Einfluss auf den realwirtschaftlichen Bereich.

- Arbeitslosigkeit ist nach klassischer Vorstellung allein vom Arbeitsmarkt her bestimmt, sie kann vor allem dann auftreten, wenn der Wettbewerbsmechanismus am Arbeitsmarkt nicht ausreichend funktioniert.

III.4.2 Keynessches System

III.4.2.1 Grundlegende Änderungen gegenüber der Klassik

Wie bereits erwähnt, haben vor allem die Ereignisse der Weltwirtschaftskrise in den 1920er/1930er Jahren die optimistische Sichtweise der Klassik in Frage gestellt. Gesucht wurde ein neues Paradigma, mit dem das erstmals in diesem Ausmaß zu beobachtende Phänomen einer lang anhaltenden Massenarbeitslosigkeit erklärt werden konnte. Dies war die Situation, in der 1936 das grundlegende Werk von Keynes, seine „General Theory", erschien. Mit seinen Analysen, die aufgrund der Fragestellung natürlich makroökonomisch geprägt waren und sich damit auch methodisch von der bis dahin dominierenden einzelwirtschaftlichen Betrachtungsweise abhoben, stand Keynes im eindeutigen Widerspruch zu der seinerzeit unangefochten herrschenden Lehre. Keynes bestritt nämlich, dass eine freie Marktwirtschaft ohne staatliche Eingriffe automatisch zu einem gesamtwirtschaftlichen Gleichgewicht bei Vollbeschäftigung tendiere. Vielmehr sei ein Gleichgewicht mit Vollbeschäftigung nicht die Regel, sondern eher ein Glücksfall.

---

[60] Andere Gründe, die nach klassischer Auffassung für Arbeitslosigkeit verantwortlich sein können, wären beispielsweise Divergenzen zwischen dem Qualifikationsprofil der Arbeitssuchenden und dem Anforderungsprofil der Unternehmen. In der modernen Arbeitsmarktökonomik wird hier von dem so genannten „Mismatch" gesprochen.

Daher sei es Aufgabe des Staates, durch geeignete Maßnahmen für Vollbeschäftigung zu sorgen.

Was waren nun die entscheidenden Änderungen, die Keynes zu diesen völlig anderen Schlussfolgerungen kommen ließ als die Klassik? Vor allem zwei Dinge sind hier hervorzuheben. Zum einen geht Keynes – wie wir bereits wissen – davon aus, dass der Konsum und damit auch das Sparen vom Einkommen und nicht – wie die Klassik annimmt – vom Realzins abhängen. Und zum anderen – darauf sind wir bisher noch nicht eingegangen – unterstellt Keynes, dass Geld nicht nur (wie in der Klassik) zu Transaktionszwecken, sondern auch – in Abhängigkeit von der erwarteten Zinsentwicklung – zu Spekulationszwecken nachgefragt wird.

Der erste Punkt, nämlich die Abhängigkeit des Sparens vom Einkommen, hat zur Folge, dass nun Sparen und Investieren jeweils von verschiedenen Größen abhängen und damit der im klassischen System gegebene Ausgleichsmechanismus über den Zins nicht mehr wirkt. In einer Unterbeschäftigungssituation, wie sie Keynes im Auge hatte, hat das Argument, dass nur mit steigendem Einkommen gespart wird und die Ersparnis zinsunempfindlich ist, durchaus etwas für sich. Somit ist es im Keynesschen System möglich, dass der durch das Sparen entstandene Nachfrageausfall nicht durch die Investitionsgüternachfrage kompensiert wird, so dass die effektive Nachfrage nicht mehr ausreicht, die geplante Produktion abzusetzen. Die effektive Nachfrage wird damit nach Keynes zum zentralen Faktor, der über den Arbeitseinsatz entscheidet. Nicht der Arbeitsmarkt bestimmt die Produktion, sondern die effektive Nachfrage ist es, die über die Produktion und damit letztlich über die Höhe des Arbeitseinsatzes entscheidet. Folglich stellt Keynes auch den Gütermarkt in den Mittelpunkt seiner Betrachtungen, denn eine zu geringe effektive Nachfrage zieht unabhängig von der Höhe des Reallohns Arbeitslosigkeit nach sich.

Mit dem zweiten Punkt, nämlich der Zinsabhängigkeit der Nachfrage nach Spekulationskasse,[61] überwindet Keynes die Trennung zwischen dem realwirtschaftlichen und dem geldwirtschaftlichen Bereich. Denn nun hat der Geldmarkt entscheidenden Einfluss auf die Höhe des Zinssatzes und damit aufgrund der Zinsabhängigkeit der Investitionsnachfrage auf den güterwirtschaftlichen Sektor. Damit schlug die Geburtsstunde der so genannten „Transmissionsmechanismen" monetärer Impulse hinüber in den realen Sektor der Ökonomie.[62] Die von der Klassik behauptete Neutralität des Geldes, die sich darin äußert, dass die Geldmenge lediglich über die Höhe des Preisniveaus entscheidet, würde damit aufgehoben.

Nach diesem kurzen Überblick über die wesentlichen Änderungen gegenüber der Klassik wollen wir uns nun das Keynessche System genauer ansehen. Dabei

---

[61]   Auf eine allerdings anders begründete Zinsabhängigkeit der Geldnachfrage sind wir bereits ansatzweise bei den Geldwirkungen eingegangen.

[62]   Die Schule der Monetaristen eines Milton Friedman sieht ihre eigenen Wurzeln zwar in der Klassik, sie folgt aber Keynes insoweit als sie auch Transmissionsmechanismen kennt und damit das Separationstheorems ablehnt.

empfiehlt es sich, aufgrund des veränderten Systemzusammenhangs die Reihenfolge der Behandlung der Teilmärkte wie folgt anzupassen: Wir beginnen mit dem Gütermarkt und betrachten anschließend den zentralen Ansatz Keynesscher Ökonomik am Gütermarkt, den Einkommensmultiplikator, noch einmal für sich. Danach behandeln wir den Geldmarkt, diskutieren die unterschiedlichen Wirkungsweisen von Geld- und Fiskalpolitik im Keynesschen System und wenden uns erst danach – auch hier zeigt sich der Gegensatz zur Klassik – dem Arbeitsmarkt zu. Sofern nichts anderes gesagt wird, setzen wir dabei der Einfachheit halber wieder eine geschlossene Volkswirtschaft ohne staatliche Aktivitäten voraus.

III.4.2.2 Gütermarkt

Im Mittelpunkt des Keynesschen Systems steht, wie wir eben bereits gesehen haben, die Nachfrageseite. Da Keynes bei seinen Überlegungen vor allem den Fall einer unterbeschäftigten Wirtschaft vor Augen hat, ist es naheliegend, ein Festpreismodell zu unterstellen. Dies bedeutet, dass bei einer Veränderung der Nachfrage nur entsprechende Mengenänderungen ausgelöst werden. Begründet werden kann diese Annahme zum einen damit, dass Preissenkungen aufgrund von Preisstarrheiten nach unten quasi ausgeschlossen und dass zum anderen Preiserhöhungen aufgrund der freien Kapazitäten in einer tendenziell unterbeschäftigten Wirtschaft eher unwahrscheinlich sind.

Den Ausgangspunkt der Analyse bilden die Komponenten der volkswirtschaftlichen Gesamtnachfrage, die aus der Kreislauftheorie bekannt sind:

$$Y^N = C_{pr} + A_{St} + I^n + (X - IM).\text{[63]}$$

Wenn wir eine geschlossene Volkswirtschaft ohne staatliche Aktivität voraussetzen, reduziert sich die Nachfragegleichung auf

$$Y^N = C + I \ \text{ mit } I = I^n,$$

wobei wir zur Vereinfachung der Schreibweise beim Konsum auf den Zusatz „pr" verzichtet haben.

Bei dieser Nachfragegleichung handelt es sich zunächst lediglich um eine Definitionsgleichung, denn die gesamte Nachfrage ergibt sich unter den von uns gemachten Annahmen stets als Summe aus Konsum- und Investitionsgüternachfrage. Wir wollen jedoch nach den geplanten Größen und damit nach dem Gleichgewicht auf dem Gütermarkt fragen und müssen deshalb für die beiden Nachfragekomponenten Verhaltensfunktionen einführen, die sich auf die geplanten Größen beziehen.

---

[63] Mit dem Zusatz N soll verdeutlicht werden, dass die Betrachtungen an der Nachfrageseite ansetzen. Außerdem haben wir auf die Nettoinvestitionen abgestellt, so dass die Erhaltung des Produktionsapparates garantiert ist, auch wenn es Keynes in der kurzen Frist nur um die Einkommenseffekte der Investitionsnachfrage geht. Bei den Staatsausgaben A_{St} handelt es sich um den staatlichen Konsum (C_{St}) und die staatlichen Investitionen (I_{St}).

Wie wir bereits wissen, geht Keynes davon aus, dass der Konsum – und damit zugleich auch das Sparen – vom Einkommen abhängt. Dabei wird die Konsumfunktion, die allgemein als

$$C = C(Y)$$

geschrieben werden kann, in der Regel linear angesetzt in der Form

$$C = C_a + c \cdot Y.$$

Zur Verdeutlichung legen wir die Funktion

$$C = 100 + 0{,}8Y$$

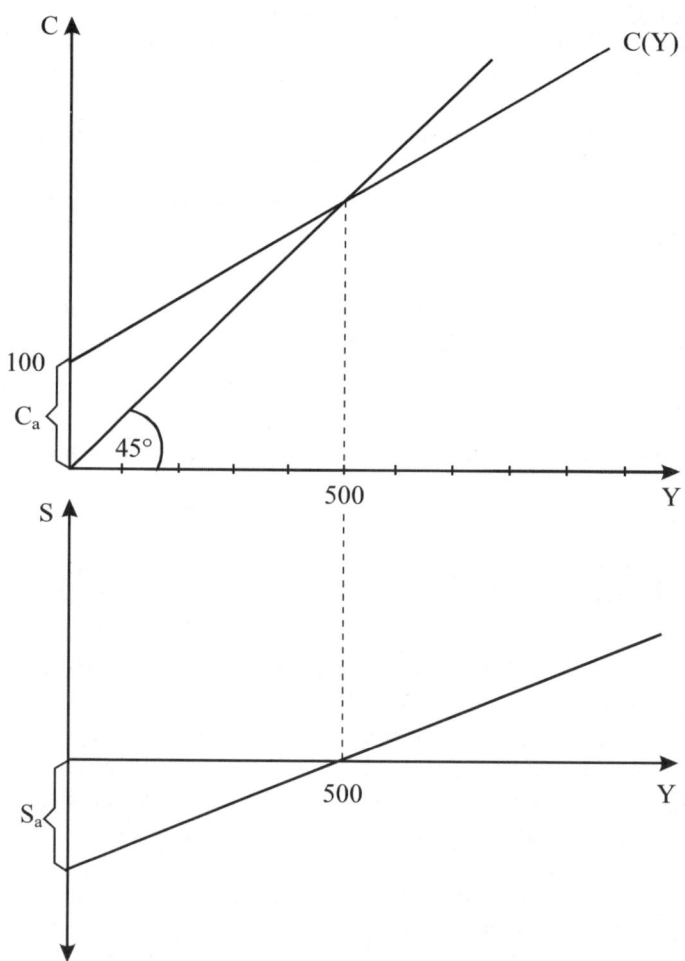

Abbildung III.21

zugrunde. Grafisch führt dies zu einer positiv ansteigenden Geraden, die – wie im oberen Teil der Abbildung III.21 dargestellt – die Ordinate im Abstand $C = C_a = 100$ schneidet.

Mit dem Glied C_a enthält die Konsumfunktion zunächst eine autonome Komponente, den so genannten autonomen Konsum. Dieser Konsum kennzeichnet den minimalen Konsum, der auch bei einem Einkommen von null getätigt werden muss und damit im Sinne eines Existenzminimums zu interpretieren ist. Seine ökonomischen Quellen können im Entsparen (eines früher akkumulierten Vermögens), in der Kreditaufnahme gegenüber dem Bankensektor oder anderen Realsektoren bestehen. Da wir Ausland und Staat bisher aus unserer Betrachtung ausgeklammert haben, sind Schenkungen aus dem Ausland und/oder Transferzahlungen des Staates prinzipiell als Quellen für den autonomen Konsum ausgeschlossen. Ein Vermögensabbau kann allerdings nur außerhalb des Modells erklärt werden und setzt voraus, dass langfristige Wirkungen vernachlässigt werden können. Letzteres steht aber nicht mit der kurzfristig orientierten Keynesschen Lehre in Konflikt.

Die zweite Komponente der Konsumfunktion ist einkommensabhängig. Sie bringt zum Ausdruck, dass zusätzlich zum autonomen Konsum ein bestimmter Prozentsatz des Einkommens, in unserem Beispiel 80 %, konsumiert wird.

Folgende Rechnungen mögen dies verdeutlichen:

Y	$C = C_a + cY$
0	100
100	$100 + 0,8 \cdot 100 = 180$
200	$100 + 0,8 \cdot 200 = 260$
300	$100 + 0,8 \cdot 300 = 340$
400	$100 + 0,8 \cdot 400 = 420$
500	$100 + 0,8 \cdot 500 = 500$
600	$100 + 0,8 \cdot 600 = 580$

Jeder weitere Euro, der zusätzlich verdient wird, steigert den Konsum um einen konstanten Betrag, hier um 0,80 €. Der Prozentsatz, der dies zum Ausdruck bringt, also der Koeffizient c der Konsumfunktion, wird als so genannte „marginale Konsumquote" oder auch als „Grenzneigung zum Konsum" bezeichnet.

Bei den gerade vorgenommenen Rechnungen liegt der Konsum bis zu einem Einkommen von 500 € immer höher als das Einkommen, das heißt in dem betrachteten Einkommensbereich können die Haushalte ihre Konsumpläne nur realisieren, wenn sie über anderweitige Mittel verfügen. Erst ab einem Einkommen von 500 € übersteigt das Einkommen den Konsum, so dass jetzt Ersparnisse gebildet werden können: Man spricht hier von der „Sparschwelle".

Wir können aufgrund dieser Zusammenhänge aus unserer Konsumfunktion auf einfachem Wege, wie im unteren Teil von Abbildung III.21 demonstriert, grafisch die zugehörige Sparfunktion ableiten. Hierzu zeichnen wir in das obere Diagramm zusätzlich zur Konsumfunktion die 45°-Linie ein, so dass wir sofort den Punkt ersehen können, bei dem $Y = C$ gilt. Hier ist die Ersparnis null. Außerdem wissen wir, dass bei einem Einkommen von null eine negative Ersparnis in Höhe des autonomen Konsums vorliegen muss. Damit haben wir zwei Punkte der Sparfunktion bestimmt. Da die Sparfunktion bei einer linearen Konsumfunktion ebenfalls linear verlaufen muss, können wir damit den gesamten Funktionsverlauf in das untere Diagramm einzeichnen.

Formal gilt:

$$S = Y - C = Y - (C_a + cY) \text{ oder } S = -C_a + (1-c)Y,$$

wobei $s = (1-c)$ als marginale Sparquote definiert ist. Die marginale Sparquote gibt an, wie viel Prozent von jedem weiteren Euro gespart wird. In unserem Zahlenbeispiel ist die marginale Sparquote 0,2, und es ergibt sich für die Sparfunktion

$$S = -100 + 0,2Y.$$

Wir werden an späterer Stelle auf diese Sparfunktion zurückkommen.

Die zweite Nachfragekomponente betrifft die Investitionsgüternachfrage. Hier bestehen keine wesentlichen Unterschiede zwischen Keynes und der Klassik. In beiden Fällen werden die Investitionen – wie in Abbildung III.22 dargestellt – als zinsabhängig aufgefasst, wobei von einem fallenden Verlauf der Investitionsfunktion auszugehen ist, da mit sinkendem Zins die Zahl der rentablen Investitionsprojekte wächst:

$$I = I(i) = I_a - hi; \text{ mit } h = \partial I(i)/\partial i.$$

Dabei ist I_a die zinsunabhängige, bzw. bei einem Zins von Null maximal mögliche Investitionsmenge und h die marginale Investitionsneigung in Bezug auf den Zins. Damit erhalten wir folgende Gleichung für die geplante gesamtwirtschaftliche Nachfrage:

$$Y^N = C(Y) + I(i).$$

Wenn wir nun nach dem Gleichgewicht auf dem Gütermarkt fragen, wollen wir zunächst der Einfachheit halber annehmen, dass der Zinssatz, der über die Höhe der Investitionsnachfrage entscheidet und der bei Keynes primär über den Geldmarkt bestimmt wird, exogen gegeben ist. Man spricht in diesem Fall in der Literatur auch vom „Festzinsmodell", bei dem wir es mit einer konstanten Investitionsnachfrage zu tun haben:

$$I(\bar{i}) = \bar{I}.$$

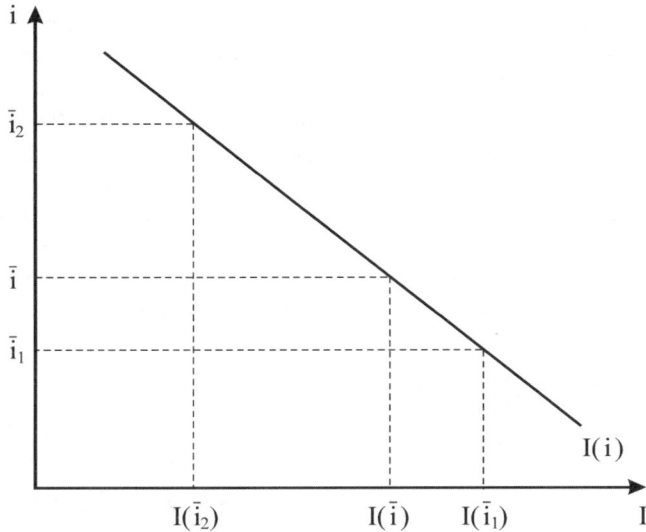

Abbildung III.22

Gedanklich ist es natürlich möglich, Festzinsen zu variieren. Wie man anhand von Abbildung III.22 sieht, sinkt (steigt) die Investitionsnachfrage bei einer Erhöhung (Senkung) des Zinssatzes.

Setzen wir außerdem für die Konsumnachfrage die lineare Funktion ein, die wir eben ausführlich besprochen haben, so erhalten wir folgende gesamtwirtschaftliche Nachfragefunktion

$$Y^N = C_a + cY + \bar{I},$$

die wir nun anhand von Abbildung III.23 näher analysieren wollen.

Die grafische Darstellung der Konsumfunktion kennen wir bereits. Die Gesamtnachfrage ist jedoch um die Investitionen höher, so dass wir nur die Konsumfunktion im oberen Teil der Abbildung um den entsprechenden Betrag parallel nach oben verschieben müssen. An dieser Kurve können wir ablesen, welche Nachfrage von Haushalten und Unternehmen bei alternativen Einkommen geplant wird. Das Gleichgewichtseinkommen Y^* auf dem Gütermarkt ist dort (und nur dort) realisiert, wo die Nachfragekurve die 45°-Linie schneidet.

Warum dies so ist, lässt sich wie folgt begründen: Bekanntlich entspricht die Höhe des Einkommens genau der Höhe der Produktion. Von einem Gleichgewichtseinkommen beziehungsweise einer gleichgewichtigen Produktion können wir jedoch nur dann sprechen, wenn die Produktion auf eine entsprechende Nachfrage trifft, wenn also das Einkommen in voller Höhe nachfragewirksam wird. Dies ist jedoch im Keynesschen System – anders als in der Klassik – keineswegs sichergestellt, da ein Teil des Einkommens gespart wird und damit zunächst einmal einen Nachfrageausfall darstellt. Wegen des fehlenden Zinsmechanismus, der im System der Klassik stets für einen Ausgleich zwischen Sparen und Investieren sorgte, ist eine Kompensation für diesen Nachfrageausfall nicht selbstverständlich. Nur wenn der Nachfrageausfall durch Sparen genau durch eine entsprechend große Investitionsgüternachfrage ausgeglichen wird, trifft die Produktion auf eine gleich große Nachfrage. Das Gleichgewichtseinkommen muss also sicherstellen, dass dieses Einkommen genau der Höhe der für Konsumgüterkäufe und Investitionen geplanten Nachfrage entspricht. Und diese Bedingung ist eben dort erfüllt, wo die gesamtwirtschaftliche Nachfragekurve (C + I) die 45°-Linie schneidet. Denn nur hier ist die Höhe des Einkommens beziehungsweise der Produktion (welche wir auf der 45°-Linie ablesen) gleich groß wie die effektive Nachfrage. Die notwendige Gleichgewichtsbedingung lautet also:

$$Y^N \stackrel{!}{=} Y^A.$$

Um die Intuition des beschriebenen Gleichgewichts besser zu verstehen, betrachten wir in diesem Zusammenhang einmal jene Positionen, die von diesem Gleichgewicht abweichen. Sofern weniger produziert würde als im Gleichgewicht, also im Falle $Y < Y^*$, so wäre die geplante Nachfrage größer als die Produktion. Es käme kurzfristig entweder zu Lieferfristen oder die Unternehmen müssten ihren Lagerbestand abbauen. Man kann davon ausgehen, dass die Unternehmen dies zum Anlass nehmen würden, ihre Produktion auszuweiten. Preissteigerungstendenzen („inflatorische Lücke") sind nicht zu erwarten, da wir uns ja annahmegemäß (noch) in einer Umwelt von Festpreisen befinden.

Umgekehrte Effekte sind zu erwarten, wenn $Y > Y^*$ gilt, denn hier ist die Produktion größer als die effektive Nachfrage. Die Unternehmen blieben zum Teil auf ihren Waren sitzen, es käme zu ungeplanten Lagerbestandserhöhungen, welche die Unternehmen zu einer Einschränkung ihrer Produktion veranlassen würden. Preissenkungstendenzen („deflatorische Lücke") sind nicht zu erwarten, weil wir uns annahmegemäß (noch) in einem Szenario der Festpreise befinden.

Lediglich bei $Y = Y^*$ stimmt die Produktion mit der geplanten Nachfrage überein, so dass wir hier das Gleichgewichtseinkommen realisiert haben. Zudem bestehen, wie wir gerade gesehen haben, Tendenzen auf dem Gütermarkt, dieses Gleichgewicht auch zu realisieren.

Damit wird bereits hier die dominante Rolle sichtbar, die der Nachfrageseite im Keynesschen System zukommt. Denn es ist ausschließlich die Höhe der effektiven Nachfrage, die über das Gleichgewicht am Gütermarkt entscheidet. Besonders deutlich wird dies, wenn man sich die obige Gleichgewichtsbedingung in Erinnerung ruft, aus der unmittelbar die Gleichheit von geplanter Nachfrage und tatsächlicher Produktion hervorgeht.[64] Wir brauchen deshalb – wie wir es eben getan

---

[64]   Der Angebotsseite kommt lediglich eine passive Rolle zu, indem unterstellt wird, dass die Unternehmen bestrebt sind, die Produktion der Nachfrage anzupassen.

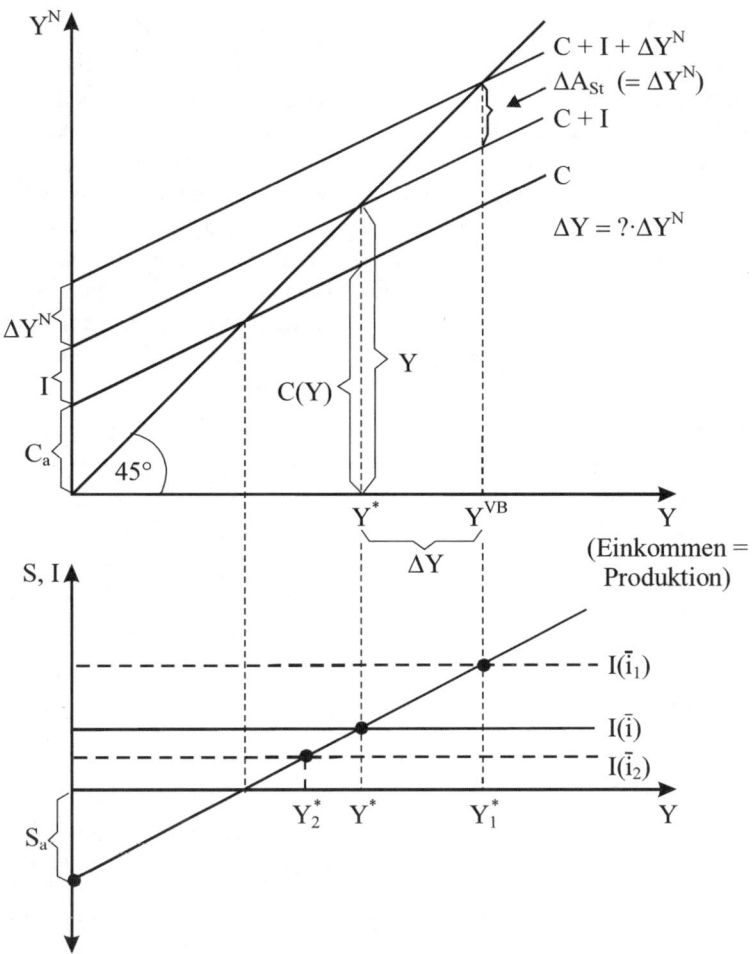

Abbildung III.23

haben – nur danach zu fragen, bei welchem Einkommen Nachfrage und Produktion übereinstimmen und haben damit zugleich das Gleichgewichtseinkommen bestimmt. Anders als im klassischen System, in dem jede Produktion – gesteuert über den Zinsmechanismus von Sparen und Investieren – auf eine gleich große Nachfrage trifft, gibt es bei Keynes damit nur ein einziges Einkommen, welches garantiert, dass die Produktion auf entsprechende Absatzbedingungen stößt. Jede andere Produktionshöhe dagegen kennzeichnet eine Ungleichgewichtslage, welche die eben skizzierten Anpassungsmechanismen in Richtung auf das Gleichgewichtseinkommen in Gang setzt.

Wir können an unserer bisherigen Darstellung, die sich ausschließlich auf den Gütermarkt bezieht und zudem einige Vereinfachungen aufweist, bereits einige Kernaussagen von Keynes verdeutlichen. Wenn die effektive Nachfrage auf dem

Gütermarkt über die Höhe des Gleichgewichtseinkommens entscheidet, so existiert offenbar kein Mechanismus, der automatisch Vollbeschäftigung garantiert. Denn die zum Gleichgewichtseinkommen gehörende Produktion erfordert gemäß der Produktionsfunktion einen bestimmten Arbeitseinsatz, so dass mit der effektiven Nachfrage am Gütermarkt zugleich auch die Nachfrage der Unternehmen am Arbeitsmarkt bestimmt ist. Ob diese nachgefragte Arbeitsmenge jedoch ausreicht, zugleich auch für Vollbeschäftigung am Arbeitsmarkt zu sorgen, ist damit noch nicht sichergestellt. Gibt man das Vollbeschäftigungseinkommen zum Beispiel mit Y^{VB} vor, so besteht im Keynesschen System kein Zusammenhang zwischen Y^* und Y^{VB}, eine Übereinstimmung wäre lediglich ein glücklicher Zufall. Vielmehr geht Keynes davon aus, dass im Normalfall $Y^* < Y^{VB}$ gilt, so dass die Wirtschaft zu einem Gleichgewicht auf dem Gütermarkt bei Unterbeschäftigung tendiert.

Allerdings – und vielleicht machte dies die Keynessche Lehre so attraktiv – lieferte Keynes zugleich das Rezept, wie man dieser Situation innerhalb seines Modellrahmens entkommen kann. Denn der Staat muss „nur" dafür sorgen, dass die Nachfrage auf jenes Niveau angehoben wird, welches auch Vollbeschäftigung garantiert. Betrachten wir hierzu noch einmal Abbildung III.23. Um das Einkommen auf den Vollbeschäftigungswert Y^{VB} zu bringen, muss die effektive Nachfrage um den Betrag ΔY^N nach oben verschoben werden. Hierzu gibt es grundsätzlich drei Ansatzpunkte:

- den autonomen Konsum (ΔC_a),

- die autonomen Investitionen (ΔI_a) oder – und dies ist für Keynes der wichtigste Fall –

- die staatlichen Ausgaben (ΔA_{St}), die bisher, da wir von staatlichen Aktivitäten abstrahiert haben, noch nicht in unserem Modell enthalten waren.

Wie der oberen Hälfte der Abbildung unmittelbar zu entnehmen ist, braucht die Nachfrage nicht genau um den Betrag zu steigen, um den das Einkommen wachsen soll, sondern nur um einen bestimmten Anteil hiervon ($\Delta Y^N < \Delta Y$).[65] Dies ist auf den so genannten Multiplikatoreffekt zurückzuführen. Denn im Keynesschen System führt eine Nachfragesteigerung um einen bestimmten Betrag zu einer um ein Vielfaches stärkeren Erhöhung des Gleichgewichtseinkommens. Wenn der Leser gedanklich einmal die Steigung der Konsumkurve, die durch unseren Wert c, also die marginale Konsumneigung, bestimmt ist, variiert, so wird er feststellen, dass die Auswirkungen einer Nachfrageänderung (Parallelverschiebung der gesamtwirtschaftlichen Nachfrage) auf das Gleichgewichtseinkommen um so stärker ausfallen, je steiler die Konsumfunktion verläuft, das heißt, je größer die marginale Konsumneigung ist. Und zwar gilt:

$$\Delta Y = \frac{1}{1-c} \left(\Delta C_a + \Delta I_a + \Delta A_{St} \right).$$

---

[65] Wie in Abbildung III.23 deutlich zu erkennen, ist $\Delta A_{St} \equiv \Delta Y^N < \Delta Y$!

Dabei stellt der Ausdruck $1/(1-c)$ den originären „Einkommensmultiplikator" dar, der beispielsweise für $c = 0,8$ den Wert 5 annimmt. Dies bedeutet, dass eine Veränderung des autonomen Konsums, der autonomen Investitionen oder der (autonomen) Staatsausgaben eine Veränderung des Gleichgewichtseinkommens nach sich zieht, die fünfmal so stark ist. So würde beispielsweise eine Erhöhung der Staatsausgaben um 100 € eine Einkommenssteigerung von 500 € bewirken, woraus man im Keynesschen System schließen kann, dass der Staat zur Ankurbelung der Wirtschaft die entscheidenden Nachfrageimpulse geben kann. In dem der Abbildung III.23 zugrundeliegenden Fall würde es deshalb ausreichen, die Staatsausgaben um den Betrag ΔA_{St} anzuheben, um eine Erhöhung des Gleichgewichtseinkommens um ΔY auf die gewünschte Höhe von Y^{VB} zu erreichen.

Vielfach findet man den Investitionsmultiplikator oder den Staatsausgabenmultiplikator in Abhängigkeit von der marginalen Sparquote s angegeben, also beispielsweise in der Schreibweise

$$\Delta Y = \frac{1}{s} \Delta I_a.$$

Dies hat folgenden Hintergrund: Da ein zusätzlicher Euro entweder konsumiert oder gespart werden kann, gilt definitionsgemäß, dass sich die marginale Konsumquote und die marginale Sparquote stets zu 1 addieren müssen, also

$$c + s = 1 \qquad \text{oder} \qquad s = 1 - c.$$

Der entsprechende Einkommensmultiplikator lässt sich analytisch wie folgt in einfacher Weise herleiten, wenn wir aus Vereinfachungsgründen den autonomen Konsumbestandteil (C_a) außer Acht lassen:

$$Y = cY + I_a.$$

Wenn wir zu jedem Term auf der rechten und auf der linken Seite ein Δ der entsprechenden Variablen hinzufügen, ergibt sich:

$$Y + \Delta Y = cY + c\Delta Y + I_a + \Delta I_a.$$

Subtrahieren wir nun die erste von der zweiten Gleichung, so gilt

$$\Delta Y = c\Delta Y + \Delta I_a \mid -c\Delta Y.$$

Durch geeignetes Zusammenfassen finden wir schließlich den einfachen Einkommensmultiplikator von oben:

$$\Delta Y - c\Delta Y = \Delta I_a$$

$$(1-c)\Delta Y = \Delta I_a \mid /(1-c)$$

$$\Delta Y = \frac{1}{(1-c)} \Delta I_a = \frac{1}{s} \Delta I_a.$$

Im Folgenden demonstrieren wir den dynamischen Verlauf eines Multiplikatorprozesses anhand eines numerischen Beispiels. Dazu nehmen wir eine Zeitindexierung der Kernvariablen vor und führen Zeitverzögerungen („time-lags") ein, ohne die grundlegenden Bausteine des Keynesschen Modells gravierend zu verändern.

In der „Konsumfunktion" („Sparfunktion") berücksichtigen wir jetzt den so genannten „Robertson-Lag": Der laufende Konsum reagiert jetzt um eine Periode verzögert auf das (verfügbare) Einkommen, eine Annahme, die durch empirische Untersuchungen des Konsumverhaltens gestützt wird:

$$C_t = C_a + cY_{t-1} = 100 + 0{,}8Y_{t-1}.$$

Entsprechend lautet die Sparfunktion jetzt:

$$S_t = -C_a + sY_{t-1} = -100 + 0{,}2Y_{t-1}.$$

Die (autonomen) Investitionen nehmen immer den Wert 100 an, mit Ausnahme der Periode 1, in der sie *einmalig* auf den Wert 200 ansteigen:

$I_t = 100$ für $t = 0, 2, 3, ..., n$

$I_1 = 200$ für $t = 1$.

Die statische Multiplikatorformel von oben lässt unter den vorgegebenen Parameterwerten einen Multiplikator von 5 erwarten:

$$\Delta Y = \frac{1}{s}\Delta I = \frac{1}{0{,}2} \cdot 100 = 500.$$

Dem entsprechen – bei einer *einmaligen* Erhöhung der Investitionen von 100 auf 200 in Periode 1 – kumulierte Einkommenserhöhungen von 500, wie sie auch die Spalte 8 der nachfolgende Tabelle verdeutlicht.

Die Tabelle verdeutlicht den Multiplikatorprozess. Dabei ist in jeder Periode folgende Randbedingung einzuhalten:

$Y = C + I$ beziehungsweise $(1) = (2) + (5)$.

Da einerseits immer $I = S$ ex post erfüllt sein muss, die Sparfunktion dagegen stets die in den einzelnen Perioden geplanten Sparsummen ausweist (Spalte 3), treten häufig (negative) ungeplante Ersparnisse auf (Spalte 4): Die Unternehmer planen und realisieren ab Periode 2 (wieder) nur Investitionen von 100 (Spalte 5 und 6), während die Sparer mit ihren Plänen dem Prozess der Einkommenserhöhung folgen wollen (Spalte 3). Die Lücke zwischen diesen Plänen und den ex post niedrigeren realisierten Ersparnissen wird durch „ungeplante Zusatzkäufe" geschlossen, deren Umfang – im Gleichschritt mit den abnehmenden Einkommenszuwächsen in Relation zum Ausgangsgleichgewicht (Spalte 7) – aber Periode für Periode kleiner wird .

t	Y	C	S^{gepl}	S^{ungepl}	I	ΔI (zu $t=0$)	ΔY (zu $t=0$)	$\Sigma \Delta Y$ (zu $t=0$)
	(1)	(2)	(3)	(4)	(5)	(6)	(7)	(8)
0	1000	900	100	0	100	0	0	0
1	1100	900	100	100	200	100	100	100
2	1080	980	120	-20	100	0	80	180
3	1064	964	116	-16	100	0	64	244
∂	∂	∂	∂	∂	∂	∂	∂	∂
n	1000	900	100	0	100	0	0	500

Da der Keynessche Kapitalmarkt nicht durch den Zinsmechanismus – wie in der Klassik erfolgreich – im Gleichgewicht gehalten wird, wandern von den Unternehmern nicht nachgefragte Teile des Kapitalangebotes (unfreiwillig) in den Konsum. Der Multiplikatorprozess stößt demnach ein Ungleichgewicht am Kapitalmarkt an, das aber im Zuge des konvergierenden Pfades der zentralen Kreislaufgrößen am Ende wieder abgebaut wird.

Man kann das Gleichgewicht im Keynesschen System auch noch auf eine andere Weise darstellen, die eine größere Ähnlichkeit zu jenem Ansatz aufweist, den wir bei der Klassik betrachtet haben. Und zwar ist bekannt – wir haben darauf gerade noch einmal am Beispiel der marginalen Quoten hingewiesen –, dass zwischen Sparen und Konsum ein definitorischer Zusammenhang besteht, denn es gilt stets die Definitionsgleichung

$$Y = C + S \quad \text{beziehungsweise} \quad Y - C = S.$$

Deshalb liegt – wir haben dies bei der Darstellung der Sparfunktion bereits gezeigt – mit der Konsumfunktion zugleich auch die Sparfunktion fest. Wir können somit in Abbildung III.23 aus der Konsumfunktion leicht die zugehörige Sparfunktion herleiten.

Wie wir bereits wissen, fällt bei einem Einkommen von null nur der autonome Konsum C_a an, so dass die Sparfunktion an dieser Stelle den Wert $-C_a = S_a$ aufweisen muss. Weiter korrespondiert der Schnittpunkt der Konsumfunktion mit der 45°-Linie – hier gilt $C = Y$ – mit einer Ersparnis von null, so dass die Sparfunktion an dieser Stelle die Abszisse schneiden muss. Da die Sparfunktion bei einer linearen Konsumfunktion ebenfalls linear verlaufen muss, ist damit die Gestalt der Sparfunktion im unteren Teil der Abbildung III.23 festgelegt.

Zeichnet man zusätzlich die geplanten Investitionen, die in unserem Fall autonom und konstant sind und deshalb parallel zur Abszisse verlaufen, mit in diese Abbildung ein, so markiert der Schnittpunkt von Spar- und Investitionsfunktion das Gleichgewichtseinkommen. Die Erklärung für diesen Zusammenhang kennen wir bereits, denn im Gleichgewicht muss der durch das geplante Sparen entstandene Nachfrageausfall genau durch die geplante Investitionsnachfrage ausgeglichen werden.

Diese im Gleichgewicht geforderte Übereinstimmung von geplantem Sparen und geplantem Investieren ist identisch mit dem klassischen Ansatz. Der Unterschied zur Klassik besteht jedoch in der angenommenen Abhängigkeit dieser Größen. Im klassischen System sind beide Größen zinsabhängig, so dass sich über den Zinsmechanismus stets automatisch ein Gleichgewicht einstellt. Dies hat zur Folge, dass bei jeder beliebigen Einkommenshöhe – die im klassischen System bekanntlich über den Arbeitsmarkt bestimmt wird – der Gütermarkt über den Zins ins Gleichgewicht kommt. Anders dagegen bei Keynes. Hier sind nur die Investitionen zinsabhängig, während das Sparen vom Einkommen abhängt.

In unserer Abbildung sind wir von einem exogenen, das heißt hier über den Geldmarkt vorgegebenen Zinssatz ($\bar{i}$) ausgegangen. In diesem Fall sind die Investitionen konstant, und es gibt nur ein Einkommen, nämlich Y^*, bei dem der Gütermarkt im Gleichgewicht ist. Sofern jedoch ein anderer Zinssatz vorgegeben wird, verändert sich dieses Gleichgewicht. Ein niedrigerer Zinssatz, zum Beispiel $\bar{i}_1$, würde die geplanten Investitionen ansteigen lassen, die Investitionsgerade würde sich parallel nach oben verschieben. Der Gütermarkt wäre nun bei einem höheren Einkommen (Y_1^*) mit entsprechend gestiegener Ersparnis im Gleichgewicht. Umgekehrt bei einem höheren Zinssatz, zum Beispiel $\bar{i}_2$, der die geplanten Investitionen schrumpfen lassen würde. Unsere Investitionsgerade würde sich parallel nach unten verschieben, das Gleichgewichtseinkommen würde abnehmen, da die erforderliche geplante Ersparnis nun bereits bei einem geringeren Einkommen (Y_2^*) erreicht wird. Somit gibt es im Keynesschen System eine Reihe von Kombinationen von Einkommen und Zinssatz, bei denen der Gütermarkt im Gleichgewicht ist.

Bekanntlich wird der Zinssatz im Keynesschen System durch die Bedingungen auf dem Geldmarkt bestimmt. Damit wird über die gerade angestellten Überlegungen nicht nur eine Verbindung zum Geldmarkt hergestellt, sondern hier liegt zugleich, wie wir noch sehen werden, ein möglicher Ansatzpunkt der Geldpolitik, um über das Zinsniveau die Höhe der Investitionen und damit das Gleichgewichtseinkommen zu beeinflussen.

III.4.2.3 Geldmarkt

Nach klassischer Vorstellung wird Geld oder Kasse ausschließlich zu Transaktionszwecken nachgefragt. Dort hatten wir die Beziehung

$$L_T^n = \frac{1}{V} \cdot P \cdot Y$$

abgeleitet, wobei wir nun zur Kennzeichnung der Transaktionskasse den Zusatz T verwenden wollen und mit dem Superscript „n" den nominalen Charakter dieser

Kasse kennzeichnen. Für das Realeinkommen verwenden wir im Folgenden das Symbol Y. Die reale Nachfrage nach Transaktionskasse ergibt sich wieder durch die Division der nominalen Transaktionskasse durch das Preisniveau. Da wir im Keynesschen System annahmegemäß von einem konstanten Preisniveau ausgehen, muss hier allerdings nicht zwischen den realen und nominalen Größen unterschieden werden. Bei gegebenen Zahlungsgewohnheiten wächst damit die reale Nachfrage nach Transaktionskasse proportional zum realen Einkommen:

$$L_T = \frac{1}{V} \cdot Y = L_T(Y).$$

Neben der Geldnachfrage zu Transaktionszwecken – und darin kommt nun der entscheidende Unterschied zur Klassik zum Ausdruck – berücksichtigt Keynes ein zweites Motiv der Kassenhaltung, und zwar die spekulative Geldhaltung. Diese zweite Komponente der Geldnachfrage, die vom Zins abhängt, wird bei Keynes nicht auf der Basis des Opportunitätskostenprinzips, sondern mit einem eigenen Erklärungsansatz begründet. Im Ergebnis jedoch führen beide Erklärungsansätze zu ähnlichen Schlussfolgerungen.

Nach Keynes können die Wirtschaftssubjekte ihr Vermögen entweder in Geld oder in langfristigen Wertpapieren anlegen. Bei den langfristigen Wertpapieren handelt es sich um Papiere mit prinzipiell unendlicher Lebensdauer, für die pro Jahr ein fester Betrag auf den Nennwert ausgezahlt wird.

Da diese Papiere am Markt gehandelt werden, bildet sich ihr Preis – der Kurs – aufgrund von Angebot und Nachfrage. Dieser braucht deshalb natürlich nicht mit dem Nennwert, den wir mit 100 € annehmen wollen, überein zu stimmen. Würde der Kurs beispielsweise auf 50 € fallen, so hätten wir bei einem konstanten jährlichen Ertrag von 5 € eine Effektivverzinsung (Rendite) von 10 %. Entsprechend würde der Effektivzins zum Beispiel auf 2,5 % sinken, wenn der Kurs auf 200 € ansteigen würde (vgl. Beispiel in Tabelle).

Nennwert	Kurs	Ertrag	Rendite
100 €	100 €	5 €	5 %
100 €	50 €	5 €	10 %
100 €	200 €	5 €	2,5 %

Wie sich der Kurs und damit die Effektivverzinsung verändert, ist abhängig von der Entwicklung des Marktzinses i. Sofern sich dieser Marktzins ändert, also jener Zinssatz, zu dem neu auf den Markt gebrachte Wertpapiere zu erhalten sind, so passt sich der Kurs unseres alten Wertpapiers genau so an, dass die Effektivverzinsung dem neuen Marktzins entspricht. Betrachten wir hierzu der Einfachheit halber eine Steigerung des Marktzinses von 5 auf 10 %. Dann muss der Kurs unseres ersten Wertpapiers von 100 € auf 50 € fallen, damit der jährliche Ertrag von 5 €

nun ebenfalls einer Effektivverzinsung von 10% entspricht. Umgekehrt würde der Kurs steigen, wenn der Marktzins fallen würde. Kurs und Marktzins entwickeln sich also gegenläufig.

Stellt man derartige Kursänderungen in Rechnung, so kann es durchaus sein, dass Geldhaltung unter Inkaufnahme eines Zinsverzichts lohnender ist als die Anlage in Wertpapieren. Und zwar trifft dies immer dann zu, wenn der Zinsertrag nicht ausreicht, um den Kursverlust auszugleichen.

Ein Kursverlust, so haben wir gesehen, tritt immer dann ein, wenn der Marktzins steigt. Keynes geht nun davon aus, dass die erwartete Veränderung des Marktzinses und damit des Kurses in enger Verbindung zu dem augenblicklich realisierten Zinsniveau zu sehen ist. Und zwar unterstellt Keynes, dass um so mehr Wirtschaftssubjekte mit einem Anstieg des Zinses und damit mit einem Rückgang des Kurses rechnen, je niedriger der gegenwärtige Zinssatz beziehungsweise – was das gleiche zum Ausdruck bringt – je höher das gegenwärtig realisierte Kursniveau ist. Dies bedeutet, dass die Geldhaltung zu Spekulationszwecken um so höher ausfällt, je niedriger der gegenwärtige Marktzins ist. Denn je niedriger der Zinssatz, desto wahrscheinlicher ist es, dass beim Halten eines Wertpapiers ein Kursverlust eintritt, der den Zinsertrag übersteigt. Mit sinkendem Zins steigt deshalb die Bereitschaft zu einer zinslosen Kassenhaltung. Die Nachfrage nach Spekulationskasse, die formal durch die Funktion

$$L_S = L_S(i)$$

ausgedrückt werden kann, hat demnach, wie in Abbildung III.24 dargestellt, einen fallenden Verlauf.

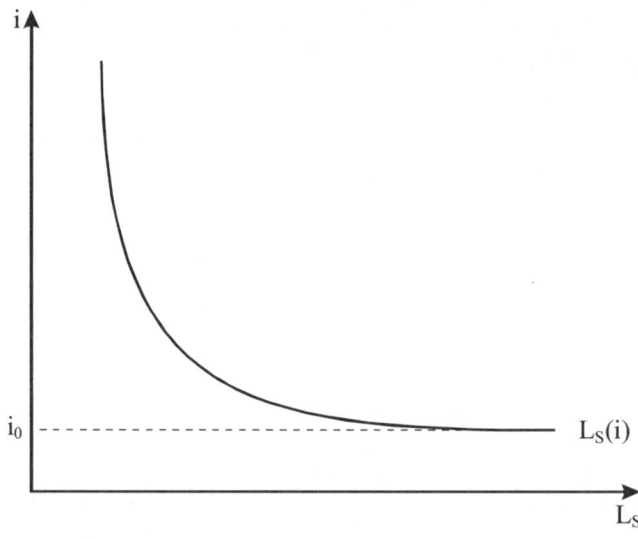

Abbildung III.24

Dabei gibt es nach Keynes einen bestimmten Minimalzins i_0, bei dem kein Wirtschaftssubjekt mehr bereit ist, Wertpapiere zu halten. Jeder rechnet mit einem
Anstieg der Zinsen und daraus resultierenden Kursverlusten, die den Zinsertrag
übersteigen. Die Nachfragekurve nach Spekulationskasse verläuft deshalb parallel
zur Abszisse, das heißt unendlich elastisch, da alle Wirtschaftseinheiten ihr gesamtes Vermögen nur in Geld halten wollen. Diese Konstellation begründet die so
genannte „Liquiditätsfalle", in der, wie wir später noch sehen werden, die Geldpolitik versagt.

Die gesamte Geldnachfrage bei Keynes setzt sich somit aus zwei Komponenten
zusammen, der einkommensabhängigen Transaktionskasse und der zinsabhängigen
Spekulationskasse:

$$L = L_T(Y) + L_S(i) = L(Y, i).$$

Betrachten wir die Höhe des Einkommens, die – wie oben gesehen – am Güter-
markt bestimmt wird, zunächst als gegeben ($\overline{Y}$), so können wir die Nachfrage nach
Geld als Funktion des Zinssatzes darstellen. Hierzu verschieben wir die Nachfra-
gekurve nach Spekulationskasse um den einkommensabhängigen Betrag, der zu
Transaktionszwecken nachgefragt wird, nach rechts, so dass wir den in Abbildung
III.25 dargestellten Verlauf der Geldnachfrage erhalten.

Stellen wir nun dieser Geldnachfrage das Geldangebot ($M = \overline{M}$) gegenüber,
welches wir wiederum als allein durch die Zentralbank bestimmt und damit der
Einfachheit halber als exogen annehmen wollen, so ergibt sich der Gleichgewichtszinssatz i^*, der den Geldmarkt zum Ausgleich bringt. Damit haben wir über den

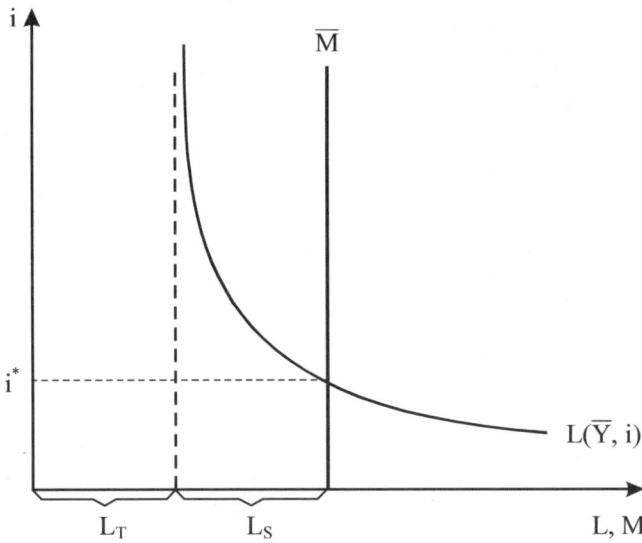

Abbildung III.25

Geldmarkt den Zinssatz bestimmt, den wir oben bei der Gütermarktdarstellung als exogen gegeben angenommen haben.

Wenn aber der Geldmarkt über den Zinssatz entscheidet, so sind Geld- und Gütermarkt nicht mehr unabhängig voneinander, da sich jede Änderung am Geldmarkt über den Zinssatz auf den Gütermarkt auswirkt. Dies bedeutet, dass nun (auch) über die Geldpolitik, das heißt über eine Veränderung der Geldmenge, das Gleichgewichtseinkommen beeinflusst werden kann. Denn eine Verminderung der Geldmenge führt ceteris paribus zu Zinssteigerungen und damit zu rückläufigen Investitionen, eine Ausdehnung der Geldmenge löst ceteris paribus über Zinssenkungen einen Anstieg der Investitionsnachfrage aus, so dass es möglich wird, über den monetären Sektor auf den realwirtschaftlichen Bereich Einfluss zu nehmen.

Damit haben wir hier die zweite entscheidende Änderung gegenüber der Klassik erklärt. Nach klassischer Vorstellung ist das Geld neutral, die Geldmenge entscheidet ausschließlich über die Höhe des Preisniveaus, ohne die güterwirtschaftliche Sphäre zu beeinflussen. Bei Keynes dagegen entscheidet der Geldmarkt über die Höhe des Zinssatzes und damit auch über die Höhe der Investitionen, so dass hier eine direkte Verbindung zwischen Geld- und Gütermarkt gegeben ist und damit die Neutralität des Geldes aufgehoben wird.

Um diese Verbindung zwischen Geld- und Gütermarkt zu verdeutlichen, greifen wir noch einmal auf unsere bekannte Gütermarktdarstellung von Sparen und Investieren zurück. Aus Abbildung III.26 wird unmittelbar ersichtlich, dass der Zinssatz über die Höhe der Investitionen und damit über das Gleichgewichtseinkommen entscheidet. Da der im Prinzip jetzt variable Zinssatz auf dem Geldmarkt bestimmt wird, ergeben sich hieraus entsprechende Möglichkeiten für die Geldpolitik, auf den realwirtschaftlichen Bereich Einfluss zu nehmen.

Allerdings sind die Zusammenhänge, die zwischen dem Güter- und Geldmarkt bestehen, komplizierter als aus der Abbildung zu ersehen ist, da über die einkommensabhängige Transaktionskasse zugleich Rückwirkungen vom Güter- auf den

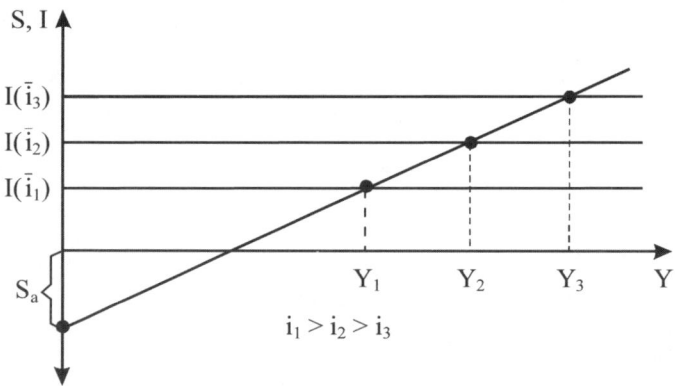

Abbildung III.26

Geldmarkt existieren. Auf eine Vertiefung dieser Zusammenhänge muss hier zunächst noch verzichtet werden. Wir werden auf diese Problematik im Rahmen der „neoklassischen Synthese" aber noch zurückkommen. Zunächst wollen wir uns hier damit begnügen festzuhalten, dass die Bedingungen auf dem Güter- und Geldmarkt *gemeinsam* darüber entscheiden, welches Gleichgewichtseinkommen und welcher Gleichgewichtszins sich in unserer Volkswirtschaft einstellen.[66] Werden diese Werte, die sich in einem gegenseitigen Anpassungsprozess herausbilden, eingenommen, so spricht man auch von einem simultanen gesamtwirtschaftlichen Gleichgewicht auf dem Güter- und auf dem Geldmarkt.

III.4.2.4 Arbeitsmarkt

Wir unterstellen im Folgenden, dass dieses simultane Gleichgewicht auf dem Güter- und Geldmarkt realisiert ist, und beziehen als drittes den Arbeitsmarkt in die Betrachtungen des Keynesschen Systems mit ein. Dabei greifen wir in Abbildung III.27 auf die gleiche Darstellung zurück, die wir von der Behandlung der Klassik her kennen; im oberen Teil ist die Höhe des Outputs (Y) – bei gegebenem Kapitalstock ($\overline{K}$) – in Abhängigkeit vom variablen Arbeitseinsatz (A) dargestellt. In der unteren Hälfte treffen die oben abgeleitete – welche identisch ist mit der Grenzertragskurve des Faktors Arbeit – und die aus Plausibilitätsüberlegungen als monoton ansteigend angesetzte Arbeitsangebotskurve aufeinander.

Bei konstanten Preisen kann ein bestimmtes Einkommen Y^* zugleich als Output interpretiert werden. Allerdings gehen wir jetzt nicht vom Arbeitsmarktgleichgewicht (also vom unteren Teil der Abbildung) aus und bestimmen das zugehörige Einkommen (im oberen Teil der Abbildung), sondern wir geben umgekehrt (oben) das auf dem Gütermarkt bestimmte Gleichgewichtseinkommen Y^* dem Arbeitsmarkt (unten) vor. Die „Lesart" des kombinierten Produktions- und Arbeitsmarktdiagramms von Klassik und Keynesscher Schule ist demnach genau entgegen gerichtet. Das Gleichgewichtseinkommen Y^* entspricht einer gleich hohen Produktion, zu deren Erstellung eine bestimmte Arbeitsmenge benötigt wird. Um welche Menge es sich dabei handelt, kann aus der makroökonomischen Produktionsfunktion ersehen werden. Wir wollen diese Menge mit A^* bezeichnen.

Nun wäre es reiner Zufall, wenn der Gleichgewichtswert Y^* genau zu jener Arbeitsnachfrage führen würde, die zugleich auch für Vollbeschäftigung am Arbeitsmarkt sorgt. Vielmehr ist es nach Keynesscher Auffassung wahrscheinlich, dass das gesamtwirtschaftliche Gleichgewicht aufgrund einer unzureichenden effektiven Nachfrage mit einer Unterbeschäftigungssituation am Arbeitsmarkt einhergeht. Dieser Fall ist auch in Abbildung III.27 mit $A^{VB} > A^*$ unterstellt.

---

[66] Bezweifelt man diesen Zusammenhang, so ist ein Einsatz geldpolitischer Instrumente zur Korrektur kurzfristiger konjunktureller Störungen abzulehnen. Dies ist die Position der klassisch orientierten Nationalökonomen. Die Vertreter des Monetarismus plädieren dagegen für die Vorgabe starrer Geldmengenziele, die zwar das stetige Wachstum der Wirtschaft finanzieren, nicht aber konjunkturelle Instabilitäten auslösen sollen.

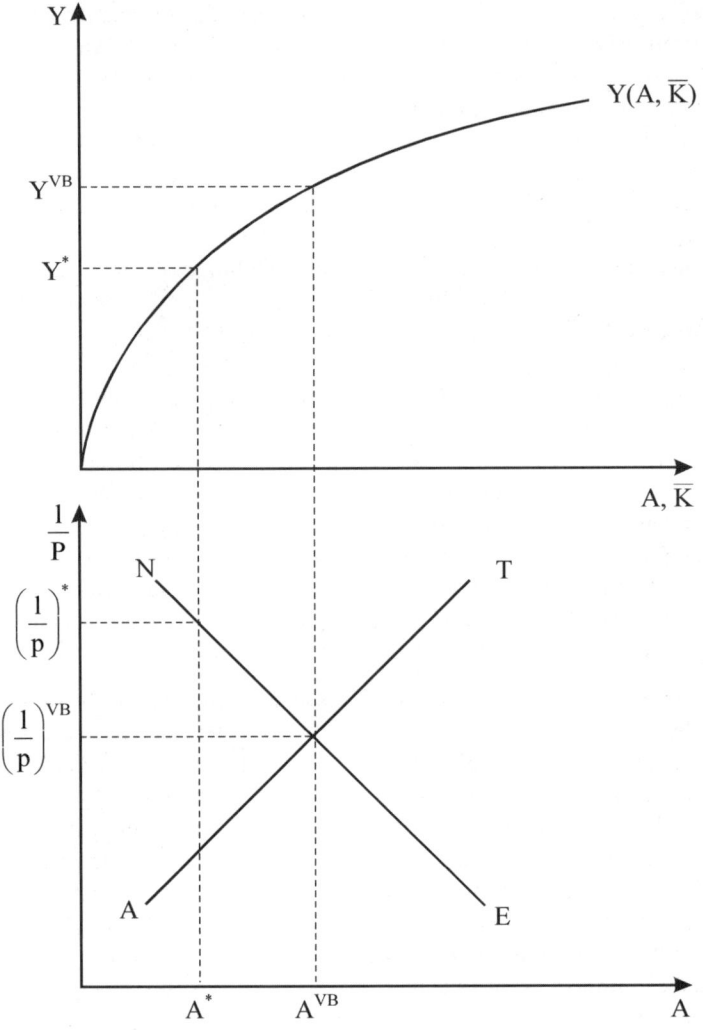

Abbildung III.27

Es kommt, wie man auch sagt, im Keynesschen System zu einem „Rationierungs-
gleichgewicht", bei dem sich die kürzere Marktseite (die Arbeitsnachfrage) durchsetzt und ein Output unterhalb des Vollbeschäftigungsniveaus realisiert wird. Im
klassischen System wäre eine solche Situation mit der hier angenommenen Arbeitslosigkeit nur dann (und auch nur kurzfristig) möglich, wenn der Reallohn
$(1/P)^*$ betragen und damit über dem Gleichgewichtslohnsatz $(1/P)^{VB}$ liegen würde.
Jedoch würde hier die Konkurrenz auf dem Arbeitsmarkt schnell dafür sorgen,
dass die Nominallöhne und damit – bei gegebenen Preisen – auch die Reallöhne
sinken, so dass der Arbeitseinsatz letztlich bis zum Vollbeschäftigungsniveau
ausgedehnt würde.

Im Keynesschen System dagegen sind die Auswirkungen einer Reallohnsenkung in hohem Maße unsicher. Der kritische Punkt ist hier die Frage, ob die erhöhte Produktion auf eine entsprechende Nachfrage trifft. Die Klassik geht, wie wir wissen, vom Sayschen Theorem aus, wonach das gesamte zusätzlich geschaffene Einkommen auch wieder nachfragewirksam wird. Denn der Nachfrageausfall durch Sparen wird über den Zinsmechanismus durch eine gestiegene Investitionsnachfrage ausgeglichen. Diese Automatik ist jedoch, wie wir bereits wissen, im Keynesschen System nicht gegeben, da das Sparen vom Einkommen, die Investitionen jedoch – wie in der Klassik – vom Zinssatz abhängen. Sofern also im Zuge der Produktionsausdehnung das Einkommen und damit auch die Ersparnisbildung steigen, bleibt das höhere Produktionsniveau nur dann erhalten, wenn der durch das Sparen entstandene Nachfrageausfall durch einen Anstieg der geplanten Investitionen ausgeglichen wird. Ansonsten würde es wieder zu Einschränkungen von Produktion und Beschäftigung kommen, weil die zusätzlich erzeugten Waren nicht abgesetzt werden können. Da die Investitionen als zinsabhängig angenommen werden, lautet die entscheidende Frage deshalb, ob über die Senkung des Reallohns zugleich auch ein Rückgang des Zinssatzes erreicht wird, der zu einem entsprechenden Anstieg der Investitionsnachfrage führt.

Nun gibt es verschiedene Konstellationen und Effekte, vor allem indirekter Art, die hier im Rahmen dieser Einführung nicht im Einzelnen diskutiert werden sollen, die bei flexiblen Löhnen und Preisen sehr wohl dazu führen können, dass über eine Reallohnsenkung eine Beschäftigungssteigerung erreicht wird. Das Wirksamwerden derartiger Effekte ist jedoch daran gebunden, dass eine Abhängigkeit der gesamtwirtschaftlichen Nachfrage vom Reallohn beziehungsweise vom Preisniveau gegeben ist. Da ein solcher Zusammenhang von den an Keynes orientierten Ökonomen als sehr unsicher eingeschätzt wird, lehnen sie es ab, sich auf diese zumeist mittelbaren Effekte zu verlassen. Da ihrer Auffassung nach über eine Reallohnsenkung in der Regel keine hinreichende Ausdehnung der gesamtwirtschaftlichen Nachfrage erreicht werden kann, muss sich eine erfolgversprechende Therapie auf die von ihnen diagnostizierte eigentliche Ursache konzentrieren und direkt auf eine Ausdehnung der effektiven Nachfrage gerichtet sein, um von dieser Seite her eine Steigerung von Einkommen und Beschäftigung zu erreichen.

Die zentralen Gedanken der Keynesschen Lehre können damit wie folgt zusammengefasst werden:

- Der Unterschied des Keynesschen Systems gegenüber der Klassik liegt zunächst in der Annahme, dass das Sparen vom Einkommen und nicht vom Zins abhängt, und in der damit verbundenen Ablehnung des Sayschen Theorems. Dies hat zur Folge, dass ein Gütermarktgleichgewicht nicht mehr automatisch garantiert ist, sondern dass bei gegebenem Zinssatz und damit gegebener Investition nur noch ein Einkommen existiert, bei dem sichergestellt ist, dass die Produktion der Nachfrage entspricht. Dieses Einkommen wird durch die effektive Nachfrage nach Konsum- und Investitionsgütern bestimmt.

- Zugleich verliert die von der Klassik behauptete Neutralität des Geldes ihre Gültigkeit. Denn die Nachfrage nach Geld wird nicht nur durch das Transaktionsmotiv, sondern auch durch das Spekulationsmotiv und damit durch den Zinssatz bestimmt. Hieraus folgt, dass der Geldmarkt über den Zinssatz entscheidet. Somit gehen vom Geldmarkt entscheidende Impulse nicht nur auf die zinsabhängigen Investitionen, sondern auch auf das Gütermarktgleichgewicht aus.

- Die gesamtwirtschaftlichen Gleichgewichtswerte von Einkommen und Zins werden aufgrund der festgestellten Interdependenzen simultan durch die Bedingungen auf dem Güter- und auf dem Geldmarkt festgelegt. Dies hat, wie wir bereits ansatzweise gesehen haben, zur Konsequenz, dass das Gleichgewichtseinkommen auch durch geldpolitische Maßnahmen beeinflusst werden kann.

- Das Gleichgewichtseinkommen, respektive die zugehörige Produktion, entscheiden über den Bedarf an Arbeitskräften. Nach Keynesscher Vorstellung reicht diese Nachfrage in der Regel nicht aus, um Vollbeschäftigung zu garantieren. Da etwaige Senkungen des Reallohns – verbunden mit einer entsprechenden Ausweitung der Arbeitsnachfrage und damit der Produktion – nicht garantieren, dass die zusätzliche Produktmenge auch auf eine entsprechend erhöhte effektive Nachfrage trifft, gibt es keinen sicheren Mechanismus, der zugleich auch für Vollbeschäftigung sorgt. Deshalb sieht Keynes ein gesamtwirtschaftliches Gleichgewicht bei Unterbeschäftigung als den Normalfall an und fordert staatliche Maßnahmen, die auf eine Erhöhung der effektiven Nachfrage abzielen, um so Vollbeschäftigung zu erreichen. Diese Maßnahmen können grundsätzlich sowohl geldpolitischer als auch fiskalpolitischer Natur sein.

III.4.2.5 Geld- und Fiskalpolitik im Keynesschen System

Geldpolitische Maßnahmen sind – wie wir bereits gesehen haben – darauf ausgerichtet, über eine Erhöhung der Geldmenge eine Senkung des Zinssatzes und damit eine Ausdehnung von Investition und Volkseinkommen zu erreichen. Diese Wirkungskette lässt sich unter Rückgriff auf die uns bereits bekannten Darstellungen vereinfacht anhand von Abbildung III.28 veranschaulichen.

Eine Erhöhung des Geldangebotes von $\overline{M}_0$ auf $\overline{M}_1$ senkt den Zins von i_0 auf i_1, da bei (vorerst) gegebenem Einkommen das zusätzliche Geldangebot nur in die Spekulationskasse wandern kann. Diese dehnt sich aber nur bei ermäßigtem Zinsniveau aus; dadurch steigt ceteris paribus die Investitionsnachfrage von I_0 auf I_1. In der Folge kann das gesamtwirtschaftliche Einkommen von Y_0^* auf Y_1^* zunehmen!

Allerdings werden hierbei Rückwirkungen des gestiegenen Einkommens auf den Geldmarkt vernachlässigt. Dies hätte jedoch lediglich zur Konsequenz, dass sich die Auswirkungen abschwächen, nicht aber in ihr Gegenteil verkehren. Der Zinsrückgang wird weniger ausgeprägt ausfallen, da ein Teil des zusätzlichen Geldan-

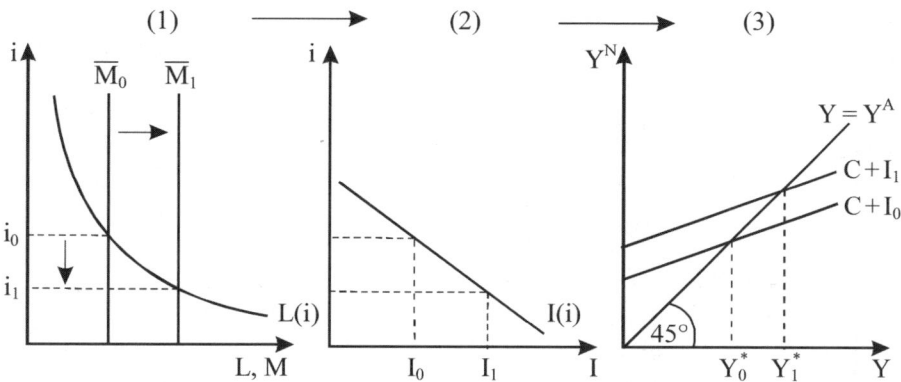

Abbildung III.28

gebots durch die höhere Nachfrage nach Transaktionskasse absorbiert wird. Nun kann diese Wirkungskette vom Geldmarkt auf den Gütermarkt und damit das Gleichgewichtseinkommen unter bestimmten Umständen versagen. Keynes führt hierfür zwei Gründe an:

1. Die Zinsen sind in der Ausgangslage bereits so niedrig, dass über eine Geldmengenerhöhung keine (spürbare) Senkung des Zinsniveaus mehr erreicht werden kann. Eine solche Situation mit unbeschränkt aufnahmefähiger Spekulationskasse wird als *Liquiditätsfalle* bezeichnet.

2. Die Zinsen sinken zwar, die Investitionen reagieren jedoch nicht (beziehungsweise kaum) auf die Zinssenkung, weil zum Beispiel die Ertrags- beziehungsweise Absatzerwartungen zu schlecht sind. In diesem Fall haben wir es mit einer so genannten zinsunelastischen Investitionsgüternachfrage zu tun, das heißt, die Investitionsfunktion würde sehr steil, eventuell sogar parallel zur Ordinate verlaufen. Das bekannte Bild, dass „man die Pferde zwar zur Tränke führen kann, sie jedoch von selbst saufen müssen", soll diesen Sachverhalt verdeutlichen.[67]

Da die gewünschte Wirkung der geldpolitischen Maßnahmen damit – gerade in rezessiven Phasen – keineswegs als sicher angesehen werden kann, bevorzugt Keynes die Finanzpolitik, da auf diesem Wege eine unmittelbare Steigerung der effektiven Nachfrage erreicht werden kann. Im Vordergrund steht dabei eine Erhöhung der staatlichen Ausgaben für Waren und Dienstleistungen. Wie die Auswirkungen derartiger Maßnahmen erfasst werden können, ist bereits bekannt und hier nur noch einmal der Vollständigkeit halber in Abbildung III.29 verdeutlicht. Ausgehend vom Unterbeschäftigungsgleichgewicht in Y_0^* erhöht der Staat seine Ausgaben (von null aus!) und erreicht damit ein um $\Delta A_{St}/(1-c)$ höheres Einkommen (Y_1^*).

---

[67] Dieses freie Zitat geht auf den früheren, vom Keynesschen Weltbild stark geprägten sozialdemokratischen Finanzminister Karl Schiller (1911–1994) zurück.

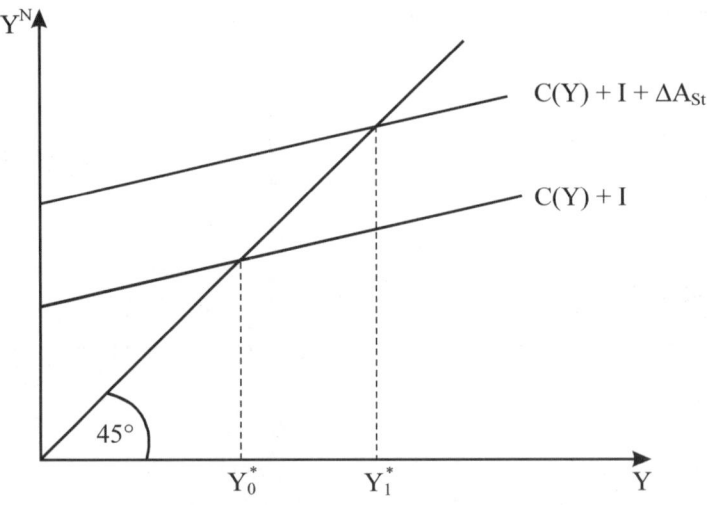

Abbildung III.29

Wie expansiv die Wirkungen einer aktiven Finanzpolitik wirklich ausfallen, hängt zum einen von den bereits beschrieben Rückwirkungen des Gütermarkts auf den Geldmarkt ab, also den Zinseffekten und deren Konsequenzen für die private Investitionen. Die neuere makroökonomische Forschung, die sich kritisch mit der angenommenen Parameterstabilität (etwa die marginale Konsumneigung) im Keynesschen System und der fehlenden Berücksichtigung vorausschauender Erwartungen der privaten Wirtschaftssubjekte auseinander gesetzt hat, sieht allerdings ein weniger optimistisches Ergebnis expansiver Finanzpolitik voraus. Wenn unklar ist, ob der Staat die eingegangene Neuverschuldung im Aufschwung auch wieder tilgen wird und/oder wenn der Staat eine beträchtliche Staatsverschuldung als Last früherer, nicht konsolidierter Defizite mit sich schleppt, dann ist es durchaus rational (Schule der „rationalen Erwartungen") von den privaten Wirtschaftssubjekten, mit zukünftigen Steuererhöhungen zu rechnen. Nur so kann der Staat der wachsenden Staatsverschuldung entgegenwirken und seine Zahlungsfähigkeit erhalten. Die Folge wäre, dass schon bei der Ankündigung eines Programms expansiver Finanzpolitik die marginale Konsumneigung absinken würde: In Erwartung der künftigen Belastungen wird mehr aus dem jeweiligen Einkommen gespart. Aus dem so Gesparten kann dann später das relativ geringere verfügbare Einkommen zu Konsumzwecken ergänzt werden. Machen wir uns die Zusammenhänge anhand von Abbildung III.30 klar.

Im Vergleich zu dem bereits bekannten günstigen Ergebnis, das sich bei der unverändert hohen marginalen Konsumneigung c (Übergang vom Einkommen Y_0^* auf das Einkommen Y_1^*) einstellte, hat der Rückgang der marginalen Konsumneigung auf einen Wert von c′ bereits ein geringeres Niveau des Gleichgewichtseinkommens Y_0' und – wegen der flacheren Funktion der Gesamtnachfrage – eine geringere Einkommenssteigerung auf die Höhe Y_1' zur Folge.

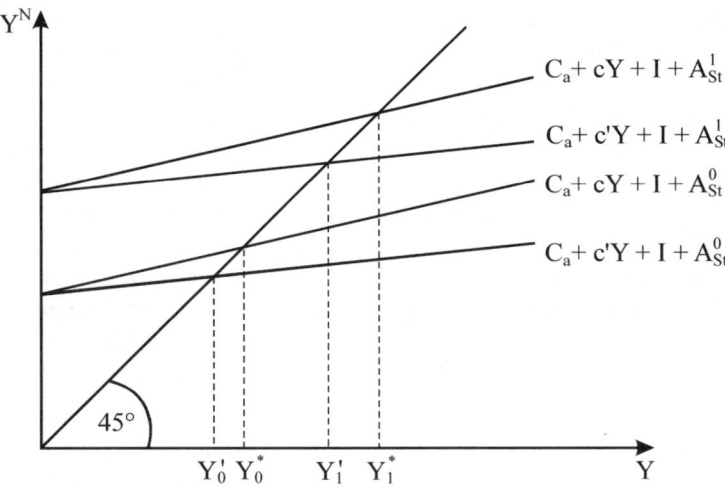

Abbildung III.30

III.4.3   Vergleich der Ansätze hinsichtlich der beschäftigungspolitischen Therapievorschläge

Bis hierher haben wir im Wesentlichen die Grundpositionen von klassisch beziehungsweise neuklassisch orientierten Nationalökonomen auf der einen und von an Keynes orientierten Wirtschaftswissenschaftlern auf der anderen Seite diskutiert. Der entscheidende Unterschied lässt sich auf die Erklärung der Arbeitslosigkeit zurückführen. Nach klassischer Vorstellung ist Arbeitslosigkeit vor allem auf nicht marktgerechte, überhöhte Reallohnpositionen zurückzuführen. Demzufolge wird das geeignete Konzept zur Bekämpfung der Arbeitslosigkeit allgemein in einer Verbesserung der Angebotsbedingungen und konkret in (zumindest relativen) Lohnsenkungen („Lohnzurückhaltung") und – zusätzlich – in einer Steigerung der Flexibilität von Löhnen und Preisen gesehen, insbesondere dann, wenn diese nach unten starr sind.

Arbeitslosigkeit in der Keynesschen Gedankenwelt beruht auf einer zu geringen gesamtwirtschaftlichen Nachfrage. Auch bei flexiblen Preisen und Löhnen kann dieser Nachfragemangel aus dem System selbst heraus nur schwer abgebaut werden, so dass – zumindest kurzfristig – mit einem gesamtwirtschaftlichen Gleichgewicht bei Unterbeschäftigung gerechnet werden muss. Das angemessene Rezept zur Erreichung einer Vollbeschäftigungssituation wird deshalb in staatlichen Maßnahmen gesehen, die auf eine Ankurbelung der gesamtwirtschaftlichen Nachfrage ausgerichtet sind. Derartige Maßnahmen können sowohl geldpolitischer Natur, besser jedoch fiskalpolitischer Art sein.

Die Keynessche Sichtweise bildet auch den Hintergrund für eine vor allem in den 1960er und 1970er Jahren propagierte Finanzpolitik, die als antizyklisch bezeichnet wird. Im Rahmen einer „antizyklischen Finanzpolitik" wird nicht ein anhaltend ausgeglichenes Budget des Staatshaushalts gefordert, sondern es sind – je nach konjunktureller Lage – Haushaltsdefizite oder Haushaltsüberschüsse zur Korrektur der gesamtwirtschaftlichen Nachfrage angezeigt. Und zwar soll sich der Staat in rezessiven Konjunkturphasen verschulden, das heißt, seine Ausgaben sollen seine Einnahmen übersteigen, um über zusätzliche Nachfrage die Wirtschaft zu beleben. Umgekehrt soll der Staat in der Hochkonjunktur Überschüsse bilden, welche zum Ausgleich der früheren Defizite (Schuldentilgung) eingesetzt werden können und so durch eine Verminderung seiner Nachfrage einer Überhitzung der Konjunktur entgegenwirken. Weiteres werden wir hierzu im folgenden Abschnitt erfahren, wo wir die Rolle des Staates bei der Stabilisierung von Konjunkturzyklen kritisch erörtern werden.

Obwohl die an Keynes orientierte Beschäftigungspolitik in den letzten beiden Jahrzehnten erheblich an Bedeutung verloren hat, kann das Keynessche System als Paradebeispiel für eine Theorie herangezogen werden, die mit der Erklärung der Arbeitslosigkeit zugleich die Grundlagen lieferte, um hierauf aufbauend, Handlungsempfehlungen für die Wirtschafts- und Finanzpolitik abzugeben. Dies gilt um so mehr, wenn das hier dargelegte Grundmodell durch Berücksichtigung des Außenhandels sowie eine verfeinerte Betrachtung der staatlichen Aktivitäten erweitert und damit stärker an die Realität angepasst wird. Allerdings muss eine Vollbeschäftigungspolitik à la Keynes versagen, wenn nicht eine mangelnde Nachfrage für die Unterauslastung der Produktionskapazitäten verantwortlich ist, sondern andere Ursachen, wie etwa ein mangelhaft funktionierender Strukturwandel mit sektoralen Umschichtungen im Zuge von Wachstumsprozessen, die Arbeitslosigkeit bedingen.

III.4.4   Hicks-Hansen-Analyse

Ein Mangel in der bisherigen Darstellung des Keynesschen Modells liegt darin, dass die prinzipiell ja festgestellte Interdependenz von Güter- und Geldmarkt nicht – und das ist wörtlich zu nehmen – „sichtbar" wird. Dieses Defizit haben der schwedische Ökonom Alvin Hansen (1887–1975) und der englische Ökonom John R. Hicks (1904–1989) durch die nach ihnen benannte „IS-LM-Analyse" behoben. Da es sich hierbei nicht mehr um eine Keynes direkt zuordenbare Darstellungsform seines Modells handelt, spricht man auch von einem keynesianischen statt von einem Keynesschen Ansatz.

III.4.4.1   IS-Kurve

Im Kapitel III.4.2.2 hatten wir gesehen, dass es im Keynesschen System eine Reihe von Kombinationen von Einkommen und Zinssatz gibt, bei denen der Gütermarkt im Gleichgewicht ist.

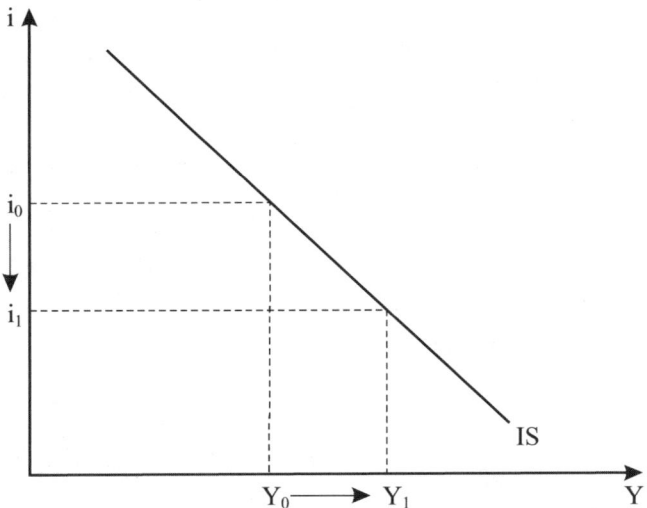

Abbildung III.31

Stellt man diesen Zusammenhang – wie in Abbildung III.31 demonstriert – in einem Y-i-Diagramm grafisch dar, so erhält man eine fallende Kurve, die zum Ausdruck bringt, dass mit sinkendem Zinssatz, zum Beispiel von i_0 auf i_1, wegen der damit verbundenen Ausdehnung der Investitionsnachfrage, das Gleichgewichtseinkommen – hier von Y_0 auf Y_1 – ansteigt.

Diese Kurve wird als IS-Kurve bezeichnet, da auf ihr alle Zins-Einkommens-Kombinationen liegen, bei denen die geplanten Investitionen (I) und das geplante Sparen (S) übereinstimmen, so dass sich hier jeweils auch der Gütermarkt im Gleichgewicht befindet.

Es gibt einen weiteren eleganten Weg, die IS-Kurve aus dem uns schon bekannten „Einkommens-Ausgaben-Modell" (vgl. Abbildung III.23) abzuleiten. Hierzu bedienen wir uns der folgenden Abbildung III.32.

In der oberen Hälfte der Abbildung ist das „Einkommens-Ausgaben-Modell" dargestellt. Es entsteht ein erstes Gütermarktgleichgewicht bei einem Einkommen von Y_0, wenn der vergleichsweise hohe Zins i_0 für die privaten Investoren gilt. Sinkt dieser Zins auf das niedrigere Niveau i_1 (und induziert damit zusätzliche private Investitionen), so verschiebt sich die gesamtwirtschaftliche Nachfragefunktion parallel nach oben. Das neue Gleichgewichtseinkommen auf dem Gütermarkt ist Y_1, mit dem dazu gehörigen Zins i_1. Das entsprechende Wertepaar finden wir auch in der unteren Hälfte der Abbildung wieder: Es ergibt, wenn man es mit dem früheren Wertepaar Y_0/i_0 verbindet, eine fallende IS-Kurve. Diese ist aus Vereinfachungsgründen als monoton linear fallende Kurve dargestellt.

Ein einfacher analytischer Weg, die IS-Kurve zu bestimmen, ist der folgende: Oben hatten wir die gesamtwirtschaftliche Nachfrage bestimmt als

$$Y^N = C(Y) + I(i).$$

Im Gleichgewicht sollte darüber hinaus gelten:

$$Y^N = Y.$$

Somit erhalten wir:

$$Y = C(Y) + I(i).$$

Für die Konsumfunktionen hatten wir angesetzt:

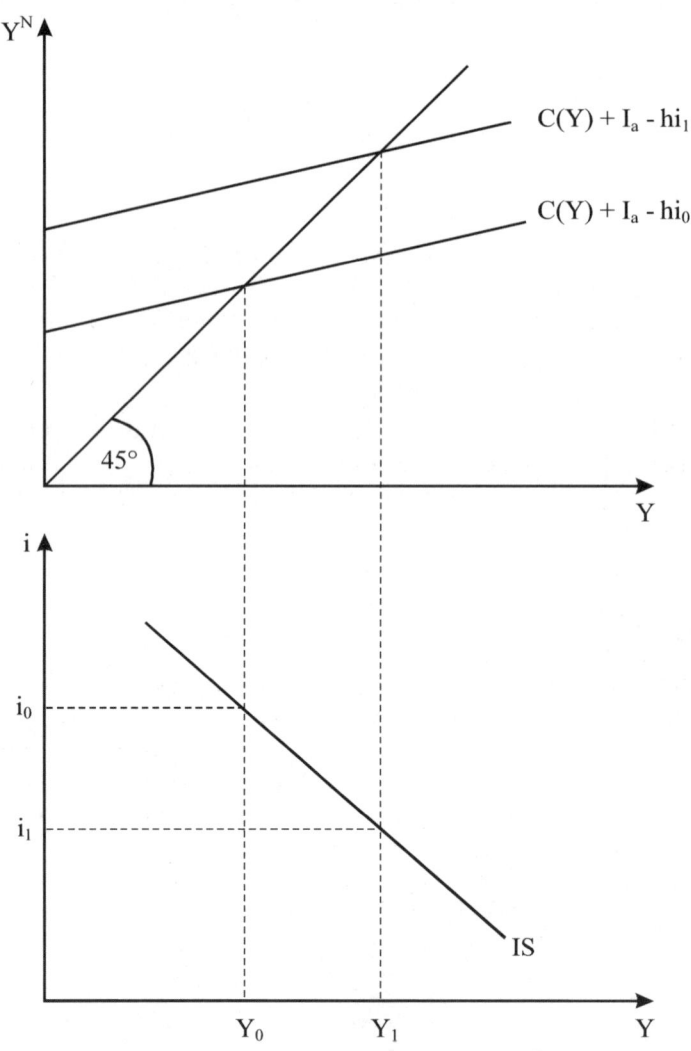

Abbildung III.32

$C = C_a + cY.$

Wenn wir analog für die Investitionen verfahren und die Investitionsfunktionen linear spezifizieren, so erhalten wir:

$I = I_a - hi.$

Für unserer Gleichgewichtseinkommen gilt also:

$Y = C_a + cY + I_a - hi$

$Y(1 - c) = C_a + I_a - hi$

und schließlich

$$Y = \frac{1}{1-c}(C_a + I_a - hi).$$

Es zeigt sich also, dass entlang der IS-Kurve ein negativer Zusammenhang zwischen Einkommen (Y) und Zinssatz (i) besteht und dass Veränderungen in den autonomen bzw. zinsunabhängigen Komponenten von Konsum und Investition (ΔC_a, ΔI_a) ein mehrfaches an Einkommenserhöhungen (oder -senkungen) erzeugen!

III.4.4.2 *LM-Kurve*

Analog zur IS-Funktion wollen wir nun das Geldmarktgleichgewicht genauer untersuchen und danach fragen, ob es auch hier Kombinationen von Zins und Einkommen gibt, für die jetzt der Geldmarkt im Gleichgewicht ist. Man bezeichnet den geometrischen Ort aller Kombinationen von Zins und Einkommen, bei denen ein Gleichgewicht zwischen Geldnachfrage (L) und Geldangebot (M) herrscht, als LM-Kurve.

Auch die LM-Kurve lässt sich mit Hilfe der Kombination zweier Diagramme einfach begründen und herleiten. Dazu bedienen wir uns Abbildung III.33.

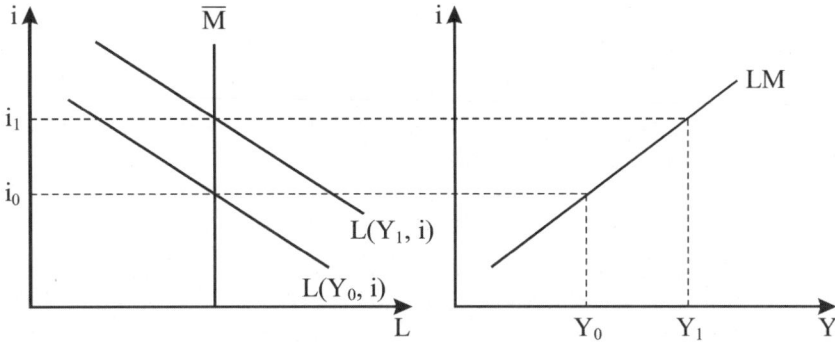

Abbildung III.33

In der linken Hälfte der Abbildung ist das von oben bekannte Gleichgewicht auf dem Geldmarkt dargestellt. In der Ausgangssituation herrscht das Gleichgewichtseinkommen Y_0, welches die entsprechende, vereinfacht mit linearem Verlauf angenommene Geldnachfrage $L(Y_0, i)$ induziert und – im Zusammenspiel mit dem exogenen Geldangebot $\overline{M}$ – den Gleichgewichtszinssatz i_0 bestimmt. Steigt nun das Gleichgewichtseinkommen von Y_0 auf Y_1 (die Geldnachfragekurve verschiebt sich nach oben auf $L(Y_1, i)$), so erfordert dies am Geldmarkt – bei unverändertem Geldangebot – einen Zinsanstieg, da die höhere Nachfrage nach Transaktionskasse nur durch eine Reduktion der Spekulationskasse alimentiert werden kann. Im neuen Gleichgewicht stellt sich der Zins i_1 ein. Der auf diese Weise hergeleitete positive Zusammenhang zwischen dem Einkommen und dem Zinsniveau und dem jeweils erfüllten Geldmarktgleichgewicht wird in der rechten Hälfte der Abbildung III.33 deutlich. Er ergibt sich sehr einfach durch Übertragung der beiden Wertepaare für Zins und Einkommen aus dem linken in das rechte Diagramm. Aus Vereinfachungsgründen ist die LM-Funktion hier als linear ansteigende Kurve dargestellt.

Ein einfacher analytischer Weg, die LM-Kurve zu bestimmen, ist der folgende: Die Geldnachfrage hatten wir angesetzt mit

$$L = L_T (Y) + L_S (i).$$

Im Gleichgewicht muss $L = M = \overline{M}$ erfüllt sein. Zur Vereinfachung wollen wir beide Teilfunktionen der Geldnachfrage linear ansetzen:

$$L_T = kY \qquad \text{beziehungsweise} \qquad L_S = L_0 - ji.$$

Durch Einsetzen und Umformen ergibt sich schließlich für das Einkommen auf dem Geldmarkt:

$$Y = \frac{1}{k}\left(M - L_0 + ji\right)$$

oder für den Geldmarktzinssatz

$$i = \frac{1}{j}\left(kY + L_0 - M\right).$$

Es zeigt sich also, dass entlang der LM-Funktion ein positiver Zusammenhang zwischen Einkommen (Y) und Zinssatz (i) besteht und, dass Veränderungen des Geldangebotes (ΔM) zu Zinsveränderungen mit umgekehrten Vorzeichen führen, deren Größenordnung bestimmt ist durch den Quotienten $1/j$.

Anders als in Abbildung III.33 haben wir in Abbildung III.34 einen nicht linearen Verlauf der LM-Funktion unterstellt. Im vorderen Bereich verläuft die LM-Funktion vergleichsweise flach oder, wie es im Fachjargon heißt, „elastisch". Dieser Bereich ist immer dann wahrscheinlich, wenn die Zinselastizität der Geld-

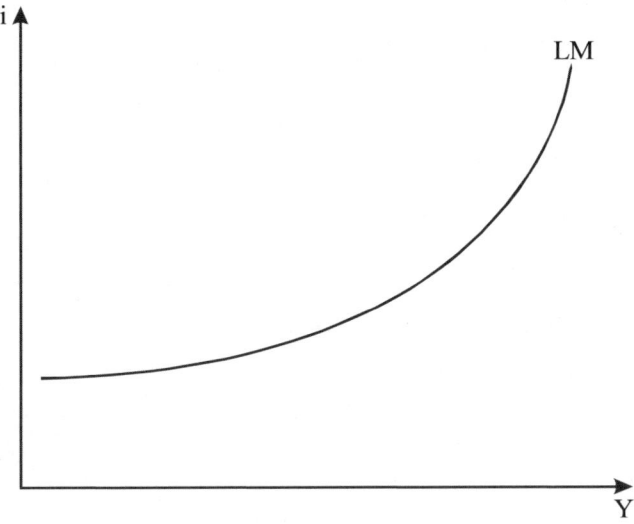

Abbildung III.34

nachfrage groß ist und damit die Spekulationskassenhaltung sich im Bereich der Liquiditätsfalle befindet (das heißt, der Parameter j ist sehr groß). Umgekehrt verläuft die LM-Funktion im hinteren Bereich relativ steil, im Fachjargon „unelastisch". Ein solcher Verlauf ist immer dann wahrscheinlich, wenn die Zinselastizität der Geldnachfrage niedrig ist (das heißt, der Parameter j ist jetzt sehr klein).

III.4.4.3   Geld- und Fiskalpolitik im IS-LM-Modell

Um die Wirkungen von Geld- oder Fiskalpolitik im IS-LM-Modell zu untersuchen, müssen wir die bislang isoliert betrachtete IS- beziehungsweise LM-Kurve in ein gemeinsames Diagramm (Abbildung III.35) überführen, wobei wir zur Vereinfachung wieder nur von linearen Verläufen der beiden Kurven ausgehen. Das Simultanitätsproblem des Keynesschen Modells wird, wie man sieht, durch die Hicks-Hansen-Analyse elegant gelöst: Im Schnittpunkt von LM- und IS-Kurve lässt sich gleichzeitig ein Güter- und Geldmarktgleichgewicht in unserer Volkswirtschaft darstellen. Die entsprechenden gleichgewichtigen Werte für Einkommen und Zins lauten Y_0 beziehungsweise i_0.

Ein Politikbedarf wurde im Keynesschen Modell bekanntlich immer dann formuliert, wenn das erreichte Gleichgewichtseinkommen (Y_0) noch keine Vollbeschäftigung ergibt. Kosten und Nutzen der Alternativen „Geld- oder Fiskalpolitik" lassen sich nun ebenfalls anhand von Abbildung III.35 diskutieren.

Eine expansive Fiskalpolitik verschiebt die IS-Kurve parallel nach rechts (1) auf die neue IS-Kurve IS_1, was bei einem (kurzfristig) konstanten Zinssatz i_0 zu einen entsprechenden Einkommensanstieg (von Y_0 auf Y_1') führt. Damit ist allerdings

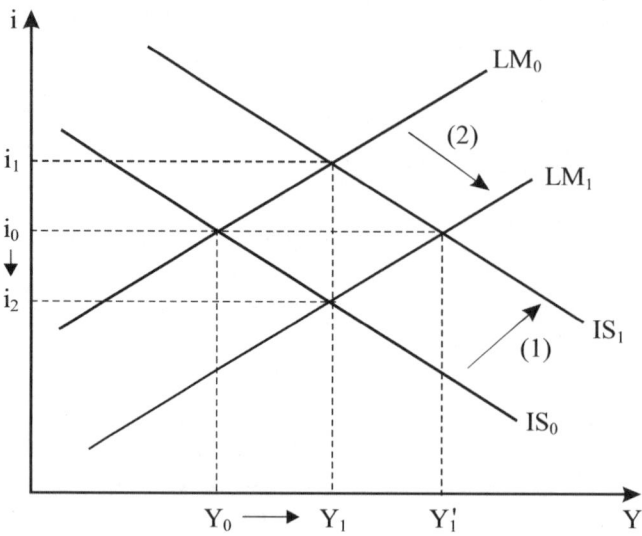

Abbildung III.35

noch kein neues Gleichgewicht erreicht, wir befinden uns vielmehr in einer Un-gleichgewichtssituation auf dem Geldmarkt, die durch eine Überschussnachfrage nach Transaktionskasse gekennzeichnet ist. Dieser Nachfrageüberschuss kann abgebaut werden, allerdings um den Preis einer Zinserhöhung. Letztere kommt deshalb zustande, weil im Zuge der Nachfrage- und Einkommenserhöhung die zusätzliche Nachfrage nach Transaktionskasse nur – bei unverändertem Geldange-bot – durch einen Abbau von Spekulationskasse befriedigt werden kann. Zugleich dämpfen die gestiegenen Zinsen die privaten Investitionen: Dies kommt in der Bewegung entlang der IS_1-Kurve in Richtung des neuen Gleichgewichts zum Ausdruck. Das neue Gleichgewicht ist durch das Wertepaar Y_1 und i_1 gekenn-zeichnet.

Eine andere Option, das Einkommen zu erhöhen, besteht darin, das Geldangebot auszuweiten, das heißt, eine expansive Geldpolitik durchzuführen. Dies wird in der gleichen Grafik durch eine Rechtsverschiebung der LM-Kurve auf LM_1 dargestellt (2). Im Ergebnis ist auch hier ein entsprechender Einkommensanstieg auf Y_1 möglich – allerdings mit dem Vorteil gegenüber der Fiskalpolitik, dass mit einem niedrigeren statt mit einem höheren Zinsniveau gerechnet werden kann. Das neue Gleichgewicht ist jetzt durch das Wertepaar Y_1 und i_2 gekennzeichnet.

Zusammenfassend gilt also für die denkbaren Wirtschaftspolitiken im IS-LM-Modell, dass sowohl eine expansive Fiskalpolitik als auch eine expansive Geldpo-litik das gleichgewichtige Einkommen erhöhen und somit die Unterbeschäftigung vermindern. Die Zinswirkungen sind aber unterschiedlich: So führt eine expansive Fiskalpolitik zu einem höheren Zins, die expansive Geldpolitik hingegen zu einer Zinssenkung.

III.4.5   Neoklassische Synthese

Nachdem die Keynessche Beschäftigungstheorie und -politik spätestens Ende der 1970er Jahre an ihre Grenzen stieß – die Erdölpreisschocks von 1973/74 sowie von 1978/79 lösten stagflationäre Entwicklungen (Inflation und Beschäftigungseinbußen) in den rohstoffarmen Industrieländern aus, denen mit einer Politik der Nachfragesteuerung nicht (mehr) beizukommen war –, wurde auch in der Beschäftigungstheorie nach neuen Wegen gesucht. Für unsere Zwecke besonders wichtig erscheint der Ansatz, sowohl Keynessches als auch klassisches Gedankengut in *einem* Modellrahmen zu integrieren: Dies ist der Anspruch der so genannten neoklassischen Synthese.

Der Grundgedanke ist sehr einfach. Ausgehend vom Aggregationskonzept einer großen Volkswirtschaft, deren Output durch *ein* repräsentatives Gut und deren Preisniveau durch dessen Preishöhe dargestellt werden kann, stellte man sich vor – analog zur mikroökonomischen Betrachtung –, Angebot von und Nachfrage nach diesem Gut zu entwickeln, einander gegenüberzustellen und so ein Gleichgewicht am gesamtwirtschaftlichen Gütermarkt zu bestimmen, durch welches das gesamtwirtschaftliche Einkommen *und* das dazugehörige Preisniveau zugleich definiert werden.

Der methodisch interessanteste Aspekt ist dabei, dass sowohl Angebots- als auch Nachfragefunktion keynesianisch oder klassisch hergeleitet werden können. Damit erlaubt diese so gewonnene gesamtwirtschaftliche Angebots- und Nachfrageanalyse die Diskussion *beider* Paradigmen innerhalb *eines* Analyserahmens.

III.4.5.1   Klassischer Fall

Betrachten wir zunächst das klassische Paradigma. Wie wir oben bereits sahen, wird die Höhe der Beschäftigung und damit auch des Outputs hier *stets* am Arbeitsmarkt ermittelt. Güterpreisveränderungen haben keinen Einfluss auf die Beschäftigung (Separationstheorem), da dadurch ausgelöste Reallohnänderungen sofort durch entsprechende Anpassungen des Nominallohnes zur alten, gleichgewichtigen Höhe von Reallohn und Beschäftigung zurückführen. Demzufolge muss die gesamtwirtschaftliche Angebotsfunktion (AS = „aggregate supply") eine Vertikale sein, wie dies in Abbildung III.36 zum Ausdruck kommt.

Im klassischen System determiniert der Geldmarkt das Preisniveau; die gesamtwirtschaftliche Güternachfrage kann aus der schon bekannten Quantitätsgleichung ermittelt werden:

$$M \cdot V = P \cdot Y.$$

Lösen wir diese Beziehung nach Y auf, so ergibt sich eine Nachfragegleichung in Bezug auf den gesamtwirtschaftlichen Output:

$$Y = \frac{M \cdot V}{P}.$$

Preisniveau und geplante Nachfrage stehen in einem umgekehrt proportionalen Verhältnis zueinander. Die entsprechende Funktion (vgl. Abbildung III.37) stellt eine Hyperbel dar; diese wird durch einen Anstieg (Senkung) der Geldmenge oder der Umlaufgeschwindigkeit nach rechts oben (links unten) verschoben.

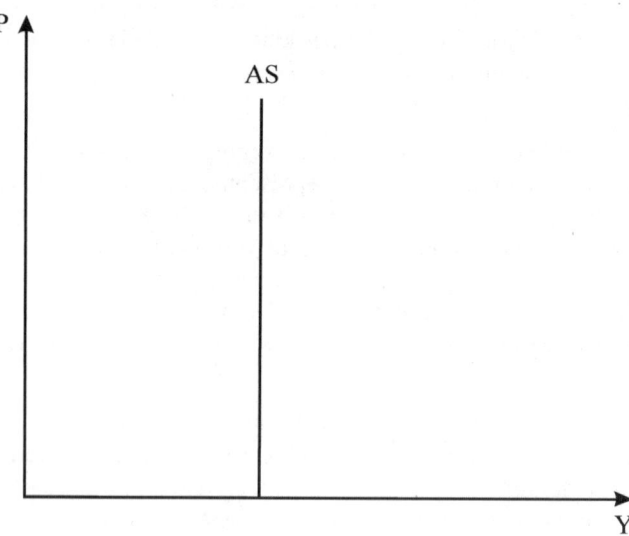

Abbildung III.36

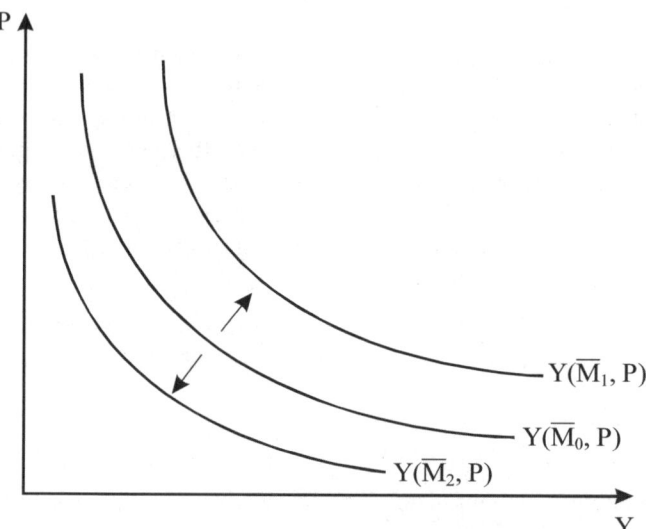

Abbildung III.37

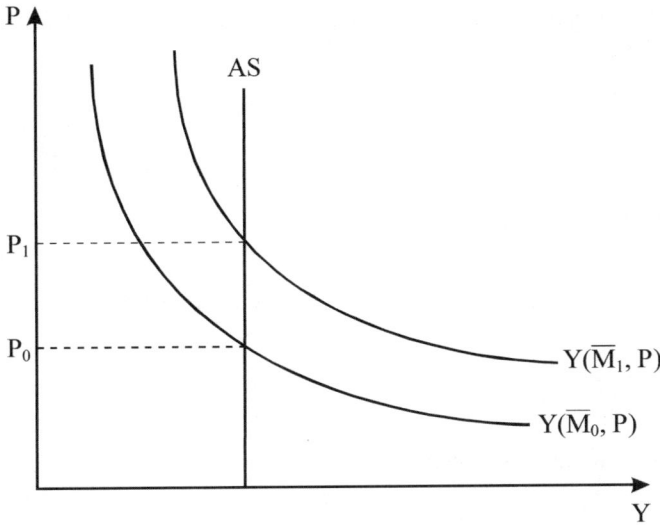

Abbildung III.38

Überführen wir gesamtwirtschaftliche Nachfrage- und Angebotsfunktion in ein einziges Diagramm (Abbildung III.38), dann sehen wir, dass im klassischen System der Output völlig unabhängig von der Höhe der gesamtwirtschaftlichen Nachfrage ist; letztere bestimmt allein das Preisniveau P.

Nachfragesteuerung ist – wenn überhaupt – nur dazu geeignet, ein unerwünscht hohes Preisniveau (beispielsweise P_1 in Abbildung III.38) durch Nachfragedrosselung (kontraktive Geldpolitik) zu dämpfen, etwa auf die gewünschte Höhe P_0.

III.4.5.2 *Keynesscher/keynesianischer Fall*

Im keynesianischen System haben wir oben die Herleitung der so genannten IS-Kurve (Gütermarktgleichgewichte) und der LM-Kurve (Geldmarktgleichgewichte) kennen gelernt. Beide Funktionen müssen nun herangezogen werden, um die aggregierte gesamtwirtschaftliche Nachfrage (AD = „aggregate demand") zu ermitteln. Warum? Für die Höhe der gesamtwirtschaftlichen Nachfrage besteht eine enge Interdependenz zwischen Geld- und Gütermarkt: Ist etwa (bei gegebener Geldversorgung und zunächst bekannter Höhe von Y) auf dem Geldmarkt der Zins bestimmt worden, so hat dieser wiederum Einfluss auf die Höhe der Investitionen und damit auf die gesamtwirtschaftliche (effektive) Nachfrage; letztere determiniert aber die Höhe des Einkommens, und dies hat wiederum entscheidenden Einfluss auf die Höhe der Transaktionskassenhaltung usw.

Diese Interdependenz lässt sich am besten dadurch ausdrücken, dass wir in die oben ermittelte IS-Funktion den Geldmarktzins einsetzen. Dabei müssen wir im Unterschied zum Keynesschen Festpreismodell beachten, dass die reale Geldmenge sich als Quotient der nominalen Geldmenge M^n und des nunmehr veränderlichen Preisniveaus P ergibt:

$$Y = \frac{1}{1-c}\left(C_a + I_a - hi\right) \qquad \text{IS-Funktion}$$

$$i = \frac{1}{j}\left(kY + L_0 - \frac{M^n}{P}\right) \qquad \text{LM-Funktion.}$$

Setzen wir nun den Geldmarktzins in die IS-Funktion ein, so erhalten wir:

$$Y = \frac{1}{1-c}\left[C_a + I_a - \frac{h}{j}\left(kY + L_0 - \frac{M^n}{P}\right)\right].$$

Nach einer weiteren Umformung ergibt sich:

$$Y = \frac{j}{(1-c)j + kh}\left[C_a + I_a - \frac{h}{j}\left(L_0 - \frac{M^n}{P}\right)\right].$$

Für den (extremen) Spezialfall einer unendlich großen Zinselastizität der Geldnachfrage – wir befinden uns also in der Keynesschen Liquiditätsfalle – nimmt die graphische Gestalt dieser Funktion die Form einer Senkrechten an. Für „normale" Werte von j verläuft die AD-Funktion fallend (gestrichelt als AD' eingezeichnet).[68]

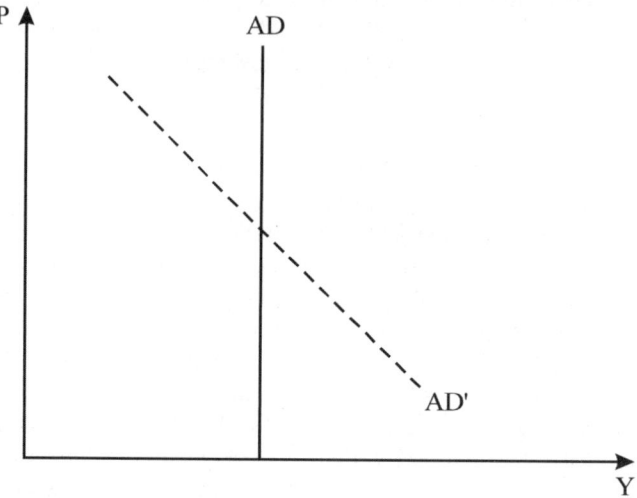

Abbildung III.39

---

[68] Wie der Leser leicht nachprüfen kann, geht die Steigung der Kurve ($j/[(1-c)j+kh]$) bei gegen unendlich wachsendem Parameter j (Zinsreagibilität der Geldnachfrage) gegen unendlich.

Überlegen wir nun in einem zweiten Schritt, wie wohl die Gestalt der gesamtwirtschaftlichen Angebotsfunktion, AS, im Keynesschen System aussehen könnte. Hierzu sind zwei „Bausteine" vorweg zu schicken: Zum *einen* ging Keynes kurzfristig von Nominallohnstarrheit ($l = l_0$) aus und zum *anderen* von einem gegebenen Güterpreisniveau $\overline{P}$ (Festpreismodell). Das erklärt auch, warum der bereits früher im Arbeitsmarktschema diskutierte Reallohn im Keynesschen System als träge, wenn nicht sogar als starr anzunehmen ist. Diese beiden „Bausteine" gelten aber nur bis zum Erreichen von Vollbeschäftigung (A^{VB} beziehungsweise Y^{VB}), denn nur bis hier hin beansprucht das Keynessche Modell sein Gültigkeit.

Im linken oberen Diagramm der Abbildung III.40 ist der Arbeitsmarkt dargestellt. Die Arbeitsangebotskurve A^A – die, wie auch in den folgenden Darstellungen, jetzt die Abhängigkeit des Arbeitsangebotes von der Höhe des Nominallohns beschreibt – verläuft aufgrund der Nominallohnstarrheit bis zum Erreichen von Vollbeschäftigung völlig elastisch, das heißt, sie hat einen waagrechten Verlauf, danach aber vollkommen unelastisch. Die Arbeitsnachfragekurve A^N beziehungsweise_ihre Lage ist abhängig von dem gesamtwirtschaftlich gegebenen Preisniveau $\overline{P}$. In

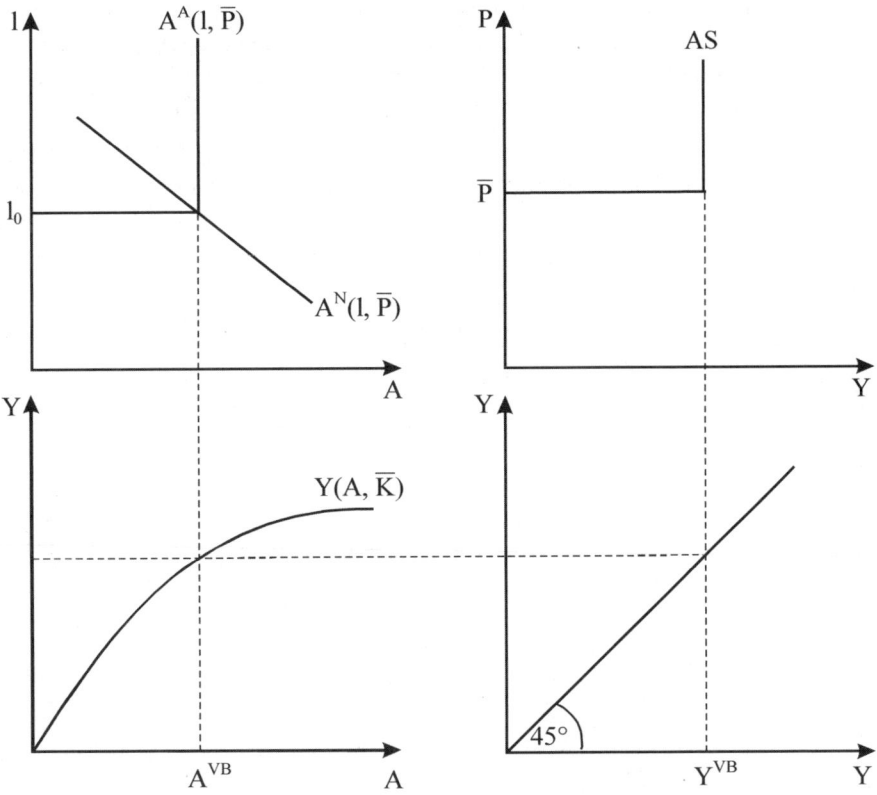

Abbildung III.40

unserer Abbildung schneidet sie – bei Erreichen der Kapazitätsgrenze gewisser-
maßen zwangsläufig – die Arbeitsangebotsfunktion in Höhe des Arbeitseinsatz bei
Vollbeschäftigung A^{VB}. Bei Unterbeschäftigung liegt der Schnittpunkt von
Arbeitsangebot und Arbeitsnachfrage dagegen links vom „Knick". Nach Über-
schreiten der Kapazitätsgrenze münden Nachfrageerhöhungen in Lohn- bzw.
Preissteigerungen.

Im linken unteren Diagramm ist die gesamtwirtschaftliche Produktionsfunktion,
$Y(A, \overline{K})$, dargestellt. Damit können wir die Höhe des entsprechenden gesamtwirtschaftlichen Outputs (entspricht dem Realeinkommen), Y, ablesen, die mit dem
Arbeitseinsatz in Höhe von A^{VB} produziert werden kann. Der entsprechende Wert
Y kann in das rechte untere Diagramm übertragen werden, welches durch Spiegelung an der 45°-Linie für eine Ablesbarkeit der Einkommens- beziehungsweise
Outputwerte auf der Abszisse und Ordinate sorgt.

Schließlich ergibt die Eintragung der gewonnenen Informationen in das obere
rechte Diagramm die aggregierte gesamtwirtschaftliche Angebotsfunktion AS.
Diese hat – ähnlich wie die Arbeitsangebotsfunktion – einen geknickten Verlauf.
Denn bis zum Erreichen von Vollbeschäftigung verläuft sie waagrecht, dass heißt,
das Realeinkommen ist vollkommen preiselastisch. Sobald aber Vollbeschäftigung
erreicht ist, verläuft sie senkrecht, das heißt, das aggregierte Angebot ist nun
vollkommen preisunelastisch. Denn denkbare Erhöhungen der gesamtwirtschaftlichen Nachfrage münden lediglich in Preissteigerungen auf dem Gütermarkt.

Die Güterangebotsfunktion AS kann wie folgt interpretiert werden: Bei Unterbeschäftigung sind die Unternehmer bereit, jegliche Angebotsmengen zu einem
konstanten Preisniveau anzubieten; wird Vollbeschäftigung erreicht, so ist eine
Produktionsausdehnung nicht mehr möglich, es kommt zu Preissteigerungen.

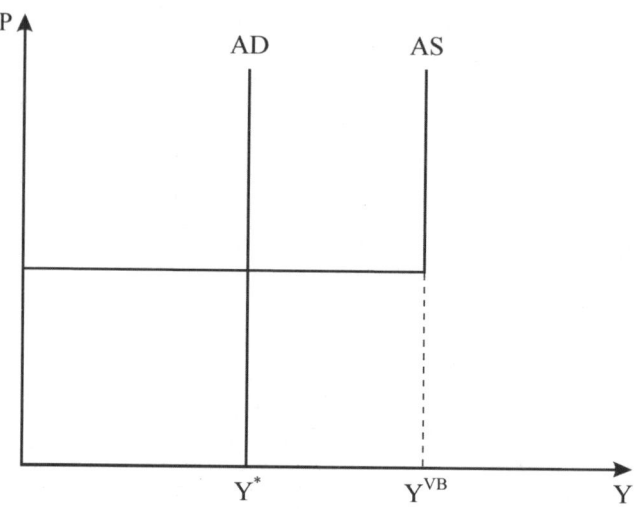

Abbildung III.41

Überführen wir auch hier Angebots- und Nachfragefunktion in ein einziges Diagramm, so ergibt das Keynessche System das links unten stehende Bild (Abbildung III.41): Bis zum Erreichen der Vollbeschäftigungsgrenze Y^{VB} stellt die effektive Nachfrage den Engpassfaktor in der Volkswirtschaft dar. Wird die Vollbeschäftigungsgrenze erreicht, so wird das Güterangebot zum „volkswirtschaftlichen Flaschenhals". Das heißt, eine Erhöhung der effektiven Nachfrage über dieses Niveau von Vollbeschäftigung hinaus führt nur zu Preissteigerungen.

III.4.5.3   Fall zwischen den Extremen (normaler Fall)

Es stellt sich abschließend die Frage nach Herleitung und Gestalt der „normalen" gesamtwirtschaftlichen Nachfrage und des „normalen" gesamtwirtschaftlichen Angebots, wenn wir einerseits extrem keynesianische Annahmen aufgeben (das heißt keine Nominallohnstarrheit und keine unendliche Zinselastizität der Geldnachfrage), andererseits aber auch extrem klassische Vorstellungen zurückdrängen (Vollbeschäftigung ist nicht zu jedem Zeitpunkt erfüllt; nicht allein die Quantitätsgleichung, sondern das Zusammenspiel von Geld- und Gütermarkt bestimmt die gesamtwirtschaftliche Nachfrage) und damit realitätsnäher argumentieren. Anhand von Abbildung III.42 wollen wir die „aggregierte Nachfrage" erklären.

Im oberen Teil der Abbildung befindet sich ein typisches IS-LM-Gleichgewicht, wobei zunächst die Werte i_0 und Y_0 bei Zins und Einkommen zustande kommen. Dieses Ergebnis ist geldpolitisch das Resultat der nominalen Geldangebotsmenge $\overline{M}^n$ beim herrschenden Preisniveau P_0. Das entsprechende Geldmarktgleichgewicht wird repräsentiert durch die steigende Gerade LM_0. Bei einem niedrigeren Preisniveau von P_1 steigen die reale Geldnachfrage und das reale Geldangebot, und es kommt zu einer Zinssenkung und einer Einkommensexpansion. Die neuen Gleichgewichtswerte sind i_1 und Y_1. Wenn wir die entsprechenden bisher bekannten zwei Wertepaare für das Preisniveau und das Einkommen in das untere Diagramm eintragen, so erkennen wir den fallenden Verlauf der AD-Funktion.

Die AD-Kurve ist der geometrische Ort aller Kombinationen von Preis- und Outputniveaus, bei denen sich Güter- und Geldmarkt in einem simultanen Gleichgewicht befinden. Ein drittes Wertepaar ergibt sich bei einem höheren Preisniveau P_2; das neue Geldmarktgleichgewicht LM_2 steht für eine geringere reale Geldversorgung der Volkswirtschaft und erzeugt die Zins- und Einkommensrealisierungen von i_2/Y_2. Man beachte, dass in allen drei diskutierten Gleichgewichten zwischen einer LM- und einer IS-Kurve das nominale Geldangebot unverändert blieb.

Unsere Darstellung wird nun abgerundet durch die Begründung einer „normal elastischen" Güterangebotsfunktion in Abbildung III.43.

Im linken oberen Diagramm finden wir den Arbeitsmarkt, dargestellt in den Größen Nominallohnsatz (l) und Arbeitseinsatz (A). Der bereits bekannten, monoton ansteigenden Arbeitsangebotskurve A^A stehen drei unterschiedliche Arbeitsnachfragefunktionen (A_i^N; $i = 1 \ldots 3$) gegenüber, die bei unterschiedlicher Höhe des

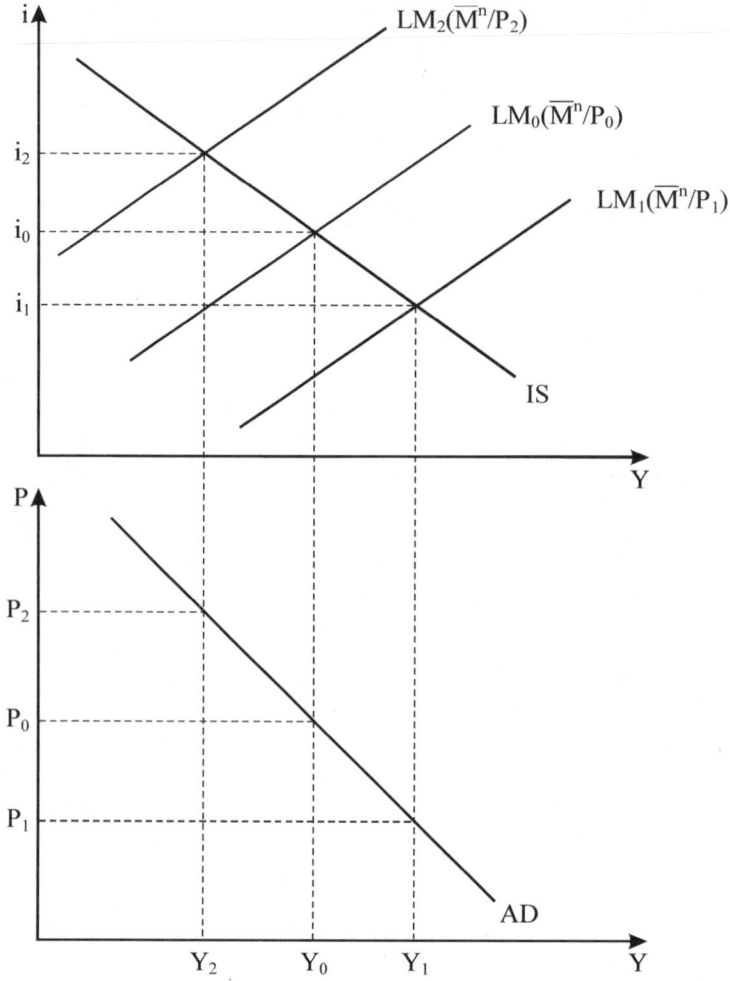

Abbildung III.42

gesamtwirtschaftlichen Preisniveaus gelten; steigt (sinkt) das Preisniveau von der Ausgangshöhe P_0 auf die neue Höhe P_2 (P_1), so erhöht (senkt) dies – wie wir oben erarbeitet haben – das Grenzwertprodukt der Arbeit, so dass es zu einer Kurven-verlagerung nach oben (unten) kommt. Je nach Höhe des Preisniveaus stellen sich demnach die drei denkbaren Arbeitsmarktgleichgewichte mit den Koordinaten l_i/A_i, $i = 1\ldots 3$, ein.

Im linken unteren Diagramm werden die Konsequenzen der verschieden großen Arbeitsmengen für die Höhe des gesamtwirtschaftlichen Outputs (Realeinkom-mens) aufgezeigt; die entsprechenden Werte Y_i, $i = 1\ldots 3$, können anschließend in das rechte untere Diagramm übertragen werden, welches durch die Spiegelung an der 45°-Linie für eine Ablesbarkeit der Einkommenswerte auf Ordinate und

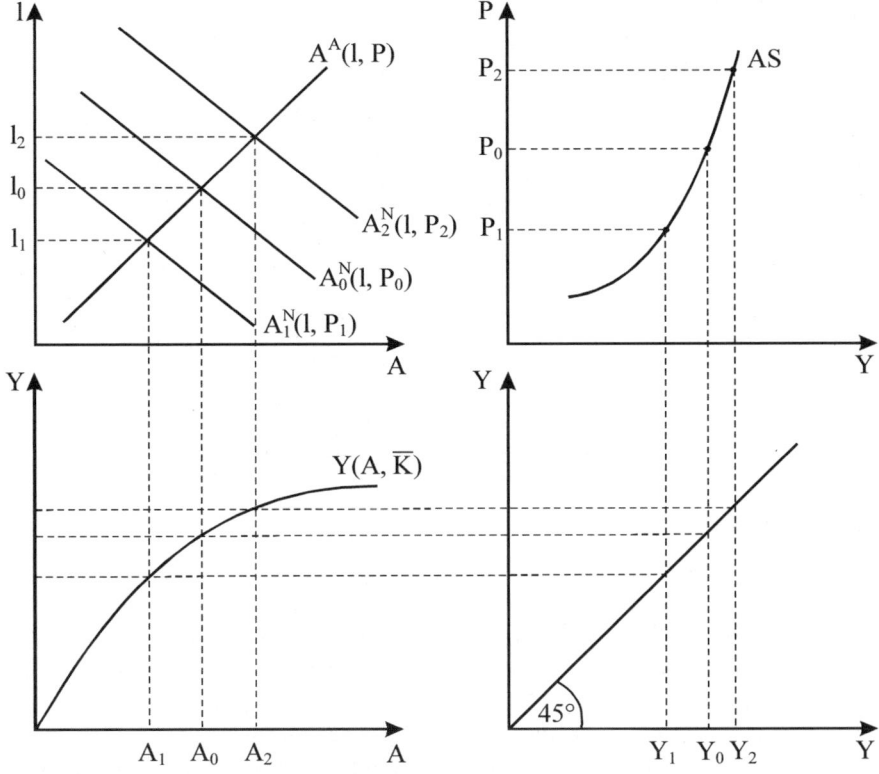

Abbildung III.43

Abszisse sorgt. Schließlich ergibt die Eintragung der so gewonnenen Informationen in das obere rechte Diagramm jetzt eine gesamtwirtschaftliche Güterangebotsfunktion (AS), die weder vollkommen starr (klassischer Fall), noch vor Erreichen der Vollbeschäftigungsgrenze vollkommen waagerecht (keynesianischer Fall), sondern „normal ansteigend" verläuft.

Bevor wir Überlegungen zu den Konsequenzen des Einsatzes von Geld- und Fiskalpolitik auf das Preisniveau anstellen können, müssen wir die aggregierte Nachfragefunktion und die aggregierte Angebotsfunktion in ein Diagramm überführen. Wir beginnen wieder mit dem „normalen" Fall.

Wir sehen in Abbildung III.44 sehr klar, dass das Zusammenspiel von Angebot und Nachfrage das gesamtwirtschaftliche Preisniveau bestimmt. Kommt es beispielsweise zu positiven nachfrageseitigen Schocks (Beispiele hierfür wären die unangekündigte Senkung einer Verbrauchsteuer oder der Verkauf der Goldreserven der Zentralbank), so kommt es zu einer Ausdehnung der aggregierten Nachfrage und damit zu einer Verschiebung der AD-Kurve von AD_0 auf AD_1. Da die Angebotsseite unberührt bleibt, kommt es zu einer Steigerung des Einkommens auf Y_1, aber auch zu einer Preissteigerung auf P_1.

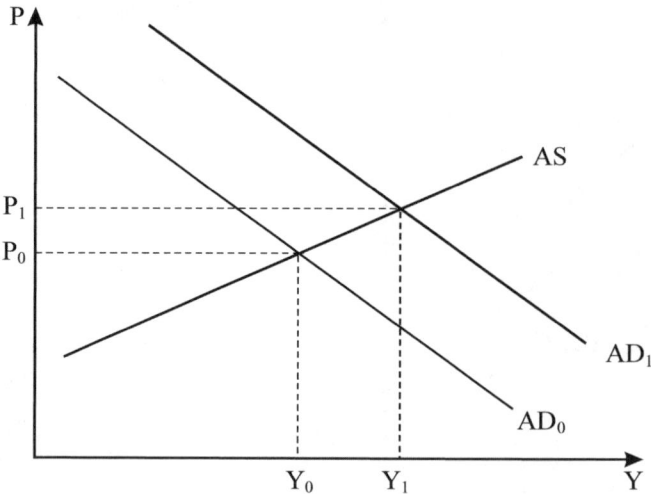

Abbildung III.44

Wir wollen, gerade auch aus Übungszwecken, im Folgenden unterschiedliche Varianten des AS-AD-Modells mit dem Leser diskutieren, auch wenn es, an der einen oder anderen Stelle, zu durchaus gewollten Wiederholungen kommt. Wie verändert sich beispielsweise Abbildung III.44, wenn wir den Keynesschen und den klassischen Fall unterstellen? Anstatt der normal steigenden AS-Kurve legen wir im Keynesschen Fall jetzt die „geknickte" Angebotskurve in das Diagramm. Wie wir bereits wissen, verläuft die AS-Kurve im Keynesschen Bereich vollkommen preiselastisch, um dann – bei Erreichen des Vollbeschäftigungsoutputs (und damit der Grenze der Gültigkeit des Keynesschen Gedankengutes) – vollkommen preisunelastisch zu werden.

Wie können wir die Zusammenhänge aus Abbildung III.45 interpretieren? Das Gleichgewicht ergibt sich durch das Zusammenspiel von Angebot und Nachfrage. Bis zum Erreichen der Vollbeschäftigung stellt die Nachfrage den „volkswirtschaftlichen Flaschenhals" dar, das heißt, die zu geringe Nachfrage ist Ursache für die Unterbeschäftigung. Laut Keynes muss der Staat eingreifen, um die Nachfrage auszudehnen und somit die Beschäftigung zu erhöhen. Ist das Vollbeschäftigungsniveau erreicht (wir wechseln damit zur Klassik), wird das aggregierte Angebot zum „volkswirtschaftlichen Flaschenhals". Das heißt, eine Erhöhung der Nachfrage über die Vollbeschäftigungsgrenze hinaus (zum Beispiel auf AD_1), führt nur zu Preissteigerungen. Wir sehen sehr schön, dass im klassischen System der Output völlig unabhängig von der Höhe der aggregierten Nachfrage ist. Dies bestätigt auch die Neutralität des Geldes: Verändert sich die Geldmenge – es kommt zu einer Veränderung der aggregierten Nachfrage –, verändert sich nur das Preisniveau, aber alle realen Größen wie Beschäftigung, Output und Zinssätze bleiben konstant. Eine Nachfragepolitik à la Keynes würde also keinerlei Beschäftigungseffekte bewirken, sondern lediglich Inflation auslösen.

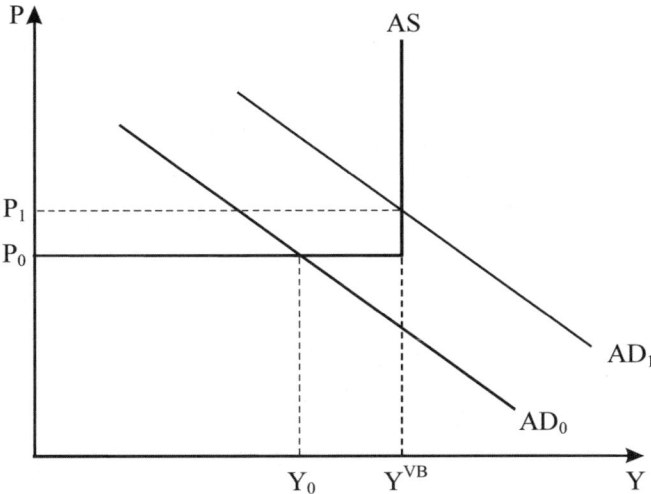

Abbildung III.45

III.4.5.4 Geld- und Fiskalpolitik

Überlegen wir abschließend die Konsequenzen eines Einsatzes von Geld- oder Fiskalpolitik, jetzt unter den Bedingungen von „normal fallender" AD- und „normal ansteigender" AS-Funktion. Dazu folgende Vorüberlegungen: Wenn Geld- oder Fiskalpolitik expansiv (kontraktiv) eingesetzt werden, muss jetzt sowohl mit Einkommens- als auch mit Preisniveaueffekten gerechnet werden. Letztere können wiederum Auswirkungen auf den Geldmarkt haben.

Beginnen wir zunächst mit dem Beispiel einer expansiven Fiskalpolitik, welche in Abbildung III.46 dargestellt wird. Diese führt zu einer Rechtsverschiebung der IS-Funktion auf IS_1 und damit vorübergehend zu den, allerdings noch nicht gleichgewichtigen Werten i_1' und Y_1': Wie nämlich die untere Hälfte des Diagramms zeigt, löst expansive Fiskalpolitik auch eine Rechtsverschiebung der aggregierten Nachfragefunktion auf AD_1 aus. Dies löst – bei dem bisherigen Preisniveau P_0 – einen Nachfrageüberhang aus, der nur durch einen gesamtwirtschaftlichen Preisanstieg auf die neue Höhe P_1 beseitigt werden kann. Ein solcher Preisanstieg hat allerdings wiederum Konsequenzen für den gesamtwirtschaftlichen Geldmarkt: Die reale Geldversorgung sinkt und die LM-Funktion nimmt ihre endgültige Position in Höhe von LM_1 ein. Im Ergebnis stellt sich das Einkommen Y_1 und ein Zinssatz von i_1 ein. Infolge einer expansiven Fiskalpolitik steigen also Einkommen, Zins und Preisniveau, während die reale Geldmenge bei konstanter nominaler Geldmenge sinkt!

Wie wirkt nun eine expansive Geldpolitik auf die drei genannten Größen? Eine Ausdehnung der nominalen Geldmenge auf M_1^n führt zu einer Rechtsverschiebung

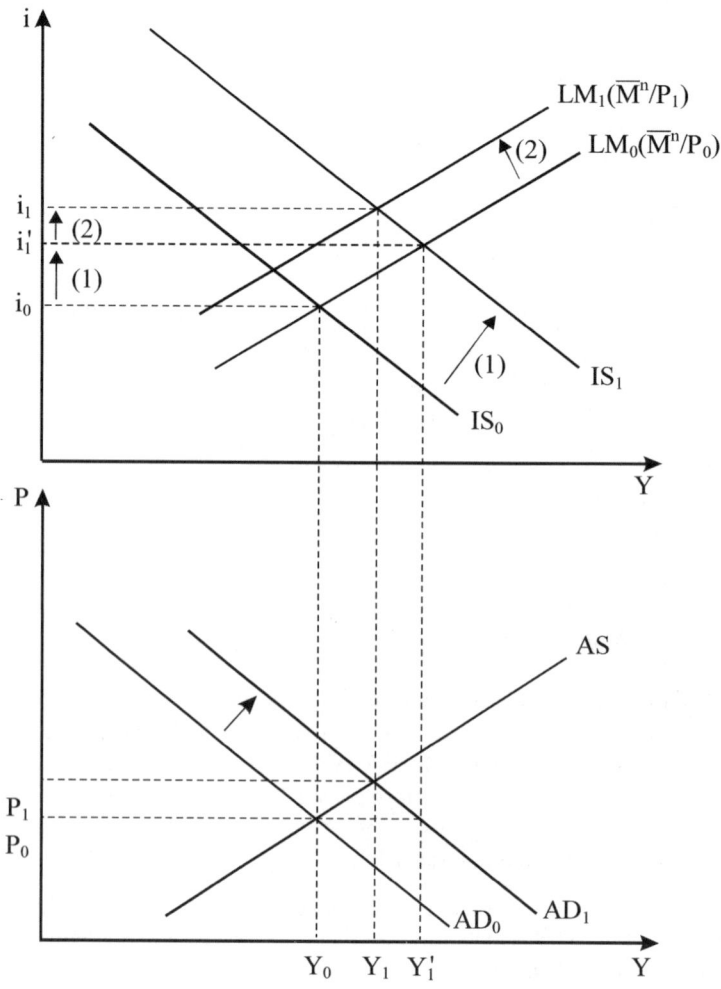

Abbildung III.46

der LM-Funktion auf LM_1' und damit vorübergehend zu den, allerdings noch nicht gleichgewichtigen Werten i_1' und Y_1': Wie nämlich die untere Hälfte der Abbildung III.47 zeigt, löst auch die expansive Geldpolitik eine Rechtsverschiebung der aggregierten Nachfragefunktion auf AD_1 aus. Bei dem bisherigen Preisniveau P_0 löst dies wiederum einen Nachfrageüberhang aus, der nur durch einen gesamtwirtschaftlichen Preisanstieg auf die neue Höhe P_1 beseitigt werden kann. Ein solcher Anstieg hat allerdings wiederum Konsequenzen für den gesamtwirtschaftlichen Geldmarkt: Die reale Geldversorgung sinkt wieder, und die LM-Funktion nimmt ihre endgültige Position in Höhe von LM_1 ein. Im Ergebnis stellen sich das Einkommen Y_1 und ein Zinssatz von i_1 ein. Infolge einer expansiven Geldpolitik steigen also Einkommen, Preisniveau und reale Geldmenge, während der Zinssatz sinkt!

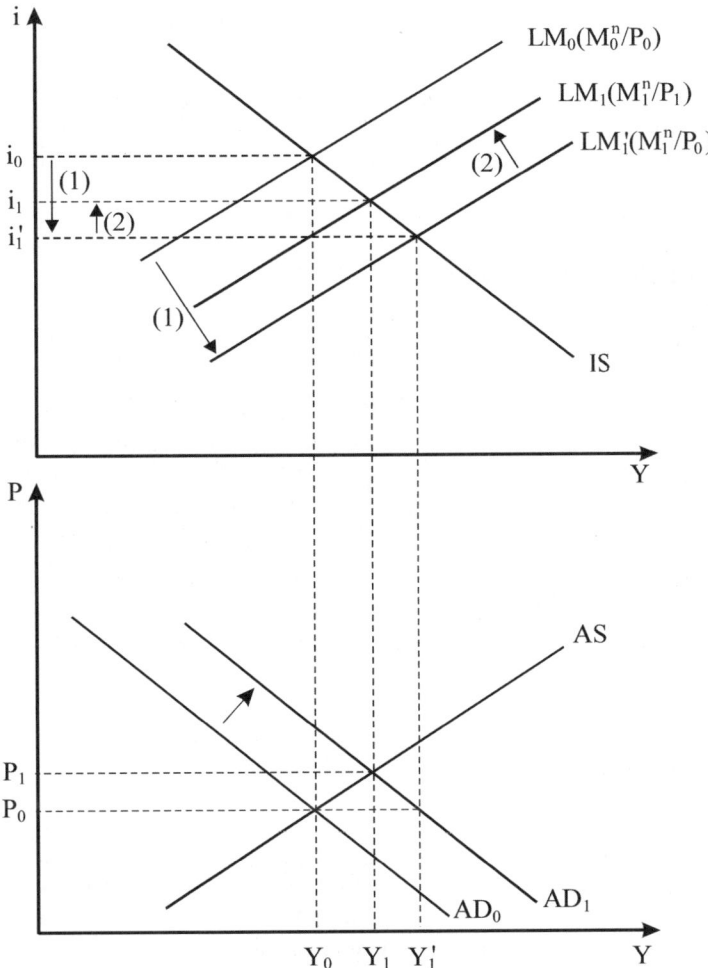

Abbildung III.47

Was gilt nun für den Keynesschen Fall: Sowohl eine expansive Geld- als auch eine expansive Fiskalpolitik führt zu einer Ausdehnung der aggregierten Nachfrage. Da das Vollbeschäftigungsniveau noch nicht erreicht ist, kommt es bei dem (infolge der kurzfristigen Nominallohnstarrheit) konstanten Preisniveau zu einer Erhöhung des Einkommens. Je nachdem ob eine Geld- oder Fiskalpolitik durchgeführt wurde, sinkt beziehungsweise steigt der Zins.

Für den klassischen Fall kommen wir zu einem ganz anderem Ergebnis. Wird die aggregierte Nachfrage durch eine expansive Geld- oder Fiskalpolitik ausgeweitet, so kommt es aufgrund der bestehenden Vollbeschäftigung nur zu Preissteigerungen. Diese führen zu einer Verringerungen der realen Geldversorgung der Bevölkerung und somit zu einer Linksverschiebung der LM-Kurve. Als Folge des Einsatzes von Geld- oder Fiskalpolitik ist lediglich das Preisniveau gestiegen, alle realen Größen bleiben konstant.

Der Leser kann nun selbst überprüfen, welche Wirkungen der Einsatz von Geld- oder Fiskalpolitik hat, wenn wir für die aggregierte Angebotsfunktion den klassischen oder keynesianischen Verlauf unterstellen.

III.5   Konjunktur und Wachstum

III.5.1   Vorbemerkung

Wie wir im letzten Kapitel gesehen haben, lieferte Keynes mit der Betonung der effektiven Nachfrage eine mögliche Erklärung für die Unterauslastung einer Volkswirtschaft. Insbesondere zeigt sich dies am Arbeitsmarkt, denn ein gesamtwirtschaftliches Gleichgewicht bei Vollbeschäftigung wäre nach Keynes lediglich als ein „Glücksfall" anzusehen.

Wenngleich im Zusammenhang mit der Keynesschen Arbeitslosigkeit vielfach von konjunktureller Arbeitslosigkeit gesprochen wird, fehlt im Rahmen der Keynesschen Lehre eine Konjunkturerklärung im eigentlichen Sinne. Zwar stellt Keynes den Fall einer unterausgelasteten Wirtschaft in den Vordergrund, eine Erklärung für die zyklischen Schwankungen im Auslastungsgrad des Produktionspotentials einer Volkswirtschaft und damit für das eigentliche Konjunkturphänomen wird jedoch nicht gegeben.

Auch – und darauf wurde bereits hingewiesen – betrachtet Keynes ausschließlich die kurze Periode. Bei kurzfristiger Betrachtung ist es gerechtfertigt, von einem gegebenen Kapitalbestand und gegebenem technischen Wissen auszugehen, so dass Veränderungen im Produktionsniveau ausschließlich auf den Arbeitseinsatz zurückzuführen sind. Bei längerfristiger Betrachtung kann jedoch nicht vernachlässigt werden, dass sich bei positiven Nettoinvestitionen, wie wir sie im Rahmen des Keynesschen Systems unterstellt haben, zugleich auch das Produktionspotential ändert. Denn Investitionen haben nicht nur den von Keynes berücksichtigten Einkommenseffekt, der sich in einer erhöhten gesamtwirtschaftlichen Nachfrage äußert, sondern sie rufen auch einen Kapazitätseffekt hervor, der sich auf der Angebotsseite in gestiegenen Produktionsmöglichkeiten niederschlägt. Damit ist das Wachstum der Volkswirtschaft angesprochen, welches in der langfristigen Zunahme des Produktionspotentials seinen Ausdruck findet.

Unter beiden Aspekten, das heißt einmal in konjunktureller Hinsicht, zum anderen bezüglich des Wirtschaftswachstums, sind unsere bisherigen makroökonomischen Überlegungen zu erweitern.

III.5.2   Begriffe und Erscheinungsformen

Wenden wir uns zunächst einigen begrifflichen Abgrenzungen zu. Der Begriff des Wirtschaftswachstums wird im Allgemeinen mit der Zunahme des Produktionspotentials in Verbindung gebracht. Und zwar versteht man unter Wirtschaftswachstum eine stetige *Zunahme* des gesamtwirtschaftlichen Produktionspotentials. Dabei charakterisiert das Produktionspotential jene Gütermenge, die bei normaler Auslastung der Volkswirtschaft, das heißt unabhängig von nachfragebedingten Schwankungen, mit dem vorhandenen Bestand an Produktionsfaktoren im Rahmen des gegebenen technischen Wissens erzeugt werden kann. Bildhaft können wir Wachstum damit, wie in Abbildung III.48 skizziert, als Verschiebung der Transformationskurve nach außen (etwa von T_0 nach T_1) veranschaulichen.

Gemessen wird das Wirtschaftswachstum über die Veränderung des Outputs, das heißt über die Veränderung des Bruttoinlandsproduktes.[69] Da Veränderungen des Inlandsprodukts, die lediglich auf Preisänderungen beruhen, kein Wachstum im Sinne einer größeren produzierten Gütermenge zum Ausdruck bringen, stellt man natürlich auf die Entwicklung des realen Inlandsprodukts ab. Man betrachtet also die Veränderung des Inlandsprodukts bei konstanten Preisen beziehungsweise zu Preisen eines bestimmten Basisjahres. Gegenstand der Analyse ist damit das reale und nicht das nominale Wirtschaftswachstum.

Eine weitere wichtige Unterscheidung betrifft die Frage, ob auf das absolute Wachstum des Inlandsprodukts (extensives Wachstum) Bezug genommen oder ob auf die Veränderung des Inlandsprodukts je Kopf der Bevölkerung (intensives

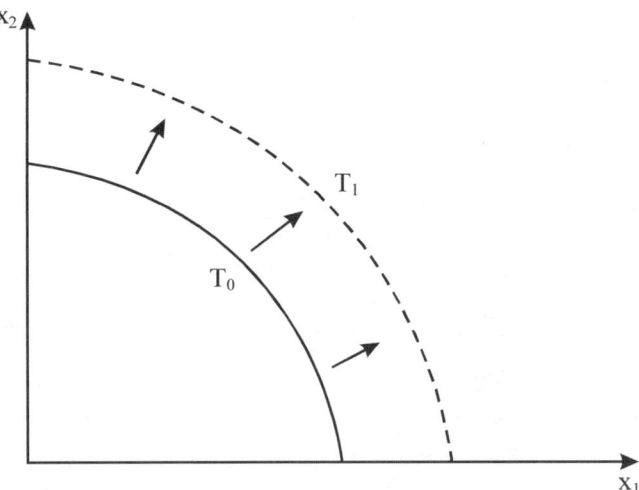

Abbildung III.48

---

[69]   Bezüglich der Veränderungsraten stimmen die verschiedenen Inlandsproduktsbegriffe in der Regel überein.

Wachstum) abgestellt werden soll. Während für die Industriestaaten der westlichen Welt aufgrund relativ konstanter Bevölkerungszahlen kaum Abweichungen in den jeweiligen Wachstumsraten festzustellen sind, muss bei Aussagen über das Wachstum von Entwicklungsländern genau unterschieden werden. Denn hier kann durchaus sogar der Fall eintreten, dass das Bevölkerungswachstum höher ausfällt als das absolute Wachstum des Inlandsprodukts, so dass sich trotz insgesamt gestiegener Gütermenge die Versorgungssituation je Kopf der Bevölkerung verschlechtert (negatives intensives Wachstum). Insbesondere seit dem Mitte der 1970er Jahre erschienenen zivilisations- und wachstumspessimistischen Bericht des „Club of Rome" ist eine Diskussion um die Möglichkeiten eines weniger quantitativ, sondern eher qualitativ orientierten Wirtschaftswachstums in Gang gekommen.[70] Möglichkeiten und Grenzen lassen sich sehr vereinfacht am Beispiel der folgenden Abbildung III.49 verdeutlichen. Gegeben sei wieder eine (beliebige) Transformationskurve T. Zusätzlich wollen wir – ohne dies hier genauer zu begründen – die Existenz gesellschaftlicher Indifferenzkurven (I) annehmen. Ohne „Qualitätsüberlegungen" (welche die Art und die Auswirkungen in Produktion und Konsum der verschiedenen Güter betreffen) gelte die Transformationskurve T.

Wir wollen nun unterstellen, dass der gesellschaftliche Konsens in diese Produktionsmöglichkeiten zwei Restriktionen einfügt, dabei bedeutet:

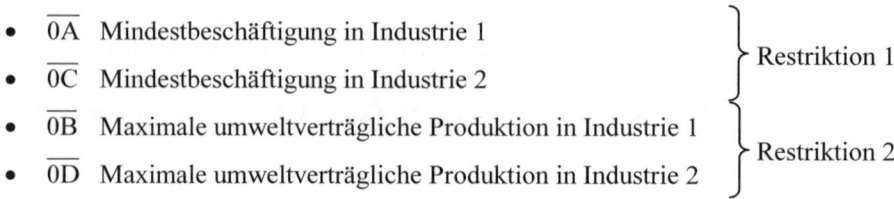

- $\overline{0A}$ Mindestbeschäftigung in Industrie 1
- $\overline{0C}$ Mindestbeschäftigung in Industrie 2   } Restriktion 1
- $\overline{0B}$ Maximale umweltverträgliche Produktion in Industrie 1
- $\overline{0D}$ Maximale umweltverträgliche Produktion in Industrie 2   } Restriktion 2

Man erkennt leicht, dass bei Beachtung dieser beiden Restriktionen nur noch der Abschnitt $\overline{EF}$ als zulässiger Substitutionsbereich übrig bleibt, den im „sozialökonomischen Optimum" die Indifferenzkurve I irgendwo gerade noch berühren sollte. Darüber liegende Indifferenzkurven sind nicht erreichbar, im Inneren der Transformationskurve liegende Indifferenzkurven schöpfen nicht die Produktionsmöglichkeiten aus. Sollen die bisherigen Restriktionen in Relation zueinander beibehalten werden, dann (der Leser möge sich anhand der Grafik selbst davon überzeugen), sind bei Wirtschaftswachstum die absoluten Mengenrestriktionen anzupassen.

Wenngleich beim Wachstum einer Volkswirtschaft i.d.R. am Bruttoinlandsprodukt und damit an einem eindimensionalen Indikator angesetzt wird, sollte nicht übersehen werden, dass Wachstumsprozesse in der Realität stets von Strukturwandel begleitet sind. Dabei kann sich der Strukturbegriff auf die unterschiedlichsten Komponenten beziehen. Neben demographischen Kriterien, die sich zum Beispiel in bestimmten Erwerbsquoten niederschlagen, sind es vor allem die regionale

---

[70]   Vgl. Meadows (1972).

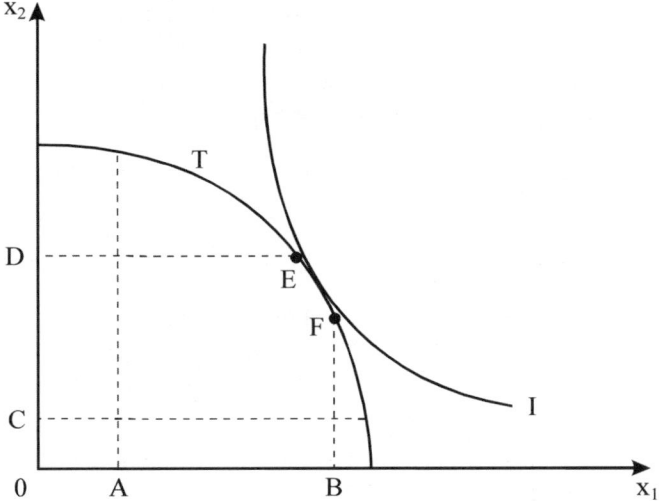

Abbildung III.49

sowie die sektorale oder branchenmäßige Wirtschaftsstruktur, die sich während des Wirtschaftswachstums verändern. Regionale Verschiebungen, die sich unter anderem in unterschiedlichen Wachstumsraten der Regionen äußern, zeigen sich zur Zeit zum Beispiel zwischen den alten und neuen Bundesländern, aber auch innerhalb der Europäischen Union. Bekannt sind weiter die Verschiebungen der Anteile zwischen dem primären, sekundären und tertiären Sektor (Drei-Sektoren-Hypothese nach Fourastié). Hier beobachten wir im Laufe des Wachstums- und Entwicklungsprozesses einen – zumindest relativen – Bedeutungsverlust zunächst vor allem des primären Sektors, das heißt der Landwirtschaft, später auch des sekundären, also des industriellen Sektors zugunsten einer zunehmenden Ausweitung des (tertiären) Dienstleistungssektors. Aber auch innerhalb der einzelnen Sektoren haben wir eine unterschiedliche Entwicklung der einzelnen Branchen, die sich in entsprechenden Anteilsgewinnen und -verlusten niederschlägt. Selbst innerhalb der Branchen sind bisweilen Unterschiede zwischen einzelnen Marktsegmenten auszumachen. So verliert beispielsweise innerhalb des Bereichs Güterverkehr die Durchführung der reinen Transportleistungen an Bedeutung, während Aufgaben der Organisation der Verkehre sowie der sonstigen logistischen Dienstleistungen überproportionale Wachstumsraten zu verzeichnen haben.

Mit derartigen Veränderungen in der Produktionsstruktur sind drei Fragenkomplexe angesprochen:

- Zum einen bedeutet auch ein nur relativer Rückgang einer Branche oder einer Region soziale Härten für die dort Beschäftigten, die zum Teil zu einem Orts- und/oder Berufswechsel gezwungen werden, in Extremfällen aber auch dauerhafte Arbeitslosigkeit hinzunehmen haben. Man denke zum Beispiel an den Bergbau oder die Stahlindustrie im Ruhrgebiet oder den Schiffbau in den Küstenländern. Die hier zu beantwortende Frage ist, ob der Staat in derartigen Fällen überkommene Wirtschaftsstrukturen – wenn auch vielleicht nur temporär – auf Kosten der Allgemeinheit stützen und damit den notwendigen Strukturwandel und das Wirtschaftswachstum bremsen oder ob er auf Erhaltungsinterventionen zu Lasten der betroffenen Bevölkerungsteile verzichten soll. Natürlich handelt es sich hierbei um eine nur politisch zu entscheidende Frage.

- Zugleich – und damit ist der zweite Aspekt angesprochen – bieten die unterschiedlichen Wachstumsraten der Sektoren und Branchen die Chance einer gezielten Förderung von Wachstumsbereichen, um so die Wettbewerbsfähigkeit der Volkswirtschaft insgesamt zu steigern. Man spricht hier von einer wachstumsorientierten Strukturpolitik. Ansätze zu einem derartigen Vorgehen finden sich jedoch nicht nur auf volkswirtschaftlicher Ebene, sondern werden auch im Rahmen der kommunalen Wirtschaftsförderung praktiziert.

- In beiden Fällen gerät die Politik, wenn sie handelt, in das oben im Rahmen der Wettbewerbskonzepte beschriebene „Hayeksche Dilemma": Sie maßt sich unter Umständen ein Wissen an, dass nur die Marktentwicklung (weltweit!) als Ganzes hervorbringen kann. Allerdings dürfte es im Prinzip für sie einfacher sein, den Verlust von Wettbewerbsvorteilen eigener Branchen/Sektoren am Weltmarkt zu diagnostizieren als Vorhersagen über zukünftige Marktchancen zu treffen.

Nach diesem kurzen Exkurs zum Zusammenhang von Wirtschaftswachstum und Strukturwandel kehren wir nun wieder zurück zum Begriff des Wachstums. Wirtschaftswachstum – so hatten wir eingangs gesagt – wollen wir verstehen als Zunahme des realen Bruttoinlandsprodukts (pro Kopf der Bevölkerung), hervorgerufen durch eine Ausweitung des Produktionspotentials. Nun vollziehen sich die ökonomischen Aktivitäten einer Volkswirtschaft jedoch nicht kontinuierlich im Zeitablauf, sondern es sind zum Teil erhebliche Schwankungen festzustellen. Dies gilt auch für das Wachstum des Inlandsprodukts, welches sich aufgrund zyklischer Schwankungen der Nachfrage und zum Teil auch der Angebotsbedingungen wellenartig vollzieht. Diese so genannten *Konjunkturschwankungen*, die einen Zyklus von mehreren Jahren aufweisen, werden im Allgemeinen definiert als Schwankungen im Auslastungsgrad des gesamtwirtschaftlichen Produktionspotentials. Legt man diese Definition zugrunde, so wäre der Maßstab für die Konjunkturschwankungen also die (positive oder negative) Abweichung des realisierten Bruttoinlandsprodukts von der bei normaler Auslastung produzierbaren Gütermenge.

Eine derartige Berechnung des Auslastungsgrades und der damit implizierten Unterscheidung von Potential und Auslastung, wie sie in Deutschland, insbesondere vom „Sachverständigenrat zur Begutachtung der gesamtwirtschaftlichen Entwicklung" und von der Bundesbank vorgenommen wird, ist jedoch sehr schwierig, da es keinen allgemein gültigen und zugleich auch leicht handhabbaren Ansatz zur Ermittlung des Produktionspotentials einer Volkswirtschaft gibt. Man begnügt sich deshalb in der Regel damit, die Konjunkturschwankungen anhand der Wachstumsraten des Inlandsprodukts zu veranschaulichen.

Jedoch handelt es sich bei der Konjunktur nicht um ein Phänomen, welches sich nur im Auslastungsgrad des Produktionspotentials oder in den Veränderungsraten des Inlandsprodukts widerspiegelt; vielmehr lassen sich die Schwankungen der ökonomischen Aktivitäten an einer ganzen Reihe von Größen festmachen, die gemeinhin als Konjunkturindikatoren bezeichnet werden. Dabei unterscheidet man – je nachdem, ob sich der betreffende Indikator parallel zur Konjunktur entwickelt oder ihr voraus- beziehungsweise nacheilt – zwischen Präsenz-, Früh- und Spätindikatoren. Die bisher von uns angesprochenen Merkmale, nämlich der Auslastungsgrad des Produktionspotentials sowie die Veränderungsraten des Inlandsprodukts, sind typische Präsenzindikatoren. Dagegen wären zum Beispiel das Geschäftsklima (bekannt ist vor allem der nach dem gleichnamigen Forschungsinstitut benannte „Ifo-Geschäftsklima-Index"), Investitionsklima, Auftragseingänge, Baugenehmigungen oder das „Konsumentenvertrauen" charakteristische Frühindikatoren, auf die zur Prognose der konjunkturellen Entwicklung zurückgegriffen werden kann. Schließlich gibt es bestimmte Merkmale, zum Beispiel die Veränderung der Löhne, die Arbeitslosenquote oder die Zahl der Insolvenzen, die als Spätindikatoren der eigentlichen Konjunkturentwicklung hinterher hinken. Außerdem ist in Rechnung zu stellen, dass die einzelnen Produktionsbereiche unterschiedlich starken konjunkturellen Belastungen ausgesetzt sind. Dies zeigt sich unter anderem darin, dass die Investitionsgüterindustrie im Allgemeinen deutlich stärkeren konjunkturellen Schwankungen unterliegt als der Konsumgüterbereich.

Nun ist bekannt, dass man in der Theorie stets um Vereinfachung bemüht ist. Wir wollen deshalb im weiteren die hier angesprochenen Messprobleme vernachlässigen und uns einer stilisierten Betrachtungsweise zuwenden. Dabei wollen wir allein auf die Entwicklung des realen Inlandsprodukts abstellen und zwischen den in Abbildung III.50 veranschaulichten Entwicklungen unterscheiden.

- Der Wachstumspfad einer Volkswirtschaft wird durch den langfristigen Trend der realen Wirtschaftsentwicklung wiedergegeben, der beispielsweise als gleitender Durchschnitt interpretiert werden kann.

- Die um diesen Trend herum auftretenden relativ regelmäßigen zyklischen Schwankungen kennzeichnen den Konjunkturzyklus. Dabei beläuft sich die Zeitdauer, also zum Beispiel die Zeitspanne von einem oberen Wendepunkt bis zum nächsten, auf etwa vier bis sieben Jahre. Diese Aussage gilt vorerst auch jetzt noch, nachdem die USA zwischen 1993 und 2000 einen außergewöhnlich langen Aufschwung erlebt haben, der nicht zuletzt von der Informationstechnologie (IT) und von der Kommunikationstechnologie (KT) getrieben wurde.

- Außerdem finden um die Konjunkturzyklen herum typische saisonale Schwankungen statt, die sich definitionsgemäß in Zyklen mit einer bestimmten Länge wiederholen. Auslöser für diese Schwankungen sind häufig an die Jahreszeiten gebundene Ereignisse, etwa die Urlaubsmonate, Feiertage oder Schlechtwet-

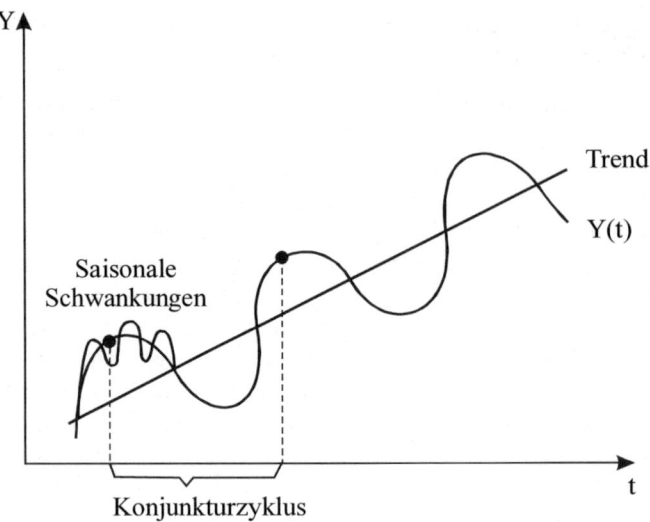

Abbildung III.50

terphasen im Winter (Landwirtschaft, Bau). Hierauf sei hier jedoch nur der Vollständigkeit halber verwiesen.

Wie Abbildung III.51 zeigt, lässt sich ein typischer Konjunkturzyklus schematisch als Sinuskurve darstellen. Dabei wird im Allgemeinen zwischen vier Phasen unterschieden, die allerdings nicht immer einheitlich bezeichnet werden:

- Die Krise ist durch einen geringen Auslastungsgrad der Kapazitäten und eine hohe Arbeitslosigkeit gekennzeichnet.

- Während des Aufschwungs oder der Expansion steigt die Produktion allmählich wieder an, die Kapazitätsauslastung nimmt zu, und die Arbeitslosigkeit beginnt zurückzugehen.

- Die Hochkonjunktur beziehungsweise der Boom zeichnen sich dadurch aus, dass Engpässe sichtbar werden, welche die reale Entwicklung begrenzen. Wir haben ein hohes Beschäftigungsniveau erreicht, vor allem die Preissteigerungsrate nimmt in dieser Phase stark zu.

- Die vierte Phase schließlich markiert den Abschwung oder die Rezession. Es kommt zu einem allmählichen Rückgang von Nachfrage, Produktion und Beschäftigung, der schließlich in die Krise mündet.

Außer dem stilisierten Verlauf des Zyklus, den wir am Beispiel einer harmonischen Schwingung, der Sinuskurve, dargestellt haben, weisen Konjunkturschwankungen weitere typische Regelmäßigkeiten auf. Zum einen hat man festgestellt, dass Aufschwung und Hochkonjunktur zusammen etwa 2/3 der Länge eines Zyklus ausmachen. Zweitens kann man feststellen, dass während des Zyklus die Investitionsgüterproduktion sehr viel stärker schwankt als die Konsumgüterproduktion; dabei

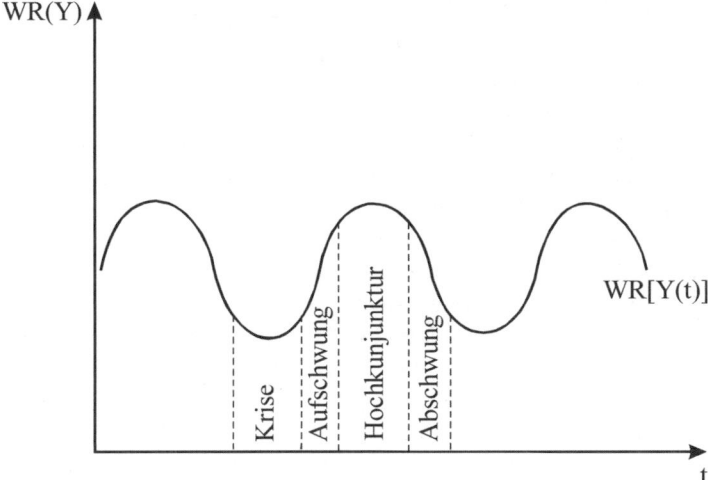

Abbildung III.51

fluktuieren die Lagerinvestitionen sehr viel stärker als alle anderen Investitions-komponenten. Drittens: Von den Einkommensarten sind es insbesondere die Gewinne, welche im Aufschwung (je nach dessen Stärke) mehr oder weniger stark steigen und im Abschwung (je nach dessen Stärke) mehr oder weniger stark sinken.

III.5.3   Wachstumstheoretische Erklärungsansätze

III.5.3.1   *Wachstumsdeterminanten*

Nach diesem knappen Überblick über die begrifflichen Grundlagen sowie die verschiedenen Erscheinungsformen von Konjunktur und Wachstum wollen wir uns im Folgenden den theoretischen Erklärungsansätzen zuwenden, die sich mit den Ursachen und Bestimmungsfaktoren dieser Phänomene auseinandersetzen. Dabei ist vorauszuschicken, dass es *die* Konjunkturtheorie und *die* Wachstumstheorie im Sinne eines umfassenden und in sich geschlossenen Erklärungsansatzes ähnlich der Keynesschen oder der klassischen Theorie nicht gibt. Vielmehr haben wir es überwiegend mit der Erklärung von Teilaspekten zu tun, teilweise sogar nur mit einer Auflistung von verursachenden Faktoren.

Letzteres gilt insbesondere für die Wachstumstheorie, deren Aufgabe eigentlich darin zu sehen ist, die Ursachen des Wirtschaftswachstums zu erhellen. Eine zufriedenstellende Bewältigung dieser Aufgabe ist vor allem deshalb so schwierig, weil zahlreiche Ursachen außerökonomischer Natur existieren, die einer ökonomi-schen Analyse häufig nur schwer zugänglich sind.

Ein Beispiel hierfür bildet der Einfluss der Religion auf die Motivation und das ökonomische Verhalten, womit sich vor allem der deutsche Ökonom und Soziologe

Max Weber (1864–1920) um die Jahrhundertwende beschäftigt hat.[71] So hatte Weber aus Statistiken herausgefunden, dass Protestanten offenbar tüchtigere Geschäftsleute waren als Katholiken, denn nach Berechnungen der Steuerbehörden des Landes Baden entfielen zu Beginn des letzten Jahrhunderts auf je 1.000 evangelische Einwohner knapp eine Million Reichsmark zu versteuerndes Kapital, während die gleiche Zahl von Katholiken weniger als 600.000 Reichsmark zu versteuern hatte. Auch stellten die Protestanten einen überproportional hohen Anteil der leitenden Angestellten. Max Weber erklärte diese und ähnliche Beobachtungen mit der calvinistischen Ethik, wonach Reichtum als göttlicher Gnadenerweis verstanden wird. Eine derartige Sichtweise, die im Gegensatz zur römischen Kirche stand, die ihren Gläubigen die Enthaltsamkeit von weltlichen Dingen lehrte, hat sicherlich wesentlich zur Steigerung der Arbeitsmotivation beigetragen, konnte doch mit dem Erfolg der Nachweis der göttlichen Auserwählung gelingen. Gleichzeitig gab der Calvinismus vor, wie mit dem Reichtum zu verfahren sei. Denn Reichtum galt nicht als sündhaft, wohl aber, sich auf dem Vermögen auszuruhen und es zur Befriedigung der eigenen Bedürfnisse einzusetzen. Der damit verbundene Konsumverzicht begünstigte nun – so Weber – die Akkumulation des Kapitals und damit den Erfolg des Kapitalismus in den westlichen Industrienationen des 19. Jahrhunderts.

Dieses Beispiel möge genügen, eine Vorstellung davon zu vermitteln, welche Bedeutung den so genannten außerökonomischen Faktoren zukommen kann. Im Folgenden beschränken wir uns auf jene im Rahmen der Wachstumstheorie diskutierten Bestimmungsgründe des Wirtschaftswachstums, die einer ökonomischen Analyse besser zugänglich sind. Dabei kann zwischen indirekten Wachstumsdeterminanten auf der einen und direkten Wachstumsdeterminanten auf der anderen Seite unterschieden werden.

Die indirekten Wachstumsdeterminanten markieren die Rahmenbedingungen für das Wirtschaftswachstum. An erster Stelle zu nennen ist hier die Wirtschaftsordnung,[72] die sicherlich von grundlegendem Einfluss auf den Wachstumsprozess ist. Da wir unsere Betrachtungen jedoch auf marktwirtschaftliche Systeme beschränkt haben, können wir auf eine ausführliche Erörterung dieses Aspekts verzichten.

Geht man von einer marktwirtschaftlichen Ordnung aus, so kommt vor allem der Ausgestaltung der Wettbewerbsordnung, das heißt institutionellen Faktoren, über die Beeinflussung der Verhaltensweisen eine wichtige Rolle für den Wachstumsprozess zu. Denn die Wettbewerbsordnung schafft einmal den Rahmen für die Steuerung der Produktionsfaktoren in die verschiedenen Verwendungen und beeinflusst zugleich das Anreizsystem und damit die Leistungsmotivation.

Zu den Rahmenbedingungen sind weiter die administrativen Regelungen zu zählen, die sich beispielsweise im Planungsrecht oder in speziellen Genehmi-

---

[71] Vgl. Sell (1998), S. 212 f.
[72] Weitere Informationen zu dieser Thematik findet der Leser im Kapitel IV.

gungsverfahren niederschlagen. In moderner Lesart wird hier auch von der so genannten „Regulierungsdichte" gesprochen. Auch die globale Abgabenlast sowie die Gestaltung der sozialen Sicherungssysteme spielen in diesem Zusammenhang eine wichtige Rolle. Letztere stehen bekanntlich in der Diskussion um die Wachstumsaussichten des Standorts Deutschland gegenwärtig im Mittelpunkt.

Ein weiterer Aspekt, der hier neben diesen überwiegend ordnungspolitischen Fragen angesprochen werden soll, betrifft die Wirtschaftsstruktur der Volkswirtschaft. Wie bereits an anderer Stelle erwähnt, zeichnen sich die verschiedenen Sektoren und Branchen durch unterschiedliche Wachstumsraten aus. Es ist deshalb naheliegend, dass eine Volkswirtschaft mit einem zukunftsorientierten Branchenmix – zum Beispiel mit Schwerpunkten in den Bereichen Dienstleistung, Umwelttechnik, Telekommunikation – über andere Wachstumsvoraussetzungen verfügt als eine Volkswirtschaft, in der solche Branchen wie etwa der Bergbau oder die Stahlindustrie dominieren, die sich im Niedergang befinden. In vielen Fällen kann deshalb in einer wachstumsorientierten Strukturpolitik der Schlüssel liegen, um das Wirtschaftswachstum nachhaltig zu beeinflussen.

Nimmt man den Rahmen, der durch derartige mittelbare Wachstumsfaktoren festgelegt wird, als gegeben an, so werden die Produktionsmöglichkeiten einer Volkswirtschaft durch die Faktorausstattung, das heißt durch Menge und Qualität der Produktionsfaktoren (ungelernte) Arbeit, Boden und Kapital sowie durch das technische Wissen und das Ausbildungsniveau („Humankapital") bestimmt. Diese Faktoren sind es – das wissen wir bereits aus dem Transformationskurvenmodell –, welche letztlich über die Höhe des Produktionspotentials entscheiden. Durch eine Vermehrung dieser Faktoren, die als direkte Wachstumsdeterminanten bezeichnet werden, kann unmittelbar auf das Wirtschaftswachstum Einfluss genommen werden.

Dabei ist davon auszugehen, dass die Menge des Produktionsfaktors Boden normalerweise eine konstante Größe darstellt. Eine Ausnahme bilden allenfalls Länder wie die Niederlande mit ihrer umfangreichen Landgewinnung durch Deichbaumaßnahmen und ähnliche Verfahren. Auch die Menge des Produktionsfaktors Arbeit kann in vorgerückten Industrienationen als weitgehend konstant angesehen werden, wenngleich Zu- und Abwanderungen, Veränderungen der Altersstruktur, der Frauenerwerbsquote oder der Arbeitszeiten längerfristig sehr wohl das quantitative Arbeitsangebot beeinflussen.

Vor allem beim Produktionsfaktor Arbeit spielt allerdings der qualitative Aspekt eine wichtige Rolle, den wir hier im Wesentlichen über den Wirkungsgrad des Ausbildungssystems erfassen wollen. Aber auch die Qualität des Faktors Boden ist innerhalb gewisser Grenzen durchaus veränderbar, wenn man beispielsweise an die verkehrliche Erschließung und Anbindung abgelegener Regionen denkt. Dennoch dürften die Faktoren (ungelernte) Arbeit und Boden für das Wirtschaftswachstum im Vergleich zum physischen Kapital, dem Humankapital sowie dem technischen Wissen eine eher untergeordnete Rolle spielen.

Wenngleich man sich über die Bedeutung des technischen Wissens weitgehend einig ist, bereitet eine genaue Begriffsfassung Schwierigkeiten, da der technische Fortschritt sehr unterschiedliche Facetten aufweist. Wir wollen uns deshalb hier damit begnügen, die wohl wichtigsten Erscheinungsformen des technischen Fortschritts zu nennen. Es sind dies:

- die Entwicklung neuer sowie die Verbesserung vorhandener Güter (Produktinnovationen),

- die Einführung neuer Produktionsverfahren, die eine kostengünstigere Produktion eines Gutes erlauben (Prozessinnovationen), und

- die Einführung neuer Organisationsformen mit höherer Produktivität, wozu auch eine Steigerung der Arbeitsteilung zu zählen wäre.

Gerade der erstgenannte Punkt – die Entwicklung neuer Güter – verdeutlicht die Schwierigkeiten, die bei der Fassung des Begriffs auftauchen. Abgesehen davon, dass die Vorteile, die durch die Entwicklung neuer Produkte entstehen, meistens kaum genau zu bemessen sind, stellt sich in vielen Fällen die grundsätzliche Frage, ob das Produkt überhaupt als Fortschritt anzusehen ist. Verkörpert ein neues Waschmittel oder eine neue Zigarettenmarke technischen Fortschritt? Was ist mit der Klimaanlage im Auto, die u. U. mit hohen Entsorgungskosten verbunden ist? Was ist mit bestimmten Entwicklungen am Arzneimittelmarkt? Wie sind die Möglichkeiten der Gentechnologie zu beurteilen? Ganz zu schweigen von den bekannten Extrembeispielen, wie etwa der Entdeckung der Kernspaltung. Wer entscheidet darüber, ob und gegebenenfalls in welchem Umfang hier technischer Fortschritt vorliegt? Ist die Akzeptanz durch den Markt eine ausreichende Legitimation?

Trotz dieser zahlreichen offenen und weitgehend ungelösten Fragen, die hier natürlich nur angedeutet werden können, herrscht doch Einigkeit darüber, dass dem technischen Fortschritt für das Wirtschaftswachstum eine zentrale Rolle zukommt und dass – auch wenn im Einzelfall über die Auswirkungen gestritten werden kann – der technische Fortschritt grundsätzlich erwünscht ist. Gleichwohl muss das Wissen über die Bestimmungsfaktoren des technischen Fortschritts als recht dürftig angesehen werden. Nur die groben Zusammenhänge sind hier bekannt. Und zwar geht man davon aus, dass der technische Fortschritt auf der einen Seite durch die Aufwendungen für Forschung und Entwicklung bestimmt wird, auf der anderen Seite wird eine enge Verbindung zur Qualifikation der Arbeitskräfte gesehen, das heißt vor allem zur Ausbildung eines hochqualifizierten Personals. Außerdem ist bekannt, dass zur Durchsetzung des technischen Fortschritts in der Regel Investitionen erforderlich sind, denn nur durch eine veränderte Kapitalausstattung können in vielen Fällen neue Produkte hergestellt beziehungsweise neue Produktionsverfahren eingeführt werden.

III.5.3.2 Wirtschaftswachstum vor und in der Klassik

Der erste Versuch, auf logisch-deduktive Weise (und nicht induktiv) die Determinanten des Entwicklungsprozesses aufzuzeigen, geht noch auf die Zeit vor den Klassikern zurück und stammt von den Merkantilisten (17./18. Jahrhundert; Johann Joachim Becher, John Locke, William Petty). Diese strebten als erste gezielt wirtschaftliches Wachstum an, weil der Reichtum eines Landes als Grundlage seiner politischen Stärke angesehen wurde. Ihr Ziel der Mehrung nationalstaatlichen Reichtums wurde vor allem dadurch zu verwirklichen versucht, dass der Staat günstige Voraussetzungen für die wirtschaftliche Entfaltung des aufstrebenden Bürgertums schuf. Die Förderung des Bildungswesens, namentlich die Errichtung höherer Schulen, der Auf- und Ausbau des Verkehrssystems, bevölkerungs- und gesundheitspolitische Maßnahmen sowie die Begünstigung des Exportes bei gleichzeitiger Abwehr der Importe sollten Anreize bilden für private Investitionen.

Die Merkantilisten hatten also durchaus konkrete Vorstellungen hinsichtlich wachstumspolitischer Erfordernisse, obwohl es ihnen nicht gelungen war, eine in sich geschlossene, konsistente Wachstumstheorie vorzulegen. Dies wurde erst von den Klassikern vollzogen, die damit zum Vorläufer der gesamten jungen beziehungsweise „modernen" Wachstumstheorie wurden.

Auslösendes Moment für die Erarbeitung wachstumstheoretischer Aussagesysteme durch die Klassiker war die vor ca. 200 Jahren von England ausgehende industrielle Revolution. Sicherlich gab es auch in vorindustrieller Zeit Epochen und Regionen mit positivem Wirtschaftswachstum. In diesen Fällen stiegen jedoch der Arbeitseinsatz sowie die Bevölkerung insgesamt etwa ebenso stark wie die Produktion, so dass die Arbeitsproduktivität (α)

$$\alpha = \frac{\text{Produktionsergebnis}}{\text{Arbeitseinsatz}}$$

und die Pro-Kopf-Produktion (y)

$$y = \frac{\text{Produktionsergebnis}}{\text{Bevölkerung}}$$

nur in engen Grenzen Veränderungen zeigten.

Mit der industriellen Revolution ist insofern eine neue Form von Wirtschaftswachstum (Simon Kuznets: „modernes Wirtschaftswachstum") aufgetreten, als in den von der Industrialisierung erfassten Gebieten nicht nur das Bevölkerungs- und das Produktionswachstum verstärkt einsetzten, sondern sich auch ihre Relationen zueinander veränderten. Das Produktionswachstum lag nachhaltig höher als die Vermehrung der Bevölkerung und des Arbeitseinsatzes; daraus resultierte ein anhaltender Anstieg des Inlandsprodukts pro Kopf (y $\uparrow$) sowie der Arbeitsproduktivität ($\alpha \uparrow$).

Der erste wesentliche wachstumstheoretische Beitrag innerhalb der klassischen Theorie stammt von Adam Smith. Seine Konzeption basiert auf dem Prinzip der Arbeitsteilung: Wenn sich die Arbeitskräfte auf bestimmte Tätigkeiten spezialisieren, können sie ihre Produktivität nachhaltig steigern. Damit resultiert aus dem gleichen gesamtwirtschaftlichen Arbeitseinsatz ein höherer Produktionsertrag, als er ohne Spezialisierung erreicht werden kann. Auf der anderen Seite setzt eine nachhaltige Spezialisierung der Arbeit einen Komplementäreinsatz spezifischer, das heißt ebenfalls „spezialisierter" Kapitalgüter voraus. Die Arbeitsproduktivität und damit das Pro-Kopf-Einkommen (PKE) sind folglich um so höher, je mehr Kapitalgüter bereitgestellt werden können. Damit hängen die Wachstumschancen eines Landes primär von der Kapitalakkumulation ab.

Zu einer solchen Kapitalbildung kommt es nur, wenn die Wirtschaftssubjekte bereit sind, einen Teil der laufenden Produktion nicht mehr konsumtiv zu verwenden, sondern zu sparen. Gleichzeitig müssen die Ersparnisse in produktive Investitionen umgewandelt werden; diese Investitionen vergrößern den verfügbaren Kapitalstock. Beides stellt sich nach Ansicht von Smith automatisch ein, wenn der Preismechanismus uneingeschränkt wirken kann.

Während die Spargewohnheiten institutionell vorgegeben sind, sorgen die vom technischen Standpunkt aus gesehen nahezu unbegrenzten Investitionsmöglichkeiten – lediglich die Größe des Marktes wirkt als Barriere möglicher Investitionsvorhaben – dafür, dass die Ersparnisse jeweils zur Kapitalakkumulation verwendet werden. Sobald durch diesen Akkumulationsvorgang der Wachstumsprozess in Gang gesetzt ist, hat er die Tendenz, sich selbst fortzupflanzen. Da die in einer Periode geschaffene Produktion zu einem Teil gespart und aufgrund der Wirkungsweise des Zinsmechanismus reinvestiert wird, erhöht sich der Kapitalbestand der Volkswirtschaft. Gemäß den Smithschen Annahmen wird dieser Zuwachs zum Kapitalstock dazu verwendet, das Ausmaß der Arbeitsteilung zu erhöhen; das PKE steigt und schafft über ein größeres Produktionsvolumen erweiterte Märkte. Dadurch erhöht sich wiederum das Sparpotential. Gleichzeitig verbessern sich die Investitionschancen, so dass die Kapitalakkumulation aufrechterhalten wird: Der Wachstumsprozess geht weiter.

Allerdings kann sich dieser Prozess nicht unbegrenzt fortsetzen. Die Möglichkeit zur Realisierung weiterer Produktivitätsgewinne aus einer verstärkten Arbeitsteilung ist durch den Bestand an natürlichen Ressourcen (hierzu zählen der landwirtschaftlich nutzbare Boden, die klimatischen Bedingungen sowie die Rohstoffvorkommen des betreffenden Landes) begrenzt: Zwischen Arbeit und Kapital auf der einen und den natürlichen Ressourcen auf der anderen Seite besteht eine begrenzte Substituierbarkeit. Sobald die natürlichen Reichtümer eines Landes durch die ständig zunehmende Kapitalbildung zu stark ausgelastet werden, sind weitere Produktivitätssteigerungen nicht mehr möglich. Die natürlichen Reichtümer bilden also die Obergrenze der Expansion, an die sich der Wachstumspfad asymptotisch annähert. Diesen Gedanken der Obergrenze des Wachstumspfades entwickelte David Ricardo weiter. Sie wird bei ihm in erster Linie von den konstanten Bodenbeständen eines Landes gebildet, deren Bewirtschaftung die Ernährung der wachsenden Bevölkerung ermöglicht.

Ricardo unterscheidet in seiner Entwicklungstheorie zwischen den drei Gesellschaftsgruppen der Kapitalisten, Arbeiter und Grundeigentümer. Als Kapitalisten bezeichnet er jene Wirtschaftssubjekte, die durch die Reinvestition ihrer Gewinne den Wachstumsprozess in Gang setzen. Solange die Profitrate

$$\pi = \frac{\text{Profiteinkommen}}{\text{Kapitaleinsatz}}$$

über der zur Substanzerhaltung erforderlichen Mindesthöhe liegt, werden die Kapitalisten Ersparnisse tätigen, die sie zur Kapitalakkumulation verwenden. Die Arbeiter, welche zahlenmäßig die größte Gruppe darstellen, besitzen keine eigenen Produktionsmittel; sie verwenden jene Produktionsmittel, die ihnen von den Kapitalisten zur Verfügung gestellt werden. Die Anzahl der Arbeitskräfte verändert sich nach Maßgabe der Lohnhöhe: Sobald der Lohnsatz über seinem existenzminimalen Niveau (Subsistenzlohn) liegt, verbessert sich die Ernährungssituation der Arbeiter; die Sterberate geht folglich bei gegebener oder – hierauf hat insbesondere Thomas Malthus (1766–1834) hingewiesen – steigender Geburtenrate zurück: Mit höherem Einkommen können mehr Kinder erfolgreich aufgezogen werden. Dadurch vergrößert sich die Bevölkerung, welche die Basis für das Arbeitskräftepotential bildet. Diese Vergrößerung des Arbeitsangebots führt, zumal für die Arbeitnehmer ein Koalitionsverbot (Gewerkschaften) bestand, über den Konkurrenzmechanismus wieder zu einem Absinken des Lohnsatzes auf sein „natürliches" Niveau. Das Bevölkerungswachstum bleibt dagegen aus, wenn die Löhne dem Subsistenzniveau entsprechen. In diesem Fall stabilisiert sich die Bevölkerungszahl auf ihrem gegebenen Niveau. Der natürliche Reallohn entspricht daher bei Ricardo dem Subsistenzminimum.

In seinen Grundsätzen der Politischen Ökonomie und der Besteuerung erklärt Ricardo sehr anschaulich auf mikroökonomischer Ebene das Zustandekommen der Rente: „Angenommen also, Boden Nr. 1, 2, 3 bringe mit gleichem Aufwand an Kapital und Arbeit ein Nettoprodukt von 100, 90 und 80 Quartern Getreide hervor" (Ricardo 1821, S. 60). Wird ausschließlich der Boden Nr. 1, also jener mit der besten Qualität bebaut, so erhalten de Kapitalisten nach Abzug der Löhne und der verbrauchten Vorprodukte den (ungeschmälerten) Profit. Wird nun auch der nächst beste Boden bewirtschaftet, so reduziert sich das Nettoprodukt aus der Sicht des Kapitalisten (vgl. oben) um 10 Quarter, bei dem Boden Nr. 3 sogar um 20 Quarter. Nehmen wir an, am Ende der ersten Wirtschaftsperiode treten die Kapitalisten, nachdem sie die geschilderten Erfahrungen gemacht haben, an die Bodenbesitzer heran, wobei alle am liebsten ausschließlich den besten Boden (Nr. 1) zur Bewirtschaftung erhalten wollen. Da das nicht funktioniert, sind die Besitzer des besten Bodens in der Lage, eine Rente zu verlangen: Diese Rente kann (wenn die Alternative zunächst nur zwischen Boden Nr. 1 und Boden Nr. 2 besteht) 4, 5 oder 6 Quarter betragen, sicher aber nicht mehr als 10 Quarter, weil damit der Unterschied in der Ergiebigkeit gegenüber dem zweiten Boden gerade ausgeglichen wird. Mit 10 Quartern ist also die maximale Zahlungsbereitschaft der Kapitalisten ausgeschöpft: Sie sind indifferent zwischen Boden Nr. 1 und Boden Nr. 2. Wird nun auch Boden Nr. 3 mit ins Kalkül einbezogen, können die Besitzer von Boden Nr. 1 nun sogar eine Rente von 20 Quartern, die Besitzer von Boden Nr. 2 immerhin noch eine von 10 Quartern verlangen. Dann hätten sie wiederum die Zahlungsbereitschaft der Kapitalisten voll ausgeschöpft. Nur der (bis hierhin) schlechteste Boden Nr. 3 erzielt keine Rente. „Nur weil die Menge des Bodens nicht unbegrenzt und an Qualität nicht gleich ist, und weil mit der Zunahme der Bevölkerung Boden geringerer Qualität oder in weniger günstiger Lage in Kultur genommen wird, wird also für seine Benutzung überhaupt eine Rente gezahlt" (Ricardo 1821, S. 59).

Der Preis der Agrarprodukte wird im Zeitablauf steigen, wobei ihr Preis letztlich von den Aufwendungen bestimmt wird, die der letzte in Bebauung genommene Boden, der sogenannte „Grenzboden", verursacht (Petersen 2006, S. 1222): „Durch die Inanspruchnahme von Böden mit geringerer Produktivität nimmt die unmittelbare und mittelbare Arbeitsmenge, die zur Herstellung einer Einheit des Agrarproduktes erforderlich ist, zu. Damit steigt zugleich ihr Tauschwert (oder Preis, die Verfasser)." Aber: „Der Grund für das Steigen des relativen Wertes von Rohprodukten (Agrargüter, die Verfasser) ist also, dass mehr Arbeit bei der Produktion des zuletzt gewonnenen Teiles aufgewendet wird, und nicht, dass dem Grundeigentümer eine Rente gezahlt wird. ... Der Preis des Getreides ist nicht hoch, weil eine Rente gezahlt wird, sondern eine Rente wird gezahlt, weil der Preis des Getreides hoch ist" (Ricardo 1821, S. 63).

Machen wir uns nun die makroökonomischen Aussagen des Ricardo-Modells anhand der nachfolgenden Abbildung III.52 klar.

Kapitalisten können bei Ricardo Pächter der Grundbesitzer sein, aber auch ihre Verwalter. Sie bewirtschaften das Land der Grundbesitzer. Als Kapitalisten schießen sie Getreide für den Lohnfonds (Subsistenzlohn $\cdot$ Arbeiter $= \bar{l} \cdot A$) und das Saatgut (nicht eingezeichnet) vor, das sie für eine mögliche Ertragssteigerung in der kommenden Periode benötigen. Wie im oberen Teil der Abbildung III.52 zu sehen, werden von den Kapitalisten zunächst Böden guter Qualität herangezogen. In diesem Bereich verläuft die Ertragsfunktion linear ansteigend, Durchschnittsertrag und Grenzertrag stimmen überein. Jenseits von Q wird der ertragreiche Boden knapp, von nun an liegt der Durchschnittsertrag über dem Grenzertrag, was beispielsweise im Punkt M gut zu erkennen ist. Der Umfang der Produktion in einer Periode wird stets durch die Höhe des von den Kapitalisten vorgeschossenen Lohnfonds bestimmt, welcher festlegt, wie viele Arbeiter zum Lohnsatz $\bar{l}$ beschäftigt (genau genommen: ernährt) werden können. Der Profit je Arbeitskraft (Z/A), gemessen in Getreideeinheiten, für den Kapitalisten beträgt:

$$\frac{Z}{A} = \frac{dY}{dA} - \bar{l}.$$

und kommt dadurch zustande, dass der Preis der Arbeit (die Grenzkosten der Arbeit, $\bar{l}$) konstant niedrig ist und (bis M′) unterhalb des Grenzertrages der Arbeit liegt. Folglich werden die Kapitalisten die Bewirtschaftung bis M′ ausdehnen, denn nur bis zu diesem Punkt sind positive Profitzuwächse möglich ($dY/dA > \bar{l}$), und der absolute Profit (Z) erreicht dort sein Maximum.

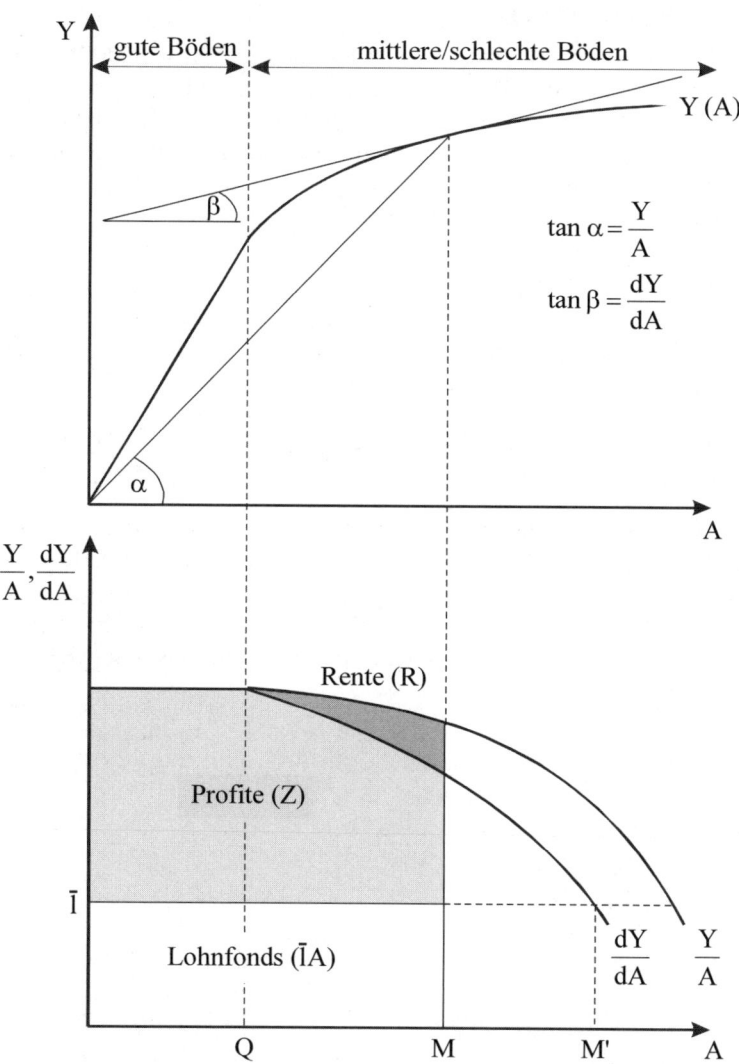

Abbildung III.52

Für den Grundbesitzer verbleibt als Rente des Bodens je Arbeitskraft (R /A):

$$\frac{R}{A} = \frac{Y}{A} - \frac{dY}{dA} = \frac{Y}{A} - \left(\frac{Z}{A} + \bar{l}\right).$$

Man kann auch so formulieren: Die Bodenrente ist eine Differentialrente, die sich einstellt, sobald keine guten Böden mehr brach liegen und zunehmend Böden mittlerer/schlechter Qualität zur Nutzung herangezogen werden. Wie im unteren Teil der Abbildung ersichtlich, entsteht eine Bodenrente ab dem Punkt Q, die mit steigender Bodenbewirtschaftung größer wird.

Warum sich die Bodenrente als Differenz zwischen Durchschnitts- und Grenzertrag des Faktors Arbeit darstellen lässt (Abbildung III.52), ergibt sich auch aus folgender Überlegung: Das so genannte „Eulersche Theorem" besagt, dass zwei Faktoren (A, B) den Output (Y) ausschöpfen, und zwar dergestalt, dass die Grenzprodukte der Faktoren (= Faktorpreise), multipliziert mit dem mengenmäßigen Faktoreinsatz, zusammen das Einkommen (= Output) erklären

$$Y = \frac{\partial Y}{\partial A} \cdot A + \frac{\partial Y}{\partial B} \cdot B.$$

Dies gilt bei linearer Homogenität der Produktionsfunktion und führt nach wenigen Umformungen zu:

$$\frac{Y}{A} - \frac{\partial Y}{\partial A} = \frac{\partial Y}{\partial B} \cdot \frac{B}{A}.$$

Die Bodenrente je Arbeitskraft erhält man auf diesem Wege erklärt durch den Grenzertrag des Bodens, $\partial Y/\partial B$, gewichtet mit der Bodenintensität, B/A. Nun ist allerdings in Abbildung III.52 eine Produktion dargestellt, die auf drei Faktoren zurückgreift (Arbeit, Boden und Kapital) und bei welcher der Faktor Arbeit eben nicht mit seinem vollen Grenzprodukt entlohnt wird. Gilt unser eben abgeleitetes Ergebnis dann immer noch? Ja, denn:

$$Y = \underbrace{\bar{l} \cdot A}_{\text{Lohn}} + \underbrace{\left(\frac{\partial Y}{\partial A} - \bar{l}\right)A}_{\text{Profit}} + \underbrace{\frac{\partial Y}{\partial B} \cdot B}_{\text{Bodenrente}}$$

$$\frac{Y}{A} = \bar{l} + \left(\frac{\partial Y}{\partial A} - \bar{l}\right) + \frac{\partial Y}{\partial B} \cdot \frac{B}{A}.$$

Daraus folgt:

$$\frac{Y}{A} - \frac{\partial Y}{\partial A} = \frac{\partial Y}{\partial B} \cdot \frac{B}{A} \qquad \text{q. e. d.!}$$

Wird schließlich der „Grenzboden" auch noch bewirtschaftet, für den gilt:

$$\frac{dY}{dA} = \bar{l},$$

so erreicht die Bodenrente (in der Zeichnung ist dies bei M' der Fall) absolut ihren größten Umfang, gleichzeitig sinkt der Profit, bezogen auf die letzte eingesetzte Arbeitskraft, die auf dem „Grenzboden" zum Einsatz kommt (das heißt, der Grenzprofit), auf null ab. Solange positive Profite (Z) erwirtschaftet werden, kann man sich diese als verbleibenden „Getreideüberschuss" vorstellen, den die Kapitalisten am Markt verkaufen. Der Quotient aus überschüssigem Produktionserlös und vorgeschossenem Getreidevorrat für Löhne und Saatgut stellt die Profitrate dar. Der Wachstumsprozess kommt durch eine positive Profitrate zustande. Diese bewirkt, dass die Kapitalisten einen Teil ihres Einkommens sparen und zur Kapitalbildung verwenden. Die Arbeiter und die Landherren konsumieren hingegen ihr gesamtes Einkommen, so dass die Kapitalbildung ausschließlich in den Händen der Kapitalisten verbleibt. Diese Kapitalakkumulation erhöht nun die Arbeitsnachfrage, wodurch ceteris paribus höhere Löhne hervorgebracht werden. Im Ergebnis steigt der Lohnfonds und in der Folge auch Produktion und Beschäftigung. Und hier setzt dann wieder der obige Subsistenzlohnmechanismus ein.

Zur Ernährung der wachsenden Bevölkerung müssen im Zuge des Entwicklungsverlaufs immer mehr Böden minderer Qualität bewirtschaftet werden. Entsprechend dem Ertragsgesetz kommt es zu abnehmenden Ertragszuwächsen, Grenzertrag und Durchschnittsertrag der Arbeit fallen zunehmend weiter auseinander. Die Getreideproduktion wächst nun insgesamt langsamer als die Anforderungen der Grundbesitzer, des Saatfonds und des Lohnfonds an die Kapitalisten. Während die zunehmende Bewirtschaftung des Bodens die Renten- und auch die Profiteinkommen absolut gesehen erhöht, geht der überschüssige Produktionserlös der Kapitalisten je Arbeitskraft zurück. Stellt man auf die Anteile der jeweiligen Einkommensarten am Inlandsprodukt ab, so ist darüber hinaus festzustellen, dass mit wachsendem Renteneinkommen der Anteil der Profite am Inlandsprodukt („Profitrate") abnimmt. Dazu führt Petersen (2006, S. 1226) aus: „Die Zuwächse der Lohnsumme sind proportional, weil die Lohnsumme mit jedem zusätzlichen Arbeiter stets um den gleichen Betrag wächst. Eine proportional wachsende Lohnsumme hat bei einem nur unterproportional wachsenden Nettoprodukt die Konsequenz, dass der Anteil der Löhne am gesamtwirtschaftlichen Nettoprodukt steigt. Der Zuwachs der Rentensumme wird aus zwei Quellen gespeist: der steigenden Zahl von Böden mit einer Rente und der immer größer werdenden Rente auf den Böden, die bereits eine Rente erwirtschaften. Beides führt zu einem überproportionalen Wachstum der Rentensumme, was zu einem wachsenden Anteil der Renten am gesellschaftlichen Nettoprodukt führt. Damit ist zugleich einsichtig, dass der Anteil der Profitsumme am gesellschaftlichen Nettoprodukt sinken muss: Wenn sowohl der Anteil der Lohnsumme als auch der Anteil der

Rentensumme am gesellschaftlichen Nettoprodukt steigt, muss der Anteil der Profitsumme notwendigerweise sinken."

Die sinkende Profitrate lässt die Investitionstätigkeit immer stärker schrumpfen, bis schließlich der Anreiz für eine weitere Kapitalakkumulation ausbleibt. Die Wirtschaft mündet in ihren stationären Endzustand ein, der durch existenzminimale Löhne und niedrige Profitraten – gewissermaßen die zur Verhinderung einer Kapitalvernichtung erforderlichen „existenzminimalen" Profitraten – gekennzeichnet ist; lediglich die Rentenquote am Inlandsprodukt weist ihren maximalen Wert auf (jedenfalls bei einer Substitutionselastizität von kleiner als eins).

Von der beschriebenen Differentialrente der Qualität sind die Lage- und die Intensitätsrente zu unterscheiden. Für beide hat der „deutsche Klassiker" Johann Heinrich von Thünen (1783–1850) eine Erklärung parat: Mit seinen „Thünenschen Kreisen" beschrieb er den bis heute beobachtbaren Zusammenhang zwischen der Entfernung zur Stadt bzw. zum urbanen Markt auf den einen und der räumlichen Struktur der um dieses Zentrum angesiedelten Produktion und Wirtschaftsweise auf der anderen Seite.

Unterstellen wir eine homogene Ebene, das heißt, es gebe weder besondere topografische Merkmale noch Unterschiede in der Bodenqualität. In der Mitte dieser Ebene liege die einzige Stadt, in der alle Konsumenten landwirtschaftlicher Güter angesiedelt seien und die Güterpreise unter Konkurrenzbedingungen bestimmt werden. Zudem seien alle Faktoren außer Boden vollkommen mobil und daher überall zu gleichen Preisen verfügbar. Da die landwirtschaftlichen Güter außerhalb der Stadt produziert werden, entstehen bei ihrem Transport zum Markt Kosten. Diese Transportkosten trägt der Landwirt, sodass der Preis der Produkte am Ort des Anbaus um die Transportkosten niedriger ist als am Absatzort.

Jeder Produzent strebt eine Maximierung des Gewinns (Reinertrags) auf dem Boden an, den er nutzt. Dieser Reinertrag, der sich nach Abgeltung der Ansprüche der Faktoren Arbeit und Kapital ergibt, ist demnach, wie bei Ricardo, eine Bodenrente. Für die Bodenrente R_i pro Flächeneinheit für das Gut i gilt:

$$R_i(d) = \underbrace{(p_i - \tau_i \cdot d) \cdot y_i(d)}_{\substack{\text{Erlös bei der Entfernung d} \\ \text{vom Markt [€/ha]}}} - \underbrace{K[y_i(d)]}_{\substack{\text{Produktionskosten} \\ \text{[€/ha]}}} = p_i y_i(d) - \tau_i d y_i(d) - K[y_i(d)],$$

wobei p_i den Güterpreis im Zentrum (d = 0), d die Entfernung vom Zentrum, τ_i den Transportkostensatz pro Entfernungseinheit und Gewicht, y_i den Ertrag pro Flächeneinheit bzw. die Bebauungsintensität und $K(y_i)$ die variablen Faktorkosten pro Flächeneinheit darstellt.

Im Sonderfall, dass die Bebauungsintensität konstant ist($y = \bar{y}$) und der Faktoreinsatz und somit auch die Faktorkosten pro Flächeneinheit nicht variieren, fällt die Bodenrente monoton mit der Distanz zum Zentrum, wie dies Abbildung III.53 schön zeigt. Bei unterstellter Nullgewinnbedingung für die letzte bewirtschaftete

Flächeneinheit ist das Gewinnmaximum bei d* erreicht, links davon wird ein Gewinn und rechts davon ein Verlust erwirtschaftet. Diese bei konstantem Faktoreinsatz und konstanter Bebauungsintensität erzielte Bodenrente wird von Thünen als Lagerente bezeichnet.

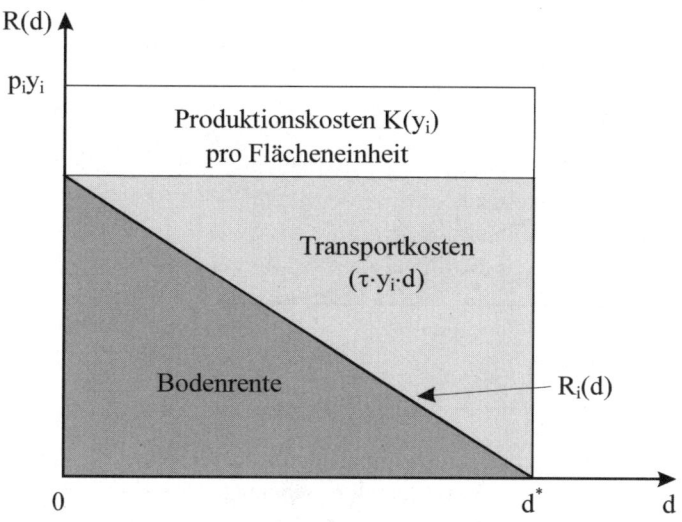

Abbildung III.53

Im Allgemeinen kann der Landwirt aber den Faktoreinsatz und somit auch die Bebauungsintensität variieren. In diesem Fall gilt es, auf jeder Flächeneinheit die optimale Erzeugungsmenge und damit die optimale Bebauungsintensität zu bestimmen. Nun haben wir bereits festgestellt, dass der lokale Preis der Produkte mit der Entfernung von der Stadt sinkt und dass die Faktorpreise für Arbeit und Kapital für die Landwirte ein Datum sind. In der Summe heißt das, dass die Wertgrenzprodukte mit der Entfernung zum Zentrum sinken müssen. Da im Optimum die Wertgrenzprodukte den (konstanten) Faktorpreisen entsprechen, erfordert eine zunehmende Entfernung ceteris paribus eine Steigerung der physischen Grenzprodukte von Arbeit und Kapital. Gilt bei partieller Faktorvariation das Gesetz der abnehmenden Ertragszuwächse, so impliziert dies eine Reduktion der Bebauungsintensität mit der Entfernung zum Markt, denn bei sinkendem Faktoreinsatz nimmt das Grenzprodukt zu.

Umgekehrt gilt entsprechend, dass mit abnehmender Entfernung zum Markt die lokalen Preise steigen. Für eine Maximierung des Gewinns ist jetzt eine Erhöhung der Bebauungsintensität angezeigt. Das bedeutet, dass bei gegebenen nominalen Faktorpreisen für Arbeit und Kapital deren reales Entgelt (proportional zu den abnehmenden Grenzprodukten dieser Faktoren) sinkt, während die dem Faktor Boden, der zwar nicht absolut, aber relativ knapper wird, zurechenbare Entlohnung steigt. Da sich der flächenmäßige Bodeneinsatz nicht ändert, der Output aber

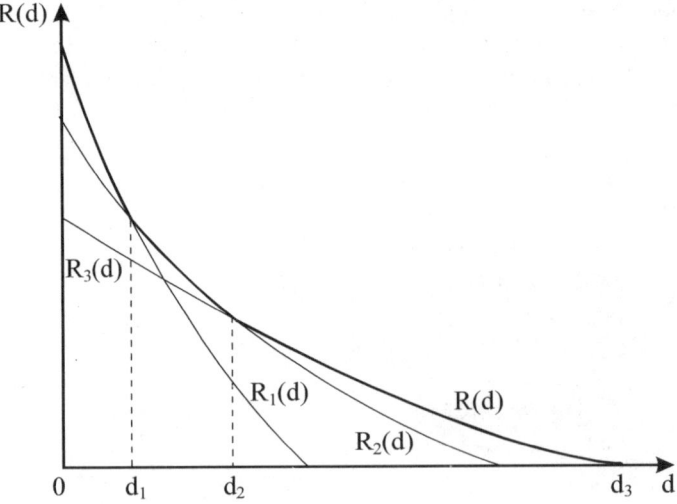

Abbildung III.54

(mit abnehmendem Ertragszuwachs) steigt, nimmt auch der absolute Gewinn je Flächeneinheit zu. Diese durch die Variation der Bebauungsintensität auf einer gegebenen Fläche erzielte Rentenerhöhung wird als Intensitätsrente bezeichnet. Bei variabler Bebauungsintensität besitzt die Rentenfunktion einen streng konvexen Verlauf, wie es Abbildung III.54 beispielhaft aufzeigt.

Nun wird ein Landwirt i. d. R. nicht nur ein Gut, sondern verschiedene Güter produzieren bzw. anbauen. Da jedes Produkt eine anders verlaufende Rentenfunktion besitzt, wird er auf jeder Fläche genau jenes Gut herstellen, das den höchsten Reinertrag erzielt. Er maximiert seinen Gewinn also durch die räumliche Differenzierung von Bewirtschaftungsart und -intensität. Die Maximierungsbedingung lautet daher

$$R(d) = \max_{i,y(d)} \left\{ (p_i - \tau_i \cdot d) \cdot y_i(d) - K\left[y_i(d) \right] \right\}.$$

Die Intention dieser Gleichung spiegelt Abbildung III.54 für den Fall dreier Güter wider. Bis zur Entfernung $0d_1$ wird das Gut 1 hergestellt, da es gegenüber den anderen beiden Gütern die höchste Bodenrente erzielt. In der Entfernung $d_1 d_2$ erzielt das zweite Gut und in der Entfernung $d_2 d_3$ das dritte Gut die höchste Rente. Die tatsächlich über die gesamte Entfernung bis d_3 (der gewinnoptimalen Entfernung des dritten Gutes) erzielte Bodenrente lässt sich durch den äußeren, fett gezeichneten Streckenzug darstellen.

Unterstellen wir abschließend, dass die Landwirte um die Stadt herum die Fläche gleichmäßig bewirtschaften, so ergeben sich die berühmten Thünenschen Ringe. Nach von Thünen ergibt sich für die Bedingungen zu Beginn des 19. Jahrhunderts folgendes Muster der Bodennutzung um den Markt herum: (1) freie Wirtschaft (Gartenbau, Milchwirtschaft), (2) Forstwirtschaft; (3) Fruchtwechsel, (4) Feldgraswirtschaft; (5) Dreifelderwirtschaft, (6) Weidewirtschaft und (7) Jagd.

Fasst man diese Überlegungen zusammen, so stellt man fest, dass sowohl bei Smith als auch bei Ricardo die exogen vorgegebenen natürlichen Ressourcen die Obergrenze für den Entwicklungsprozess einer Volkswirtschaft darstellen. Dagegen vermehren sich Kapitaleinsatz und Arbeitskräftepotential endogen, bis die Obergrenze erreicht ist. Sowohl Ricardo als auch die späteren Klassiker – das gilt insbesondere für John Stuart Mill (1806–1873) – sahen zwar im technischen Fortschritt eine Möglichkeit, diesen stationären Endzustand hinauszuschieben; vermeidbar ist er jedoch nicht. Vielmehr wird der technische Fortschritt ebenfalls erlahmen (das Gesetz der abnehmenden Grenzerträge macht also auch vor dem technischen Fortschritt nicht Halt) und der Zustand der Stagnation eintreten. Gleiches gilt für den Außenhandel: Dieser wirkt – wie bereits Ricardo zeigt – wie ein technischer Fortschritt. Seine Grenzerträge nehmen jedoch ebenfalls ab und können das Eintreten der säkularen Stagnation nur hinausschieben, nicht aber verhindern.

Versuchen wir abschließend eine kritische Würdigung der Wachstumsbeiträge der Klassiker: Die tatsächliche Entwicklung hat sich bislang nicht in der Weise vollzogen, die von den Klassikern prognostiziert wurde; zumindest ist der Zeitpunkt noch nicht eingetroffen, in dem der technische Fortschritt zu gering wird, um die abnehmenden Grenzerträge der Kapital- und Arbeitsvermehrung kompensieren zu können. Außerdem hat sich die Bevölkerung nicht nach Maßgabe der Lohnentwicklung vermehrt. Vielmehr weisen die Industrieländer, die ein relativ hohes Lohnniveau besitzen, sehr niedrige Wachstumsraten der Bevölkerung auf, während man in den Niedriglohnländern der so genannten „Dritten Welt" über eine Bevölkerungsexplosion klagt. Sowohl die annähernde Konstanz der Bevölkerungsziffern als auch der nicht erlahmende technische Fortschritt haben das Eintreffen der prognostizierten säkularen Stagnation in den hoch entwickelten Ländern bisher verhindert. In ihnen vollzieht sich vielmehr ein kontinuierlicher, lediglich durch zyklische Auf- und Abwärtsbewegungen (den Konjunkturschwankungen) überlagerter Wachstumsprozess, der die klassischen Prognosen bislang falsifiziert hat. Mehr noch: Der Boom in den USA zwischen 1993 und 2000 hat – ausgelöst durch die Revolutionierung der Technik in der Informations- und Kommunikationstechnologie – zu einem erheblichen Produktivitätsschub geführt, der über das normale, trendmäßig feststellbare Maß weit hinausging. Aus diesem Grunde stellt sich die Frage nach den Ursachen dieses „Versagens" der klassischen Wachstumstheorie.

Nach Ansicht der Klassiker wird das Wachstumspotential eines Landes von seiner Verfügbarkeit über natürliche Ressourcen begrenzt. Aufgrund der begrenzten Substituierbarkeit zwischen den natürlichen Ressourcen einerseits sowie Arbeit und Kapital andererseits können sich aus der Kapitalakkumulation und der Arbeitsvermehrung nur dann positive Wachstumseffekte ergeben, wenn sich diese Faktorbestandsänderungen innerhalb jener Grenzen vollziehen, die vom Bestand an natürlichen Ressourcen vorgegeben sind. Der Bestand an natürlichen Ressourcen wirkt als Obergrenze des Wachstums. Grundgedanke dieser Konzeption ist die Annahme, dass ein effizienter und erfolgversprechender Entwicklungsprozess an der Urproduktion ansetzen müsse. Urproduktion bedeutet die Erzeugung landwirtschaftlicher Produkte sowie den Abbau der natürlichen Rohstoffe eines Landes. Fehlen einem Land solche Rohstoffe oder sind die verfügbaren Vorräte relativ schnell erschöpft, so entfällt die Möglichkeit, eine auf Rohstoffgewinnung aufbauende weiterverarbeitende Industrie zu errichten oder expandieren zu lassen. Damit wird der Aufbau beziehungsweise weitere Ausbau eines für den weiteren Entwicklungsprozess wesentlichen Industriezweigs verhindert. Als Ergebnis erhält man unzureichende Entwicklungsmöglichkeiten der betreffenden Länder: Ihre Expansionschancen stagnieren. Bei der empirischen Überprüfung dieser These stellt man allerdings fest, dass sie von einer Vielzahl von Ländern widerlegt wird. Sicherlich kann die Verfügbarkeit über umfangreiche Rohstoffvorkommen für ein Land von großem Nutzen sein, wie die Entwicklung auf dem Weltrohölmarkt in den 1970/80er Jahren beweist. Man sollte jedoch die Entwicklungsrelevanz der Rohstoffe nicht überbewerten. So zeigt die wirtschaftliche Entwicklung der Schweiz, Dänemarks und der Niederlande, aber auch von Taiwan, Hongkong und Singapur, dass es auch ohne größere Rohstoffvorkommen möglich ist, ein sehr hohes Entwicklungsniveau zu erreichen. Der Rohstoffmangel kann durch die Konzentration auf rohstoffextensive Industrien sowie einen intensiven Außenhandel mit Rohstoffen und Zwischenprodukten kompensiert werden.

Die Klassiker haben diese Beziehungen ebenso unterschätzt wie die Möglichkeit, die Effizienz der natürlichen Ressourcen durch technischen Fortschritt zu erhöhen. Dadurch waren sie letztlich nicht in der Lage, eine Wachstumstheorie vorzulegen, die einer Auseinandersetzung mit konkreten Wachstumsverläufen standhalten kann. Diese Erkenntnis, die auch schon frühere Autoren gewonnen haben, führte dazu, dass man sich nach dem „Auslaufen" der klassischen Theorie lange Jahre hindurch anderen (als wichtiger angesehenen) Problemkreisen zuwandte; das Wachstums- beziehungsweise Entwicklungsproblem wurde weitgehend vernachlässigt. Erst im Gefolge der „Keynesianischen Revolution" wurden die Probleme von Wachstum und Entwicklung wieder aufgegriffen. Bevor wir uns diesen Ansätzen zuwenden, wollen wir im nächsten Abschnitt zunächst die wichtige Rolle der Kreislaufgrößen „Sparen" und „Investieren" für den Wachstumsprozess einer Volkswirtschaft thematisieren.

III.5.3.3 Sparquote und Wachstumspfad (ex-post Analyse)

Da die Investitionstätigkeit einer Volkswirtschaft, das heißt die Veränderung des Kapitalstocks, einer ökonomischen Analyse besonders zugänglich ist, haben sich die Ökonomen vergleichsweise intensiv mit dem Zusammenhang von Investitionen und Wirtschaftswachstum beschäftigt.

Der Kapitalstock K einer Volkswirtschaft wächst um den Betrag der getätigten Nettoinvestition I, so dass wir für die Wachstumsrate des Kapitalstocks schreiben können:

$$w_K = \frac{K_t - K_{t-1}}{K_{t-1}} = \frac{\Delta K}{K} = \frac{I}{K}.$$

So würde sich beispielsweise bei einem Kapitalbestand von 1.000 und einer Nettoinvestition von 100 die Wachstumsrate des Kapitalstocks auf 10% belaufen.

Es wurde bereits oben darauf hingewiesen, dass die Investitionen nicht nur einen Einkommenseffekt, sondern auch einen Kapazitätseffekt auslösen, so dass sich mit Vornahme der Investition zugleich auch die zukünftigen Produktionsmöglichkeiten erhöhen. Man spricht deshalb von einem dualen Charakter der Investitionen.

Nun wissen wir aus der Einkommens- und Beschäftigungstheorie, dass ein enger Zusammenhang zwischen Investieren und Sparen besteht. Und zwar müssen im Gleichgewicht die geplanten Investitionen und das geplante Sparen übereinstimmen. Man kann deshalb auch sagen, dass die geplanten Investitionen (in einer geschlossenen Volkswirtschaft) längerfristig nicht höher sein können als das geplante Sparen. Die Investitionstätigkeit und damit das Wirtschaftswachstum werden also durch das Spar- respektive das Konsumverhalten der Bevölkerung begrenzt.

Wir wollen bei den folgenden Überlegungen annehmen, dass die Investitionsneigung der Unternehmen so groß ist, dass das Sparen de facto zur Grenze wird. Unter dieser Voraussetzung kann jede Volkswirtschaft – abhängig von der eigenen Sparquote – über ihren Wachstumspfad entscheiden. Die dabei bestehenden Wahlmöglichkeiten lassen sich leicht anhand von Abbildung III.55 verdeutlichen.

Den Ausgangspunkt bildet in t_0 ein Volkseinkommen in Höhe von Y_0. Dieses kann zu Konsumzwecken oder zur Ersparnisbildung und damit zur Investition verwendet werden. Soweit das Volkseinkommen investiv verwendet wird, führt dies zu Wirtschaftswachstum, da das Produktionspotential ausgeweitet wird. Das Wirtschaftswachstum, das heißt das Wachstum des Volkseinkommens, wird damit durch das getätigte Sparen respektive die damit korrespondierenden Investitionen bestimmt.

Nun können wir einmal eine Volkswirtschaft annehmen, die stark zukunftsorientiert ist und deshalb eine hohe Ersparnisbildung aufweist. Wir unterstellen, dass diese Volkswirtschaft jede Periode im Umfang I_I Investitionen tätigt. Dies führt zu einem entsprechend starken Anstieg des Inlandsprodukts (Y_I) und damit bei Beibehaltung der Investitionstätigkeit zu einem entsprechenden Anstieg der Konsummöglichkeiten (C_I) in der Zukunft.

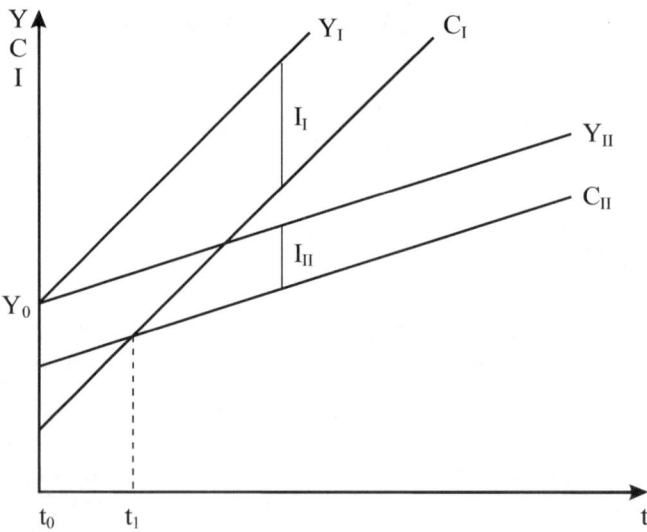

Abbildung III.55

Wir wollen dieser zukunftsorientierten Volkswirtschaft unter den gleichen Annahmen eine zweite Volkswirtschaft gegenüberstellen, die stark gegenwartsbezo-
gen ist. Der hohe Konsum erlaubt deshalb nur eine relativ geringe Investitionstätigkeit, die wir in unserem Beispiel mit I_{II} angenommen haben. Folglich steigt
das Inlandsprodukt (Y_{II}) auch nur langsam an, so dass – wiederum bei Beibehaltung der Investitionstätigkeit – auch die zukünftigen Konsummöglichkeiten (C_{II})
nur bescheiden wachsen. Dabei verfügt Volkswirtschaft II bis zum Zeitpunkt t_1
über die größeren Konsummöglichkeiten, dann schlagen bei Volkswirtschaft I die
stärker gestiegenen Produktionsmöglichkeiten durch, so dass von diesem Zeitpunkt
ab auch der Gegenwartskonsum von Volkswirtschaft I überwiegt.

Diese einfachen Überlegungen verdeutlichen, dass über die Spartätigkeit das
Wirtschaftswachstum entscheidend beeinflusst werden kann, und unterstreichen
einen wichtigen wachstumspolitischen Ansatzpunkt, nämlich die Förderung der
privaten Ersparnisbildung und damit die Bildung von Realkapital.

III.5.3.4   Gleichgewichtiges Wachstum (ex-ante Analyse)

a) Domar-Modell (postkeynesianische Analyse)

Die bisherige Betrachtung von Sparen und Investieren beschränkte sich auf einen
ex-post-Vergleich zweier Volkswirtschaften. Im Folgenden stellen wir den Gleich-
gewichtsgedanken in den Vordergrund, gehen also zu einer ex-ante Betrachtung
über. Den Ausgangspunkt bildet wiederum der duale Charakter der Investitionen,
der sich in dem gleichzeitigen Vorhandensein eines Einkommens- und eines
Kapazitätseffekts äußert.

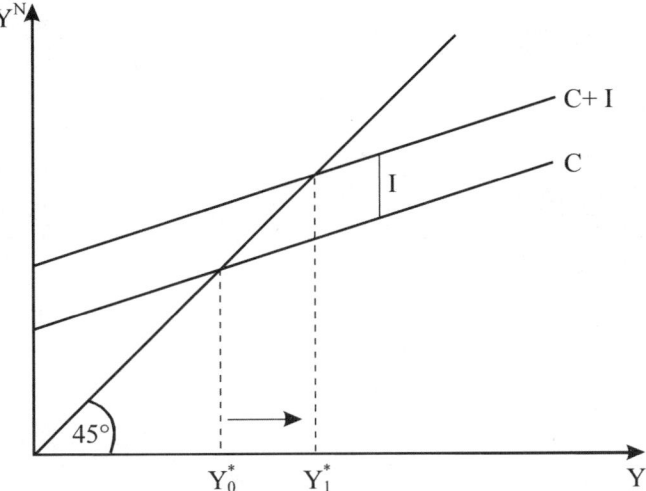

Abbildung III.56

Den Einkommenseffekt kennen wir bereits aus der Keynesschen Theorie. Hierbei handelt es sich um jene Einkommenssteigerung, die in der laufenden Periode aus der Investitionsgüternachfrage (beispielsweise aus der Nachfrage nach Maschinen) resultiert. So führt der Einkommenseffekt der Investitionen I in Abbildung III.56 zu einer Zunahme des Gleichgewichtseinkommens von Y_0^* auf Y_1^*.

Gleichzeitig haben Investitionen einen Kapazitätseffekt, da sie den Kapitalbestand der Volkswirtschaft erhöhen und damit in den nachfolgenden Perioden die Produktionskapazitäten (z. B. durch den Einsatz zusätzlicher Maschinen) vergrößern.

Da Keynes lediglich auf die kurze Periode mit gegebenem Kapitalbestand abgestellt hat, war es gerechtfertigt, diesen Kapazitätseffekt zu vernachlässigen. Auf längere Sicht muss der Kapazitätseffekt jedoch berücksichtigt werden. Vor allem interessiert uns hier die Frage, wie sich die Investitionen entwickeln müssen, damit das Wachstum der Produktionskapazitäten, welches durch den Kapazitätseffekt hervorgerufen wird, mit dem Nachfragewachstum, welches auf dem Einkommenseffekt beruht, im Einklang steht. Gefragt wird also nach den Bedingungen für ein Wachstum, bei dem sich Güterangebot und Güternachfrage im Gleichschritt entwickeln. Dies ist die Fragestellung, die unter anderem dem postkeynesianischen Wachstumsmodell von Domar zugrunde liegt.

Am einfachsten lässt sich das Problem anhand einer grafischen Darstellung erörtern, die uns in ihren Grundzügen von der Behandlung des Keynesschen Systems her bekannt ist.

Dabei gehen wir von einer Volkswirtschaft aus, die sich im Gleichgewicht befindet und beschränken unsere Betrachtungen auf den Gütermarkt. In Abbildung III.57 stimmen in der Ausgangssituation Güternachfrage und Güterangebot überein (Y_0).

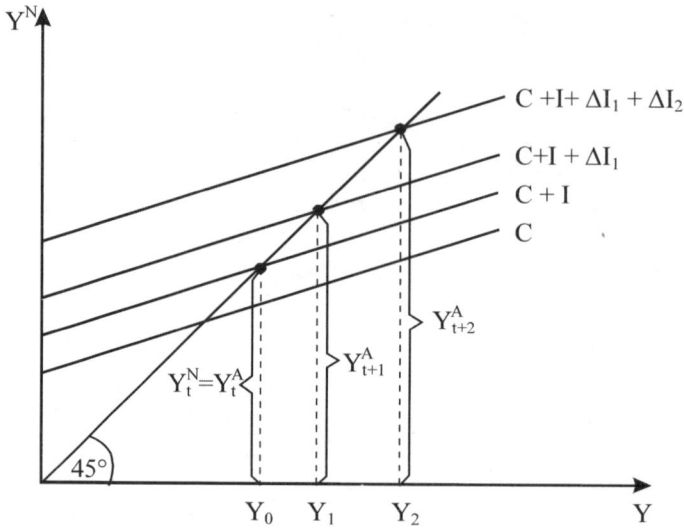

Abbildung III.57

Bezeichnet man die Nachfrage der laufenden Periode mit Y_t^N und das Angebot mit Y_t^A, so gilt $Y_t^N = Y_t^A$.

Die Nachfrage der laufenden Periode beinhaltet eine Nettoinvestition von I. Diese Nettoinvestition vergrößert den Kapitalstock und steigert damit die Produktionskapazität. Die gestiegene Produktionskapazität möge in der nächsten Periode ein Angebot von Y_{t+1}^A ermöglichen. Damit diese zusätzlichen Kapazitäten voll genutzt (sprich: ausgelastet) werden, muss die Gesamtnachfrage entsprechend steigen. Dies setzt voraus, dass die Investitionen in der Periode $t+1$ um den Betrag ΔI_1 erhöht werden.

Aufgrund der in der Periode $t+1$ getätigten Nettoinvestitionen von $I + \Delta I_1$ steigen die Produktionskapazitäten in der darauffolgenden Periode $t+2$ weiter an und ermöglichen nun ein Angebot von Y_{t+2}^A. Damit die neu geschaffenen Kapazitäten, welche die der Vorperiode übertreffen, wiederum auf eine entsprechende Nachfrage stoßen, müssen die Investitionen erneut ausgedehnt werden, und zwar um den Betrag ΔI_2.

Da sich dieser Prozess in den weiteren Perioden mit jeweils erhöhten Ausgangswerten wiederholt, bedarf es eines permanenten Wachstums der Nettoinvestitionen, damit sich Produktionspotential und Nachfrage im Gleichschritt entwickeln.

Die hierzu notwendige Wachstumsrate – man spricht auch von der „gleichgewichtigen Wachstumsrate" – hängt einmal von der marginalen Sparquote s ab. Denn die marginale Sparquote bestimmt bekanntlich die Höhe des Investitionsmultiplikators

$$\Delta Y = \frac{1}{s} \cdot \Delta I$$

und entscheidet damit über den Einkommenseffekt der Investitionen.

Zum anderen beruht die gleichgewichtige Wachstumsrate auf dem als konstant angenommenen Kapitalkoeffizienten, der das Verhältnis von Kapitalstock K und Produktionskapazität (mögliche Produktion) P kennzeichnet:

$$v = \frac{K}{P}.$$

Das heißt, je höher bei gegebenem Kapitalstock die Produktionskapazität ist, desto kleiner ist der Kapitalkoeffizient. In der Realität bewegt sich der Wert des Kapitalkoeffizienten zwischen zwei und vier. Legt man beispielsweise einen Kapitalkoeffizienten von zwei zugrunde, so könnten mit einem Kapitalstock von 1.000 € Güter im Werte von 500 € hergestellt werden, also

$$v = 2 = \frac{1000}{500} = \frac{K}{P}.$$

Wie wir wissen, erhöht jede Nettoinvestition den Kapitalstock und damit die Produktionskapazitäten. Geht man von einem konstanten Kapitalkoeffizienten aus, so erhöhen sich die Produktionskapazitäten (mögliche Produktion) proportional zur Veränderung des Kapitalstocks. Auf unser Zahlenbeispiel bezogen bedeutet dies, dass sich bei einer Nettoinvestition von 100 der Kapitalstock von 1.000 auf 1.100 und die Produktionskapazität von 500 auf 550 vergrößern würden:

$$v = 2 = \frac{1100}{550} = \frac{K}{P}.$$

Folglich gibt der Kapitalkoeffizient darüber Auskunft, in welchem Umfang durch die getätigten Nettoinvestitionen neue Kapazitäten geschaffen werden, und kann daher zur Beschreibung des Kapazitätseffektes herangezogen werden.

Im Gleichgewicht muss die zusätzliche Nachfrage (ΔY) gerade gleich der zusätzlichen (möglichen) Produktion (ΔP) sein. Bei konstantem Kapitalkoeffizienten gilt

$$v = \frac{\Delta K}{\Delta P}.$$

Wegen $\Delta K = I$ erhalten wir nach Auflösen nach ΔP den Ausdruck

$$\Delta P = \frac{I}{v}.$$

Setzen wir nun ΔY und ΔP (die im Periodengleichgewicht stets übereinstimmen müssen) einander gleich, so ergibt sich

$$\frac{I}{v} = \frac{\Delta I}{s}.$$

Stellen wir die Gleichung so um, dass sie nach der Wachstumsrate der Investitionen aufgelöst ist, so erhalten wir die gleichgewichtige Wachstumsrate der Investitionen

$$\frac{\Delta I}{I} = \frac{s}{v}.$$

Diese gleichgewichtige Wachstumsrate hängt damit sowohl von der marginalen Sparquote als auch vom Kapitalkoeffizienten ab. Und zwar müssen – wie eben gesehen – die Investitionen genau mit der Rate

$$w_I = \frac{\Delta I}{I} = \frac{s}{v}$$

wachsen, damit die Wirtschaft im Gleichgewicht bleibt. Es ist zu beachten, dass es sich hierbei lediglich um die *Bedingung* für ein gleichgewichtiges Wachstum handelt. Ob es tatsächlich Tendenzen gibt, dass dieser Gleichgewichtspfad auch beschritten oder, einmal gefunden, nicht mehr verlassen wird, ist damit noch nicht gesagt. Recht einfach kann man zeigen, dass bei Domar nicht nur die Investitionen, sondern bei konstantem Kapitalkoeffizienten auch deren Ausgangsgröße, der Kapitalstock, sowie die Nachfrage mit der Rate s/v wachsen müssen:

$$\frac{\Delta I}{I} = \frac{\Delta S}{S} = \frac{s\Delta Y}{S} = \frac{S}{Y}\frac{\Delta Y}{S} = \frac{\Delta Y}{Y}$$

$$\frac{\Delta Y}{Y} \overset{!}{=} \frac{\Delta P}{P} = \frac{\Delta P}{K}\frac{K}{P} = \frac{\Delta P}{K}\frac{\Delta K}{\Delta P} = \frac{\Delta K}{K}.$$

Betrachten wir im Folgenden einmal ein Zahlenbeispiel, mit dem ein gleichgewichtiger Wachstumsprozess à la Domar abgebildet werden kann. Für die Kernparameter des Modells nehmen wir an, dass v = 2 und s = 0,2 ist. Daraus ergibt sich eine gleichgewichtige Wachstumsrate der Investitionen von s/v = $\Delta I/I$ = 0,1.

In der Ausgangsperiode (t) unserer kleinen Simulation stimmen tatsächliche Produktion (Y) und mögliche Produktion (P) überein; geplantes Sparen (S) und geplante Investitionen (I) ebenfalls, so dass ein allgemeines Gleichgewicht vorliegt. Die in Periode t durchgeführten Nettoinvestitionen in Höhe von 20 vergrößern den Kapitalstock (K) in Periode t + 1 von 200 auf 220. Bei einem Kapitalkoeffizienten von zwei führt dies zu einer möglichen Produktion in Höhe von 110 Einheiten. Nach der Logik des Domar-Modells bedarf es also in dieser Periode einer Nettoinvestition von 22, die – bei einem Multiplikator von fünf –

ausreicht, um die mögliche Produktion nachfrageseitig auch zu absorbieren. Wie die Tabelle zeigt, gilt diese Bedingung für den Gleichschritt von möglicher und tatsächlicher Produktion auch für die folgenden Perioden.

t	Y	P	K	I	ΔI	S	C
t	100	100	200	20	–	20	80
t + 1	110	110	220	22	2	22	88
t + 2	121	121	242	24,2	2,2	24,2	96,8

Fragen wir uns nun, was passiert, wenn die tatsächliche Wachstumsrate von der gleichgewichtigen abweicht. Sofern die tatsächliche Wachstumsrate größer ist als die gleichgewichtige – in diesem Fall wäre ΔI größer als durch unsere Gleichgewichtsbedingung gefordert –, so wächst die Nachfrage aufgrund des Einkommenseffekts stärker als das Produktionspotential, also die mögliche Produktion. Man kann unter diesen Umständen annehmen, dass ein solcher Nachfrageüberhang die Unternehmen veranlassen wird, ihre Investitionen noch stärker auszudehnen als zuvor, so dass sich die Differenz zwischen dem Wachstum der Nachfrage und dem Wachstum des Produktionspotentials noch weiter verschärft. Es kommt zu einem Boom der Wirtschaft mit wachsendem kumulativen Nachfrageüberhang.

Umgekehrtes gilt, wenn das tatsächliche Wachstum der Investitionen niedriger ausfällt als das gleichgewichtige. Jetzt ist ΔI zu niedrig, das Nachfragewachstum bleibt hinter dem Wachstum des Produktionspotentials zurück. Die Unternehmen dürften daraufhin ihre Investitionstätigkeit entsprechend nach unten korrigieren, was den Angebotsüberschuss noch weiter verstärkt. Ein rezessiver, kumulativer Prozess nach unten wird in Gang gesetzt.

Wir haben damit bei Abweichungen vom Gleichgewicht die paradoxe Situation, dass im ersten Fall die vorhandenen Kapazitäten nicht ausreichen, weil *zu viele* Kapazitäten neu geschaffen wurden, während im zweiten Fall Überkapazitäten entstehen, weil *zu wenig* neue Kapazitäten geschaffen wurden. Selbst wenn man also in der Ausgangslage zufällig die gleichgewichtige Wachstumsrate realisiert hätte, ergäbe sich dennoch eine äußerst instabile Situation. Denn jede geringfügige Abweichung vom Gleichgewichtspfad führt zu einem sich selbst verstärkenden Prozess (nach oben oder nach unten), so dass sich eine Bewegung weg vom Gleichgewichtspfad einstellt. Man spricht deshalb in diesem Zusammenhang auch von einem „Wachstum auf des Messers Schneide" (knife edge growth).

Das Domar-Modell beschreibt also auf der einen Seite einen gleichgewichtigen Wachstumspfad. Gleichzeitig macht das Modell jedoch die Instabilität dieses Pfades deutlich und zeigt, dass es im Zuge des Wachstumsprozesses sehr leicht zu sich selbst verstärkenden Störungen kommt, die als Auslöser für konjunkturelle Ausschläge angesehen werden können. Damit unterstreicht das Modell von Domar die enge Verbindung zwischen dem Wachstums- und Konjunkturphänomen, das heißt, es macht sichtbar, dass während des Wachstumsprozesses leicht Schwankungen ausgelöst werden können. Jedoch kann das Modell weder erklären, wie die ausgelösten Abweichungen vom Gleichgewichtspfad abgefangen werden, das heißt, wie die Entwicklung irgendwelchen oberen beziehungsweise unteren Wendepunkten entgegenstrebt, noch wie es zu mehr oder weniger zyklischen Schwankungen kommt. Eine Erklärung dieser Phänomene ist jedoch auch nicht Gegenstand der Wachstumstheorie, sondern gehört bereits in das Gebiet der Konjunkturtheorie, dem wir uns später zuwenden wollen.

b) Solow-Modell (neoklassische Analyse)

Das Domar-Modell war selbst ein Produkt der postkeynesianischen Theorie und stellte – wie wir eben gesehen haben – ganz im Sinne von Keynes auf die erforderliche Zunahme der (Investitions-)Nachfrage ab, um auch langfristig ein Gleichgewicht auf den Gütermärkten sicherzustellen.

In den „goldenen" 1950er und 1960er Jahren des Wirtschaftswunders erschien ein Nachfragemangel allerdings nicht mehr als die größte Gefährdung für Beschäftigung und Wachstum. Vielmehr fanden amerikanische Nationalökonomen – wie der spätere Nobelpreisträger Robert M. Solow (1924[*]) eher in der Tradition der oben diskutierten Klassiker Smith, Ricardo und Mill stehend –, dass eine für die Einkommensentwicklung erforderliche Zunahme im Vorrat der Produktionsfaktoren Arbeit und Kapital (der Faktor Boden wurde weniger gesehen und bei der Modellierung überhaupt nicht berücksichtigt) gesichert sein müsse.

Solow ging mit der Domarschen Annahme eines konstanten Kapitalkoeffizienten hart ins Gericht, wenngleich die heutige Forschung davon ausgeht, dass er Domar zu Unrecht eine Produktionsfunktion „fixer Proportionen" unterstellte. Es war wohl eher so, dass im Modell von Domar deshalb keine Substitutionsmöglichkeiten zwischen Arbeit und Kapital vorlagen, weil von ihm *konstante Faktorpreise* unterstellt wurden. Wenn aber Löhne und Zinsen unverändert bleiben, haben Unternehmer keinen Anlass, Arbeit (Kapital) durch Kapital (Arbeit) zu substituieren. Als ein typischer Vertreter der „Neoklassik" schwebte Solow ein gleichgewichtiger Wachstumsprozess vor, der an folgende Voraussetzungen geknüpft ist:

- Alle vorhandenen Kapitalgüter müssen eingesetzt werden.

- Alle verfügbaren Arbeitskräfte müssen beschäftigt werden.

- Alle produzierten Güter müssen verkauft werden ($I_{geplant} \overset{!}{=} S_{geplant}$).

- Auf allen Märkten ist der Preismechanismus wirksam und das Saysche Theorem behält seine Gültigkeit.

- Alle Produktionsfaktoren müssen mit ihrem Grenzprodukt entlohnt werden.

Solow legte seinen Vorstellungen eine makroökonomische Produktionsfunktion, wie wir sie auch schon früher kennen gelernt haben, zugrunde:

$$Y = f(A, K).$$

Anders als in der Einkommens- und Beschäftigungstheorie darf der Kapitalstock jetzt aber nicht mehr als konstant betrachtet werden. Weist die obige Produktionsfunktion die Eigenschaft der linearen Homogenität (eine Verdoppelung des Faktorbündels führt dann auch zu einer Verdoppelung des Outputs) auf, so kann sie auch in der folgenden Form geschrieben werden:

$$Y = A \cdot f\left(1, \frac{K}{A}\right) = f\left(A \cdot 1, A \cdot \frac{K}{A}\right).$$

Da $k = K/A$ die Kapitalintensität der Produktion (Kapitalausstattung je Arbeitsplatz) zum Ausdruck bringt, gilt:

$$Y = A \cdot f(k)$$

und schließlich

$$y \equiv Y/A = f(k).$$

Die neue Funktion y stellt den Pro-Kopf-Output dar, bei Vernachlässigung von Unterschieden zwischen Bevölkerung und Arbeitskräftevorrat. Ihre Gestalt ist in Abbildung III.58 wiedergegeben. Mit einer Erhöhung der Kapitalausstattung je Arbeitskraft (k) nimmt der Output pro Kopf zu, allerdings plausiblerweise wiederum nur mit abnehmenden Grenzerträgen.

Auch bei Solow (wie bei Domar und anderen) müssen die Investitionen wie auch der Kapitalstock im Gleichgewicht mit der Rate:

$$w_K = \frac{\Delta K}{K} = \frac{s}{v}$$

wachsen. Auf eine formale Herleitung dieses Ergebnisses wollen wir an dieser Stelle verzichten. Gleichzeitig darf aber das Wachstum des Arbeitskräfteangebotes (w_A) nicht hinter dem des Kapitalstocks (w_K) zurückbleiben:

$$\underbrace{\frac{\Delta A}{A}}_{w_A} = \frac{s}{v} = \underbrace{\frac{\Delta K}{K}}_{w_K}.$$

Multiplizieren wir beide Seiten dieser Gleichung mit k, so ergibt sich

$$w_A \cdot k = \frac{s}{v} \cdot k$$

$$w_A \cdot k = s \cdot \frac{Y}{K} \cdot \frac{K}{A}$$

$$w_A \cdot k = s \cdot \frac{Y}{A}$$

$$w_A \cdot k = s \cdot y(k).$$

Diese Bedingung lässt sich recht einfach in die Darstellung unserer Pro-Kopf-Produktionsfunktion (vgl. Abbildung III.59) einfügen.

Die sy(k)-Funktion stellt die Pro-Kopf-Ersparnis dar, welche die Linie des Bevölkerungswachstums, $w_A k$, schneiden muss (A). Daraus ergibt sich das gleichgewichtige Pro-Kopf-Einkommen y^* in B mit der dazugehörigen gleichgewichtigen Kapitalintensität k^*.

Der Vorteil dieses neoklassischen Modells – im Vergleich zu Domar – liegt vor allem in seinen Stabilitätseigenschaften, die sehr viel mit der Möglichkeit veränderlicher Faktorpreise zu tun haben. Wir wollen dies an einem Beispiel verdeutlichen. Gehen wir von einer Gleichgewichtslage aus, bei der Kapital (K) und Arbeit (A) mit der gleichen Rate zunehmen. Dieses Gleichgewicht werde „gestört" durch den Anstieg der Sparquote, wodurch die Wachstumsrate des Kapitals, s/v, eben-

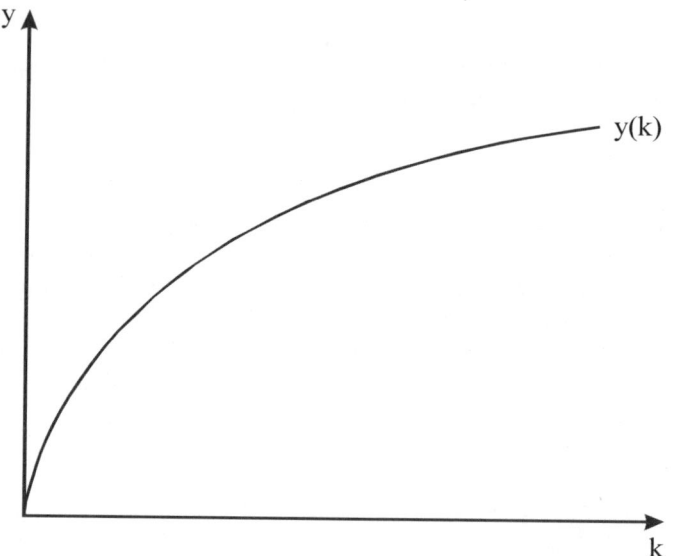

Abbildung III.58

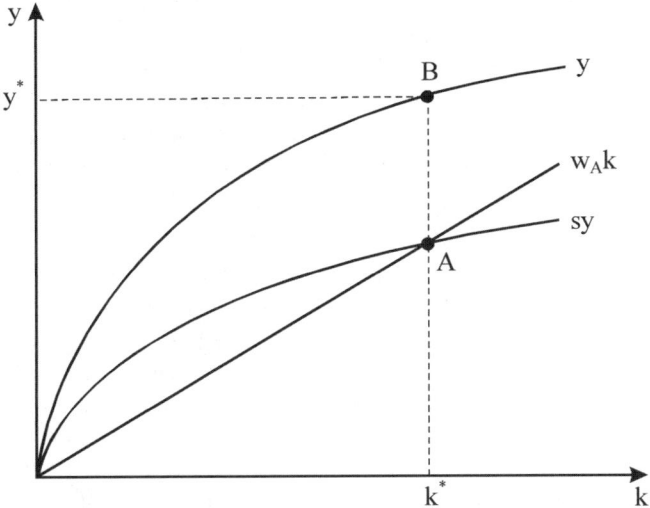

Abbildung III.59

falls zunimmt und nun die Wachstumsrate der Arbeitskräfte, w_A, übertrifft. Wenn die gestiegenen Anforderungen des stärker wachsenden Kapitalstocks befriedigt werden sollen, entsteht am Arbeitsmarkt eine Überschussnachfrage, wodurch sich der Lohnsatz und auch das Lohn-Zins-Verhältnis vergrößern. Die Unternehmer werden auf die absolute und relative Verteuerung des Faktors Arbeit mit einer Erhöhung der Kapitalintensität reagieren. Dadurch sinken aber Durchschnitts- und Grenzertrag des Faktors Kapital, und es steigt auch v (denn der Kapitalkoeffizient ist ja der Kehrwert der durchschnittlichen Kapitalproduktivität Y/K). Somit sinkt schließlich die Kapitalwachstumsrate s/v wieder, und zwar tendenziell auf die alte, gleichgewichtige Höhe! Immerhin ist aber das Pro-Kopf-Einkommen gestiegen.

So schön diese Stabilitätseigenschaften auch sind, es stellt sich doch ein (teilweise) unplausibles Ergebnis ein, nämlich, dass Veränderungen der Sparquote in diesem Ansatz (anders als oben) letztlich keinen Einfluss auf die gleichgewichtige Wachstumsrate haben. Auch wurde im neoklassischen Ansatz zunächst von der stark vereinfachenden Annahme einer gegebenen und nicht (was wünschenswert wäre) von einer entscheidungslogisch fundierten Sparquote ausgegangen. Besonders nachteilig ist aber, dass eine langfristige Zunahme des Pro-Kopf-Einkommens mit dem neoklassischen Ansatz nur unter Zuhilfenahme eines „von außen zugeführten" technischen Fortschritts erklärt werden kann. Wenn nämlich (wie oben erläutert) im Gleichgewicht (ohne technischen Fortschritt) Kapital und Arbeit mit der gleichen konstanten Rate wachsen, so gilt (für eine linear homogene, substitutionale Produktionsfunktion) dies auch für das Einkommen, und in diesem Fall „verschwindet" das Pro-Kopf-Wachstum:

$$w_A = w_K = w_Y \rightarrow w_Y - w_A = 0.$$

Neben weiteren Mängeln des neoklassischen Modells, die wir im Rahmen dieser Einführung übergehen, hat dies seit Ende der 1980er Jahre zur Entwicklung der so genannten „Neuen Wachstumstheorie" geführt. Hauptvertreter sind hier Robert E. Lucas, Sergio Rebelo, Paul M. Romer und Gene M. Grossman. Im folgenden Abschnitt werden wir einen sehr kurzen, ersten „Einblick" in diese Forschungsrichtung geben.

c) Neue Wachstumstheorie

Die so genannte neue Wachstumstheorie ist weder ein abgeschlossenes Lehrgebäude noch besitzt diese Forschungsrichtung eine einheitliche Fragestellung oder austauschbare Methoden. Gleichwohl haben fast alle Beiträge einen ähnlichen Ausgangspunkt: Die empirisch beobachtete Zunahme im Pro-Kopf-Einkommen soll ohne Zuhilfenahme eines exogenen, also eigentlich nicht erklärten technischen Fortschritts befriedigend begründet werden können. Worin liegt das „Neue" an der neuen Wachstumstheorie? Folgende vier Gesichtspunkte erscheinen wichtig:

1. Die Mikrofundierung:

   Die Entscheidungen von Haushalten, Unternehmen etc. werden mit Hilfe von Theorien der industriellen Organisation, der Rolle des Humankapitals unterlegt. Innovations- und Entscheidungsprozesse werden explizit modelliert.

2. Die Endogenisierung des technischen Fortschritts:

   Technischer Fortschritt fällt nicht „vom Himmel", sondern wird produziert. Neue Produkte und/oder Produktionsverfahren „inkorporieren" einen höheren Stand des technischen Wissens, Entscheidungen über „Forschung und Entwicklung" werden unter Kosten-Nutzen-Abwägungen getroffen.

3. Existenz weiterer akkumulierbarer Faktoren:

   Seit den Klassikern wurde die Mehrzahl der Produktionsfaktoren – insbesondere Arbeit – als Stromgrößen interpretiert, die in einer bestimmten Zeiteinheit „verbraucht" werden; der Lohn hatte nach klassischer Auffassung vor allem den Zweck, die Reproduktion der „verbrauchten" Arbeitskraft sicher zu stellen. Die Neoklassik hat physisches Kapital als akkumulierbaren Produktionsfaktor entdeckt, der im Wege von Nettoinvestitionen die Produktionskapazitäten einer Volkswirtschaft erhöht. Die neue Wachstumstheorie hat dem physischen Kapital vor allem das bereits oben erwähnte Humankapital zur Seite gestellt.

4. Eigenschaften der Produktionsfunktion:

   Anders als in der Neoklassik üblich, wird mit überlinearen Produktionsfunktionen, also mit steigenden Skalenerträgen argumentiert. Eine Verdoppelung des Faktorbündels führt unter diesen Bedingungen zu einer Steigerung des Outputs um mehr als 100 Prozent! Diese zunehmenden Skalenerträge werden zurückgeführt auf das Auftreten von *positiven externen Effekten* in Konsum und Produktion sowie auf beobachtete Kostendegression bei Unternehmen, die sich auf Märkten mit unvollständigem Wettbewerb nach erheblichen eigenen Investitionsanstrengungen („sunk costs") behaupten müssen. Neue Produkte und/oder verbesserte Produkteigenschaften (Qualität) kommen häufig nur auf (zumindest temporär) monopolisierten Märkten zustande.

Eines der frühesten Modelle der neuen Wachstumstheorie stammt von dem in den USA (Rochester) forschenden und lehrenden portugiesischen Wirtschaftswissenschaftler Sergio Rebelo (*1959). Im Ansatz von Rebelo bleibt es zwar im Prinzip bei der angebotsseitigen Sicht des Wachstumsprozesses, wie wir ihn auch bei Solow kennen gelernt haben; die Produktionsfunktion weist aber einen wichtigen Unterschied auf:

$$Y = \alpha K \qquad \text{oder} \qquad y = \alpha k.$$

Dabei ist α ein Effizienzparameter und K umfasst nicht nur physisches Kapital, sondern stellt allgemein einen „akkumulierbaren Faktor" dar. Man kann nun zeigen, dass der Faktor K in dieser Schreibweise keine abnehmenden, sondern konstante Grenzerträge aufweist. Zur Ermittlung der gleichgewichtigen Wachstumsraten des Pro-Kopf-Konsums, der Pro-Kopf-Kapitalausstattung und des Pro-Kopf-Einkommens beschreitet Rebelo – wie überhaupt die „Neue Wachstumstheorie" – einen mathematisch recht anspruchsvollen Weg, den wir im Rahmen einer Einführung nicht nachzeichnen wollen. Anders als im postkeynesianischen und auch anders als im neoklassischen Ansatz wird der gesamte Lebenshorizont der Individuen betrachtet, deren Bestreben es ist, den Gegenwartswert ihrer gesamten zukünftigen, outputabhängigen Konsumströme zu maximieren. Bei diesem „dynamischen Optimierungsproblem" müssen sie beachten, dass die Outputzunahme vom Kapazitätswachstum abhängt. Letzteres kann – in einer geschlossenen Volkswirtschaft – aber nur durch Konsumverzicht, also Sparen, ermöglicht werden. Die Sparquote wird im Rebelo-Ansatz demnach nicht einfach vorgegeben, vielmehr resultiert sie aus einem Optimierungsansatz. Ein zentrales Ergebnis des Rebelo-Modells wollen wir hier wiedergeben und kurz erläutern.

Im Gleichgewicht ist

$$\frac{\Delta k}{k} = \alpha s,$$

das heißt, die Wachstumsrate in der Kapitalausstattung eines Landes pro Kopf der Bevölkerung ergibt sich aus dem Produkt von Sparquote s und Effizienzparameter α. Es sind also das Sparverhalten und der Stand der Technologie eines Landes, welche die Dynamik der Wirtschaft bestimmen. Anders als noch in der Neoklassik ist dieses Ergebnis mit dem empirischen Befund vieler Länder höchst verträglich: Länder mit einem deutlichen Rückstand beim Einsatz von modernen Technologien leben nicht nur mit einem geringeren Lebensstandard, sie wachsen auch langsamer.

Das Sparverhalten hat den schon zu Beginn dieses Kapitels vermuteten wichtigen Einfluss auf das Wirtschaftswachstum. Überall dort, wo die Möglichkeiten und die Neigung zum Sparen behindert werden, sind Abstriche von der möglichen Zunahme des Pro-Kopf-Einkommens zu beobachten.

III.5.4   Konjunkturtheoretische Erklärungsansätze

III.5.4.1   Vorkeynesianische Erklärungsansätze

Von den Klassikern Beiträge zur Konjunkturerklärung zu erwarten, stellt fast einen Widerspruch in sich selbst dar: Der Glaube an die Selbstheilungskräfte des Marktes ließ sie auch für die kurze bis mittlere Frist keine signifikanten Schwankungen der Wirtschaftstätigkeit erwarten. Erst im ersten Drittel des letzten Jahrhunderts können wir wichtige Beiträge zur Problemstellung der Konjunktur verzeichnen. Nach unserer bisherigen Systematik erscheint es sinnvoll, dabei erst jene Beiträge zu sichten, die (noch) nicht unter dem Einfluss des keynesianischen Gedankengebäudes standen und zugleich noch wesentliche Denkmuster der Klassik in sich tragen.

Zu den älteren vorkeynesianischen Konjunkturtheorien zählen vor allem die rein monetäre Konjunkturerklärung sowie die (monetären oder realen) Überinvestitionstheorien. Folgt man der monetären Konjunkturtheorie, so sind die wirtschaftlichen Schwankungen durch den Geldsektor verursacht. Nach Ralph G. Hawtrey (1879–1975) sind es insbesondere die Überschussreserven der Geschäftsbanken, die für den Konjunkturverlauf als Auslöser verantwortlich sind. Vereinfacht lässt sich das Prinzip des Konjunkturzyklus wie folgt darstellen: Liegen entsprechende Überschussreserven vor, so kommt es zu einer Kreditexpansion in Verbindung mit Zinssenkungen. Im realen Sektor nehmen zunächst die Lagerinvestitionen zu (mit positiven Einkommenseffekten), danach auch die Anlageinvestitionen und mit diesen die gesamte Endnachfrage. Während des Booms steigen das Preisniveau und die Umlaufgeschwindigkeit des Geldes, die Einkommensverteilung ändert sich zugunsten der Gewinnempfänger. Der obere Wendepunkt wird erreicht, wenn die Kreditnachfrage auf schrumpfende Reserven der Geschäftsbanken trifft; jetzt kommt es zu Zinssteigerungen, welche die (gesamte) Investitionsnachfrage dämpfen, Preisniveau und Umlaufgeschwindigkeit sinken und die Einkommensverteilung ändert sich in die umgekehrte Richtung. Das gegenüber dem Ausland niedrigere Preisniveau steigert die Wettbewerbsfähigkeit der eigenen Exportindustrie und drosselt zugleich die inländische Importnachfrage. Handelsbilanzüberschüsse treten jetzt auf, die dem Inland einen Zufluss an Gold und Devisen bescheren. Da dies eine Verlängerung der Notenbankbilanz über die Aktivseite bedeutet, steigen auf der Passivseite entsprechend der Bargeldumlauf und die Überschussreserven der Geschäftsbanken –, und der Zyklus beginnt von neuem.

Im Modell von Hawtrey sind demnach einer Kreditausdehnung und damit einem anhaltenden Aufschwung zur Finanzierung der Investitionen Grenzen gesetzt, wobei über eine Anhebung der Zinssätze die Wende eingeleitet wird. Als Merkposten des Ansatzes von Hawtrey gelten zum einen die periodische Wiederkehr der Konjunkturen durch die Instabilität der Kreditströme und zum anderen die Besonderheiten des Währungswesens (Goldstandard). Kritisch wurde gegen Hawtrey eingewandt, dass die von ihm herausgestellte Kreditausweitung nicht ursächlich am Anfang eines Aufschwungs steht, sondern eher eine Begleiterscheinung beziehungsweise Folge des Aufschwungs ist.

Bei den Überinvestitionstheorien sind es die erheblichen Schwankungen der Investitionsgüternachfrage, die bei relativ konstantem Konsum den Konjunkturzyklus verursachen. Die Investitionstätigkeit wird in erster Linie auf die Erwartungshaltung zurückgeführt, wobei Phasen von Optimismus und Pessimismus einander abwechseln. Aufgrund überzogener Erwartungen werden die Produktionskapazitäten im Aufschwung überproportional ausgedehnt, so dass es bei kontinuierlicher Entwicklung des Konsums zu einem Ungleichgewicht zwischen dem Investitions- und dem Konsumgütersektor kommen muss. Sobald dieses Ungleichgewicht von den Unternehmen erkannt wird, setzt eine Gegenbewegung ein, bei der die Investitionen massiv zurückgenommen werden, und zwar wiederum aufgrund überzogener – diesmal jedoch pessimistischer – Erwartungen.

Ein besonders anschauliches Beispiel für eine (reale) Überinvestitionstheorie ist das Modell des schwedischen Nationalökonomen Knut Wicksell (1881–1926): In seinem Ansatz sind zwei zentrale Zinsbegriffe voneinander zu unterscheiden. Zum einen gibt es den „natürlichen Zins" (i_n), den wir uns am besten als die Rendite von (neuen) Investitionsprojekten vorstellen können. Auf der anderen Seite existiert der (reale) Marktzins (i) der sich – ganz im Sinne der klassischen Schule – beim Aufeinandertreffen von Investitionsnachfrage und Sparangebot am Kapitalmarkt bildet. Dabei hängt das Sparangebot allein vom Marktzins (i), die Investitionsnachfrage dagegen von der Höhe der Differenz zwischen i_n und i ab (vgl. Abbildung III.60).

Anfangs bestehe ein Gleichgewicht im Punkt A in Höhe von i_0/I_0; durch eine Innovation möge es nun zu einer verbesserten Ertragserwartung und damit zu einer Anhebung des natürlichen Zinses von i_{n0} auf i_{n1} kommen. Zu jedem Marktzins existiert jetzt eine höhere Investitionsnachfrage – die Investitionsnachfragekurve verschiebt sich von I_0 nach I_1. Beim alten Marktzins i_0 entsteht jetzt eine Überschussnachfrage ($I_1 - S_0$) nach „investierbaren Mitteln". Wicksell ging nun davon aus, dass die Geschäftsbanken im Aufschwung zunächst bereit sind, die höhere Kreditnachfrage zu den bisherigen Konditionen, also zum alten Marktzins, zu bedienen. Damit erhöht sich durch Giralgeldschöpfung aber auch die gesamtwirtschaftliche Geldmenge, die Konsumnachfrage wird durch den Zuwachs an Kasse (Nominal = Real) angeregt, und es treten – bei Vollbeschäftigung – schließlich Preissteigerungen ein. Bei noch vorhandener Unterbeschäftigung erwartete Wicksell Outputsteigerungen und (anders als Keynes!) moderate Preissteigerungen. Bei Vollbeschäftigung dagegen bleiben die zinsabhängigen realen Investitionen vorerst auf der neuen Höhe und nun muss das Preisniveau so lange steigen, bis eine

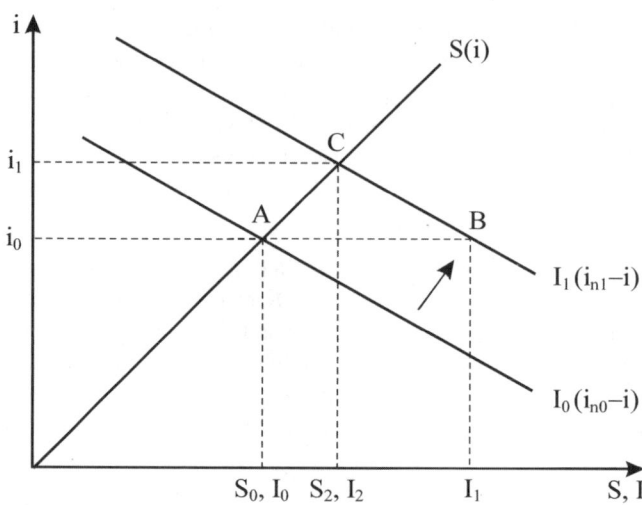

Abbildung III.60

gesunkene Realkasse auch die realen Konsumnachfrage verringert. Es wird demnach ein weiterer Teil der Gesamtproduktion dem Konsum entzogen und der Kapitalbildung zugeführt. Dieser Prozess wird auch als „erzwungene Ersparnis" bezeichnet. Der Marktzins i_0 kann von den Banken auf die Dauer aber nicht gehalten werden, zumal dann nicht, wenn die günstigen Investitionsvorhaben erschöpft sind. Über mehrere Transmissionsmechanismen, die wir hier nicht wiederzugeben brauchen, stößt der Kreditspielraum der Geschäftsbanken an Grenzen, die zu einem Anstieg des Marktzinses auf die Höhe i_1 führen. Dies ist in unserer Abbildung im Punkt C der Fall. Infolge der gestiegenen Zinsen kommt es zu einer rückläufigen Investitionstätigkeit, die zu einer Verringerung des Inlandsprodukts führt. Ein Teil des Kapitalstocks wird unrentabel, da er der langfristigen Aufteilung des Outputs zwischen Konsum- und Investitionsgütern widerspricht. Aufgrund der nun auftretenden Leerkapazitäten setzt ein Abschwung der Konjunktur ein, in Verbindung mit sinkenden Preisen. Dieser hält so lange an, bis ein neuer technischer Fortschritt abermals den natürlichen Zins anhebt.

Eine andere Konjunkturtheorie, die ebenfalls „Krisen" kennt, ist eng mit dem Namen Joseph Schumpeter (1883-1950) verbunden und stellt auf die Durchsetzung des technischen Fortschritts ab. Schumpeter unterscheidet zwischen Inventionen – das sind die eigentlichen Erfindungen oder Entdeckungen – und Innovationen – das ist die kommerzielle Verwertung der Erfindungen und Entdeckungen. Während die Inventionen recht gleichmäßig erfolgen, vollziehen sich die Innovationen in zyklischen Schwankungen. Dabei erfolgt der Anstoß für Innovationen, also für neue Produkte, Produktionsverfahren oder Organisationsformen, durch den so genannten Pionierunternehmer. Hat der Pionierunternehmer mit seinem Vorstoß Erfolg, so zieht dies – freiwillig oder durch den Wettbewerb erzwungen – andere Unternehmen nach sich, die als Imitatoren oder Nachahmer bezeichnet werden. Es kommt zu einer verstärkten Investitionstätigkeit, die über den bekannten Multiplikatorprozess einen Aufschwung bewirkt. Irgendwann jedoch nimmt die Kraft der Innovation ab, es kommt zu Sättigungserscheinungen, die Investitionstätigkeit erlahmt. Die Entwicklung kehrt sich um, eine eher pessimistische Stimmung breitet sich aus, die Wirtschaft gerät in eine „Reinigungskrise" (im Sinne des Zyklus' in eine Abschwungphase), bis wieder durch eine neue Innovation der Anstoß für einen erneuten Aufschwung erfolgt.

Wichtig dabei ist, wenn Schumpeter betont, dass im Zuge eines solchen innovationsbedingten Zyklus' das Niveau der wirtschaftlichen Tätigkeit ansteigt. Die Innovation löst also nicht nur einen Konjunkturzyklus aus, sondern dieser Konjunkturzyklus ist zugleich ein unverzichtbares Element des Wachstumsprozesses, so dass hier – im Gegensatz zu den meisten anderen Erklärungsansätzen – eine enge Verbindung zwischen Konjunktur und Wachstum hergestellt wird. Denn die wirtschaftliche Entwicklung vollzieht sich nach Schumpeter in Schüben und wird getragen von einem vorstoßenden und einem nachahmenden Wettbewerb.

III.5.4.2 Akzelerator und Multiplikator: Ein keynesianisches Grundmodell

Wir wollen unseren konjunkturtheoretischen Überblick mit einem Modell fortsetzen, welches das bekannte Keynessche Multiplikatorprinzip mit einem zweiten Prinzip, nämlich dem so genannten Akzeleratorprinzip, verbindet. Durch Kombination beider Prinzipien gelingt es, modellendogene Schwingungen zu erzeugen, die als Konjunkturzyklen interpretiert werden können. Die folgende Modelldarstellung erfolgt in Anlehnung an Samuelson (1939).

Das Multiplikatorprinzip ist uns bereits bekannt. Stellt man auf den Investitionsmultiplikator ab, so besagt dieses Prinzip, dass eine Investitionsänderung eine um ein Mehrfaches größere Änderung des Volkseinkommens nach sich zieht. Dies wird durch die Formel

$$\Delta Y = \frac{1}{s}\Delta I = \frac{1}{1-c}\Delta I$$

zum Ausdruck gebracht, wobei der Multiplikator zum Beispiel bei einer marginalen Konsumquote von $c = 0,8$ den Wert 5 annehmen würde.

Allerdings – und darin liegt ein Unterschied zur bisherigen Analyse – richten sich die Konsumausgaben in diesem Modell (anders als bei Keynes) nicht nach dem Einkommen der laufenden Periode, sondern nach dem der Vorperiode, was als Robertson-Lag bezeichnet wird:

$$C_t = C_a + cY_{t-1}.$$

Das Akzeleratorprinzip beinhaltet eine Investitionshypothese. Und zwar werden die Investitionen nach diesem Prinzip nicht als zinsabhängig wie bei Keynes angenommen,[73] sondern auf *Änderungen* der Nachfrage zurückgeführt. Im Folgenden wird unterstellt, dass solche Investitionen, die als induziert bezeichnet werden, von der Veränderung der Konsumgüternachfrage abhängen, also

$$I_t^{ind} = \beta(C_t - C_{t-1}).$$

Dabei wird der Koeffizient β, dessen Wert etwa zwischen 1,5 und 3,5 liegen dürfte, als Akzelerator bezeichnet. Wie aus der Formel zu ersehen ist, sind die induzierten Investitionen um so höher, je größer dem Betrage nach der *Zuwachs* bei den Konsumausgaben ausfällt. Da der Akzelerator – wie gerade erwähnt – einen positiven Wert aufweist, sind darüber hinaus bei rückläufigen Konsumausgaben auch negative induzierte Investitionen möglich.

Die Akzeleratorgleichung lässt sich auf einen grundlegenden Zusammenhang, wie ihn Samuelson sah, zurückführen:

$$K_t = f(C_t),$$

zum Beispiel

$$K_t = \beta \cdot C_t.$$

Das heißt, die Höhe des gewünschten Kapitalstocks in einer Periode t ist nicht beliebig, sondern eine Funktion der beobachtbaren Konsumnachfrage. Wenn wir beachten, dass

$$I = \Delta K \qquad \text{beziehungsweise} \qquad I_t = \frac{dK_t}{dt}^{[74]}$$

ist, so ergibt sich:

$$I_t = \beta \cdot \frac{dC}{dt}.$$

In „diskontinuierlicher" Schreibweise erhalten wir genau unsere Akzeleratorfunktion von oben:

$$I_t^{ind} = \beta(C_t - C_{t-1}).$$

Schließlich sei der Vollständigkeit halber erwähnt, dass Samuelson nicht nur induzierte, sondern auch autonome Investitionen I_a berücksichtigt, die von der Nachfrage unabhängig sind, so dass sich die gesamten Investitionen ergeben als:

---

[73] Alternativ kann ein konstanter Zinssatz unterstellt werden.

[74] Die (Netto-)Investitionen sind die (positive) Veränderung des Kapitalstocks in der Zeit.

$$I_t = I_a + I_t^{ind}.$$

Setzt man die Konsum- und die Investitionsfunktion in die bekannte Bestimmungsgleichung für das Inlandsprodukt

$$Y_t = C_t + I_t$$

ein, so erhält man

$$Y_t = C_a + cY_{t-1} + \beta(C_1 - C_{t-1}) + I_a$$

und wegen

$$C_{t-1} = C_a + cY_{t-2}$$

nach Umformung die Gleichung

$$Y_t = (1+\beta)cY_{t-1} - \beta cY_{t-2} + C_a + I_a$$

beziehungsweise

$$Y_t - (1+\beta)cY_{t-1} + \beta cY_{t-2} = C_a + I_a.$$

Dies ist eine so genannte inhomogene Differenzengleichung zweiter Ordnung, wobei der Teil auf der linken Seite des Gleichheitszeichens den homogenen Anteil und der Ausdruck rechts vom Gleichheitszeichen den inhomogenen Anteil wiedergibt. Diese Gleichung muss für eine exakte Lösung des Samuelson-Modells gelöst werden. Darauf wollen wir hier aber verzichten zugunsten einer Interpretation des Akzeleratorprinzips und der von ihm ausgehenden konjunkturellen Wirkungen.

Das Entscheidende an der Akzeleratorhypothese ist, dass damit gegenläufige Entwicklungen von Konsum und induzierten Investitionen erklärt werden können. Und zwar kommt es zu derartigen Entwicklungen, wenn der Konsum degressiv ansteigt oder degressiv fällt. Im ersten Fall werden – wie Abbildung III.61 verdeutlicht – der Zuwachs der Konsumausgaben und damit die induzierten Investitionen geringer.

Im zweiten Fall, der Abbildung III.62 zugrunde liegt, vermindert sich die Abnahme des Konsums, so dass die (negativen) induzierten Investitionen ansteigen.

Auch gleichläufige oder „indifferente" Entwicklungen von Konsum und Investitionen sind im Modell von Samuelson denkbar. In Abbildung III.63 haben wir zunächst den Fall linear ansteigender Konsumausgaben, der konstante (positive) induzierte Investitionen nach sich zieht. Eine solche Entwicklung wirkt in der Aggregation stark expansiv auf die Entwicklung des Bruttoinlandsprodukts. Der Vollständigkeit halber nachzutragen bleibt noch der Fall konstant sinkender Konsumausgaben (nicht eingezeichnet), der dann folgerichtig mit konstanten (negativen) induzierten Investitionen einher gehen muss. Betrachten wir schließ-

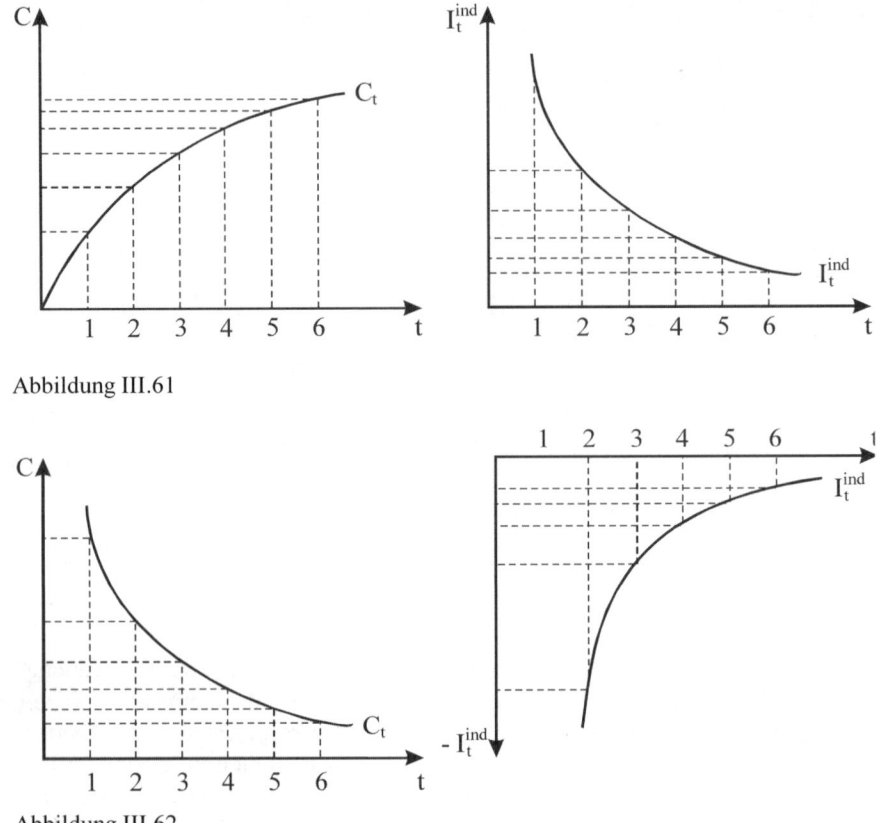

Abbildung III.61

Abbildung III.62

lich den Fall der überproportional ansteigenden Konsumausgaben in Abbildung III.64. Als Folge davon haben wir es jetzt mit (positiven) ansteigenden induzierten Investitionen zu tun.

Wenn sich Konsum und Investitionen, wie in Abbildung III.64, gegenseitig positiv verstärken, sind explosionsartige Entwicklungen (nach oben) denkbar. Bei einem überproportionalen Rückgang des Konsums (nicht eingezeichnet) verstärken sich dagegen die negativen Impulse gegenseitig; Konsum und induzierte Investitionen treiben das Inlandsprodukt explosionsartig nach unten.

Wenn sich die Anpassungen des Konsums nach dem Multiplikatorprinzip – wie in den Abbildungen III.61 und III.62 unterstellt – dagegen mit abnehmender Beschleunigung vollziehen, haben wir gegenläufige Entwicklungen von Konsum und induzierter Investition. Dies führt nach Überschreiten kritischer Werte dazu, dass sich auch die Entwicklungsrichtung des Inlandsprodukts umkehrt, so dass sich modellendogene zyklische Schwankungen ergeben.

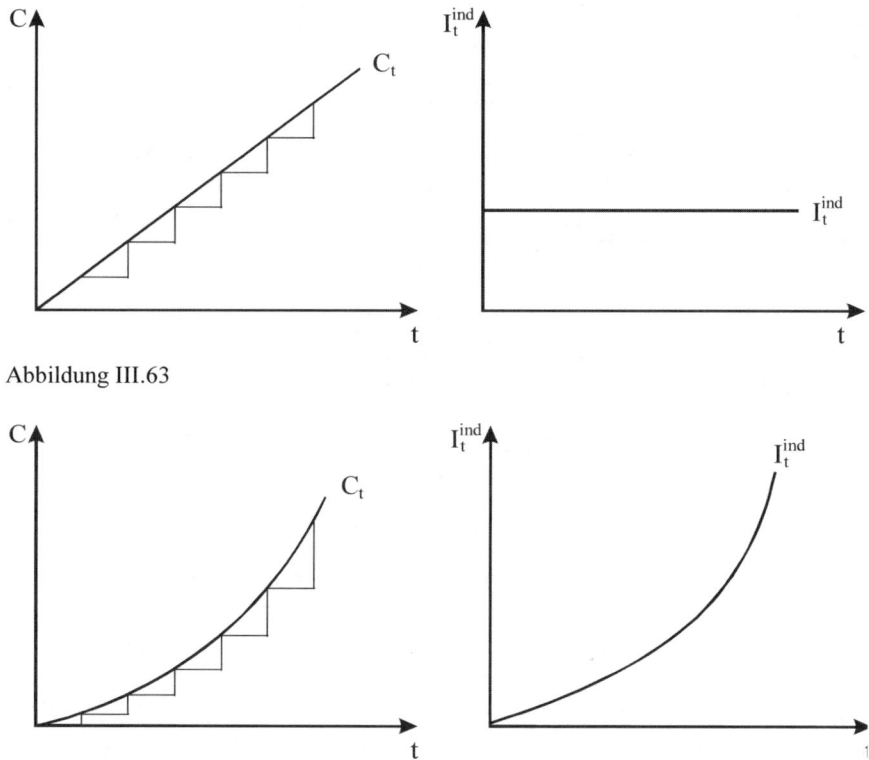

Abbildung III.63

Abbildung III.64

Wie Abbildung III.65 zeigt, können diese Schwingungen – je nach der spezifischen Kombination der Werte von c und β – mit abnehmender, konstanter oder zunehmender Amplitude verlaufen. Bei einer abnehmenden Amplitude entwickelt sich das Inlandsprodukt in Richtung seines langfristigen Gleichgewichtswertes Y_E, man spricht hier von einer konvergenten Entwicklung. Bei einer zunehmenden Amplitude entfernt es sich von Y_E – es liegt eine divergente Entwicklung vor. Bei bestimmten Kombinationen von c und β kann es auch zu Entwicklungen kommen, die nicht zyklisch verlaufen, sondern stetig. Auch hier kann wieder zwischen einer konvergenten und divergenten Entwicklung unterschieden werden.

Es wird deutlich, dass die Höhe der marginalen Konsumquote und des Akzelerators sowie die Kombinationen von c und β darüber entscheiden, ob sich das Inlandsprodukt zyklisch oder stetig zum langfristigen Gleichgewicht hin- oder wegbewegt.

Da explosive Schwingungen natürlich auf Dauer keinen Bestand haben können, zielte ein Teil der Weiterentwicklung dieses Grundmodells (beispielsweise durch Hicks) darauf ab, Schranken einzuführen, die die konjunkturellen Ausschläge sowohl nach oben („ceiling") als auch nach unten („floor") begrenzen.

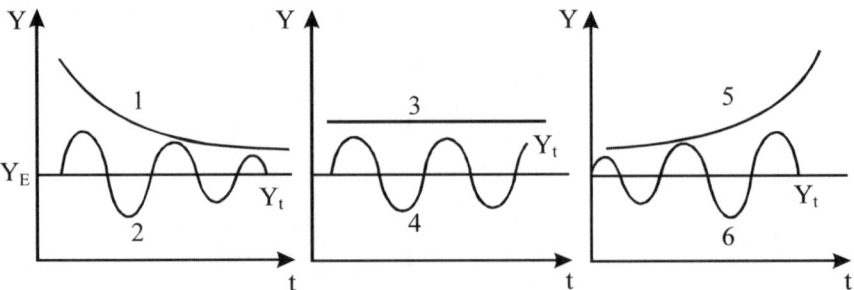

Abbildung III.65

Konvergenz	Entwicklung	
	stetig	zyklisch
konvergent	1 asymptotische Annäherung	2 gedämpfte Schwingung
divergent	3 konstante Entwicklung	4 harmonische Schwingung
	5 ständige Divergenz	6 explosive Schwingung

Multiplikator- und Akzeleratormodelle sowie ihre Weiterentwicklungen bilden heute immer noch ein wesentliches Element der modernen Konjunkturtheorie. Dabei ist ihr Hauptverdienst sicherlich darin zu sehen, dass es im Rahmen dieser Modelle mit relativ einfachen und durchaus plausiblen Verhaltensannahmen gelungen ist, modellendogene Schwingungen zu erzeugen, bei denen – wie in der Realität zu beobachten – den Investitionen die entscheidende Bedeutung zukommt. Was fehlt, ist die direkte Verbindung zur Wachstumstheorie, aber von diesem Vorwurf sind auch die meisten der anderen konjunkturtheoretischen Erklärungsansätze, auf die wir nun eingehen wollen, in gleicher Weise betroffen.

III.5.4.3 Postkeynesianische Ansätze

Bei den so genannten Unterkonsumtionstheorien handelt es sich weniger um Konjunktur-, sondern eher um Krisentheorien, da es schwierig ist, aus ihnen heraus die Aufschwungphase des Zyklus' zu erklären. Solche Theorien spielten vor allem gegen Ende des zweiten Weltkriegs und in den ersten Nachkriegsjahren eine gewisse Rolle. Ein Hauptvertreter dieser Richtung war Keynes' Schüler Alvin Hansen (1887–1975), nach dem auch (wegen seiner Co-Autorenschaft) die so genannte Hicks-Hansen-Analyse, also der Umgang mit den Instrumentarien der IS-LM-Analyse, benannt wurde. Der Kerngedanke lässt sich recht einfach durch die bereits oben eingeführte Keynessche Konsumfunktion demonstrieren:

$$C = C_a + cY.$$

Dividiert man linke und rechte Seite durch das Einkommen Y, so ergibt sich eine Funktion für den Durchschnittskonsum

$$\frac{C}{Y} = \frac{C_a}{Y} + c.$$

Für eine gegebene, konstante marginale Konsumneigung c erkennen wir folgendes: Mit steigendem Einkommen Y nimmt die Relation zwischen dem autonomem Konsum C_a und dem Einkommen Y laufend ab. Daraus leitete man in den Unterkonsumtionstheorien die Tendenz zu einer säkularen (langfristigen) Abnahme der (durchschnittlichen) Konsumnachfrage und damit die Gefahr einer latenten Unterauslastung des Produktionspotentials ab. Übersehen wurde dabei, dass schon aus saldenmechanischen Gründen im gleichen Atemzug natürlich die durchschnittliche Sparneigung zunehmen muss. Eine Krise kann demzufolge ausbleiben, wenn eine steigende durchschnittliche Investitionsneigung damit einhergeht – dann tritt kein Nachfrageausfall ein – oder in offenen Volkswirtschaften der Sparüberhang als Kapitalexport in andere Länder abfließt. Im letzteren Fall passt sich das Produktionspotential der Konsumgüterproduktion den veränderten Nachfrageverhältnissen (nach unten) an.

Zu den späteren postkeynesianischen Konjunkturansätzen zählen zunächst eine Vielzahl von Modellen, die mehr oder weniger große Ähnlichkeiten mit dem oben vorgestellten Samuelson-Modell aufweisen. Einen gewissen Abschluss haben diese Arbeiten in dem Beitrag von Edmond Malinvaud (*1923) gefunden. Auch hier bestimmen ein dem Akzelerator ähnlicher Kapazitätsanpassungsparameter einerseits und eine Komponente der Konsumfunktion (hier: das Verhältnis des autonomen Konsums zum Einkommen, das beim vorhandenen Arbeitsangebot erreicht werden kann) Zyklus und Stabilität der Lösung.

III.5.4.4 Neuere Erklärungsansätze

Völlig andere – und dem Keynesschen System geradezu krass entgegengesetzte – Gedanken zum Konjunkturzyklus trug die *„monetaristische Gegenrevolution"* (heute auch bekannt als Monetarismus I) seit Ende der 1950er, Anfang der 1960er Jahre bei. Als Hauptvertreter sind hier Milton Friedman (1913-2006), Karl Brunner (1916-1989), Allan Meltzer (*1928) sowie Thomas Mayer (*1954) zu nennen. Entsprechend ihrem Credo ist der private Sektor in der Marktwirtschaft aus sich heraus stabil, und es sind von außen herangetragene Störungen der Politik, insbesondere der Geldpolitik, welche zyklische Muster des Inlandsprodukts verursachen. Anders als die Schule der Klassiker gehen sie davon aus, dass Geld nur in der langen Frist als neutral gelten kann. Kurzfristig sei zu beachten, dass Variationen des Geldangebots Anpassungen in den Vermögensportfolios der Privaten auslösen, relative Preise verändern und über diese auch Effekte auf das Realeinkommen möglich werden. Anders als bei Keynes werden sehr viel mehr Vermögensanlageformen (Realaktiva, Humankapital etc.) als nur Geld und Wertpapiere betrachtet, wobei die Keynessche Liquiditätsfalle aufgrund empirisch geschätzter niedriger Zinselastizitäten der Geldnachfrage als obsolet angesehen wird. Um unerwünschte Schwankungen des Realeinkommens zu vermeiden, zumindest aber doch stark zu reduzieren, empfehlen die Monetaristen – nachdem die große Bedeutung des Geldes „wiederentdeckt" wurde („money matters") – eine strenge Geldmengenregel einzuführen und der Notenbank keinen Spielraum für diskretionäre Manipulationen des Geldumlaufs zu gewähren.

Den Höhepunkt der Gegenrevolution zum Keynesianismus und seiner Konjunkturerklärung erlebte die Volkswirtschaftslehre aber erst Ende der 1970er Jahre mit dem Siegeszug und der makroökonomischen Entfaltung der Schule der „rationalen Erwartungen" (heute auch gelegentlich als Monetarismus II bezeichnet). Als Hauptvertreter gelten Robert J. Barro (*1944), Robert E. Lucas (*1937), Thomas Sargent (*1943) und Neil Wallace (*1939). In ihrer Vorstellungswelt maximieren die Wirtschaftssubjekte ihren Nutzen (Haushalte) beziehungsweise ihre Gewinne (Unternehmen), die Existenz unfreiwilliger Arbeitslosigkeit ist ausgeschlossen. Insbesondere verfügen die Wirtschaftssubjekte über rationale Erwartungen.

Was ist damit gemeint? Zunächst einmal wird davon ausgegangen, dass dem privaten Sektor das „Strukturmodell der Volkswirtschaft" (wie „funktionieren" Märkte, wie sind diese untereinander verflochten, welche Rolle spielt der Staat etc.) bekannt ist. Bei der Erwartungsbildung werden alle für eigene Entscheidungen als *relevant* eingestufte Informationen genutzt. Dabei können sich die Privaten durchaus irren, allerdings begehen sie keine *systematischen*, sondern höchstens *zufallsbedingte* Fehler. Mit anderen Worten: Rationale Erwartungen treffen im Mittel zu. Edmund S. Phelps (*1933) hat 1970 in die „Art der Irrtümer", welche begangen werden können, eine gewisse Ordnung gebracht, indem er zwischen so genannten *Absolut-Relativ-Konfusionen* einerseits und *Permanent-Transitorisch-Konfusionen* andererseits unterscheidet.

Ein Beispiel für die erste Irrtumsart ist etwa das Phänomen, dass Preiserhöhungen, welche ein lokales (globales) Ereignis darstellen, irrtümlicherweise für ein globales (lokales) Faktum gehalten werden. Unternehmer, die davon ausgehen, dass ihre relativen Preise sich erhöht haben, werden Entscheidungen zugunsten von Produktionserhöhungen/Investitionsprojekten treffen. Diese Entscheidungen haben reale Effekte, obwohl sie u. U. auf Irrtümern beruhen.

Ein Beispiel für die zweite Irrtumsart betrifft die Verwechslung von transitorischen (permanenten) mit permanenten (transitorischen) Preisänderungen. Jemand, der die Vervielfachung des Erdölpreises in den 1970er Jahren für ein temporäres, vielleicht nur wenige Monate anhaltendes Problem hielt, unternahm höchstens Anstrengungen Energie zu sparen, wohl kaum aber, durch Verfahrensinnovationen den Energieeinsatz bei der Produktion durch Substitutionsvorgänge dauerhaft herabzusetzen. Diese Entscheidung oder Unterlassung haben zahlreiche Unternehmen später mit starken Einbußen ihrer Wettbewerbsfähigkeit „bezahlt". Wir fassen zusammen: Die *Privaten* begehen zufallsbedingte (und auch zufalls-verteilte), nicht jedoch systematische Fehler. Die dadurch auftretenden *zufallsbe-dingten* Störungen allein können aber noch keine zyklischen Schwankungen des Inlandsproduktes erzeugen. Dazu bedarf es für die Schule der rationalen Erwar-tungen so genannter *„Verstärkermechanismen"*. Diese können zum Beispiel in verzögerten, über die Zeit *verteilten* Reaktionen auf (tatsächlich!) veränderte relative Preise bestehen. Denkbar ist auch das Auftreten eines „impliziten Akzele-rators", wenn sich – bei gegebenem tatsächlichen Kapitalbestand – der von den Unternehmen gewünschte Kapitalbestand ändert, wiederum in Folge von relativen Preisänderungen, wie sie ja schon die Monetaristen hervorgehoben hatten.

Die Schule der rationalen Erwartungen hat mit den so genannten „Real Business Cycles" einen eleganten Weg gefunden, schon bei Knut Wicksell angelegte Erklä-rungen für den Aufschwung bei den Investitionen mit der Erwartungsbildung der privaten Wirtschaftssubjekte zu verbinden. Autoren wie John B. Long jr. und Charles I. Plosser argumentieren, dass in unregelmäßigen Abständen so genannte „Technologieschocks" auftreten. Wichtig ist, neben deren schierer Existenz, die Tatsache, dass es in Reaktion darauf zu einer intertemporalen Reallokation (also der Aufteilung der entsprechenden Aktivitäten zwischen Gegenwart und Zukunft) von Arbeit, Freizeit (vgl. oben das Erklärungsmodell für das individuelle Arbeits-angebot) und von Konsumausgaben bei den Akteuren kommt, für die der Techno-logieschock völlig unerwartet auftritt. In der Folge kommt es zu einer Ausbreitung und Verstärkung expansiver Antriebskräfte, die im Zusammenspiel einen Konjunk-turaufschwung erklären können.

Die Entscheidung zwischen Freizeit heute und morgen kann wie folgt dargestellt werden: Es existiere eine intertemporale Nutzenfunktion

$$U = U\left(F_0, F_1\right)$$

mit einer Grenzrate der Substitution von

$$GRS_{0,1} = \frac{U'(F_0)}{U'(F_1)}.$$

Die intertemporale Budgetgerade besagt, dass der Gegenwartswert (V) von heuti-gem und zukünftigem Einkommen (Y_0, Y_1) bestimmt wird durch das Lohnniveau heute (w_0) und in der Zukunft (w_1), durch die in den jeweiligen Perioden maximal für Arbeit zur Verfügung stehende Zeit $\left(\overline{L}_0, \overline{L}_1\right)$, durch die vom Haushalt gewähl-te Dauer von Freizeit $\left(F_0, F_1\right)$ in Gegenwart und Zukunft sowie durch den Realzins (r) :

$$V = Y_0 + \frac{1}{1+r} Y_1 = \underbrace{w_0\left(\overline{L}_0 - F_0\right)}_{Y_0} + \underbrace{\frac{1}{1+r} \cdot w_1\left(\overline{L}_1 - F_1\right)}_{\text{Gegenwartswert } Y_1} .$$

Daraus lässt sich der Anstieg berechnen:

$$-\frac{dF_1}{dF_0} = \left(1+r\right)\frac{w_0}{w_1} .$$

Im intertemporalen Haushaltsoptimum muss die Grenzrate der Substitution dem Anstieg der intertemporalen Budgetgeraden entsprechen:

$$\frac{U'(F_0)}{U'(F_1)} \overset{!}{=} \left(1+r\right)\frac{w_0}{w_1} = \tan\alpha .$$

In Abbildung III.66 ist dieses Haushaltsoptimum grafisch dargestellt; im Optimum A wählt der Haushalt die Freizeitmengen F_0^0, F_1^0.

Im weiteren untersuchen wir die Wirkungen, die das Auftreten eines Technologieschocks auslöst. Ausgangspunkt sei wiederum Punkt A mit den gewählten Freizeitmengen F_0^0 und F_1^0. Ein positiver Produktivitätsschock erhöht die Grenzproduktivität der Arbeit und lässt den bisherigen Reallohn w_0^0 auf w_0^1 ansteigen; zugleich erhöht der positive Technologieschock auch die Grenzproduktivität des Kapitals und lässt somit den Realzins von r_0^0 auf r_0^1 ebenfalls ansteigen. Beide Effekte sorgen gemeinsam für eine steilere Budgetgerade $\left(\tan\alpha < \tan\beta\right)$. Es wird

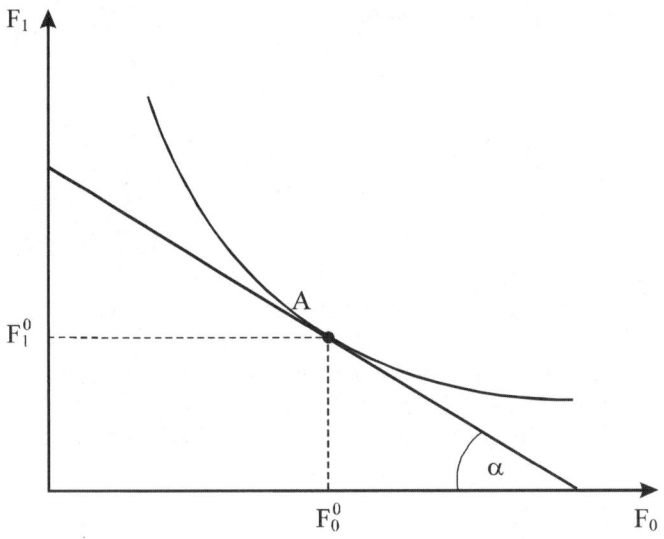

Abbildung III.66

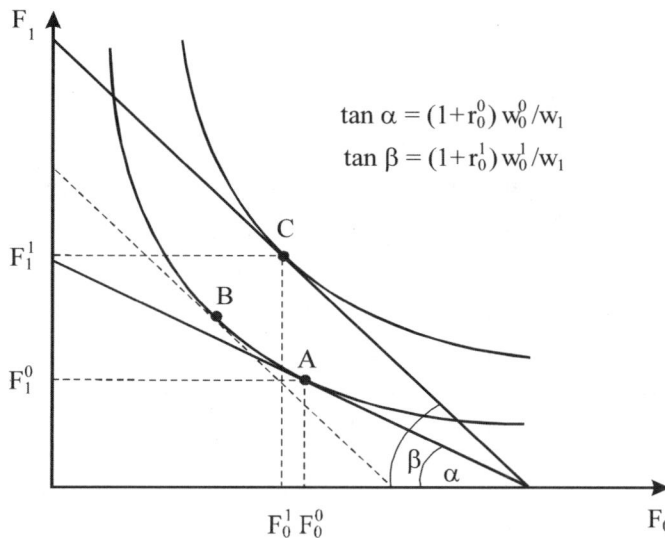

$$\tan \alpha = (1+r_0^0)\, w_0^0 / w_1$$
$$\tan \beta = (1+r_0^1)\, w_0^1 / w_1$$

Abbildung III.67

sich ein neuer Tangentialpunkt C und damit eine neue intertemporale Freizeitaufteilung F_0^1 und F_1^1 einstellen. Dies wird von Abbildung III.67 dokumentiert:

Beim Übergang von A nach C treten ein Substitutions- und ein Einkommenseffekt auf: Verschiebt man nämlich die neue Budgetgerade gedanklich von C aus parallel in Richtung Koordinatenursprung bis ein Berührungspunkt mit der alten Indifferenzkurve erreicht wird, dann eliminieren wir dadurch den positiven Einkommenseffekt und isolieren dafür den Substitutionseffekt (A → B): Die eingetretene Lohnsteigerung führt zu einer relativen Verteuerung der heutigen Freizeit und bewirkt tendenziell eine Ausdehnung des heutigen Arbeitsangebotes. Demgegenüber steht ein positiver Einkommenseffekt (B → C): Ein höherer heutiger Lohnsatz ermöglicht in beiden Perioden eine höhere Freizeit und bewirkt tendenziell ein geringeres heutiges Arbeitsangebot. Ist nun, wie in der Abbildung unterstellt, der Substitutionseffekt größer als der Einkommenseffekt, so wird heute mehr Arbeit angeboten. Der Output steigt mithin stärker als es allein der direkte Produktivitätseffekt der beiden Faktoren infolge des positiven Technologieschocks erklärt. Damit erklären die RBC-Ansätze Aufschwung und Boom. In der nächsten Periode wird allerdings das Arbeitsangebot zurückgehen und der Output muss demzufolge c. p. sinken. Dies ist eine direkte Folge des Optimierungsverhaltens der Haushalte, wie die nachfolgende Abbildung III.68 verdeutlicht, funktioniert aber nur dann ohne Freisetzungseffekte für den Faktor Arbeit, wenn in der betreffenden Volkswirtschaft keine Lohn- und Preisrigiditäten vorherrschen.

Im ersten Quadranten finden wir noch einmal die optimale intertemporale Freizeitentscheidung vor und nach dem Reallohnanstieg. Im zweiten Quadranten (Richtung gegen den Uhrzeigersinn) sind die Zeitrestriktionen vor und nach dem

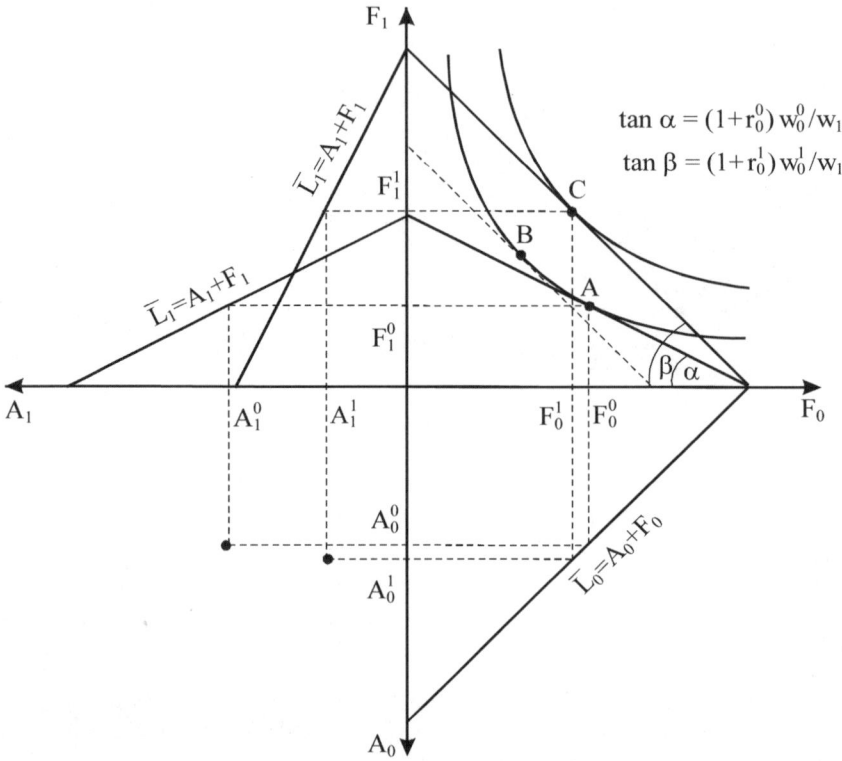

$$\tan \alpha = (1+r_0^0)\, w_0^0/w_1$$
$$\tan \beta = (1+r_0^1)\, w_0^1/w_1$$

Abbildung III.68

Reallohnanstieg für die Zukunftsperiode eingetragen. Demnach kann ein Haushalt seine verfügbare Zeit $(\overline{L}_1)$ zwischen Arbeit (A_1) und Freizeit (F_1) aufteilen; eine absolute und relative Verbilligung von Freizeit in der Zukunft schränkt allerdings die maximal mögliche Arbeitszeit in dieser Periode ein, die „Verfügbarkeitslinie" wird entsprechend steiler. Im vierten Quadranten ist die auch nach der Reallohnerhöhung unverändert gebliebene „Verfügbarkeitslinie" für die Gegenwartsperiode eingezeichnet. Trägt man nun die Wertepaare der beiden Optima A und C nach links und nach unten ab, so zeigt sich, dass der Arbeitseinsatz in Folge der Reallohnerhöhung zwar in der Gegenwartsperiode zunimmt, dafür aber in der Zukunftsperiode eingeschränkt wird.

Die „Real Business Cycles" fallen insofern aus der Schule der rationalen Erwartungen etwas heraus, als die Verwendung der Begrifflichkeit „unerwartet" beziehungsweise „überraschend" etwas irreführend ist. Technologische Neuerungen werden oftmals überhaupt nicht vorhergesehen oder gar erwartet; etwas, was niemand vorhersehen kann, sollte man aber, wenn es denn eintritt, nicht unbedingt als Überraschung bezeichnen![75]

Ein letzter Erklärungsansatz, auf den hier hingewiesen werden soll, sieht den Konjunkturzyklus politisch bedingt. Dabei wird davon ausgegangen, dass ein zentrales Ziel der Politiker in ihrer Wiederwahl besteht. Deshalb – so die zugrundeliegende Hypothese – setzen die regierenden Parteien alles daran, um durch Einflussnahme auf die wirtschaftliche Situation in der Vorwahlzeit die Chancen ihrer Bestätigung zu maximieren. Aufgrund dieser Bemühungen kommt es zu Regelmäßigkeiten in der Wirtschaftspolitik, die den Konjunkturzyklus mehr oder weniger stark bestimmen.

Auch bei den Theorien politischer Konjunkturzyklen stehen sich ein eher keynesianisch und ein stark (neu-)klassisch geprägter Ansatz gegenüber.

William D. Nordhaus (*1941), der 1975 den wichtigsten Beitrag der keynesianischen Richtung beisteuerte, knüpft an Überlegungen von Jan Tinbergen (1903–1994) an, der schon Ende der 1950er Jahre von einem „magischen Vieleck" der Wirtschaftspolitik gesprochen hatte. Damit war gemeint, dass die am häufigsten genannten makroökonomischen Ziele wie Vollbeschäftigung, Preisniveaustabilität und Zahlungsbilanzgleichgewicht einerseits (kurze Frist) sowie wirtschaftliches Wachstum und eine gerechte Einkommensverteilung andererseits (lange Frist) untereinander keineswegs konfliktfrei sind. Dies gilt, so Nordhaus, in der kurzen Frist insbesondere für die Ziele Vollbeschäftigung und Preisniveaustabilität. Wie wir schon oben gesehen haben, ist die Tendenz zu Preissteigerungen besonders groß, wenn eine Volkswirtschaft an ihre Kapazitätsgrenzen gerät. Zusätzliche Produktionsfaktoren sind jetzt – von Faktorwanderungen einmal abgesehen – nur noch zu steigenden Faktorpreisen zu bekommen. Es liegt nahe, dass die Unternehmer bestrebt sein werden, diese Kostensteigerungen auf die Nachfragerseite zu überwälzen und Preiserhöhungen durchzusetzen.

Umgekehrt ist bei unausgelasteten Kapazitäten (Unterbeschäftigung) der Preisdruck auf dem Gütermarkt gering. Diese ökonomischen Zusammenhänge müssen von den Politikern beachtet werden; darüber hinaus werden sie davon ausgehen, dass sich die Privaten als Wahlbürger schon bei der Stimmabgabe von dem am Wahltag realisierten „Mix" von Beschäftigungsgrad und Preisniveaustabilität in ihrer Entscheidung werden leiten lassen. Dabei kommt ihnen entgegen, dass die Wahlbürger, so Nordhaus, eher vergesslich sind und sowohl schlechtere Wirtschaftsdaten aus der Mitte der Legislaturperiode als auch die Wiederkehr bestimmter Verhaltensmuster der Politiker in jedem Wahlzyklus bei ihrer aktuellen Entscheidung kaum berücksichtigen.

Worin besteht nun die typische Verhaltensweise der Politiker? Es ist aus ihrer Sicht vernünftig, kurz vor dem Wahltag eine ausgabenfreundliche und beschäf-

---

[75]   Allerdings könnte man trefflich darüber streiten, ob einzelne Wirtschaftssubjekte eine „konstante Entwicklung" der Technik als die von ihnen erwartete betrachten.

tigungssteigernde Politik zu betreiben, wenn die Kosten dieser Politik in Gestalt einer höheren Inflationsrate erst nach der Wahl eintreten und/oder wahrgenommen werden. In der Mitte der Wahlperiode gilt es, nicht nur die eingetretene höhere Inflationsrate, sondern auch die mit ihr angestiegenen Inflationserwartungen zu brechen. Das geschieht durch bewusste Abkühlung der Konjunktur, bei der auch die Arbeitslosenzahlen (wieder) wachsen. Dies erklärt auch teilweise die schlechten Umfrageergebnisse für Regierungsparteien zur Mitte der Legislaturperiode. Stilisiert ergibt sich über mehrere Wahlzyklen hinweg betrachtet das folgende, sägezahnähnliche Profil in Abbildung III.69. Hierbei haben wir aus Vereinfachungsgründen die Übergänge in den Inflationserwartungen bzw. -raten am Ende der Perioden in idealtypischer Weise zeitlos dargestellt. „Komprimiert" gezeichnet „kühlen" die Politiker vor der Wahl die Volkswirtschaft stark ab und erhöhen damit die Unterbeschäftigung. Ganz kurz vor der Wahl werden expansive Maßnahmen ergriffen, welche die Unterbeschäftigung senken/die Inflationsrate erhöhen. Letzteres wird von den Wählern allerdings erst sehr viel später als am Wahltag verspürt. Vor allem aber: Die Manipulation der Inflationsrate und der Unterbeschäftigungsrate durch die Politik ist bis zum nächsten Wahltag fast vergessen.

Im neuklassischen Konjunkturzyklus der Wirtschaftspolitik, so wie ihn u. a. Manfred Gärtner (1989) vorstellt, wird ebenfalls unterstellt, dass die Politiker kurzfristig Wahlen gewinnen wollen, indem sie den Wirtschaftsablauf manipulieren. Allerdings liegt für die Politiker insofern eine erschwerte Ausgangssituation vor, als nun von rationalen Erwartungen bei den Wahlbürgern ausgegangen wird. Dies gilt insbesondere für die Tarifparteien. Diese rechnen jetzt im Grunde damit, dass die Regierung eine expansive Wirtschaftspolitik vor dem Wahltag einschlagen wird. Daher werden die Tarifparteien entsprechende Nominallohnerhöhungen verabreden. Man kann zeigen, dass die Regierung jetzt geradezu „genötigt" ist, die von ihr erwartete expansive Politik auch tatsächlich durchzuführen. Der „Mix" von Beschäftigungs- und Inflationsergebnis fällt aber nun wesentlich ungünstiger als im keynesianischen Modell aus: Es werden jetzt so gut wie keine Beschäftigungseffekte erzielt, dafür kommt es aber zu einer empfindlichen Erhöhung der Inflationsrate. Neuklassische Autoren erklären so die „inflationäre Schlagseite" demokratischer Marktwirtschaften, für die es aber seit Anfang der 1990er Jahre kaum noch empirische Evidenz gibt.

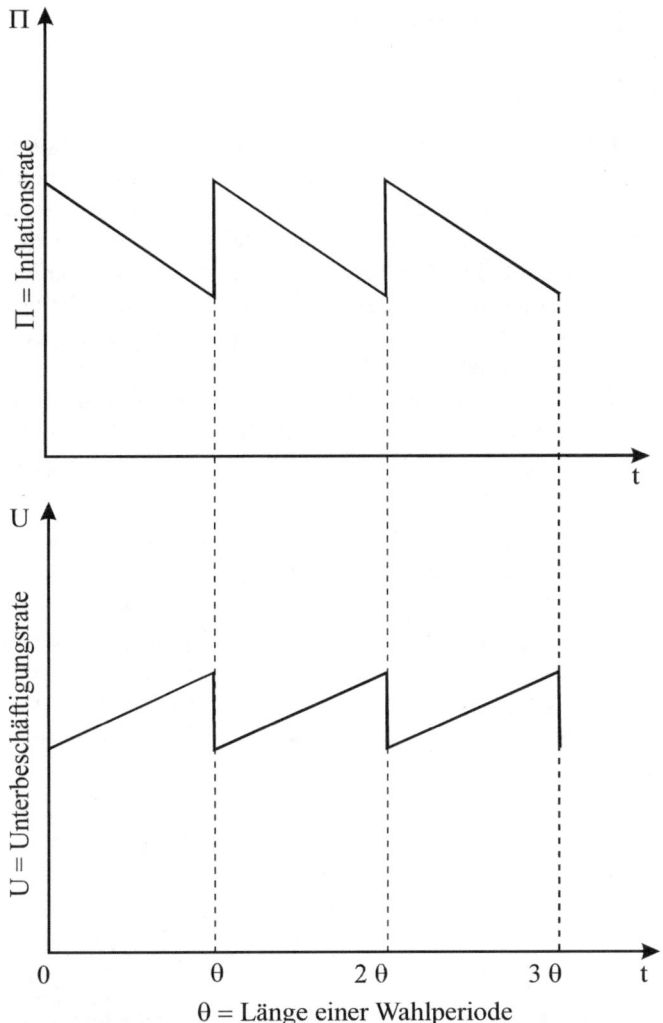

Abbildung III.69

Die Ausführungen haben gezeigt, dass wir im Bereich der Wachstums- und Konjunkturtheorie zwar eine Reihe von Teilerklärungen haben, jedoch keine umfassenden Theorieansätze. Vor allem die simultane Erklärung konjunktureller und wachstumsbezogener Phänomene lässt zu wünschen übrig. Was die unterschiedlichen Erklärungsansätze gerade bezüglich des Konjunkturproblems deutlich machen, sind die Komplexität des Phänomens und die Vielfalt der Einflussfaktoren. Jedoch spielen bei fast allen Erklärungsansätzen die Investitionen eine entscheidende Rolle, was wiederum die enge Verbindung zwischen Konjunktur und Wachstum verständlich macht.

III.5.5   Wirtschaftspolitische Schlussfolgerungen

III.5.5.1   Wachstumspolitik

Wenden wir uns abschließend – auch wenn das Kapitel „Theorie der Wirtschaftspolitik" in dieser Einführung noch aussteht – der Frage zu, welche wirtschaftspolitischen Schlussfolgerungen sich aus unseren Überlegungen ergeben. Stellt man zunächst auf die Wachstumspolitik ab, so konnten hier die Determinanten des Wirtschaftswachstums, vor allem die direkten Einflussfaktoren, relativ klar umrissen werden. Neben einer wachstumsfreundlichen Gestaltung der Rahmenbedingungen, zum Beispiel der Wettbewerbsordnung, können alle solche Maßnahmen als wachstumspolitisch sinnvoll angesehen werden, die auf eine Steigerung von Menge und Qualität der Produktionsfaktoren (Arbeit, Kapital, Boden) abzielen und die den technischen Fortschritt fördern. Zudem sind begleitende Infrastrukturmaßnahmen, zum Beispiel auf den Gebieten Ausbildung, Forschung oder Verkehr, für den Wachstumsprozess von großer Bedeutung.

Nimmt man empirische Schätzungen für den Beitrag der verschiedenen Faktoren zum Wirtschaftswachstum vor, so fällt auf, dass der Beitrag einer zunehmenden Bereitstellung von Produktionsfaktoren – im Vergleich zum technischen Fortschritt – für reife Industrienationen bzw. aufkommende Dienstleistungsgesellschaften immer mehr zurückgeht. Das ist auch nicht verwunderlich, wenn man bedenkt, dass auf Dauer abnehmende Grenzerträge beim Kapital-, Arbeits- und Bodeneinsatz kaum aufzuhalten sind. Machen wir uns dies an folgendem, einfachen Beispiel klar.

Sei $\Delta Y/Y$, die Wachstumsrate des realen Einkommens, gleich 5 %, so tragen zu diesem Ergebnis bei:

$$\frac{\Delta A}{A} = 0,7\% \quad \text{und} \quad \frac{\Delta K}{K} = 0,8\% \quad \text{und} \quad \text{technischer Fortschritt} = 3,5\%.$$

Allerdings wird der Beitrag des technischen Fortschritts hierbei meistens „residual" ermittelt, soll heißen, nach Abzug der den Faktoren Arbeit (A) und Kapital (K) zurechenbaren Prozentpunkte von der tatsächlich gemessenen Wachstumsrate. Somit hat der technische Fortschritt in dieser neoklassisch geprägten „Wachstumsbuchhaltung" (growth accounting) fast den Charakter einer „black box". Daher auch die Kritik der „Neuen Wachstumstheorie", die wir oben kennen gelernt haben. Letztere hat versucht, an die Wachstumspolitik etwas konkretere Anforderungen zu stellen. Dazu gehören:

- Bei der Investitionsförderung sollte insbesondere an das Humankapital gedacht werden, da nur von diesem Faktor – neben dem Stand der Technologie und der Höhe der Sparquote – dauerhaft höheres Wachstum erwartet werden kann. Für die Bildungspolitik ist in diesem Zusammenhang allerdings die Einsicht wichtig, dass eine allgemeine Anhebung des Bildungsniveaus die Einkommensverteilung eher ungleichmäßiger als gleichmäßiger werden lässt, da Humankapital reichlicher wird und so die Knappheitsrenten der humankapitalunabhängigen Begabung erhöht werden (Blümle 2005).

- Technologiepolitik hat sich u. a. darum zu kümmern, dass bei der Produktion neuen Wissens keine abnehmenden Grenzerträge auftreten. Dazu müssen Forschungs- und Entwicklungsaktivitäten miteinander vernetzt werden.

- Die Schaffung beziehungsweise Sicherung von Eigentumsrechten, insbesondere an solchen von geistigem Eigentum (Patente, Lizenzen etc.), ist positiv mit dem Wirtschaftswachstum korreliert. Daher liegt es nahe, solche Prozesse durch die Wirtschaftspolitik zu schützen, die neues Wissen generieren, allerdings ohne zum Mittel des Protektionismus zu greifen. Auf der Ebene der Weltwirtschaft kommt hier der Welthandelsorganisation (WTO) im allgemein sowie dem „TRIPS-Abkommen" (TRIPS = Trade Related Aspects of Intellectual Property Rights) im besonderen eine große Bedeutung zu.

- Hohe Marktanteile von führenden Unternehmen stehen i. d. R. für eine große Produktionserfahrung; letztere ist aber der „Bodensatz" für neue Verfahren und Produkte. Die Wirtschaftspolitik kann daher versuchen, das Sammeln von Produktionserfahrungen zu unterstützen, ohne notwendigerweise zu dem Mittel der Subventionen zu greifen.

- Die Offenheit einer Gesellschaft für Güter, Kapital und (neue) Ideen ist von großer Bedeutung für das Wirtschaftswachstum. Materieller und geistiger Protektionismus können eine Wirtschaft und Gesellschaft schnell von den Standards der Weltwirtschaft („best practice technology") entfernen und den Anreiz zu Invention und Innovation lähmen.

- Der Staat kann den (endogenen) Wachstumsprozess aktiv durch die Bereitstellung öffentlicher Güter fördern, etwa in Gestalt einer auch für ausländische Kapitalgeber attraktiven öffentlichen Infrastruktur sowie eines leistungsfähigen Ausbildungs- und Bildungssystems.

- Die neue Wachstumstheorie führt steigende Skalenerträge in der gesamtwirtschaftlichen Produktionsfunktion u. a. auf das Auftreten positiver externer Effekte zurück. Solche Effekte gehen etwa von dem Produktionsfaktor Sozialkapital aus, zu dessen Entstehung nur ein Teil der Akteure selbst etwas beiträgt, von dem aber viele andere Wirtschaftssubjekte profitieren. Der Beitrag der Politik zum Erhalt/Steigerung des Sozialkapitals kann vor allem darin bestehen, das Institutionenvertrauen zu stärken.

Allerdings muss im Zusammenhang mit dem Wachstumsziel noch einmal die Frage gestellt werden, ob hier die einseitige Orientierung am Inlandsprodukt und seinen Veränderungsraten den richtigen Maßstab beinhaltet. Da hierauf bereits ausführlich bei der Kritik des Inlandsproduktskonzepts eingegangen wurde, erübrigt sich eine erneute Vertiefung dieser Gedanken.

III.5.5.2 Konjunkturpolitik

Bevor wir auf einige wesentliche Konzeptionen der Konjunkturpolitik näher eingehen, sollen einige terminologische Anmerkungen vorangestellt werden, um Missverständnisse zu vermeiden. Statt von „Konjunkturpolitik" wird häufig auch in einem umfassenderen Sinne von „Stabilisierungspolitik" gesprochen, womit vor allem auf die gesamtwirtschaftlichen Ziele Preisniveaustabilität, Vollbeschäftigung sowie Zahlungsbilanzgleichgewicht abgestellt wird. Die eigentliche Stabilisierungspolitik jedoch konzentriert sich auf die Ziele Preisniveaustabilität und Vollbeschäftigung, wobei verkürzend vielfach nur von „Beschäftigungspolitik" gesprochen wird.

Nach dieser kurzen Vorbemerkung zur Verwendung der Begriffe wenden wir uns nun den eigentlichen Maßnahmen und Konzepten der Konjunkturpolitik zu. Wie wir gesehen haben, lassen sich aus den dargelegten konjunkturtheoretischen Erklärungsansätzen teilweise Handlungsanweisungen für die Politik ableiten. Jedoch dürfte klar geworden sein, dass es sich bei den konjunkturellen Schwankungen um ein Problem der Auslastung des Produktionspotentials handelt, so dass diesbezüglich auch auf die Ergebnisse der Einkommens- und Beschäftigungstheorie zurückgegriffen werden kann.

Unter Bezugnahme auf die *Keynessche Lehre* hatten wir hier bereits auf eine antizyklisch konzipierte Finanzpolitik mit Budgetdefiziten während der Rezession und Budgetüberschüssen während der Hochkonjunktur hingewiesen. Darüber hinaus sieht eine keynesianisch orientierte Stabilisierungspolitik vor, die Finanzpolitik durch eine je nach Konjunkturlage expansive oder restriktive Geldpolitik zu unterstützen.

Allerdings ist eine derartig ausgelegte Politik, die in Deutschland vor allem in den späten sechziger und in den 1970er Jahren betrieben wurde, mit diversen Schwierigkeiten verbunden:

- Entscheidend für einen erfolgreichen Einsatz der finanz- und geldpolitischen Maßnahmen ist zunächst eine zutreffende Diagnose der gegenwärtigen sowie eine richtige Prognose der zukünftigen konjunkturellen Situation. Dies gilt um so mehr, als zwischen dem Erkennen eines Handlungsbedarfs und der Wirkung der ergriffenen Maßnahmen in der Regel ein „time lag" von oft mehr als einem Jahr zu verzeichnen ist. Hieraus resultiert die Gefahr, dass zum Beispiel expansive Maßnahmen ergriffen werden, die jedoch erst dann wirksam werden, wenn sich die Konjunktur bereits wieder im Aufwind befindet, so dass sich statt der gewünschten antizyklischen eine ungewollt prozyklische Wirkung ergibt.

- Lässt man diese aus den zeitlichen Verzögerungen resultierenden Schwierigkeiten außer Acht, so ergeben sich weitere Probleme aus dem begrenzten Spielraum der Finanzpolitik. Denn ein hoher Anteil der staatlichen Ausgaben, allen voran die Personalausgaben, muss als mehr oder weniger fix angesehen werden, so dass nur eine relativ geringe konjunkturpolitische Manövriermasse verbleibt, die in erster Linie bei den ohnehin schon niedrigen staatlichen Investitionsausgaben zu suchen ist.

• Erschwerend kommt hinzu, dass die Politiker in der Vergangenheit bevorzugt die Ratschläge für eine expansive Politik befolgt, die Rückzahlung der Staatsschulden in Phasen der Hochkonjunktur jedoch erheblich vernachlässigt haben. Aufgrund dieser eher einseitigen Orientierung an den Rezepten für die Rezession, die den Regierenden als Legitimation für eine Ausweitung der Staatsausgaben sicher nicht ungelegen kamen, ist in den letzten Jahrzehnten die öffentliche Verschuldung enorm angestiegen, so dass sich von hierher der Spielraum für eine dem Prinzip nach gegebenenfalls richtige expansive Politik weiter vermindert hat.

• Ein weiteres Problem ist das im Allgemeinen prozyklische Konjunkturverhalten der Kommunen. Trotz gesetzlicher Verpflichtung orientieren sich die Gemeinden bei ihren Ausgaben verstärkt an ihren im Konjunkturverlauf prozyklisch schwankenden Steuereinnahmen. Zurückgeführt werden kann ein solches Verhalten auf den fehlenden Druck der Wähler, die offenbar nur dem Bund die Verantwortung für ein konjunkturgerechtes Verhalten zuweisen. Bei im Wesentlichen konjunkturneutralem Verhalten der Länder ergibt sich damit durch die Gemeinden eine weitere Einschränkung für den konjunkturpolitischen Spielraum des Bundes.

• Eine am Keynesschen System orientierte Vollbeschäftigungspolitik muss dann versagen, wenn andere Ursachen der Arbeitslosigkeit auftreten, zum Beispiel der Strukturwandel mit sektoralen Umschichtungen, die letztlich aus positiv zu beurteilenden Wachstumsprozessen hervorgehen.

• Durch die zunehmende Internationalisierung der Volkswirtschaften wird eine isolierte Fiskalpolitik Keynesscher Prägung immer mehr durch so genannte „Sickerverluste" in ihrer Effektivität eingeschränkt. Ein Teil der vom Staat entfalteten Mehrnachfrage verlagert sich nämlich – in Abhängigkeit von der Importquote – ins Ausland und erhöht (zunächst) dort Einkommen und Beschäftigung.

• Mit der wachsenden Schuldenlast des Staates, die sich in Deutschland etwa im Zuge der Deutschen Einheit innerhalb von wenigen Jahren verdoppelt hat, wird am Kapitalmarkt das Risiko einer Verdrängung privater Nachfrage („Crowding Out") immer größer. Die von Keynes noch für unproblematisch gehaltene Finanzierung von Staatsausgaben durch die Ausgabe von Bonds ist längst an Grenzen gestoßen, die nicht, ohne Verwerfungen in Kauf zu nehmen, weiter verschoben werden können.

Die Gegenposition zu dieser keynesianisch orientierten Stabilitätspolitik bildet (wie oben gesehen) der so genannte Monetarismus I, der vor allem auf den kürzlich verstorbenen US-amerikanischen Ökonomen Milton Friedman zurückgeht und seine Wurzeln im klassischen Gedankengut hat. Der Monetarismus lehnt eine an der jeweiligen konjunkturellen Lage ausgerichtete Politik – man spricht hier von diskretionärer Politik – ab und fordert statt dessen eine Verstetigung der Wirtschaftspolitik. Dabei soll die gesamtwirtschaftliche Steuerung im Wesentlichen über eine mittelfristig orientierte Geldpolitik erfolgen. Das Schwergewicht liegt auf einer stetigen Entwicklung der Geldmenge. Das Wachstum der Geldmenge soll sich am Wirtschaftswachstum orientieren, um so eine weitgehende Vermeidung inflationärer Erscheinungen zu erreichen.

Noch sehr viel radikaler fällt die Kritik der Schule der rationalen Erwartungen – von uns oben auch als Monetarismus II bezeichnet – an dem Konzept der antizyklischen Finanz- und Geldpolitik aus. Ihr Haupteinwand richtet sich gegen die stillschweigende Annahme, der Staat könne seine Ausgaben/Einnahmen variieren, ohne dass es zu Verhaltensänderungen bis hin zu systematischen Ausweichreaktionen der Wirtschaftssubjekte gegenüber der Politik käme. Letztere wurden aber durch den späteren Nobelpreisträger Robert E. Lucas als wahrscheinliche Verhaltenshypothese formuliert und zugespitzt in der „Theorie der Politikineffektivität". Diese werden wir weiter unten am Beispiel der früher eingeführten gesamtwirtschaftlichen Angebots- und Nachfrageanalyse verdeutlichen (vgl. Abbildung III.70).

Wenn aber schon nicht klar ist, *wie* sich die Wirtschaftssubjekte nach Einführung von Politikänderungen verhalten werden, dann wird natürlich die Vorhersage über die Wirkungen einer diskretionären Fiskal- und/oder Geldpolitik mehr als problematisch. In der folgenden Abbildung III.70 herrsche ein Ausgangsgleichgewicht im Schnittpunkt von AD_0 und AS_0, welches zu einem Einkommen von Y_0 (kleiner als Y^{VB}!) und zu einem Preisniveau von P_0 führt. Aus Vereinfachungsgründen haben wir Angebots- und Nachfragefunktion weder typisch klassisch, noch typisch keynesianisch gezeichnet. Eine Neuerung gegenüber früher besteht darin, dass die Unternehmer selbst *Erwartungen* über die Höhe des Preisniveaus bilden. Im Punkt E_0 sind sie offenbar erfüllt.

Betrachten wir nun den Versuch des Staates, sich in dieser Unterbeschäftigungssituation durch expansive Fiskalpolitik dem Ziel der Vollbeschäftigung zu nähern. Wir gehen davon aus, dass er seine Mehrausgaben durch die Ausgabe neuer Bonds finanziert. Was wird passieren? Die Nachfragekurve verschiebt sich zunächst von AD_0 nach AD_1, jedoch ist E_1 kein neues Gleichgewicht: Der private Sektor wird die expansiven Wirkungen der Fiskalpolitik – so Lucas – weitgehend zunichte machen. Einmal dadurch, dass die private Konsumnachfrage (und möglicherweise auch die private Investitionsnachfrage) zurückgeht (AD_1 verlagert sich im Extremfall wieder in die alte Lage AD_0 zurück).

Der Grund für die Einschränkung der privaten Konsumnachfrage ist einfach; die Haushalte misstrauen der Regierung und lassen sich nicht täuschen: Langfristig sind die Wirkungen von höheren Staatsdefiziten denen von Steuererhöhungen gleichzusetzen. Dieser Zusammenhang wurde in Ansätzen schon von Ricardo

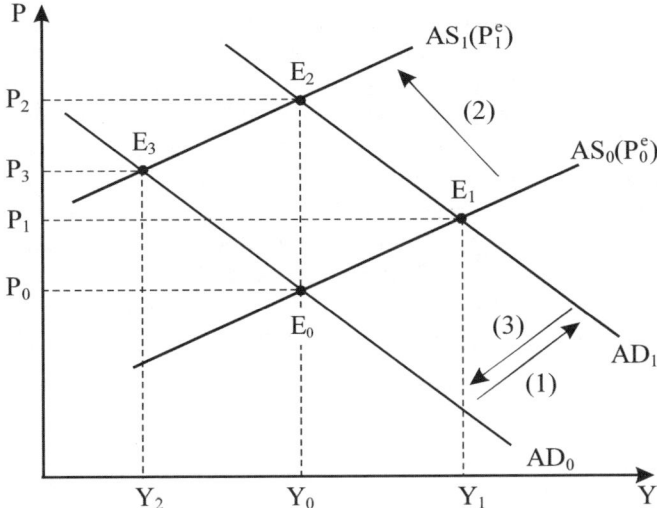

Abbildung III.70

(„Ricardianische Äquivalenz") entdeckt und wurde von dem amerikanischen
Ökonom Robert J. Barro exakt nachgewiesen in einem Artikel aus dem Jahre 1974
mit dem schönen, nur rhetorischen fragenden Titel: „Are Government Bonds Net
Wealth?". Wenn der Staat sich nicht durch Inflation und/oder eine Währungsreform entschuldet, wird er zur Bedienung der höheren Staatsschulden irgendwann
in der Zukunft die Steuern erhöhen müssen. Da die Haushalte ihre Konsumausgaben über ihren gesamten Lebenshorizont hinweg verstetigen möchten, sind sie
daher gehalten, unter diesen Umständen ihre Sparquote anzuheben (Konsumquote
einzuschränken) – mit der oben beschriebenen Konsequenz der Verlagerung von
AD_1. Man beachte allerdings, dass unter diesen Voraussetzungen das Auftreten
von Crowding Out wenig wahrscheinlich ist: Bei vermehrtem Sparaufkommen
können auch – trotz der Mehrnachfrage des Staates am Kapitalmarkt – entsprechend viele private Investoren zum Zuge kommen.

Damit ist die „Geschichte" aber noch nicht am Ende. Die Unternehmer reagieren
möglicherweise auch – in einer für den Staat unerwünschten Weise: Eine staatliche
Mehrnachfrage lässt sie in der nächsten Periode höhere Preise beziehungsweise
Preisüberwälzungsmöglichkeiten erwarten, daher verschiebt sich $AS_0(P_0^e)$ nach
$AS_1(P_1^e)$, wobei $P_1^e > P_0^e$ gelten möge. Bliebe es bei der Lage von AD_1, so käme das
Gleichgewicht E_2 zustande, bei dem lediglich ein höheres Güterpreisniveau (P_2)
„erreicht" worden wäre. Kommt es aber zur Zurückverlagerung nach AD_0, dann ist
sogar die Situation E_3 als schlechtester Ausgang denkbar.

Schließlich – und damit wollen wir unseren Überblick über die stabilisierungspoli-
tischen Konzeptionen abschließen – sei auf eine dritte Variante, nämlich die
angebotsorientierte Stabilitätspolitik, verwiesen, die in den USA mit dem Beginn
der Reagan-Administration (1981–1989) aufkam und in Deutschland seit Mitte/

Ende der 1980er Jahre vom „Wissenschaftlichen Beirat des Bundeswirtschaftsministeriums" sowie vom „Sachverständigenrat zur Begutachtung der gesamtwirtschaftlichen Entwicklung (SVR)" vertreten wird. Auch diese Richtung kann als Gegenposition zur nachfrageorientierten Keynesschen Politik aufgefasst werden, und zwar insofern, als nun die Angebotsseite in den Vordergrund gerückt wird. Danach hat eine angebotsorientierte Politik allgemein die Aufgabe, Hemmnisse für die wirtschaftlichen Aktivitäten und insbesondere für die Investitionen abzubauen, Optionen für Prozess- und Produktinnovationen zu eröffnen beziehungsweise offen zu halten sowie zu erreichen, dass die Risikobereitschaft wieder am Markt belohnt wird und die Leistungsmotivation, die bei den Arbeitnehmern vorausgesetzt wird, wieder voll am Markt zur Geltung kommen kann.

Im Einzelnen verspricht man sich eine Verbesserung der Angebotsbedingungen in der Volkswirtschaft dadurch, dass

- zukunftsträchtige Märkte (wie Telekommunikation, Postdienstleistungen etc.) dereguliert werden,

- das Tarifvertragswesen modifiziert wird (betriebsnahe Lohnabschlüsse durch „betriebliche Bündnisse", flexible Arbeitszeitregelungen, zunehmende Abkehr vom Prinzip der Flächentarifverträge etc.),

- ganz allgemein gesprochen die Arbeitsmärkte dereguliert werden (Abbau des Kündigungsschutzes, Abkehr von Mindestlohnregelungen etc.),

- die Anreize zur Arbeitsaufnahme gesteigert werden (weniger attraktive Lohnersatzleistungen, temporäre Lohnzuschüsse etc.),

- öffentliche Unternehmen (etwa die Deutsche Bahn) verstärkt privatisiert werden,

- Lohnnebenkosten nachhaltig reduziert werden (Arbeitgeber- und Arbeitnehmerbeiträge zur Arbeitslosen-, Renten-, Pflege- und Krankenversicherung),

- der Anteil konsumtiver Ausgaben (etwa Personal) des Staates zugunsten investiver Aufgaben stetig zurückgedrängt wird,

- der Anteil des Staates an der Entnahme von Waren und Dienstleistungen des Inlandsproduktes ganz allgemein gesenkt wird,

- Erhaltungssubventionen gekürzt und so bald wie möglich gestrichen werden, um den Strukturwandel zu fördern.

Es könnten hier – insbesondere im Bereich der Steuerpolitik, auf die wir im Teil Finanzwissenschaft zurückkommen – weitere Maßnahmen aufgeführt werden, was aber den Rahmen dieses Überblicks sprengen würde.

III.6   Außenwirtschaft

Bei unseren bisherigen Betrachtungen haben wir zwei Aspekte – nämlich zum einen den Staat und zum anderen die außenwirtschaftlichen Verflechtungen – weitgehend ausgeklammert, um die Analyse in einem überschaubaren Rahmen zu halten und um auf dieser Basis einige wesentliche Zusammenhänge herauszuarbeiten. Da es sich in beiden Fällen jedoch um bedeutsame Bereiche des Wirtschaftslebens handelt, sind hier Ergänzungen notwendig, denen wir uns in dem nun folgenden Abschnitt und im letzten Kapitel des Buches zuwenden wollen.

Beginnen wir mit den Beziehungen zum Ausland. Das Nettoinlandsprodukt (NIP) zu Marktpreisen ist – wie wir oben gesehen haben – das um die Abschreibungen (D) verminderte Bruttoinlandsprodukt zu Marktpreisen (BIP):

$$Y_M^n = C_{pr} + C_{St} + I^b - D - (X - IM) = C_{pr} + C_{St} + I^n + (X - IM).$$

Die außenwirtschaftlichen Beziehungen des Inlands kommen in der Komponente (X–IM) zum Ausdruck. Die Differenz zwischen Exporten (X) und Importen (IM) kennzeichnet den Saldo der Leistungsbilanz.[76] Um die Bedeutung dieser außenwirtschaftlichen Komponente aufzuzeigen, sollen zunächst einige Zahlen herangezogen werden, die sich an dieser Stelle nur auf den Export und Import von Waren und Dienstleistungen, das heißt auch nur auf die Handels- und die Dienstleistungsbilanz als zwei Teilaspekte der Leistungsbilanz, beziehen.

Betrachten wir als Erstes die Export- und Importquote für drei ausgewählte Länder für das Jahr 2005, also den Anteil des Exportwertes (X/Y) beziehungsweise Importwertes (IM/Y) am Bruttoinlandsprodukt.

Land	Exportquote	Importquote
Belgien	106,26%	101,16%
Deutschland	40,20%	35,06%
USA	10,10%	16,17%

Quelle: WTO (2006).

Wie der Übersicht zu entnehmen ist, bewegen sich die deutschen Exporte und Importe in einer Größenordnung von etwas mehr bzw. etwas unter einem Drittel des Bruttoinlandsprodukts. Dabei wurden auch im Jahr 2005 mehr Waren exportiert als importiert, während umgekehrt mehr Dienstleistungen importiert als exportiert wurden, was sich in dem für Deutschland typischen Handelsbilanzüberschuss gegenüber dem Defizit der Dienstleistungsbilanz widerspiegelt.

---

[76] Vgl. hierzu auch die Ausführungen zur Zahlungsbilanz in Abschnitt III.6.3.

Zum Vergleich sind die Quoten der USA und von Belgien angegeben, also einmal von einem sehr großen, zum anderen von einem relativ kleinen Land. Wie man leicht nachvollziehen kann, ist die wirtschaftliche Verflechtung mit dem Ausland bei einem kleinen Land stärker als bei einem großen, da nicht alle Produkte im Land selbst erzeugt werden können.[77] Dies liegt zum Teil an den geographischen und klimatischen Verhältnissen – man denke etwa an Südfrüchte, Kaffee oder Rohstoffvorkommen – vor allem aber ist die Volkswirtschaft zu klein, um in sämtlichen Industriezweigen rentabel, das heißt mit einer entsprechenden Mindestgröße, zu produzieren, so dass eine Konzentration auf bestimmte Branchen sinnvoll erscheint.

Die wichtigsten Handelspartner Deutschlands sind vor allem die EU-Staaten, auf die 63,97% (im Jahr 2005) des Außenhandels entfallen. Dabei dominiert der Handel mit Frankreich (10,05%), Großbritannien (7,68%) Italien (6,85%) und den Niederlanden (6,24%). Auf den Rängen zehn und zwölf folgen Polen (2,84%) und die Tschechische Republik (2,44%). Nimmt man die USA (8,81%) und China (2,7%) hinzu, so ergibt sich eine Quote von etwa 75%. Damit entfallen nur ein Viertel auf den (gesamten) Rest der Welt.[78]

Fragt man nach der Güterstruktur des deutschen Außenhandels, so lässt sich – ohne ins Detail zu gehen – folgende Grundaussage formulieren: Auf der Exportseite dominieren technologisch hochwertige Erzeugnisse für den Investitions- und Konsumgüterbereich („intraindustrieller Handel"[79]). Standardbeispiel ist der Fahrzeug- und Maschinenbau. Auf der Importseite ist die Abhängigkeit von ausländischen Rohstoffen sowie von landwirtschaftlichen Erzeugnissen („interindustrieller Handel") hervorzuheben, wenngleich der wertmäßige Anteil dieser eher geringerwertigen Produkte mit 16,5% relativ moderat ausfällt. Diese wenigen Zahlen mögen genügen, um ein zugegebenermaßen grobes Bild über die Bedeutung des Außenhandels für Deutschland zu vermitteln.

Wenden wir uns damit wieder der Theorie zu und fragen zunächst nach dem Gegenstand beziehungsweise den Inhalten, mit denen sich die Außenwirtschaftstheorie beschäftigt. Grundsätzlich kann im Rahmen der Außenwirtschaftstheorie unterschieden werden zwischen einer realwirtschaftlichen („reinen") oder güterwirtschaftlichen Betrachtung – man spricht auch von der Theorie des internationalen Handels – und einer monetär, das heißt geldwirtschaftlich orientierten Betrachtung, die häufig als „monetäre" Theorie bezeichnet wird. Methodisch ist

---

[77] So ist nach der Vereinigung auch in Deutschland – bedingt durch die Vergrößerung, aber auch durch den Strukturbruch im Außenhandel mit den osteuropäischen Ländern – die Exportquote zunächst gefallen. 1990 lag sie noch bei 32,23%; 1991 waren es 26,30%, 1992 dann nur 24,53%; 1993 erreichte sie ihr Minimum mit 22,76%, bevor sie bis zum Jahr 2005 wieder kontinuierlich anstieg.

[78] Vgl. Statistisches Bundesamt (2006).

[79] Hierbei handelt es sich um den Handel mit Gütern aus gleichen beziehungsweise ähnlichen Industriezweigen. Empirisch lässt sich diese Form des Handels mit Hilfe der internationalen Industrieklassifikation (SITC) verifizieren.

die „reine" Theorie eher mikroökonomisch, die „monetäre" Theorie dagegen makroökonomisch ausgerichtet.

Fragen, mit denen sich die realwirtschaftliche Theorie des Außenhandels beschäftigt, sind zum Beispiel die Gründe beziehungsweise Vorteile des internationalen Handels, Überlegungen zum Freihandel oder zu den Auswirkungen von Handelshemmnissen. Demgegenüber stehen bei der monetären Theorie solche Fragen im Vordergrund, die mit der Zahlungsbilanz und ihren Ausgleichsmechanismen, vor allem aber mit dem Wechselkurs zu tun haben, also beispielsweise die Frage, wovon die Höhe des Wechselkurses abhängt oder ob feste oder flexible Wechselkurse den Vorzug verdienen. Wir wollen im Folgenden sowohl einige grundlegende Aspekte der realwirtschaftlichen wie auch der monetären Theorie des Außenhandels näher betrachten.

III.6.1   Theorie des internationalen Handels[80]

III.6.1.1   Vorteile des Außenhandels

Im Rahmen der realwirtschaftlichen Theorie gilt es zunächst die Frage zu beantworten, welche Vorteile den beteiligten Ländern aus dem internationalen Handel erwachsen. Da der Außenhandel vom Grundsatz her eine Erweiterung der Arbeitsteilung auf internationaler Ebene bedeutet, kann generell auf die entsprechenden Ausführungen des Abschnitts I.2.1 verwiesen werden. Lediglich die Mobilität der Produktionsfaktoren zwischen den einzelnen Ländern ist in der Regel eingeschränkt beziehungsweise nicht gegeben oder sie wird von der Theorie des internationalen Handels bewusst ausgeblendet. Die wichtigsten Vorteile, die speziell für die Begründung des Außenhandels herangezogen werden können, sollen nachfolgend näher betrachtet werden.

a) Nichtverfügbarkeiten

Zunächst gibt es Fälle – darauf wurde bereits einleitend hingewiesen –, in denen die heimische Produktion bestimmter Waren nicht möglich ist. Zu denken ist hierbei vor allem an Rohstoffe, die nur im Ausland vorkommen, wie beispielsweise Erdöl oder Erdgas, oder Produkte, die nur unter bestimmten klimatischen Bedingungen gedeihen wie etwa Kaffee, Kakao oder Südfrüchte. Die Rede ist hier von so genannten „absoluten" Nichtverfügbarkeiten Aber auch fehlende Lizenzen oder allgemein fehlendes technisches Know-how können zumindest temporär die Produktion bestimmter Güter beeinträchtigen beziehungsweise ausschließen. Hier spricht man von „relativen" Nichtverfügbarkeiten. In beiden Fällen kann nur der Import der entsprechenden Güter Abhilfe schaffen.

---

[80]   Zur Theorie des internationalen Handels sei insbesondere auf den gelungenen Überblick von Michaelis (1995) verwiesen.

b) Gesellschaftliche Normen und Präferenzunterschiede

Selbst bei gleichen klimatischen, technologischen und sonstigen Produktionsbedingungen beziehungsweise -voraussetzungen wird es u. U. zwischen zwei Ländern
zur Aufnahme von Außenhandel kommen: Wenn gesellschaftliche Normen den
Gebrauch und/oder Verbrauch bestimmter Waren/Dienstleistungen tendenziell
verbieten, bietet der Export eine willkommene Auslastung eigener Produktionskapazitäten. Ebenso können durch die Präferenzunterschiede der Haushalte (Merce-
des vs. Peugeot) und/oder der Unternehmen (unterschiedliche Investitionsgüter)
auf den jeweiligen Inlandsmärkten entstandene Ungleichgewichte durch Außenhandel beseitigt werden.

c) Kostenvorteile

Ein dritter wichtiger Grund, warum sich der Handel zwischen Ländern lohnen
kann, sind Kostenunterschiede.[81] Dabei kann man zwischen „absoluten" und
„relativen" Kostenvorteilen unterscheiden, die im Folgenden beispielhaft am Zwei-
Länder-Zwei-Güter-Fall erläutert werden. Wir folgen damit – wie bereits in weiten
Teilen des Buches – auch der Fragestellung der Klassiker. Während Adam Smith
die Bedeutung der absoluten Kostenvorteile betont hat, ist es das Verdienst von
David Ricardo, die noch gewichtigere Rolle der komparativen Kostenvorteile
herausgearbeitet zu haben Zur Vereinfachung der Argumentation wollen wir –
ganz im Sinne von Ricardo – annehmen, dass zur Produktion der Güter lediglich
ein Faktor, nämlich Arbeit, eingesetzt wird, so dass die Kosten mit dem Ar-
beitsaufwand gleichgesetzt werden können.

Absolute Kostenvorteile

Um den Fall absoluter Kostenvorteile zu diskutieren, gehen wir von folgendem
Beispiel aus.

In der folgenden Tabelle sind die Anzahl der Arbeitseinheiten, die zur Produktion
einer Gütereinheit benötigt werden, angegeben. So müssen in Deutschland zwei
Arbeitseinheiten aufgewendet werden, um eine Einheit Wein zu erzeugen, während
in Frankreich hierzu eine Arbeitseinheit ausreicht. Diesem absoluten Kostenvorteil
der Franzosen bei der Produktion von Wein steht ein absoluter Kostenvorteil der
Deutschen bei der Maschinenproduktion gegenüber. Denn in Deutschland müssen
nur 50 Arbeitseinheiten eingesetzt werden, um eine Maschine herzustellen, in
Frankreich dagegen 100 Arbeitseinheiten. Die Güter „Wein" und „Maschinen"
wurden bewusst als Beispiel gewählt, da hier keinesfalls von Substituten gesprochen werden kann.

---

[81]   Wir subsumieren hier auch den Aspekt der Transportkosten.

Arbeitskosten (= notwendige Arbeitseinheiten/Outputeinheit)

	Wein	Maschinen
Deutschland	2	50
Frankreich	1	100

Aufgrund dieser konträren Situation liegt es nahe, dass sich jedes Land auf die Produktion jener Güter konzentriert, bei denen es über absolute Kostenvorteile verfügt, um im Wege des Außenhandels die eigene Versorgung zu verbessern. Für Frankreich wäre es demnach angezeigt, seine Aktivitäten auf die Produktion von Wein zu lenken, während für Deutschland eine Spezialisierung auf den Maschinenbau sinnvoll wäre.

Lässt man die Transportkosten außer Acht, so lässt sich leicht nachprüfen, dass auf diese Weise durch den internationalen Handel die Wohlfahrt beider Länder gesteigert werden kann. Hierzu unterstellen wir, dass jedes Land über 200 Arbeitseinheiten verfügt, die vor Aufnahme des internationalen Handels in jedem Land zu gleichen Teilen zur Produktion beider Güter eingesetzt wurden. Für den Autarkiezustand wäre damit von folgendem Output auszugehen.

Output vor Aufnahme des Handels

	Wein	Maschinen
Deutschland	50	2
Frankreich	100	1
Gesamt	150	3

Bei totaler Spezialisierung auf das jeweilige Gut mit den absoluten Kostenvorteilen ergibt sich folgende Produktion.

Output bei vollständiger Spezialisierung

	Wein	Maschinen
Deutschland	0	4
Frankreich	200	0
Gesamt	200	4

Im Vergleich zur Autarkiesituation stehen damit von beiden Gütern insgesamt mehr Einheiten zur Verfügung, nämlich 200 Einheiten Wein gegenüber 150 Einheiten vorher und 4 Maschinen gegenüber 3 Maschinen in der Ausgangslage. Wir haben also eine Zusatzproduktion von 50 Einheiten Wein und einer Maschine, die zur Verteilung anstehen. Dies entspricht dem so genannten Handelsgewinn.

Nehmen wir an, dass sich dieser Handelsgewinn auf beide Länder gleich verteilt, so wäre im Wege des Austauschs folgende Versorgungslage der Länder realisierbar, welche beide Außenhandelspartner besser stellen würde.

Versorgungslage nach Aufnahme des Handels

	Wein	Maschine
Deutschland	100	2
Frankreich	100	2
Gesamt	200	4

Komparative Kostenvorteile

Betrachten wir nun als zweites den Fall komparativer Kostenunterschiede, das heißt, eine Situation, bei der ein Land – hier Frankreich – bei der Produktion beider Güter absolute Kostenvorteile aufweist, die sich jedoch prozentual unterscheiden. Passen wir hierzu unser Beispiel von oben wie folgt an.

Arbeitskosten (= notwendige Arbeitseinheiten/Outputeinheit)

	Wein	Maschinen
Deutschland	2	50
Frankreich	1	40

Im Vergleich zum ersten Zahlenbeispiel haben sich lediglich die für eine Maschine in Frankreich aufzuwendenden Arbeitskosten vermindert, und zwar von 100 auf 40 Arbeitseinheiten. Damit hat Deutschland nun auch im Maschinenbau einen absoluten Kostennachteil, der sich hier jedoch auf lediglich 25 % beläuft, während bei der Weinproduktion um 100 % höhere Kosten anfielen als in Frankreich. Da Frankreich bei beiden Gütern absolute Kostenvorteile hat, müsste es theoretisch beide Güter im Außenhandel anbieten, Deutschland dagegen kein Gut exportieren können. Wie kommt es dennoch zu einem beidseitigen Handel? Dazu müssen wir die relativen Kosten vergleichen. Wir fragen also, auf wie viele Einheiten Wein Deutschland verzichten müsste, wenn es eine Einheit mehr Maschinen herstellen will. Wie leicht zu erkennen, verfügt Deutschland bei der Maschinenproduktion über relativ niedrigere Kostennachteile, also über „komparative Kostenvorteile", Frankreich entsprechend bei der Weinproduktion, denn dort hat es einen relativ größeren Wettbewerbsvorsprung, also komparative Kostenvorteile. Dies lässt sich nochmals folgendermaßen verdeutlichen:

$$\frac{\text{Arbeitskosten für Maschinen}(D)}{\text{Arbeitskosten für Wein}(D)} = \frac{50}{2} < \frac{40}{1} = \frac{\text{Arbeitskosten für Maschinen}(F)}{\text{Arbeitskosten für Wein}(F)}.$$

Entsprechend dieser Relationen empfiehlt es sich nach Ricardo für Deutschland, sich auf die Produktion von Maschinen, und für Frankreich sich auf die Produktion von Wein zu spezialisieren.

Diese Spezialisierung kommt natürlich nur dann zustande, wenn durch Tausch Vorteile erzielt werden können. Das lässt sich an unserem Beispiel leicht überprüfen: Wie wir sehen, würde es sich nämlich aus der Sicht Deutschlands lohnen, Maschinen nach Frankreich zu exportieren und dort für jede einzelne Maschine – statt 25 – 40 Einheiten Wein einzutauschen. Umgekehrt lohnt sich der Tausch auch für Frankreich, denn es kann in Deutschland bei Export von Wein für jede einzelne Einheit – statt 1/40-Maschine – 1/25-Maschine eintauschen.

Betrachten wir zunächst die Situation vor Aufnahme des Handels bei einer – wie im Fall der absoluten Kostenvorteile – zunächst ausgeglichenen Verteilung der Produktionsfaktoren (200 Arbeitseinheiten) auf die beiden Sektoren.

Output vor Aufnahme des Handels

	Wein	Maschinen
Deutschland	50	2
Frankreich	100	2,5
Gesamt	150	4,5

Der Output nach Aufnahme des Handels, also nach Verlassen des Autarkiezustandes, soll sich in Frankreich gemäß seiner komparativen Kostenvorteile zugunsten von Wein verschieben. Jetzt werden in Frankreich beispielsweise 140 Arbeitseinheiten im Weinsektor und 60 Arbeitseinheiten im Maschinensektor eingesetzt. In Deutschland verläuft die Spezialisierung gegenläufig, so dass beispielsweise 50 (150) Arbeitseinheiten im Weinsektor (Maschinensektor) verwendet werden.

Output nach Aufnahme des Handels

	Wein	Maschinen
Deutschland	25	3
Frankreich	140	1,5
Gesamt	165	4,5

Die Spezialisierung der beiden Länder darf in unserem Fall jedoch nicht vollständig erfolgen, wenn sichergestellt sein soll, dass von beiden Gütern mindestens die vor Außenhandel erzeugten Mengen – also 150 Weineinheiten und 4,5 Maschineneinheiten – vorhanden sind.

In unserem Zahlenbeispiel profitieren beide Handelspartner bei gegenläufiger

Spezialisierung vom internationalen Handel, denn bei gleicher Zahl von Maschinen können 15 zusätzliche Weineinheiten zwischen beiden Ländern verteilt werden. Nimmt man an, dass sich dieser Gewinn zu gleichen Teilen auf beide Länder verteilt, müsste sich nach erfolgtem Warenaustausch folgende Versorgungslage einstellen.

Versorgungslage nach Aufnahme des Handels

	Wein	Maschine
Deutschland	57,5	2
Frankreich	107,5	2,5
Gesamt	165	4,5

Damit impliziert ist ein einheitliches (internationales) Austauschverhältnis von

1 Maschine = 32,5 Weineinheiten.[82]

Dieses internationale Preisverhältnis liegt im Allgemeinen zwischen den jeweiligen nationalen Preisverhältnissen bei Autarkie. In unserem Beispiel hatten wir in Deutschland vor Außenhandel ein Preisverhältnis von

1 Maschine = 25 Weineinheiten

und in Frankreich ein Preisverhältnis von

1 Maschine = 40 Weineinheiten.

Wir möchten hier der Frage, von welchen Faktoren dieses Austauschverhältnis im Einzelnen abhängt, nicht weiter nachgehen. Vielmehr wollen wir uns mit dem Ergebnis begnügen, dass bereits unsere einfachen Betrachtungen gezeigt haben, dass nicht nur bei absoluten, sondern auch bei relativen Kostenvorteilen die Aufnahme internationaler Handelsbeziehungen zu einem Wohlfahrtsgewinn, das heißt bei gegebener Faktorausstattung zu einem insgesamt vergrößerten Güterangebot führt, so dass eine Besserstellung beider Handelspartner erreicht werden kann. Jedes Land kann damit durch den Außenhandel eine Position erreichen, die rechts oberhalb der Transformationskurve gelegen ist, also beispielsweise den Punkt P in Abbildung III.71.

---

[82]   Durch Vergleich des Outputs mit der Versorgungslage nach Aufnahme des Handels in beiden Ländern kann der Leser dieses Tauschverhältnis unmittelbar bestimmen.

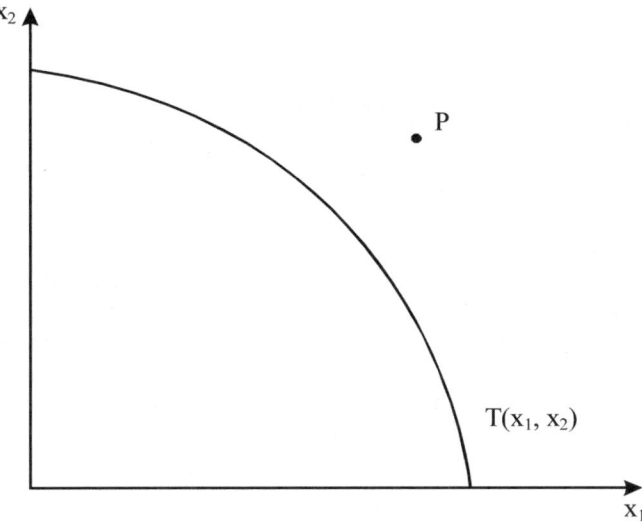

Abbildung III.71

Eine Verallgemeinerung des Zwei-Länder-Beispiels auf mehrere Handelspartner und mehrere Güter ist möglich und würde von den beteiligten Ländern verlangen, sich jeweils auf jene Produktionen zu konzentrieren, bei denen relative Kostenvorteile bestehen, um so den Handelsgewinn insgesamt zu maximieren.

Allerdings wäre eine solche Vorgehensweise nicht ungefährlich, denn mit der Spezialisierung wachsen die Abhängigkeiten vom Ausland. Dies gilt vor allem dann, wenn es zu einer Ausrichtung kommt, die starke Züge einer Monokultur aufweist und damit in extremer Weise von Nachfrageänderungen am Weltmarkt abhängig ist. Aber auch Ernteschwankungen – etwa bei Kaffee oder Kakao – können mit nachhaltigen Folgen für die heimische Wirtschaft verbunden sein. Diese Gefahren gilt es zu sehen und gegen die grundsätzlich vorhandenen Vorteile einer Aufnahme beziehungsweise Intensivierung des Außenhandels abzuwägen.[83] Allerdings sind solche Gefahren – bei einer (korrekterweise) dynamischen Interpretation komparativer Kostenvorteile – verschwindend. Ricardo hätte sich nie zu der Empfehlung verstiegen, ein Land möge bei dem Gut „ewig" spezialisiert bleiben, welches sich einmal als dasjenige mit komparativen Kostenvorteilen herausgestellt hatte. Die im Außenhandel verdienten Devisen müssen u. a. dafür genutzt werden, den Aufbau zukünftiger komparativer Kostenvorteile voranzutreiben. Schon aus saldenmechanischen Gründen gewinnt im übrigen ein Land, dass bisher seine komparativen Vorteile im Außenhandel mit dem Rest der Welt bei Gut x_1 besaß und diese verliert, gewissermaßen „automatisch" komparative Vorteile bei einem anderen Gut x_2.

---

[83]   Vgl. hierzu auch Abschnitt III.6.2.2.

d) Vorteile der Massenproduktion

Nun brauchen die Vorteile des Außenhandels keineswegs notwendig auf komparative Kostenvorteile zurückzuführen sein. Ein anderer Grund, der sich insbesondere auf den Außenhandel zwischen relativ ähnlichen Ländern bezieht, ist in den Vorteilen der Massenproduktion zu sehen, die sich im Wirksamwerden von so genannten „Skaleneffekten" äußern und zu sinkenden Durchschnittskosten bei steigender Produktmenge führen.

Wie wir in Abschnitt II.3.2. gesehen haben, treten Vorteile der Massenproduktion vor allem dann auf, wenn bei der Produktion hohe Fixkosten anfallen. Beispiele hierfür sind etwa Herstellungsverfahren unter Einsatz komplizierter Fertigungsstraßen beziehungsweise vollautomatischer Spezialmaschinen. Den hohen Fixkosten stehen in diesen Fällen meistens relativ niedrige variable Kosten gegenüber, so dass sich vielfach aufgrund der Fixkostendegression, das heißt aufgrund der Verteilung eines konstanten Fixkostenblocks auf eine zunehmende Zahl von Produkteinheiten, zumindest über weite Strecken sinkende Durchschnittskosten ergeben. Liegen derartige Kostenstrukturen vor, so können durch eine Konzentration der Erzeugung bei einem Handelspartner – quasi durch Einsparung der Fixkosten in den übrigen Ländern – Handelsgewinne erzielt werden. Vor allem für den Flugzeugbau, die Automobilindustrie, den Maschinenbau und die chemische Industrie wird dieses Skalenargument im Zusammenhang mit dem internationalen Handel vorgebracht.

e) Produktdifferenzierung

Schließlich kann auf einen weiteren Vorteil des Außenhandels verwiesen werden, der sich in einer größeren Produktvielfalt – man kann auch sagen Variantenvielfalt – äußert. Als Beispiel hierfür kann auf die Produktion von Fahrzeugen in Deutschland, Frankreich oder Italien bei gegenseitigem Ex- beziehungsweise Import der Erzeugnisse verwiesen werden.[84] Die Fachleute sprechen von „intraindustriellem Handel", da die grenzüberschreitend gehandelten Güter jeweils aus ein und der gleichen Industrieklassifikation (beispielsweise „Fahrzeugbau") stammen. Auch bei diesem Argument ist an der Kostenstruktur anzusetzen, wobei diesmal für die einzelnen Produktvarianten beziehungsweise -typen ein u-förmiger Stückkostenverlauf mit zunächst sinkenden, dann steigenden Stückkosten unterstellt wird. Da das Minimum der Stückkosten bei relativ großer Ausbringung liegt – in der Literatur wird von 1000 Fahrzeugen je Typ und Tag gesprochen –, kann nur bei entsprechend großer Nachfrage eine vergleichsweise große Typenvielfalt angeboten werden. Kostenvorteile bei gleichzeitiger Typenvielfalt sind deshalb gerade für kleine und mittlere Länder nur im Wege des Außenhandels möglich, indem sich jedes Land auf ausgewählte Produktvarianten beschränkt und die nicht selbst hergestellten Typen durch internationalen Handel beschafft.

---

[84] Vgl. auch: „Gesellschaftliche Normen und Präferenzunterschiede".

III.6.1.2 Idee des Freihandels

Damit haben wir mit dem Problem der Verfügbarkeit, den Normen und Präferenzen, den Kostenunterschieden, den Skalenerträgen sowie der Produktdifferenzierung die zentralen Argumente angesprochen, die der Idee des Freihandels zugrunde liegen. Außerdem wird für diese Idee ins Feld geführt, dass ein freier internationaler Handel den Wettbewerb zwischen den Anbietern intensiviert und so den technischen Fortschritt und damit das Wachstum begünstigt.[85] Dies ist auch die Philosophie des so genannten Weltzoll- und Handelsabkommens („General Agreement on Tariffs and Trade", GATT) sowie der im Jahr 1995 ins Leben gerufenen Welthandelsorganisation („World Trade Organisation", WTO).

Jedoch gibt es auch gelegentlich Gegenargumente, mit denen eine eher protektionistische Außenhandelspolitik gerechtfertigt wird. Auf einen Einwand gegen Freihandel wurde bereits oben hingewiesen, nämlich auf die Gefahr einer einseitigen internationalen Abhängigkeit. Vor allem bei stark ausgeprägten Monokulturen können destabilisierende Wirkungen infolge von Nachfrageschwankungen und Missernten (zum Beispiel Kaffee, Kakao) nicht ganz von der Hand gewiesen werden. Daher sind solche (Entwicklungs-)Länder besonders gut beraten, die Palette ihrer Exportprodukte zu differenzieren. Die komparativen Kostenvorteile dieser Länder mit niedrigem Pro-Kopf-Einkommen liegen zunächst fast ausschließlich im Bereich der landwirtschaftlichen Produkte und Rohstoffe. Würden sich diese Länder auf die Herstellung und den Export dieser Erzeugnisse auf Dauer konzentrieren, so würden sie damit die Entwicklung ihrer industriellen Produktion bei steigendem Pro-Kopf-Einkommen in erheblichem Umfang gefährden. Allerdings hat sich der Schutz der aufkommenden heimischen Industrie durch so genannte Schutzzölle gegen die angeblich übermächtige Konkurrenz der Industrienationen als völlig untaugliches Mittel erwiesen, um einen „geschützten" Entwicklungsprozess zu gewährleisten. So genannte „Schutzzölle", die in ihrer Rechtfertigung zurückgehen auf den deutschen Zollverein und Friedrich List (1789–1846), sind von der „Public-Choice-School" schon lange als Schutzwälle, hinter denen sich „Rent-Seeker" verschanzen, entlarvt worden. Auf das Phänomen des „Rent-Seeking" werden wir im nächsten Kapitel noch einmal zurück kommen.

Zum Schutz neuer Wirtschaftszweige in hochentwickelten Volkswirtschaften werden protektionistische Maßnahmen ebenfalls überwiegend abgelehnt, das heißt, hier wird allgemein verlangt, dass sich die Entwicklung neuer Industrien dem internationalen Wettbewerb zu stellen hat. Nur so kann der Strukturwandel, im Zuge dessen alte Industrien stagnieren, schrumpfen und schließlich untergehen, dagegen neue Branchen erst langsam und dann immer schneller wachsen, funktionieren.

Die Liberalisierung des Welthandels gilt als einer der wichtigsten Motoren der „Globalisierung". Er hat dafür gesorgt, dass insbesondere der Nord-Süd-Handel in

---

[85] Ebenso wirkt sich der Konkurrenzdruck durch Außenhandel günstig (also dämpfend) auf die Inflationsrate aus.

der Weltwirtschaft in den letzten fünfzehn Jahren erheblich an Bedeutung gewonnen hat und der Anteil der Entwicklungs-, Schwellen- und Transformationsländer am Welthandel deutlich gestiegen ist. Weil von einer zunehmenden Integration in die internationale Arbeitsteilung – wie nicht nur Vorhersagen der realen Außenwirtschaftstheorie, sondern auch zahlreiche empirische Studien ergeben haben – positive Einkommenseffekte in der großen Mehrzahl der beteiligten Länder erwartet werden können, ist diese Entwicklung sehr zu begrüßen. Dabei gilt die Annäherung der PKE zwischen Entwicklungs- und Industrieländern als erwünscht und allgemein akzeptiert. Da das Armutsgefälle in der Weltwirtschaft immer noch groß ist, ist die Aufgabe, das PKE in den Ländern des Südens der Weltwirtschaft zu steigern, anhaltend wichtig, und zwar aus ökonomischen wie aus politischen Gründen. Eine stärkere Integration der Entwicklungsländer in die Weltwirtschaft ist u. a. durch Fortschritte bei der Handelsliberalisierung zu erreichen. Das vorhandene Liberalisierungspotential in der Weltwirtschaft ist immer noch groß genug, daher lohnt es sich, multilaterale Verhandlungen zu führen. Schätzungen von Robert Stern et al. von der Universität Michigan besagen, dass eine Beseitigung aller noch vorhandenen Handelsbarrieren die gleiche Wirkung hätte, wie wenn ein Land von der Wirtschaftskraft Chinas zweimal zur Weltwirtschaft hinzukäme. Das Wachstum des Welthandels war im Jahr 2001 noch von 12 auf 2 Prozent zurückgegangen. Dies war damals ein Reflex des starken Konjunktureinbruchs in den USA und in Europa nach den 8 Jahren einer (wenigstens in den USA) boomenden „New Economy" zwischen 1993 und 2000. Die Weltwirtschaft wächst aber inzwischen wieder mit großer Dynamik stärker zusammen. Allein im Jahr 2005 betrug das Wachstum des Welthandels 7 Prozent.

Betrachtet man allerdings die tatsächliche Handelspolitik der Industriestaaten, so kann man feststellen, dass zwischen der Idee des Freihandels und der Realität immer noch erhebliche Abweichungen bestehen. Die Agrarpolitik der EU stellt hier sicherlich ein herausgehobenes, keinesfalls jedoch das einzige Beispiel dar. Die wesentlichen Instrumente, mit denen dabei ein Schutz der heimischen Industrien praktiziert wird, sind einmal die Erhebung von Zöllen, zum anderen der weite Bereich der so genannten nicht-tarifären Handelshemmnisse, der unter anderem mengenmäßige Einfuhrbeschränkungen beinhaltet.

Bevor wir der Frage nachgehen wollen, ob es eine Erklärung für ein derartiges Verhalten gibt, welches in den meisten Fällen auf Wohlfahrtsverluste für die betreffenden Volkswirtschaften hinauslaufen dürfte, sollen zunächst einige Anmerkungen zur Art, vor allem aber zur Wirkungsweise dieser protektionistischen Maßnahmen, vorangestellt werden. Dazu stellen wir zunächst ein partialanalytisches Instrumentarium vor.

III.6.1.3 *Außenhandel im Partialmodell*

In Abbildung III.72 leiten wir für *ein Produkt* – wohlwissend, dass wir es beim Außenhandel eigentlich immer mit (mindestens) zwei Ländern und (mindestens) zwei Gütern zu tun haben – Tauschmenge und Handelspreis her. Auslandsmarkt (A) und Binnenmarkt (B) können direkt miteinander verglichen werden; der Wechselkurs sei fixiert (w = 1). Im linken (mittleren) Teil des Diagramms stellen wir für unser homogenes Produkt x zunächst die hypothetische Situation ohne Außenhandel für Land A (B) dar. Es kommt zum Gleichgewichtspreis p_A (p_B). Bei Öffnung der Grenzen wird Land B (A) einen großen Anreiz verspüren, Gut x nach (aus) Land A (B) zu exportieren (importieren). Die exakte Exportmenge (Importmenge) lässt sich gedanklich im rechten Teil des Diagramms ermitteln: Für Preise unterhalb von p_A (oberhalb von p_B) entsteht in Land A (Land B) eine Überschussnachfrage (ein Überschussangebot). Die (das) zu jedem niedrigeren (höheren) Preis als p_A (p_B) entstehende Überschussnachfrage (-angebot) kann nun entsprechend als Exportnachfrage EN_A (beziehungsweise als Exportangebot, EA_B) interpretiert werden. Dort, wo sich EN_A und EA_B schneiden, finden wir den gleichgewichtigen Handelspreis (p_W) und durch Loten auf die Abszisse ermitteln wir die gleichgewichtige Exportmenge von Land B (Importmenge von Land A).

Handelt es sich bei A beziehungsweise B um kleine Länder (diese Annahme benutzen wir in der folgenden Partial-Analyse von Handelshemmnissen), so ist der Weltmarktpreis für Gut x ein Datum. Das Weltmarktangebot (die Weltmarktnachfrage) verläuft als Waagerechte in Höhe von p_W. Aus den Schnittpunkten und den „nationalen" Angebots- und Nachfragekurven (A_A / N_A beziehungsweise A_B / N_B) können wir leicht ermitteln, wie viel Land A zum Preis p_W vom Weltmarkt importiert beziehungsweise welche Menge von Land B zum Preis p_W auf dem Weltmarkt abgesetzt werden kann!

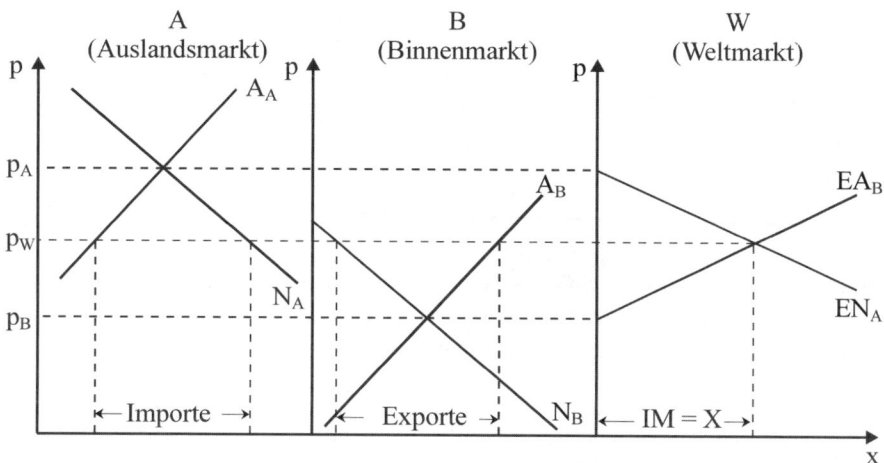

Abbildung III.72

III.6.1.4 Handelshemmnisse

Um die Wirkungsweise protektionistischer Maßnahmen zu verdeutlichen, soll im Folgenden exemplarisch auf die Erhebung eines Importzolls, beispielsweise auf die Erzeugnisse der Landwirtschaft, abgestellt werden. Dabei ist es nicht gleichgültig, ob es sich hierbei um einen Mengenzoll handelt, das heißt einen fixen Betrag je eingeführter Mengeneinheit, oder um einen Wertzoll, das heißt um einen prozentualen Aufschlag auf den Wert der importierten Waren. Wichtig ist auch die Größe des Landes, welches die Zollpolitik betreibt. Während zollpolitische Maßnahmen eines kleinen Landes den Weltmarktpreis unbeeinflusst lassen, sind in einem großen Land Rückwirkungen auf den Weltmarktpreis zu berücksichtigen. Wir beschränken uns nachstehend auf die Zollpolitik eines kleinen Landes.[86]

Wir betrachten dabei im Folgenden ein (kleines) Land, dessen Inlandspreis (p_B) – bei einem stilisierten Wechselkurs von eins – sich wie folgt auf den Einfluss von (a) Mengenzöllen und (b) Wertzöllen zurückführen lässt:

(a) Mengenzölle: $p_B = p_W + t_M$

(b) Wertzölle: $p_B = p_W (1 + t_W)$.

Dabei ist p_W der Weltmarktpreis, t_M ein konstanter Stückzoll sowie t_W ein konstanter Wertzollsatz.

Für den vereinfachenden Fall von $p_W = 1$, können Wert- als auch Stückzölle in der graphischen Analyse allerdings analog behandelt werden.

Betrachten wir hierzu Abbildung III.73. Vor Einführung des Importzolls gilt im Inland der Weltmarktpreis p_W. Die zu diesem Preis im Inland nachgefragte Menge x_4 stammt im Umfang x_1 von den inländischen Erzeugern, die restliche Menge $x_4 - x_1$ wird aus dem Ausland eingeführt. Mit der Einführung eines Zolls – wir unterstellen einen festen Betrag t_M je importierter Mengeneinheit – erhöht sich der Preis der aus dem Ausland stammenden Waren auf p_B, so dass nun auch die inländischen Anbieter diesen Preis erzielen können. Zum Preis p_B reduziert sich die Nachfrage auf x_3, die nun im Umfang x_2 aus inländischer Produktion und im Umfang $x_3 - x_2$ durch Importe befriedigt wird.

Wie diese einfachen Überlegungen bereits zeigen, resultiert aus der Einführung des Importzolls ein Schutz der inländischen Produzenten vor der ausländischen Konkurrenz, der um so stärker ausfällt, je höher der je Mengeneinheit abzuführende Betrag t_M festgesetzt wird. Dieser Schutz ermöglicht es den inländischen Unternehmen, ihren Absatz bei steigenden Preisen auszudehnen, der Anteil der ausländischen Erzeugnisse geht zurück. Die Steigerung der Inlandsproduktion von

---

[86] Zu den Auswirkungen der Zollerhebung eines großen Landes mit Einfluss auf den Weltmarktpreis vgl. beispielsweise Bender (1999), Abschnitt 4.1. Zur folgenden Modelldarstellung für ein kleines Land vgl. beispielsweise Bender (1999) sowie Michaelis (1995).

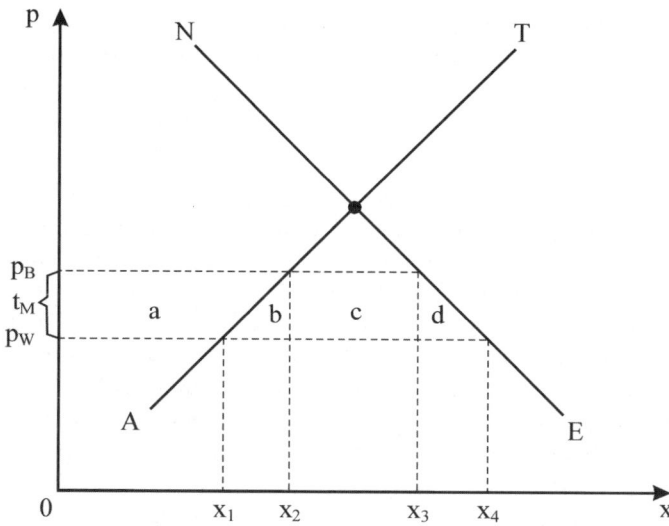

Abbildung III.73

x_1 auf x_2 wird deshalb als „Schutzeffekt", der Importrückgang von $x_4 - x_1$ auf $x_3 - x_2$ als „Außenhandelseffekt" bezeichnet.

Neben dem Wirtschaftszweig, der direkt durch die Zollerhebung geschützt wird, profitieren mittelbar auch die heimischen Zulieferindustrien. So kommt beispielsweise den inländischen Herstellern von Landmaschinen der Zollschutz für die Landwirtschaft zugute, wenn der Agrarsektor seine Landmaschinen überwiegend bei inländischen Herstellern bestellt. In der Grafik drückt sich der Wohlfahrtsgewinn der inländischen Produzenten (Produzentenrente) in der Fläche a aus.

Vor allem aber fließen dem Staat – und dieser Aspekt stand bei der Zollpolitik lange im Vordergrund – die Einnahmen aus der Zollerhebung zu. In unserem Beispiel der Abbildung III.73 belaufen sich die Einnahmen des Staates (Fläche c) auf $t_M(x_3 - x_2)$. Dieser Effekt wird als „Einnahmeeffekt" des Staates bezeichnet.

Den Gewinnern der Zollpolitik stehen zugleich Verlierer gegenüber. Aufgrund des gestiegenen Preisniveaus in dem geschützten Sektor haben zunächst die Konsumenten entsprechende Einbußen hinzunehmen. Der hierdurch ausgelöste Rückgang der inländischen Nachfrage von x_4 auf x_3 wird deshalb als „Konsumeffekt" bezeichnet. Aus Wohlfahrtssicht sinkt die Konsumentenrente um die Fläche a + b + c + d. Die Preissteigerungen treffen jedoch nicht nur den Endverbraucher, sondern in gleicher Weise sind auch die nachgelagerten Wirtschaftszweige betroffen. Man denke zum Beispiel an die Weiterverarbeitung landwirtschaftlicher Erzeugnisse, etwa in der Konservenindustrie, bei den Betreibern von Großküchen oder auch im Bäckereihandwerk. Bilanziert man alle erwähnten Wohlfahrtseffekte einer Zolleinführung für das Inland, so ergibt sich in der Grafik ein Nettoverlust in Höhe der Fläche b + d.

Und schließlich, auch darauf wurde bereits hingewiesen, leidet natürlich die ausländische Industrie unter den erschwerten Absatzbedingungen im Inland. Ihr Umsatz sinkt in unserem Beispiel von $p_W(x_4 - x_1)$ auf $p_W(x_3 - x_2)$. Die damit verbundene Verminderung des Importwertes wird auch als „Zahlungsbilanzeffekt" bezeichnet.

Stellt man die Frage, wie die Wohlfahrtswirkungen, die mit der Einführung eines Zolls verbunden sind, einzuschätzen sind, so kommt es entscheidend darauf an, ob wir die Betrachtung auf das Inland beschränken oder das Ausland einbeziehen. Bezogen auf sämtliche Wirtschaftssubjekte im In- und Ausland kann nachgewiesen werden, dass der Verlust der geschädigten Wirtschaftssubjekte stets größer ist als der Gewinn der begünstigten, so dass die Freihandelsidee auch von hierher weitere Unterstützung erlangt. Die Vorteile der internationalen Arbeitsteilung würden also durch die Behinderungen eines freien Warenaustausches geschmälert. Beschränkt man die Betrachtung jedoch auf das Inland, so ist es durchaus möglich, dass hier die Gewinne die Verluste überwiegen, so dass die Einführung eines Zolls aus der partiellen Sicht der betreffenden Volkswirtschaft zunächst durchaus sinnvoll erscheinen mag. Jedoch würde sich in einem solchen Fall das Inland letztlich auf Kosten des Auslandes bereichern. Es ist davon auszugehen, dass das Ausland die Schädigung der eigenen Industrie nicht ohne weiteres hinnimmt. Wie die Erfahrung zeigt, ist vielmehr damit zu rechnen, dass mit der Einführung von Vergeltungszöllen geantwortet wird, so dass sich die anfänglich möglich erscheinenden Vorteile des Inlands häufig im nachhinein als Trugschluss erweisen und beide Länder schlechter dastehen als zuvor. Von daher muss aus volkswirtschaftlicher Sicht die Einführung von Zöllen unter Wohlfahrtsaspekten äußerst skeptisch beurteilt werden.

Gleiches gilt für die so genannten nicht-tarifären Handelshemmnisse, die vom Grundsatz her sehr ähnlich zu beurteilen sind wie Zölle. Dabei sind Importquoten beziehungsweise Importkontingente sowie die zum Teil praktizierten freiwilligen Exportselbstbeschränkungen (ESA) in ihrer Wirkungsweise ähnlich der Erhebung von Zollabgaben, da das inländische Preisniveau künstlich hochgehalten wird. Wir wollen die Wirkungsweisen von Importquoten und Exportselbstbeschränkungsabkommen anhand der folgenden Abbildung III.74 verdeutlichen; beide Maßnahmen sind mengenmäßige Handelsbeschränkungen (MHB) und unterscheiden sich von einer Zollerhebung – aber auch untereinander – in ihren ökonomischen Wirkungen.

Bei Freihandel gelte dabei wieder das Weltmarktpreisniveau p_W, bei dem die von In- und Ausland aggregierte Angebotsfunktion ABT_W zustande kommt. Die Importmenge bei Freihandel beträgt $x_4 - x_1$. Die Einführung einer MHB auf BB' beschränkt jedoch nunmehr die Importe, woraus bei der jetzt gültigen aggregierten Angebotsfunktion $ABB'T''$ und einer konstanten Nachfragefunktion eine Preiserhöhung von p_W auf p_B resultiert. Der neue Gleichgewichtspunkt ist R mit Einfuhr der Höchstmenge $x_3 - x_2$ (= BB'). Es entsteht eine Knappheitsrente von $(p_B - p_W)$ pro Mengeneinheit. Insgesamt ergibt sich – bezogen auf die Importmenge – eine

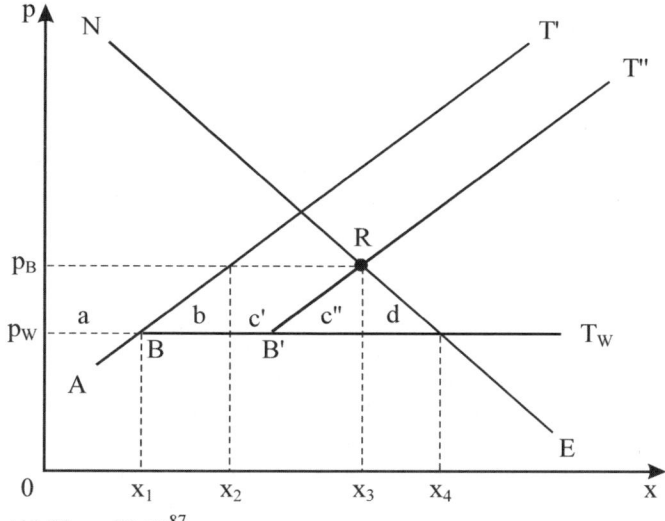

Abbildung III.74[87]

Knappheitsrente von $(p_B - p_W)(x_3 - x_2)$, was der Fläche $c' + c''$ entspricht. Diese Fläche ist äquivalent der Höhe der Einnahmen aus dem impliziten Zollsatz (vgl. Abbildung III.73). Die Konsumentenrente sinkt um die Fläche $a + b + (c' + c'') + d$; die Produzentenrente steigt um die Fläche a. Ob die MHB die gleichen Auswirkungen wie eine Zollerhebung hat, hängt jetzt davon ab, inwieweit ausländische Wirtschaftssubjekte an der Knappheitsrente mit einem Anteil k ($0 < k < 1$) beteiligt werden. Der Inlandsanteil beträgt demnach $(1 - k)$.

Die Importquote wird einseitig vom Inland für alle am Handel beteiligten Länder (nicht diskriminierend) festgelegt. Die Vergabe von Einfuhrlizenzen an in- und ausländische Unternehmen erfolgt durch den Staat. Die Verteilung der Knappheitsrente ist nun davon abhängig, wie viele Einfuhrlizenzen an In- und/oder Ausländer vergeben werden. Werden Lizenzen nur an Inländer erteilt, verbleibt die gesamte Knappheitsrente im Inland (k = 0).

Bei einer Exportselbstbeschränkung erklären sich ausländische Exporteure eines bestimmten Landes „freiwillig" bereit, das Angebot im Inland auf die vereinbarte Menge zu begrenzen; sie können dabei aber die gesamte Knappheitsrente an sich ziehen (k = 1).

Der Nettoverlust aus der MHB ist gleich dem Zuwachs an Produzentenrente abzüglich dem Verlust an Konsumentenrente $b + d + (c' + c'')$, zuzüglich der im Inland verbleibenden Knappheitsrente $(1 - k)(c' + c'')$. Im Ergebnis erhält man als Saldo $b + d + k(c' + c'')$. Je höher demnach der ausländische Anteil an der Knappheitsrente ist, desto größer wird der Wohlfahrtsverlust für das Inland. Unter diesem Aspekt ist ein Importzoll oder eine Quote mit k = 0 der ESA vorzuziehen.

---

[87] Vgl. Herberg (1992), 493–498.

Zudem besteht bei einer ESA die Umgehungsmöglichkeit durch Export über nichtbeschränkte Drittländer.

Um zu verhindern, dass Beschränkungen à la ESA von den ausländischen Anbietern unterlaufen werden, indem diese eigene Produktionsstätten im Inland errichten, werden vielfach ergänzend so genannte „local content"-Regelungen getroffen. Nach diesen Regelungen gilt ein im Inland hergestelltes Erzeugnis nur dann als inländisches Produkt, wenn ein bestimmter Prozentsatz der Wertschöpfung dem Inland zuzurechnen ist. Andernfalls – etwa bei ausschließlicher Endmontage im Inland – bliebe die Ware trotz inländischer Produktion ein ausländisches Erzeugnis und wäre damit auf das entsprechende Kontingent anzurechnen.

Daneben – und in ihrer Wirkung keinesfalls zu unterschätzen – gibt es weitere nicht-tarifäre Handelshemmnisse, die über so genannte Produktstandards wirksam werden. Dabei können diese Produktstandards, das heißt, die Anforderungen, die zu erfüllen sind, um beispielsweise auf den heimischen Markt zu gelangen, in unterschiedlicher Form zum Tragen kommen. In der Regel handelt es sich hierbei um Normen und Sicherheitsbestimmungen, welche die zu tätigenden Aufwendungen in die Höhe treiben. Auch das Lebensmittel- und Arzneimittelrecht ist in diesem Zusammenhang zu nennen. Besonders problematisch sind derartige Vorschriften, wenn hierfür das so genannte „Bestimmungslandprinzip" Anwendung findet. Denn in diesem Fall sind stets die Standards des Bestimmungslandes zu beachten, was in der Regel zur Konsequenz hat, dass beim Export in verschiedene Länder unterschiedliche Vorschriften – etwa in bezug auf Abgasnormen – beachtet werden müssen. Dies beeinträchtigt häufig die Ausnutzung von Skalenerträgen, die Produktion verteuert sich und lässt in manchen Fällen den gänzlichen Verzicht auf einen Export der Waren ratsam erscheinen.[88]

Weiter kann auf die Erhebung von Verwaltungsgebühren, zeitaufwendige Genehmigungsverfahren und Ähnliches mehr verwiesen werden, wodurch sich die Kosten des internationalen Warenaustausches ähnlich verteuern wie bei einer Zollerhebung. Schließlich sind auch manche Praktiken der staatlichen Auftragsvergabe zu den nicht-tarifären Handelshemmnissen zu rechnen, wenn diese ausländische Anbieter benachteiligen oder ganz von der Auftragsvergabe ausschließen.

III.6.1.5   Außenhandel und Handelshemmnisse im Totalmodell

Realitätsnähere Ergebnisse bei der Analyse handelspolitischer Instrumente sind nur möglich, wenn wenigstens zwei Güter in Betracht gezogen werden.

In der Abbildung III.75 beschreiten wir einen heuristischen Weg zur Erläuterung des Verhaltens, in unserem Beispiel Frankreichs, im Außenhandel. Sein Verhalten hängt vom relativen Preis des Importgutes (hier Maschinen) ab. Das heißt, wir

---

[88]   Einige Beispiele aus der Praxis zu den „local content"-Regelungen und den Produktstandards finden sich bei Michaelis (1995).

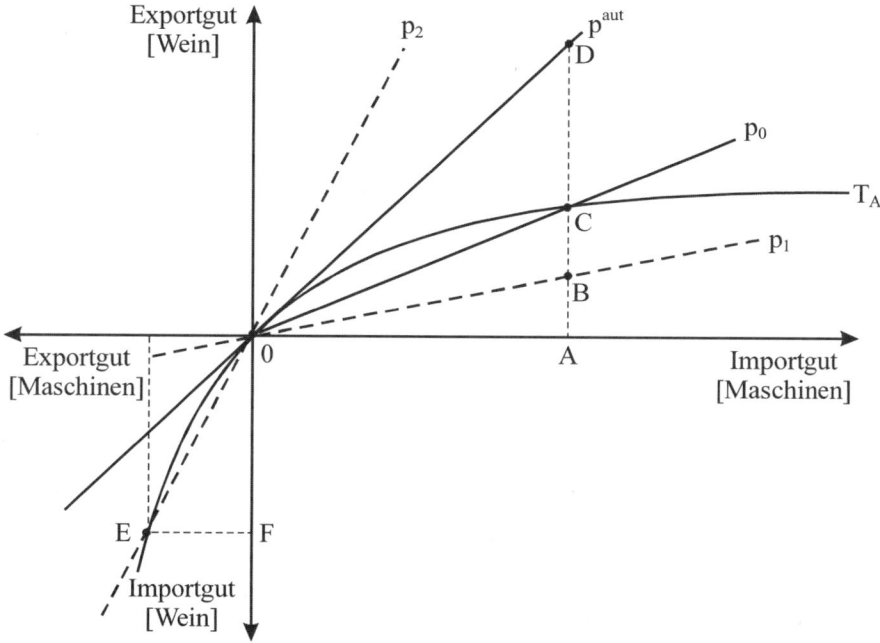

Abbildung III.75

drücken den Wert einer Maschine in Einheiten von Wein (dem Exportgut) aus –
oder anders formuliert, es stellt sich für Frankreich die Frage: Wie viele Einheiten
Wein muss Frankreich für eine Maschine abgeben? Für das Preisverhältnis gilt:

$$p = \frac{ME\ Exportgut}{1\ ME\ Importgut} = \frac{ME\ Wein}{1\ Maschine}.$$

Bei einem Preisverhältnis entsprechend der Linie p^{aut} ($p^{aut} = AD/0A$) unterbleibt
jeglicher Ex- und Import, da Frankreich einen Tausch der Menge AD an eigenem
Wein gegen 0A an Maschinen (etwa aus Deutschland) als nicht lukrativ empfindet.
Sinkt das Preisverhältnis dagegen auf p_0 ($p_0 = AC/0A$) mit dem entsprechend
günstigeren Austauschverhältnis, so ist Frankreich jetzt bereit, die Menge AC an
Wein gegen 0A an Maschinen einzutauschen. Noch günstiger stellt es sich, wenn
es für die noch geringere Weinmenge AB gemäß dem Preisverhältnis p_1 die Menge
0A eintauschen kann. Würde das Preisverhältnis sich dagegen extrem erhöhen –
etwa auf p_2 – dann wird es bei gegebenen Kostenstrukturen sogar bereit sein,
Maschinen (im Umfang von EF) gegen die Einfuhr von Wein (im Umfang von 0F)
zu tauschen. Die Verbindung aller Wertepaare (in unserer Abbildung nur „0A und
AC" und „EF und 0F") von Export- und Importwünschen zu alternativen internationalen Preisverhältnissen gibt Frankreichs „Tauschkurve" T_A (im Englischen auch
„offer curve oder „reciprocal demand" genannt) wieder.

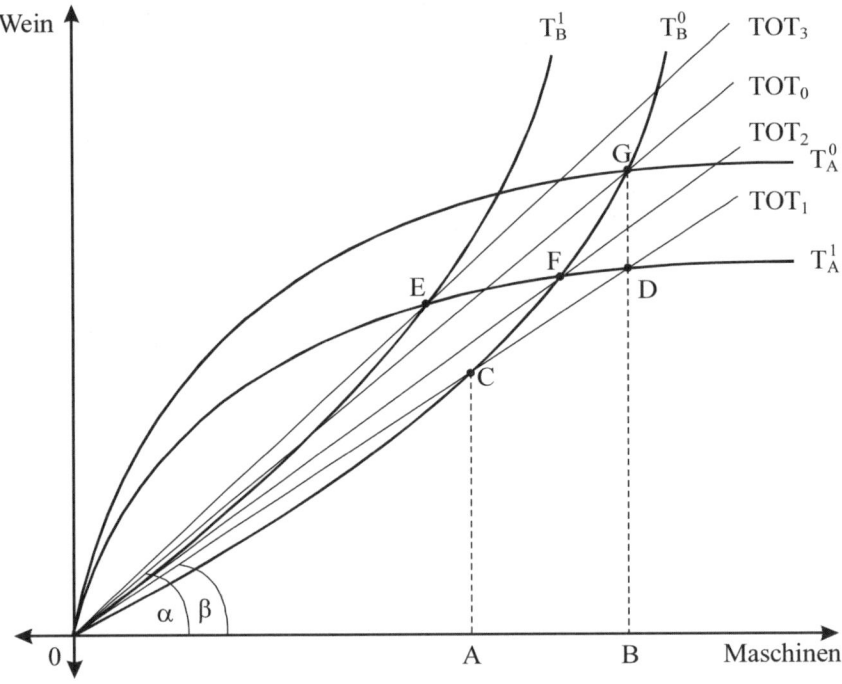

Abbildung III.76

Ein Außenhandelsgleichgewicht kann aber erst entstehen, wenn es ein zweites Land – beispielsweise Deutschland – gibt, das zu den gleichen Preisverhältnissen reziproke Tauschwünsche hat. Dessen Tauchkurve (T_B^0) müsste sich dann konkav zur Achse seines Importgutes Wein hin wölben (vgl. Abbildung III.76). Beim internationalen Preisverhältnis (Terms of Trade = TOT) in Höhe von TOT_0 wäre Deutschland entsprechend seiner Tauschkurve bereit, die Menge 0B an Maschinen im Tausch gegen die Menge BG an Wein herzugeben. Da ein Schnittpunkt mit der Tauschkurve Frankreichs zustande kommt – dies also offenbar den reziproken Tauschwünschen Frankreichs entspricht – liegt ein Gleichgewicht im Punkt G vor. Nehmen wir nun einmal als Gedankenspiel an, unseren beiden Länder seien nicht in der EU zum Freihandel verabredet, sondern würden sich „bei Bedarf" mit Handelssanktionen überziehen. Beispielsweise könnte Frankreich so auf die Idee verfallen, ein Exportkontingent in Höhe von BD zu beschließen oder wahlweise einen (von der Wirkung her gleichen) Importzoll t in Höhe von DG/BD einzuführen. Hierdurch verschiebt sich Frankreichs Tauschkurve in die neue Lage T_A^1: Für 0B ist der private Sektor Frankreichs nur noch bereit, die Menge BD an Wein anzubieten, sei es, weil dies eine staatlich festgesetzte Obergrenze darstellt oder sei es, weil der Staat die Maschinen mit einem Importzoll t belegt. In beiden Fällen sinken die TOT von TOT_0 auf TOT_1:

$$TOT_0 = \tan \alpha = \frac{p_{Maschinen}}{p_{Wein}} < \frac{(1+t)p_{Maschinen}}{p_{Wein}} = \tan \beta = TOT_1.$$

Wie wir aus Abbildung III.76 leicht erkennen, ist dies aber – auch wenn Deutschland darauf (noch nicht reagiert) – unter keinen Umständen ein Gleichgewicht: Deutschland bietet nämlich zu einem Preisverhältnis in Höhe von TOT_1 die Menge 0A an Maschinen an, wohingegen Frankreich nach wie vor 0B nachfragt (Nachfrageüberhang nach Maschinen). Gleichzeitig bietet Frankreich – wie gesehen – BD an Wein an, während Deutschland zu einem Preisverhältnis TOT_1 nur AC nachzufragen bereit ist (Angebotsüberhang bei Wein). Um dieses doppelte Ungleichgewicht abzubauen, muss sich das internationale Preisverhältnis offensichtlich zugunsten von Maschinen und zu Lasten von Wein verändern. Erst zu einem Preisverhältnis von TOT_2 stellt sich ein neues (vorläufiges) Tauschgleichgewicht in Punkt F ein. Bei diesem wäre es Frankreich per Saldo immer noch gelungen, das internationale Preisverhältnis gegenüber der Situation zu Beginn zu seinen Gunsten zu verändern und der Umfang des Handels zwischen Deutschland und Frankreich wäre bereits deutlich geschrumpft. Dieser Effekt würde sich noch einmal erheblich verschärfen, wenn es Deutschland gelingen würde, erfolgreiche Gegenmaßnahmen der Außenhandelspolitik, also etwa so genannte „Retorsionszölle" zu installieren, wodurch sich die deutsche Tauschkurve nach T_B^1 verschieben würde. Ein denkbares drittes Gleichgewicht könnte sich dann in Punkt E zum internationalen Preisverhältnis TOT_3 befinden. Summa summarum hätte sich in unserem Beispiel für eine zollpolitische Auseinandersetzung (die in einen Zollkrieg ausufern könnte) demnach das zweite, reagierende Land durchgesetzt.

III.6.1.6 Außenhandel im Zeitalter der Globalisierung

Wir wollen damit unseren kurzen Überblick über die wichtigsten Formen der Handelsbeschränkungen beschließen. Generell kann festgehalten werden, dass in der Regel die Verluste aus den Handelsbeschränkungen die Gewinne übersteigen. Lediglich bei ausschließlicher Betrachtung der inländischen Wirkungen können sich temporäre Wohlfahrtsgewinne einstellen. Stellt man jedoch die Gefahr möglicher Vergeltungsmaßnahmen durch das Ausland, so wie wir das oben getan haben, in Rechnung, so muss auch in diesen Fällen in der Regel von einem Nachteil für die eigene Volkswirtschaft ausgegangen werden.

Aufgrund dieser Erkenntnisse, die nachhaltig den Freihandelsgedanken unterstützen, ist man bemüht, vor allem im Rahmen des Allgemeinen Zoll- und Handelsabkommens (GATT)[89] – und seit 1995 mit Hilfe der Welthandelsorganisation (WTO) – einen Abbau der Zölle sowie anderer, nicht-tarifärer Handelshemmnisse

---

[89] General Agreement on Tariffs and Trade. Der Vertrag wurde 1947 von zunächst 23 Ländern unterzeichnet. Inzwischen haben sich weit über 140 Staaten dieser Vereinbarung angeschlossen.

zu erreichen und so den Welthandel auszudehnen. Ein wichtiges Instrument dabei ist die so genannte „Meistbegünstigungsklausel", wonach Handelserleichterungen, die irgendeinem Handelspartner eingeräumt worden sind, auch Drittländern gegenüber Anwendung finden müssen. Eine notwendige Ergänzung der Meistbegünstigungsklausel ist der Inländergrundsatz, wonach Unternehmen des gleichen Landes auch gleich zu behandeln sind.

Trotz dieser Bemühungen ist der Welthandel heute noch weit vom Ideal des Freihandels entfernt, auch wenn zwischen bestimmten Ländern – etwa innerhalb der Europäischen Union oder der nordamerikanischen Freihandelszone (NAFTA) – alle Handelshemmnisse beseitigt sind. Die Ökonomen haben sich deshalb darum bemüht, eine Erklärung für dieses Verharren protektionistischer Bestrebungen zu finden. Einen möglichen Erklärungsansatz liefert die ökonomische Theorie der Protektion, die im Kern auf folgenden Überlegungen beruht. Bei den Gewinnern der protektionistischen Maßnahmen – dies sind vor allem die in der geschützten Branche tätigen Unternehmen und deren Beschäftigte – handelt es sich in der Regel um eine begrenzte Zahl von Wirtschaftssubjekten, die – wie beispielsweise im Bergbau – vielfach regional konzentriert sind und aufgrund ihrer Existenzgefährdung ein massives Interesse an den protektionistischen Maßnahmen aufweisen. Dies erleichtert die Bildung einer Lobby mit entsprechendem Druck auf die politischen Entscheidungsträger. Anders verhält es sich bei den Verlierern, also vor allem den heimischen Konsumenten. Hier haben wir es mit einer enorm großen Zahl von Betroffenen zu tun, wobei der Verlust des einzelnen, beispielsweise aufgrund überhöhter Agrarpreise, vielfach kaum wahrgenommen wird. Folglich ist die Neigung zur Bildung von Interessengruppen allenfalls schwach ausgeprägt und der politische Druck der Verbraucherverbände entsprechend gering. Wegweisend für die geschilderte unterschiedliche Organisierbarkeit von Interessen waren die Arbeiten von Mancur Olson (1932–1998). Im Ergebnis, so die Vorstellung der ökonomischen Theorie der Protektion, dominiert damit der Einfluss der Gewinner, so dass die Politiker, die ihre Wiederwahl im Auge haben, vielfach geneigt sind, den protektionistischen Forderungen der Branchenvertreter nachzugeben.

Nach acht so genannten Verhandlungsrunden – die erste fand 1947 in Genf, die bisher letzte, die so genannte „Uruguay-Runde", zwischen 1986 und 1993 statt – wurde Anfang 1995 mit der WTO eine echte Welthandelsorganisation mit eigener Rechtspersönlichkeit geschaffen. Sie stellt gewissermaßen das Gegenstück zum Internationalen Währungsfonds (IWF) als dem wichtigsten Forum internationaler Währungsfragen dar. Schon bei der Währungskonferenz von Bretton Woods (1944) gab es die Pläne zur Schaffung einer solchen Einrichtung, die damals aber noch nicht mehrheitsfähig waren. Die WTO soll nicht nur die GATT-Verträge überwachen, sondern hat auch das Recht, in Einzelfällen Sanktionen zu verhängen. Grundsätzlich orientiert sich ihr Vorgehen an dem Prinzip abstrakter, negativer Regeln der Art: „keine Diskriminierung von …", „Zölle dürfen allgemein nicht mehr ohne „Gegenleistung" (also Handelserleichterungen an anderer Stelle) erhöht werden" etc. Neu ist auch die Existenz eines gestrafften, einheitlichen Streitbeilegungsverfahrens mit der Schaffung eines Schiedsgerichts (Dispute Settlement Body) und der Rekursinstanz (Appelate Body). Gibt die WTO der Klage eines Landes in einem Streitfalle Recht, so erfolgen die Sanktionen gegen den Beklagten derart, dass der Kläger ermächtigt wird, gegen diesen Sanktionen zu ergreifen, also etwa Strafzölle zu verhängen.

Vom 9. bis 14. November 2001 fand eine WTO-Konferenz in Doha (Qatar) statt. Lange war unklar, ob sie wegen der politischen und militärischen Folgen des terroristischen Anschlags auf die USA am 11. September 2001 überhaupt stattfinden würde. Trotz der erheblichen Meinungsverschiedenheiten zwischen den verschiedenen Ländergruppen, hat man sich dort darauf verständigt, eine Ministererklärung zum weiteren Abbau von Handelsschranken zu verabschieden und eine Agenda für eine neue Welthandelsrunde zu beschließen. Zudem wurde die Anzahl der Mitglieder – bis zum Beginn der Konferenz waren es bereits 140 – durch die Aufnahme Chinas und Taiwans auf 142 erhöht. Schon zwei Jahre zuvor (1999) war in Seattle (USA) eine ähnliche WTO-Konferenz gescheitert. Sie wurde außerdem von gewalttätigen Protesten verschiedener Gruppierungen von Globalisierungsgegnern (z.B.: „Attac") begleitet. Die Diskussion mit diesen Gruppen ist eine Bringschuld internationaler Organisationen, aber auch der Politiker aus den reifen Industrienationen. Es gilt, die Vorteile der Globalisierung besser zu erklären und vorübergehende Nachteile abzufedern.

Die WTO-Konferenzen in Cancún (Mexiko) vom September 2003 und in Genf (Schweiz) vom Juli 2004 hatten die Chancen auf die Vollendung der „Millenniums-Handelsrunde" wieder erhöht. Fortschritte waren etwa zu verzeichnen in den Bereichen „Agrarpolitik" (u. a. sollten die Verhandlungen eine Harmonisierung bei der Reduktion inländischer Subventionen durch Industrieländer nach unten vorsehen; es sollten ein Fahrplan und die Modalitäten für die Reduktion von Exportbeihilfen verabredet werden), „Handel mit Dienstleistungen" (Mitglieder wurden u. a. aufgefordert, Angebote zu machen, in welchen Bereichen sie den Marktzugang für ausländische Anbieter herstellen bzw. verbessern wollten) und „Zugeständnisse für Entwicklungsländer" (dieser Ländergruppe sollte eine längere Implementierungsphase für Handelsliberalisierungsschritte eingeräumt werden, darüber hinaus sollten sie eine größere Flexibilität bei der Gestaltung der Zollreduktionen erhalten). Die nächste Regierungskonferenz wurde dann für den Dezember 2005 in Hongkong (China) angesetzt. Dort gab es aber leider keine substantiellen Fortschritte. Neben regionalen Handelsblöcken gewinnen nunmehr auch bilaterale Handelsabkommen zunehmend an Gewicht, besonders seitdem die Verhandlungen der Doha-Runde der WTO im Juli 2006 vorläufig scheiterten und daher von WTO Generaldirektor Pascal Lamy auf unbestimmte Zeit ausgesetzt wurden. Die EU will nun mit Südkorea, den ASEAN-Staaten und Indien Verhandlungen aufnehmen, mit Ländern aus dem Mittelmeerraum, mit Golfstaaten und Lateinamerika laufen die Gespräche bereits ...

III.6.2   Zahlungsbilanz

Nach diesem kurzen Überblick über die Vorteile des Außenhandels, die Freihandelsidee sowie die Wirkungen bestehender Handelshemmnisse wollen wir uns im Folgenden den stärker monetär orientierten Fragen des Außenhandels zuwenden. Zunächst gilt unser Interesse der Zahlungsbilanz, die – neben der bereits bekannten volkswirtschaftlichen Gesamtrechnung – dem volkswirtschaftlichen Rechnungswesen zuzurechnen ist.

In der Zahlungsbilanz eines Landes erfolgt die wertmäßige Erfassung aller wirtschaftlichen Vorgänge, die innerhalb einer bestimmten Periode, in der Regel ein Jahr, zwischen Inländern und Ausländern, das heißt (aus der Sicht des Heimatlandes) mit dem Rest der Welt, stattgefunden haben. Wir haben es also – wie bei der volkswirtschaftlichen Gesamtrechnung – mit einer ex-post-Betrachtung zu tun, bei der es zunächst lediglich um die Beschreibung vergangener Vorgänge geht und nicht um die Erklärung von Ursache-Wirkungs-Zusammenhängen, die bekanntlich Teil der ex-ante-Analyse sind.

Die Zahlungsbilanz setzt sich aus verschiedenen Teilbilanzen zusammen, die sich aus unterschiedlichen Transaktionsformen ergeben, die zwischen Inländern und Ausländern stattfinden. Es sind dies:

- die Leistungsbilanz (LB),

- die Bilanz der Vermögensübertragungen (VÜB),

- die Kapitalverkehrsbilanz (KVB) und

- die Devisenbilanz (DB).

Die Leistungsbilanz ist selbst weiter untergliedert und umfasst wiederum vier Teilbilanzen:

1. die Handelsbilanz (HB), in der die Warenexporte und -importe erfasst werden;

2. die Dienstleistungsbilanz (DLB), in der unter anderem alle Vorgänge aus dem Reiseverkehr, Einnahmen und Ausgaben im Zusammenhang mit Lizenzen und Patenten, Transportleistungen sowie Versicherungsdienstleistungen und schließlich die Erträge aus Kapitalanlagen erfasst werden;

3. die Übertragungsbilanz (ÜB), in der alle Transaktionen aufgezeichnet sind, die unentgeltlich beziehungsweise ohne ökonomische Gegenleistung erfolgen. Beispiele sind die Heimatüberweisungen ausländischer Arbeitskräfte in ihre Heimat, Beiträge für internationale Organisationen; seit 1995 gehören auch Risikoprämien von Versicherungen dazu;

4. die Bilanz der Erwerbs- und Vermögenseinkommen (EVB), in der die Faktorzahlungen für Arbeit beziehungsweise Kapital zwischen In- und Ausländern verbucht werden.

Handels-, Dienstleistungs- und Übertragungsbilanz sowie die Bilanz der Erwerbs- und Vermögenseinkommen zusammen bilden also die Leistungsbilanz. Damit ergibt sich folgendes Schema der Zahlungsbilanz, wobei auf der Aktivseite alle Vorgänge erfasst werden, die dem Prinzip nach zu Zahlungseingängen, auf der Passivseite diejenigen, die dem Prinzip nach zu Zahlungsausgängen führen.

Neben der Bilanz der Vermögensübertragungen ist für die Abwicklung und die Verbuchung finanzieller Transaktionen zwischen In- und Ausländern die Kapitalverkehrsbilanz besonders wichtig. In der Kapitalverkehrsbilanz geht es um die Abbildung der Kreditvorgänge mit dem Ausland. Ausgenommen sind Auslandsforderungen und -verbindlichkeiten der Zentralbank. Zu den Anlageformen, die im Rahmen der Kapitalverkehrsbilanz erfasst werden, zählt jedoch nicht nur die Vergabe von Krediten, sondern auch der Kauf von Wertpapieren, der Grunderwerb sowie Direktinvestitionen im beziehungsweise durch das Ausland. Dabei wird die Gewährung eines Kredits an das Ausland als Kapitalexport verbucht, während der Kauf inländischer Wertpapiere durch Ausländer einen Kapitalimport darstellt. Nach der Laufzeit wird zwischen einer Bilanz des langfristigen sowie einer Bilanz des kurzfristigen Kapitalverkehrs unterschieden, wobei als kurzfristig alle Forderungen und Verbindlichkeiten mit einer ursprünglichen Laufzeit von bis zu einem Jahr gelten.

Bei der vierten Teilbilanz, der Devisenbilanz, geht es um die Veränderung der Auslandspositionen der Zentralbank. Erfasst wird die Veränderung des Bestandes an Währungsreserven. Diese setzen sich unter anderem aus den Gold- und Devisenbeständen, aber auch aus Forderungen beziehungsweise Verpflichtungen gegenüber internationalen Institutionen wie etwa dem Internationalen Währungsfonds oder aus sonstigen Auslandskrediten beziehungsweise -verbindlichkeiten der Bundesbank (respektive der EZB) zusammen.

Devisen sind Forderungen an das Ausland, Ansprüche an eine ausländische Zentralbank. Eine Zunahme der Währungsreserven entspricht damit dem Aufbau von Auslandsforderungen, wie er auch bei einer Kreditvergabe (Kapitalexport in das Ausland) entsteht. Folglich erfolgt eine Erfassung auf der Passivseite der Zahlungsbilanz. Analoges gilt für eine Abnahme der Währungsreserven.

Unter die fünfte Teilbilanz – „statistisch nicht aufgliederbare Transaktionen" – werden Erfassungs- und Bewertungsfehler, nicht gemeldete Transaktionen, vor allem aber nicht registrierte Handelskredite subsumiert. Es handelt sich bei dieser Bilanz um eine „unechte Bilanz", da sie eher dazu dient, Diskrepanzen zwischen der konsolidierten Bilanz der ersten drei großen Teilbilanzen einerseits und der Devisenbilanz andererseits auszugleichen – wie es die Zahlenwerte für die Zahlungsbilanz der Bundesrepublik 2005 deutlich zeigen.

Formal ist die Zahlungsbilanz immer ausgeglichen, da ihre Aufstellung – wie das nachfolgende Beispiel verdeutlicht – nach den Regeln der doppelten Buchführung erfolgt. Nehmen wir hierzu an, dass die Leistungsbilanz einen Überschuss auf-

	A	P	
	Einnahmen	**Ausgaben**	
LB	Warenexport	Warenimport	HB
	Dienstleistungsexport	Dienstleistungsimport	DLB
	laufende monetäre Übertragungen vom Ausland	laufende monetäre Übertragungen ans Ausland	ÜB
	erhaltene Einkommenszahlungen	geleistete Einkommenszahlungen	EVB
VÜB	einmalige monetäre Übertragungen vom Ausland	einmalige monetäre Übertragungen ans Ausland	
KVB	Kapitalimport	Kapitalexport	
DB	Devisenabfluss	Devisenzufluss	
	Goldexport	Goldimport	

Saldo aus ungeklärten Posten
(statistisch nicht aufgliederbar)

weist, weil mehr Waren und Güter in das Ausland exportiert worden sind als aus dem Ausland empfangen wurden. Wir haben damit in der Leistungsbilanz einen Überschuss auf der Aktivseite. Die „Finanzierung" dieses Überschusses kann auf zweierlei Weise erfolgen:

- Entweder das Inland räumt dem Ausland, das aus saldenmechanischen Gründen ein Defizit in der Leistungsbilanz aufweist, in entsprechender Höhe einen Kredit ein. Dann haben wir es mit einem Kapitalexport zu tun, der im Rahmen der Kapitalbilanz auf der Passivseite erfasst wird.

- Oder aber das Ausland zahlt mit Devisen.[90] Eine solche Konstellation kann nur in einem Regime fester Wechselkurse auftreten, denn bei einem flexiblen Wechselkurs würde sich in Folge des Angebotsüberhangs am Devisenmarkt die inländische Währung aufwerten und den Angebotsüberhang wieder abbauen helfen. Interveniert dagegen die Notenbank durch Ankauf von Devisen in Höhe des entstandenen Angebotsüberhangs, dann würden in diesem Fall die Währungsreserven zunehmen, was wiederum die Passivseite der Devisenbilanz er-

---

[90] Sofern wir es mit einem System fester Wechselkurse zu tun haben, müssen diese von der Zentralbank angekauft werden. Wir werden unten zeigen, dass Salden in der Devisenbilanz immer nur dann auftreten können, wenn Interventionen von Notenbanken vorgenommen werden.

höht. In beiden Fällen kommt es automatisch zum Ausgleich der Zahlungsbilanz.

Gleichwohl wird von Überschüssen oder Defiziten oder – was das gleiche bedeutet
– von einer „aktiven" oder „passiven" Zahlungsbilanz gesprochen. Offensichtlich
kann damit nur ein Ungleichgewicht in bestimmten Teilbilanzen gemeint sein. In
der Regel wird dabei auf die Devisenbilanz Bezug genommen oder – was dem Betrage nach das gleiche ist – auf die zusammengefasste Leistungsbilanz, Bilanz der
Vermögensübertragungen und Kapitalverkehrsbilanz. Die Devisenbilanz nimmt
nämlich den konsolidierten Saldo dieser Teilbilanzen als Gegenbuchung auf. Eine
„aktive" Zahlungsbilanz bringt dann beispielsweise eine „Verbesserung" der
Auslandsposition in Form einer Zunahme der Währungsreserven, eine „passive"
Zahlungsbilanz eine „Verschlechterung" mit Abnahme der Währungsreserven zum
Ausdruck. Zum Teil wird aber auch auf andere Teilbilanzen, nämlich die Leistungsbilanz oder den Saldo von Leistungs- und langfristiger Kapitalbilanz abgestellt, so dass stets genau darauf zu achten ist, worauf sich die Aussagen beziehen.

Zahlungsbilanz der Bundesrepublik Deutschland 2005 in Mio. Euro

Teilbilanz		Saldo
Leistungsbilanz		+92.230
1. Handelsbilanz	+160.554	
Ergänzung zum Warenhandel	–20.170	
2. Dienstleistungsbilanz	–27.876	
3. Bilanz der Erwerbs- und Vermögenseinkommen	+8.643	
4. Übertragungsbilanz	–28.921	
Bilanz der Vermögensübertragungen		-1.268
Kapitalverkehrsbilanz		-100.078
Devisenbilanz (Veränderung der Nettoauslandspositionen der Bundesbank zu Transaktionswerten und der Währungsreserven zu Transaktionswerten)		-20.084
Statistisch nicht aufgliederbare Transaktionen (Restposten)		+9.116
Saldo der Zahlungsbilanz		0

Die Diskussion von Ungleichgewichten in der deutschen Zahlungsbilanz steht seit
längerem auch im Mittelpunkt der Debatte um den „Standort Deutschland". Einen
Überblick über die für Deutschland recht typische Situation gibt die in der folgenden Tabelle dargestellte Zahlungsbilanz der Bundesrepublik Deutschland aus dem
Jahr 2005. Der stark defizitäre Saldo in der Kapitalverkehrsbilanz verdeutlicht,
dass mehr Inländer Unternehmen/Beteiligungen im Ausland erwerben als umge-

kehrt die Ausländer bei uns. Dies ist nicht gerade ein Ausweis des Vertrauens in den Produktionsstandort Deutschland.

Ein fehlendes Verständnis für die Mechanik einer Zahlungsbilanz ist Legion; so behaupten angebliche Wirtschaftsexperten gelegentlich, dass Leistungsbilanzüberschüsse – vor allem, wenn sie exportbedingt seien – zu begrüßen sind, auch wenn das Defizit im Kapitalverkehr ein Schönheitsfehler sei. Tatsächlich können – wenn wir die übrigen Teilbilanzen gedanklich ausklammern beziehungsweise als ausgeglichen annehmen – (bei fehlender Notenbankintervention) Leistungsbilanzüberschüsse (Kapitalverkehrsdefizite) nur dann auftreten, wenn Defizite in der Kapitalverkehrsbilanz (Überschüsse in der Leistungsbilanz) vorliegen.

III.6.3   Wechselkurs und Währungssysteme

III.6.3.1 Begriffliche Grundlagen

Im Zusammenhang mit der Zahlungsbilanz sowie den zugehörigen Teilbilanzen haben wir eine Reihe von wirtschaftlichen Aktivitäten zwischen Inländern und Ausländern kennen gelernt. Die meisten dieser Aktivitäten hängen entscheidend vom Austauschverhältnis der beteiligten Währungen ab, welches im Wechselkurs zum Ausdruck kommt. Als Wechselkurs bezeichnet man den in inländischer Währung ausgedrückten Preis, der für eine Einheit der ausländischen Währung gezahlt werden muss. So belief sich der Wechselkurs des Euro gegenüber dem US-Dollar am 1. Januar 1999 auf

$$w = \frac{1{,}1608 \ \text{EURO}}{1 \ \text{US\$}} .$$

Sinkt der Wechselkurs, das heißt, muss für einen US-Dollar ein geringerer Euro-Betrag, beispielsweise 1,10 €, hergegeben werden, wird die Auslandswährung billiger; man spricht dann von einer Aufwertung der heimischen Währung. Umgekehrt wird ein Anstieg des Wechselkurses, als Abwertung der Inlandswährung bezeichnet.

In Bezug auf den Außenhandel mit Waren und Dienstleistungen ziehen Veränderungen der Währungsrelationen folgende Auswirkungen nach sich:

Bei einer Aufwertung des Euro gegenüber dem US-Dollar

- sinken die Preise der US-Güter in Euro gerechnet und

- steigen die Preise der deutschen Güter in US-Dollar gerechnet.

Dies bedeutet, dass unter sonst gleichen Bedingungen mehr Güter aus den USA importiert werden, während die Exportmenge zurückgeht.

Umgekehrt verhält es sich bei einer Abwertung des Euro. Jetzt

- steigen die Preise der US-Güter in Euro gerechnet und

- sinken die Preise der deutschen Güter in US-Dollar gerechnet.

Folglich werden bei einer Abwertung des Euro – wiederum unter sonst gleichen Bedingungen – weniger Güter aus den USA importiert bei gleichzeitiger Zunahme der Exportmenge.

Beim Wechselkurs ist zu unterscheiden zwischen dem so genannten Kassakurs w_K und dem Terminkurs w_T. Der Kassakurs bezieht sich auf die laufenden Devisengeschäfte, die sofort erfüllt werden müssen. Bei Devisentermingeschäften dagegen findet das eigentliche Geschäft, das heißt, der Austausch der Währungen, erst in der Zukunft, also beispielsweise in drei Monaten, statt. Mit dem Terminkurs werden jedoch bereits heute die Konditionen für das zukünftige Währungsgeschäft festgelegt, das heißt es wird heute vereinbart, wie viel Euro beispielsweise in drei Monaten für einen US-Dollar bezahlt werden müssen.

Derartige Kurssicherungsgeschäfte werden abgeschlossen, um sich bei Auslandsgeschäften, deren Zahlungen erst in Zukunft erfolgen, gegen Kursrisiken abzusichern. Wenn beispielsweise ein Importeur Waren in den USA bestellt, die bei Lieferung in drei Monaten auf Dollarbasis zu bezahlen sind, so würde es sich anbieten (vor allem dann, wenn mit einer Abwertung des Euro gegenüber dem US-Dollar gerechnet wird), bereits heute ein Termingeschäft abzuschließen, welches den Erhalt der gewünschten Dollarmenge in drei Monaten vorsieht, und zwar auf der Basis des heute vereinbarten Terminkurses.

Die Differenz zwischen Termin- und Kassakurs, bezogen auf den Kassakurs, also

$$\frac{w_T - w_K}{w_K},$$

wird als so genannter Swapsatz bezeichnet. Bei einem positiven Swapsatz liegt der Terminkurs höher als der Kassakurs, man spricht von einem Report. Im umgekehrten Fall, also bei einem negativen Swapsatz, haben wir es mit einem Deport zu tun.

III.6.3.2 *Währungssysteme mit flexiblem Wechselkurs*

Nach diesen überwiegend terminologischen Anmerkungen zum Wechselkurs können wir uns nun dem währungspolitischen Rahmen zuwenden, in dem sich der internationale Handels- und Zahlungsverkehr abspielt. Schließt man eine Devisenbewirtschaftung mit massiven Beschränkungen im Umtausch der Währungen aus – wie sie beispielsweise während der Weltwirtschaftskrise, in der Nachkriegswirtschaft oder im Warenverkehr der sozialistischen Staaten praktiziert wurde –, so kommen als Alternativen nur Systeme mit freier Konvertibilität der Währungen, das heißt unbegrenzten Umtauschmöglichkeiten für jedermann, in Frage. Bei den

Systemen mit freier Konvertibilität der Währungen gibt es verschiedene Varianten, die nicht alle im Einzelnen analysiert werden können.[91] Zum Verständnis der tatsächlich existierenden Währungssysteme reicht es jedoch aus, die beiden Grundformen zu kennen, nämlich einmal Systeme mit flexiblen Wechselkursen und zum anderen solche mit festen Wechselkursen.

In einem System mit flexiblen Wechselkursen bestimmt sich die Austauschrelation der Währungen am Devisenmarkt, wo Angebot und Nachfrage nach Devisen aufeinandertreffen. Es finden keine Interventionen der Notenbank statt. Betrachten wir hierzu den Zwei-Länder-Fall mit den nationalen Währungen, die einmal auf Euro, das andere Mal auf US-Dollar lauten mögen. Gefragt wird nach dem Wechselkurs für den Dollar, also nach dem Preis des US-Dollars, ausgedrückt in Euro. Dieser Preis ist ausschließlich das Ergebnis der Einflüsse von Angebot und Nachfrage auf dem Devisenmarkt.

Die Transaktionen, aus denen sich das Angebot und die Nachfrage nach US-Dollar herleiten, lassen sich wie folgt beschreiben: Das Angebot ergibt sich zunächst aus dem Export von Waren und Dienstleistungen in die USA. Die amerikanischen Nachfrager können hierfür natürlich nur US-Dollar zur Verfügung stellen, die in Euro umgetauscht werden müssen. Die zweite wichtige Quelle für das Angebot bilden Finanzgeschäfte, bei denen Amerikaner zum Beispiel in deutsche Anlagen investieren wollen oder Deutsche ihre in Amerika getätigten Anlagen auflösen.

Die Nachfrage nach US-Dollar kann spiegelbildlich gesehen werden. Eine wesentliche Quelle ist zunächst der Import von Waren und Dienstleistungen aus den USA. Da beispielsweise die deutschen Nachfrager nur über Euro-Guthaben verfügen, müssen diese von ihnen in US-Dollar umgetauscht werden. Bei den Finanzgeschäften, welche die zweite wichtige Quelle bilden, fragen zum Beispiel diejenigen Deutschen, die in Amerika investieren wollen, US-Dollar nach. Außerdem entsteht eine US-Dollarnachfrage durch Amerikaner, wenn diese ihre auf Euro lautenden Guthaben auflösen wollen.

Schaut man sich anhand von Abbildung III.77 das Marktdiagramm für den Devisenmarkt an – hier für den US-Dollar –, so besteht kein grundsätzlicher Unterschied zu den bereits bekannten Gütermärkten. Die Nachfrage nach US-Dollar hat einen fallenden Verlauf, das heißt, sie ist um so größer, je niedriger der Wechselkurs ist, je weniger Euro also im Austausch gegen einen US-Dollar hergegeben werden müssen. Das Angebot an US-Dollar zeigt einen ansteigenden Verlauf und nimmt mit wachsendem Wechselkurs zu. Das Angebot ist also um so größer, je mehr Euro für einen US-Dollar gezahlt werden. Bei gegebenem Kurvenverlauf von Angebot und Nachfrage markiert der Schnittpunkt das Marktgleichgewicht. In unserem Beispiel beträgt der Gleichgewichtswechselkurs 1,20 €/US$.

Sobald sich Nachfrage- oder Angebotskurve verschieben, kommt es zu einem neuen Marktgleichgewicht, das heißt zu einer Auf- oder Abwertung des Euro.

---

[91]   Für einen Überblick vgl. Sell (2004).

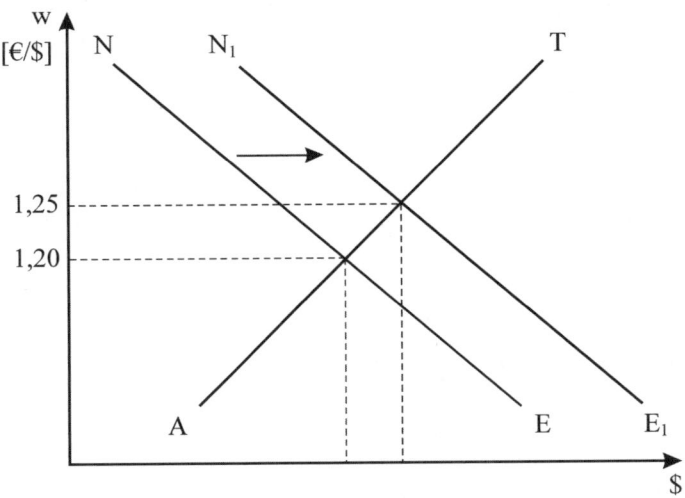

Abbildung III.77

Nehmen wir an, dass sich die Nachfragekurve nach US-Dollar – beispielsweise aufgrund von Preissteigerungen im Inland – nach rechts verschiebt und nun den mit N_1E_1 gekennzeichneten Verlauf aufweist. In diesem Fall wird es für die inländischen Wirtschaftssubjekte günstiger, vermehrt Waren aus dem Ausland zu beziehen, in dem annahmegemäß die Preise konstant geblieben sind. Bei konstantem Wechselkurs würde dies zu einem Defizit in der Handels- beziehungsweise Leistungsbilanz führen. Aufgrund der verstärkten Nachfrage nach US-Dollar steigt jedoch der Wechselkurs – in unserem Beispiel auf 1,25 €/US$ – an, das heißt, es kommt zu einer Abwertung des Euro. Die Auswirkungen einer Abwertung kennen wir bereits. Die Verteuerung des US-Dollars bremst die Importe aus den USA und regt zugleich die Exporttätigkeit an. Damit wirkt die Aufwertung dem Leistungsbilanzdefizit entgegen, so dass man sagen kann, dass flexible Wechselkurse stets auf einen Ausgleich der Zahlungsbilanz – genauer von Leistungs- und Kapitalverkehrsbilanz – hinwirken. Hierin liegt, wir werden darauf noch zurückkommen, ein zentraler Vorteil flexibler Wechselkurse.

Die Verschiebung der Nachfragekurve von NE nach N_1E_1 kann aber auch ganz andere Gründe haben: Beispielsweise kann sich die Information verbreitet haben, dass sich die erwartete Rendite für Aktienkapital in den USA (im Vergleich zum Rest der Welt) erhöht hat. Inländische Anleger reagieren darauf mit einem verstärkten Interesse an US-Dollars, um mit diesen in den USA Aktien erwerben zu können. Der Wechselkurs steigt wie oben auf 1,25 €/US$, allerdings ist die Leistungsbilanz im Überschuss. Ihr steht jetzt ein Defizit in der Kapitalverkehrsbilanz gegenüber, mithin ist die Zahlungsbilanz ausgeglichen und auch im Gleichgewicht. Die Wechselkursänderung (Abwertung) hat jetzt den Saldo der Leistungsbilanz verändert (vergrößert). Allgemein bestehen zwischen Wechselkursänderungen und Handelsbilanz(salden) die folgenden Zusammenhänge:

Aufwertung des Euro; w↑

→ Exportgüterpreise in €→; Exportgüterpreise in US$↑
→ Exporte↓

→ Importgüterpreise in €↓; Importgüterpreise in US$→
→ Importe↑

} Verschlechterung der Handelsbilanz

Abwertung des Euro; w↓

→ Exportgüterpreise in €→; Exportgüterpreise in US$↓
→ Exporte↑

→ Importgüterpreise in €↑; Importgüterpreise in US$→
→ Importe↓

} Verbesserung der Handelsbilanz

Mit den bereits erwähnten Preissteigerungen im Inland bei konstantem Auslandspreisniveau haben wir eine wichtige Determinante des Wechselkurses angesprochen. Die genaue Formulierung dieses Zusammenhangs erfolgt im Rahmen der so genannten Kaufkraftparitätentheorie. Nach dieser Theorie ergibt sich der Wechselkurs aus dem Preisniveau der international handelbaren Güter im Inland und im Ausland.[92] Und zwar muss sich für die international handelbaren Güter, wenn man von Transaktionskosten, Zöllen, nicht-tarifären Hemmnissen etc. absieht, bei freiem Außenhandel im Inland und Ausland der gleiche Preis einstellen, da die Nachfrage stets zum billigsten Anbieter wandert. Im Gleichgewicht muss damit die Beziehung

$$P_B = w \cdot P_A.$$

gelten, das heißt, das inländische Preisniveau der handelbaren Güter (P_B) muss genauso groß sein wie das mit dem Wechselkurs multiplizierte ausländische Preisniveau (P_A). Genau so gut könnten wir den Kehrwert von linker und rechter Seite der Gleichung bilden,

$$\frac{1}{P_B} = \frac{1}{P_A w},$$

und zu der (zutreffenden) Aussage gelangen, dass bei Gültigkeit der Kaufkraftparitätentheorie die Kaufkraft des Geldes – und darum handelt es sich beim Kehrwert des Güterpreisniveaus – im In- und Ausland gleich hoch sein muss! Unterstellt man beispielsweise ein inländisches Preisniveau von 300 und ein ausländisches

---

[92]   Als international nicht handelbar gelten beispielsweise Immobilien oder eine Reihe von Dienstleistungen, zum Beispiel Autoreparaturen oder der Friseurbesuch.

Preisniveau von 200, so wäre diese Bedingung genau bei einem Wechselkurs von 1,50 €/US$ erfüllt: 300 = 1,50 · 200.

Würde nun das Preisniveau im Ausland ebenfalls auf 300 ansteigen, so müsste der Wechselkurs auf 1 €/US$ fallen, um die Bedingung aufrechtzuerhalten:

$$300 = 1 \cdot 300.$$

Die Anpassung an das neue Gleichgewicht erfolgt, indem das Ausland, welches an Wettbewerbsfähigkeit eingebüßt hat, ein Handelsbilanzdefizit „einfährt". Durch eine Abwertung seiner Währung von 1,50 €/US$ auf 1,00 €/US$ kann das Defizit beseitigt werden. Nach der Kaufkraftparitätentheorie sind es also letztlich die Güterpreise im In- und Ausland, die den Wechselkurs bestimmen. Und zwar passt sich der Wechselkurs so an, dass bezüglich der international handelbaren Produkte die Kaufkraft des Geldes im In- und Ausland gleich groß wird. Dies bedeutet gleichzeitig – und das ist die zentrale Aussage dieser Theorie –, dass die Entwicklung der Wechselkurse durch Veränderungen der Preisniveaus im In- und Ausland bestimmt wird.

Damit stellt die Kaufkraftparitätentheorie eindeutig den Gütermarkt in den Mittelpunkt ihrer Überlegungen. Wie wir jedoch von der Betrachtung der Zahlungsbilanz her wissen, gibt es neben der Leistungsbilanz auch eine Kapitalverkehrsbilanz, in der sich die grenzüberschreitenden Finanztransaktionen niederschlagen. Bei den Bestimmungsgründen des Wechselkurses darf deshalb nicht allein an den realwirtschaftlichen Vorgängen angesetzt werden, sondern es müssen auch die Finanzanlagen betrachtet werden, denn auch die Kapitalbewegungen – und in einer Welt globalisierter Finanzmärkte wohl vor allem die Kapitalbewegungen – beeinflussen den Wechselkurs. Relevant sind in diesem Zusammenhang zunächst die Zinssätze, genauer: die Zinssatzdifferenzen zwischen dem In- und Ausland. Jedoch bedeutet beispielsweise ein höherer Zinssatz im Ausland nicht automatisch, dass auch eine Anlage dort von Vorteil ist. Dies gilt nur dann, wenn der höhere Zinsertrag nicht durch zwischenzeitliche nachteilige Änderungen beim Wechselkurs in sein Gegenteil verkehrt wird. Eine Möglichkeit, sich gegen das Kursrisiko abzusichern, besteht für den Anleger darin, die zunächst am Kassamarkt zum aktuellen Wechselkurs erworbenen Dollar sofort wieder per Termin zu verkaufen. Ob eine Anlage im Ausland rentabel ist, hängt damit nicht nur von der Zinsdifferenz ab, sondern auch vom Unterschied zwischen Kassa- und Terminkurs. Und zwar ist eine Auslandsanlage mit einjähriger Laufzeit nur dann von Vorteil, wenn folgender Ausdruck zu einem positiven Wert führt:

$$\underbrace{(i_A - i_B)}_{\text{Zinsdifferenz}} + \underbrace{\frac{w_T - w_K}{w_K}}_{\text{Swapsatz}} \geq 0.$$

Betrachten wir hierzu ein Beispiel. Unter der Voraussetzung $i_A = 8\,\%$, $i_B = 3\,\%$, $w_T = 1{,}20\ \text{€/US\$}$ und $w_K = 1{,}263\ \text{€/US\$}$ errechnet sich für obigen Ausdruck ein Wert von

$$0{,}08 - 0{,}03 + \frac{1{,}20 - 1{,}263}{1{,}263} = 0{,}08 - 0{,}03 - 0{,}05 = 0.$$

Das heißt, in diesem Fall würde der Zinsgewinn genau durch die aus der Wechselkursänderung entstandenen Verluste kompensiert. Eine ausländische Anlage erbrächte den gleichen Ertrag wie eine solche im Inland (Indifferenz).

Eine Auslandsanlage wäre jedoch dann vorteilhaft, wenn unter sonst gleichen Bedingungen im Ausland ein höherer Zinssatz, beispielsweise von 9 %, erzielt werden könnte. Eine solche Zinskonstellation hätte jedoch zur Folge, dass vermehrt Kapital ins Ausland wandern würde, so dass die gestiegene US-Dollarnachfrage den aktuellen Wechselkurs ansteigen ließe. Im Idealfall käme es zu einem Kassakurs von rund 1,28 €/US\$, der bei gegebenem Terminkurs wiederum für einen vollständigen Ausgleich der Zinsdifferenzen sorgen würde:

$$0{,}09 - 0{,}03 + \frac{1{,}20 - 1{,}28}{1{,}28} = 0{,}09 - 0{,}03 - 0{,}06 = 0.$$

Das heißt, die Kapitalwanderungen würden so lange anhalten, bis die Zinsdifferenzen über eine Anpassung des Wechselkurses ausgeglichen wären. Man spricht hier in Analogie zur Kaufkraftparitätentheorie von einer (gedeckten) Zinsparitätentheorie.

Damit haben wir zwei Faktoren herausgestellt, die auf den Wechselkurs einwirken, nämlich

- einmal die unterschiedlichen Entwicklungen der Preisniveaus, die über Gütermarktbewegungen zu Anpassungen des Wechselkurses führen, und

- zum anderen die Zinsdifferenzen, die über Kapitalbewegungen den Wechselkurs beeinflussen.

Zusätzlich zu berücksichtigen sind Erwartungen über die Entwicklung des Wechselkurses, die sich nicht nur in reinen Spekulationsgeschäften niederschlagen, sondern auch im Zusammenhang mit langfristigen Geldanlagen wirksam werden, da diese nicht durch entsprechende Termingeschäfte abgesichert werden können.

Das Zusammenwirken dieser Faktoren wird im Allgemeinen folgendermaßen interpretiert. Den Entwicklungen der Preisniveaus wird eine zentrale Bedeutung für die längerfristige Veränderung des Wechselkurses zugeschrieben, da sich das Preisniveau nur langsam ändert und Anpassungen am Gütermarkt in der Regel zeitlich verzögert erfolgen. Dieser langfristige Entwicklungstrend wird überlagert durch Einflüsse, die auf Zinsdifferenzen oder Wechselkurserwartungen beruhen. Denn Anpassungsprozesse auf den Finanzmärkten erfolgen erheblich schneller als auf den Gütermärkten und können damit vor allem kurzfristige Schwankungen des Wechselkurses um die Kaufkraftparität erklären.

Allerdings wird zum Teil auch die Auffassung vertreten, dass spekulative Kapitalbewegungen weit wichtiger für die Entwicklung des Wechselkurses seien als die Veränderung der Kaufkraft. Würde diese Auffassung zutreffen, so hätte dies erhebliche Auswirkungen auf die Kursstabilität in Systemen mit flexiblen Wechselkursen. Denn wir hätten nicht mehr einen durch die Kaufkraftparität bestimmten langfristigen Trend vorgegeben, um den herum gewisse kurzfristige Schwankungen stattfinden, sondern es gäbe kein stabiles Muster mehr, dem die langfristige Kursentwicklung folgen würde. Träfe dies zu, so wäre dies ein nachhaltiges Argument für Systeme mit festen Wechselkursen, denen wir uns nun zuwenden wollen.

III.6.3.3 Währungssysteme mit festem Wechselkurs

In einem System fester Wechselkurse – wir beschränken uns wieder auf den Zwei-Länder-Fall – ist die Parität zwischen den Währungen fixiert. Dies ist so lange unproblematisch, wie der festgesetzte Wechselkurs den tatsächlichen Marktkräften entspricht, das heißt, solange das Angebot an Devisen zu diesem Wechselkurs genau der Nachfrage entspricht. Problematisch wird es jedoch, wenn dieses Gleichgewicht gestört ist.

Betrachten wir hierzu den Fall, dass sich – ausgehend von einer Gleichgewichtslage am Devisenmarkt – das Preisniveau in den Ländern unterschiedlich entwickelt, und zwar möge in dem einen Land, zum Beispiel in Euroland, eine deutlich geringere Inflationsrate herrschen als in dem anderen Land, hier den USA. Wie wir bereits gesehen haben, würde diese unterschiedliche Entwicklung des Preisniveaus dazu führen, dass die Exporte in die USA zunehmen und gleichzeitig die Importe aus den USA nach Euroland zurückgedrängt werden. In Euroland käme es zu einem Überschuss, in Amerika zu einem Defizit in der Handelsbilanz.

Mit diesen Entwicklungen einher ginge am Devisenmarkt ein erhöhtes Angebot an US-Dollar aufgrund der gestiegenen Exportnachfrage der Amerikaner bei gleichzeitig verminderter Nachfrage nach US-Dollar wegen der gedrosselten Importtätigkeit der Europäer.

Wie Abbildung III.78 verdeutlicht, entstünde damit ein Druck auf den US-Dollar, der Kurs müsste eigentlich von w_0 auf w_1 fallen. Dies ist jedoch in einem System fester Wechselkurse ausgeschlossen. Vielmehr sind hier die Notenbanken der beteiligten Länder verpflichtet, durch geeignete Maßnahmen, das heißt durch An- beziehungsweise Verkauf von Devisen, den vereinbarten Kurs zu stützen. In unserem Beispiel müsste die Europäische Zentralbank (EZB) aufgrund des Handelsbilanzüberschusses verstärkt US-Dollar nachfragen, um ein Absinken des Kurses unter das Niveau w_0 zu verhindern. Die Währungsreserven der EZB, also der Bestand an US-Dollar, würde zunehmen, gleichzeitig würde sich jedoch die inländische Zentralbankgeldmenge (bezogen auf Euroland) erhöhen, da die von

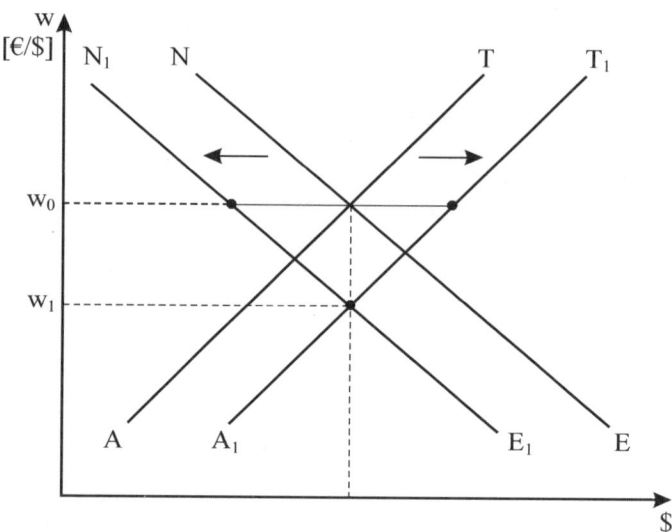

Abbildung III.78

der EZB aufgekauften US-Dollar mit zusätzlich geschaffenen Euros bezahlt werden müssen. Dass mit dieser erhöhten inländischen Geldmenge erhebliche Gefahren für die Geldwertstabilität verbunden sind, wissen wir bereits aus der Geldtheorie. Man spricht hier von „importierter Inflation".

Eine andere Problemlage würde sich für die Notenbank ergeben, wenn wir es mit einem Defizitland zu tun hätten. Unterstellen wir hierzu beispielsweise, dass die Preissteigerungsrate in Euroland deutlich höher ausgefallen sei als in den USA, so dass nun die Importe angeregt und die Exporte gebremst würden. Am Devisenmarkt würde sich dann die in Abbildung III.79 veranschaulichte Situation ergeben.

Da die Nachfrage nach US-Dollar aufgrund der erhöhten Importtätigkeit gewachsen, das Angebot an US-Dollar wegen der rückläufigen Exporte geschrumpft ist, zielen die Marktkräfte auf einen Anstieg des US-Dollarkurses von w_0 auf w_1. Um dies zu verhindern, muss die Europäische Zentralbank in diesem Fall ihre Währungsbestände abbauen und zusätzliche US-Dollar am Devisenmarkt anbieten, um den Kurs w_0 zu stützen. Der Abbau der Währungsbestände ginge in diesem Fall – da die zusätzlichen US-Dollar mit Euros bezahlt werden müssen – mit einer Verminderung der inländischen (auf Euroland bezogen) Geldmenge und damit tendenziell mit einer Drosselung des inländischen Produktionsniveaus und entsprechenden Auswirkungen auf die Beschäftigungslage einher. Nur am Rande sei erwähnt, dass eine solche Intervention der Zentralbank natürlich nicht unbegrenzt fortgesetzt werden kann, da auch die Währungsreserven der EZB nicht unbeschränkt sind. Die hieraus möglicherweise resultierenden Liquiditätsprobleme

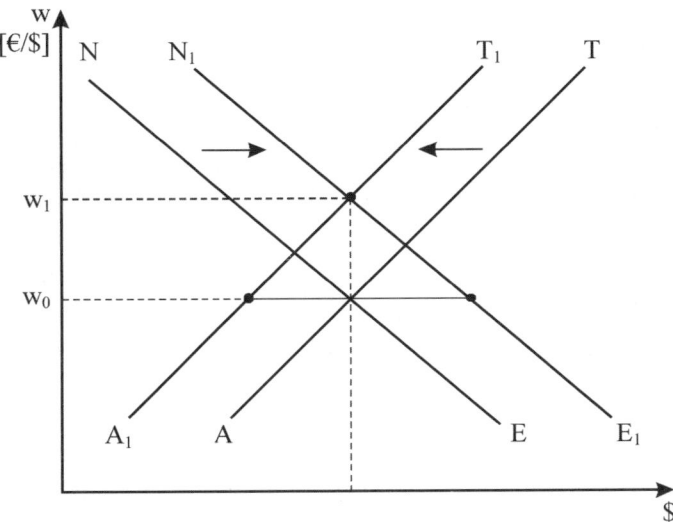

Abbildung III.79

sollen hier jedoch nicht weiterverfolgt werden. Damit haben wir folgende Fälle zu unterscheiden:

- In einem Überschussland haben wir tendenziell expansive Wirkungen zu verzeichnen durch die Ausdehnung der Geldmenge bei steigendem Preisniveau. Die Konsequenzen dieser Auswirkungen laufen auf eine Drosselung des Exports und eine Ankurbelung der Importe hinaus, so dass Kräfte wirksam sind, die auf einen Abbau des Überschusses und damit auf einen Ausgleich der Zahlungsbilanz hin zielen.

- In einem Defizitland haben wir durch die Verminderung der Geldmenge tendenziell kontraktive Effekte zu verzeichnen, mit entsprechendem Druck auf die Beschäftigung und einer Senkung der Inflationsrate. Wichtig ist lediglich, dass es gegenüber dem Ausland zu einer *relativen* Senkung des inländischen Preisniveaus kommt, so dass hierdurch die Exporte angeregt und die Importe vermindert werden. Auch hier sind damit Kräfte wirksam, die auf einen Abbau des Defizits und damit auf einen Ausgleich der Zahlungsbilanz hin wirken.

Nun steht natürlich – schon aus saldenmechanischen Gründen – jedem Defizitland definitionsgemäß ein Überschussland gegenüber und umgekehrt. Die skizzierten Ausgleichsmechanismen, nämlich expansive Wirkungen im Überschussland und kontraktive Wirkungen im Defizitland, wirken damit quasi von beiden Seiten und verstärken einander. Ein besonders anschauliches und gut funktionierendes System fester Wechselkurse bestand (etwa zwischen dem letzten Drittel des 19. und dem ersten Drittel des 20. Jahrhunderts) im Goldstandard. Dieses Regime ist gewissermaßen ein Vorläufer der in Europa verbreiteten Zielzonen für Wechselkurse (wie etwa das des EWS II) mit oberen und unteren Bandbreiten (so genannte Goldimport- und -exportpunkte) gewesen.

In der Weimarer Republik kostete ein Kilogramm Gold 2784 Reichsmark (RM); nehmen wir (aus Vereinfachungsgründen) an, dass die gleiche Menge Gold in den USA damals 696 US-Dollar kostete. Daraus ergibt sich ein impliziter (fester) Wechselkurs von vier Reichsmark je US-Dollar. Beide Notenbanken waren gehalten, zu diesem Preis jegliches angebotene/nachgefragte Gold gegen Inlandswährung zu kaufen/verkaufen.

Nehmen wir weiter an, dass die Versandkosten des Goldes damals (bezogen auf den Preis von einem Kilogramm) 10 % betrugen. Dies bedeutet letztlich, dass der Kurs von RM zu US-Dollar maximal zwischen den Bandbreiten 3,60 RM/US$ beziehungsweise 4,40 RM/US$ schwanken konnte. Weshalb? Schauen wir zu diesem Zweck in Abbildung III.80 zunächst ein Ausgangsgleichgewicht in Höhe von $w_0 = 4$ RM/US$ eingetragen. Es möge nun in Analogie zu Abbildung III.79 zu einem Aufwertungsdruck auf die Reichsmark kommen; der neue hypothetische Gleichgewichtskurs in Höhe von $w_1 = 3,50$ RM/US$ kommt aber nicht zustande! Für amerikanische Importeure ist es nämlich günstiger, statt für ihren US-Dollar „nur" 3,50 RM zu erhalten, zu Hause Gold zu kaufen, nach Deutschland zu verschicken und (abzüglich der Transportkosten) dort je Kilogramm 2784 − 278,40 = 2505,60 RM zu erhalten, denn diesem Geschäft liegt ein für sie günstigerer Kurs von 3,60 RM/US$ zugrunde. Daher wird im Goldstandard der Kurs der RM niemals unter 3,60 RM/US$, aber auch nie (aus analogen Gründen, in Abbildung III.80) über 4,40 RM/US$ ansteigen!

Diese bei festen Wechselkursen vorhandenen Ausgleichsmechanismen können ihre

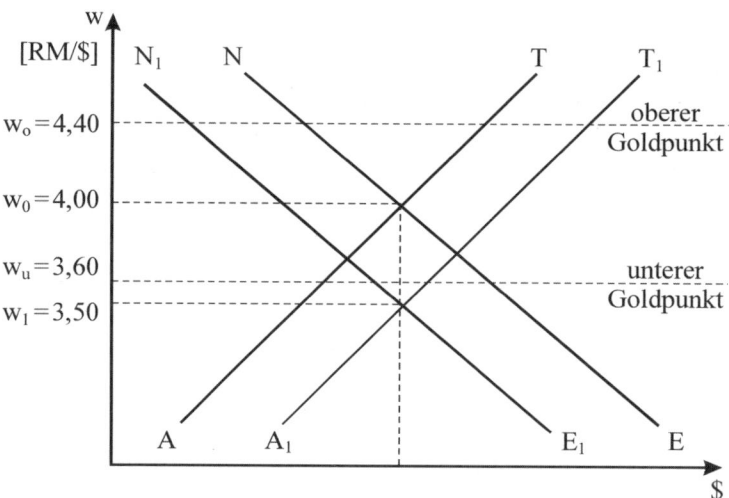

Abbildung III.80

Wirkung jedoch nur dann entfalten, wenn die beteiligten Länder auf eine autonome Geld- und Finanzpolitik beziehungsweise auf Sterilisierungsmaßnahmen – also kompensierenden Maßnamen – verzichten, die diesen Ausgleichstendenzen entgegenwirken. Ein solcher Verzicht kann allerdings leicht zu einem Zielkonflikt führen, und zwar dann, wenn in einem Überschussland, in dem der Tendenz nach expansive Wirkungen zu verzeichnen sind, eigentlich restriktive Maßnahmen angezeigt wären, um die Inflation zu bekämpfen, oder in einem Defizitland mit tendenziell kontraktiven Effekten eigentlich expansive Maßnahmen ergriffen werden müssten, um die Arbeitslosigkeit abzubauen. Verfolgen die beteiligten Länder in diesen Fällen eine autonome Geld- und Finanzpolitik, um ihre nationalen Stabilitätsziele zu erreichen, kann das außenwirtschaftliche Ungleichgewicht nicht abgebaut werden. Vielmehr dürfte es im Laufe der Zeit zu einer weiteren Verzerrung der Wechselkurse kommen, die eine Änderung der festgesetzten Paritäten notwendig macht. Mit derartigen abrupten Änderungen der Austauschrelationen sind natürlich einschneidende Änderungen für die Exportgüterindustrie verbunden, vor allem in jenem Land mit der bisher unterbewerteten Währung, welches dadurch einen künstlichen Wettbewerbsvorteil besaß.

III.6.3.4 *Übergang von festen zu flexiblen Wechselkursen*

Seit dem zweiten Weltkrieg (1944) wurden der Goldstandard und seine Nachwehen beziehungsweise die Kriegswirtschaft abgelöst durch die Währungsordnung von Bretton Woods. Diese weltweite Währungsordnung „funktionierte" mehr schlecht als recht als ein Fixkurssystem, dabei fungierte der US-Dollar als Leitwährung, weshalb man auch – in Analogie zum Goldstandard – bald von einem „Leitwährungsstandard" sprach. Die Funktionsweise beruhte auf den folgenden Grundlagen:

1. Festlegung der Parität des Dollars in einer Gewichtseinheit Gold (35 US$ pro Unze);

2. Festlegung der Paritäten der übrigen Währungen gegenüber dem Dollar;

3. Verpflichtung der Mitgliedsländer – mit Ausnahme der USA – durch Interventionen ihrer Zentralbanken den Wechselkurs innerhalb einer Bandbreite von 1 % um die Parität zu stabilisieren;

4. Verpflichtung der USA, US-Dollar gegen Gold zum festgelegten Kurs von 35 US$ je Unze zu kaufen oder zu verkaufen;

5. Paritätsänderungen nur bei einem „fundamentalen" Zahlungsbilanzungleichgewicht. Änderungen von $\geq 10\%$ waren durch den IWF zu genehmigen;

6. Einzahlung von Währungsreserven gemäß nationaler „Quoten" beim IWF; kurzfristige Kredite des IWF zur Finanzierung von Zahlungsbilanzdefiziten.

Von da an – bis 1973 – war der US-Dollar die Leitwährung der Weltwirtschaft. Es herrschten feste Wechselkurse innerhalb enger Bandbreiten, die jetzt allerdings mit den Versandkosten von Gold nichts mehr zu tun hatten. Lange Zeit war der Wert des US-Dollars in Relation zur DM stabil (1948–1957); seit 1961 galt eine Parität von 4 DM pro US-Dollar, welche bis zum Herbst 1969 „hielt". Von da an beschleunigte sich der Rhythmus der DM-Aufwertungen respektive US-Dollar-Abwertungen. Ursächlich hierfür war vor allem die US-amerikanische Geld- und Finanzpolitik: Seit der Intensivierung des Vietnam-Kriegs im Jahr 1965 steuerten beide einen stark expansiven Kurs. Sowohl das amerikanische Staatsbudget als auch die amerikanische Leistungsbilanz wiesen erhebliche Defizite auf. Die amerikanische Inflationsrate stieg deutlich an. Wegen der festen Paritäten mit engen Bandbreiten waren die übrigen Industriestaaten gezwungen, am Devisenmarkt durch US-Dollar-Käufe zu intervenieren. Damit ging eine Aufblähung ihrer jeweiligen nationalen Geldmengen einher und eine Anhebung der Inflationsrate. Insbesondere Frankreich war mit der Überflutung der Weltwirtschaft mit „greenbacks" äußerst unzufrieden und stellte die Funktionsfähigkeit der Weltwährungsordnung auf eine harte Probe: Es präsentierte den Amerikanern US-Dollar-Noten beziehungsweise US-Dollar-Guthaben und verlangte – gemäß der oben geschilderten Einlösungspflicht – eine Konversion in Gold. Als abzusehen war, dass dadurch die amerikanischen Goldreserven in Fort Knox zur Neige gehen würden, wenn die amerikanische Wirtschaftspolitik ihren bisherigen Kurs beibehielt, gab der damalige amerikanische Finanzminister John Connally im so genannten „Smithsonian Agreement" von 1971 diese Einlösepflicht auf. Dadurch wurde aber einer der wichtigsten Stabilitätsanker der Nachkriegsordnung von Bretton Woods gelichtet, und es war nur noch eine Frage der Zeit – tatsächlich dauerte es kaum zwei Jahre –, bis die festen Paritäten gänzlich ihre Rolle und Funktion verloren hatten.

Seit der weltweiten Freigabe der Wechselkurse im März 1973 war der Kurs zwischen DM und US-Dollar starken Schwankungen unterworfen. Insgesamt herrschte

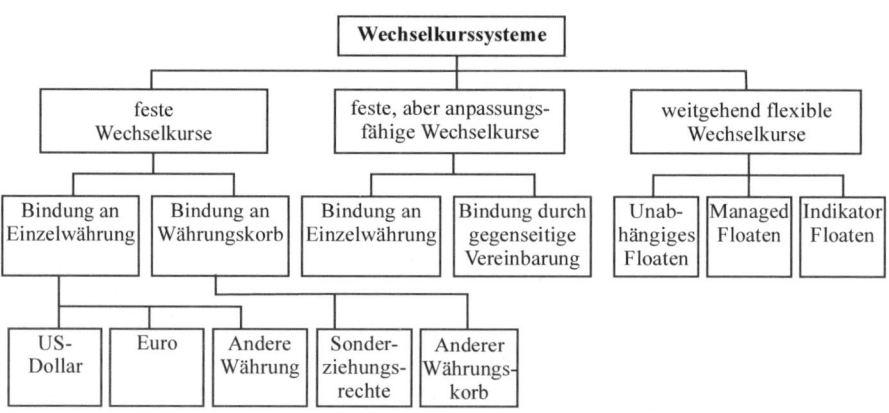

Abbildung III.81

– bis auf die Periode 1981–1985 – eine deutliche Aufwertungstendenz der DM vor. Seit März 1973 sind die Länder in der Weltwirtschaft im Prinzip frei, sich diejenigen Wechselkurse zu „geben", von denen sie sich die größten Vorteile versprechen. Allerdings sind zwischen den Idealtypen „feste Wechselkurse" (Einzelwährung) und „flexible Wechselkurse" (unabhängiges Floaten) mittlerweile eine Vielzahl von Hybriden beziehungsweise Derivaten entstanden (Abbildung III.81).

Besonders erwähnenswert ist die Strategie mancher Länder, den Kurs ihrer Währung gegenüber einem beliebigen oder vom Internationalen Währungsfonds (wie im Fall der Sonderziehungsrechte) festgelegten „Korb" von Währungen stabil zu halten. Eine globale Abwertungstendenz des US-Dollars, beispielsweise von 10%, würde sich in diesem Konzept nach Maßgabe des Produkts Korbgewicht US-Dollar · 0,1 als Aufwertung der eigenen Währung niederschlagen. Demgemäß fallen die erforderlichen Interventionen zur Kursstabilisierung geringer aus.

III.6.3.5 Vor- und Nachteile der verschiedenen Währungssysteme

Die Frage, ob ein System mit festen oder flexiblen Wechselkursen den Vorzug verdient, ist bis heute heftig umstritten. Die Argumente, die für flexible Wechselkurse ins Feld geführt werden, beziehen sich einmal darauf, dass bei einem solchen Währungssystem die Zahlungsbilanz stets automatisch ausgeglichen ist; zum anderen wird betont, dass die Geld- und Finanzpolitik nicht auf außenwirtschaftliche Belange Rücksicht nehmen muss, sondern voll in den Dienst der Inflationsbekämpfung beziehungsweise Vollbeschäftigung gestellt werden kann.

Hauptargumente zugunsten fester Wechselkurse sind die aus der Kursstabilität resultierende Kalkulationssicherheit, die sich auf alle Auslandsgeschäfte positiv auswirkt und damit die internationale Arbeitsteilung fördert, sowie der Glaubwürdigkeitsgewinn bei Kursbindung an eine besonders wertstabile Währung. Dem ersten Argument ist um so mehr Bedeutung beizumessen, je stärker die Schwankungen sind, mit denen bei flexiblen Wechselkursen zu rechnen ist. Wie wir bereits gesehen haben, träfe dieses Argument zugunsten fester Wechselkurse vor allem dann zu, wenn die Wechselkursänderungen in einem flexiblen System verstärkt durch Finanzmarkttransaktionen, also durch Zinsdifferenzen und Spekulationen, und weniger durch Güterbewegungen infolge unterschiedlicher Preisniveauentwicklungen, bestimmt werden. Im übrigen sollte bei einer Würdigung des ersten Arguments nicht außer Acht gelassen werden, dass auch bei flexiblen Wechselkursen das Risiko durch Kurssicherungsgeschäfte am Terminmarkt zumindest reduziert werden kann.

Das zweite Argument wird insbesondere im Zusammenhang mit Entwicklungs- und Transformationsstaaten diskutiert. Die feste Bindung an Währungen wie US-Dollar, Euro etc. verspricht den „Import von Preisniveaustabilität" und einen Zuwachs an Glaubwürdigkeit für die heimische Zentralbank. Allerdings kann es – bei anhaltendem Inflationsvorsprung des Inlands – sehr schnell zu einer realen

Überbewertung der eigenen Währung kommen, die letztlich durch eine drastische Abwertung in Verbindung mit Maßnahmen zur Ausgabensenkung korrigiert werden muss.

Ein weiteres, drittes Argument, welches zur Begründung fester Wechselkurse herangezogen wird, steht im Zusammenhang mit Beschäftigungsänderungen, die durch den Außenhandel ausgelöst werden. Hier wird behauptet, dass bei flexiblen und damit schwankenden Wechselkursen mit stärkeren Beschäftigungsschwankungen in der Exportgüterindustrie zu rechnen sei. Jedoch sollten in diesem Zusammenhang zum einen die Schwankungen flexibler Wechselkurse nicht überschätzt werden, zumal sie sich in der Regel nur allmählich und über einen längeren Zeitraum hinweg vollziehen; zum anderen ist in Rechnung zu stellen, dass auch in Systemen mit festen Wechselkursen in der Regel von Zeit zu Zeit Anpassungen der festgesetzten Paritäten notwendig werden, die dann vergleichsweise abrupt erfolgen und dementsprechend stärkere Beschäftigungsschwankungen nach sich ziehen. Auch kann eine völlige Aufgabe fester Paritäten durch den Gang der wirtschaftlichen Entwicklung nötig werden. Dies wurde besonders deutlich am Beispiel Argentiniens, ein Land, das sich zwischen 1991 und Anfang 2002 fest an den US-Dollar im Rahmen eines „Currency Boards" gebunden hatte. Im Januar 2002 wurde ein abrupte Freigabe des Wechselkurses, begleitet von einer deutlichen Abwertung gegenüber dem US-Dollar, erforderlich. Vorausgegangen war eine mehrjährige Rezession, die ihre Ursache nicht zuletzt in der geschrumpften Wettbewerbsfähigkeit argentinischer Exporte auf dem Weltmarkt hatte. Die Bindung an den intern zwar stabilen (niedrige Inflation) – mit dem erfreulichen Nebeneffekt, dass Argentiniens Inflationsrate deutlich zurückgeführt werden konnte –, zugleich aber an den Devisenmärkten sehr hoch bewerteten US-Dollar, wurde im Laufe der Zeit zu einer erheblichen Bürde für den argentinischen Außenhandel.

Schließlich stellt ein viertes Argument für feste Wechselkurse darauf ab, dass in einem solchen System nicht nur ein Zwang zur Abstimmung der nationalen Wirtschaftspolitiken gegeben sei; vor allem sei aufgrund der begrenzten Währungsreserven ein starker Anreiz vorhanden, für stabile Preise zu sorgen, da ein anhaltendes Defizit der Zahlungsbilanz, das heißt die dadurch bedingten Interventionen am Devisenmarkt, nicht endlos finanziert werden könne. Feste Wechselkurse würden also für eine starke Preisdisziplin sorgen.

Wenngleich manche der vorgebrachten Argumente, wie wir gesehen haben, relativiert werden müssen, so bleibt doch festzustellen, dass beide Systeme über ihre spezifischen Vor- und Nachteile verfügen. Vor allem dann, wenn große Unterschiede zwischen den entsprechenden Volkswirtschaften bestehen, dürften flexible Wechselkurse den Vorzug verdienen, da sie die Gewähr dafür bieten, dass jedes Land weiterhin eine souveräne nationale Wirtschaftspolitik betreiben kann.

Sofern wir es dagegen mit relativ ähnlichen Volkswirtschaften zu tun haben, die auch in der nationalen Wirtschaftspolitik ähnliche Prioritäten setzen, gibt es durchaus gute Gründe für feste Wechselkurse, ja unter Umständen sogar für eine Währungsunion. Feste Wechselkurse erzwingen letztlich eine stärkere Integration der nationalen Märkte, was vor allem dann erwünscht sein kann, wenn langfristig – wie im Fall der Europäischen Union – nicht nur eine Wirtschafts- und Währungsunion, sondern am Ende auch eine politische Union angestrebt wird.

III.6.4   Zahlungsbilanzpolitik

Wie wir nicht zuletzt aus der Tagespresse immer wieder erfahren (man denke an die Krise des thailändischen Baht im Juli 1997 und die sich danach in ganz Ost- und Südostasien ausbreitende Spekulationswelle gegen andere Währungen), geraten Länder immer wieder in Zahlungsbilanzungleichgewichte. In Abbildung III.82 sind die beiden Alternativen, wie mit einem solchen Problem umzugehen ist, aufgezeigt.

Gemeinsamer Ausgangspunkt sei ein beim Kurs w_0 eintretender Konjunkturaufschwung, der die inländische Devisennachfrage von NE nach N_1E_1 nach außen verschiebt. Dem eintretenden Nachfrageüberhang nach Devisen kann wie folgt begegnet werden:

a) Zahlungsbilanzkorrektur

Dabei vermag eine kontraktive Geld- und Fiskalpolitik die alte Nachfragekurve NE wieder zu erreichen (Zurückdrängung der Nachfrage), eine Senkung der inländischen Produktionskosten kann sich in einer Rechtsverschiebung der Devisenangebotsfunktion von AT nach A_1T_1 niederschlagen. In beiden Fällen kann in Höhe von w_0 wieder ein Gleichgewicht erreicht werden. Denkbar ist zweitens, eine einmalige Abwertung von w_0 auf w_1 zuzulassen; dann entsteht in Höhe von w_1 ein

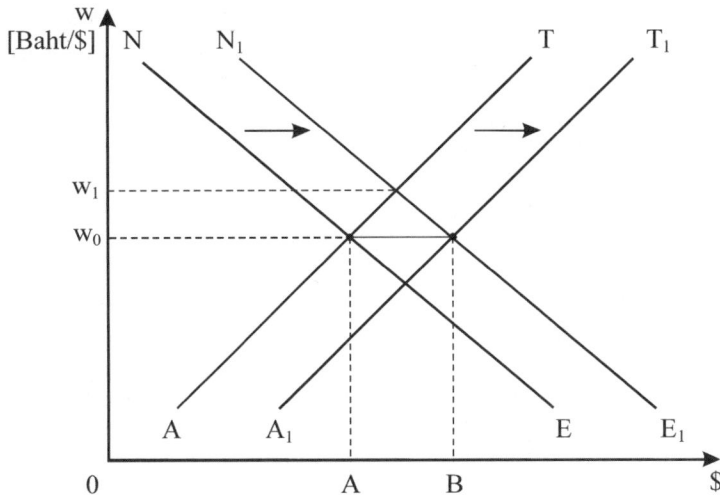

Abbildung III.82

neues Gleichgewicht. Schließlich kann die betroffene Notenbank drittens das Devisenangebot in Höhe von 0A rationieren und durch Bewirtschaftung (Quotenversteigerung, Windhundverfahren etc.) auf die vorhandenen Nachfrager aufteilen.

b) Zahlungsbilanzfinanzierung

Die Notenbank kann den Nachfrageüberhang AB „ausgleichen" durch Abgabe eigener Währungsreserven in gleicher Höhe. Werden die inländischen Wirkungen dieser Interventionen sterilisiert (etwa durch eine kompensierend expansive Geldpolitik), so kann das Zahlungsbilanzproblem auf Dauer nicht gelöst werden.

Günstiger verhält es sich, wenn keine Sterilisierung der kontraktiven Geldmengeneffekte bei Abgabe von Währungsreserven erfolgt. Letztlich ist nämlich dann – bei sinkender Geldversorgung – mit einem abnehmenden Preisniveau des Inlands (Rechtsverschiebung von AT nach A_1T_1) und einem erneuten Gleichgewicht in Höhe von w_0 zu rechnen.

III.6.5   Geld- und Finanzpolitik in der offenen Volkswirtschaft

Eine offene Volkswirtschaft ist dadurch gekennzeichnet, dass sie mit dem Ausland Güter handelt und Kapitalverkehr unterhält. Eine wichtige Größe für die Richtung und das Volumen des Gütertauschs ist dabei der Wechselkurs zwischen den Währungen von In– und Ausland. Der nominale Wechselkurs (W) gibt aber nur zum Teil Aufschluss darüber, ob ausländische (inländische) Güter für das Inland (Ausland) attraktiv sind. Aussagekräftiger ist der reale Wechselkurs (E). Er beinhaltet nicht nur das Tauschverhältnis der Währungen, sondern auch die Preisunterschiede für gleichartige Güter in beiden Ländern. Grundlage ist das Kaufkraftparitätentheorem, wonach der Preis eines Gutes im Ausland (P^*) – bewertet mit dem nominalen Wechselkurs – dem Preis für dieses Gut im Inland (P) entsprechen muss. Ist diese Bedingung erfüllt, so ist der reale Wechselkurs gleich eins. Ist sie hingegen nicht erfüllt, so ist der reale Wechselkurs zwischen zwei Währungen allgemein definiert als

$$E = \frac{P^*W}{P} \ .$$

Bei der Betrachtung einer offenen Volkswirtschaft wird in der Makroökonomik das inländische Volkseinkommen sowie der Zinssatz, bei dem ein binnen– und außenwirtschaftliches Gleichgewicht vorliegt, mit Hilfe des sogenannten ISXIM/LM/ZB-Modells dargestellt (Abb. III.83). Dabei stellt die ISXIM-Funktion (ISXIM$_0$) das Gleichgewicht auf dem inländischen Kapitalmarkt, die LM-Funktion (LM$_0$) das Gleichgewicht auf dem inländischen Geldmarkt und die ZB-Funktion (ZB$_0$) das außenwirtschaftliche Gleichgewicht für verschiedene Zins-Einkommens-Kombinationen dar. Die ersten beiden Funktionen kennen wir bereits aus der Behandlung der geschlossenen Volkswirtschaft (vgl. Abschnitt III.4.4).

In der offenen Volkswirtschaft lässt sich das Gleichgewicht auf dem Kapitalmarkt durch nachstehende Gleichung formal spezifizieren: Eine Erhöhung (eine Absenkung) autonomer Größen (C^a, I^a, A^{St}) bedeutet grafisch eine Parallelverschiebung der ISXIM-Funktion nach rechts (links) ebenso wie eine Erhöhung (eine Absenkung) des verkürzten bzw. reduzierten Außenbeitrags ($AB'=X(E)-IM^a-IM(E)$), die durch ein Ansteigen (Absinken) des realen Wechselkurses zustande kommt. Vollständig lautet der Ausdruck für den Außenbeitrag:

$$AB = X^a + X(E) + X(Y^*) - IM^a - IM(Y,E), \text{ wobei}$$

$IM(Y,E) = imY - IM(E)$ die wechselkurs- und einkommensabhängige Importfunktion darstellt, $C(Y) = C^a + cY$ die inländische Konsumfunktion repräsentiert und $I(i) = I^a - hiY$ für die inländischen Investitionen steht. Für das BIP in der offenen Volkswirtschaft gilt bekanntlich:

$$Y = C + I + A^{St} + (X - IM).$$

Nach Einsetzen von Konsum, Investitions- und Importfunktion in diese Gleichung ergibt sich die ISXIM-Funktion als:

$$\text{ISXIM:} \quad Y = \frac{1}{(1-c+im)}\left[C^a + I^a - hi + A^{St} + AB'(E)\right].$$

Aus der Spezifikation der LM-Funktion geht hervor, dass eine Erhöhung (Senkung) der nominalen Geldmenge oder ein Sinken (Steigen) des Preisniveaus grafisch zu einer Rechtsverlagerung (Linksverlagerung) der LM-Funktion führen:

$$\text{LM:} \quad Y = \frac{j}{k}i + \frac{1}{k}\frac{M^n}{P}.$$

Diese LM-Funktion entspricht – bis auf die oben in der geschlossenen Volkswirtschaft noch berücksichtigte nicht zinsabhängige Nachfrage nach Spekulationskasse L_0 – exakt dem bereits früher in Kapitel III.4.4.2 eingeführten Geldmarktgleichgewicht (vgl. Abbildung III.83).

Die Zahlungsbilanzfunktion (ZB-Funktion) definiert für ein gegebenes Einkommen und einen gegebenen Zinssatz einen realen Wechselkurs, der – über den Ausgleich von Nettoexporten (NEx) und Nettokapitalexporten (NKEx) – ein außenwirtschaftliches Gleichgewicht herbeiführt. Ein solches Gleichgewicht ist erreicht, wenn gilt:

$$\text{NEx}\left(\overset{+}{E}, \overset{-}{Y}, \overset{+}{Y^*}\right) = \text{NKEx}\left(\overset{-}{i}, \overset{+}{i^*}\right)$$

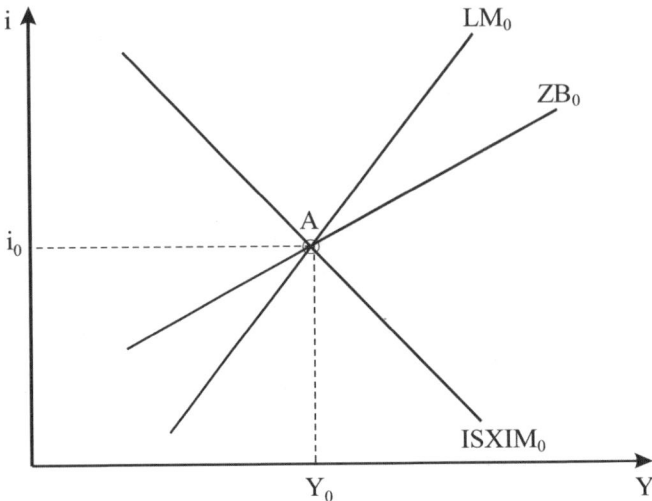

Abbildung III.83

Die Zahlungsbilanzfunktion ist positiv geneigt, was sich durch ein einfaches Gedankenexperiment verdeutlichen lässt: Steigt, ausgehend von einem bisherigen Gleichgewicht in der Zahlungsbilanz, das inländische Einkommen, so löst dies ceteris paribus ein (größeres) Defizit in der inländischen Leistungsbilanz aus. Dies macht einen (höheren) Nettokapitalimport erforderlich, der aber nur bei einem Anstieg des inländischen Zinssatzes zustande kommt. Wie steil oder flach die Zahlungsbilanzfunktion ansteigt, hängt von der Zinsreagibilität der Kapitalströme ab. Ist diese hoch (gering), so genügen (braucht es) geringe (erhebliche) positive Zinssignale des Inlands, um entsprechendes Auslandskapital anzulocken. In diesem Fall verläuft die ZB-Funktion flach (steil). Fragen wir nun, welche Verlagerungen die Zahlungsbilanzfunktion erfahren kann.

Wie aus der Gleichung für ein außenwirtschaftliches Gleichgewicht hervorgeht, impliziert eine Erhöhung (Senkung) des realen Wechselkurses, d. h. eine reale Abwertung (Aufwertung) der inländischen Währung, eine steigende (sinkende) Nachfrage nach inländischen Gütern, also einen Anstieg (Rückgang) der Nettogüterexporte. Für einen Ausgleich in der Zahlungsbilanz müssen dann auch die Nettokapitalexporte ansteigen (sinken), was ein Sinken (Ansteigen) des inländischen Zinssatzes erfordert. Grafisch bedeutet dies eine Rechtsverlagerung (Linksverlagerung) der ZB-Funktion. In der kurzen Frist werden hierbei Anpassungen des (inländischen) Preisniveaus (noch) vernachlässigt und die Variablen des Auslands (P^*, Y^*, i^*) als gegeben und konstant angenommen. Die vereinfachte Zahlungsbilanzgleichgewichtsbedingung weist dann die Form

$$NEx\left(\overset{+}{W},\overset{-}{Y}\right)=NKEx\left(\overset{-}{i}\right)$$

auf und enthält vereinfachend nur den nominalen Wechselkurs. Im Rahmen unseres erweiterten Modells wollen wir nun die Wirkungen von Geld- und Fiskalpolitik untersuchen. Dazu ziehen wir als erstes Abbildung III.84 heran.

In unserem Ansatz führt etwa ein expansiver monetärer Schock oder eine expansiv gestaltete Geldpolitik der Zentralbank (nicht angekündigte und nicht antizipierte Ausweitung der nominalen Geldmenge) über sinkende Zinsen auf dem Geldmarkt zu steigenden Investitionen und, über die gestiegene Güternachfrage, auch zu einem höheren Volkseinkommen. Der monetäre Schock (dM^n) verlagert die LM-Funktion in Abbildung III.84 nach rechts (LM_1).

Außenwirtschaftlich befindet sich die Volkswirtschaft damit in einem Zahlungsbilanzdefizit – der Schnittpunkt von ISXIM und LM liegt unterhalb der ZB-Funktion - da ein gesunkener inländischer Zinssatz zunehmende Nettokapitalexporte (und damit eine steigende Devisennachfrage) und ein gestiegenes Volkseinkommen eine Abnahme des Außenbeitrags (und somit ein gesunkenes Devisenangebot) zur Folge hat. In der klassischen ISXIM/LM-Analyse einer offenen Volkswirtschaft wird der entstandene Devisennachfrageüberschuss und damit das Zahlungsbilanzungleichgewicht durch eine nominelle Abwertung der Inlandswährung beseitigt (W steigt). Exporte vergünstigen sich aus der Sicht der Ausländer, während aus der Sicht der Inländer die Importe teurer werden. Dies führt tendenziell zu steigenden Nettoexporten und damit zu einer Verlagerung der ZB-Funktion (ZB_1) und, aufgrund einer steigenden Nachfrage nach Inlandsgütern, simultan zu einer Rechtsverschiebung der ISXIM-Funktion ($ISXIM_1$). Durch eine ausreichend starke nominale Abwertung (dW) der Inlandswährung ergibt sich ein neues binnen- und außenwirtschaftliches Gleichgewicht im Punkt B.

Nun hängt, wie oben begründet, die Höhe der Ex– und Importe in der Realität

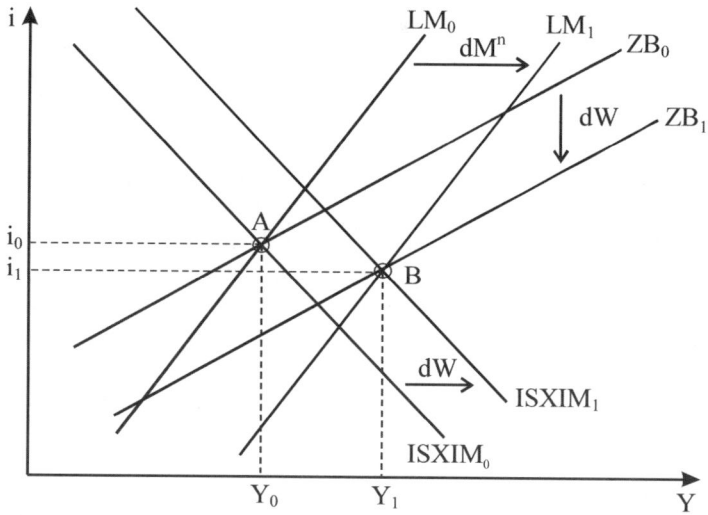

Abbildung III.84

nicht nur vom nominalen Wechselkurs ab, sondern auch von den unterschiedlichen Preisniveaus im In- und Ausland. Dadurch erlangt der reale Wechselkurs für die erreichbaren Ergebnisse von Geld- und Fiskalpolitik eine besondere Bedeutung. In der bisherigen Analyse wurde (noch) von einem konstanten inländischen Preisniveau $\left(P=\bar{P}\right)$ und von einem gegebenen (konstanten) ausländischen Preisniveau ausgegangen $\left(P^*=\bar{P}^*\right)$, sodass nur eine Änderung des nominalen Wechselkurses eine Änderung des realen Wechselkurses herbeiführen konnte.

Wird nun die ISXIM/LM-Analyse mit dem Konzept der „Aggregate Demand" (AD) verknüpft – die AD-Kurve gibt dabei das simultane Gleichgewicht auf dem Gütermarkt und dem Geldmarkt für verschiedene Preisniveaus an – und weiterhin die von früher bekannte AS-Funktion („Aggregate Supply") eingeführt, die bekanntlich den Zusammenhang zwischen gesamtwirtschaftlicher Produktionshöhe und Preisniveau beschreibt, so kommen nun auch gesamtwirtschaftliche Preisniveauänderungen in Betracht. Diese Preisniveauänderungen haben zum einen Rückwirkungen auf die reale Geldmenge (und somit auf die Lage der LM-Funktion), zum anderen aber auch, über den Kanal des realen Wechselkurses, auf die Attraktivität inländischer (ausländischer) Güter für das Ausland (Inland) und somit auf die Lage der ZB- und der ISXIM-Funktion.

Die genaue Gestalt der aggregierten Nachfrage folgt aus dem Gleichsetzen der ISXIM- und der LM-Funktion. Sie lässt sich allgemein formulieren als :

$$\text{AD:} \quad Y=Y\left(M^n, P^*, W, H, P\right),$$

$$\text{mit } \frac{\partial Y}{\partial M^n}>0, \frac{\partial Y}{\partial P^*}>0, \frac{\partial Y}{\partial W}>0, \frac{\partial Y}{\partial H}>0, \frac{\partial Y}{\partial P}<0 .$$

Dabei sei H die Summe der vom Einkommen unabhängigen Größen C^a, I^a, A^{St} und AB'(E). Veränderungen von Variablen, die im Rahmen der grafischen ISXIM/LM-Analyse eine Verschiebung entweder der ISXIM- oder der LM-Funktion zur Folge haben, bedeuten eine gleichgerichtete Verlagerung der AD-Funktion. Für die aggregierte Angebotsfunktion, welche die Produktionsmenge spezifiziert, die die Unternehmen für ein gegebenes Preisniveau anbieten, wollen wir von einigen konkretisierenden Annahmen ausgehen. Und zwar soll vereinfachend unterstellt werden, dass das Angebot von verschiedenen Faktoren (Kosten für Vorprodukte, Produktionskosten) abhängt. Die Kosten für die Produktion und die Vorprodukte hängen wiederum in erster Linie von der gewählten Produktionsmenge ab. Unter der Annahme sinkender Grenzproduktivität der Einsatzfaktoren ergibt sich ein mit der Produktionsmenge steigender Preis:

$$\text{AS:} \quad Y=Y\left(P\right), \quad \text{mit } \frac{\partial Y}{\partial P}>0 .$$

Beziehen die Unternehmer einen Teil ihrer Vorprodukte aus dem Ausland, so ist der reale Wechselkurs auch für die AS-Funktion ein entscheidender Faktor. Ein steigender (sinkender) realer Wechselkurs impliziert eine Verteuerung (Verbilligung) ausländischer Vorprodukte, was bei gleichbleibender Produktionsmenge einen steigenden (sinkenden) Angebotspreis zur Folge hat: Linksverlagerung (Rechtsverlagerung) der AS-Funktion. Um unsere Analyse möglichst einfach zu halten, wird nun im Folgenden davon ausgegangen, dass die inländischen (ausländischen) Unternehmer ihre Vorprodukte ausschließlich aus dem Inland (Ausland) beziehen, sodass eine Änderung des realen Wechselkurses auf den Preis der im Inland (Ausland) angebotenen Produktionsmenge keinen Einfluss hat. Das Zahlungsbilanzgleichgewicht hat dann die neue Form:

$$
NEx\left(\overset{+}{E},\overset{-}{Y}\right)=NKEx\left(\overset{-}{i}\right),
$$

weil nun auch die Preisniveauänderungen der inländischen Güter berücksichtigt werden. Dabei werden die ausländischen Größen weiter als konstant betrachtet. In der ISXIM/LM/ZB-AS/AD-Analyse führt jener expansive monetäre Schock, wie er bereits oben beschrieben wurde, zu einer Rechtsverlagerung der LM-Funktion. Da die Güterpreise in der kurzen Frist rigide sind, kann die Anpassung der Zahlungsbilanz zunächst nur über Änderungen des nominalen Wechselkurses erfolgen, sodass sich ein kurzfristiges Gleichgewicht – ohne Preisniveauanpassung – im Punkt B ergibt (Abbildung III.85).

Der durch diesen monetären Schock ausgelöste Anstieg der Nachfrage schlägt sich in der AS/AD-Grafik in einer Rechtsverlagerung der AD-Funktion bei (kurzfristig) konstantem Preisniveau (P_0) nieder. Die nominelle Abwertung der Inlandswährung und der damit verbundene Anstieg der ausländischen Nachfrage nach inländischen Gütern (Rechtsverlagerung der Kurve $ISXIM_0$ nach $ISXIM_1$) verstärkt noch die Wirkung des monetären Schocks auf die Gesamtnachfrage, sodass sich die AD-Funktion weiter nach rechts verlagert als in der geschlossenen Volkswirtschaft (AD_1).

Beim vorherrschenden Preisniveau P_0 ergibt sich in B allerdings eine Überschussnachfrage auf dem Gütermarkt, die eine Ausweitung der Produktion erfordert. Aufgrund abnehmender Grenzproduktivität der Produktionsfaktoren führt dies zu einer Erhöhung des inländischen Preisniveaus auf die neue Höhe P_1. Die Erhöhung des Preisniveaus bedeutet nicht nur eine Verringerung der realen Geldmenge – und somit eine Linksverlagerung der LM-Funktion von LM_1 nach LM_2 –, sondern auch ein Sinken des realen Wechselkurses E (Linksverschiebung der ZB-Funktion von ZB_1 nach ZB_2). Die reale Aufwertung der Inlandswährung senkt die Nachfrage nach inländischen Gütern aus dem Ausland, sodass sich die Kurven $ISXIM_1$ nach $ISXIM_2$ und AD_1 nach AD_2 verlagern.

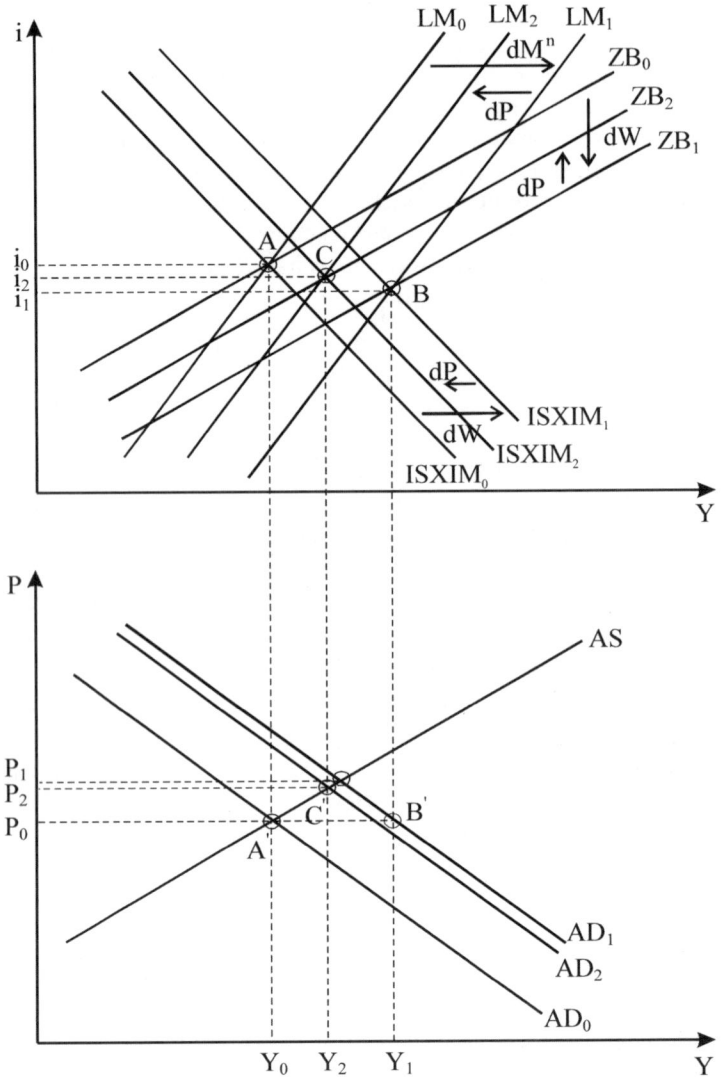

Abbildung III.85

Ein neues Gleichgewicht ergibt sich jetzt in den Punkten C und C'. Bei Berücksichtigung der geschilderten Preiseffekte führt demnach ein monetärer Schock zu einer schwächeren Ausweitung des Einkommens ($Y_2 < Y_1$) als bei Nichtberücksichtigung der eintretenden Preisniveauänderungen. Dies ist ein für die Makroökonomik offener Volkswirtschaften wichtiges Ergebnis, denn es verdeutlicht, dass – übertragen auf eine von der Zentralbank bewusst eingeschlagene expansive Geldpolitik bei flexiblen Wechselkursen (bei festen Wechselkursen *kann* sie nicht nachhaltig und damit effektiv sein) – die Effektivität und Effizienz derselben im Vergleich zum Festpreismodell deutlich niedriger ist. Es ist daher davon auszugehen, dass diese in der Vergangenheit häufiger überschätzt worden ist.

Die Entwicklung des realen Wechselkurses im Zeitverlauf verdeutlicht Abbildung III.86. Die – im Vergleich zur Preisniveauänderung – relativ starke Abwertung des nominellen Wechselkurses führt dazu, dass der reale Wechselkurs „überschießt", d.h. stärker abwertet, als es für das langfristige Gleichgewicht notwendig ist (E_1). Die Berücksichtigung der eintretenden Preisniveauänderung schwächt diese Wirkung ab, sodass sich ein neuer gleichgewichtiger realer Wechselkurs E_2 einstellt, der zwischen E_0 und E_1 liegt.

Bei der Betrachtung eines monetären Schocks, wie er oben dargestellt ist, spielt die Zinsreagibilität der internationalen Kapitalströme für die Richtung (in der Entwicklung) der Variablen W und E eine untergeordnete Rolle. Die Zinsreagibilität bzw. Zinselastizität der internationalen Kapitalströme gibt an, wie stark die Kapitalimporte und -exporte auf Zinsänderungen im Inland reagieren. Wir sprechen im weiteren Sinne immer dann von einer hohen Zinsreagibilität bzw. zinselastischen Kapitalströmen, wenn die Steigung der Zahlungsbilanzfunktion (ZB) geringer als die der Geldmarktgleichgewichtsfunktion (LM) ist, d.h. wenn die Zinsreagibilität der internationalen Kapitalströme größer als diejenige der Geldnachfrage ist. Bei vollkommenen Kapitalmärkten bzw. bei der Betrachtung einer

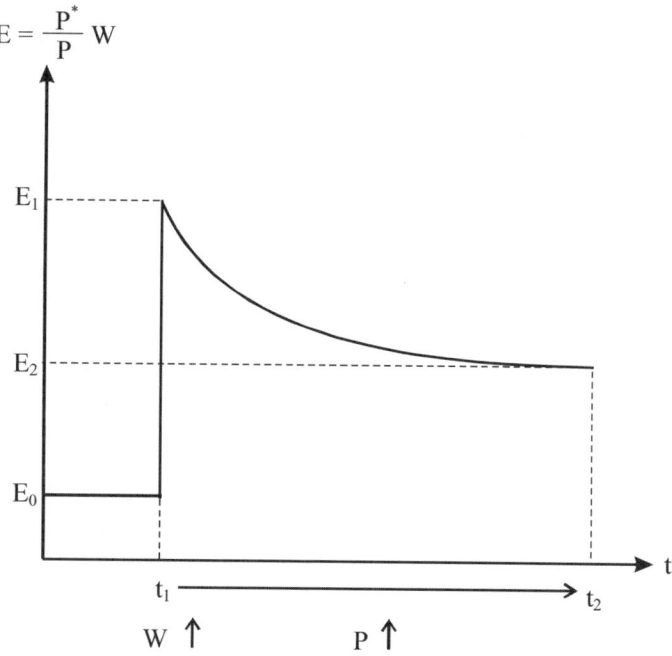

Abbildung III.86

kleinen offenen Volkswirtschaft wäre die ZB-Funktion hingegen vollkommen zinselastisch und läge auf einer Horizontalen. Im Gleichgewicht entsprächen sich dann der Zins im In- und Ausland (vgl. Dieckheuer (2003) und Göcke und Köhler (2002)). Es ist aber höchst fraglich, ob die vielen Ökonomen so ans Herz gewachsene „kleine offene Volkswirtschaft" in einem Mundell'schen Zeitalter abnehmender Zahl von Währungen und expandierender gemeinsamer Währungsräume noch die richtige Referenzgröße ist: Sollen wir im Hörsaal ernsthaft die Wirtschaftspolitik Lichtensteins oder der Kaiman-Inseln diskutieren?

Bei der Analyse von Fiskalpolitik im Rahmen dieses Modells spielt die Zinselastizität der ZB-Funktion allerdings eine entscheidende Rolle: Betrachten wir zuerst den Fall, bei dem die ZB-Funktion (wie beim dargestellten Geldmengenschock) zinselastisch ist. Eine expansive Fiskalpolitik (dA^{St}) mit dem Ziel, die Beschäftigung zu erhöhen, führt im Rahmen unserer grafischen Analyse zu einer Rechtsverlagerung der ISXIM-Funktion nach $ISXIM_1$ (Abbildung III.87).

Außenwirtschaftlich befindet sich die Volkswirtschaft jetzt in einem Zahlungsbilanzüberschuss (der Schnittpunkt von ISXIM und LM liegt oberhalb der ZB-Funktion in Punkt B). Da ein gestiegener inländischer Zins abnehmende Nettokapitalexporte (zunehmende Nettokapitalimporte) und ein gestiegenes Volkseinkommen eine Zunahme der Nettoimporte (abnehmende Nettoexporte) zur Folge hat, steigt zum einen das Devisenangebot (bzw. es sinkt die Devisennachfrage) aufgrund der erhöhten Kapitalimporte, zum anderen steigt aber auch die Devisennachfrage aufgrund der gestiegenen Güterimporte. Im Falle einer zinselastischen Zahlungsbilanzfunktion, wie sie hier vorliegt, überwiegt der Einfluss der Kapitalbewegungen gegenüber den Güterbewegungen, per Saldo also die Erhöhung des Devisenangebots, mithin herrscht ein Devisenangebotsüberschuss vor. Ohne die Berücksichtigung von Preisniveauänderungen führt das Devisenüberangebot zu einer Aufwertung der inländischen Währung (W sinkt). Die Exporte verteuern sich aus der Sicht der Ausländer, was zu einem sinkenden Außenbeitrag und damit zu einer Linksverlagerung der $ISXIM_1$-Kurve nach $ISXIM_2$ und der ZB_0-Kurve nach ZB_1 führt. Insgesamt hat sich durch die Staatsausgabenerhöhung die gesamtwirtschaftliche Güternachfrage erhöht – aufgrund der Wechselkursanpassung aber in einem geringeren Maße als in einer geschlossenen Volkswirtschaft –, was sich im P/Y-Diagramm in einer Rechtsverlagerung der AD-Funktion von AD_0 nach AD_1 ausdrückt.

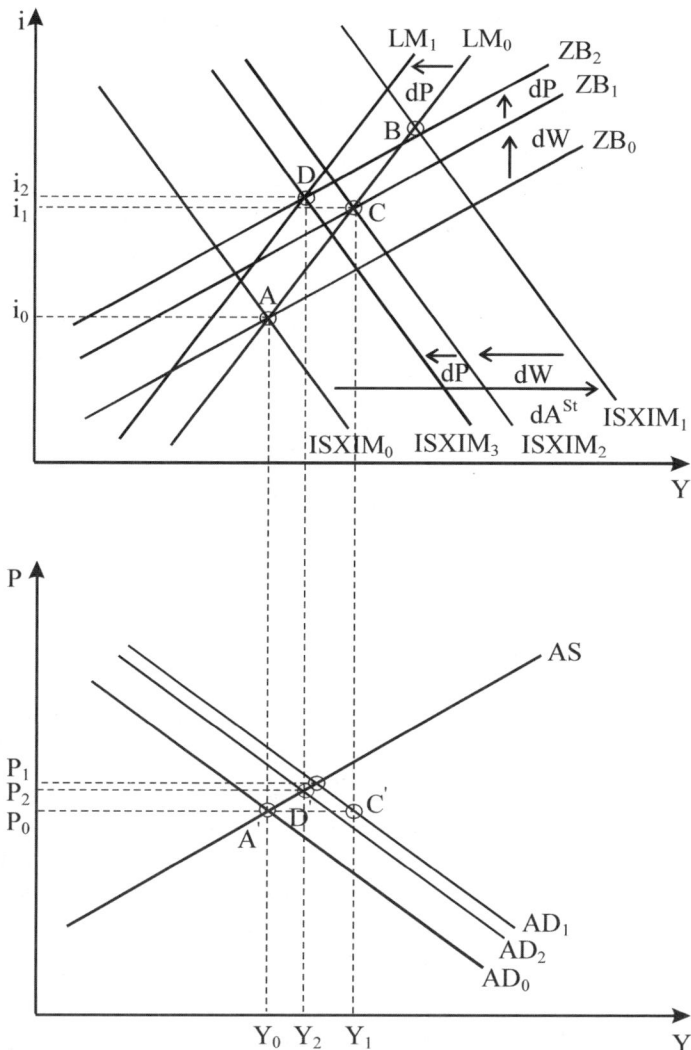

Abbildung III.87

Der auf diese Weise beim alten Preisniveau (P_0) entstandene Nachfrageüberhang wird sich durch Preissteigerungen zurückbilden. Die Preissteigerungen bewirken nun ihrerseits ein Sinken der realen Geldmenge (LM_0 verschiebt sich nach LM_1) und einen Rückgang der Nachfrage nach inländischen Gütern, was sich in einer weiteren Linksverschiebung der ISXIM-Funktion von $ISXIM_2$ nach $ISXIM_3$ und der ZB-Funktion von ZB_1 nach ZB_2 widerspiegelt. Das dadurch ausgelöste Sinken der aggregierten Nachfrage nach inländischen Gütern bewirkt eine Verlagerung der AD-Funktion von AD_1 nach AD_2. Ein neues Gleichgewicht ist dann in den Punkten D und D' erreicht. Auch hier führt die Erweiterung um den realen Wech-

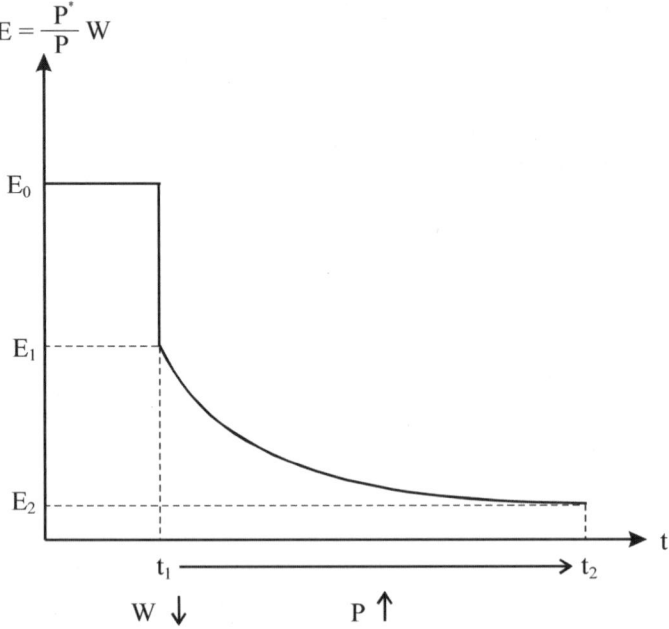

Abbildung III.88

selkurs zu einer wichtigen Einsicht: Bei variablem Preisniveau wird das hinlänglich bekannte Ergebnis einer wenig effektiven Fiskalpolitik in einem Umfeld flexibler Wechselkurse und sehr zinsreagibler Kapitalströme noch verstärkt.

Die Entwicklung des realen Wechselkurses während dieser Anpassungen ist aus Abbildung III.88 ersichtlich. Zum einen führt die nominelle Aufwertung der Inlandswährung zu einem sinkenden realen Wechselkurs von E_0 auf E_1, zum anderen verstärkt der Anstieg des inländischen Preisniveaus diesen Effekt, sodass E bis auf E_2 fällt.

In Abbildung III.89 ist der Fall einer zinsunelastischen Zahlungsbilanzfunktion dargestellt. Die Ausgabenerhöhung des Staates (dA^{St}, $ISXIM_1$) mündet nun, im Gegensatz zu vorher, in einem Zahlungsbilanzdefizit (Punkt B). Die Güterimporte (und damit die Devisennachfrage) steigen aufgrund des erhöhten Einkommens, die Kapitalimporte (und damit das Devisenangebot) aufgrund des erhöhten Zinses. Die geringe Zinsreagibilität der internationalen Kapitalströme sorgt aber dafür, dass der durch die Erhöhung der Güterimporte ausgelöste Effekt überwiegt.

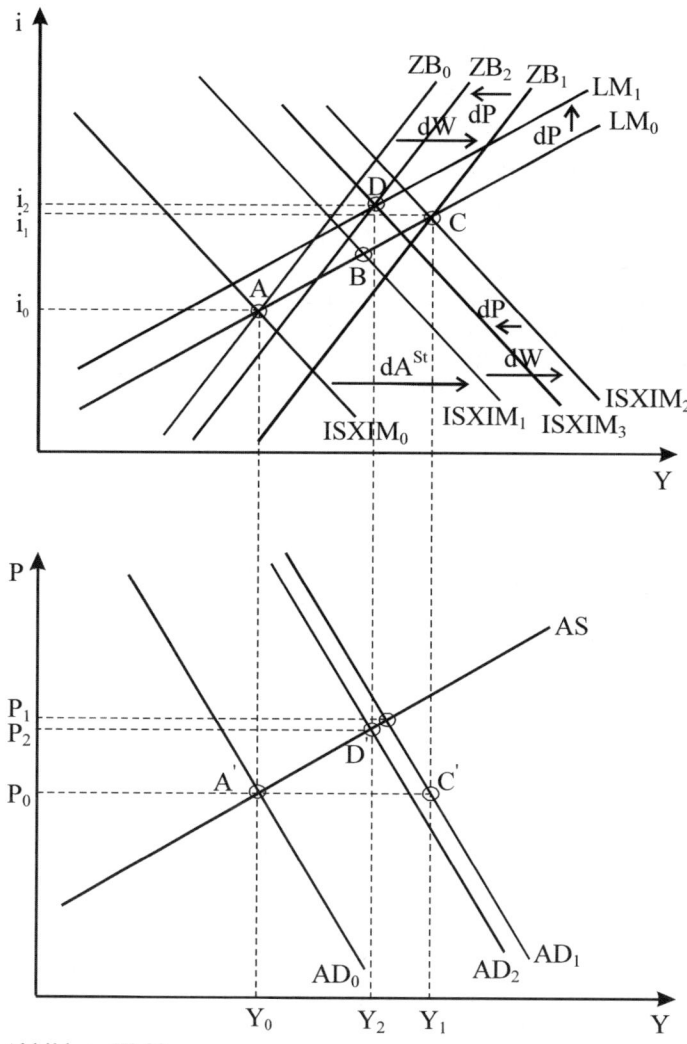

Abbildung III.89

Der Devisennachfrageüberschuss führt zu einer Abwertung der inländischen Währung, sorgt so für eine Erhöhung des Außenbeitrags (ISXIM$_1$ verlagert sich nach ISXIM$_2$) und erfordert für ein Zahlungsbilanzgleichgewicht für jeden Zinssatz ein höheres Einkommensniveau (ZB$_0$ verschiebt sich nach ZB$_1$). Ohne Berücksichtigung etwaiger Preisniveauänderungen (ISXIM/LM/ZB-Analyse) käme ein neues Gleichgewicht im Punkt C zustande. Die durch die Staatsausgabenerhöhung und die Abwertung ausgelöste Erhöhung der aggregierten Nachfrage zeigt sich in der Rechtsverlagerung der AD-Funktion von AD$_0$ nach AD$_1$, sodass bei P$_0$ ein Nachfrageüberhang entsteht, der durch eine Preissteigerung beseitigt wird. Diese Preissteigerung hat den gleichen Effekt wie in der vorhergehenden Diskussion: Die Kapitalmarktgleichgewichtsfunktion verlagert sich nach $ISXIM_3$, die Geldmarktgleichgewichtsfunktion nach LM_1 und die Zahlungsbilanzfunktion nach ZB_2. Ein neues, langfristiges Gleichgewicht ergibt sich in den Punkten D und D'.

Die Wirkung einer expansiven Fiskalpolitik bei zinsunelastischen Kapitalströmen führt insgesamt zu einem gestiegenen realen Wechselkurs E_2. Die Änderung des inländischen Preisniveaus wirkt in diesem Fall der Abwertung des nominellen Wechselkurses entgegen – ähnlich wie bei der eingangs diskutierten Geldmengenausweitung. Bei Einschluss des realen Wechselkurses in die Diskussion von Geld– und Fiskalpolitik „größerer" Volkswirtschaften in einem Umfeld flexibler Wechselkurse stellen sich zwei zentrale Ergebnisse ein: Zum einen ergibt sich, dass der Optimismus im Hinblick auf die Wirksamkeit und die Effizienz der Geldpolitik tendenziell übertrieben ist. Dies gilt für wenig und für stark zinsreagible Kapitalströme. Zum anderen zeigt sich, dass der Pessimismus im Hinblick auf die Möglichkeiten der Fiskalpolitik vor dem Hintergrund zinsreagibler Kapitalströme tendenziell noch zu gering ausfällt.

Das hier eingeführte Konzept des realen Wechselkurses erweist sich bei Vorliegen einer Wirtschafts- und Währungsunion, wie wir sie im folgenden am Beispiel der EWWU betrachten wollen, nicht nur als vorteilhaft, sondern als geradezu unabdingbar. Da die nominalen Wechselkurse der an einer Währungsunion beteiligten Länder unwiderruflich fixiert sind, stehen zur Beurteilung möglicher Wettbewerbsverschiebungen innerhalb des gemeinsamen Währungsraumes überhaupt nur noch die realen Wechselkurse zur Verfügung.

III.6.6   Europäische Währungsunion

III.6.6.1   Von der Schlange im Tunnel zum EWS I

Der ehemalige luxemburgische Ministerpräsident Pierre Werner – nach dem 1970 der Plan zur Bildung einer Europäischen Währungsunion für das Jahr 1980 benannt wurde – kann sich zu Recht als gedanklicher Vorbereiter der heutigen Europäischen Wirtschafts- und Währungsunion (EWWU) betrachten. Werner beauftragte zunächst eine Expertengruppe, die Voraussetzungen für die Umsetzung eines solchen Plans zu prüfen. Unter den Experten standen sich zwei Auffassungen stark konträr gegenüber: Nach Meinung der „Monetaristen" konnte eine Währungsunion nur als Krönung eines ökonomischen, institutionellen und politischen Integrationsprozesses zwischen den beteiligten Ländern vorgestellt werden. Die „Ökonomisten" betrachteten umgekehrt die frühzeitige Schaffung einer Währungsunion als entscheidenden Hebel, um die realwirtschaftliche und politische Integration eines gemeinsamen Wirtschaftsgebietes zu forcieren und durchzusetzen. Trotz der starken Meinungsunterschiede einigte man sich auf einen Minimalkompromiss: Es sollten zwischen den europäischen Währungen, die seit 1958 bei 1,5 % angesiedelten Bandbreiten (in beide Richtungen) in einem ersten Schritt auf

± 1,2 % reduziert werden. Selbst dieses recht bescheidene Ziel wurde nach der Krise in der Weltwährungsordnung im Jahr 1971 wieder aufgegeben. Kurz danach wurde allerdings die Idee, die Schwankungen der europäischen Währungen untereinander zu begrenzen, wieder akut.

Die historische „Schlange im Tunnel" wurde im März 1972 geschaffen und hatte – mit wechselnder Beteiligung – bis zum März 1979 Bestand. Im Zuge der Erweiterung der US-Dollarbandbreiten auf 2,25 % in beide Richtungen gegenüber allen anderen Währungen im Dezember 1971 wurden die Bänder der europäischen Währungen implizit auf 4,5 % beidseitig vergrößert. Durch die Festlegung maximaler Schwankungen unter den europäischen Währungen auf ± 2,25 % im Frühjahr 1972 wurde der entstandenen, potentiell größeren Volatilität entgegengewirkt, und es entstand die „Schlange im Tunnel". Bei der „Schlange" blieb es auch nach dem März 1973, als weltweit zu flexiblen Wechselkursen übergegangen wurde. Allerdings ging der „Tunnel" verloren, da ja gegenüber dem US-Dollar und anderen wichtigen Währungen der Weltwirtschaft völlige Kursflexibilität bestand.

Insbesondere auf Initiative des damaligen französischen Staatspräsidenten, Valéry Giscard d'Estaing, und des damaligen deutschen Bundeskanzlers, Helmut Schmidt, wurde im Frühjahr 1979 auf dem Europäischen Gipfel in Bremen das „Europäische Währungssystem" (EWS bzw. EWS I) aus der Taufe gehoben. Dieses System definierte in einem Paritätengitter so genannte „Leitkurse" zwischen den beteiligten Währungen mit entsprechenden Bandbreiten. Die Marktkurse durften sich innerhalb dieser Bandbreiten frei bewegen; geriet beispielsweise der französische Franc (FF) an seinen oberen Interventionspunkt, also unter Abwertungsdruck, dann stieß – wegen der Mechanik des Paritätengitters – die DM automatisch an ihren unteren Interventionspunkt, also unter Aufwertungsdruck. Beide Notenbanken – die Banque de France und die Deutsche Bundesbank – waren dann gehalten, am Devisenmarkt zu intervenieren. Und zwar verkaufte die Banque de France DM, während die Deutsche Bundesbank FF ankaufte. Beide Transaktionen wirkten symmetrisch zugunsten des FF und zu Lasten der DM, so dass der jeweilige Abwertungs- beziehungsweise Aufwertungsdruck im Idealfall beseitigt werden konnte. Nicht symmetrisch waren dagegen die jeweiligen Wirkungen auf die nationale Geldbasis: Während sie in Frankreich zurückging, wurde sie in Deutschland aufgebläht. Zugleich musste die Banque de France wissen, dass sie über einen Kurswechsel in ihrer Geldpolitik nachzudenken hatte, da sie einen anhaltenden Rückgang ihrer Währungsreserven nicht würde durchhalten können. Die Deutsche Bundesbank sah sich dagegen nicht unbedingt genötigt, ihren bisherigen geldpolitischen Kurs abzuändern, sie musste sich allerdings ein Auge für die potentiellen Inflationsgefahren bewahren.

Machen wir uns den Wechselkursmechanismus des EWS am Beispiel des FF/DM-Kurses, wie in Abbildung III.90 dargestellt, klar. Zwischen Februar 1987 und Juli 1993 gab es zwischen dem FF und der DM enge Bandbreiten von ± 2,25 %. Diese Bandbreiten konnten bis in den Sommer 1992 hinein vergleichsweise „leicht"

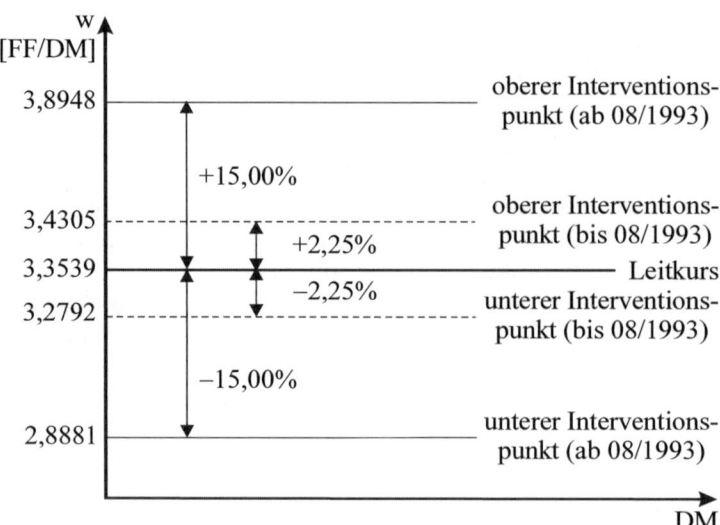

Abbildung III.90

verteidigt werden, zumal Frankreich seit dem Abgang von Pierre Mauroy (Francois Mitterands erstem Ministerpräsidenten) eine Politik des „*franc fort*" verfolgte. Die Parität zwischen FF und DM überstand auch die erheblichen Währungsturbulenzen des Sommers 1992. Im Sommer 1993 war der Anpassungsbedarf zwischen beiden Währungen aber mittlerweile so groß geworden, dass der Leitkurs von 3,3539 FF/DM nur um den Preis einer erheblichen Ausweitung der Bandbreiten erhalten blieb.

Wir können im Rahmen dieser Einführung nicht auf alle Details des monetären Konvergenzprozesses in Europa – abzulesen etwa an der Geschichte des Europäischen Währungssystems (EWS) – eingehen. Trotzdem lohnt es sich, in der Rückschau den Prozess der Europäischen Integration in dem folgenden Überblick zu betrachten.

Die Gründung der Europäischen Gemeinschaft für Kohle und Stahl (EGKS) und die Schaffung der Montanunion waren wichtige Vorgaben für die Römischen Verträge von 1958: Die sechs Signatarstaaten besiegelten damals die Verträge über die Europäische Wirtschaftsgemeinschaft (EWG) und EURATOM. Erst neun Jahre später, im Jahr 1967, wurde aus der EWG die EG, nämlich durch Zusammenlegung der Organe von EWG, EGKS und EURATOM. Der zentrale Baustein der europäischen Wirtschaftspolitik war damals die europäische Agrarpolitik. In dieser wurde den landwirtschaftlichen Erzeugern eine Preisstützung garantiert, die zu erheblichen Überschüssen in der Produktion und notwendigen Interventionen der Europäischen Agrarbehörde führte.

Im Jahre 1972 entstand die erste Form einer währungspolitischen Kooperation in Europa in Gestalt der oben kurz beschriebenen Währungsschlange. Nach langem

Widerstand Frankreichs kam es – nach einem Referendum in den jeweiligen Ländern – zu den Beitritten von Dänemark, Großbritannien und Irland zur EG. Die 1980er Jahre waren geprägt durch das Hinzukommen weiterer, südeuropäischer Länder zur EG. Alle hatten zuvor mehr (Spanien, Portugal) oder weniger (Griechenland) lang anhaltende Diktaturen zu überwinden.

Ende der 1980er Jahre fasste der so genannte „Delors-Bericht" – benannt nach dem früheren Präsidenten der EU-Kommission Jaques Delors – die notwendigen Meilen- und Bausteine für die Errichtung einer gemeinsamen europäischen Währung zusammen. Im Jahr 1990 begann die erste Stufe der Europäischen Währungsunion, wobei sich die Länder verpflichteten, ihren Kapitalverkehr rigoros zu liberalisieren. Dies war eine Kernvoraussetzung dafür, später die Bildung eines gemeinsamen Währungsraum zu versuchen. Die intensive Diskussion des Delors-Berichts führte schließlich zum Abschluss des Vertrages von Maastricht am 8.

Meilensteine auf dem Weg der europäischen Integration

1952 Gründung der Europäischen Gemeinschaft für Kohle und Stahl (EGKS, Montanunion)	1986 Beitritt Portugals und Spaniens zur EG
1958 Gründung der Europäischen Wirtschaftsgemeinschaft (EWG) und der Europäischen Atomgemeinschaft (EURATOM) durch Belgien, Deutschland, Frankreich, Italien, Luxemburg und die Niederlande	1987 Inkrafttreten der Einheitlichen Europäischen Akte 1990
	1990 Beginn der ersten Stufe der Europäischen Wirtschafts- und Währungsunion
	1992 Unterzeichnung des Maastricht-Vertrages
1967 Schaffung der Europäischen Gemeinschaft (EG) durch Zusammenlegung der Organe von EWG, EGKS und EURATOM	1993 Beginn des Europäischen Binnenmarktes. Inkrafttreten des Maastricht-Vertrages, Schaffung der Europäischen Union (EU)
1972 Einführung des Europäischen Wechselkursverbundes („Währungsschlange")	1994 Beginn der zweiten Stufe der Europäischen Wirtschafts- und Währungsunion, Gründung des Europäischen Währungsinstituts
1973 Beitritt Dänemarks, Großbritanniens und Irlands zur EG	1995 Beitritt Finnlands, Österreichs und Schwedens zur EU
1979 Errichtung des Europäischen Währungssystems (EWS) Erste Direktwahl zum Europäischen Parlament	1999 Beginn der dritten Stufe der Europäischen Wirtschafts- und Währungsunion
1981 Beitritt Griechenlands zur EG	2002 Ausgabe von Euro-Banknoten und -Münzen

Februar 1992. Mit diesem begann der noch lange und für viele steinige Weg bis zum Beginn der Europäischen Währungsunion am 1. Januar 1999. Zuvor musste im Jahr 1993 der Europäische Binnenmarkt geschaffen werden; dieser sollte alle noch bestehenden formalen und materiellen Hemmnisse für einen freien Verkehr von Waren, Dienstleistungen, Arbeit und sonstiger Produktionsfaktoren in Europa beseitigen. Nach der Ratifizierung durch die nationalen Parlamente trat im selben Jahr der Maastricht-Vertrag in Kraft, aus der EG wurde die EU.

III.6.6.2 Theoretische Grundlagen der Europäischen Währungsunion

Im Mittelpunkt der Institutionen der Europäischen Währungsunion steht heute die Europäische Zentralbank, deren Vorläufer das Europäische Währungsinstitut (EWI) war. Die EZB nahm am 1. Mai 1998 ihre Arbeit auf. Mittlerweile besteht die EU nach der Osterweiterung aus 25 Ländern. Elf davon begannen am 1. Januar 1999 mit der Europäischen Währungsunion. In dieser dritten Stufe wurden die Wechselkurse der beteiligten Währungen unwiderruflich fixiert und der Wert der neuen gemeinsamen Währung konnte in nationalen Währungsbeträgen ausgedrückt werden. „Greifbar" wurde der Euro als Banknote und Münze erst im Januar 2002.

Die Europäische Währungsunion gehört zu den historisch seltenen Versuchen, auf dem Boden noch unabhängiger Nationalstaaten einen gemeinsamen, einheitlichen Währungsraum zu errichten. Was ist ein gemeinsamer Währungsraum? Welche Länder kommen dafür in Frage? Diese Themen sind so wichtig, dass wir darauf etwas Raum in dieser Einführung verwenden wollen.

Was ist eigentlich ein gemeinsamer Währungsraum?

Ein gemeinsamer Währungsraum ist ein Gebiet bestehend aus einem oder mehreren Ländern beziehungsweise Regionen, das eine einheitliche Währung besitzt oder die Wechselkurse der Währungen der Mitgliedsländer unwiderruflich fixiert hat.

Wann sprechen wir von der Optimalität eines Währungsraumes?

Wenn innerhalb des Währungsraumes ein gleichzeitiges Erreichen des internen (Preisniveaustabilität, Vollbeschäftigung) und des externen Gleichgewichts (ausgeglichene Zahlungsbilanz) gewährleistet ist.

Wodurch lässt sich für einen gegebenen Währungsraum angeben, wie er auf Störungen („Schocks") am besten reagiert?

Ohne Anspruch auf Allgemeingültigkeit lässt sich diese Frage beispielhaft behandeln. Dabei ist der Ausgangspunkt der Untersuchung ein internes und externes Gleichgewicht. Dieses werde durch einen Nachfrageschock gestört, und wir fragen danach, wie die Politik durch Variation der Geldmenge oder Veränderung des Währungsraumes darauf reagieren kann. Als Beispiel nehmen wir eine stilisierte Betrachtung der Volkswirtschaften der USA und Kanadas vor (Abbildung III.91).

Typischerweise sei die Spezialisierung der Produktion dergestalt, dass in Westkanada und im westlichen Teil der USA vorwiegend Bauholz, dagegen in Ostkanada und im östlichen Teil der USA vorwiegend Personenwagen hergestellt werden.

Ein Ausgangsgleichgewicht werde gestört durch eine zunehmende Nachfrage nach Bauholz sowie eine rückläufige Nachfrage nach Personenwagen in den USA und in Kanada mit der Folge, dass in den westlichen Teilen beider Länder ein Leistungsbilanzüberschuss in Verbindung mit inflatorischem Druck auftritt, während in den östlichen Teilen Unterbeschäftigung in Kombination mit einem Leistungsbilanzdefizit zu verzeichnen ist. Vorstellbar ist als Politikreaktion, dass

a) die Geldmenge konstant bleibt, dann liegt die gesamte Anpassungslast im Osten (höhere Arbeitslosigkeit) oder

b) die Geldmenge erhöht wird, dann entsteht zusätzliche Nachfrage auch für den Osten, im Westen macht sich Inflation breit.

Eine Alternative ergibt sich immer dann, wenn die Politik sich auf die neuen Währungsräume „West" und „Ost" einigt. Zwischen diesen besteht jetzt ein flexibler Wechselkurs; gegeben die geschilderten Umstände würde der Westdollar auf- und der Ostdollar abwerten: Die Folge ist, dass der Westen Inflation und der Osten Arbeitslosigkeit vermeidet. Des Weiteren stellt sich zwischen beiden Räumen ein ausgeglichener Leistungsbilanzsaldo ein.

Es ist der Verdienst von Robert Mundell, 1961 auf eine dritte Variante hingewiesen zu haben: Die Mobilität der Produktionsfaktoren, insbesondere des Faktors Arbeit. Wie funktioniert das? Mundell verwies darauf, dass Schocks bei einer entsprechend hohen Arbeitsmobilität von beiden Regionen (Ost und West) absor-

Kanada		**Kanada**
West		**Ost**
	Bauholz : Personenwagen	
Inflatorischer Druck/ Leistungsbilanzüberschuss		Unterbeschäftigung/ Leistungsbilanzdefizit
USA		**USA**
West		**Ost**
	Bauholz : Personenwagen	
Inflatorischer Druck/ Leistungsbilanzüberschuss		Unterbeschäftigung/ Leistungsbilanzdefizit

Abbildung III.91

biert werden können. In unserem Beispiel müssten hinreichend viele Arbeitskräfte von Osten nach Westen abwandern; dadurch könnte im Idealfall Unterbeschäftigung im Osten vermieden, im Westen die Produktion ohne Inflation ausgeweitet werden. Damit ist gezeigt, dass eine hinreichend große Arbeitsmobilität durchaus ein Substitut für einen fehlenden flexiblen Wechselkurs sein kann.

Fällt der Wechselkurs (wie in Teilen Europas, in „Euroland", zwischen einer Reihe von Ländern) als Anpassungsinstrument fort und ist die interregionale Arbeitsmobilität niedrig, dann liegt die Anpassungslast bei Schocks und Unterschieden im Entwicklungsniveau eindeutig bei den Löhnen. Sind schließlich auch diese nicht hinreichend flexibel, dann bedarf es eines horizontalen Finanzausgleichs.

Welche Länder sind geeignete Kandidaten für einen optimalen Währungsraum?

Der erste wichtige Test für die Frage, welche Länder für ein optimales Währungsgebiet geeignet sind, ist tatsächlich derjenige nach der *Wahrscheinlichkeit des Auftretens von asymmetrischen Schocks*. Ist diese nämlich extrem niedrig, so erübrigt sich (fast) die Untersuchung der nötigen Mobilität und/oder Anpassungsflexibilität bei Faktor- und Güterpreisen. Gibt es einen Zusammenhang zwischen der *Anpassungsflexibilität von Güter- und Faktorpreisen* einerseits und der Höhe des PKE andererseits? Wenn ja, so ist er jedenfalls kaum linear. Die Erfahrungen aus Europa zwischen 1970 und 1995 zeigen – etwa am Beispiel Schwedens –, dass Länder mit wachsendem PKE versucht sind, den Wohlfahrtsstaat mit seinen zahlreichen, die Faktor- und Gütermärkte überziehenden Regulierungen auszubauen. Sobald die Rückschläge im Wirtschaftswachstum unübersehbar werden, ist mit Versuchen zu rechnen, eben diesen Wohlfahrtsstaat zu entrümpeln. Allerdings lässt sich dieser Gedanke nur bedingt verallgemeinern, da nachrückende Länder wohl kaum bereit sein werden, Schwedens Erfahrungen schlichtweg in allen Phasen zu kopieren. Der Nutzen einer Währungsunion erwächst den Teilnehmern in erster Linie aus den *Erleichterungen im Handel*. Je höher das PKE, desto bedeutsamer und intensiver sind der intra-industrielle Handel und damit die Vorteile einer Reduktion der Informations- und Transaktionskosten bei dieser Form des Handels für die beteiligten Länder, die sich in ihrem PKE ähneln. Je höher und je ähnlicher das PKE, desto stärker die gegenseitige intra-industrielle Handelsverflechtung, könnte man verkürzt sagen.

Ein weiteres wichtiges *Kriterium* für ein optimales Währungsgebiet ist das *eines hohen Offenheitsgrades*. Die Faustregel lautet, dass große Länder einen großen Binnenmarkt und demzufolge auch einen geringeren Offenheitsgrad aufweisen. Je geringer (größer) aber der Offenheitsgrad ist, desto unbedeutender (gewichtiger) sind Rückwirkungen von Wechselkursanpassungen für das inländische Preisniveau. Große Länder können sich demgemäß eher (weniger) einen flexiblen Wechselkurs leisten. Beim *Kriterium eines hohen Grades an Diversifizierung* in Produktion und Export lautet das Argument, dass Nachfrage- und/oder Angebotsschocks bei einzelnen Gütern unter diesen Bedingungen kaum ein Außenhandelsungleichgewicht auslösen und eine Wechselkursanpassung erforderlich machen werden. Was die *Präferenzen für wirtschaftspolitische Ziele* im Allgemeinen und *für niedrige Inflation* im besonderen betrifft, so gilt die Vermutung, dass mit der Heterogenität der Präferenzen unter den Teilnehmerländern auch die Verhandlungs- und Einigungskosten innerhalb der Währungsunion steigen.

Im Rahmen der neueren Theorie für optimale Währungsgebiete spielt der mögliche *Import an Glaubwürdigkeit,* der durch den Beitritt zum gemeinsamen Währungsgebiet erreicht werden kann, eine wichtige Rolle. Der „Nettonutzen" dieses Kriteriums ist im Vergleich zu den „klassischen" Kriterien aber eher bescheiden: Anders als diese trägt das Merkmal „Glaubwürdigkeitsimport" nur den Interessen neuer Kandidaten, nicht aber der gesamten Währungsunion Rechnung.

Das *Finanzmarktkriterium* besagt im Grunde genommen, dass wichtige nationale Finanzinstitutionen (Zentralbanken, Bankenaufsichtsbehörden etc.) von beitrittswilligen Kandidaten mit ausreichender Kompetenz und Unabhängigkeit ausgestattet sein sollten. Vor einem Beitritt zu einer gemeinsamen Währungszone sind im jeweiligen inländischen Finanzsektor, wo notwendig, Wertberichtigungen zu beziehungsweise Abschreibungen von notleidenden Krediten vorzunehmen. Auch sind Finanzinstitute auf eine hinreichende Unterlegung von Krediten mit Eigenkapital zu überprüfen. Auch eine freiwillige Duldung externer Ratings von inländischen Finanzinstituten vor einem Aufnahmeantrag in die Währungsunion steht den Kandidaten gut zu Gesicht.

Als das tauglichste Maß für ein gut funktionierendes Währungsgebiet wird seit vielen Jahren in empirischen Untersuchungen das von Vaubel Ende der 1970er Jahre entwickelte Konzept der *Variabilität beziehungsweise Varianz des realen Wechselkurses* angewendet. Je niedriger diese ist, so wird argumentiert, desto weniger sind die zusammengeschlossenen Regionen erstens von asymmetrischen Schocks betroffen, zweitens durch fehlende interregionale Faktormobilität gekennzeichnet, desto größer ist drittens ihr Diversifizierungsgrad im Außenhandel und viertens ganz allgemein ihr Offenheitsgrad. In diesem Falle sind die betroffenen Länder gute Kandidaten für ein gemeinsames Währungsgebiet.

Soweit die Kriterien für optimale Währungsgebiete, wie sie die ökonomische Theorie in den letzten 40 Jahren erarbeitet hat. Soll eine konkrete Währungsunion gegründet werden, so stellt sich die Aufgabe, aus abstrakten Kriterien konkrete Qualifikationsanforderungen für mögliche Kandidaten abzuleiten. Im Folgenden wollen wir kurz aufzeigen, wie dieses Problem auf europäischer Ebene angegangen wurde.

III.6.6.3 Die fünf Konvergenzkriterien des Maastrichter Vertrages

Seit dem Vertrag von Maastricht (1992) war in Europa eine Währungsunion vorgesehen, die schließlich im Jahr 1999 begründet wurde. Entsprechend den Vertragsinhalten von Maastricht mussten hierzu die Beitrittskandidaten eine Reihe von „Hürden" (insgesamt fünf so genannte „Konvergenzkriterien") nehmen, um sich für die Währungsunion zu qualifizieren. Die im Vertrag von Maastricht festgelegten fünf Qualifikationsanforderungen für die beitrittswilligen Kandidaten lauten:

1. Der Anstieg der Verbraucherpreis darf das Mittel der drei preisstabilsten Länder um nicht mehr als 1,5% übersteigen.

2. Die Währung muss dem EWS angehören und darf in den letzten beiden Jahren nicht abgewertet worden sein.

3. Das Zinsniveau darf das Mittel der drei bestplatzierten Mitgliedstaaten um nicht mehr als zwei Prozentpunkte überschreiten.

4. Die jährliche Neuverschuldung darf drei Prozent des Bruttoinlandsproduktes nicht übersteigen.

5. Die gesamte Staatsschuld darf nicht über 60 Prozent des Bruttoinlandsproduktes liegen.

Das Inflations- und das Zinskriterium des Maastricht-Vertrages sind beide – vor Beginn der Europäischen Währungsunion – als zulässige Abweichung von einer „Benchmark" definiert worden. Im Sinne des Konvergenzbegriffs, der sich ja sinnvollerweise auf Niveaugrößen bezieht, überzeugt das *Inflationskriterium* nur dann, wenn annähernd gleiche Inflationsraten in verschiedenen Ländern ähnliche Preisniveaus implizieren. Vor dem Hintergrund der These von Balassa und Samuelson, wonach rückständige Länder mit niedrigem Preisniveau zu höheren Wachstums- und Inflationsraten neigen, ist das Kriterium immer dann wenig glaubwürdig und damit wenig aussagekräftig, wenn signifikante Unterschiede im PKE vorliegen. Im Sinne der Theorie optimaler Währungsräume sind ähnliche Inflationsraten bestenfalls ein Ausdruck für vergleichbare wirtschaftspolitische Präferenzen. Wurden sie aber erst kurz vor Gründung der Währungsunion erreicht, so sind sie wohl eher Ausdruck eines unbändigen Beitrittswillens der einzelnen Kandidaten und weniger ihrer eigentlichen Präferenzen („erzwungene Konvergenz").

Beim *Wechselkurskriterium* werden häufige Paritätsänderungen beziehungsweise eine hohe Volatilität des Kurses zu wichtigen anderen Währungen in der Theorie optimaler Währungsgebiete als Ausdruck divergierender Makropolitiken im Allgemeinen und Geldpolitiken im besonderen interpretiert. Im Sinne des Nobelpreisträgers Robert Mundell können sie aber auch die Konsequenz einer niedrigen Faktormobilität zwischen den verschiedenen Währungsgebieten – bei rigiden Faktor- und Güterpreisen – sein. Da letztere ein weit verbreitetes Phänomen in Europa darstellen, führen stark volatile Wechselkurse auch zu einer großen Variabilität bei den realen Wechselkursen.

Beim *Kriterium des Kapitalmarktzinses* lässt sich eine Konvergenz des Realzinssatzes aus neoklassischer Sicht durchaus auch als Konvergenz in der (normierten) Kapitalausstattung der betroffenen Länder interpretieren (vgl. die Ausführungen zum neoklassischen Wachstumsmodell). Einer solchen Konvergenz würde im Grunde genommen bereits eine entsprechende Annäherung der PKE zugrunde liegen. Liegt diese Annäherung nicht vor, dann muss die Zinskonvergenz am Kapitalmarkt durch andere Faktoren erklärt werden, welche die Unterschiede im Realzins kompensieren. Wird dennoch Konvergenz bei den nominalen Kapitalmarktzinsen beobachtet, so ist diese Ausdruck konvergierender Inflationserwartungen, Risikoprämien etc. in den beteiligten Ländern, aber nur bedingt ein Signal für die Integration des gemeinsamen Kapitalmarktes. Ebenso gut können sich darin die Erwartungen der Marktakteure im Hinblick auf die wahrscheinlichen Teilnehmer an der Währungsunion manifestieren.

Bekanntlich sind die *fiskalischen Kriterien* des Maastricht-Vertrages zunächst einmal lediglich historische (Verschuldungsquote) beziehungsweise rechnerische (Defizitquote) Obergrenzen. Bei unterschiedlichem Wachstum und differierender Haushaltsdisziplin werden die Länder ganz verschiedene Verschuldungsquoten erreichen. Wenn überhaupt, ist eine Konvergenz der Defizitquoten in der Nähe von null angestrebt. Im Sinne der traditionellen Theorie optimaler Währungsgebiete sind konvergierende Defizitquoten möglicherweise ein Signal für gut miteinander harmonierende Politikpräferenzen. Im Sinne der „neueren" Theorie optimaler Währungsgebiete, die den Glaubwürdigkeitsaspekt in den Vordergrund rückt, sind nicht nur das Inflations- und Zinskriterium (bei fehlender Konvergenz) ein Signal für unglaubwürdige Beteuerungen von Beitrittskandidaten, sondern auch das Verfehlen der Defizit- und die Verschuldungsquote eine indirekte Bedrohung für das Ziel der Preisniveaustabilität: Ein hoher Schuldenstand wichtiger Teilnehmerländer könnte nämlich die gemeinsame Zentralbank eines Tages dazu verlocken, den Realwert dieser Schulden durch Inflation zu senken. Allerdings lässt sich die in einer solchen Aussage versteckte Skepsis gegenüber hoch verschuldeten Ländern erheblich durch die faktisch sehr große Unabhängigkeit der Europäischen Zentralbank reduzieren.

Im Jahr 2007 bilden nun 13 Länder die EWWU, nachdem Slowenien im Januar dem gemeinsamen Währungsraum beigetreten ist. Die Vergrößerung des europäischen Währungsraumes ist jeweils mit einer gesunden Portion Skepsis zu beurteilen. Denn es hat sich schon bei dem ersten gegenüber den 11 Gründerstaaten hinzugetretenen Staat, Griechenland, gezeigt, dass die EU-Kommission schon während der „Qualifikationsphase" über die wahre Höhe der Defizit- und Verschuldungsquote getäuscht wurde. Solche Ereignisse tragen verständlicherweise nicht zu einer Verstärkung des Vertrauens in den Euro bei. Daher sind EZB und EU-Kommission gut beraten, jeden Aufnahmeantrag genau zu prüfen und Sorgfalt vor Eile walten zu lassen.

Quellen und Literaturempfehlungen

Arnold, L. (1997): Wachstumstheorie, München: Vahlen.

Arnold, L. (2003): Makroökonomik. Eine Einführung in die Theorie der Güter-, Arbeits- und Finanzmärkte. 1. Aufl., Tübingen.

Barro, R. J. (1974): Are Government Bonds Net Wealth?, in: Journal of Political Economy 82, Heft 4, S. 1095–1118.

Barro, R. J./Sala-i-Martin, X. (1998): Wirtschaftswachstum, München et al.: Oldenbourg.

Baßeler, U./Heinrich, J./Utrecht, B. (2002): Grundlagen und Probleme der Volkswirtschaft. 17. Aufl., Stuttgart: Schäffer-Poeschel.

Bender, D. (1999): Außenhandel, in: Bender, D. et al. (Hrsg.): Vahlens Kompendium der Wirtschaftstheorie und Wirtschaftspolitik, Bd. 1., 7. Aufl., München: Vahlen, S. 455 – 518.

Bender, D. (2003): Internationaler Handel, in: Bender, D. et al. (Hrsg.): Vahlens Kompendium der Wirtschaftstheorie und Wirtschaftspolitik, Bd. 1., 8. Aufl., München: Vahlen, S. 475–560.

Berg, H. (1999): Außenwirtschaftspolitik, in: Bender, D. et al. (Hrsg.): Vahlens Kompendium der Wirtschaftstheorie und Wirtschaftspolitik, Bd. 2., 7. Aufl., München: Vahlen, S. 543–591.

Blanchard, O. (2003): Macroeconomics, 3rd edition, New Jersey: Prentice Hall.

Blanchard, O./G. Illing (2004): Makroökonomie. 3. Aufl., München.

Blümle, G. (1982): Außenwirtschaftstheorie, Freiburg i. Br.: Rombach.

Blümle, G. (1995): Makroökonomik, in: Blümle, G./Francke, H.-H. (Hrsg.): Kompendium der Verwaltungs- und Wirtschaftsakademie Freiburg – Bd. 1: Volkswirtschaftslehre, 1., Aufl., Freiburg i. Br.: Rombach, S. 55–118.

Blümle, G. (2005): Verteilungstheorie und Verteilungspolitik, Mimeo, Freiburg i. Br.

Blümle, G./Patzig, W. (1999): Grundzüge der Makroökonomie, 4. Aufl., Freiburg i. Br.: Haufe.

Borchert, M. (2003): Geld und Kredit, 8. Aufl., München et al.: Oldenbourg.

Brandt, K. (1973): Einführung in die Volkswirtschaftslehre, 3. Aufl., Freiburg i. Br.: Rombach.

Brandt, K. (1992): Geschichte der deutschen Volkswirtschaftslehre. Bd. 1: Von der Scholastik bis zur klassischen Nationalökonomie, Freiburg: Rudolf Hauffe Verlag.

Brandt, K. (1993): Geschichte der deutschen Volkswirtschaftslehre. Bd. 2: Vom Historismus bis zur Neoklassik, Freiburg: Rudolf Hauffe Verlag.

Burda, M. C./Wyplosz, C. (2003): Makroökonomie. Eine europäische Perspektive, 2. Aufl., München.

Cassel, D. (2003): Inflation, in: Bender, D. et al. (Hrsg.): Vahlens Kompendium der Wirtschaftstheorie und Wirtschaftspolitik, Bd. 1., 8. Aufl., München: Vahlen, S. 331–395.

Claassen, E.-M. (2002): Monetäre Außenwirtschaftslehre, München: Vahlen.

Deutsche Bundesbank (2006): Monatsberichte, verschiedene Ausgaben, Frankfurt a. M.

Dieckheuer, G. (2003): Makroökonomik. 5. Aufl., Berlin.

Dornbusch, R./Fischer, S. (2003): Makroökonomik, 8. Aufl., München et al.: Oldenbourg.

Engelkamp P. und F. L. Sell (2005): Einführung in die Volkswirtschaftslehre. 3. Aufl., Berlin.

Essig, H./Hartmann, N. (1999): Volkswirtschaftliche Gesamtrechnungen 1. Halbjahr 1999, in: Statistisches Bundesamt: Wirtschaft und Statistik Nr. 9, Wiesbaden, S. 688–701.

Europäische Zentralbank (2006): Monatsbericht, Ausgabe Juni 2006, Frankfurt a. M.

Faulhaber, J. (2000): Das neue Kontensystem des Europäischen Systems Volkswirtschaftlicher Gesamtrechnungen, in: WISU 29, Heft 12, S. 1608–1611.

Froyen, R. T. (2005): Macroeconomics -Theories and Policies. 8. Aufl., Upper Saddle River.

Gabisch, G. (2003): Konjunktur und Wachstum, in: Bender, D. et al. (Hrsg.): Vahlens Kompendium der Wirtschaftstheorie und Wirtschaftspolitik, Bd. 1., 8. Aufl., München: Vahlen, S. 351–415.

Gärtner, M. (1989): Makroökonomik bei endogenem Regierungsverhalten, in: WiSt 18, Heft 12, S. 602–608.

Göcke, M. und T. Köhler (2002): Außenwirtschaft. Heidelberg.

Görgens, E./Ruckriegel, K. (2002): Grundzüge der makroökonomischen Theorie, 8. Aufl., Bayreuth.

Gordon, R.J. (2000): Macroeconomics, 9th edition, Boston, MA: Addison Wesley.

Herberg, H. (1992): Terms of Trade- und Wohlfahrtseffekte von mengenmäßigen Handelsbeschränkungen – Eine grafische Analyse, in: WiSt 21, Heft 10, S. 493–498.

Heubes, J. (1991): Konjunktur und Wachstum, München: Vahlen.

Hösch, F./Szigetti, P. R. (2001): Volkswirtschaftslehre, 5. Aufl., Herne u.a: Verlag Neue Wirtschaftsbriefe.

Huber, R. (2000): Systemwechsel im Volkswirtschaftlichen Rechnungswesen, in: WISU 29, Heft 4, S. 460–464.

Hübl, L. (2003): Wirtschaftskreislauf und Gesamtwirtschaftliches Rechnungswesen, in: Bender, D. et al. (Hrsg.): Vahlens Kompendium der Wirtschaftstheorie und Wirtschaftspolitik, Bd. 1., 8. Aufl., München: Vahlen, S. 53–94.

Issing, O. (1993): Einführung in die Geldtheorie, 9. Auflage, München.

Jochem, A./Sell, F. L. (2001): Währungspolitische Optionen für die Mittel- und Osteuropäischen Beitrittskandidaten zur EU, Tübingen: Mohr Siebeck.

Johnson, H. G. (1973): The Theory of Income Distribution, London: Gray-Mills.

Kaldor, N. (1976): Alternative Verteilungstheorien, in: Schlicht, E. (Hrsg.): Einführung in die Verteilungstheorie, Reinbek bei Hamburg: Rowohlt, S. 101–128.

Kath, D. (1999): Geld und Kredit, in: Bender, D. et al. (Hrsg.): Vahlens Kompendium der Wirtschaftstheorie und Wirtschaftspolitik, Bd. 1., 7. Aufl., München: Vahlen, S. 187–235.

Keynes, J. M. (1936): General Theory of Employment, Interest and Money, London: Mcmillan.

Klump, R. (1999): Wachstumspolitik, in WiSt, 28. Jg., Heft 3, S. 119-124.

Koesters, P.-H. (1995): Ökonomen verändern die Welt, München: Goldmann.

Kromphardt, J. (2001) Grundlagen der Makroökonomie. 2. Aufl., München.

Krugman, P. R. und M. Obstfeld (2004): Internationale Wirtschaft -Theorie und Politik der Außenwirtschaft. 6. Aufl., München.

Maier, Gunter und Franz Tödtling (1995): Regional- und Stadtökonomik, Wien, New York: Springer, S.125-133.

Malinvaud, E. (1985): The Theory of Unemployment Reconsidered, 2nd ed., Oxford: Blackwell.

Maußner, A./Klump, R. (1996): Wachstumstheorie, Berlin u. a.: Springer.

Meadows, D. et al. (1972): Die Grenzen des Wachstums, Stuttgart: Dt. Verlags-Anstalt.

Michaelis, J. (1995): Internationaler Handel, in: Blümle, G./Francke, H.-H. (Hrsg.): Kompendium der Verwaltungs- und Wirtschaftsakademie Freiburg – Bd. 1,: Volkswirtschaftslehre, 1. Auflage, Freiburg i. Br.: Rombach, S. 231–265.

Müller, J. H./Peters, H. (1991): Einführung in die Volkswirtschaftslehre, 12. Aufl., Herne u. a.: Verlag Neue Wirtschafts-Briefe.

Müller, R. (1995): Konjunktur und Wachstum, in: Blümle, G./Francke, H.-H. (Hrsg.): Kompendium der Verwaltungs- und Wirtschaftsakademie Freiburg – Bd. 1: Volkswirtschaftslehre, 1. Auflage, Freiburg i. Br.: Rombach, S. 181–230.

Mundell, R. A. (1961): A Theory of Optimum Currency Areas, in: American Economic Review 51, Heft 3, S. 657–665.

Nissen, H.-P. (2002): Das Europäische System Volkswirtschaftlicher Gesamtrechnungen, 4. Aufl., Heidelberg: Physica-Verlag.

Nordhaus, W. D. (1975): The Political Business Cycle, in: Review of Economic Studies 42, Heft 2, S. 169–190.

Peschel, Karin (1990): Das "klassische" von Thünen-Modell, WISU, Heft 10-90, S. 592-597.

Petersen, Thieß (2006): Die Ricardianische Rententheorie, in: WISU (Das Wirtschaftsstudium), 35. Jg., Heft 10, S. 1220–1226.

Phelps, E. S. (1970): Microeconomic Foundations of Employment and Inflation Theory, New York: W. W. Norton.

Ricardo, D. (1821): Über die Grundsätze der Politischen Ökonomie und der Besteuerung. Hrsg. Von H. D. Kurz, Marburg 1994.

Rose, K. (1975): Einkommens- und Beschäftigungstheorie, in: Ehrlicher, W. et al. (Hrsg.): Kompendium der Volkswirtschaftslehre, Bd. 1, 5. Aufl., Göttingen: Vandenhoeck & Ruprecht, S. 183–245.

Rose, K. (1995): Grundlagen der Wachstumstheorie, 6. Aufl., Göttingen: Vandenhoeck & Ruprecht.

Rose, K./Sauernheimer, K. (1999): Theorie der Außenwirtschaft, 13. Aufl., München: Vahlen.

Samuelson, P. (1939): Interaction Between the Multiplier Analysis and the Principle of Acceleration, in: Review of Economics and Statistics 21, S. 75–78.

Schätzl, Ludwig (2001): Wirtschaftsgeographie 1 Theorie, 8. Auflage, Paderborn u.a. O.: UTB, S. 63-72.

Sell, F. L. (1998): Max Weber – der Nationalökonom: Zur Neuinterpretation seines Werkes durch Wilhelm Hennis, in: ORDO 49, S. 211–227.

Sell, F. L. (2001): Braucht es monetäre und reale Konvergenz für eine (in einer) Währungsunion? Anmerkungen zu einer aktuellen Debatte, in: List Forum für Wirtschafts- und Finanzpolitik 27, Heft 4, S. 379–398.

Sell, F. L. (2001a): Erhöhtes Tempo der Handelsliberalisierung erforderlich, in: Ifo Schnelldienst 54, Heft 21, S. 5–7.

Sell, F. L. (2004): Währungspolitik im Dienste von Entwicklung: Immer noch ein Forschungsprogramm, in: Zeitschrift für Wirtschaftspolitik, 53. Jg., Heft 2, S. 123–150.

Sell, F. L. (2006): Zins- und Geldmengensteuerung in der offenen Volkswirtschaft. In: WISU, 35.Jg., Heft 03/06 (in Vorbereitung).

Sell F. L. und S. Reinke (1991): Kaufkraftparitätentheorie und realer Wechselkurs. In: WISU, 20. Jg., Heft 7/91, S. 526-530.

F. L. Sell/ Oberpriller, C.(2006): Geld- und Fiskalpolitik für „größere" offene Volkswirtschaften: Erweiterung der AS/AD-Analyse um den realen Wechselkurs, in: WISU, 35. Jg., Heft 08-09/2006, S. 1103-1110, S. 1123.

Siebke, J./Thieme, H. J. (2003): Einkommen, Beschäftigung, Preisniveau, in: Bender, D. et al. (Hrsg.): Vahlens Kompendium der Wirtschaftstheorie und Wirtschaftspolitik, Bd. 1., 8. Aufl., München: Vahlen, S. 95–187.

Smeets, H-D. (2003): Währung und Internationale Finanzmärkte, in: Bender, D. et al. (Hrsg.): Vahlens Kompendium der Wirtschaftstheorie und Wirtschaftspolitik, Bd.1., 8. Aufl., München: Vahlen, S. 265–330.

Statistisches Bundesamt (2006): Rangfolge der Handelspartner im Außenhandel der Bundesrepublik Deutschland 2005, Internetversion: http://www.destatis.de/themen/d/thm_aussen.php, 7.12.2006.

Statistisches Bundesamt (2006a): Volkswirtschaftliche Gesamtrechnungen: Wichtige Zusammenhänge im Überblick, Stand Mai 2006, Wiesbaden: Statistisches Bundesamt.

Stobbe, A. (1994): Volkswirtschaftliches Rechnungswesen, 8. Aufl., Berlin u. a.: Springer.

Vollmer, U. (2003): Geld und Kredit, in: Bender, D. et al. (Hrsg.): Vahlens Kompendium der Wirtschaftstheorie und Wirtschaftspolitik, Bd. 1., 8. Aufl., München: Vahlen, S. 189–263.

Wagner, H. (2003): Makroökonomie, München.

Willms, M. (1995): Internationale Währungspolitik, 2. Aufl., München u. a.: Vahlen.

Willms, M. (1999): Währung, in: Bender, D. et al. (Hrsg.): Vahlens Kompendium der Wirtschaftstheorie und Wirtschaftspolitik, Bd.1., 7. Aufl., München: Vahlen, S. 237–286.

World Trade Organization (2006): Country Profiles, Internetversionen: http://stat.wto.org/CountryProfiles/DE_htm, http://stat.wto.org/CountryProfiles/BE_e.htm, http://stat.wto.org/CountryProfiles/US_e.htm, 7.12.2006

IV   Theorie der Wirtschaftspolitik

IV.1   Vorbemerkung

Für den Studenten in den ersten Semestern ist es manchmal schwierig, den Begriff der „Wirtschaftspolitik" von der „Theorie der Wirtschaftspolitik" abzugrenzen. Dies ist im Grunde genommen aber gar nicht so schwer: Die von uns beobachtete, erfahrene, erduldete, bisweilen sogar erlittene Wirtschaftspolitik, als Teil der allgemeinen Politik, ist das *Erfahrungsobjekt* eines jeden Wirtschaftssubjektes. Für den Wirtschaftswissenschaftler wird daraus noch etwas mehr, nämlich ein *Erkenntnisobjekt*. Was aber ist die Wirtschaftspolitik selbst? Es handelt sich um Maßnahmen, die von (vorwiegend, aber nicht nur) öffentlichen Institutionen beziehungsweise von so genannten „Trägern der Wirtschaftspolitik" ergriffen werden, um wirtschaftspolitische Ziele (besser) zu erreichen. Diese Maßnahmen können auf der nationalen (Staat, Notenbank), der internationalen (IWF, GATT), aber auch auf der supranationalen Ebene (EZB, EU-Kommission) ansetzen. Die allgemeine Politik und die Wirtschaftspolitik sind miteinander eng verwoben, dabei können ebenso Maßnahmen der allgemeinen Politik (mehr oder weniger) gewünschte wirtschaftspolitische Konsequenzen, wie auch wirtschaftspolitische Maßnahmen im engeren Sinne Auswirkungen auf die allgemeine politische „Großwetterlage" haben.

IV.2   Aufgabenstellung und Abgrenzung zur Wirtschaftstheorie

Anders als in der Wirtschaftstheorie, die zum Ziel hat, das beobachtete Verhalten von Wirtschaftsakteuren, komplexe Abläufe des Wirtschaftslebens (Verträge, Verhandlungen etc.) sowie gesamtwirtschaftliche Prozesse im Sinne von Ursache-Wirkungs-Zusammenhängen zu erklären, hat die Theorie der Wirtschaftspolitik die Aufgabe, die Wirksamkeit des Einsatzes von ökonomischen Instrumenten zur Erreichung von gewünschten Zuständen rational zu prüfen. Sie ist daher, im Gegensatz zur Wirtschaftstheorie, keine „reine", sondern eine angewandte Wissenschaft. Daher spricht man auch von einer „Technologie", ein Begriff, der deshalb nicht ganz unproblematisch ist, als er suggeriert, dass der Wissenschaftler zu den ökonomischen Zielen selbst nichts beizutragen hat. Auf diese Problematik werden wir später noch zurückkommen.

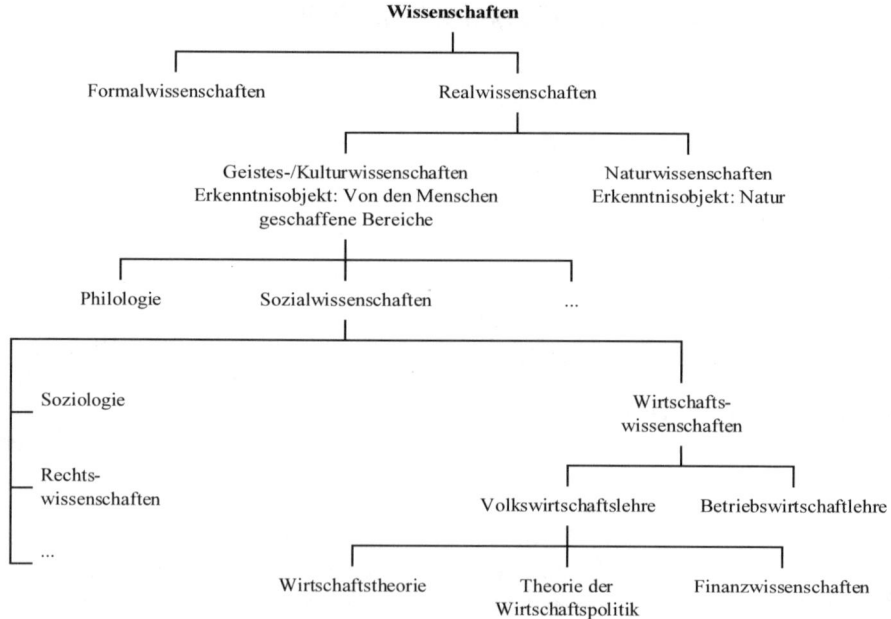

Abbildung IV.1

In der obigen Abbildung IV.1 ordnen wir die Theorie der Wirtschaftspolitik ein unter die Rubrik „Wirtschaftswissenschaft", eine Disziplin, die mit dem erscheinen von Adam Smith's epochaler „Wealth of Nations" im Jahr 1776 ihren Anfang hatte. Gemeinsam ist dieser Teilwissenschaft, dass sie, wie beispielsweise die Rechtswissenschaft und die Soziologie, als Erkenntnisobjekt die von den Menschen selbst geschaffenen Bereiche hat. Als übergeordnete Klasse von Wissenschaften gelten hier die Sozialwissenschaften und – auf einer höheren Aggregationsebene – die Geistes- und Kulturwissenschaften. Im Gegensatz dazu haben die Naturwissenschaften die Natur zum Erkenntnisobjekt. Beide, Natur- sowie Geistes- und Kulturwissenschaften sind wiederum Teil der Realwissenschaften, die wir von den Formalwissenschaften abgrenzen.

Zur Unterscheidung von Wirtschaftstheorie und praktischer Wirtschaftspolitik ist die folgende Abbildung IV.2 geeignet. Im oberen Teil erkennen wir den beschriebenen „Impetus" der Wirtschaftstheorie, Kausalgesetzlichkeiten in der Ökonomie aufzudecken. Im unteren Teil der Abbildung wird die Tätigkeit wirtschaftspolitischer Träger beschrieben. Aufgrund von normativen Vorabsetzungen/Werturteilen und/oder durch gesellschaftlichen Konsens (etwa durch Wahlen) findet eine Zielbestimmung statt. Die Träger der Wirtschaftspolitik sind gehalten, sich stets ausreichend über die tatsächliche Lage beziehungsweise den Zustand bei den Zielgrößen zu informieren. Wird eine signifikante Diskrepanz zwischen „Ist" und „Soll" festgestellt, dann sind wirtschaftspolitische Entscheidungen und ein ent-

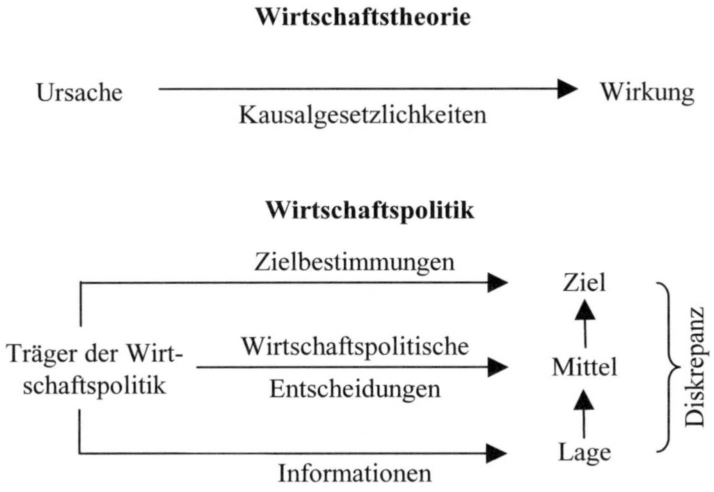

Wirtschaftstheorie

Ursache $\xrightarrow[\text{Kausalgesetzlichkeiten}]{}$ Wirkung

Wirtschaftspolitik

Zielbestimmungen

Träger der Wirtschaftspolitik — Wirtschaftspolitische Entscheidungen → Ziel ↑ Mittel ↑ Lage } Diskrepanz

Informationen

Abbildung IV.2

sprechender Mitteleinsatz geboten. Die Wirtschaftspolitik versucht also, als Teil der allgemeinen Politik, Ziele und Lage ökonomischer Variablen durch den Mitteleinsatz (wieder) in Übereinstimmung zu bringen.

IV.3   Teilgebiete und Gestaltungsräume der Wirtschaftspolitik

IV.3.1   Teilgebiete

Die Wirtschaftspolitik wird traditionell – ohne dass diese Einteilung ihren Sinn durch neuere Entwicklungen verloren hätte – unterteilt in die *Wirtschaftsordnungspolitik* einerseits und in die *Wirtschaftsprozesspolitik* andererseits. Die Wirtschaftsordnungspolitik hat dabei gegenüber der Wirtschaftsprozesspolitik ein gewisses Übergewicht. Dies liegt daran, dass erst durch sie die Voraussetzungen für die Schaffung und den Einsatz von Instrumenten der Prozess- oder auch Ablaufpolitik geschaffen werden. Die Wirtschaftsordnung selbst ist ein komplexes, in der Regel nicht nur gestaltetes, sondern „gewachsenes" Gebilde. Teile der Wirtschaftsordnung (vgl. Abbildung IV.3) sind etwa die in einer Gesellschaft etablierten Regeln, Sitten und Gebräuche. Auf diese nimmt die Wirtschaftsordnungs*politik* i.d.R. nur indirekt beziehungsweise langfristig Einfluss. Auch Traditionen und Konventionen sind Teil der Wirtschaftsordnung eines Landes.[93]

---

[93]   Zur Entstehung und zum Beharrungsvermögen von Traditionen und Konventionen vgl. Kermer/Mittendorf/Sell (2000).

Ordnungspolitik

Regeln, Sitten,
Gebräuche

Traditionen,   Wirtschafts-   Gestaltung einer
Konventionen   ordnung   Wirtschaftsverfassung

Normen

Prozesspolitik

                            Steuerung des
Ausgangslage   Zielkonforme
                        Wirtschaftsprozesses   Ergebnisse

        mikroökonomisch   makroökonomisch

Abbildung IV.3

Die Wirtschaftsverfassung eines Landes prägt einerseits die Wirtschaftsordnung.
Ziel der Wirtschaftsordnungspolitik i. e. S. ist es andererseits, die Wirtschaftsverfassung eines Landes zu gestalten. Dabei handelt es sich im Wesentlichen um
Rechtsnormen in einer Volkswirtschaft. Die wirtschaftlichen Normen sind natürlich nur ein Teil der rechtlichen Normen eines Landes insgesamt. Solche wirtschaftlichen Normen finden wir sowohl auf der mikro- wie auf der makroökonomischen Ebene der Ökonomie. Beispiele für letztere sind etwa die
Geldverfassung oder die Finanzverfassung eines Landes. Darin regelt der Gesetzgeber den Auftrag, die Entscheidungsorgane, die Kompetenzen und die Instrumente der Finanz- beziehungsweise der Geldpolitik. Auf der mikroökonomischen
Ebene regelt die Wirtschaftsordnungspolitik beispielsweise die Eigentums- oder
die Unternehmensverfassung. Analog sind hier die Kompetenzen, Aufgaben etc.
der Eigentümer an wirtschaftlichen Gütern beziehungsweise der rechtliche Rahmen, innerhalb dessen sich Unternehmer bewegen dürfen und sollen, geregelt.

Durch die Wirtschaftsverfassung ist der Rahmen geschaffen, innerhalb dessen die
Wirtschaftsprozesspolitik agieren kann. Diese ist eher kurz- bis mittelfristig
ausgerichtet und versucht, den Wirtschaftsprozess (mit) zu steuern oder doch
wenigstens, darauf Einfluss zu nehmen. Grundsätzlich kommen als Steuerungsbe-
reiche sowohl die mikroökonomische als auch die makroökonomische Ebene in
Frage. Die Anhänger klassischer beziehungsweise neuklassischer Vorstellungen
favorisieren dabei eindeutig – wenn überhaupt – Eingriffe auf der mikroökonomischen Ebene mit dem Ziel, die Angebotsbedingungen der Volkswirtschaft auf der

Unternehmensebene zu verbessern. Dagegen gehen die Vorstellungen einer makroökonomischen „Globalsteuerung" auf keynesianisches Gedankengut zurück. Wie wir bereits oben festgestellt hatten, ist Sinn und Zweck der „Übung" stets, „zielkonforme" (sowie, was weiter unten zu zeigen sein wird, „systemkonforme") Ergebnisse herbeizuführen. Bevor wir weiter unten ausführlich auf Ziele/Zielhierarchien und Zielbeziehungen in der Wirtschaftspolitik eingehen, wollen wir einen Überblick zu den Gestaltungsräumen und zu den Politikmerkmalen der Wirtschaftspolitik geben.

IV.3.2   Gestaltungsräume

Fasst man die beiden Teilgebiete zusammen, so lässt sich vereinfacht sagen, dass der Wirtschaftspolitik die Aufgabe zufällt, die Wirtschaftsordnung und den Wirtschaftsprozess (mit) zu gestalten. Dabei ist die Ordnungspolitik besonders wichtig, weil sie erst die Voraussetzungen für die Einsatzmöglichkeiten der Prozesspolitik schafft. In Abbildung IV.4 erkennen wir im Überblick, welche wichtigen Gestaltungsbereiche auf die Ordnungs- beziehungsweise auf die Prozesspolitik zukommen.

Von den zehn genannten Elementen der Wirtschaftsverfassung gehören die ersten sechs der Mikro-, die restlichen vier der Makroverfassung an. Gemeinsam ist aber allen Elementen, dass durch sie die Grenzen der wirtschaftlichen Verhaltensmöglichkeiten abgesteckt werden. Der Gestaltungsbereich der Prozesspolitik enthält ebenfalls zehn Elemente mit der Maßgabe, bei jeder einzelnen dieser ökonomischen Variablen möglichst zielkonforme, also die Diskrepanz zwischen Lage und Zielwert reduzierende Ergebnisse herbeizuführen. Die Übereinstimmung in der Zahl der Gestaltungsbereiche bei der Ordnungspolitik einerseits und der Prozesspolitik andererseits ist natürlich rein zufällig. Hinzu kommt, dass der Optimismus, eine große Anzahl wichtiger ökonomischer Variablen durch Prozesspolitik wirksam und nachhaltig beeinflussen zu können, im Zuge der Globalisierung empfindlich zurückgegangen ist. Beispielsweise beurteilen Zentralbanken die Aussichten, den Wechselkurs des eigenen Landes entgegen der Marktstimmung zu stärken (oder zu schwächen), mittlerweile äußerst zurückhaltend.[94] Aber auch ohne Globalisierung werden die Möglichkeiten der Prozesspolitik skeptisch beurteilt. Die Theorie der „Politikineffizienz" hat etwa zu zeigen versucht, dass *systematische* Versuche der Fiskal- oder der Geldpolitik, makroökonomische Variablen wie Produktion und Beschäftigung zu steuern, zum Scheitern verurteilt sind.[95]

---

[94] Man denke hier etwa an den nahezu völlig ausgebliebenen Erfolg der EZB beim Versuch im September 2000, den Euro gegenüber dem US-Dollar zu stützen.

[95] Allerdings versucht die makroökonomische Theorie gegenwärtig dem Paradigma der „Politikineffizienz" eines der Effektivität und Effizienz von Ankündigungen in der Politik zur Seite zu stellen.

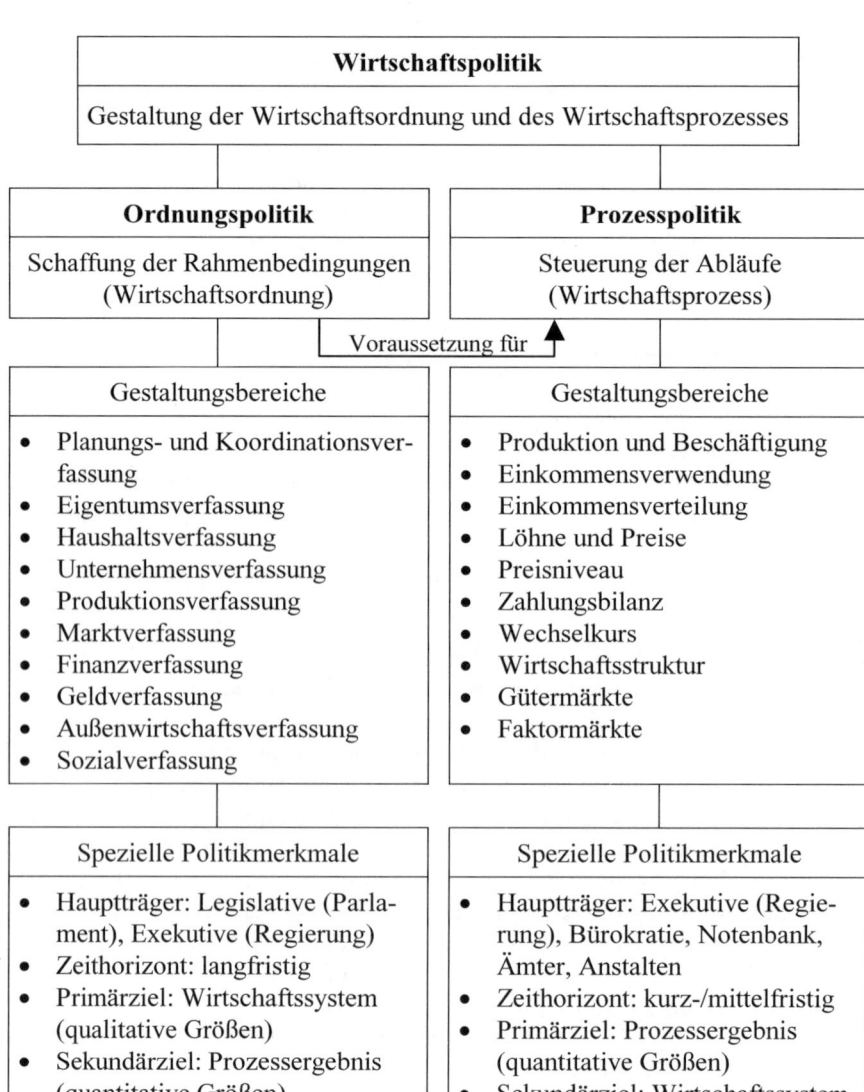

| **Wirtschaftspolitik** |
| Gestaltung der Wirtschaftsordnung und des Wirtschaftsprozesses |

| **Ordnungspolitik** | **Prozesspolitik** |
| Schaffung der Rahmenbedingungen (Wirtschaftsordnung) | Steuerung der Abläufe (Wirtschaftsprozess) |

Voraussetzung für

Gestaltungsbereiche	Gestaltungsbereiche
• Planungs- und Koordinationsverfassung • Eigentumsverfassung • Haushaltsverfassung • Unternehmensverfassung • Produktionsverfassung • Marktverfassung • Finanzverfassung • Geldverfassung • Außenwirtschaftsverfassung • Sozialverfassung	• Produktion und Beschäftigung • Einkommensverwendung • Einkommensverteilung • Löhne und Preise • Preisniveau • Zahlungsbilanz • Wechselkurs • Wirtschaftsstruktur • Gütermärkte • Faktormärkte

Spezielle Politikmerkmale	Spezielle Politikmerkmale
• Hauptträger: Legislative (Parlament), Exekutive (Regierung) • Zeithorizont: langfristig • Primärziel: Wirtschaftssystem (qualitative Größen) • Sekundärziel: Prozessergebnis (quantitative Größen)	• Hauptträger: Exekutive (Regierung), Bürokratie, Notenbank, Ämter, Anstalten • Zeithorizont: kurz-/mittelfristig • Primärziel: Prozessergebnis (quantitative Größen) • Sekundärziel: Wirtschaftssystem (qualitative Größen)

Quelle: Berg/Cassel/Hartwig (2003), S. 248.

Abbildung IV.4

Im unteren Teil der Abbildung sind den jeweiligen Politikfeldern spezifische Politikmerkmale zugeordnet. Zu diesen zählen die Hauptträger, der jeweilige Zeithorizont der Maßnahmen, das Primär- und gegebenenfalls noch das Sekundärziel des Politikeinsatzes. Es ist zu erkennen, dass die sekundären Ziele des einen Politikfeldes (häufig) gerade das primäre Ziel des anderen Politikfeldes darstellen. Die Anstrengungen der mittel- und osteuropäischen Reformstaaten sind hierfür kein schlechter Beleg. Jene Länder, die früh genug an die Schaffung von Eigentumsrechten, an die Demonopolisierung ihrer Gütermärkte und die Schaffung einer unabhängigen und funktionstüchtigen Notenbank gedacht haben, waren bei der Bekämpfung der inländischen Inflation vergleichsweise erfolgreich. Andererseits erleichtert die Eindämmung der Inflation beispielsweise die Durchsetzung einer fortschrittlichen Sozial- und/oder einer liberalen Unternehmensverfassung.

IV.4   Ziele, Zielhierarchien und Zielbeziehungen in der Wirtschaftspolitik

IV.4.1   Ziele und Zielhierarchien

Die Ziele der Wirtschaftspolitik sind in aller Regel keine „Grundziele" oder „obersten Ziele" einer Gesellschaft, sondern abgeleitete beziehungsweise Zwischenziele, deren Erreichung als Abstandsverkürzung zur Erfüllung der Grundziele einer Gesellschaft interpretiert werden kann. Unbestritten erscheint – jenseits aller denkbaren möglichen Unterschiede in der Gesellschaftsordnung –, dass das „Gemeinwohl" oder die „Gesellschaftliche Wohlfahrt" die höchste Zielebene darstellt. „Hoch" heißt hier übrigens auch, dass wir uns auf der höchsten Abstraktionsebene befinden, so dass die Konkretisierung von abgeleiteten Zielen verdeutlicht, was denn die „Gesellschaftliche Wohlfahrt" ausmacht. In der nächst unteren Ebene werden meistens folgende Ziele genannt: Frieden, Freiheit, Sicherheit und Wohlstand sowie Gerechtigkeit. Auch diese Ziele klingen noch sehr allgemein und vieldeutig. Eine sinnvolle Ausfüllung können sie durch eine weitere Ebene erhalten, welche darunter liegt und die darüber liegenden Ziele durch die Benennung von Zwischenzielen ein- und abgrenzt. Diesen Gedanken wollen wir uns anhand der folgenden Abbildung IV.5 klarmachen.

„Frieden" umfasst nicht nur sicherheits- und innenpolitische Aspekte des „äußeren" beziehungsweise „inneren" Friedens, sondern auch eine sozioökonomische Seite, den „sozialen" Frieden. Dieser wurde in der wirtschaftspolitischen Diskussion sogar schon häufiger als „Standortvorteil" Deutschlands bezeichnet, weil er – wenn er etwa an der Zahl der Streiktage, der Aussperrungen und ähnlicher Kampfmaßnahmen der Tarifparteien gemessen wird und wenn Vergleiche zum europäischen Ausland in den Jahren von 1950 bis 2000 gezogen werden – in Deutschland hohe Werte erreichte und zu einem vergleichsweise geringen Arbeitsausfall wegen Tarifauseinandersetzungen führte. In einem weiteren Sinn gehören auch die Vorschriften zur Mitbestimmung im Betriebsverfassungsgesetz, welches im Jahr 2001 novelliert wurde, dazu. An diesem Beispiel sieht man aber bereits deutlich, dass Gegensätze zu anderen wirtschaftspolitischen Zielsetzungen möglich, ja sogar wahrscheinlich sind.

Gesellschaftliche Wohlfahrt in einem Land

OBERSTE ZIELE			
Frieden	Freiheit	Sicherheit und Wohlstand	Gerechtigkeit
Äußerer Frieden	Gewerbe- freiheit	Höhe des PKE, Wachstum	Verteilungs- gerechtigkeit
Innerer Frieden	Wettbewerbs- freiheit	Versorgung mit Kollektivgütern, Altersversorgung	Chancengleich- heit (Startgerech- tigkeit)
Sozialer Frieden	Informations- freiheit	Freizeitbudget, durchschnittliche Lebenserwartung	Voll- beschäftigung
	Freizügigkeit	Umweltqualität	Intergenerative Gerechtigkeit
ZWISCHENZIELE			

Abbildung IV.5

Das betrifft etwa den zweiten oberen Zielbegriff, die „Freiheit". Dieser wird auf der nächst unteren Ebene zu den Zwischenzielen „Gewerbefreiheit", „Wettbe-werbsfreiheit", „Informationsfreiheit" und „Freizügigkeit" konkretisiert. In einem weiteren Sinne gehört zur Gewerbefreiheit eines marktwirtschaftlichen Systems auch die unternehmerische Dispositionsfreiheit; diese wird durch rigide Mitbe-stimmungsvorschriften zweifellos eingeengt, ganz abgesehen davon, dass die „Freistellung" von Arbeitnehmern für Mitbestimmungsaufgaben insbesondere mittelständische Unternehmen kostenseitig belastet. Die „Wettbewerbsfreiheit" ist ein geradezu konstitutives Element marktwirtschaftlicher Ordnungen, die „Infor-mationsfreiheit" ist auf funktionierenden Märkten eine Selbstverständlichkeit (auch wenn Informationen nicht immer zum Nulltarif zu haben sind) und ist zugleich ein Kernelement moderner demokratischer Gesellschaften, mit dem sichtbarsten Aushängeschild der „Pressefreiheit". „Freizügigkeit" schließlich ist eine Voraussetzung dafür, die intra- und die internationale Arbeitsmobilität zu gewährleisten. Die EU hat in der Vergangenheit, etwa gegenüber der Türkei, aber auch in der vergangenen Beitrittsdiskussion mit Ländern aus Mittel- und Osteuro-pa, schon häufiger gezeigt, dass sie sich mit der Einräumung von Freizügigkeit für fremde Arbeitskräfte schwer tut und es vorzieht, den Vertragspartnern Vorzüge im Handel zuzugestehen oder Übergangsfristen bis zur vollen Freizügigkeit durchzu-setzen. [96]

---

[96]   So denkt die CDU im Jahr 2004 darüber nach, der Türkei statt einer „Vollmitglied-schaft" in der EU eine „privilegierte Partnerschaft" anzubieten.

„Sicherheit und Wohlstand" gehören bei repräsentativen Meinungsumfragen zu den am häufigsten genannten Zielen privater Haushalte und Konsumenten für die eigene Lebensplanung. Die Zahl der Nennungen ist allerdings kein Indiz dafür, dass Einigkeit über den Inhalt dieser Begriffe bestünde. Immerhin gibt es vier Zwischenziele, über die weitgehend Konsens besteht; dies sind die „Höhe des Pro-Kopf-Einkommens" als Annäherungsgröße für den Lebensstandard beziehungsweise die Wachstumsrate des PKE als Ausdruck für die Dynamik der Volkswirtschaft, die „Versorgung mit Kollektivgütern" und das erreichte Ausmaß an „Altersversorgung", sodann das „Freizeitbudget" der privaten Haushalte und die „durchschnittliche Lebenserwartung" und schließlich die „Umweltqualität". Je mehr und je besser jedes einzelne dieser Unterziele erreicht wird, um so höher ist auch der Zielerreichungsgrad auf der Ebene „Sicherheit und Wohlstand".

Das Ziel „Gerechtigkeit" gehört ebenfalls zu den meist genannten gesellschaftlich-ökonomischen Zielen bei entsprechenden Umfragen. Nirgends erscheint eine widerspruchsfreie und zugleich konsensfähige Annäherung an einen Zielbegriff so schwierig wie hier. Selbst die benannten Zwischenziele sind untereinander nicht konfliktfrei: „Verteilungsgerechtigkeit" ist als Norm höchst umstritten, jedenfalls dann, wenn eine gerechte Verteilung des Marktergebnisses gefordert wird. „Chancengleichheit" im Sinne von hinreichend großer „Startgerechtigkeit" ist schon eher widerspruchsfrei zu definieren, wenn etwa der ungehinderte Zugang zu allgemeinen Bildungseinrichtungen darunter gefasst wird. „Vollbeschäftigung" ist selbst ein Beitrag zu einer „gerechten Einkommensverteilung", auch wenn dieses Ziel für viele Industrieländer seit der ersten (1973/74) und zweiten (1978/79) Erdölkrise immer schwieriger zu erreichen ist. Das Ziel der „intergenerativen Gerechtigkeit" ist in den letzten Jahren besonders in den Mittelpunkt des öffentlichen Interesses gerückt. Das gesetzliche Umlageverfahren der staatlichen Rentenversicherung ist durch die Beschäftigungskrise und die starken demographischen Veränderungen in schweres Fahrwasser geraten und muss (mindestens) durch private Kapitaldeckung der Rente ergänzt werden. Durch so genannte „Generationenbilanzen" wird versucht zu ermitteln, was eine Kohorte im Vergleich zu anderen über den Lebenszyklus hinweg zunächst selbst an Abgaben für die Altersversorgung an den Staat entrichtet und später, nach Eintritt ins Rentenalter, durch Auszahlungen des Staates dem Versicherungssystem entnimmt.

IV.4.2   Zielbeziehungen

Jede Wirtschaftspolitik strebt immer mehr als ein Ziel zugleich an, daher ist es wichtig, schon im vorhinein zu überlegen, welche möglichen Beziehungen zwischen mehreren Zielen auftreten können. In der Theorie der Wirtschaftspolitik werden die folgenden sechs Arten von Zielbeziehungen unterschieden:

- Identität (Ziele unterscheiden sich nicht)

- Antinomie (Ziele sind miteinander unvereinbar)

- Konkurrenz (Realisierung eines Ziels beeinträchtigt ein anderes Ziel)

- Neutralität oder Indifferenz (Unabhängigkeit der Ziele voneinander)

- Komplementarität (Realisierung eines Ziels dient auch dem anderen Ziel)

- Abschnittsweise Konkurrenz und Komplementarität (Beziehung hängt u.a. von der Höhe der jeweiligen Zielerreichung ab).

Ein Beispiel für eine Zielbeziehung der *Identität* sind Tautologien, etwa wenn eine Erhöhung des PKE als etwas anderes hingestellt wird als intensives Wirtschaftswachstum: Selbstverständlich liegt hier ein und das gleiche wirtschaftspolitische Ziel vor. Bei *Antinomien* führt die Verfolgung von zwei Zielen zu unauflösbaren Widersprüchen. Ein Beispiel hierfür wäre, wenn ein Land „Exportweltmeister" sein möchte und zugleich einen Nettozufluss an Kapitalströmen anstrebt, welche den wirtschaftspolitischen Standort stärken sollen. Wie wir aus dem Kapitel zur Außenwirtschaft wissen, ist ein solches doppeltes Bestreben mit der Zahlungsbilanzmechanik unvereinbar. Grafisch lässt sich eine solche Zielbeziehung folgendermaßen darstellen: Tragen wir in ein Vier-Quadranten-Schema in Abbildung IV.6 positive und negative Realisierungsgrade (RG) der Ziele 2 (Senkrechte) und 1 (Waagrechte) ein, dann lässt sich die Antinomie zwischen beiden Zielen als jene Winkelhalbierende darstellen, die vom 2. Quadranten durch den Koordinatenursprung hinüber geht in den 4. Quadranten. Ein mehr an Zielerreichung bei dem einen Ziel führt automatisch zu einer Zielverletzung beim jeweils anderen.

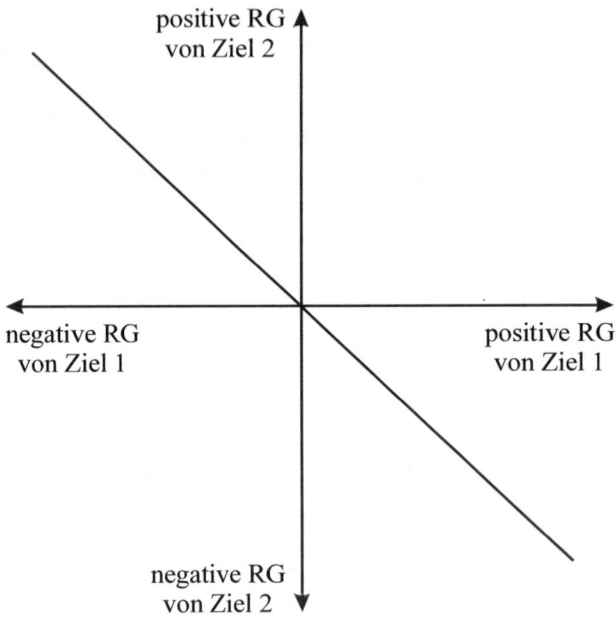

Abbildung IV.6

Die *Konkurrenz* von wirtschaftspolitischen Zielen dürfte fast der „Regelfall" sein; ein typisches Beispiel ist der Konflikt zwischen einem hohen Beschäftigungsgrad einerseits und Preisniveaustabilität andererseits, der durch den englischen Ökonomen Phillips 1958 statistisch „entdeckt" wurde. Denkbar sind insgesamt, wie Abbildung IV.7 unten zeigt, lineare, konvexe oder konkave Konkurrenzbeziehungen (so genannte „Trade offs").

Wenig Rätsel geben dem Wirtschaftspolitiker solche Zielbeziehungen auf, die von Neutralität beziehungsweise Indifferenz gekennzeichnet sind. In diesem Fall ist die Zielerreichung eines der Ziele völlig unabhängig von der Zielerreichung des anderen Zieles. Je größer die Interdependenzen innerhalb von und zwischen Volkswirtschaften ausfallen, um so schwieriger dürfte es fallen, solche Zielbeziehungen aufzuspüren. Beispielsweise sollte das Ziel, eine Notenbank mit einer möglichst hohen Autonomie auszustatten, indifferent sein zu dem Ziel, eine angemessene Verkehrsinfrastruktur zu errichten. Eine grafische Interpretation von indifferenten Zielen enthält die folgende Abbildung IV.8. Die gewünschten Zielerreichungsgrade sind dabei jeweils auf die Höhe von $\overline{Z}_1$ beziehungsweise $\overline{Z}_2$ festgelegt worden. Wie man sieht, gibt es für jedes Ziel einen Grafen und die Kurven der Realisierungsgrade der Ziele müssen jetzt orthogonal zueinander sein.

Besonders erfreulich ist es für den Wirtschaftspolitiker, wenn er es mit komplementären Zielbeziehungen zu tun bekommt. In diesem Fall nützt ein höherer Zielerreichungsgrad beim einen auch (direkt oder indirekt) dem anderen Ziel. Als Beispiel kann das Ziel der Außenhandelsliberalisierung dienen, welches prima facie angestrebt wird, um die Allokation der Produktionsfaktoren zu verbessern, den inländischen Export anzukurbeln etc. Ein hoher Zielerreichungsgrad dient aber zugleich dem Ziel der Preisniveaustabilität, da ausländische Anbieter nicht länger

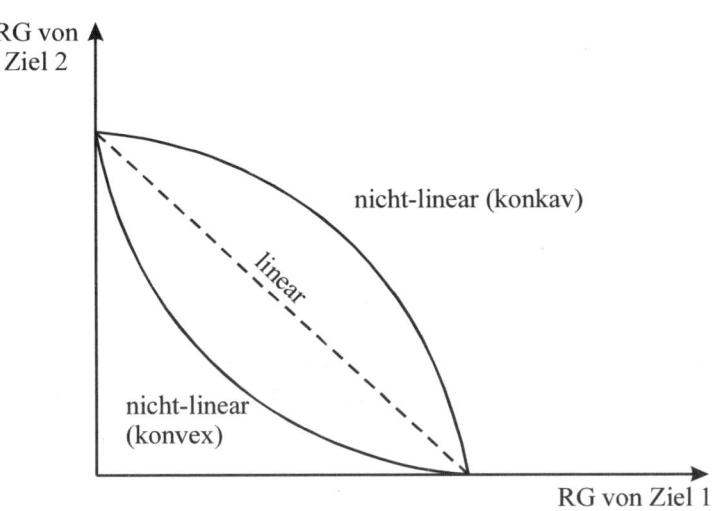

Abbildung IV.7

Abbildung IV.8

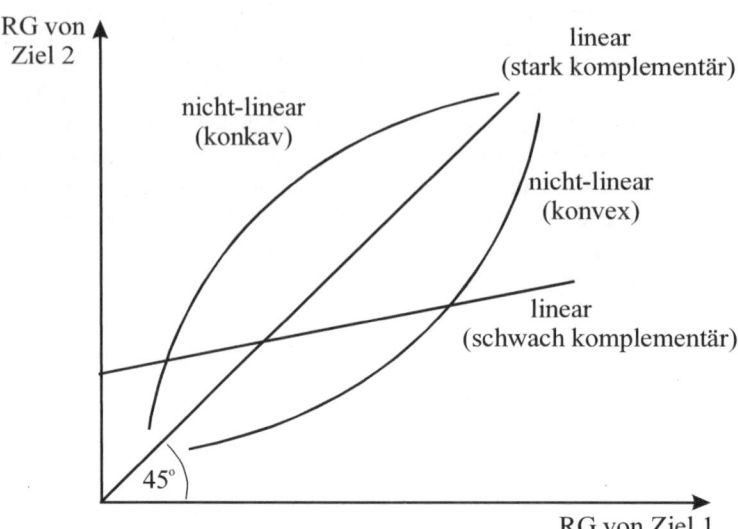

Abbildung IV.9

diskriminiert, die inländischen Produzenten unter starken Konkurrenzdruck gesetzt werden und damit auch ihr Preiserhöhungsspielraum begrenzt wird. Wie auch im oben geschilderten Konkurrenzfall lassen sich prinzipiell lineare, konkave und konvexe Verläufe des Zusammenhangs zwischen den Realisierungsgraden unterscheiden (vgl. Abbildung IV.9).

Zum Schluss betrachten wir ein ökonomisch interessantes Problem, welches für den Wirtschaftspolitiker immer dann auftritt, wenn zwischen zwei Zielen ab-

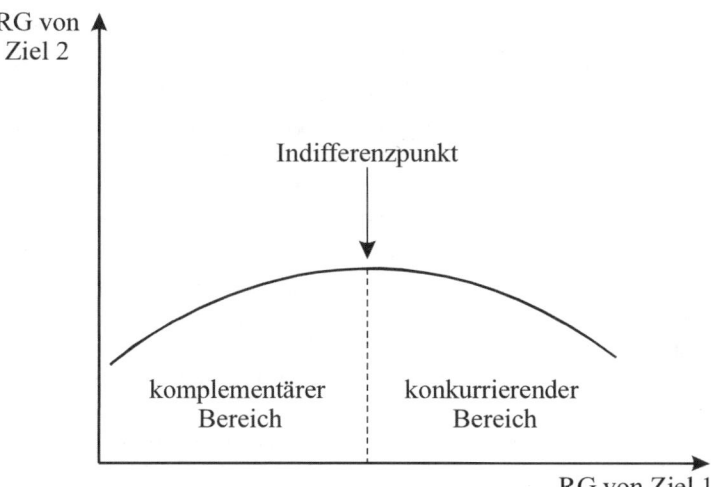

RG von
Ziel 2

Indifferenzpunkt

komplementärer
Bereich

konkurrierender
Bereich

RG von Ziel 1

Abbildung IV.10

schnittsweise Komplementarität und abschnittsweise Konkurrenz besteht. Dieser Fall wird in Abbildung IV.10 dokumentiert. Zu denken wäre hier beispielsweise an das Ziel einer egalitären Einkommensverteilung im Verhältnis zu dem Anspruch, das Wachstum des PKE zu erhöhen. Nehmen wir an, wir würden einen (zunächst sehr niedrigen) Realisierungsgrad für das Verteilungsziel (Wachstumsziel) auf der Abszisse (Ordinate) messen. Ausgehend von einer stark ungleichen Einkommensverteilung führen Umverteilungsmaßnahmen zunächst zu einer Konsolidierung des sozialen Friedens und zu verstärkten Bildungsanstrengungen unterer und mittlerer Einkommensschichten. Möglicherweise existiert für die Komplementaritätsbeziehung sogar ein Maximum. Wird dieses durch fortschreitende Vergleichmäßigung der Einkommensverteilung allerdings überschritten, so drücken sich Unterschiede in Begabungen und Fertigkeiten nicht mehr ausreichend in einer differenzierten Streuung von Einkommen und Vermögen aus. Folgerichtig muss damit gerechnet werden, dass die Leistungsbereitschaft und damit ein wichtiger Wachstumsimpuls stark nachlässt und sich dieses in geringeren Wachstumsraten des PKE niederschlägt.

Es leuchtet unmittelbar ein, dass die eigentliche Herausforderung für die Theorie der Wirtschaftspolitik in den Konkurrenzbeziehungen zwischen wirtschaftspolitischen Zielen liegt. Für die Gesamtwirtschaft haben der niederländische Ökonom Jan Tinbergen (1903–1994) 1952 (die zweite Auflage seines Buches erschien 1963) und – nach seinem Vorbild – der Deutsche Gesetzgeber in seinem „Stabilitäts- und Wachstumsgesetz" von 1967 ein so genanntes „magisches Vieleck" der Wirtschaftspolitik formuliert. Es geht darum, gleichzeitig die Ziele „Stabilität des Preisniveaus", „hoher Beschäftigungsgrad", „stetiges Wirtschaftswachstum" und „außenwirtschaftliches Gleichgewicht" anzustreben. Bei Tinbergen kommt als fünftes Ziel noch eine „gerechte bzw. gleichmäßige Einkommens- und Vermögensverteilung" hinzu. Gewöhnlich bestehen zwischen mehreren dieser Ziele erhebliche Konfliktpotentiale. Am Beispiel der Entwicklung in den USA zwischen 1993 und 2000 lassen sich aber durchaus unter günstigen Bedingungen („virtous cycle") auch komplementäre Beziehungen zwischen einigen dieser Größen nachzeichnen: Das hohe wirtschaftliche Wachstum wurde u. a. durch den Produktivitätsfortschritt in der IT- und in der KT-Branche ermöglicht. Die Arbeitslosenquote sank auf ein Rekordniveau von unter vier Prozent, was gleichwohl mit maßvollen Lohnabschlüssen einher ging. Dies war möglich, weil nicht nur die Arbeitsproduktivität stark zunahm, sondern auch die Lohnspreizung und die Arbeitsplatzunsicherheit. Das Preisniveau stieg nur mäßig an, da kein großer Lohndruck die Preisspirale in Gang setzte und weil die US-Amerikaner ein gigantisches, vom Konsum und den Investitionen getriebenes Leistungsbilanzdefizit provozierten, welches den Konkurrenzdruck vom Ausland auf einem hohen Niveau hielt. Das Leistungsbilanzdefizit wurde durch anhaltend große Kapitalzuflüsse aus dem Rest der Welt „finanziert", ohne dass die amerikanische Notenbank versucht hätte, den hohen Kurs des US-Dollars durch Devisenmarktinterventionen (Käufe) zu schwächen. In diesem Sinne lag auch ein außenwirtschaftliches Gleichgewicht vor.

IV.5   Der Werturteilsstreit

IV.5.1   Dogmenhistorischer Hintergrund

Um zu verstehen, welche Rolle sich die Theorie der Wirtschaftspolitik heute bei der Analyse von Regierungsprogrammen, neuer Gesetzesinitiativen, aber auch in der Politikberatung selbst gibt, ist es erforderlich, die Grundzüge des Werturteilsstreits nachzuvollziehen. Seine Ursprünge liegen über 100 Jahre zurück.

Seit 1850 entstand in Deutschland als Antwort auf die Theorie der englischen Klassiker die so genannte „historische Schule". Ihre Kritik an der Klassik bestand u. a. darin, dass jene ihrer Ansicht nach zu wenig empirische Forschung zur Theoriebildung heranzog und die Beobachtung ökonomischer Verhaltensweisen und Institutionen vernachlässigte. Gleichzeitig bezog die historische Schule Front gegen die neoklassische Grenznutzenschule Carl Mengers (1840–1921), die den Preis der Güter vor allem aus den subjektiven Wertschätzungen beziehungsweise Bedürfnissen der Wirtschaftssubjekte heraus erklärte. Vertreter der historischen Schule gründeten im Jahr 1872 in Eisenach den Verein für Socialpolitik – noch heute die „Gilde" der deutschen Nationalökonomen. Zwischen Max Weber (1864–1920) und Gustav von Schmoller (1838–1917) – einem Vertreter der historischen Schule – entbrannte ein Disput darüber, ob und welche Rolle Werturteile in einer ökonomischen Analyse haben dürfen. Schmoller betrachtete gesellschaftliche Werturteile als ein „System von Kulturwerten", lehnte persönliche Werturteile strikt ab, sprach sich aber für wissenschaftliche Werturteile dergestalt aus, dass die Volkswirtschaftslehre mehr Aufgaben habe als die „reine Erkenntnisgewinnung" und letztlich auch „ein Sollen lehren" müsse. Max Weber trat dieser Vorstellung scharf getreten: Seiner Ansicht nach kann die Volkswirtschaftslehre als Erfahrungswissenschaft ihre Fragen wertfrei diskutieren. Die Aussagen des Ökonomen zur Wirtschaftspolitik könnten sich auf die Durchdringung möglicher oder vorgeschlagener Ziel-Mittel-Beziehungen beschränken, die Zielfindung für die praktische Wirtschaftspolitik sei aber ein außerökonomisches Problem. Auf den ersten Blick scheint es so, als ob durch diese Feststellungen dem Wissenschaftler ein Umgang mit Werturteilen unmöglich gemacht werde. Dem ist aber nicht so, wie wir im folgenden Abschnitt noch zeigen werden.

IV.5.2   Max Webers drei Säulen der Werturteilsfreiheit

Es gibt nämlich so etwas wie drei Prinzipien oder Säulen, an die man sich als Wissenschaftler gleichsam festhalten kann. *Erstens*: „Strafbar" ist nicht das Äußern von als solchen kenntlich gemachten Werturteilen; verwerflich ist aber eine unzulässige Vermischung von positiver und normativer Analyse, also das Einstreuen von versteckten Werturteilen in eine vermeintlich beschreibende, erklärende Analyse. *Zweitens*: Der Versuch, aus reinen „Beschreibungen", „Erklärungen" etc. irgendwelche Handlungsanweisungen, Wertvorstellungen abzuleiten, ist zum Scheitern verurteilt. Das (vorläufige) Auffinden von Gesetzmäßigkeiten in Geschichte oder Ökonomie ist nicht mit dem Feststellen von verschiedenen Wertigkeiten zu verwechseln. Die *dritte* „Säule" des Weberschen Werturteilsfreiheitspostulats könnte man umschreiben mit der Forderung nach Entschleierung von angeblichen Harmonien und dem Aufdecken von tatsächlich bestehenden Konflikten, gerade in der Wertsphäre. Weber sah die spezifische Aufgabe der Wissenschaft darin, dass in ihr das konventionell Selbstverständliche zum Problem wird.

Was aber kann Wissenschaft leisten? Nun, nichts anderes, als mit äußerster Schärfe und Klarheit den Konflikt der Werte vor Augen zu führen. Weber hat die Implikationen dieser dritten Säule verdeutlicht am scheinbar deskriptiven, konfliktfreien Begriff der Produktivität und damit während der Tagung des Vereins für Socialpolitik 1909 in Wien für Furore gesorgt. Eine anschauliche Darstellung des Problems der Kornproduktivität in der Landwirtschaft findet sich bereits in einem Korreferat Webers anlässlich der Verhandlungen des 5. Evangelisch-sozialen Kongresses in Frankfurt am Main am 16. und 17. Mai 1894. Zusammengefasst lautet Max Webers These: Der Begriff der Produktivität unterschlägt den Wertkonflikt, den jede Steigerung der Produktivität unausweichlich gebiert.

In „moderner Ausdrucksweise" bezieht sich der von Weber angesprochene Wertkonflikt im Kern auf den Gegensatz zwischen Wachstum und Verteilung. Die moderne Volkswirtschaftslehre kennt hier (mindestens) zwei Zusammenhänge, die von Bedeutung sind: Zum einen geht es um die Relevanz der so genannten Kuznets-Kurve, welche auch als „umgekehrtes U" beschrieben wird. Dabei wird behauptet, dass sich die personelle Einkommensverteilung im Zuge des Entwicklungsprozesses, genauer bei wachsendem PKE, zunächst verungleichmäßigt, um

sich aber später wieder stärker zu egalisieren. Hierfür sind zahlreiche Erklärungsmuster angeboten worden, etwa wird argumentiert, dass die Einkommensverteilung im Agrarsektor – welcher anfangs in jeder Ökonomie dominiert – gleichmäßiger ausfalle als im Industriesektor. Dehnt sich nun im Verlauf des Struktur-
wandels der industrielle Sektor gegenüber der Landwirtschaft aus, so kommt es zu
einer größeren Streuung der Einkommen in der Gesamtwirtschaft. Gleichzeitig
wird gesagt, dass die Einkommensverteilung innerhalb des industriellen Sektors
anfangs sehr ungleich ist, weil die Unternehmer Arbeitskräfte billig aus der Landwirtschaft abwerben können und selbst hohe Profite realisieren. Sobald der Faktor
Arbeit nur noch zu steigenden Reallöhnen bereit ist abzuwandern, kehrt sich die
Entwicklung um und die Einkommensverteilung wird wieder stärker egalitär.

Ein zweiter Aspekt besteht in der These, dass es zur Erreichung einer maximalen
Wachstumsrate des Pro-Kopf-Einkommens einer Mindeststreuung in der personellen Einkommensverteilung bedürfe. Eine zu egalitäre Verteilung lähmt u.U. die
Anreize zur Leistungssteigerung, verhindert wachstumsträchtige Nachahmungsef-
fekte im Konsumverhalten der unteren gegenüber den höheren Einkommensschichten und führt die Gesellschaft möglicherweise sogar in eine „Neidfalle".
Eine zu hohe Streuung der Einkommen ist ebenfalls mit Wachstumseinbußen
verbunden, weil die Gesellschaft leicht in soziale Unruhen, ja sogar in revolutionä-
re Prozesse gestürzt werden kann. Statt ein motivierendes Nachahmungsverhalten
auszulösen, frustrieren eher die Snob-Effekte und das Statusgehabe im Konsum
derer, die unerreichbar erscheinen, die potentiellen Nachahmer. Schließlich wirken
nicht leistungsgerechte Einkommens- beziehungsweise Gehaltssprünge auf die
unteren Einkommensschichten demotivierend– und das um so mehr, je undurchläs-
siger das System ist – während die oberen Einkommensschichten teilweise unverdiente Renten erhalten.

Bleibt die spannende Frage, inwieweit Wirtschaftswissenschaftler – bei Beachtung
der drei Weberschen Säulen – legitimiert sind, selbst Werturteile zu formulieren.
Donges und Freytag geben darauf eine eher pragmatische Antwort: „Dennoch wird
die Theorie der Wirtschaftspolitik nicht ohne Werturteile auskommen. Der Ökonom befasst sich mit dem, was sein soll, das heißt, er betreibt auch normative
Ökonomik."[97] So kann der Wissenschaftler, wobei er diesen Vorgang offen legen
muss, durchaus entscheiden, welche Fragen er für wichtig hält und demzufolge
wissenschaftlich untersuchen möchte.

---

[97]   Donges/Freytag (2004), S. 39.

IV.6   Ziel-Mittel-Beziehungen und Instrumente der Wirtschaftspolitik

IV.6.1   Ziel-Mittel-Beziehungen in der Wirtschaftspolitik

Bevor wir den Einsatz wirtschaftspolitischer Instrumente diskutieren, sind grundsätzlich Art und Qualität der möglichen Beziehungen zwischen Zielen und Instrumenten der Wirtschaftspolitik zu untersuchen. Dies kann in der gebotenen Knappheit geschehen. Zu klären ist vor allem:

- Stehen überhaupt Mittel zur Zielerreichung zur Verfügung? (z.B.: Bei globalen Umweltgütern, wie dem Klima, bedarf es internationaler Abkommen, um eine Reduktion des weltweiten CO_2-Ausstoßes zu erreichen.)

- Führt der Mitteleinsatz zu unerwünschten Neben- oder Folgewirkungen? (z.B.: Die Einführung einer Mautgebühr auf Autobahnen wird von den Fuhrunternehmen teilweise mit Frachtkostenerhöhungen, teilweise aber auch mit dem Ausweichen auf Bundesstraßen beantwortet, so dass dort vermehrt mit Staus gerechnet werden muss.)

- Mit welchen Wirkungsverzögerungen ist beim Mitteleinsatz zu rechnen? (z.B.: Die Veränderungen des Leitzinses von Notenbanken und/oder veränderte Wachstumsraten der Geldversorgung führen erst mehrere (bis zu acht) Quartale später zu Wirkungen auf das Preisniveau und die Beschäftigung.)

- Ist der Mitteleinsatz verhältnismäßig? (z.B.: Die Veränderung der Steuertarife in der Einkommensteuer alleine löst zwar erheblichen Mehraufwand in den Finanzämtern aus, verschafft dem Einzelnen bei der Steuererklärung aber nur wenig Erleichterung. Ob die gewünschten Effekte (Entlastung der unteren Einkommensbezieher, Progression bei den höheren Einkommensbeziehern) überhaupt eintreten, hängt dagegen nicht allein vom Tarif ab.)

- Besitzt das Instrument selbst einen hohen Eigenwert? (z.B.: Der Freihandel ist einerseits ein Instrument zur Intensivierung des Wettbewerbs und zur internationalen Wohlfahrtssteigerung, besitzt aber andererseits – wegen des Kulturaustausches – selbst bereits einen hohen Eigenwert.)

- Wie genau lässt sich der Mitteleinsatz dosieren? (z.B.: Die Kapitalverkehrskontrollen werden eingesetzt, um den Zustrom beziehungsweise den Abfluss von ausländischem Kapital zu steuern. Es gelingt selten, die gewünschte Höhe durch genaue Dosierung des Mitteleinsatzes zu erreichen, es sei denn, man will vollständige Kontrolle und führt eine strikte Devisenbewirtschaftung ein.)

- Welches ist der Zeithorizont des Mitteleinsatzes? (z.B.: Die Manipulation des Wechselkurses, etwa eine diskretionäre (fallweise) Abwertung, erfolgt i.d.R., um die Leistungsbilanz zu aktivieren. Die Güterströme, also Importe und Exporte, reagieren aber meistens sehr träge. Kurzfristig kann es sogar zu einem Defizit in der Leistungsbilanz kommen.)

IV.6.2   Instrumente der Wirtschaftspolitik

Unabhängig vom konkreten Einsatzbereich der Wirtschaftspolitik lassen sich wirtschaftspolitische Instrumente nach drei Kriterien systematisieren: *Zielkonformität*, *Stetigkeit* und *Systemkonformität*.

„Zielkonform" sind wirtschaftspolitische Instrumente immer dann, wenn stets ein effizientes Mittel zum Einsatz kommt (welches etwa durch eine Kosten-Nutzen-Analyse ermittelt werden kann), wenn sich gegenseitig neutralisierende Maßnahmen vermieden werden und der Instrumenteneinsatz einem konsistenten und widerspruchsfreien Zielsystem (etwa als Zwischenziel) entspringt.

„Stetigkeit des Mitteleinsatzes" bedeutet, der Forderung von Walter Eucken – einem der Hauptvertreter der „Freiburger Schule" – nach der „Konstanz der Wirtschaftspolitik" nachzukommen. Davon verspricht man sich die Schaffung von Vertrauen bei den privaten Wirtschaftssubjekten und die Herstellung einer größeren Planungssicherheit.

„Systemkonform" sind wirtschaftspolitische Instrumente dann, wenn die gewählten Maßnahmen mit der vorhandenen Wirtschaftsordnung vereinbar sind. In der sozialen Marktwirtschaft kann „Systemkonformität" weitgehend mit „Marktkonformität" übersetzt werden.

IV.7   Träger der Wirtschaftspolitik

IV.7.1   Wer ist alles Träger der Wirtschaftspolitik?

Wer oder was sind nun „Träger" oder Akteure der Wirtschaftspolitik? Eine gängige Definition lautet, dass es sich um Institutionen oder Personen handelt, denen die Gesellschaft die *Kompetenz* zuerkannt hat, wirtschaftspolitische Entscheidungen zu treffen oder zu beeinflussen. Wirtschaftspolitische Träger sind in erster Linie politische Institutionen. Allerdings müssen es keine staatlichen Stellen/Staatsbedienstete sein, sie verfügen nur teilweise über das Monopol der legalen und legitimen Zwangsgewalt zur verbindlichen Durchsetzung ihrer Entscheidungen. Damit ist klar, dass auch private Institutionen/Personen zu wirtschaftspolitischen Trägern werden können. Als dritte Gruppe unter den Trägern lassen sich so genannte „Intermediäre" identifizieren, zu denen autonome öffentlich-rechtliche Einrichtungen, weisungsgebundene öffentlich-rechtliche Einrichtungen und schließlich auch die Gremien zur wissenschaftlichen Beratung der Politik zählen. Soweit die Träger der Wirtschaftspolitik im nationalen Rahmen.

Auch auf internationaler beziehungsweise supranationaler Ebene gibt es Träger, wie Abbildung IV.11 dokumentiert. Dabei handelt es sich u. a. um mehr oder weniger große Organisationen, deren Bedeutung im Zuge der Globalisierung in den letzten Jahren stark zugenommen hat. Weltbank und Internationaler Wäh-

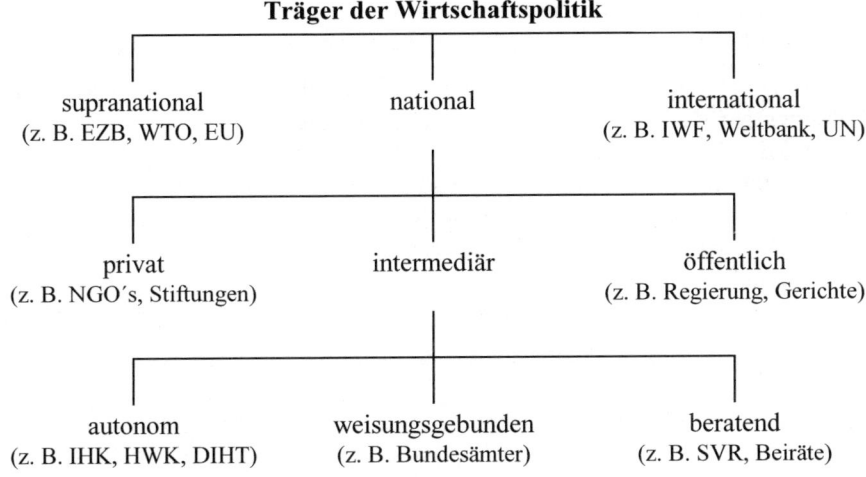

Träger der Wirtschaftspolitik

| supranational | national | international |
| (z. B. EZB, WTO, EU) | | (z. B. IWF, Weltbank, UN) |

| privat | intermediär | öffentlich |
| (z. B. NGO´s, Stiftungen) | | (z. B. Regierung, Gerichte) |

| autonom | weisungsgebunden | beratend |
| (z. B. IHK, HWK, DIHT) | (z. B. Bundesämter) | (z. B. SVR, Beiräte) |

Abbildung IV.11

rungsfonds (IWF) sind Institutionen, die im Zuge der Nachkriegsordnung für die internationalen Zahlungsströme 1944 in Bretton Woods aus der Taufe gehoben wurden. Obwohl sich ihre Arbeitsteilung in den 1980er und 1990er Jahren etwas verwischt hat, ist die Weltbank grundsätzlich eine Gebereinrichtung in der internationalen Entwicklungszusammenarbeit, während der IWF die internationale Währungsordnung überwacht und bei eher kurzfristigen Finanzmarktkrisen mit Stabilisierungsprogrammen und Stützungskrediten aufwartet.

IV.7.2   Wodurch sind Träger der Wirtschaftspolitik legitimiert?

Soweit es sich um öffentliche Träger der Wirtschaftspolitik handelt, scheint die Lösung des Legitimationsproblems einfach: Die Träger sind durch direkte oder indirekte Wahlen legitimiert. Auch bei den intermediären Trägern findet man relativ schnelle Antwort: Ihre Legitimation erhalten sie, oder besser, sollten sie durch den bei ihnen vermuteten Sachverstand erhalten. Diese Träger gelten als legitimiert, durch die ihnen eigene Kompetenz, Entscheidungen zu treffen. Um ihre Kompetenz möglichst wenig eingeengt ausüben zu können, sind sie häufig mit einem großen Maß an Autonomie ausgestattet. Das gilt etwa für die Deutsche Bundesbank beziehungsweise auf empirischer Ebene für die EZB, (weniger) für das Kartellamt und (wieder mehr) für die Monopolkommission.

Supranationale Träger der Wirtschaftspolitik erhalten ihre Legitimation bei Gründung durch völkerrechtliche Verträge, in denen die Nationalstaaten sich bereit erklären, Verfügungs-, Schlichtungs- oder auch Hoheitsrechte an supranationale Institutionen abzutreten. So haben die Mitglieder der Euro-Zone der EZB das Recht übertragen, eine für die gesamte Währungsunion gültige Geldpolitik ohne Rücksicht auf nationale Interessen zu formulieren. Im Rahmen der EU treffen der

Ministerrat und die Kommission in vielen Bereichen Entscheidungen, welche von nationalen Regierungen und Verwaltungen umgesetzt werden müssen.

Bei den internationalen Trägern der Wirtschaftspolitik handelt es sich um Institutionen, die auf zwischenstaatlichen beziehungsweise multilateralen Abkommen beruhen, die durch völkerrechtliche Verträge zustande kommen. Eine Abtretung von Souveränitätsrechten findet dabei in aller Regel nicht statt. Gleichwohl greifen – man denke nur an die Rolle des IWF bei der Bewältigung von Finanzmarktkrisen in Schwellenländern – diese Träger durchaus massiv in den prozessualen Ablauf der Wirtschaft ein.

IV.7.3   Zur optimalen Vielfalt wirtschaftspolitischer Träger

Neben dem geschilderten Kompetenzproblem und der ganz unterschiedlichen Interessenlage von verschiedenen Trägern der Wirtschaftspolitik stellt sich das „Verantwortungsproblem", das der ehemalige Bundespräsident Johannes Rau im Jahr 2001 (frei zitiert) einmal so umschrieben hat: „Wenn jeder ein bisschen für alles verantwortlich ist, dann ist in Wahrheit niemand für irgend etwas wirklich verantwortlich." Besser könnte die Problematik einer „optimalen Trägervielfalt" kaum gefasst werden. Im Sinne des Prinzips der Dezentralisierung sollten einerseits genügend Träger der Wirtschaftspolitik existieren, denen genaue Aufgabenbereiche zugeordnet sind (horizontale Vielfalt). Im Sinne des Prinzips der Subsidiarität sollten die Entscheidungsebenen dort angesiedelt sein, wo die entsprechende Fachkompetenz angesiedelt ist (vertikale Vielfalt). Andererseits führt eine zu große Anzahl von unabhängigen Trägern zu erheblichen Koordinations-, Verhandlungs-, Entscheidungs- und Durchsetzungskosten. Wie die folgende Abbildung IV.12 dokumentiert, existiert in der Theorie, wenn wir der Einfachheit halber von einer konkaven Nutzen- und einer konvexen Kostenfunktion ausgehen, eine recht einfache Lösung des Problems: Die optimale Trägervielfalt ist dort erreicht, wo der Grenznutzen der Trägervielfalt gerade den Grenzkosten der Trägervielfalt entspricht. Das ist in unserer Abbildung IV.12 in Höhe von A^* der Fall.

IV.7.4   Realitätsbezogene Erklärung der unterschiedlichen Interessenlagen und Verhaltensweisen wirtschaftspolitischer Träger

Nicht einmal öffentliche Personen und Institutionen handeln immer aus dem Motiv heraus, das gesamtwirtschaftliche Gemeinwohl zu steigern, was nicht ausschließt, dass es – mehr oder weniger beabsichtigt – im Zusammenwirken mit anderen Trägern der Wirtschaftspolitik doch zu positiven Effekten für das Gemeinwohl am Ende kommt. Unvergleichlich hat dies Goethe in seinem Faust zum Ausdruck gebracht, wenn er seinen Mephisto sagen lässt: „Ich bin die Kraft, die stets das Böse will und doch das Gute schafft."

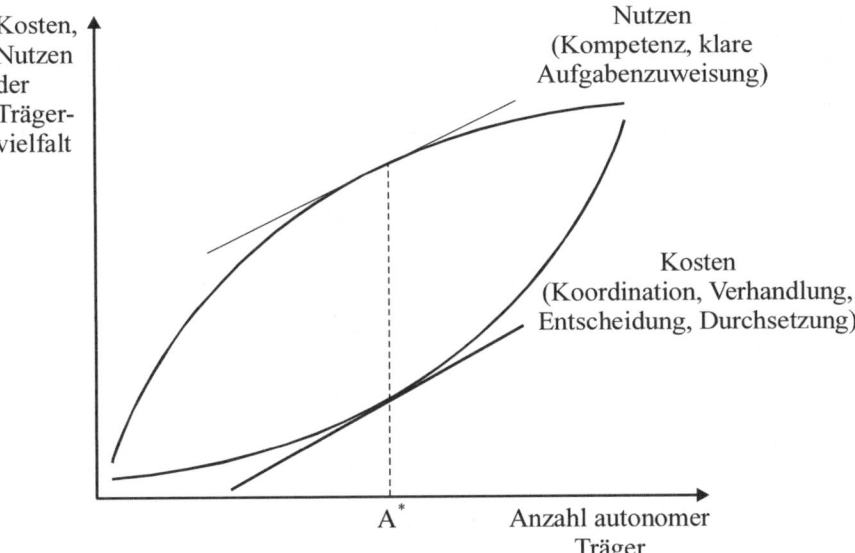

Abbildung IV.12

Politische Parteien befinden sich bekanntlich in einem scharfen politischen Wettbewerb um die Mehrheit der Wählerstimmen. Wenn wir das Problem der (häufig notwendigen) Koalitionsbildung für einen Moment ausblenden, so geht es darum, 50% und mehr der abgegebenen Stimmen auf sich zu vereinigen. Empirische Untersuchungen zeigen, dass sich die Häufigkeit der abgegebenen Stimmen nicht symmetrisch auf die vorgeschlagenen Regierungsprogramme – gemessen durch die Höhe der veranschlagten Ausgaben – verteilen, sondern eher in einer linksschiefen/rechtssteilen Weise. Mit anderen Worten: Es gibt mehr Wähler, die sich für besonders hohe als solche, die sich für besonders niedrige Staatsausgaben erwärmen können. Bei einer solchen Häufigkeitsverteilung – man sagt auch „Dichtefunktion" – liegt der Median (jener Wert, der die Häufigkeitsverteilung in zwei, was die Fläche betrifft, gleiche Teile scheidet) links vom Mittelwert und dieser wiederum links vom Modus (häufigster Wert).

In der folgenden Abbildung IV.13 kann nun der Parteienwettbewerb in Anlehnung an die bahnbrechenden Arbeiten von Anthony Downs (*1930) grafisch illustriert werden: Auf der Ordinate wird die Zahl der abgegebenen Stimmen, auf der Abszisse das jeweilige Regierungsprogramm, gemessen an der Höhe der versprochenen Regierungsausgaben (A_{St}), abgetragen. Der Median der Wählerstimmen ergibt sich bei einer Ausgabensumme von C, die Flächen 0CD und CDH sind annahmegemäß gleich groß. Stellt nun die bisherige Regierungspartei A als erste Partei ihr Programm für die Wahl vor, so kann sie damit rechnen, mit einem Regierungsprogramm in Höhe von P_A auf alle Fälle die Wahl zu gewinnen. Kommt nun eine weitere Partei B hinzu und bietet in Konkurrenz zu Partei A das Programm P_B an, so entscheiden sich die Wähler links von P_B für Partei B, die Wähler rechts von P_B

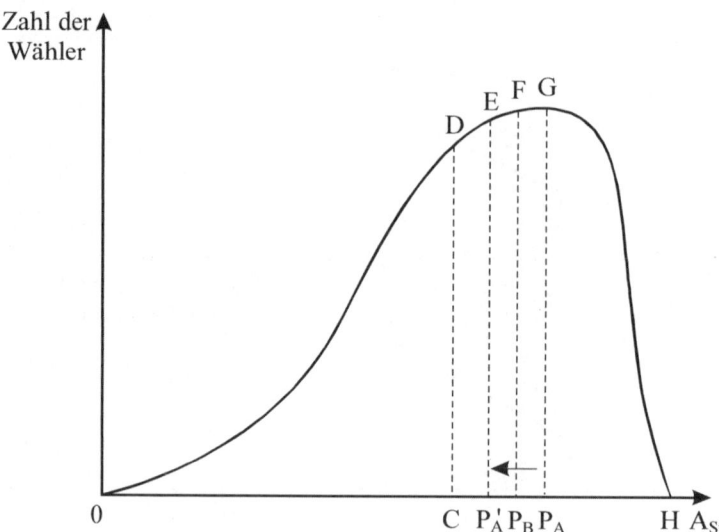

Abbildung IV.13

für Partei A. Da die Fläche $0FP_B$ aber größer als die Fläche P_BFH ist, verliert (gewinnt) Partei A (B) die Wahl. Bei der nächsten Wahl wird Partei A aus den gemachten negativen Erfahrungen lernen und ihrerseits ein Programm anbieten, das zum Beispiel mit P'_A noch näher an die Präferenzen des Medianwählers, also an den Punkt C, heranrückt. Daraus erkennt man, dass im 2-Partein-Fall letztlich allein der Medianwähler wahlentscheidend ist und sich die Parteiprogramme, indem sie sich den Präferenzen dieses Medianwählers annähern, untereinander immer ähnlicher werden.

In westlichen Demokratien existieren nun aber üblicherweise Mehrparteiensysteme. Die einzelnen Parteien können sich jedoch bereits vor der Wahl zu Koalitionen zusammenschließen („Koalitionsaussage"), so dass nur noch diese miteinander verglichen werden müssen. Die Ergebnisse gelten dann im Wesentlichen analog zum obigen Fall.

Private Akteure und oder Verbände neigen häufig dazu, sich unter Zuhilfenahme des Staates ein „Zusatzeinkommen" zu erwirtschaften, das ohne die staatliche Hilfe über den Markt nicht erzielt werden könnte. Je homogener die Interessengruppe ist, desto durchschlagskräftiger sind ihre Aktivitäten. Da mit der Größe einer Gruppe die Homogenität abnimmt, leuchtet es ein, dass die Organisierbarkeit der Interessen mit der Gruppengröße abnimmt. Diesen Zusammenhang hat als erster Mancur Olson (1932–1998) 1975 beschrieben. Kehren wir aber zum Verhalten von partikularen Interessengruppen selbst zurück. Dieses Verhalten wird in der Literatur gelegentlich als „Rent-Seeking" bezeichnet. Betrieben wird es von einzelnen Interessengruppen oder auch Lobbys innerhalb der Gesellschaft, die über eine politischen Einflussnahme gezielt die eigenen Interessen durchzusetzen versuchen und dabei in Kauf nehmen, dass es – bei knappen Ressourcen – zu einer Umverteilung von Einkommen oder Vermögen zu Lasten anderer gesellschaftlicher Gruppen kommt.

Rent-Seeking ist unter dem Gesichtspunkt der Allokation – also dem wirtschaftlichen Einsatz knapper Produktionsfaktoren – problematisch, da Ressourcen verbraucht werden, die damit nicht mehr für die eigentlichen Unternehmensaufgaben zur Verfügung stehen. Wegen dieses Zusammenhangs ist im Umkehrschluss auch klar, dass erfolgreiche Unternehmen beziehungsweise deren Verbände kaum Ressourcen für Lobbyaktivitäten „frei" stellen werden. Das von diesen Ressourcen im eigentlichen Kompetenzbereich der Unternehmung erwirtschaftete Wertgrenzprodukt fällt im Vergleich zum Wertgrenzprodukt bei Einsatz der Ressourcen zum Rent-Seeking zu hoch aus. Anders ausgedrückt: Es sind gerade die wettbewerbsschwachen Unternehmen, welche Ressourcen für die politische Einflussnahme statt für marktkonforme Aktivitäten einsetzen. Greift ein solches Verhalten in Krisenzeiten oder bei anhaltend unbewältigtem Strukturwandel stark um sich, wird u. U. der Typus des „Schumpeterschen Unternehmers", der bereit ist, Risiken am Markt einzugehen und eine Pionierrolle auszufüllen, immer stärker zurückgedrängt.

In der folgenden Abbildung IV.14 wollen wir Rent-Seeking-Aktivitäten am Beispiel der Kosten und Nutzen eines Zollschutzes für die eigene Branche verdeutlichen. Auf der Ordinate werden als Maßeinheit Euros gewählt, welche zum einen die direkten Kosten der Rent-Seeking Aktivitäten (Werbekampagnen, Wahlspenden etc.) beziffern und zum anderen den in Geldeinheiten bewerteten Nutzen der Protektion ausdrücken. Auf der Abszisse tragen wir verschiedene Zollhöhen ab. Die Kurve ON gibt den Nutzen der Protektion wider; dieser steigt zunächst mit der

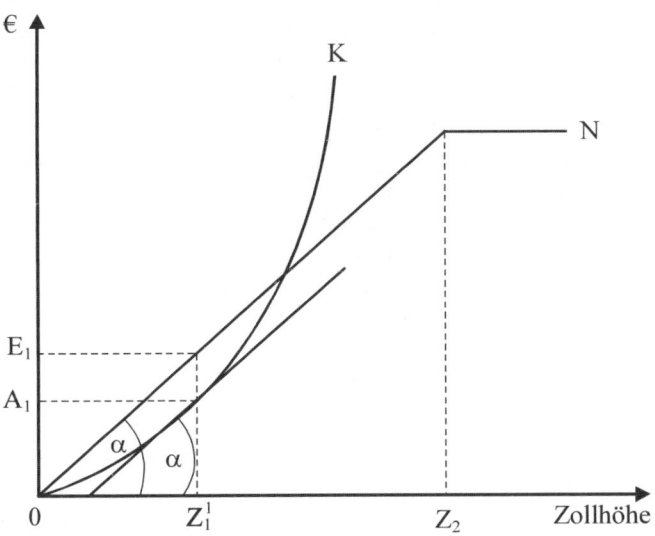

Abbildung IV.14

erreichten Zollhöhe an, um dann ab der Zollhöhe Z_2 waagerecht zu verlaufen. Der waagerechte Ast kommt beispielsweise dadurch zustande, dass von einer bestimmten Höhe an Zölle prohibitiv werden und weitere Erhöhungen der Nominalzollsätze redundant sind. Die konvexe Kurve 0K gibt die für die erforderliche Lobbyarbeit anfallenden Kosten wider. Die Kosten steigen für die Lobbyisten u. a. deshalb so stark an, weil für die ausführenden Politiker, die mit Zahlungen „kompensiert" werden müssen, mit zunehmendem Protektionsniveau die Wählerakzeptanz abnimmt. Dies liegt u. a. daran, dass das ausländische Angebot, das eine hohe Qualität verbürgt, möglicherweise nur noch zu exorbitant hohen Preisen zu bekommen ist. Es stellt sich demnach für die Interessengruppe die Frage nach der optimalen Höhe der anzustrebenden Protektion. Dieses Optimum ist offenbar dort erreicht, wo der Grenzvorteil der Zollhöhe gerade dem Grenznachteil der Lobbyarbeit entspricht, also dort, wo der Anstieg von 0K (tan α) gerade gleich dem Anstieg von 0N (tan α) ist. Das ist bei einer Zollhöhe von Z_1 der Fall. Der Nettonutzen der Protektion kann an der Ordinate abgelesen werden und bemisst sich nach der Strecke $E_1 - A_1$. Nur in diesem Fall betreiben die produzierenden Lobbyisten Gewinnmaximierung.

IV.7.5   Konflikte versus Kooperation in der Wirtschaftspolitik

Träger der makroökonomischen Wirtschaftspolitik in den heutigen Industriestaaten sind einerseits die Finanzministerien auf Bundesebene und andererseits die für die Geldpolitik zuständigen Zentralbanken. Da es sich um (häufig auch per Gesetz) unabhängige Träger handelt, ist es nicht selbstverständlich, dass sich diese auf eine Kooperation verständigen, auch wenn beide für gesamtwirtschaftliche Ziele zuständig sind. Diese Problematik lässt sich exemplarisch für den Fall des Auftretens von negativen Angebotsschocks, zu denken ist etwa an die beiden einschneidenden Ölpreisschocks der 1970er Jahre, demonstrieren. Dabei unterstellen wir wirklichkeitsnah, dass sich die jeweilige Notenbank (Regierung) in erster Linie Sorgen um die inflationären (arbeitsmarktwirksamen) Folgen macht. Zur Vereinfachung nehmen wir an, der Geldpolitik stünden die Optionen „niedrige" und „hohe" Zinsen , der Regierung die Alternativen „hohe" versus „niedrige" Ausgaben zur Verfügung. Damit ergeben sich 2 x 2, also 4 denkbare Kombinationen der Wirtschaftspolitik. Wenn wir nun annehmen, Bundesregierung und Zentralbank könnten für die unterschiedlichen Kombinationen Punkte vergeben, nämlich 1 für die aus eigener Sicht beste und 4 für die entsprechend schlechteste, so stellt sich das folgende Tableau (vgl. Abbildung IV.15) ein:

Politik der Regierung

Hohe Ausgaben   Geringe Ausgaben

	Hohe Ausgaben	Geringe Ausgaben
Niedrige Zinsen	1 ... 4	2 ... 2
Hohe Zinsen	3 ... 3	4 ... 1

Abbildung IV.15

Führt man einen Spaltenvergleich durch, so erweist sich für die Regierung die Strategie „hohe Ausgaben" als strikt dominant, denn bei gegebenem Verhalten der Notenbank führt sie in beiden Fällen zu höheren Punktewerten als die Strategie „niedrige Ausgaben". Dabei ist es so, dass weder Regierung noch Zentralbank ex-ante sicher wissen, welche Politik der jeweils andere tatsächlich einschlagen wird. Aber selbst wenn die Regierung sicher wüsste, dass die Notenbank hohe (niedrige) Zinsen wählt, ist aus ihrer Sicht die Strategie „hohe Ausgaben" stets die bessere. Ähnlich geht es der Zentralbank: Für sie ist, egal was die Regierung tut, die Strategie „hohe Zinsen" gegenüber der Alternative „niedrige Zinsen" strikt dominant, wie sich zweifelsfrei aus einem Zeilenvergleich ergibt. Betrachtet man allerdings alternative Lösungen, so erkennt man, dass die Kombination von niedrigen Zinsen mit einer moderaten Haushaltsführung (2 + 2 = 4 Punkte) insgesamt die bessere Politik für beide ist. Das Nash-Gleichgewicht liegt aber, wie oben gezeigt, bei der Kombination von „hohen Ausgaben" mit „hohen Zinsen" (insgesamt 6 Punkte) und führt damit zu der insgesamt schlechtesten Lösung. Beide Akteure bleiben, solange sie sich nicht Kooperation signalisieren, in einem, wie man sagt „Gefangenendilemma" stecken. Danach ist diese Spielvariante auch benannt. Wenigstens in einem „einmaligen" (oder auch in einem wiederholten Spiel mit bekannter Anzahl von Wiederholungen) Spiel wäre allerdings das Kooperations- oder Kompromisssignal für die jeweils andere Seite nicht glaubwürdig: Die Regierung (Notenbank) weiß, dass sie, wenn sie die Ausgaben begrenzt (Zinsen senkt), damit rechnen muss, dass die Notenbank (Regierung) versucht sein wird, ihr „Idealergebnis" in Gestalt von niedrigen Ausgaben/hohen Zinsen (hohen Ausgaben/niedrigen Zinsen) zu realisieren.

Ökonomisch hatte die von den meisten Industrieländern tatsächlich gewählte

Nash-Lösung fatale Folgen: Statt eine expansive Geldpolitik und eine restriktive Haushaltspolitik zu wählen, wurde eine restriktive Geldpolitik in Kombination mit einer expansiven Haushaltspolitik betrieben. Letztere schlug sich auf den Kapitalmärkten in höheren Realzinsen nieder, wodurch die Substitution von Energie durch Kapital unnötig erschwert wurde. Die restriktive Geldpolitik erhöhte auch die Zinsen am kurzen Ende, überdies erschwerte sie unnötig die Überwälzung der gestiegenen Energiekosten auf die Preise, so dass es zu Output- und Beschäftigungsrückgängen kam. Eine expansive Geldpolitik hätte dagegen die Reallöhne gedämpft und somit den Kostenanstieg auf der Energieseite teilweise kompensiert.

Das Instrument der Ausschreibung gehört zu jenen Verfahren, mit denen öffentliche Verwaltungen einen „Als-Ob-Wettbewerb" um Aufträge der öffentlichen Hand organisieren. Auch ein solcher Prozess lässt sich mit den Instrumenten der Spieltheorie „aufdröseln": Wir nehmen an, es gäbe zwei Unternehmen, die als Bieter in Frage kommen. Für jedes Unternehmen gibt es eine „nachgiebige" und eine „aggressive" Strategie. Aggressiv heißt in diesem Zusammenhang, gegenüber der Verwaltung alle Register, bis hin zu Bestechungsversuchen, zu ziehen. Nachgiebig heißt dagegen, nichts zu unternehmen, was den regulären Gang der Ausschreibung zum eigenen Vorteil beschleunigen bzw. modifizieren könnte. In dem folgenden Tableau sind nun wieder die möglichen Auszahlungen für beide Spieler enthalten. Verhalten sich beide aggressiv, dann laufen sie Gefahr, dass zuviel „Noise" entsteht, Bestechungsversuche öffentlich werden, das Verfahren für ungültig erklärt und die Ausschreibung mit neuen Bietern wiederholt wird. Gemessen an den Punktezahlen gehen beide Unternehmen sprichwörtlich leer aus. Verhalten sich beide Spieler nachgiebig, dann haben sie gleich gute Chancen auf den Zuschlag. Wenn allerdings einer der Spieler (etwa Spieler 1) sicher wüsste, dass der andere aggressiv spielt, dann weicht er auf „nachgiebig" aus. Andernfalls wäre ja mit dem Ende des Verfahrens zu rechnen. Die kleine verbliebene Chance (etwa die Hoffnung auf nicht korrupte öffentliche Bedienstete) ist besser als gar nichts. Umgekehrt gilt: Wenn Spieler 1 sicher wüsste, dass Spieler 2 „nachgiebig" spielt, ist es für ihn optimal, die „aggressive Variante" zu wählen . Diese Spielkonstellation wird auch als das „Chicken-Game" oder eingedeutscht als „Taube-Falken-Spiel" bezeichnet (vgl. Abbildung IV.16).

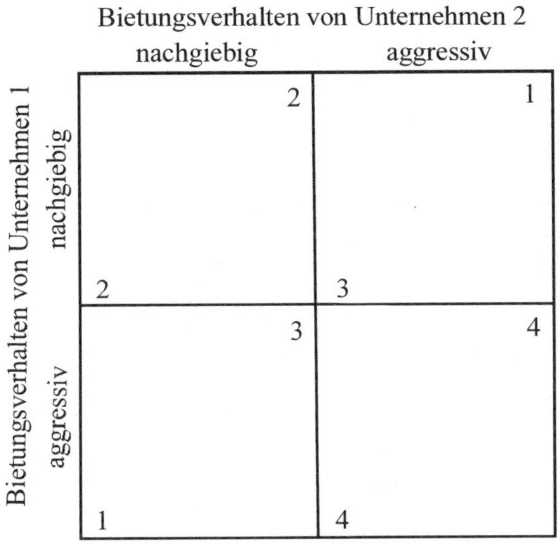
Bietungsverhalten von Unternehmen 2
nachgiebig
aggressiv
Bietungsverhalten von Unternehmen 1
nachgiebig
aggressiv
2
1
2
3
3
4
1
4

Abbildung IV.16

IV.8 Das so genannte „sozialökonomische Optimum“

Während das Eigeninteresse von privaten Personen/Institutionen, die als Träger der Wirtschaftspolitik fungieren können, von Anfang an wenig umstritten war, gab es in der Theorie der Wirtschaftspolitik für staatliche Institutionen lange die Vorstellung eines „wohlmeinenden Diktators“ oder „sozialen Planers“, der – für und im Sinne der ihm anvertrauten Bürger – durch den Einsatz wirtschaftspolitischer Instrumente ein so genanntes „sozialökonomisches Optimum“ anstrebt. Was ist unter letzterem zu verstehen? Nach der Definition von Herbert Giersch (1921*) muss folgendes gegeben sein:

> „Bei gegebener Bevölkerung, gegebener Ausstattung mit Produktivkräften und optimaler Einkommensverteilung ist der wirtschaftliche Wohlstand ein Maximum, wenn bestimmte Optimalbedingungen des Gütertauschs, der Produktion, der Beschäftigung und der Akkumulation erfüllt sind. ... Im Optimum darf es nicht mehr möglich sein, den Wohlstand zu erhöhen, indem ein bisher nicht erzeugtes Gut produziert, ein Betrieb errichtet oder geschlossen, ein neuer Produktionsfaktor verwendet wird.“[98]

Wir wollen die angesprochenen „Marginalbedingungen“, von denen es insgesamt sieben gibt, kennen lernen, indem wir im Rahmen eines so genannten 2 x 2 x 2 x 2-Modells argumentieren. Das heißt, in unserer Volkswirtschaft gibt es:

- 2 Haushalte: 1 und 2

[98] Giersch (1961), S. 106.

- 2 Unternehmen: I und II

- 2 Güter: Maschinen (x_1) und Wein (x_2)

- 2 Produktionsfaktoren: Arbeit (A) und Kapital (K).

Wir wollen mit der Bedingung für ein Tauschoptimum zwischen zwei Haushalten und damit der ersten Marginalbedingung beginnen. Wir fragen uns also, wie zwei als gegeben angenommenen Gütermengen an Maschinen ($\overline{x}_1$) und Wein ($\overline{x}_2$) auf die beiden Haushalte 1 und 2 effizient aufgeteilt werden können. Dabei gilt jeweils für die Gesamtmenge:

$$\overline{x}_1 = x_1^1 + x_1^2 \qquad \text{beziehungsweise} \qquad \overline{x}_2 = x_2^1 + x_2^2.$$

Das heißt, unsere beiden Güter befinden sich ausschließlich und zugleich vollständig im Besitz der Haushalte 1 und 2. Deren Nutzenvorstellungen werden – wie bereits früher – durch Nutzenfunktionen mit abnehmendem Grenznutzen und konvexen Indifferenzkurven (I^1, I^2) beschrieben. Aus der Abbildung IV.17 wird ersichtlich, dass in unserer 2-Haushalte-Ökonomie insgesamt 30 Einheiten Maschinen und 25 Einheiten Wein auf die beiden Haushalte aufgeteilt werden können.

Wie können wir nun überprüfen, ob die derzeitige Aufteilung optimal ist? Hierzu verwenden wir ein so genanntes „Boxdiagramm", welches auch nach seinem Entwickler „Edgeworth-Box" genannt wird. Es wird hierbei das rechte Diagramm aus Abbildung IV.17 um 180° gedreht und über das linke Diagramm gelegt, wie es in Abbildung IV.18 zu sehen ist. Die Seitenlängen der Box beschreiben dabei den gegebenen Gütervorrat, für unsere 2-Haushalte-Ökonmie also 30 Einheiten Maschinen ($0^1A = 0^2B$) und 25 Einheiten Wein ($0^1B = 0^2A$).

Die bekannte Ausgangsverteilung der Güter zwischen den beiden Individuen sei beispielsweise mit dem Punkt C gekennzeichnet und stelle eine unter beliebig vielen vorstellbaren Ausgangsverteilungen dar. Die durch C verlaufenden Indiffe-

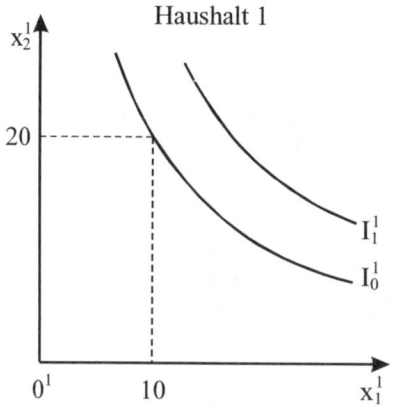
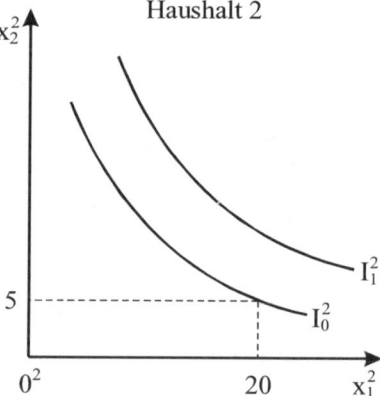

Abbildung IV.17

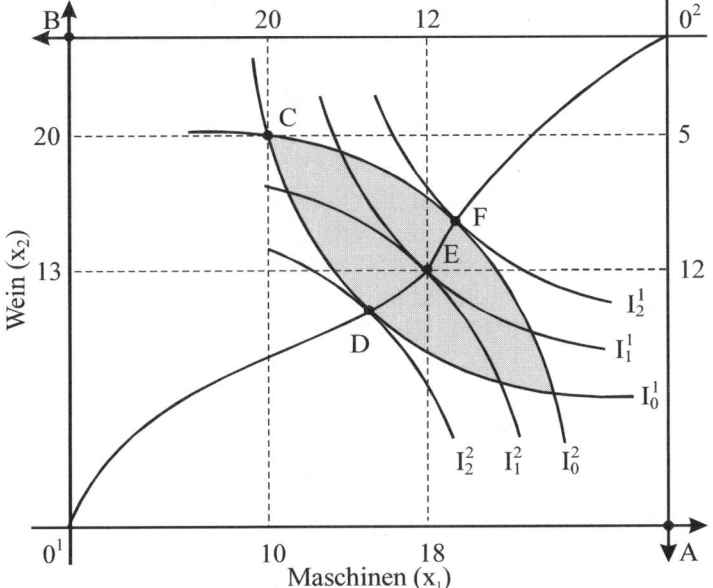

Abbildung IV.18

renzkurven I_0^1 und I_0^2 bilden eine Tauschlinse, von der man sagen kann, dass jeder Punkt innerhalb derselben aus Wohlfahrtsgesichtspunkten heraus besser ist als die Ausgangssituation, weil beide jeweils eine höher gelegene Indifferenzkurve erreichen können. Im Sinne des so genannten Pareto-Kriteriums würde es allerdings bereits reichen, wenn wenigstens einer der beiden Tauschpartner sich gegenüber der Ausgangsverteilung besser stellt, ohne dass sein Tauschpartner sich verschlechtert.[99] Dieser Fall kommt beispielsweise im Tauschpunkt D (F) zum Zuge, bei dem sich Haushalt 2 (1) gegenüber der Ausgangssituation C verbessert, ohne dass sich Haushalt 1 (2) demgegenüber in seinem Nutzen verschlechtert.

Durch Aufgabe der Ausgangssituation, also entsprechenden Gütertausch, können sich sogar beide Individuen besser stellen. Da die gesamten Gütermengen konstant sind, tauscht Haushalt 1 mit Haushalt 2 beispielsweise Wein gegen Maschinen. Dieser Tausch hat ein Ende, wenn eine Nutzensteigerung einer der beiden Tauschpartner nur noch auf Kosten des Nutzenniveaus des anderen Tauschpartners möglich ist (Pareto-Kriterium). Eine solche Situation ist zum Beispiel mit dem Punkt E gegeben: Jede andere Aufteilung der Gütermengen würde zumindest für einen der beiden Haushalte zu einem geringeren Nutzenniveau als in E führen. In Punkt E ist offensichtlich eine besondere Eigenschaft erfüllt: Die Indifferenzkurven I_1^1 beziehungsweise I_1^2 berühren sich, das heißt, sie sind tangential zueinander. Das bedeu-

---

[99] Das Pareto-Kriterium besagt folglich, dass ein Wohlfahrtsmaximum genau dann vorliegt, wenn (weitere) Nutzenerhöhungen eines Individuums nur noch auf Kosten anderer Individuen möglich ist.

tet nichts anderes, als dass in einem Tauschoptimum offenbar die Bedingung erfüllt sein muss:

$$\left(\frac{dx_2}{dx_1}\right)\bigg|_{\overline{U}^1} = GRS^1_{x_1,x_2} = -\left[\frac{\partial U/\partial x_1}{\partial U/\partial x_2}\right]^1 = -\left[\frac{\partial U/\partial x_1}{\partial U/\partial x_2}\right]^2 = GRS^2_{x_1,x_2} = \left(\frac{dx_2}{dx_1}\right)\bigg|_{\overline{U}^2}.$$

Mit anderen Worten: Im Tauschoptimum ist die Grenzrate der Substitution (GRS) zweier Güter und dementsprechend das reziproke Verhältnis der Grenznutzen beider Güter zueinander für alle Haushalte (1, 2) gleich. Machen wir uns diese Aussage anhand unseres Zahlenbeispieles deutlich: In Punkt E besitzt der Haushalt 1 nun 18 Einheiten Maschinen und 13 Einheiten Wein – Haushalt 2 dementsprechend 12 Einheiten Maschinen und 12 Einheiten Wein. Das heißt, Haushalt 1 hat – im Vergleich zur Ausgangssituation in Punkt C – 7 Einheiten Wein gegen 8 Einheiten Maschinen getauscht. Haushalt 2 hat demzufolge 8 Maschinen gegen 7 Einheiten Wein eingetauscht. Es gilt daher:

$$GRS^1_{x_1,x_2} = -\frac{7}{8} = -\frac{7}{8} = GRS^2_{x_1,x_2}.$$

Wir sehen, dass die Grenzraten der Substitution beider Haushalte gleich groß sind. Das heißt, die Verteilung in E ist „Pareto-effizient". Man mag nun einwenden, dass der Punkt E sich letztlich als Folge einer ganz bestimmten Ausgangsverteilung, C, im Wege von Tauschprozessen eingestellt hat. Die Konsequenz ist lediglich eine Erweiterung unseres bisherigen Ergebnisses: Für jede beliebige Ausgangsverteilung lassen sich spezifische Tauschoptima finden; die Verbindungslinie aller denkbaren Tauschoptima nennt man die „Kontraktkurve", auf der in unserem Beispiel die Punkte D, E und F liegen. Bewegungen *auf* dieser Kontraktkurve entziehen sich allerdings einer wohlfahrtsökonomischen Beurteilung, da es keine Gerechtigkeitsmaßstab zur Bewertung unterschiedlicher Verteilungspositionen in der Paretianischen Wohlfahrtstheorie gibt.

Wie kommt aber eine optimale Verteilung zustande? Bisher sind wir davon ausgegangen, dass ein wohlmeinender Diktator die beiden Haushalte zusammengeführt hat. Wir wollen nun untersuchen, wie das Tauschoptimum mit Hilfe des Preismechanismus des Marktes erreicht werden kann.

In der Haushaltstheorie haben wir bereits die Bedingung für ein Haushaltsoptimum bestimmt: Dies ist dann erreicht, wenn der Haushalt bei gegebenem Einkommen y und gegebenen Güterpreisen p_1 und p_2 seinen höchsten Nutzen U erzielt. Das heißt grafisch, wenn die Budgetgerade von der höchst erreichbaren Indifferenzkurve tangiert wird. Oder formal ausgedrückt: Wenn die Steigung der Budgetgeraden gleich der Steigung der Indifferenzkurve ist:

$$-\frac{p_1}{p_2} = GRS_{x_1,x_2}.$$

Da die Güterpreise konstant sind und für beide Individuen gelten, ist die „erste Marginalbedingung" immer dann erfüllt, wenn die Grenzraten der Substitution dem (negativen) Preisverhältnis entsprechen. Es gilt:

$$GRS^{1}_{x_1,x_2} = -\frac{p_1}{p_2} = GRS^{2}_{x_1,x_2}$$

oder auf unser Beispiel angewandt:

$$GRS^{1}_{x_1,x_2} = GRS^{2}_{x_1,x_2} = -\frac{p_1}{p_2} = -\frac{7}{8}.$$

Würde also eine Einheit Maschine 70 Euro kosten, so müsste eine Einheit Wein 80 Euro kosten, um ein Tauschoptimum zu garantieren.

Zusammengefasst gilt für das Tauschoptimum: Ein Tauschoptimum ist immer dann erreicht, wenn die Grenzraten der Substitution für alle Haushalte gleich sind und wenn diese dem (negativen) Preisverhältnis entsprechen. Diese erste Marginalbedingung gilt zugleich allgemein für n Güter und m Haushalte.

Wenden wir uns nun der Suche nach einer „optimalen Produktion" zu, wobei hier mehrere Schritte durchgeführt werden müssen. Dabei unterstellen wir, dass die Menge der beiden Produktionsfaktoren Arbeit (A) und Kapital (K) konstant sind und sich auf die Produktion der beiden bekannten Güter Maschinen und Wein vollständig aufteilen. Des Weiteren können die Unternehmen I und II beide Güter produzieren, wobei sie aber über unterschiedliche Produktionsfunktionen verfügen. Es gilt also:

$$\overline{A} = A^{I} + A^{II} \quad \text{beziehungsweise} \quad \overline{K} = K^{I} + K^{II}$$

sowie

$$\overline{x}_1 = x^{I}_1 + x^{II}_1 \quad \text{beziehungsweise} \quad \overline{x}_2 = x^{I}_2 + x^{II}_2.$$

Als Erstes wollen wir uns fragen, bei welcher Bedingung der gesamtwirtschaftliche Output eines einzelnen Gutes maximiert wird, wenn beide Unternehmen nur mit einem einzigen variablen Faktor (hier Arbeit) – bei konstantem Einsatz aller übrigen Faktoren (hier Kapital) – das Gut produzieren. Wir sprechen hier von der „zweiten Marginalbedingung".

Veranschaulichen wir uns die Ausgangssituation in unserer kleinen Volkswirtschaft anhand von Abbildung IV.19. Das Unternehmen I produziert mit 40 Arbeitseinheiten insgesamt 20 Einheiten Maschinen (Punkt G), während im Unternehmen II mit 10 Einheiten Arbeit insgesamt 10 Einheiten Maschinen (Punkt H) hergestellt werden. Beide Unternehmen produzieren also zusammen mit den

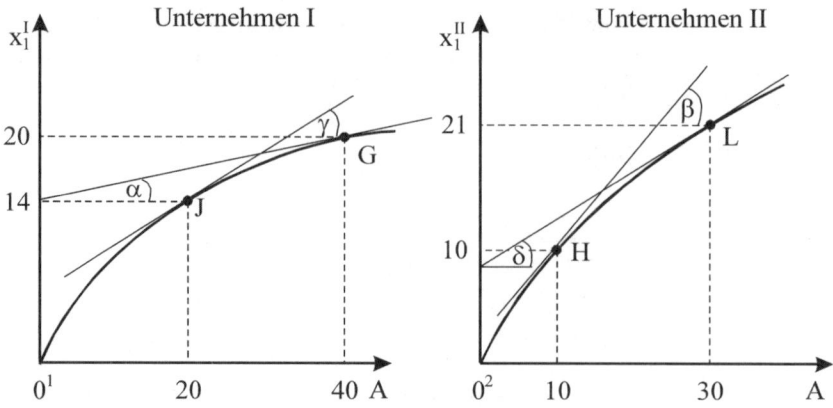

Abbildung IV.19

verfügbaren 50 Arbeitseinheiten 30 Maschinen, von der Herstellung von Wein wird zunächst aus Vereinfachungsgründen abgesehen.

Fragen wir nun, ob die derzeitige Aufteilung des Faktors Arbeit auf die beiden Unternehmen optimal ist. Auf den ersten Blick scheint sie nicht optimal, denn das Unternehmen I benötigt im Durchschnitt zwei Einheiten Arbeit für die Produktion einer Einheit Maschinen, während das Unternehmen II nur eine Arbeitseinheit benötigt. Die durchschnittliche Arbeitsproduktivität in Unternehmen II ist also zweimal so hoch wie im Unternehmen I. Die unterschiedlichen Höhen der (durchschnittlichen) Arbeitsproduktivitäten reichen aber nicht als Kriterium für die Beurteilung der Pareto-Effizienz aus.

Relevant ist die Grenzproduktivität des Faktors Arbeit, und diese ist ebenfalls unterschiedlich: Denn die Steigung der Ertragskurve in Punkt G (tan α) ist kleiner als in Punkt H (tan β). Das heißt, wenn Arbeit aus dem (unproduktiveren) Unternehmen I abgezogen und im Unternehmen II eingesetzt wird, dann ist der Ertragszuwachs im Unternehmen II größer als die Ertragsminderung im Unternehmen I – der gesamtwirtschaftliche Output an Maschinen steigt also. Diese Umverteilung des Faktors Arbeit auf die beiden Unternehmen (oder Reallokation), sollte solange fortgesetzt werden, bis der zusätzliche Ertrag der letzten Arbeitseinheit im Unternehmen II gerade noch die zusätzliche Ertragsminderung dieser Einheit im Unternehmen I kompensiert. Oder anders ausgedrückt: Die Reallokation von Arbeit muss solange stattfinden, bis sich die Grenzerträge des Faktors Arbeit der beiden Unternehmen angeglichen haben:

$$\frac{\partial x_1^I}{\partial A^I} = \frac{\partial x_1^{II}}{\partial A^{II}}.$$

Diese Situation wird den Punkten J und L erreicht, denn dort stimmen die Steigungen der beiden Ertragskurven überein: $\tan \gamma = \tan \delta$ Unternehmen I produziert jetzt

14 Einheiten Maschinen mit 20 Einheiten Arbeit und Unternehmen II nun 21 Einheiten Maschinen mit 30 Arbeitseinheiten. Gegenüber der Ausgangssituation werden damit jetzt insgesamt 35 Einheiten Maschinen produziert, also 5 Einheiten mehr – mit der gleichen Anzahl von Arbeitseinheiten und einem konstanten Kapitalstock.

Zusammengefasst gilt also für die „zweite Marginalbedingung": Die Allokation eines variablen Produktionsfaktors ist bei Konstanz der anderen Produktionsfaktoren nur dann effizient, wenn die Grenzproduktivität dieses Faktors in allen Unternehmen gleich ist, die ihn zur Produktion des gleichen Gutes einsetzen. Diese Bedingung gilt wiederum auch für jedes Gut, das in k verschiedenen Unternehmen hergestellt werden kann.

Um nun die „dritte Marginalbedingung" – die Bedingung für die optimale Faktorkombination – herzuleiten, müssen wir einige Restriktionen aufweichen. So sind jetzt beide Produktionsfaktoren variabel, und es sollen beide Güter hergestellt werden. Zur Vereinfachung erläutern wir diese Bedingung zunächst für ein einzelnes Unternehmen.

Wie bei der Herleitung des Tauschoptimums können wir die Ausgangssituation und den Hergang der Lösung in einer Edgeworth-Box (Abbildung IV.20) darstellen, welche nun die Isoquantenscharen der beiden Produkte Maschinen und Wein enthält. Die Seitenlängen der Box beschreiben den gegebenen Vorrat an Produktionsfaktoren für unsere 1-Unternehmen-Ökonomie, also 50 Einheiten Arbeit ($0^I A$ oder $0^{II} B$) und 25 Einheiten Kapital ($0^I B$ oder $0^{II} A$).

In der beliebig gewählten Ausgangssituation, die durch den Punkt M beschrieben wird, schneiden sich die beiden Isoquanten $X_1 = 20$ und $X_2 = 10$. Dabei setzt das Unternehmen zur Herstellung von 20 Einheiten Maschinen insgesamt 40 Einheiten Arbeit und 10 Einheiten Kapital ein. Mit den restlichen 10 Arbeits- und 15 Kapitaleinheiten produziert es 10 Einheiten Wein. Gegenüber der Situation in M stellt der Punkt N eine Verbesserung dar, weil gleichviel Maschinen (20 Einheiten), aber mehr Wein (20 Einheiten) produziert werden können. Es liegt demnach gegenüber M eine Effizienzsteigerung gemäß dem Pareto-Kriterium vor. Auch der Punkt O ist dem Ausgangspunkt M überlegen, da hier gleichviel Wein (10 Einheiten), dafür aber mehr Maschinen (29 Einheiten) hergestellt werden können.

Wie schon bei der Herleitung des Tauschoptimums erkennen wir, dass die mit N und O bezeichneten Punkte auf Isoquanten liegen, welche gemeinsam eine Linse bilden. Im Analogieschluss zum Tauschoptimum können wir ein Optimum der Faktorkombination dort vermuten, wo sich entsprechende Isoquanten innerhalb der Linse gerade tangieren. Dies soll in unserem Beispiel im Punkt P – es werden hier 25 Einheiten Maschinen und 15 Einheiten Wein hergestellt – der Fall sein.

Bezüglich der Ausgangslage M stellt also der Punkt P eine Verbesserung, ja sogar die effiziente Lösung dar. Da sich die Isoquanten in diesem Punkt berühren, kann man feststellen, dass die Anstiege der Isoquanten („Grenzrate der technischen

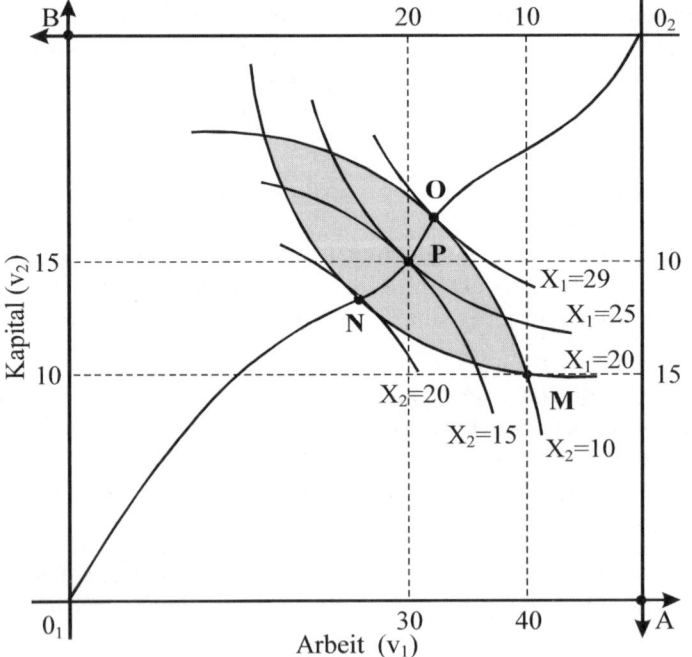

Abbildung IV.20

Substitution zwischen Arbeit und Kapital", GRTS) – und das gilt für alle effizienten Lösungen innerhalb der Box – übereinstimmen müssen. Verallgemeinert gilt also, dass die technischen Grenzraten der Substitution der Faktoren bei allen Güterproduktionen gleich sein müssen:

$$\left(\frac{dK}{dA}\right)_{\bar{x}_1} = GRTS_{A,K}^{x_1} = -\frac{\partial x_1/\partial A}{\partial x_1/\partial K} = -\frac{\partial x_2/\partial A}{\partial x_2/\partial K} = GRTS_{A,K}^{x_2} = \left(\frac{dK}{dA}\right)_{\bar{x}_2}.$$

Da die jeweiligen technischen Grenzraten der Substitution identisch sind mit dem reziproken Verhältnis der Grenzproduktivitäten der Faktoren, muss für alle effizienten Lösungen auch gelten:

$$\frac{\partial x_1/\partial A}{\partial x_2/\partial A} = \frac{\partial x_2/\partial K}{\partial x_1/\partial K}.$$

Machen wir uns diese Überlegungen wieder anhand eines Zahlenbeispiels klar. Wir nehmen an, dass unser Unternehmen gerade mit der Produktion von Maschinen und Wein beginnt und dabei den Punkt M realisiert. In M ist unsere Faktorkombination nicht effizient, denn die GRTS stimmen nicht überein:

$$GRTS_{A,K}^{x_1} = \frac{10}{40} < \frac{15}{10} = GRTS_{A,K}^{x_2}.$$

Für den Punkt P hingegen gilt, dass die Unternehmung für die Produktion von Maschinen gegenüber der Ausgangssituation 10 Einheiten Arbeit durch 5 Einheiten Kapital substituiert. Für die Weinproduktion werden 5 Einheiten Kapital entsprechend durch 10 Einheiten Arbeit ersetzt. Es gilt daher:

$$\mathrm{GRTS}_{A,K}^{x_1} = -\frac{5}{10} = -\frac{5}{10} = \mathrm{GRTS}_{A,K}^{x_2},$$

das heißt, die GRTS stimmen überein; unsere Faktorkombination ist jetzt effizient.

Der Punkt P ist allerdings nicht die einzig denkbare effiziente Lösung. Die so genannte „Transformationskurve" stellt die Verbindungslinie aller möglichen effizienten Produktionspunkte dar. Auch die Punkte N und O werden auf dieser liegen.

Wie stellt sich aber diese effiziente Faktorallokation in der Unternehmung ein? Analog zum Tauschoptimum führt auch hier der Preismechanismus des Marktes zur effizienten Produktion.

In der Unternehmenstheorie haben wir bereits die Bedingung für ein Produktionsoptimum bestimmt. Das Produktionsoptimum ist dann erreicht, wenn das Unternehmen bei einer gegebenen Kostensumme (Produktionsbudget) und gegebenen Faktorpreisen den höchsten Ertrag erzielt. Das heißt grafisch, wenn die Isokostenlinie von der höchst erreichbaren Isoquante tangiert wird. Oder formal ausgedrückt: Wenn die Steigung der Isokostenlinie gleich der Steigung der Isoquante ist:

$$-\frac{q_A}{q_K} = \mathrm{GRTS}_{A,K}.$$

Da die Faktorpreise (q_i) konstant sind und für die Produktion beider Güter gelten, ist die dritte Marginalbedingung erfüllt. Es gilt nämlich:

$$\mathrm{GRTS}_{A,K}^{x_1} = -\frac{q_A}{q_K} = \mathrm{GRTS}_{A,K}^{x_2}$$

oder auf unser Beispiel angewandt

$$\mathrm{GRTS}_{A,K}^{x_1} = \mathrm{GRTS}_{A,K}^{x_2} = -\frac{q_A}{q_K} = -\frac{1}{2}.$$

Würde also in unserem Beispiel eine Einheit Arbeit 10 Euro kosten, so müsste eine Einheit Kapital 20 Euro kosten, um eine effiziente Faktorallokation und damit eine effiziente Produktion zu garantieren. Da unser Unternehmen Preisnehmer ist, das heißt, das Faktorpreisverhältnis für es vorgegeben ist, kann es die effiziente Produktion nur dann erreichen, wenn es seine Faktorkombinationen an das gegebene Preisverhältnis anpasst.

Zusammengefasst gilt also für eine effiziente Produktion: Diese ist dann erreicht, wenn die Grenzraten der technischen Substitution für alle Güter gleich sind und wenn diese dem (negativen) Faktorpreisverhältnis entsprechen. Dann ist auch die Bedingung der Minimalkostenkombination erfüllt, das heißt, Kosteneffizienz ist sichergestellt. Die dritte Marginalbedingung gilt wieder allgemein für n Güter und j Produktionsfaktoren sowie in k Unternehmen.

Die „vierte Marginalbedingung" betrifft die Frage, wie die Produktion unserer bekannten Güter (Maschinen und Wein) unter Einsatz beider Produktionsfaktoren (Arbeit und Kapital) effizient auf zwei Unternehmen (I, II in der geschlossenen Volkswirtschaft) beziehungsweise auf zwei Länder (offene Volkswirtschaft) aufgeteilt werden kann, so dass ein Maximum des physischen Gesamtertrages zustande kommt. In der Abbildung IV.21 sind die jeweiligen Transformations- beziehungsweise Produktionsmöglichkeitenkurven der Unternehmen I und II dargestellt. Diese verlaufen jeweils konkav.

Aus der Abbildung IV.21 wird ersichtlich, dass beide Unternehmen sowohl Ma- schinen als auch Wein produzieren. In der Ausgangssituation produziert Unter- nehmen I in Punkt Q 10 Einheiten Maschinen und 17 Einheiten Wein; Unternehmen II produziert dagegen entsprechend in Punkt R 20 Einheiten Ma- schinen und 9 Einheiten Wein. Insgesamt werden in unserer Ökonomie also 30 Einheiten Maschinen und 26 Einheiten Wein produziert.

Obwohl beide Unternehmen entsprechend der dritten Marginalbedingung mit einer effizienten Faktorallokation produzieren, ist die Ausgangssituation nicht optimal. Wieso? Aus der Abbildung wird ersichtlich, dass die Steigung der Transformati- onskurve in Punkt Q (tan α) kleiner ist als die Steigung in Punkt R (tan β). Für die Steigung der Transformationskurve – sie wird auch als Grenzrate der Transforma- tion (GRT) bezeichnet – gilt in unserem Beispiel für Unternehmen I:

$$GRT_{x_1,x_2} = \frac{dx_2}{dx_1} = \tan \alpha.$$

Die Grenzrate der Transformation spiegelt also die marginalen Opportunitätskos- ten wider, die dem Unternehmen entstehen, wenn es eine Einheit mehr von Gut x_1 (Maschinen) herstellen will, und dabei auf die Produktion einer bestimmten Anzahl von Weineinheiten verzichten muss. Dieser Verzicht ist zwingend, da das Unternehmen nur über eine konstante Menge an Produktionsfaktoren verfügt. Denn eine Mehrproduktion durch Faktorwanderung zwischen den Unternehmen I und II ist annahmegemäß ausgeschlossen. Faktormobilität entspricht nicht der oben von Giersch dargelegten Logik der Marginalbedingungen, welche von einer gegeben Ausstattung mit Produktivkräften ausgeht. Allgemein gilt: Je kleiner die Grenzrate der Transformation (beziehungsweise der Winkel α) ist, desto weniger Verzicht muss das Unternehmen bei der Weinherstellung üben, um eine Einheit mehr Maschinen herstellen zu können.

Auf unser Beispiel bezogen, muss Unternehmen I auf weniger Einheiten Wein verzichten als Unternehmen II, wenn es eine Einheit mehr Maschinen produzieren will. Maschinen können demnach relativ günstig (in Einheiten Wein ausgedrückt) im Unternehmen I produziert werden, während Wein relativ günstig (in Einheiten Maschinen ausgedrückt) im Unternehmen II produziert wird. Beide Unternehmen sollten sich daher entsprechend stärker spezialisieren und zwar so lange, bis die marginalen Opportunitätskosten in beiden Unternehmen und damit die Grenzraten der Transformation gleich groß werden:

$$GRT^{I}_{x_1,x_2} = \left(\frac{dx_2}{dx_1}\right)^{I} = \left(\frac{dx_2}{dx_1}\right)^{II} = GRT^{II}_{x_1,x_2}.$$

Diese Bedingung wird jeweils (nur) durch die Punkte S und T erfüllt, denn hier sind die Steigungen in den Punkten identisch (tan γ = tan δ). Durch die Reallokation der Produktionsfaktoren innerhalb der einzelnen Unternehmen kann die volkswirtschaftliche Produktion gesteigert werden. Nun werden von beiden Unternehmen gemeinsam 39 Einheiten Maschinen und 28 Einheiten Wein hergestellt. Dabei hat sich das Unternehmen I auf die Maschinenproduktion (10 Einheiten mehr Maschinen, 5 Einheiten weniger Wein) und das Unternehmen II auf die Herstellung von Wein spezialisiert (18 Einheiten mehr Wein, 12 Einheiten weniger Maschinen):

$$\left(\frac{dx_2}{dx_1}\right)^{I} = -\frac{15}{10} = \left(\frac{dx_2}{dx_1}\right)^{II} = GRT^{II}_{x_1,x_2} = -\frac{18}{12}.$$

Eine weitere Reallokation über die Punkte S und T hinaus wäre volkswirtschaftlich suboptimal. Denn wenn sich beispielsweise Unternehmen I vollständig auf Maschinen und Unternehmen II auf Wein spezialisiert, dann beträgt der Output an Maschinen nur noch 24 Einheiten und der Weinoutput 28 Einheiten, – insgesamt

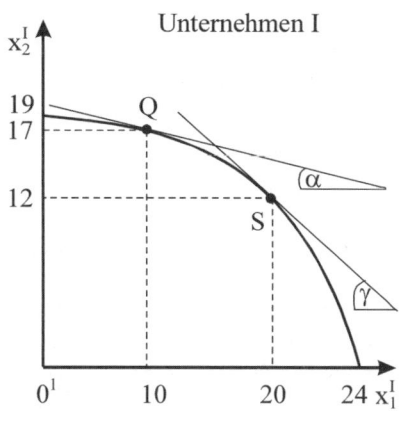
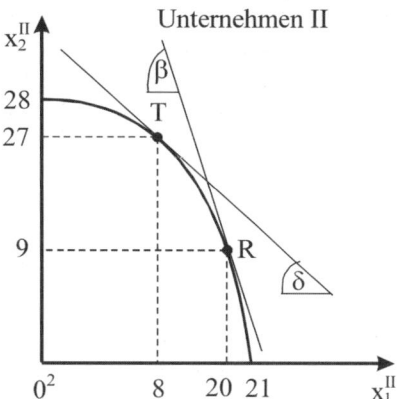

Abbildung IV.21

also eindeutig weniger als bei Realisierung der Punkte S und T.

Zusammengefasst gilt für die vierte Marginalbedingung, dass eine optimale Allokation der Güter auf die Unternehmen genau dann erreicht ist, wenn die marginalen Opportunitätskosten für ein Gut in allen Unternehmen gleich sind, die dieses Gut herstellen. In ihrer Aussage entspricht diese Bedingung weitgehend dem Inhalt des Theorems der komparativen Kostenvorteile, das wir in dem Kapitel zur Außenwirtschaft kennen gelernt haben. Allerdings konnten wir hier auf die Einschränkung linearer Transformationskurven verzichten.

Nachdem wir die beiden Marktseiten – Tausch beziehungsweise Nachfrage und Produktion beziehungsweise Angebot – isoliert betrachtet haben, wollen wir jetzt versuchen, eine Verbindung zwischen beiden herzustellen. Eine Marktwirtschaft zeichnet sich ja insbesondere dadurch aus, dass mit Hilfe dezentraler Koordination eine optimale Abstimmung des Angebots auf die Wünsche der Verbraucher erfolgt. Um eben diese Abstimmung geht es bei der „fünften Marginalbedingung", welche eine optimale Produktionsstruktur für die gesamte Volkswirtschaft beschreibt.

Wieder betrachten wir zwei Güter (Maschinen, Wein) und zwei Faktoren (Arbeit, Kapital). Wir wollen weiterhin annehmen, dass sowohl die Präferenzen der Haushalte als auch die Verteilung des Einkommens exogen gegeben sind. Gleiches gelte für die Höhe der maximal verfügbaren Mengen an Produktionsfaktoren – in unserem Zahlenbeispiel wiederum 50 Einheiten Arbeit und 25 Einheiten Kapital. Diese Faktoren können entlang der gesamtwirtschaftlichen „Transformationskurve" zur Produktion der beiden Güter eingesetzt werden. Diese Kurve lässt sich methodisch aus der Abbildung IV.20 gewinnen. Ebenso enthält die Abbildung IV.22 eine Edgeworth-Box (0^1A0^2B) für den Tausch, in der die mögliche Verteilung des in Punkt U erzeugten Güterbündels zwischen unseren beiden Haushalten (1, 2) diskutiert werden kann. Die Seitenlängen der Box sind durch die Höhe der Produktion von Maschinen und Wein in Punkt U bestimmt.

Eine optimale Abstimmung zwischen den Wünschen der Verbraucher und den Möglichkeiten der Produktion ist immer dann – und nur dann – gegeben, wenn beim herrschenden, durch Konkurrenz auf den Gütermärkten zustande gekommenen Preisverhältnis die Grenzrate der Substitution im Konsum für jeden Haushalt gleich ist und zugleich mit der Grenzrate der Transformation übereinstimmt:

$$GRS^1_{x_1,x_2} = GRS^2_{x_1,x_2} = -\frac{p_1}{p_2} = GRT_{x_1,x_2}.$$

„Globale Effizienz" wird durch den Punkt E auf der Kontraktkurve und durch den Punkt U auf der Transformationskurve gerade erfüllt. Dabei wird in E die erste Marginalbedingung (Tauschoptimum) und im Punkt U die dritte Marginalbedingung (effiziente Produktion) erfüllt.

In unserem Zahlenbeispiel gilt, dass die optimale Produktion von 30 Einheiten Maschinen und 25 Einheiten Wein (Punkt U) wie folgt auf die Haushalte aufgeteilt wird: Haushalt 1 erhält 18 Einheiten Maschinen und 13 Einheiten Wein, Haushalt 2 dementsprechend 12 Einheiten Maschinen und 12 Einheiten Wein. Diese Verteilung gilt aber nur bei unserem Preisverhältnis (p_1/p_2) in Höhe von 7/8, wie wir bei der Herleitung des Tauschoptimums gesehen haben.

Zusammengefasst gilt also für die fünfte Marginalbedingung, dass nur dann globale Effizienz erreicht wird, wenn die (identische) Grenzrate der Substitution aller Haushalte im Konsum der Grenzrate der Transformation in der Produktion entspricht. Das heißt, wenn wir ein simultanes Tausch- und Produktionsoptimum haben, welches dem (negativen) Güterpreisverhältnis entspricht.

Wie werden die fünf Marginalbedingungen in der Realität einer funktionierenden Marktwirtschaft erreicht? Wenn überhaupt, dann wohl nur durch den Marktmechanismus selbst, also durch Wettbewerb.[100] Die optimale Produktionsstruktur (globale Effizienz) kann durch einen funktionsfähigen Wettbewerb – im Idealfall in der Marktform der vollkommenen Konkurrenz – erreicht werden. Liegt dagegen – aus unterschiedlichen Gründen – Marktversagen auf Güter- und/oder Faktormärkten vor, werden die ersten fünf Marginalbedingungen mindestens in Teilen verletzt. Dann ist prinzipiell die Wirtschaftspolitik zum Handeln aufgerufen, aber nicht unbedingt zur Wiederherstellung aller Marginalbedingungen.

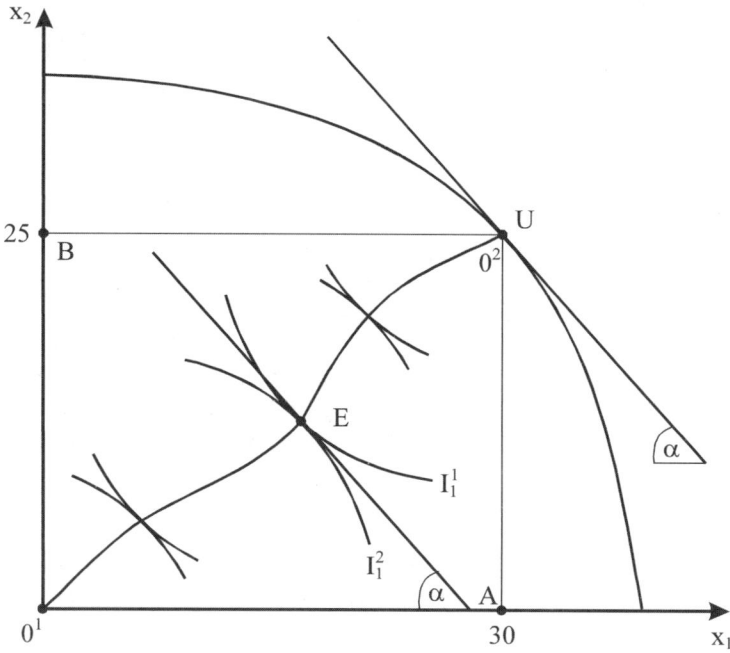

Abbildung IV.22

Die beiden letzten Marginalbedingungen befassen sich mit den Produktionsfaktoren Arbeit und Kapital und damit logischerweise auch mit deren Faktorpreisen:
Lohnsatz und Zins. Hier soll es zunächst um den Faktor Arbeit gehen (siehe hierzu
auch die Herleitung des Arbeitsangebotes in Kapitel III), speziell um die Frage,
wie Arbeitnehmer ihre prinzipiell freie Entscheidung über ihren Beruf, ihren Arbeitsplatz und insbesondere aber über ihre Arbeitszeit (a) optimal gestalten können. Dabei wird davon ausgegangen, dass es sich bei Einkommen (y) und Freizeit
(f) um begrenzte Substitute handelt. Wenn wir den Lohnsatz mit l und die gesamte
verfügbare Zeit mit z bezeichnen, dann gilt, sofern nur das Arbeitseinkommen
berücksichtigt wird:

- für die Zeit: $z = a + f$

- für das Einkommen: $y = a \cdot l$

- für die Budgetgerade: $y = (z - f)l$.

Anhand der Abbildung IV.23 werden die Substitutionsmöglichkeiten zwischen
Einkommen und Freizeit systematisch diskutiert. Auch hier wurden konvexe
Indifferenzkurven unterstellt, deren Anstieg die subjektive Grenzrate der Substitu-
tion zwischen Einkommen und Freizeit wiedergibt. Im Punkt V wird eine solche
Indifferenzkurve durch die Budgetgerade des Haushalts gerade berührt. Diese
Budgetgerade lässt sich auch als Transformationskurve für die Güter Einkommen
und Freizeit auffassen. Der Anstieg dieser Geraden (tan α) wird durch den Lohn-
satz l bestimmt. Im Tangentialpunkt V ist es nun offenbar gerade so, dass die
Grenzrate der Transformation zwischen Einkommen und Freizeit mit der subjektiven Grenzrate der Substitution zwischen diesen beiden Gütern übereinstimmt. Dies
genau ist der Inhalt der „sechsten Marginalbedingung" – und erinnert an die fünfte
Bedingung. Es gilt also:

$$GRS_{f,y} = GRT_{f,y} = l.$$

Mit Hilfe von Abbildung IV.23 kann man auch erörtern, welche neue Gleichgewichtslage sich nach einer Störungen des ursprünglichen Gleichgewichts ergibt.
Dabei unterstellen wir eine Lohnsenkung, welche zur Folge hat, dass sich der
Ordinatenabschnitt der Budgetgeraden beziehungsweise Transformationskurve in
Richtung des Ursprungs dreht. Das neue Gleichgewicht W liegt bei der hier unterstellten Präferenzstruktur südwestlich vom alten Gleichgewicht V: Das kann nur
bedeuten, dass der mit der Lohnsenkung verbundene negative Einkommenseffekt
gegenüber dem Substitutionseffekt – Freizeit ist relativ billiger geworden – dominiert, denn die Arbeitszeit wird zu Lasten der Freizeit ausgedehnt.

Die „siebente und letzte Marginalbedingung" beschäftigt sich mit dem Konsum
gleichartiger Güter zu verschiedenen Zeitpunkten und dem möglichen Austausch
von Zukunftsgütern gegen Gegenwartsgüter zwischen zwei Haushalten. Ein
solcher Austausch ist immer dann naheliegend, wenn eines der Wirtschaftssubjekte

in der Gegenwart seinen Konsum ausdehnen möchte. Dies kann es aber nur, wenn es einen Kreditgeber in der Gegenwart findet, der die Rückzahlungen des Kredits – einschließlich Zinsen – in Gestalt von Zukunftsgütern entgegen nehmen möchte. Für eine additive intertemporale Nutzenfunktion $U(C_t, C_{t+1})$ gilt:

$$U(C_t, C_{t+1}) = C_t + \frac{C_{t+1}}{1+r},$$

wobei $1/(1+r)$ den Diskontierungsfaktor für den Zukunftskonsum darstellt.

In unserem Beispiel nehmen wir an, dass Haushalt 1 eine hohe Zeitpräferenz besitzt und sich in der Gegenwart ($t = 1$) zu einem Zins von bis zu 10 Prozent verschulden möchte, den er in der Zukunft ($t = 2$) zurückzahlen muss. Mit anderen Worten: Ein Zugewinn an 100 Gegenwartsgütern ist ihm die Aufgabe von 110 Zukunftsgütern bei gleichem Nutzenniveau $\overline{U}^1$ wert – er bleibt auf seiner alten Indifferenzkurve. Als Ausdruck seiner Ungeduld möge für seine äquivalente Nutzeneinschätzung folgende Grenzrate der Substitution gelten:

$$\left.\frac{dC_2}{dC_1}\right|_{\overline{U}^1} = GRS^1_{C_1, C_2} = -\frac{110}{100} = -(1+r) = -1{,}10.$$

Für den zweiten, geduldigeren Haushalt 2 möge dagegen gelten:

$$\left.\frac{dC_2}{dC_1}\right|_{\overline{U}^2} = GRS^2_{C_1, C_2} = -\frac{105}{100} = -(1+r) = -1{,}05.$$

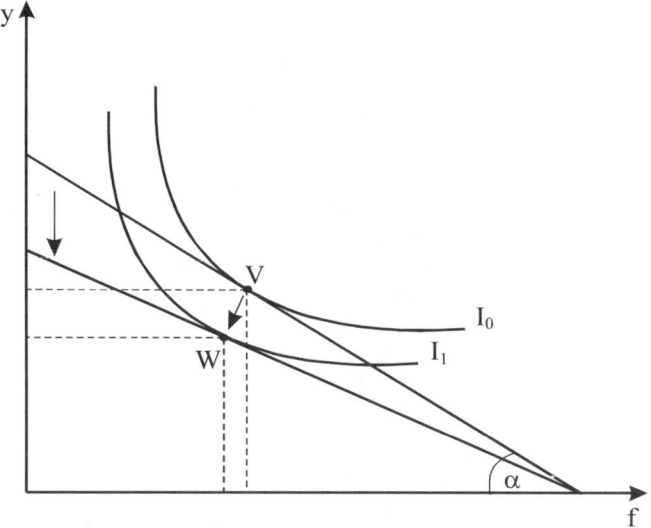

Abbildung IV.23

Haushalt 2 ist also zur Aufgabe von 100 Gegenwartsgütern bei einem Zugewinn von 105 Zukunftsgütern bereit. Die implizite Zinsvorstellung liegt demnach bei 5 Prozent. Wie können sich beide einigen? Offensichtlich immer dann, wenn Haushalt 2 einerseits bereit ist, einen Zins oberhalb von 5% und Haushalt 1 andererseits bereit ist, einen Zins unterhalb von 10% zu akzeptieren. Im Gleichgewicht kommt ein Tausch bei einem einheitlichen Zins (welcher der Grenzproduktivität des Kapitals entspricht) und demgemäß auch bei einer einheitlichen Grenzrate der Substitution zwischen Gegenwarts- und Zukunftskonsum zustande.

In Abbildung IV.24 ist wiederum eine Edgeworth-Box dargestellt, wobei die maximalen Mengen an Gegenwarts- und Zukunftskonsum die Seitenlängen der Box beschreiben. Der Punkt Y sei eine beliebige Ausgangsverteilung zwischen den Haushalten 1 und 2. Die jeweiligen intertemporalen Indifferenzkurven bilden die nun schon von oben bekannte Linse. Wie wir wissen, versprechen Punkte innerhalb der Linse oder Berührungspunkte an den Rändern der Linse Wohlfahrts-steigerungen im Sinne des Pareto-Kriteriums. In Y weichen die jeweiligen Grenzraten der Substitution zwischen Gegenwarts- und Zukunftskonsum der beiden Individuen noch zu stark voneinander ab. Grafisch wird dies an den verschiedenen Anstiegen deutlich ($\tan \alpha > \tan \beta$). Ein Gleichgewicht beziehungsweise Tauschoptimum ist aber im Punkt Z möglich; hier stimmen der Zinsfaktor $(1 + r)$ sowie die Grenzraten der Substitution zwischen Gegenwarts- und Zukunftskonsum $(-dC_2/dC_1)$ bei beiden Haushalten überein – das heißt im Punkt Z sind die Anstiege der Budgetgeraden gleich ($\tan \gamma$).

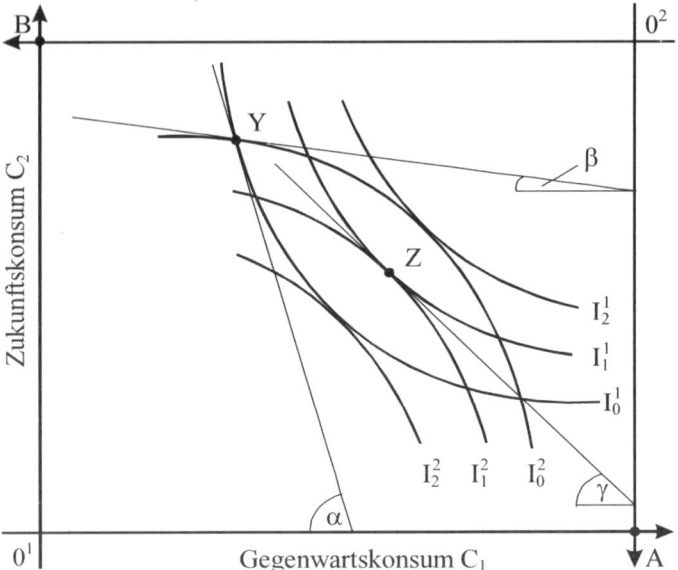

Abbildung IV.24

Im Vergleich zu Punkt Y kann Haushalt 1 (2) einen höheren (geringeren) Gegenwartskonsum realisieren zu Lasten (zu Gunsten) eines geringeren (höheren) Zukunftskonsums. Die Verbindungslinie aller denkbaren Tauschoptima – bei alternativen Zinssätzen – stellt auch im intertemporalen Modell die Kontraktkurve dar.

Zusammengefasst gilt für die siebente Marginalbedingung: Eine intertemporale Effizienz wird immer dann erreicht, wenn die (einheitliche) Grenzrate der Substitution mit dem Zinsfaktor $(1 + r)$ übereinstimmt.

Zum Abschluss dieses Abschnitts wollen wir den oft geäußerten Einwand diskutieren, dass bereits die Existenz eines einzigen monopolisierten Gutes zu einer Verletzung der dritten Marginalbedingung führe und daher eine Volkswirtschaft zwinge, den Effizienzpfad der Transformationskurve zu verlassen. Um diese These zu beleuchten, betrachten wir noch einmal die dritte Marginalbedingung für zwei Güter in Verbindung mit der Entlohnungsregel nach dem Grenzprodukt:

$$-\frac{q_A}{q_K} = \left(\frac{dK}{dA}\right)_{\bar{x}_1} = GRTS_{A,K}^{x_1} = -\frac{\partial x_1/\partial A}{\partial x_1/\partial K} = -\frac{\partial x_2/\partial A}{\partial x_2/\partial K} = GRTS_{A,K}^{x_2} = \left(\frac{dK}{dA}\right)_{\bar{x}_2}.$$

Das heißt, jedes Unternehmen kombiniert seine Faktoren so, dass das Verhältnis der Grenzproduktivitäten dem gegebenen Faktorpreisverhältnis angepasst wird. Und wenn alle Unternehmen diesen Faktorpreisen gegenüberstehen und sich entsprechend anpassen, gilt auch unsere dritte Marginalbedingung.

Wir nehmen nun an, dass Maschinen (x_1) auf einem monopolisierten Absatzmarkt, Wein (x_2) dagegen auf einem Markt mit vollkommener Konkurrenz angeboten wird. Was gilt nun für die effiziente Produktion und damit auch für das Gewinnmaximum der Unternehmen? Wie wir wissen, ist die notwendige Bedingung für eine Gewinnmaximum dann erfüllt, wenn die Kosten einer zusätzlichen Einheit von Maschinen genau dem zusätzlichem Erlös aus dem Verkauf dieser Einheit entsprechen.

Aus der bekannten Minimalkostenkombination wissen wir, dass im Gewinnmaximum das Faktorpreisverhältnis gleich dem Verhältnis der Grenzproduktivitäten (der GRTS) sein muss und damit die partiellen Faktorgrenzkosten für Arbeit und Kapital (Faktorpreis bezogen auf die partielle Grenzproduktivität des Faktors) gleich groß sind:

$$\frac{q_A}{q_K} = \frac{\partial x_1/\partial A}{\partial x_1/\partial K} \;\rightarrow\; \frac{q_A}{\partial x_1/\partial A} = \frac{q_K}{\partial x_1/\partial K}.$$

Das wiederum heißt nichts anderes, als das es unerheblich ist, ob eine zusätzliche Einheit von Maschinen mit mehr Arbeit oder mit mehr Kapital produziert wird. Diese Bedingung gilt für die Produktion jedes beliebigen Gutes:

$$GK_1 = \frac{q_A}{\partial x_1/\partial A} = \frac{q_K}{\partial x_1/\partial K} \quad \text{und} \quad GK_2 = \frac{q_A}{\partial x_2/\partial A} = \frac{q_K}{\partial x_2/\partial K}.$$

Kommen wir nun zu den Grenzerlösen: Wie wir bereits aus der Preistheorie wissen, gilt für den monopolistischen Fall die Regel „Grenzerlös gleich Grenzkosten", wobei der Grenzerlös vom Preis selbst abhängt, weil dem Monopolisten gewissermaßen die gesamte Nachfragekurve „zur Auswahl steht". Für den Konkurrenzfall hingegen gilt „Preis gleich Grenzkosten", wobei der Preis hier für die Unternehmer ein Datum ist. Zusammengefasst gilt für unser Beispiel:

$$GE_1 = \frac{\partial p_1(x_1)}{\partial x_1} x_1 + p_1(x_1) = GK_1 \quad \text{beziehungsweise} \quad GE_2 = p_2 = GK_2.$$

Ersetzen wir nun die Grenzkosten durch die oben hergeleitete Beziehung und stellen nach den beiden Faktorpreisen um, so erhalten wir:

$$q_A = \left(\frac{\partial p_1(x_1)}{\partial x_1} x_1 + p_1(x_1) \right) \frac{\partial x_1}{\partial A} = \frac{\partial x_2}{\partial A} p_2$$

$$q_K = \left(\frac{\partial p_1(x_1)}{\partial x_1} x_1 + p_1(x_1) \right) \frac{\partial x_1}{\partial K} = \frac{\partial x_2}{\partial K} p_2.$$

Setzen wir nun q_A wieder ins Verhältnis zu q_K, so ergibt sich wieder exakt der Inhalt der (dritten) Marginalbedingung der optimalen Faktorkombination: Das Verhältnis der Faktorpreise entspricht dem entsprechenden Verhältnis der Faktorgrenzprodukte in *beiden* Sektoren.

$$\frac{q_A}{q_K} = \frac{\partial x_1/\partial A}{\partial x_1/\partial K} = \frac{\partial x_2/\partial A}{\partial x_2/\partial K}.$$

Somit erhalten wir ein klares Ergebnis, wonach die Monopolisierung eines Gutes am Absatzmarkt die Marginalbedingung der optimalen Faktorkombination nicht verletzen kann! Machen wir uns dieses Ergebnis abschließend anhand von Abbildung IV.25 klar:

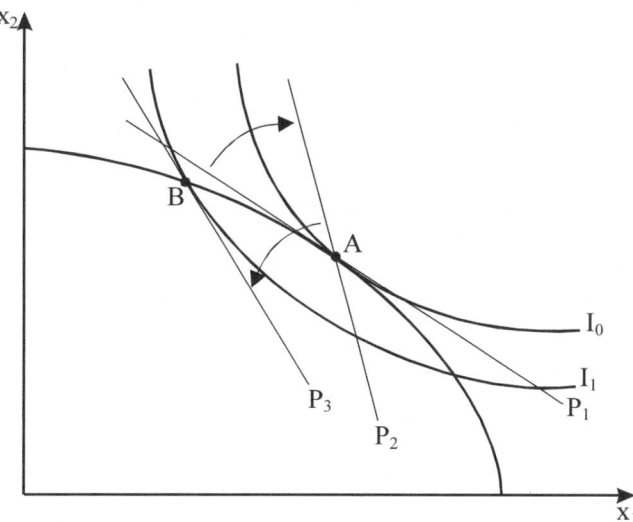

Abbildung IV.25

In der Referenzsituation (A) werden beide Güter bei Konkurrenz am jeweiligen Absatzmarkt produziert. Die Indifferenzkurve mit dem Niveau I_0 berührt die konkave Transformationskurve in diesem Punkt. Das Preisverhältnis ist:

$$P_1 = -\frac{p_1^K}{p_2^K} = -\frac{GK_1}{GK_2},$$

wobei das Superskript K für den Konkurrenzfall steht. Nun werde aus Gut 1 (Maschinen) ein Monopolgut; das neue Preisverhältnis P_2 wird nun steiler:

$$P_2 = -\frac{p_1^M}{p_2^K} = -\frac{GK_1/x_1(p_1)}{GK_2} < -\frac{GK_1}{GK_2}.$$

Bei diesem neuen Preisverhältnis herrscht im Punkt A kein Konsumgleichgewicht: Die Nachfrage nach dem relativ billiger gewordenen Gut 2 (Wein) wird zunehmen und auch dessen Preis, bis sich, beispielsweise in Punkt B, ein neues Preisverhältnis P_3 einstellt. In B ist das Nutzenniveau der Haushalte kleiner als im Ausgangspunkt A. Das „Top-Level-Optimum" – welches eine Tangentiallösung der Produzenten mit dem neuen Preisverhältnis verlangen würde – wird zwar verfehlt, die optimale Faktorkombination, also die Realisation von Punkten auf der Transformationskurve, wird aber nach wie vor erreicht. Damit ist auch der grafische Nachweis erbracht, dass die dritte Marginalbedingung – trotz der Existenz eines monopolisierten Absatzmarktes bei einem Gut – ihre Gültigkeit besitzt. Für das „Top-Level-Optimum" gilt allerdings auch die Feststellung von Helga Luckenbach:

„Ist die prozentuale Abweichung der Preise von den Grenzkosten gleich, d.h. stimmt der Monopolisierungsgrad in den verschiedenen Industrien überein, dann wird durch die Abweichung der Preise von den Grenzkosten die Gleichheit von Preisverhältnis und Grenznutzenverhältnis für das relevante Güterpaar nicht gestört, so dass auch das Top-Level-Optimum nicht beeinträchtigt wird."[101]

Trotzdem hat die „Wohlfahrtsökonomik" darauf hingewiesen, dass nicht allgemein davon ausgegangen werden kann, dass bei Verletzung einer der sieben Marginalbedingungen der „Königsweg" darin bestehen könnte, immer auf die Einhaltung der übrigen Marginalbedingungen streng zu achten. Die Theorie des „Second Best" hat nachgewiesen, dass bei Verletzung einer der Bedingungen keine generellen Aussagen mehr möglich sind. Es müsse sogar mit der Möglichkeit gerechnet werden, dass bei Heranführung der übrigen Teilbereiche an die Bedingungen für ein sozialökonomisches Optimum die Wohlfahrt der Gesamtgesellschaft vermindern werden könne.

Wie die Wohlfahrtsökonomie gezeigt hat, kann es sogar von Vorteil sein, bewusst von den realisierbaren Marginalbedingungen abzuweichen. Ein, von Lipsey und Lancester vorgeschlagener Weg, besteht darin, angesichts von Marktmacht auf der einen Seite, die Marktmacht auf der Marktgegenseite zu stärken. Denkbar ist es auch, bei einem Machtgefälle auf ein und derselben Marktseite, die marktmachtlosen Wirtschaftssubjekte zu stärken (statt die Marktmacht der marktmächtigen Wirtschaftssubjekte abzubauen).[102]

Ein weiterer Kritikpunkt an der Theorie des sozialökonomischen Optimums besteht darin, dass die meisten Marginalbedingungen unter der Annahme vollkommener Konkurrenz getroffen werden. Aus der Wettbewerbstheorie wissen wir aber, dass das Leitbild der vollkommenen Konkurrenz sehr einseitig und von statischer Natur ist beziehungsweise nur Bedingungen für statische Effizienz in einer Volkswirtschaft begründen kann, während tatsächliche Wettbewerbsprozesse unbedingt einer dynamischen Betrachtungsweise bedürfen.

Betont man die dynamischen Aspekte des Wettbewerbes, dann ist es weitgehend irrelevant, ob der Wettbewerb vollkommen ist.[103] Zur Entwicklung einer effizienten Allokation der Produktionsfaktoren erscheint vielmehr wichtig, dass sich das Angebot an den Präferenzen der Nachfrager ausrichtet, dass Marktergebnisse, die ungleich ausfallen, akzeptiert werden, sofern Monopole durch tatsächliche oder wenigstens durch potenzielle Konkurrenten unter Druck stehen (keine Marktzutrittsbeschränkungen) und die Politik der Versuchung widersteht, sich Wissen über Zukunftsbranchen anzumaßen (und solche, vermeintlich fortschrittliche Sektoren zu fördern) oder durch Erhaltungssubventionen, den „Prozess der schöpferischen

---

[101] Luckenbach (2000), S. 137 f.

[102] Vgl. Luckenbach (2000), S. 144 f.

[103] Vgl. Donges/Freytag (2004), S. 49.

Zerstörung" (Schumpeter), der jedem Marktprozess innewohnt, aufhalten zu wollen.

IV.9   Wirtschaftsordnung: Begriff und Klassifikation(en)

IV.9.1   Zum Begriff der Wirtschaftsordnung

Schon in dem einführenden Kapitel „Grundlagen" hatten wir gesagt, dass es in jeder Wirtschaft systemunabhängige, aber auch systemabhängige Tatbestände gibt. Die *Wirtschaftsordnung* eines Landes:

- regelt die Entscheidungsbefugnisse bei den ökonomischen Grundproblemen (Was soll wie, wann, für wen und von wem produziert werden?),

- etabliert einen Koordinationsmechanismus für die vielen Einzelpläne beziehungsweise für die Erstellung eines Gesamtplans,

- regelt die Verfügungsgewalt über die Produktionsfaktoren und die Eigentumsfrage.

Es ist bekannt, dass die Wahl einer Wirtschaftsordnung, aber auch die Ausgestaltung derselben, ausschlaggebend sind für die Effektivität und die Effizienz des Mitteleinsatzes, für den Grad der erreichbaren Arbeitsteilung und für die Organisation von Tauschprozessen. Anders ausgedrückt: Wie historische Beispiele eindrücklich belegen, erreichen Volkswirtschaften mit einer vergleichbaren Ausstattung wirtschaftlicher Ressourcen, aber verschiedener Wirtschaftsordnung, starke Unterschiede im Niveau der Bedürfnisbefriedigung.

Durch die Wirtschaftsordnung eines Landes werden gewissermaßen die allgemeinen Spielregeln für alle Wirtschaftsakteure festgelegt. Dies soll noch einmal am Beispiel der Geld- und Währungsverfassung eines Landes verdeutlicht werden. Die *Währungsverfassung* eines Landes regelt den rechtlichen Rahmen für die Sicherung der Währung nach außen, also die Ordnung des internationalen Werts der nationalen Geldeinheit. Dies betrifft zum einen die institutionelle Regelung des Devisenverkehrs (Konvertibilität der Währung, Zulassung von Fremdwährungskonten etc.) und zum anderen die Ausgestaltung des Wechselkursregimes (gängige Alternativen: Kursbindung, schmutziges Floaten, freies Floaten). Argentinien hat beispielsweise im Jahr 1991 eine bemerkenswerte Währungsverfassung erlassen: Danach wurde der argentinische Peso im Verhältnis 1:1 an den US-Dollar und die umlaufende Menge an Noten und Münzen strikt an die vorhandenen US-Dollar-Währungsreserven gebunden, der Kapitalverkehr liberalisiert sowie den Inländern erlaubt, im privaten Geschäftsbankensektor Fremdwährungseinlagen (genauer: US-Dollar-Einlagen) zu halten. Die Notenbank verlor so weitgehend die Möglichkeit, Zentralbankgeld autonom zu schöpfen und verwandelte sich eher in eine Art Währungsbehörde (englisch: „Currency Board"), während die argentinische Wirtschaft im inländischen Zahlungsverkehr fortan zwei Währungen besaß oder, wie man auch sagt, „dollarisiert" wurde. Dieses Experiment ist mittlerweile, wie wir seit Februar 2002 wissen, kläglich gescheitert. Allerdings ist hier nicht der Platz, um die Ursachen dafür zu beleuchten. Damit sind wir auch schon bei der *Geldverfassung* angelangt; diese bestimmt den räumlichen Geltungsbereich des Währungssystems, definiert den organisatorischen Aufbau und den wirtschaftspolitischen Spielraum der Notenbank und sorgt für die Einhaltung gesetzlicher Vorschriften für das Bankensystem und die Finanzintermediäre.

Allgemein lässt sich sagen, dass die von einer Wirtschaftsordnung geschaffenen und sie gleichzeitig konstituierenden Regeln im besten Falle für Planungssicherheit sowie niedrige Informations- und Transaktionskosten sorgen können.

IV.9.2   Klassifikation(en)

Schon im Grundlagenkapitel hatten wir in einer Matrix die vier typischen Konstellationen für idealtypische Wirtschaftsordnungen bei Variation der Eigentumsordnung einerseits und des Koordinationsprinzips andererseits vorgestellt. Grundsätzlich können in einer Wirtschaft entweder die vielen Einzelpläne über Märkte, aber auch im Wege von Verhandlungen, durch Wahlen sowie den Verwaltungsgang der Bürokratie koordiniert werden. Das zeichnet moderne *Marktwirtschaften* aus. Die Koordination erfolgt so, dass das Ergebnis (Menge, Preis), welches sich aus dem Zusammentreffen der Anbieter- und Nachfragewünsche am Markt schließlich herausbildet, von niemandem vorhergesagt werden kann. Der Preismechanismus sorgt allerdings dafür, dass ein Gleichgewicht erreicht werden kann. Oder aber eine Gesellschaft entschließt sich dazu, für die gesamte Wirtschaft, also alle Sektoren, Branchen und Akteure, einen Gesamtplan ex-ante zu entwerfen. Dann haben wir es mit einer *Zentralverwaltungswirtschaft* zu tun. Da dieser Form der Wirtschaftsordnung – jedenfalls in ihrer Reinkultur – der Steuerungs- und Informationsmechanismus der Faktor- und Güterpreise fehlt, sind Ungleichgewichte, die sich sehr schnell einstellen, wenn überhaupt, nur schwer zu beseitigen.

Prinzipiell kann es sowohl eine *kapitalistische* als auch eine *sozialistische Marktwirtschaft* geben. Letztere Form der Wirtschaftsordnung erschient aber kaum überlebensfähig: Ausgangspunkt für die Wünsche der Nachfrager und die Angebote der Produzenten sind das Streben nach Nutzen- beziehungsweise Gewinnmaximierung, und dieses verträgt sich kaum mit einer vergesellschafteten Eigentumsordnung. Wenn man sich das Resultat der eigenen Bemühungen nicht oder nur unter Aufsicht aneignen kann, lässt der Anreiz, sich anzustrengen, schnell nach. Modern ausgedrückt: Eine sozialistische Eigentumsordnung ist nicht anreizkompatibel mit den einzelwirtschaftlichen Plänen von autonomen Haushalten und Unternehmen.

Auch eine kapitalistische Zentralverwaltungswirtschaft ist nahezu ein Widerspruch in sich selbst. Wenn privates Eigentum an Produktionsmitteln – etwa über Aktiengesellschaften – erlaubt ist, kann ein gesamtwirtschaftlicher Plan für die Investitionen, aber auch für den gesamten Konsumfonds eines Landes, von den Wirtschaftssubjekten nur als Zwangsjacke empfunden werden. In diesem Fall fehlt es an der erforderlichen Verantwortungskompatibilität. Da der Plan von einer zentralen Behörde erstellt wird und bei Ungleichgewichten kein korrigierender Preismechanismus existiert, führen Fehlentscheidungen nicht zu dem für „reine Marktwirtschaften" typischen Sanktionsmechanismus, wonach richtige (falsche) Entscheidungen durch Einkommenszuwächse (Einkommenseinbußen) vom Markt quittiert werden.

Es verwundert daher nicht, dass von den vier denkbaren letztlich nur die „kapitalistische Marktwirtschaft" auf der einen und die „sozialistische Zentralverwaltungswirtschaft" auf der anderen Seite alternative Grundformen für Wirtschaftsordnungen darstellen, welche im Folgenden eingehender behandelt werden sollen.

IV.10 Gestaltung der ordnungspolitischen Grundformen

IV.10.1 Modell der „freien Marktwirtschaft"

Im idealtypischen, in der Wirklichkeit allerdings so nirgends auffindbaren Modell einer „freien Marktwirtschaft" ist der Markt das Lenkungs- und Koordinierungssystem schlechthin. Die Märkte „funktionieren" aufgrund des Zusammenspiels von Angebot und Nachfrage sowie durch den Preismechanismus, der dafür sorgt, dass Angebotsüberhänge (Nachfrageüberhänge) durch Preissenkungen (Preiserhöhungen) beseitigt werden können. Man spricht dann davon, dass eine Tendenz zum Marktgleichgewicht besteht. Diese Tendenz beruht u. a. auf der intensiven Konkurrenz auf (nahezu) allen Märkten und auf dem rationalen Verhalten der Wirtschaftssubjekte (Nutzenmaximierung, Gewinnmaximierung). Preise enthalten in der freien Marktwirtschaft vor allem Informationen über die Knappheit eines Gutes beziehungsweise eines Produktionsfaktors.

Machen wir uns diesen Gedanken an einem Beispiel klar: Der beobachtete hohe Preis eines Produktionsfaktors ist ein Indiz für eine augenblicklich hohe Nachfrage/ein geringes Angebot am Markt. Ist die eigene Unternehmung auf den Einsatz dieses Faktors in der Produktion besonders angewiesen, dann ist es sinnvoll, unternehmensintern Betriebsausgaben so umzuschichten, dass Mittel zur Bezahlung der höheren Rechnung frei werden. Sogar kurzfristige Bankkredite könnten angezeigt sein. Allerdings nur, wenn die Preishausse als temporäres Phänomen eingestuft wird. Mittel- und langfristig ist zu überlegen, ob die hohen Preise möglicherweise anhaltend sind (etwa wegen permanenter Angebotsengpässe); dann ist dringend nach Substitutionsmöglichkeiten durch einen oder mehrere andere Faktoren zu suchen. Fassen wir zusammen: Die Preise in einer freien Marktwirtschaft haben vor allem die Funktion, uns zu sagen, *was wir tun sollen*. Dieser Gedanke geht auf

v. Hayek zurück. Wenn wir dieses Prinzip konsequent verfolgen, so sorgen wir mit unseren Anpassungsreaktionen fast automatisch dafür, dass eine Lenkung der Produktivkräfte in jene Verwendungen erfolgt, in denen sie am rentabelsten eingesetzt werden können. Der Preismechanismus sorgt, wie man im Fachjargon sagt, für eine optimale Allokation der Produktionsfaktoren. Faktoren, deren Grenzwertprodukt bei der Produktion bestimmter Güter nicht ausreicht, um einen höheren Faktorpreis zu erwirtschaften, werden durch den Preismechanismus an Produktionsstandorte umgelenkt, wo dies (besser) möglich ist. Sei es, weil bereits die physische Grenzproduktivität bei gleich hohem Einsatz des Faktors dort größer ist oder weil höhere Absatzpreise anderer Güter das Wertgrenzprodukt anheben.

Wie bereits oben dargelegt, liegen in der „freien Marktwirtschaft" das Eigentum und die Verfügbarkeit über Produktionsmittel in der Hand der privaten Wirtschaftssubjekte. Die dezentrale Planung wird durch die Dispositionsfreiheit von Konsumenten und Produzenten ermöglicht. Weiterhin bestehen Vertrags-, Gewerbe- und Berufsfreiheit sowie die Freiheit auf individuelle Selbstentfaltung.

Betrachten wir zum Abschluss unserer Erörterung die so wichtige Rolle der Konsumenten in der „freien Marktwirtschaft". Für das Marktergebnis entscheidend ist die Nachfrage der Konsumenten: Durch ihre freie Konsumwahl („Prinzip der Konsumentensouveränität") nehmen sie Einfluss auf die Höhe der Gesamtnachfrage und damit auf die Güterpreise auf den einzelnen Teilmärkten. Damit beeinflussen sie maßgeblich, welche Güter – bei gegebenen Faktorpreisen und gegebener Produktionstechnik – noch rentabel von den Unternehmen angeboten werden können. Preiserhöhungen (Preissenkungen) haben nämlich einen entscheidenden Einfluss darauf, ob etwa neue Güter die Gewinnschwelle (Break-even-Punkt) überschreiten (oder alte Güter diese Schwelle unterschreiten) und sich damit am Markt behaupten können (möglicherweise vom Markt verschwinden).

Zentrale Resultate im Hinblick auf die Effizienz des Marktsystems sind die beiden Hauptsätze der Wohlfahrtstheorie. Der erste besagt, dass unter gewissen Voraussetzungen, die als wenig spitzfindig gelten können, jede Allokation, die durch ein Marktgleichgewicht erzeugt wird, Pareto-optimal ist.

Unter „Pareto-Optimalität" – ein Konzept, das auf den Ökonomen Vilfredo Pareto (1848–1923) zurückgeht – versteht man, wie wir bereits oben gesagt haben, dass eine Veränderung dieses Optimums zwar ein einzelnes Individuum noch besser stellen könnte, allerdings nur um den Preis, dass mindestens ein weiteres Individuum seine Wohlfahrt reduziert sähe. Ist es, anders ausgedrückt, nicht mehr möglich, den Nutzen eines Individuums zu steigern, ohne dass ein anderes davon beeinträchtigt würde, so spricht man von Pareto-Optimalität. Dieses Optimum ist demnach solange nicht erreicht, wie es möglich ist, den Nutzen eines einzelnen noch zu steigern, ohne dass ein anderer Nutzeneinbußen erleidet. Bereits in der ersten Marginalbedingung von oben haben wir dieses Konzept konkret angewendet.

Der zweite Satz der Wohlfahrtstheorie lautet (wieder unter bestimmten Bedingungen formuliert), dass sich jede Pareto-optimale Allokation auch über ein Marktgleichgewicht erreichen lässt. Einzige Voraussetzung ist die Bestimmung einer anfänglichen Ausstattung mit Ressourcen, welche anschließend zwischen den Individuen umverteilt werden können. Dieser Satz impliziert, dass der Marktmechanismus in der Lage ist, ein Top-Level-Optimum herbeizuführen.

IV.10.2   Modell der „Zentralverwaltungswirtschaft"

In einer Zentralverwaltungswirtschaft (ZVW) in „Reinkultur" erfolgt die Lenkung und Koordinierung des Wirtschaftsprozesses über einen zentralen Wirtschaftsplan und so genannte Planbilanzen. Das Eigentum an und die Verfügbarkeit über Produktionsmittel liegen ganz bei der zentralen Planungsinstanz. Der zentrale Plan schreibt allen Betrieben das Plansoll vor; die Koordination der betrieblichen Pläne geschieht durch zentrale Anweisung. Die privaten Haushalte haben eine eingeschränkte Konsumwahl; die zentrale Planbehörde ist nämlich zuständig für die Zuteilung und Rationierung von Verbrauchs- und Gebrauchsgütern. Der volkswirtschaftliche Gesamtplan und die dort spezifizierten Produktionsziele enthalten in der Praxis Angaben über ca. 10 Mio. Güterarten in Tonnen, Stück, Meter etc. Wir haben es demnach mit einem System der „naturalen Planung" zu tun, das wir weiter unten im Detail betrachten werden.

Zu Beginn sind Vorüberlegungen zur Aufstellung eines zentralen Gesamtplans anzustellen; die Planungsinstanz fixiert dabei Prioritäten, insbesondere mengenmäßige Vorgaben über die Produktion von Konsum- und Investitionsgütern. Das Produktionsziel bei den Investitionsgütern leitet sich aus der gewünschten Wachstumsrate der Produktion ab. Eine „Verwandtschaft" mit den Überlegungen in der Wachstumstheorie von Domar ist hier unverkennbar. Das Produktionsziel bei den Konsumgütern dagegen wird in Anlehnung an ein „angestrebtes Versorgungsniveau der Bevölkerung" formuliert. Die Tatsache, dass weder in der Investitionsgüter- noch in der Konsumgüterabteilung die Planziele im „real existierenden Sozialismus" jemals erreicht werden konnten, hängt prinzipiell mit der Logik und den Nebeneffekten eines Systems der naturalen Planung zusammen, dem wir uns nun zuwenden wollen.

Das System der naturalen Planung funktioniert in stilisierter Fassung folgendermaßen: Für die Güter der Endnachfrage – auch Güter erster Ordnung genannt – wird eine Produktionsbilanz aufgemacht, bei der sich die „Herkunft" (erforderlicher Einsatz von Faktoren) und die „Verwendung" (angemeldete Zielgröße an Output des entsprechenden Gutes) gegenüberstehen. In unserem nachstehenden Zahlenbeispiel sei für ein bestimmtes Gutes x_1 (z.B. Schuhe) ein Output in Höhe von 1.000 Mengeneinheiten (ME) geplant.

Herkunft	Produktionsbilanz Gut erster Ordnung	Verwendung
Produktionsmittel		Output (x_1)
Z_A: 500 [kg]		1000 [ME]
Z_B: 200 [kg]		

Bei Annahme zweier erforderlicher Produktionsfaktoren Z_A und Z_B (Güter zweiter Ordnung) in der jeweiligen Höhe von 500 kg beziehungsweise 200 kg und einer linearen Technologie, also konstanter Inputkoeffizienten (τ_A, τ_B), lässt sich die Verwendung ausdrücken als Quotient zwischen dem mengenmäßigen Inputeinsatz und dem Inputkoeffizienten:

$$x_1 = \frac{Z_A}{\tau_A} \quad \text{und} \quad x_1 = \frac{Z_B}{\tau_B},$$

wobei für die Inputkoeffizienten in unserem Beispiel gilt:

$$\tau_A = \frac{Z_A}{x_1} = \frac{500\,[\text{kg}]}{1000\,[\text{ME}]} \quad \text{und} \quad \tau_B = \frac{Z_B}{x_1} = \frac{200\,[\text{kg}]}{1000\,[\text{ME}]}.$$

Für die Planzentrale ist von Bedeutung, wie viel Produktionsmittel (Güter zweiter Ordnung) für die Herstellung des geplanten Zieloutputs notwendig sind:

$$Z_A = \tau_A x_1 \quad \text{und} \quad Z_B = \tau_B x_1,$$

wobei τ_A, $\tau_B > 0$ gilt. Löst man beide Gleichungen nach x_1 auf und setzt sie gleich, erhält man das Faktoreinsatzverhältnis, an dem beispielsweise abgelesen werden kann, wie viel Menge an Produktionsmittel Z_A notwendig ist, um – bei gegebener Menge von Z_B – eine Einheit von x_1 herzustellen:

$$\frac{Z_A}{Z_B} = \frac{\tau_A}{\tau_B} \quad \rightarrow \quad Z_A = \frac{\tau_A}{\tau_B} Z_B.$$

Wurden die erforderlichen Güter zweiter Ordnung für die Produktion des geplanten Outputs an dem Gut erster Ordnung ermittelt, werden jetzt analog Produktionsbilanzen für die Güter zweiter Ordnung Z_A und Z_B aufgestellt.

Herkunft	Produktionsbilanz Gut zweiter Ordnung	Verwendung
Produktionsmittel		Output (Z_A)
Y_A: ...		500 [ME]
Y_B: ...		

Der Planungsprozess wird solange fortgesetzt, bis für alle Güter (bis zur Kategorie n-ter Ordnung) solche Pläne existieren. Die Fehlmengen in den Produktionsbilanzen der Güter letzter (n-ter) Ordnung werden über die Produktionsbilanzen der Güter jeweils höherer Ordnung auf die Güter erster Ordnung zurück gewälzt. Dort können dann entsprechend die auftretenden Engpässe abgelesen werden. Bevor wir auf Möglichkeiten, diese Engpässe zu beseitigen, zu sprechen kommen, wollen wir das geschildertes Plansystem als Allokationsproblem der ZVW in seinen drei zentralen Aspekten betrachten. In Abbildung IV.26 illustrieren wir zunächst die linear limitationale Produktionsfunktion zur Herstellung des gewünschten Endproduktes x_1 (Schuhe).

Bei einer linear limitationalen Produktionsfunktion gilt, dass eine Projektion des Pfades, der die Produktionsfunktion darstellt, in die Ebene, zu einem Strahl mit der Steigung des Winkels α führt, auf dem alle effizienten Punkte auf den rechtwinkligen Isoquanten liegen. Lassen wir neben den effizienten „Knoten" auch weitere Faktorkombinationen zu, so gilt jetzt:

$$x_1 = \text{Min}\left[\frac{Z_A}{\tau_A}, \frac{Z_B}{\tau_B}\right].$$

Das heißt, die produzierte Menge x_1 ist gleich der kleinsten der Verhältniszahlen in der Klammer. Der Produktionsfaktor, für den diese Zahl gilt, ist der Engpassfaktor.

Bezieht man ein zweites Gut (x_2) in die Betrachtung ein, für das ebenfalls limitationale Produktionsbedingungen, aber mit abweichendem Verhältnis der Inputkoeffizienten gelten, so können bei gegebenen Faktorvorräten die Produktionsmöglichkeiten in einer Edgeworth-Box verdeutlicht werden. Wie Abbildung IV.27 zu entnehmen ist, schneiden sich die Expansionspfade – wenn überhaupt – exakt einmal, hier beispielsweise im Punkt F. Nur in diesem Schnittpunkt wird Vollbeschäftigung der Faktoren Z_A und Z_B garantiert. Wird dagegen „zu wenig" an x_1 (entsprechend Punkt E) und „zuviel" an x_2 (entsprechend Punkt G) produziert, entsteht Unterbeschäftigung für den Faktor Z_A in Höhe der horizontalen Differenz zwischen E und G. Die mit den Punkten korrespondierenden Gütermengen können auch im Zusammenhang mit der Transformationskurve dargestellt werden.

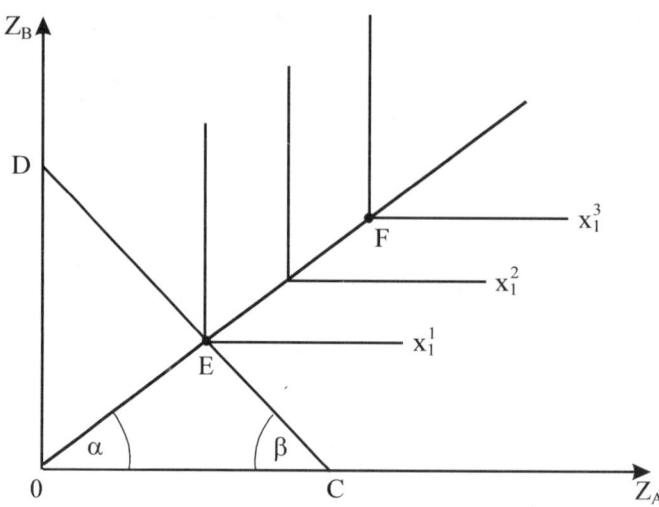

Abbildung IV.26

In Abbildung IV.28 sind beide Güter der Endnachfrage x_1 und x_2 auf der Abszisse beziehungsweise der Ordinate abgetragen. Wegen der linearen Technologie verläuft die Transformationskurve eckig. Will eine ZVW ihr Bilanzierungsproblem lösen, so muss sie ex-ante die Voraussetzung zum Erreichen von Punkt F' zentral schaffen! Auf den Kanten sind die maximal möglichen Produktionsmengen abgetragen, wobei auf HF' der Faktor Z_A voll ausgenutzt wird, aber von Z_B Überschüsse verbleiben, während umgekehrt auf den Kante F'I der Faktor Z_B voll ausgenutzt wird, aber Überschüsse von Z_A auftreten. Mit anderen Worten: Wird ein Plangleichgewicht verfehlt – etwa in der Größenordnung der Referenzpunkte E und G in Abbildung IV.27 – so stellt sich eine den Produktionsfaktor Z_A nicht ausschöpfende Produktion entsprechend dem Punkt J auf der Transformationskurve in Abbildung IV.28 ein.

Warum ein Verfehlen von ex-ante Planzielen allerdings nicht nur möglich, sondern sogar sehr wahrscheinlich ist, werden wir im Folgenden betrachten. Die ZVW kennt kein Preissystem, das sich an Märkten herausbildet. Daher können die Preise auch keine Knappheitsindikatoren, kein Ausdruck starker Präferenzen bei der Nachfrage und/oder Reflex von Angebotsengpässen sein. Die Funktion der Geldpreise in einer ZVW besteht vielmehr darin, die Bewertungen der politischen Führung widerzuspiegeln. Diesen Zusammenhang wollen wir uns anhand eines kleinen Zahlenbeispiels und einer Grafik verdeutlichen.

Die Planzentrale gibt eine Erlösauflage von 30.000 Geldeinheiten beziehungsweise eine Mengenauflage von 10 Tonnen Schrauben bei einem durchschnittlichen Preis je Tonne von 3.000 Geldeinheiten vor.

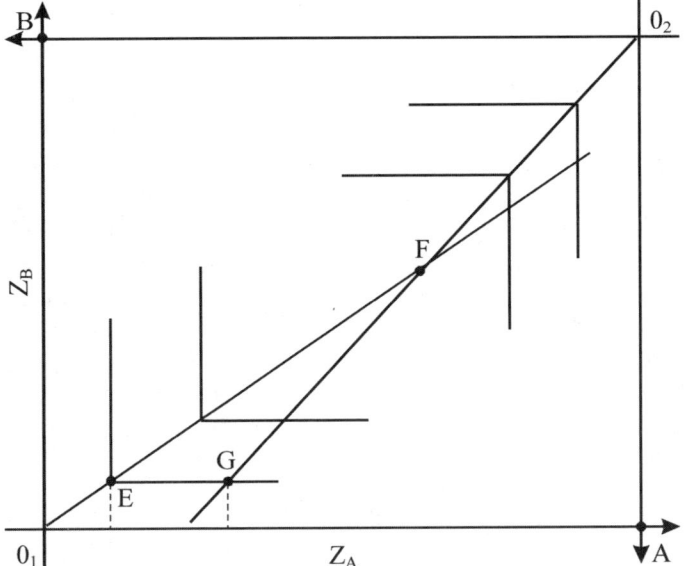

Abbildung IV.27

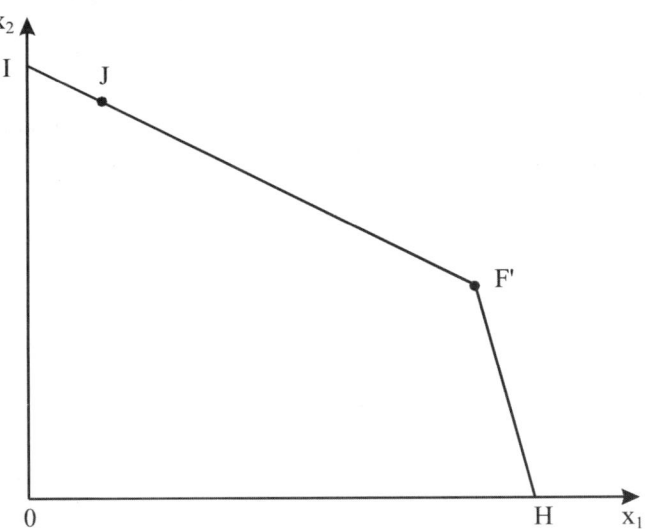

Abbildung IV.28

Der Betrieb I kann sowohl Schrauben vom Typ A (x_1) als auch Schrauben vom Typ B (x_2) mit den ihm zugewiesenen Produktionsfaktoren produzieren. Daraus ergibt sich als algebraische Formulierung der Erlösauflage:

$$30.000 = p_1x_1 + p_2x_2$$

beziehungsweise

$$x_2 = \frac{30.000}{p_2} - \frac{p_1}{p_2} x_1 \; ; \; -\frac{p_1}{p_2} = \tan \alpha.$$

Sind die „politischen" Preise von der Zentralbehörde bekannt gemacht worden – wobei wir im Folgenden unterstellen, dass die politische Führung eine starke Präferenz für das Gut x_1 empfindet –, dann ist die Erlösauflage vollständig determiniert. In Abbildung IV.29 ist die Linie AC die geometrische Interpretation der Erlösauflage. Gleichzeitig existiere eine betriebliche Transformationskurve mit der Gestalt BED. Aus Vereinfachungsgründen nehmen wir an, dass die Linie AC die betriebliche Transformationskurve in E, also dem Punkt, der Vollbeschäftigung der Faktoren garantiert, schneidet. Dies bedeutet etwa, dass im Umfang der Strecke CD eine Produktion von Gut x_2 gar nicht in Frage kommt. Deren Anstieg ist (bis Punkt E, aber auch zwischen E und D) mit $\tan \beta$ bzw. $\tan \beta'$ flacher als die Linie der Erlösauflage. Mit anderen Worten: Das Gut x_1 wird von der politische Führung höher bewertet als es dem impliziten Preisverhältnis auf dem relevanten Teil EB der betrieblichen Transformationskurve – also jenseits des Eckpunktes entspricht! Es ist daher wahrscheinlich, dass der Betrieb als Konsequenz hierauf eine Planübererfüllung bei diesem Gut leistet, da das politische Preissystem x_1 favorisiert. In der Grafik kommt dies in den Punkten E_1 und E_2 zum Ausdruck. Entsprechend unseren früheren Ergebnissen bedeutet das aber, dass jetzt der Produktionsfaktor Z_B nicht vollständig genutzt werden kann.

Die Realisierung solcher Produktionspunkte ist gesamtwirtschaftlich äußerst problematisch; die Verletzung der durch AC beschriebenen geplanten Ressourcenallo-

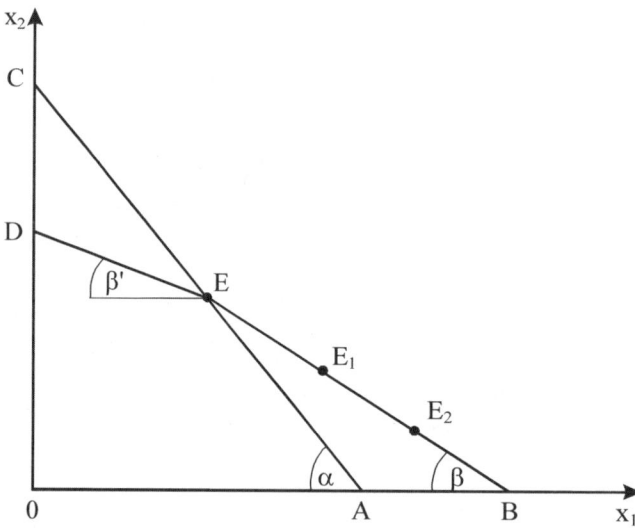

Abbildung IV.29

kation und konkret die (relative) Verknappung von Gut x_2 führt in anderen Sektoren der Volkswirtschaft automatisch zu Engpässen (der Bedarf an notwendigen Faktoreinsatzmengen übersteigt das Aufkommen an tatsächlich vorhandenen Faktoreinsatzmengen). Dagegen würde der Punkt E (und auch nur dieser Punkt) als Schnittpunkt beider Linien eine „Harmonie" zwischen Erlösauflage einerseits und betrieblichen Produktionsmöglichkeiten andererseits garantieren.

Als Folgeproblem stellt sich der ZVW die Aufgabe, die Kluft zwischen Bedarf und Aufkommen zu reduzieren. Als Möglichkeiten bieten sich an:

• Abzug von Produktionsfaktoren dort, wo der Bedarf kleiner als das Aufkommen an tatsächlich vorhandenen Faktoreinsatzmengen ist;

• Revision von Produktionszielen bei untergeordneten Gütern/bei Konsumgütern zu Gunsten von Investitionsgütern;

• Schließen der Lücken durch Außenhandel.

Zur Funktionsfähigkeit der ZVW können wir bilanzierend festhalten: In dieser Wirtschaftsweise dominieren eindeutig die Ziele der Planbehörde gegenüber den Zielen der Betriebe/Haushalte. Am Markt erprobte Absatzpreise und daraus abgeleitete Erlöse/Gewinne existieren als Anreizmechanismen für die einzelnen Betriebe nicht. Als negative (positive) Sanktionsmechanismen stehen Lohnminderungen (Prämien) beziehungsweise eine geringere (zusätzliche) Bereitstellung von Konsumgütern zur Verfügung. Planerfüllung ist in der ZVW demnach in hohem Maße zweifelhaft, treten an irgendeiner Stelle des Systems Planungsfehler auf, dann gibt es negative Rückwirkungen an anderen Stellen des Systems.

Theoretiker zum Themenkreis wirtschaftlicher Ordnungen haben im übrigen schon früh bezweifelt, ob die bei der 2 x 2 Klassifikation von Wirtschaftsordnungen behauptete gedankliche Trennung zwischen dem Koordinationsmechanismus und den Eigentumsverhältnissen im Falle einer Planwirtschaft grundsätzlich überhaupt zulässig ist. Die Historie scheint ihnen Recht zu geben: Eine zentrale Produktion und Verteilung von Gütern war wohl nur bei und wegen der gleichzeitigen Aufhebung des Privateigentums an Produktionsmitteln möglich.

IV.11   Idee einer wirtschaftspolitischen Konzeption

IV.11.1   Rationalität der Wirtschaftspolitik und Leitbilder

Die Offenlegung denkbarer Zielbeziehungen, die Zuordnung von wirtschaftspolitischen Aufgaben zu Trägern sowie die Ermittlung adäquater, zielgerichteter Instrumente innerhalb einer wohl definierten Wirtschaftsordnung allein kann eine rationale Wirtschaftspolitik noch nicht begründen. Rational ist eine Wirtschaftspolitik lediglich dann, wenn sie *planmäßig* auf die Verwirklichung eines umfassenden und durchdachten, in sich ausgewogenen Zielsystems gerichtet ist. Man spricht im engeren Sinne von einer wirtschaftspolitischen Konzeption, wenn die Wirtschaftspolitik mit diesem Zielsystem den höchsten Erfolgsgrad erreicht, der unter den jeweiligen Umständen möglich ist. Im weiteren Sinne ist eine wirtschaftspolitische Konzeption ein *Leitbild* für die Gestaltung von Wirtschaft und Gesellschaft.

Leitbilder können grundsätzlich auf zwei verschiedenen Prinzipien beruhen, dem Individual- oder dem Kollektivprinzip. Die folgende Übersicht markiert die deutlichsten Unterschiede zwischen diesen.

Individualprinzip	**Kollektivprinzip**
Wohlfahrt der Gesellschaft ist die Summe der Wohlfahrt der einzelnen Mitglieder der Gesellschaft	Gesellschaftliches Gesamtinteresse ist den individuellen Einzelinteressen übergeordnet
Liberalismus	Sozialismus
Marktwirtschaft	Zentralverwaltungswirtschaft

Folgt man dem Individualprinzip, so ist jedes einzelne Individuum gleich wichtig und die gesellschaftliche Wohlfahrt muss sich immer auf die Wohlfahrt des einzelnen zurückbeziehen. Historisch hat der Liberalismus dem Individualprinzip am stärksten seine Aufmerksamkeit gewidmet, als Wirtschaftsordnung kann nur die Marktwirtschaft diesem Prinzip Geltung verschaffen. Die Vorstellung, die Summe der individuellen Nutzenwerte als Maß für die gesellschaftliche Wohlfahrt heranzuziehen, geht auf den Ökonomen Jeremy Bentham (1748–1822) zurück.

Ganz anders sieht es beim Kollektivprinzip aus: Das gesellschaftliche Interesse ist nicht einfach aus der Aggregation der Einzelinteressen zu ermitteln. Der Begriff der „Diktatur des Proletariats" hat es im wissenschaftlichen Sozialismus deutlich zum Ausdruck gebracht: Auch schon Übergangsformen der gesellschaftlichen Wirklichkeit sind einzig und allein funktional im Hinblick auf eine gesellschaftliche Endstufe zu verstehen, die von Individuen erlebt werden soll, die es noch gar nicht gibt. Die Zentralverwaltungswirtschaft mit ihren politisch vorgegebenen Plänen für die Investitionen und den Konsum ist der Ausdruck einer nicht am Individuum, sondern einer angeblich an „gesellschaftlichen Interessen" orientierten Wirtschaftsweise. Sie ähnelt aufgrund ihres Kommandostils der Kriegswirtschaft, was nicht unerheblich ist. In Wirklichkeit wird, wie das Exempel des „real existierenden Sozialismus" vor Augen geführt hat, nicht der Staat und die Wirtschaft auf die Gesellschaft hin ausgerichtet, vielmehr wird die ganze Gesellschaft auf ein Ziel, ein Programm, eine Partei, eine Elite, also eine Gruppe von Menschen, verpflichtet.

IV.11.2 Wettbewerb wirtschaftspolitischer Konzeptionen

Seit den späten sechziger Jahren des 20. Jahrhunderts hat es eine Reihe von scharfen Auseinandersetzungen zwischen unterschiedlichen wirtschaftspolitischen Konzeptionen gegeben, die wir im Folgenden kurz resümieren wollen. Der Keynesianismus erlebte seine „Blüte" in den 1960er und in den frühen 1970er Jahren. Die Regierungen von John F. Kennedy und Lyndon B. Johnson in den USA, aber auch die Große Koalition in Bonn mit ihren charismatischen Ministern Karl Schiller und Franz Josef Strauß („Plisch und Plum") glaubten an die „Globalsteuerung" der Volkswirtschaft, an die Erfordernis einer antizyklischen Finanzpolitik, welche zusätzliche Staatsausgaben durch Aufnahme von Schulden finanziert. Diese könnten dann, so glaubte man, im Aufschwung, nicht zuletzt wegen der Wirkungen des Einkommens-Multiplikators, relativ problemlos getilgt werden. Der Geldpolitik, die im übrigen in das Korsett einer Weltwährungsordnung mit festen Paritäten und einer Leitwährung (US-Dollar) eingebunden war, wurde wenig zugetraut.

Der Monetarismus mit seinen Hauptvertretern Milton Friedman, Karl Brunner und Allan Meltzer erlebte seinen Siegeszug gegen den Keynesianismus eigentlich erst dann, als die stagflationären Folgen des ersten (1973/74) und zweiten (1978/79) Erdölpreisschocks offen zu Trage traten, keynesianische Konzepte sich als wirkungslos erwiesen und nicht zuletzt die weltweite Freigabe der Wechselkurse im März 1973 der Geldpolitik einen erheblichen Zuwachs an Gestaltungsmöglichkeiten verschaffte. Wegen ihres Glaubens an die dem Kapitalismus inhärente Stabilität des privaten Sektors forderten sie einen Rückzug des Staates auf seine Kernaufgaben, den Verzicht auf eine aktive Fiskalpolitik (in der sie eine der Ursachen für und mitnichten eine geeignete Therapie gegen konjunkturelle Schwankungen sahen) und eine verstetigende, auf langfristiges Wachstum ausgerichtete Geldpolitik. In den meisten Feldern der Wirtschaftspolitik vertraten die Monetaristen klassisches Gedankengut, besonders in der Arbeitsmarkt- und in der Wettbewerbspolitik.

Die 1980er und 1990er Jahre (etwa bis 1995) erlebten keinen so heftigen Meinungsstreit mehr unter den Ökonomen. Wie wir oben bereits dargelegt haben, setzten sich die so genannten „supply side economics" in den reifen Industrienationen relativ unangefochten durch. Schlagworte wie „Deregulierung", „Privatisierung" und „Liberalisierung" standen auf der Agenda der Angebotsökonomen. In Deutschland hat sich besonders das Institut für Weltwirtschaft in Kiel schon früh und konsequent in seinen Strukturberichten für eine wirksame Abschaffung von Subventionen, die Einrichtung eines anreizkompatiblen Steuersystems, für die Deregulierung zukunftsträchtiger Branchen und dezentrale Lohnfindungsmechanismen stark gemacht. Interventionistisches Gedankengut kam allerdings seit Mitte der 1990er Jahre wieder stärker in Mode im Zusammenhang mit der Globalisierung und der angeblich destabilisierenden Wirkung der internationalen Finanzmärkte. Seit Beginn des neuen Millenniums haben namhafte Ökonomen wie Paul

Samuelson (*1915) und Robert M. Solow (*1924) wiederholt eindringlich gefordert, Angebots- *und* Nachfrageseite zu betrachten.

Die beiden Spekulationswellen, die das EWS in den Jahren 1992 und 1993 erschütterten, die auch andere „emerging markets" erfassenden Finanzmarktkrisen Mexikos (1994/95), Thailands (1997), Russlands (1998) sowie Argentiniens (2001/02) wurden zum Anlass genommen, über Zielzonen für Wechselkurse, neue Rollen für und Aufgabenteilungen zwischen der Weltbank und dem IWF sowie eine Begrenzung der Umsätze an internationalen Finanzmärkten nachzudenken (Tobin-Steuer). Kein einziger dieser Vorschläge wurde bis heute in die Tat umgesetzt. Den Kritikern interventionistischer Vorschläge ist es allerdings bis heute nicht gelungen, ein konsistentes Konzept – im Sinne einer wirtschaftspolitischen Konzeption für das Weltwährungssystem – vorzulegen, welches die Spielregeln für die internationalen Finanzmärkte neu, jedoch marktkonform, definiert.

Mit dem Ende des 20. Jahrhunderts haben „Globalisierung" und „New Economy" als neue Schlagworte die wirtschaftspolitische Debatte geprägt. Dahinter war und ist allerdings ein erschreckendes Ausmaß an Konzeptionslosigkeit bei den Wortführern der gesellschaftlichen Gruppen und der politischen Parteien zu erkennen. Einzelne Parteien haben mit Parolen wie der von der „neuen sozialen Marktwirtschaft" Erinnerungen herauf beschworen, welche auf den Ordoliberalismus von Walter Eucken (1891–1950) und auf die „soziale Marktwirtschaft" von Alfred Müller-Armack (1901–1978) und Ludwig Erhard (1897–1977) zurück verweisen. Mit diesen beiden Ansätzen wollen wir uns nun beschäftigen und damit das Kapitel zur „Theorie der Wirtschaftspolitik" beschließen.

IV.12   Prinzipien des Ordoliberalismus

IV.12.1   Die Freiburger Schule als „Quelle" des Ordoliberalismus

Hauptvertreter der Freiburger Schule war Walter Eucken, weiter zu nennen sind Franz Böhm (1895–1977) und Hans Großmann-Doerth (1894–1944) (stark beeinflusst durch diese wurden Wilhelm Röpke (1899–1966) und Alexander Rüstow (1885–1963), die zum Ordoliberalismus i. w. S. gerechnet werden). Noch vor Ausbruch des zweiten Weltkriegs organisierte der so genannte engere „Freiburger Kreis", zu dem u. a. Constantin v. Dietze (1891–1973), Walter Eucken, Adolf Lampe (1897–1948) und Gerhardt Ritter (1888–1967) gehörten, das „Freiburger Konzil", das sich mit Fragen der Ethik und der Rechts- und Wirtschaftsordnung auseinander setzte. Aus diesem „Freiburger Konzil" gingen noch während des zweiten Weltkriegs (1943–1944) die elf „Arbeitsgemeinschaften Erwin v. Beckerath" hervor, von denen sich eine speziell den Themen der Volkswirtschaftslehre und -politik widmete. Mitglieder dieser Arbeitsgemeinschaft waren Professoren der Rechts- und Staatswissenschaftlichen Fakultät und ihre Frauen. Unter den Ökonomen fanden sich so prominente Namen wie Erich Preiser (1900–1967),

Günther Schmölders (1903–1991), Heinrich v. Stackelberg (1905–1946) und natürlich – Walter Eucken.

Die Arbeitsgemeinschaft hat insgesamt 45 Gutachten, Referate und Protokolle zum Übergang von der Kriegs- in eine Friedenswirtschaft hervorgebracht. Zu den wichtigsten Themen gehörten: der Wiederaufbau der Friedenswirtschaft, die Arbeits- und Lohnpolitik, die Frage der Konzentration wirtschaftlicher Macht in einer marktwirtschaftlichen Ordnung, Fragen der Finanz- und Steuerpolitik, der Währungsordnung, der Wohnungsbaupolitik und der Agrarpolitik. Vor allem während des zweiten Weltkriegs haben Eucken und seine Mitarbeiter am Entwurf einer Wirtschaftsordnung gearbeitet, mit der sich die bekennende Kirche auf die Zeit nach Hitler vorbereiten wollte.[104] So hat sich Eucken an dem oppositionellen Freiburger Bonhoeffer-Kreis beteiligt, der im Auftrag der bekennenden Kirche eine Denkschrift zur Nachkriegsordnung in Deutschland entwerfen sollte. Gemeinsam mit v. Dietze und Lampe hat Eucken den Anhang „Wirtschafts- und Sozialordnung" abgefasst. Dabei wurde der Markt als überlegene Organisationsform bejaht, jedoch sollte mit Hilfe der Ordnungspolitik, das heißt mit Hilfe der Gestaltung der rechtlich-organisatorischen Randbedingungen, ein Rahmen geschaffen werden, um funktionsfähige Märkte zu gewährleisten. Die theoretischen Grundlagen des Freiburger Ordoliberalismus sind vor allem in einem Kerngedanken – die Gesamtordnung von Wirtschaft und Gesellschaft sollte so sein, dass sie den Menschen das Leben nach ethischen Prinzipen ermöglicht – sowie in einigen von Eucken formulierten Prinzipien und ihren Elementen zu finden, mit denen wir uns jetzt etwas genauer beschäftigen wollen.

IV.12.2   Walter Euckens Prinzipien

IV.12.2.1 Konstituierende Prinzipien

Nach Eucken müssen bestimmte Prinzipien verfolgt werden, um die Funktionsfähigkeit des Preismechanismus zu garantieren. Im Einzelnen sind folgende Kernelemente zu beachten:

- Geldwertstabilität

  Ausschlaggebend für die Funktionsweise des Marktmechanismus ist die Lenkungsfunktion der Preise; in der Marktwirtschaft gibt es einen Vorrang („Primat") der Geld- und Währungspolitik vor anderen Politikbereichen.

- Vertragsfreiheit

---

[104] Allerdings waren nicht alle Vertreter der „bekennenden Kirche" so eingestellt; beispielsweise war der „Kreisauer Kreis" stärker sozialistisch orientiert. Andererseits gab es auch Vertreter des Katholizismus (etwa Bauer in Freiburg), die Euckens Programm oder das der „Freiburger Kreise" unterstützt haben.

Revision von Marktentscheidungen ist vom möglichen Wechsel der Vertrags-partner beziehungsweise der Vertragsinhalte abhängig; gelingt letzterer, ist auch ein Abbau von Marktmacht und eine Förderung von Konkurrenz leichter zu erreichen.

- Freier Marktzutritt

  Nur bei Fehlen von Marktzugangsbeschränkungen können die Preise ihre Sig-nalfunktion wahrnehmen und kann die Sicherung des Wettbewerbs garantiert werden.

- Privateigentum an Produktionsmitteln

  Daraus abgeleitete Rechte und Freiheiten ermöglichen erst die Flexibilität un-ternehmerischen Marktverhaltens; das Privateigentum kann im übrigen das Existenzminimum bei Lohnsenkungen sichern.

- Unbeschränkte Haftung

  Dadurch wird gegen eine Verschwendung von Kapital bei Investitionen vorge-sorgt, Marktteilnehmer, die erforderliche Planrevisionen unterlassen/aufschie-ben, müssen aus dem Markt ausscheiden, so genanntes „moral hazard"-Ver-halten[105] wird vermieden.

- Konstanz der Wirtschaftspolitik

  Der Staat soll durch seine Aktivitäten die Unsicherheitsfaktoren für den Wirt-schaftsprozess nicht vergrößern, sondern im Gegenteil zu einer Verstetigung der Erwartungen im privaten Sektor beitragen. Im Original schreibt Eucken: „Die Wirtschaftspolitik stelle einen brauchbaren wirtschaftsverfassungsrechtli-chen Rahmen für den Wirtschaftsprozess her; an diesem Rahmen halte sie be-harrlich fest und ändere nur mit Vorsicht."[106]

IV.12.2.2 Regulierende Prinzipien

Noch stärker als im Konzept der „sozialen Marktwirtschaft" steht bei Walter Eucken die Forderung nach einer Sozialpolitik im Vordergrund, die weder für noch gegen den Markt ist, sondern eine Sozialpolitik, die mit dem Markt konzi-piert ist. Marktwirtschaft und soziale Fragen werden demnach als integrativer Ansatz betrachtet. Folgende regulierende Prinzipien/Politiken nennt Eucken:

- Wettbewerbspolitik

---

[105] Unter dem moralischen Risiko („moral hazard") wird beispielsweise verstanden, dass wirtschaftliche Akteure, die auf Hilfe übergeordneter Institutionen bei Auftreten öko-nomischer Krisen zählen können, sich im Geschäftsleben riskanter verhalten als sie es ohne Existenz einer solchen „ökonomischen Feuerwehr" je tun würden und insofern das Hineingleiten in eine Krise selbst provozieren können.

[106] Eucken (1952), S. 289.

Eine aktive Oligopol- und Monopolkontrolle soll sicherstellen, dass es zu keinen den Wettbewerb behindernden Konzentrationen und/oder Absprachen kommt.

- Strukturpolitik

  Der Staat hat die Aufgabe, den Strukturwandel zu verstärken und zu beschleunigen; die Schaffung von Ansiedlungsbedingungen für neue Unternehmen in strukturschwachen Regionen soll dazu dienen, die Startbedingungen unterschiedlicher Regionen anzugleichen.

- Marktsubstitutionspolitik

  Staatliche Präsenz auf Märkten für Waren und Dienstleistungen ist legitim, um öffentliche Güter bereit zu stellen und um Marktversagen im Falle von externen Effekten oder von natürlichen Monopolen zu korrigieren.

- Einkommenspolitik

  Hier geht es um eine progressive Einkommensbesteuerung, um funktionale Schwächen der Marktwirtschaft zu korrigieren, aber nicht um Einkommenspolitik im Sinne der „income policy" moderner Stabilisierungsrezepte.

- Sicherungspolitik

  Schwerpunkte sollen beim Arbeitnehmerschutz und bei der Sozialhilfe für Bedürftige liegen. Die Sozialhilfe ist insbesondere als Mittel gegen anomales Verhalten des Arbeitsangebots bei entsprechendem Lohndruck nach unten gedacht.

IV.12.2.3 Primat der Ordnungspolitik und Primat der Währungspolitik

Seit Eucken ist die Bedeutung, aber auch die Vorrangstellung der Ordnungspolitik gegenüber der Ablaufpolitik kaum in Frage gestellt worden. Es gilt die Vorgabe, dass im Grunde jeder prozesspolitische Eingriff nicht nur auf seine Ziel-, sondern gleichzeitig auch auf seine Ordnungskonformität hin geprüft werden muss. Der Verzicht auf diese Prüfung ist mit hohen Risiken verbunden: Eine Ansammlung nacheinander beschlossener ablaufpolitischer Maßnahmen kann leicht den Rahmen selbst, innerhalb dessen die Instrumente wirken sollen, verändern, ja sogar sprengen. Auf internationaler Ebene ließ sich dies anschaulich an der Entwicklung ablesen, die etwa die Weltbank genommen hat. Ursprünglich ausschließlich auf Projektfinanzierung in Entwicklungsländern hin konzipiert, wurde diese Einrichtung in den 1980er und 1990er Jahren zunehmend mit sektoralen und gesamtwirtschaftlichen Programmen beziehungsweise Aufgaben überladen. Dadurch geriet nicht nur die Aufgabenteilung mit dem IWF als zweiter Säule der internationalen Ordnung von Bretton Woods (1944) ins Schleudern, auch die eigentlichen Zielgruppen wurden zunehmend aus dem Auge verloren.

Unter den konstituierenden Prinzipien steht für Eucken die Währungspolitik an vorderster Stelle. In seinen „Grundsätzen der Wirtschaftspolitik" hat er es einmal

(frei zitiert) so formuliert: „Alle Bemühungen, eine Wettbewerbsordnung zu verwirklichen, sind umsonst, so lange eine gewisse Stabilität des Geldwertes nicht
gesichert ist. Die Währungspolitik besitzt daher für die Wettbewerbsordnung ein
Primat". Zur Stabilität des Geldwertes können zum einen die strikte Unabhängigkeit der Notenbank, zum anderen begrenzte Spielräume für die Notenbanker selbst
beitragen. Entscheidend dürfte aber vor allem das Umfeld der Geldpolitik sein.
Zum einen, was die Häufigkeit und Signifikanz unerwarteter Schocks für die Weltwirtschaft anbelangt: Je seltener und geringer sie ausfallen, desto leichter kann die
Geldpolitik sie abfedern. Zum anderen besteht das Umfeld in den Inflationserwartungen im „realen Sektor": Je niedriger und stabiler diese ausfallen, desto einfacher ist es für eine Notenbank, Preisniveaustabilität, wie Eucken sie forderte, einzuhalten.

IV.13   Soziale Marktwirtschaft

IV.13.1   Mögliche Schwachstellen der „freien" Marktwirtschaft

Werfen wir zum Abschluss dieser Betrachtungen einen Blick auf die in der Bundesrepublik Deutschland realisierte Wirtschaftsordnung. Die deutsche Wirtschaftsordnung beruht auf der wirtschaftspolitischen Konzeption beziehungsweise
dem wirtschaftspolitischen Programm der sozialen Marktwirtschaft, welches nach
dem zweiten Weltkrieg durch den damaligen Bundeswirtschaftsminister Ludwig
Erhard und seinen Staatssekretär Alfred Müller-Armack entwickelt wurde. Müller-
Armack hat die Vorstellung einer sozialen Marktwirtschaft selbst einmal als „einen
der Ausgestaltung harrenden, progressiven Stilgedanken" bezeichnet. Dabei wurde
in wesentlichem Umfang auf die bereits dargelegten Vorstellungen einer Gruppe
von Ökonomen zurückgegriffen, die der so genannten Freiburger Schule, man
kann auch sagen, dem Ordoliberalismus, zuzurechnen sind. Allerdings sind die
Konzepte – insbesondere in der Sozialpolitik – durchaus nicht identisch. So hat
Erhard einmal bekannt, dass es leichter sei, dynamische Kräfte der Wirtschaft
durch unternehmerische Freiheit zu beleben, als ihnen nachträglich eine Ordnung
zu geben.

Die von Erhard und Müller-Armack konzipierte soziale Marktwirtschaft versteht
sich selbst als dritter Weg zwischen einer sozialistischen Planwirtschaft und einer
kapitalistischen Marktwirtschaft. Allerdings kann dieser Selbsteinschätzung, wie
wir noch sehen werden, kaum zugestimmt werden, da die marktwirtschaftlichen
Elemente in der Konzeption der sozialen Marktwirtschaft eindeutig dominieren.
Vielmehr geht es Erhard und Müller-Armack bei ihrem Programm im Wesentlichen
darum, die Schwächen einer freien Marktwirtschaft – soweit möglich – zu beseitigen, ohne jedoch die grundsätzlichen Vorteile dieser Koordinationsform in Frage
zu stellen. Da somit die Schwachstellen einer freien Marktwirtschaft wesentlich
zum Verständnis der Konzeption einer sozialen Marktwirtschaft beitragen, wollen

wir diese noch einmal zusammenfassen und – soweit notwendig – ergänzen.[107]

a)   Konsumentensouveränität

Wie wir bereits gesehen haben, betonen insbesondere die Vertreter der klassischen Nationalökonomie, dass in einer freien Marktwirtschaft die Produktion durch die Wünsche der Verbraucher gelenkt wird, was als Konsumentensouveränität bezeichnet wird. Diese Lenkung erfolgt in der Weise, dass die Konsumenten durch ihre Nachfrage – man sagt auch, mit ihren monetären Stimmzetteln – darüber entscheiden, was produziert wird. Allerdings – und das ist ein wesentlicher Kritikpunkt, der gegen das Marktsystem vorgebracht wird – sind diese monetären Stimmzettel nicht gleichmäßig verteilt, sondern es entscheiden nur diejenigen Konsumenten, die auch über ein entsprechendes Einkommen verfügen. Gerade bei stark ungleicher Einkommens- und Vermögensverteilung kann es deshalb zu sozialen Härten kommen, die nur durch entsprechende Ausgleichsmaßnahmen abgebaut oder gemildert werden können. Darüber hinaus lässt die Beeinflussung der Konsumenten durch Werbung oder neue Produkte generelle Zweifel an der Konsumentensouveränität aufkommen. Denn in diesen Fällen ist es möglicherweise der Produzent, der – gewissermaßen „für den Konsumenten" – die Entscheidungen trifft, welche Produkte in welchen Mengen erzeugt werden, und nicht der Verbraucher selbst. Allerdings unterliegt diese kritische Argumentation möglicherweise einem Denkfehler: Wenn nämlich eine Trennung zwischen „reiner Information" und „Werbung" nur aufgrund eines Werturteils möglich ist – diese Einsicht verdanken wir dem Freiburger Wettbewerbstheoretiker Erich Hoppmann (*1923) –, dann gibt es keine wissenschaftliche (also logisch-deduktive) Begründung für eine eingeschränkte Konsumentensouveränität.

b)   Externe Effekte

Andere Probleme ergeben sich in einem marktwirtschaftlichen System immer dann, wenn wir es mit so genannten externen Effekten zu tun haben. Externe Effekte liegen dann vor, wenn die Nutzen (die Kosten) eines Wirtschaftssubjekts nicht nur von seinen eigenen Aktivitäten abhängen, sondern auch von den Aktivitäten anderer Wirtschaftssubjekte, ohne – und das ist das Entscheidende – dass hierfür Kompensationszahlungen getätigt werden. Man kann auch sagen, dass die privaten Kosten nicht mit den volkswirtschaftlichen Kosten übereinstimmen oder, wenn man auf die Erträge abstellt, dass die privaten nicht den volkswirtschaftlichen Erträgen entsprechen. Die folgende Übersicht zeigt die insgesamt vier denkbaren Varianten von externen Effekten.

---

[107] Zur Kritik an einer freien Marktwirtschaft und zu den Grundzügen einer sozialen Marktwirtschaft siehe u. a. Baßeler/Heinrich/Koch (2002), Kap. 2.

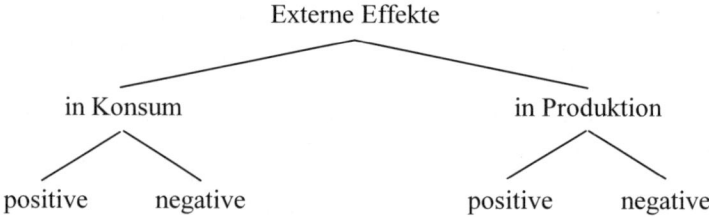

Beispiele für negative Konsumexternalitäten sind etwa die Staubemissionen des benachbarten Zementwerks oder auch die nächtlichen Lärmbelästigungen der Anwohner in der Nähe von Gaststätten. Hier wird der Nutzen der Anwohner offensichtlich negativ tangiert durch Aktivitäten Dritter, ohne dass es zu Ausgleichszahlungen kommt. Wir haben es deshalb mit negativen externen Effekten oder externen beziehungsweise sozialen Kosten zu tun. Beispiele für positive externe Konsumeffekte oder externe beziehungsweise soziale Erträge wären etwa der Wachhund des Nachbarn, der zugleich Schutzfunktion für das eigene Grundstück übernimmt, oder etwa die zusätzliche Nachfrage, die einem Restaurant aufgrund einer Großveranstaltung in der Nachbarschaft zuwächst. In diesen Fällen führen die Aktivitäten Dritter zu einer Steigerung des Nutzenniveaus, ohne dass hierfür Zahlungen geleistet werden müssten. Hier liegen positive externe Effekte vor. Formal gelten die Gleichungen:

volkswirtschaftliche Kosten = private Kosten + soziale Kosten

volkswirtschaftliche Erträge = private Erträge + soziale Erträge.

Entscheidend ist nun, dass bei einem Auseinanderfallen von privaten und volkswirtschaftlichen Kosten beziehungsweise Erträgen der Preismechanismus zu Fehlsteuerungen führt, was mit Wohlfahrtseinbußen für die Gesellschaft verbunden ist. Um diese Fehlsteuerung zu verdeutlichen, sei noch einmal ein Beispiel betrachtet, bei dem es um die Nichtanlastung von Umweltschäden an den Verursacher geht. So werden beispielsweise beim LKW-Verkehr die dadurch bedingten Luftverschmutzungen und Lärmbelastungen nur unvollständig den Fuhrunternehmen angelastet. Umweltschäden können sowohl negative Externalitäten im Konsum als auch in der Produktion auslösen. Die Folge davon ist, dass die Produktion aus volkswirtschaftlicher Sicht zu billig erfolgt, so dass die Inanspruchnahme insgesamt höher ausfällt als bei einer vollständigen Anlastung der sozialen Kosten. Damit sind Wohlfahrtseinbußen verbunden. Ähnliches gilt, wenn ein Unternehmen Abwasser „produziert", dieses aber nicht selbst reinigt, sondern ungefiltert an die Umwelt abgibt. Andere Unternehmen, die bei ihrer Produktion auf die Zufuhr gereinigten Wassers angewiesen sind, erleiden negative externe Effekte in der Produktion. Machen wir uns die Zusammenhänge anhand der folgenden Abbildung IV.30 klar.

Solange sich das in Frage stehende Unternehmen nur an seinen privaten Grenzkosten (GK_{pr}) orientiert, fällt die Produktion zu hoch aus (x_{pr}). Eine Steuer (Pigou-

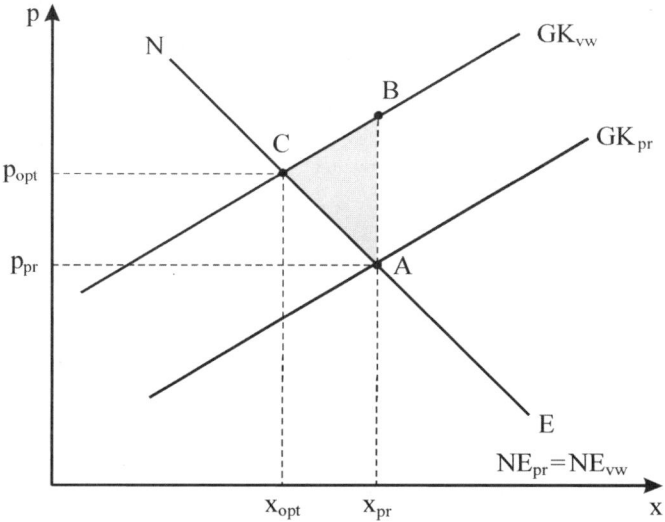

Abbildung IV.30

Steuer) in Höhe der Strecke AB könnte das Unternehmen dazu veranlassen, die Produktion auf die optimale Höhe x_{opt} zu senken. Eine vollständige Internalisierung der negativen externen Effekte in der Produktion führt zu der volkswirtschaftlichen Grenzkostenfunktion GK_{vw}, welche sicherstellt, dass die volkswirtschaftlich optimale, geringere Ausbringungsmenge x_{opt} am Markt zu dem höheren Preis p_{opt} realisiert wird. Der Inhalt der Fläche, die durch die Eckpunkte ABC umschlossen wird, stellt den Wohlfahrtsverlust dar, wenn jegliche Internalisierung der negativen externen Effekte unterbleibt. Formal errechnet sich dieser Verlust als Differenz zwischen dem Bruttonutzen (Fläche unter der Nachfragekurve) und den Gesamtkosten (Fläche unter der volkswirtschaftlichen Grenzkostenfunktion) in den Grenzen der unterschiedlichen Ausbringungsmengen – ohne und mit Internalisierung.

Abschließend wollen wir ebenfalls den Fall positiver Externalitäten grafisch diskutieren und zwar anhand von Abbildung IV.31. Wir nehmen jetzt an, dass das über private Märkte angebotene Gut der Gesellschaft insgesamt mehr Nutzen stiftet als es in der privaten Nachfrage- beziehungsweise Grenznutzenfunktion NE_{pr} zum Ausdruck kommt. Beispiele hierfür können etwa Leistungen des Bildungssektors sein, die nicht nur dem direkten Nutzer, sondern auch den Akteuren in seiner unmittelbaren Umgebung Vorteile verschaffen. Letztere müssen dafür aber keinen Preis entrichten. Als Folge davon fällt die realisierte „Absatzmenge" in Höhe von x_{pr} zu gering aus. Würde sich nämlich der Markt an der höher gelegenen Kurve des volkswirtschaftlichen Grenznutzens NE_{VW} orientieren, dann käme die Menge x_{opt} im Gleichgewicht zustande. Damit die bisherigen Nachfrager ihre Nachfrage bei dem höheren Preis p_{opt} nicht einschränken, empfiehlt es sich, dass der Staat eine Subvention in Höhe der Strecke AC (Pigou-Subvention) zahlt. Der Wohlfahrtsverlust, der sich wiederum bei Verzicht auf eine Internalisierung (jetzt

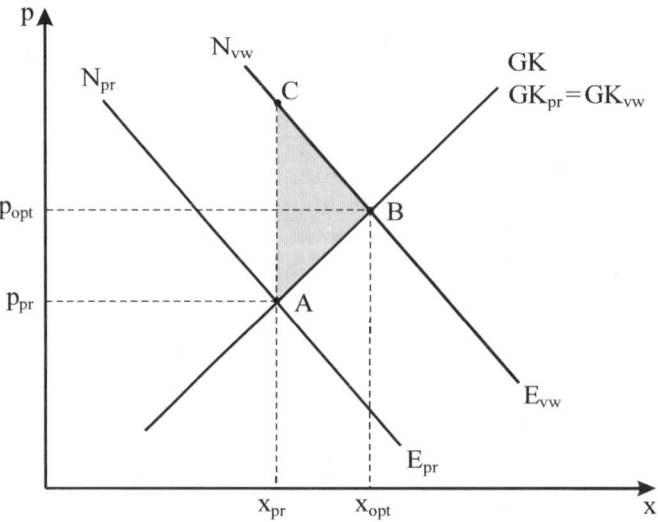

Abbildung IV.31

der externen Nutzen) ergibt, kann berechnet werden als Differenz zwischen dem volkswirtschaftlichen Bruttonutzen und den Gesamtkosten in den Grenzen der unterschiedlichen Ausbringungsmengen. Diese Differenz entspricht grafisch der schraffierten Fläche ABC.

Die bisher diskutierten „Internalisierungsstrategien" (Pigou-Steuer vs. Pigou-Subvention) sind so genannte „interventionistische Lösungen".[108] Eine alternative Internalisierungsstrategie besteht darin, das Externalitätenproblem ordnungspolitisch und das heißt im Wesentlichen über den Marktmechanismus zu „lösen": Unser Abwasser produzierendes Unternehmen von oben müsste das Recht zur Umweltbelastung durch den Kauf von Umweltzertifikaten erwerben. Da diese Zertifikate teuer sind, lohnt es sich, über die Anschaffung einer Filteranlage nachzudenken und die Wasserverschmutzung zu reduzieren oder ganz abzustellen. Auch zum Internalisierungskonzept insgesamt gibt es zwei Alternativen, die aber selbst nicht ohne Probleme sind: Zum einen kann der Staat schlichtweg „Handlungen, die (negative, der Autor) externe Effekte zur Folge haben"[109] verbieten. In der Praxis hat sich aber gezeigt, dass solche Verbote nicht besonders wirksam sind. Zum zweiten könnte man versuchen, alle von negativen Externalitäten (in Konsum oder Produktion) Betroffenen selbst an den Entscheidungen zu beteiligen. Dazu braucht es die Bildung eines neuen Kollektivs; in unserem Beispiel von oben müssten all jene Konsumenten und Produzenten, die sich im „Streubereich" der Abwasser befinden, das Recht erhalten, „in der Geschäftsleitung des Werkes über

---

[108] Kirsch (2004), S. 32.
[109] Kirsch (2004), S. 31.

Art und Umfang der Umweltbelastung mitzuentscheiden"[110]. Wie handlungs- und entscheidungsfähig ein solches neues Kollektiv sein könnte, ist schwer zu beantworten. Die Wahrscheinlichkeit für wirtschaftlich wenig rentable „Kompromisse" ist aber nicht von der Hand zu weisen.

c) Öffentliche Güter

Während externe Effekte lediglich die Effizienz der Marktversorgung beeinträchtigen, kann es bei den so genannten öffentlichen Gütern sogar zu einem vollständigen Marktversagen kommen, das heißt, dass diese Güter im Extremfall gar nicht über den Markt bereitgestellt werden. Was sind das für Güter? Als spezifisch öffentlich werden in der ökonomischen Theorie solche Güter bezeichnet, für die das Nichtausschlussprinzip sowie die Nichtrivalität im Konsum gilt. Das Nichtausschlussprinzip bedeutet, dass ein Gut, sofern es überhaupt bereitgestellt wird, allen Mitgliedern einer Gesellschaft oder Gruppe in gleicher Weise zugute kommt, das heißt, dass kein Mitglied dieser Gesellschaft oder Gruppe vom Konsum des Gutes ausgeschlossen werden kann. Ein Beispiel ist die Landesverteidigung oder der Deich. Demgegenüber würde das Ausschlussprinzip beispielsweise für ein Bundesligaspiel gelten, denn hier werden nur diejenigen als Zuschauer ins Stadion eingelassen, die den Eintrittspreis zu zahlen bereit sind – und das auch nur in begrenzter Zahl. Nichtrivalität des Konsums bedeutet, dass niemand dadurch schlechter gestellt wird, wenn auch andere das Gut gleichzeitig konsumieren. Auch hier kann auf die Landesverteidigung oder die Straßenbeleuchtung als Beispiel verwiesen werden (Gegenbeispiel wären alle Lebensmittel). Zweifellos sind auch für solche Güter, für welche die eben genannten Kriterien zutreffen, bei den privaten Wirtschaftssubjekten Bedürfnisse vorhanden.

Wie Wiese (1998, S. 406 f.) darlegt, liegt ein Spezialfall externer Effekte bei Vorhandensein öffentlicher Güter vor: Diese sind, wie oben berichtet, u. a. durch Nicht-Rivalität im Konsum gekennzeichnet. Wenn also ein Individuum ein öffentliches Gut nutzt, „kann ein zweites Individuum dasselbe Gut in derselben Qualität ebenfalls konsumieren". Wenn aber das öffentliche Gut Nutzen stiftet, dann löst es im beschriebnen Sinne positive externe Effekte aus.

d) Ungleiche Einkommens- und Vermögensverteilung

Eine weitere „Schwäche" der freien Marktwirtschaft beruht wiederum auf der bereits erwähnten ungleichen Einkommens- und Vermögensverteilung. Ein wichtiges Element der Marktwirtschaft ist das Leistungsprinzip. Da die individuellen Fähigkeiten, aber auch Ausbildung und Vermögen ungleich verteilt sind, ergibt sich auf der Grundlage des Leistungsprinzips zugleich eine ungleiche Einkommens- und Vermögensverteilung. Ein Problem könnte nun darin bestehen, dass sich diese Ungleichheit, sofern keine Korrekturen vorgenommen werden, im Laufe der Zeit möglicherweise verstärkt. Verantwortlich hierfür ist der Kreislauf von geringem Einkommen auf der einen Seite und folglich geringer Ausbildung und

---

[110] Kirsch (2004), S. 33.

geringer Vermögensbildung auf der anderen Seite. Denn Ausbildung und Vermögen entscheiden ihrerseits über das Einkommen von morgen, so dass sich hieraus eine Tendenz zur Verstärkung der Ungleichheit ergeben könnte, was gemeinhin als unerwünscht angesehen wird.

Die Verteilungspolitik des Staates kann sich auf die Verteilung von Einkommen und Vermögen auf einzelne Mitglieder der Gesellschaft beziehen – dann spricht man von der sogenannten „personellen Einkommensverteilung" oder aber auf ganze Gruppen innerhalb der Gesellschaft – dann spricht man von den sogenannten „Verteilungsquoten". Eine ungleiche Einkommens- und Vermögensverteilung kann u. a. deswegen zu Maßnahmen der Verteilungspolitik führen, weil

- es Gesellschaftsmitglieder gibt, die ihre wirtschaftliche Existenz nicht selbst durch Erwerbstätigkeit sichern können;

- es Gesellschaftsmitglieder gibt, die ihre wirtschaftliche Existenz durch Erwerbstätigkeit sichern wollen, aber nicht können;

- es Gesellschaftsmitglieder gibt, die ihre wirtschaftliche Existenz nicht durch eigene Leistungsfähigkeit sichern, sondern durch ererbtes Vermögen;

- es Gesellschaftsmitglieder gibt, die ihre wirtschaftliche Existenz sichern können, deren Entlohnung aber nach verbreiteter Ansicht unangemessene Höhen erreicht;

- es Gesellschaftsmitglieder gibt, die ihre wirtschaftliche Existenz sichern können, aber Familien haben und damit besonderen Belastungen ausgesetzt sind (Blümle 2005, S. 30-33).

e)   Wettbewerbsbeschränkungen

Die nächste Gruppe von Einwänden betrifft den Komplex der Wettbewerbsbeschränkungen.

Konzentration von Unternehmen

Zunächst einmal kann Unternehmenskonzentration zu unerwünschten Auswirkungen auf den Gütermärkten führen. Dies trifft zum Beispiel dann zu, wenn damit zugleich – etwa aufgrund zunehmender Größe der Unternehmen – Machtpositionen auf der Angebotsseite verbunden sind, die es erlauben, die Konkurrenz auszuschalten und/oder überhöhte Preise am Markt durchzusetzen.[111] In diesem Zusammenhang ist auch die Konzernbildung mit markt- und branchenübergreifenden Besitzrechten zu nennen, von der erhebliche Wettbewerbsbeschränkungen ausgehen können. Andererseits – und das macht eine eindeutige Beurteilung des Größenaspekts schwierig – gibt es durchaus Fälle, in denen Großunternehmen, das

---

[111] Die Unternehmenskonzentration ist möglicherweise selbst wieder abhängig von der Einkommens- und Vermögensverteilung.

heißt eine Konzentration von Produktivvermögen, volkswirtschaftlich erwünscht sind. Dies gilt zum Teil hinsichtlich der Realisierung von Vorteilen der Massenproduktion, vor allem aber werden Großunternehmen häufig als Voraussetzung dafür angesehen, technischen Fortschritt durchzusetzen.

Absprachen

Wettbewerbsbeschränkungen sind jedoch nicht notwendigerweise an die Größe der Unternehmen gebunden. Generell gilt, dass durch Absprachen zwischen den Konkurrenten – und diese können auch zwischen kleinen Unternehmen stattfinden – der Wettbewerbsmechanismus eingeschränkt beziehungsweise ganz außer Kraft gesetzt werden kann. Derartige Absprachen beziehungsweise Vereinbarungen zwischen den Wettbewerbern führen zu Kartellen, welche den Wettbewerb beschränken und deshalb ebenfalls unerwünscht sind.

f)   Konjunkturelle Schwankungen

Ein letzter Punkt schließlich, der hier Erwähnung finden soll, betrifft die Existenz ausgeprägter Konjunkturschwankungen. Wie die Erfahrung zeigt, sind die von der Klassik behaupteten Selbstheilungskräfte des Marktes, verbunden mit einer Tendenz zu einem Gleichgewicht bei Vollbeschäftigung, zumindest kurzfristig sicherlich nur bedingt gegeben. Deshalb sollten in einer Marktwirtschaft staatliche Eingriffe à la Keynes zur Sicherung der Vollbeschäftigung à priori nicht völlig ausgeschlossen werden. Allerdings können die Instrumente nur greifen, wenn wirklich eine „Keynessche Situation" gegeben ist, das heißt, wenn die Ursachen der Unterbeschäftigung überwiegend in einem Nachfragemangel der Privaten zu sehen sind.

IV.13.2   Die Konzeption der sozialen Marktwirtschaft

Kommen wir damit zur Konzeption der „sozialen Marktwirtschaft". Im Mittelpunkt dieser Konzeption steht der Wettbewerbsgedanke. Auf dieser Grundlage wird eine soziale und gerechte Ordnung von Gesellschaft und Wirtschaft angestrebt, wobei zugleich einige der gerade dargelegten Mängel eines freien Marktsystems beseitigt werden sollen. Die soziale Marktwirtschaft versteht sich damit als Synthese zwischen wirtschaftlicher Freiheit auf der einen und den sozialstaatlichen Idealen sozialer Sicherheit und Gerechtigkeit auf der anderen Seite. Das Prinzip der Freiheit auf dem Markt wird also mit dem sozialen Ausgleich „verbunden". Betrachten wir vor diesem Hintergrund die beiden Komponenten der Bezeichnung „soziale Marktwirtschaft". Der Begriff *Marktwirtschaft* ist zunächst als Ausdruck verschiedener wirtschaftlicher Freiheiten zu verstehen, unter anderem als Ausdruck der Konsumfreiheit, der Gewerbefreiheit, der freien Berufs- und Arbeitsplatzwahl, der Produktions- und Handelsfreiheit oder auch der Freiheit zum Wettbewerb. Der Zusatz *sozial* beinhaltet zwei Aspekte:

- Der erste Aspekt bezieht sich generell auf die Leistungsfähigkeit eines marktwirtschaftlichen Systems. Denn erst die Effizienz der marktwirtschaftlichen Leistungserstellung schafft die Voraussetzung eines Wohlstands für alle, so dass der Marktwirtschaft an sich ein sozialer Charakter zu bescheinigen ist.

- Der zweite Aspekt bezieht sich auf die ergänzend vorzunehmende Korrektur der Ergebnisse, die der freie Wirtschaftsprozess hervorgebracht hat und die nicht den sozialen Wertvorstellungen der Gesellschaft entsprechen.

Nun ist die soziale Marktwirtschaft natürlich kein statisches Gebilde, sondern hat sich im Laufe ihrer über 50jährigen Geschichte vor allem dem gesellschaftlichen Wandel angepasst. Beibehalten wird der globale Rahmen, die Änderungen beziehen sich auf die jeweils aktuellen Konkretisierungen, die den wechselnden Schwerpunkten Rechnung tragen. Betrachten wir hierzu einige Beispiele, an denen diese Weiterentwicklungen und Schwerpunktverlagerungen deutlich werden.

a) Wettbewerb als Aufgabe

Wie wir bereits wissen, ist das zentrale Element einer Marktwirtschaft der Wettbewerb. Wettbewerb ist die Voraussetzung, um eine bestmögliche Versorgung der Bevölkerung zu erreichen. Der Wettbewerb muss nicht unbedingt vollständig sein, sein instrumenteller Charakter wird betont: Er soll Leistung und Fortschritt hervorbringen. Der Wettbewerb lässt Gewinne erodieren und zwingt zu Produktivitätserhöhungen. Letztere verbessern die Versorgung mit Waren und Dienstleistungen. Jedoch ist Wettbewerb keineswegs selbstverständlich. Vielmehr müssen die Voraussetzungen für einen funktionsfähigen Wettbewerb geschaffen und der Wettbewerb selbst muss, wie wir soeben gesehen haben, vor Beschränkungen (Kartelle, Monopole, bestimmte Oligopole) geschützt werden. Diese Einsicht in die Notwendigkeit der Gestaltung und des Schutzes des Wettbewerbs war die Grundlage für das 1957 verabschiedete „Gesetz gegen Wettbewerbsbeschränkungen", welches als ein Kernstück der sozialen Marktwirtschaft angesehen werden kann.

b) Wachstum vor Verteilung

Sowohl bei Walter Eucken als auch den Vätern der sozialen Marktwirtschaft stand nach dem zweiten Weltkrieg das Wachstumsziel eindeutig im Mittelpunkt. „Erst Wachstum, dann Verteilung" war das Schlagwort. Denn Wachstumspolitik wurde als die beste Sozialpolitik angesehen. Als das vorzüglichste Mittel für Wirtschaftswachstum wurde wiederum die Marktwirtschaft selbst betrachtet. Zudem – und das gilt uneingeschränkt auch heute noch – lassen sich verteilungspolitische Konflikte wesentlich einfacher lösen, wenn ein entsprechendes Wirtschaftswachstum vorhanden ist.

c) Konjunktur und Stabilität

Es wird eine „Mengenkonjunktur" propagiert, das heißt, eine wirtschaftliche Expansion soll nach Möglichkeit zu konstanten Preisen erfolgen. Wirtschaftliches Wachstum soll von einer „Stabilität des Haushalts" sowie von einer gesicherten

Geldversorgung begleitet werden. Preisniveaustabilität liegt auch in der Verantwortung des Unternehmertums: Ludwig Erhard (1897–1977) hat den Begriff der „Seelenmassage" geprägt, mit der er versuchte, die Unternehmer zu einer maßvollen Preispolitik anzuhalten.

d)   Korrektur der primären Marktverteilung von Einkommen und Vermögen

Gleichwohl wurden aufgrund der ungleichen Verteilung von Einkommen und Vermögen von Beginn an Korrekturen der primären Marktverteilung für notwendig gehalten, um sozialen Zielen Rechnung zu tragen. Zu nennen sind vor allem:

- das System der sozialen Sicherung (Krankenversicherung, Rentenversicherung, Arbeitslosenversicherung, Pflegeversicherung),

- die unentgeltliche Bereitstellung bestimmter Angebote vor allem im Bildungsbereich,

- die progressive Gestaltung insbesondere des Einkommensteuertarifs,

- Maßnahmen zur Vermögensbildung in Arbeitnehmerhand und zur Familiensicherung oder auch

- Gewinnbeteiligung der Arbeitnehmer mit freier Entscheidung der Begünstigten über die Verwendung.

Im Konzept der sozialen Marktwirtschaft soll der Staat nur systemkonforme Aufgaben wahrnehmen. Daher sind Erhaltungssubventionen verpönt, Wohnungsbauzuschüsse dagegen erlaubt. Eine Befriedigung der Interessen einzelner Gruppen soll strikt vermieden werden. Zwar wird der Gedanke des Versorgungsstaates vehement abgelehnt, die angestrebte Verbindung zwischen der Freiheit auf dem Markt einerseits mit dem Prinzip des sozialen Ausgleichs andererseits ist allerdings weder konflikt- noch widerspruchsfrei. Von Hayek hat es einmal so ausgedrückt: Der Zusatz „sozial" höhlt eine auf Wettbewerb gegründete Wirtschaftsordnung zunehmend innerlich aus. Daher sprach er auch von einem „weasel word" (Wiesel-Begriff). Das Wiesel ist bekanntermaßen ein flinker Räuber, dem es mühelos gelingt, seinen Körper extrem zu verschlanken und in den Bau seines Gegners einzudringen, um ihn dort zu töten. Mit anderen Worten: Je mehr Transfer- und Umverteilungsmechanismen vom Staat eingerichtet werden, um so stärker werden die Wettbewerbskräfte in der „sozialen Marktwirtschaft" von innen heraus zerfressen und aufgezehrt.

e)   Globalsteuerung

Bis Mitte der 1960er Jahre konnte sich die Wirtschaftspolitik im Wesentlichen auf ordnungspolitische Aufgaben, also die Gestaltung der rechtlich-organisatorischen Rahmenbedingungen – vor allem in der Wettbewerbspolitik – beschränken, da die hohen Wachstumsraten der Wiederaufbauphase die konjunkturellen Schwankungen überlagerten. Mit der Abschwächung des Wachstumsprozesses wurden jedoch ab Mitte der 1960er Jahre die konjunkturellen Einbrüche deutlich spürbar, so dass nun neben der Geldpolitik auch die Finanzpolitik im Rahmen der so genannten „Globalsteuerung" eingesetzt wurde. Ausdruck dieser veränderten Entwicklungen war das 1967 verabschiedete Gesetz zur „Förderung der Stabilität und des Wachstums der Wirtschaft" (Stabilitätsgesetz). Aus der Sicht der Wissenschaft stellt das Stabilitätsgesetz von 1967 gewissermaßen eine Krönung der Politik der Globalsteuerung (und des Glaubens hieran!) dar. Allerdings hat der Optimismus im Hinblick auf die Möglichkeiten der Globalsteuerung spätestens seit der ersten Ölkrise (1973/74) stark gelitten. Hier traten zum ersten mal so genannte „stagflationäre Effekte" auf, für die es in einer keynesianisch geprägten Wirtschaftspolitik keine überzeugenden Rezepte gibt.

f)   Angebotspolitik

Seit Anfang der 1980er Jahre ist das Konzept einer globalen Nachfragesteuerung mehr und mehr dem Konzept einer Verstetigung der Angebotskräfte gewichen. In den USA entstand diese neue Richtung des Denkens insbesondere während der Präsidentschaft Ronald Reagans (1980–1988), in Deutschland hat insbesondere der „Sachverständigenrat zur Begutachtung der gesamtwirtschaftlichen Entwicklung" (im Volksmund auch: „die fünf Weisen") zu seiner Entwicklung beigetragen.

Diese wenigen Beispiele mögen genügen, um den bisherigen Wandel der sozialen Marktwirtschaft zu verdeutlichen. Auch für die Zukunft ist mit weiteren Anpassungen zu rechnen.

- So ist eine überzeugende Antwort auf das gegenwärtig wohl dringlichste wirtschaftspolitische Problem – nämlich die weiterhin hohe Arbeitslosigkeit – zur Zeit von Seiten der Politik nicht in Sicht. Ob hierzu die veränderte Haltung der Gewerkschaften mit Anerkennung eines Zusammenhangs zwischen Lohnhöhe und Beschäftigung beizutragen vermag, bleibt abzuwarten.

- Eng damit zusammen hängen die Fragen, inwieweit auch zukünftig unsere sozialen Sicherungssysteme in der heute praktizierten Form aufrecht erhalten bleiben können (demographische Entwicklung, Übernahme versicherungsfremder Leistungen) und in welchem Maß das Steuersystem wesentlich stärker als bisher anreizkompatibel ausgestaltet werden sollte (Steuervereinfachung, Steuergerechtigkeit etc.).

- Auch beim Umweltproblem, welches an Bedeutung und Schärfe zugenommen hat (Stichworte: Ozonloch, Treibhauseffekt), stehen grundsätzliche Änderungen noch aus – eine Herausforderung, der wohl nur auf europäischer beziehungsweise globaler Ebene begegnet werden kann. Die Konferenzen von Rio, Kyoto (und das danach benannte Protokoll) sowie die nachfolgenden Treffen in Den Haag, Bonn und Casablanca etc. lassen einen vorsichtigen Optimismus aufkommen, dass die Staatengemeinschaft die Existenz und Problematik globaler Umweltgüter erkannt hat und nach einer „Ordnung" sucht, damit umzugehen.

- Und schließlich dürften die Vollendung des Europäischen Binnenmarktes und die Erweiterung der EU sowie der Europäischen Währungsunion, das Verhält-

nis zu den osteuropäischen Staaten und den Ländern der Dritten Welt sowie die
zunehmende „Globalisierung" der Weltwirtschaft einen weiteren Wandel der
sozialen Marktwirtschaft nach sich ziehen.

- Insbesondere das Verlagern von Teilen der Wertschöpfungskette ins Ausland
  (sog. „Offshoring") hat im Zuge der Globalisierung stark zugenommen. Im
  Handel macht sich dieses Phänomen in Gestalt der „Fragmentierung"[112] bemerkbar: Ganz offensichtlich sorgt die Globalisierung dafür, dass nicht nur der
  internationale Güter-Preiszusammenhang, sondern auch der internationale Fak-
  tor-Preiszusammenhang immer enger wird. Der Preis für ungelernte/gering
  qualifizierte Arbeit wird immer stärker in den aufstrebenden Schwellenländern
  (Mittel- und Osteuropa, China) bestimmt. Die soziale Marktwirtschaft Deutschlands hat es bisher nicht verstanden, darauf eine adäquate „Antwort" zu finden.

IV.13.3 Verankerung in der Rechtsordnung

Die „soziale Marktwirtschaft" ist mit einigen wichtigen Bausteinen in der Verfas-
sung Deutschlands, also im Grundgesetz (GG), verankert. Dies dürfte in der westlichen Welt eher eine Ausnahme sein. Es bietet sich an, die liberalen,
„marktwirtschaftlichen Elemente" dabei von den „sozialen Elementen" zu trennen.

a) Marktwirtschaftliche Elemente

In Artikel 2, Absatz 1 des GG findet sich das „Recht auf freie Entfaltung der
Persönlichkeit". Ausdrücklich kann man hierauf die Vertragsfreiheit, die allgemeine Handlungsfreiheit und das Recht auf wirtschaftliche Eigeninitiative beziehen,
die allesamt konstitutiv für eine funktionierende Marktwirtschaft sind.

In Artikel 9, Absatz 3 des GG wird gesprochen vom „Recht … Vereinigungen zu
bilden zur Wahrung und Förderung der Arbeits- und Wirtschaftsbedingungen".
Sowohl die Koalitionsfreiheit als auch die Freiheit, Arbeitskampfmaßnahmen als
Tarifpartei durchzuführen, sind damit angesprochen.

Artikel 12, Absatz 1 und 2 des GG garantiert die „freie Wahl von Beruf, Arbeitsplatz und Ausbildungsstätte". Somit werden in diesem Passus sowohl die Berufs-
und die Gewerbefreiheit als auch die Freizügigkeit festgeschrieben. Auf der Ebene
der EU ist die Freizügigkeit der Arbeitnehmer im übrigen ein Teil des Binnen-
marktprogramms.

Artikel 14, Absatz 1, Satz 1 des GG bestätigt ausdrücklich das Recht auf Privateigentum an Grund und Boden sowie an Produktionsmitteln und regelt im Grundsatz
das Erbrecht. Damit ist auch ein Schutzwall gegen konfiskatorische Maßnahmen
des Staates gegenüber Erben eingezogen.

b) Soziale Elemente

---

[112] Vergleich hierzu u. a. Sell 2001.

In Artikel 20, Absatz 1, aber auch in Artikel 28, Absatz 1 heißt es wörtlich: „Die Bundesrepublik Deutschland ist ein sozialer Staat." Nach herrschender Auffassung wurde damit das so genannte „Sozialstaatsprinzip" auf Verfassungsrang gehoben. Auch ist damit eine verfassungsrechtliche Legitimation für eine aktive Wirtschaftspolitik gegeben.

In Artikel 14, Absatz 2 des GG heißt es: „Eigentum verpflichtet. Sein Gebrauch soll zugleich dem Wohl der Allgemeinheit dienen." Dies ist ein zentraler Absatz, der die „Sozialpflichtigkeit des Privateigentums" anspricht. Grundsätzlich ist eine staatliche Enteignung von Privateigentum durch Überführung in Kollektiveigentum gegen eine angemessenen Entschädigung zulässig.

Artikel 109, Absatz 2 des GG führt aus: „Haushaltswirtschaft hat den Erfordernissen des gesamtwirtschaftlichen Gleichgewichts Rechnung zu tragen." Das gesamtwirtschaftliche Gleichgewicht, von dem hier die Rede ist, wurde erst sehr viel später definiert – als Stabilität des Preisniveaus, hoher Beschäftigungsstand, Ausgleich in der Zahlungsbilanz und angemessenes Wirtschaftswachstum. Im übrigen verweist dieser Absatz auf die Verantwortung der Finanzpolitik für gesamtwirtschaftliche Ziele. Diese zu erreichen, ist der Markt, etwa im Zuge des Konjunkturzyklus, nur bedingt in der Lage.

Quellen und Literaturempfehlungen

Baßeler, U./Heinrich, J./Koch, W.A. (1995): Grundlagen und Probleme der Volkswirtschaft. 14. Aufl., Stuttgart: Schäfer-Poeschel.

Baßeler, U./Heinrich, J./Utecht, B. (2002): Grundlagen und Probleme der Volkswirtschaft. 17. Aufl., Stuttgart: Schäfer-Poeschel.

Berg, H./Cassel, D./Hartwig, K.-H. (2003): Theorie der Wirtschaftspolitik, in: Bender, D. et al. (Hrsg.): Vahlens Kompendium der Wirtschaftstheorie und Wirtschaftspolitik, Bd. 2, 8. Aufl., München: Vahlen, S. 171–298.

Blum, U. (2003): Volkswirtschaftslehre, 4. Aufl., München u. a.: Oldenbourg.

Blümle, G./Goldschmidt, N. (1999): Die Konsequenzen der Verrechtlichung für die ethischen Grundlagen wirtschaftlicher Ordnung, Diskussionsbeitrag Nr. 18 des Institut für Allgemeine Wirtschaftsforschung, Abteilung für Mathematische Ökonomie, Albert-Ludwigs-Universität Freiburg i. Br.,.

Blümle, G. (2000): Freiheit und Norm bei Walter Eucken, Diskussionsbeitrag Nr. 23 des Institut für Allgemeine Wirtschaftsforschung, Abteilung für Mathematische Ökonomie, Albert-Ludwigs-Universität Freiburg i. Br.

Blümle, G. (2005): Verteilungstheorie und Verteilungspolitik. Mimeo, Freiburg.

Brandt, K. (1976): Volkswirtschaftliche Vorlesungen III: Kostentheorie, Freiburg: Rombach.

Dixit, A./Nalebuff, B. J. (1997): Spieltheorie für Einsteiger. Strategisches Know-how für Gewinner, Stuttgart: Schäffer-Poeschel.

Donges, J. B./Freytag, A. (2004): Allgemeine Wirtschaftspolitik, 2. Aufl., Stuttgart: Lucius & Lucius.

Eucken, W. (1952): Grundsätze der Wirtschaftspolitik, Bern u.a.: Haupt.

Fleischmann, G. (1966): Nationalökonomie und sozialwissenschaftliche Integration, Tübingen: Mohr.

Giersch, H. (1961): Allgemeine Wirtschaftspolitik, Wiesbaden: Gabler.

Goldschmidt, N. (2000): „… wenn ich nicht wüßte, dass Gott existiert." Ordnung, Freiheit und christlicher Glaube im Mittelpunkt/Wirtschaftstheorie konstituiert sich immer wieder neu, in: Süddeutsche Zeitung vom 20. März 2000, Nr. 66, S. 26.

Grüner, H. P. (2001): Wirtschaftspolitik, Berlin u. a.: Springer.

Henrichsmeyer, W./Gans, O./Evers, I. (1993): Einführung in die Volkswirtschaftslehre, 10. Aufl., Stuttgart: Ulmer.

Hösch, F./Szigetti, P. R. (1988): Volkswirtschaftslehre, 5. Aufl., Herne u. a.: Verlag Neue Wirtschaftsbriefe.

Issing, O. (2000): Vom Primat der Währungspolitik – Zum fünfzigsten Todestag des Freiburger Nationalökonomen Walter Eucken, in: Handelsblatt vom 20. März 2000, Nr. 56, S. 59.

Kermer, S./Mittendorf, M./Sell, F. L. (2000): Zum Beharrungsvermögen von sozialen Übereinkünften – am Beispiel der Habilitation, in: ORDO 51 (2000), S. 261–275.

Kirsch, G. (2004): Neue politische Ökonomie, 5. Auflage, Stuttgart: Lucius & Lucius.

Koesters, P.-H. (1996): Ökonomen verändern die Welt, 8. Auflage, München: Goldmann.

Külp, B. (1975): Wohlfahrtsökonomik I: Die Wohlfahrtskriterien, Tübingen: Mohr Siebeck.

Külp, B. (1976): Wohlfahrtsökonomik II: Maßnahmen und Systeme, Tübingen: Mohr Siebeck.

Luckenbach, H. (2000): Theoretische Grundlagen der Wirtschaftspolitik, 2. Aufl., München: Vahlen.

Nieschlag, R./Dichtl, E./Hörschgen, H. (2002): Marketing, 19. Aufl., Berlin: Duncker & Humblot.

Krüsselberg, H.-G./Schüller, A. (Hrsg.) (2002): Grundbegriffe zur Ordnungstheorie und Politischen Ökonomik, 5. Aufl., Marburg: MGOW e.V..

Schumann, J./Meyer, U./Ströbele, W. (1999): Grundzüge der mikroökonomischen Theorie, 7. Aufl., Berlin: Springer.

Sell, F.L. (1988): Geld- und Währungspolitik in Schwellenländern am Beispiel der ASEAN-Staaten, Berlin: Duncker & Humblot.

Sell, F.L. (1998): Max Weber – der Nationalökonom. Zur Neuinterpretation seines Werkes durch Wilhelm Hennis, in: ORDO 49 (1998), S. 211–227.

Sell, F.L. (2001): Fragmentierung – Außenhandel unter den Bedingungen vertikaler Globalisierung. Ein Überblick, in: Außenwirtschaft, 56. Jg., Heft IV/2001, S. 513–546.

Sell, F.L. (2004): Vertrauen: Auch eine ökonomische Kategorie, in: Blümle et al. (Hrsg), Perspektiven in einer kulturellen Ökonomik. Kulturelle Ökonomik: Band 1, Münster: LIT-Verlag, S. 349–410.

Sell, F.L. (2004): Das Dilemma (oder vielleicht besser: Die Dilemmas) des Wohlfahrtsstaates in den Zeiten der Globalisierung, in: Ohr, R. (Hrsg.), Globalisierung – Herausforderung an die Wirtschaftspolitik, Berlin, S. 47–74.

Siebert, H. (2003): Einführung in die Volkswirtschaftslehre, 14. Aufl., Stuttgart u.a.: Kohlhammer.

Sohmen, E. (1992): Allokationstheorie und Wirtschaftspolitik, 2. Auflage, Tübingen: Mohr.

Thieme, H. J. (2003): Wirtschaftssysteme, in: Bender, D. et al. (Hrsg.): Vahlens Kompendium der Wirtschaftstheorie und Wirtschaftspolitik, Bd. 1., 8. Aufl., München: Vahlen, S. 1–52.

Tinbergen, J. (1968): Wirtschaftspolitik, Freiburg i. Br.: Rombach.

Wiese, H. (1998): Externe Effekte, in: WiSt, Heft 8, S. 404-408.

Woll, A. (2000): Wirtschaftslexikon, 9. Aufl., München u.a.: Oldenbourg.

V   Finanzwissenschaft[113]

V.1   Vorbemerkung

Bisher haben wir die ökonomischen Aktivitäten des Staates – sieht man von den einführenden Bemerkungen, den kreislauftheoretischen Betrachtungen sowie einigen Anmerkungen zur Einkommens- und Beschäftigungstheorie ab – weitgehend vernachlässigt. Dies aus gutem Grunde, denn in marktwirtschaftlich organisierten Volkswirtschaften sind es in erster Linie die privaten Haushalte und Unternehmungen, die mit ihren Entscheidungen den Wirtschaftsablauf bestimmen (sollen). Jedoch verbleiben auch in Marktwirtschaften – selbst wenn man den Gedanken des klassischen Liberalismus folgt – bestimmte Aufgaben, die dem Staat zugewiesen sind. Um diese Aufgaben, die natürlich unterschiedlich weit gefasst sein können, wahrzunehmen, benötigt der Staat Einnahmen. Diese Einnahmen, die im Wesentlichen über die Besteuerung der privaten Wirtschaftseinheiten erzielt werden, dienen der Finanzierung der Staatsausgaben. Stellt man den öffentlichen Einnahmen die öffentlichen Ausgaben gegenüber, gelangt man zum Staatshaushalt, auch Budget genannt. Hier findet sich für den Planungszeitraum – in der Regel für ein Jahr – der Nachweis der Mittelaufbringung und -verwendung.

Die besondere Bedeutung, die den öffentlichen Einnahmen und Ausgaben zukommt und die im Rahmen der Volkswirtschaftslehre zu einer eigenständigen Disziplin, nämlich der Finanzwissenschaft, geführt hat, ergibt sich vor allem aus dem Umfang der staatlichen Aktivitäten. In nahezu allen Industriestaaten ist insbesondere seit Beginn des 20. Jahrhunderts nicht nur eine absolute, sondern auch eine relative Zunahme der Staatsausgaben zu beobachten – eine Entwicklung, die Adolph Wagner (1835–1917) bereits 1861 erkannt und in dem nach ihm benannten „Gesetz der wachsenden Ausdehnung der öffentlichen Aufgaben, insbesondere der Staatstätigkeit" dargelegt hat. Je nach Abgrenzung der öffentlichen Körperschaften, die unter dem Begriff „Staat" subsumiert werden,[114] haben wir heute in Deutschland eine Staatsquote, das heißt einen Anteil der öffentlichen Ausgaben (einschließlich der Sozialversicherung) am Bruttoinlandsprodukt, von rund 50%. Dieser hohe Anteil der Staatsausgaben, der sich in ähnlicher Größenordnung auch

---

[113] Da die Ausführungen zur Finanzwissenschaft im Rahmen dieser Einführung beschränkt bleiben müssen, sei vor allem auf die Beiträge von Peffekoven (1992) und Grossekettler (1999) verwiesen.

[114] Grossekettler (1999, S. 524) bezeichnet den Staat als „die Summe aller Zwangsverbände und der von ihnen unterhaltenen öffentlichen Haushalte."

in den anderen westlichen Industrienationen wiederfindet, unterstreicht den Einfluss, den der Staat auch in marktwirtschaftlichen Wirtschaftssystemen auf das Wirtschaftsgeschehen ausübt und rechtfertigt die gesonderte Behandlung der zugehörigen Aktivitäten im Rahmen der Finanzwissenschaft. Gegenstand der Finanzwissenschaft sind „heute die Summe aller Aussagen darüber, welche ökonomischen Aufgaben der Staat in einer Wirtschaft mit Hilfe von Ausgaben und Einnahmen und Regeln für deren Planung und Kontrolle erfüllt (positive Analyse) oder erfüllen sollte (normative Analyse)."[115] Bevor wir uns also dem Staatshaushalt, seinen Komponenten und seinen Wirkungen auf den Wirtschaftsablauf im Rahmen der positiven Analyse näher zuwenden, sollen einige Überlegungen zur Rechtfertigung staatlicher Tätigkeiten in einem marktwirtschaftlichen System vorangestellt werden (normative Analyse).

V.2   Rechtfertigung staatlicher Tätigkeiten

Erinnern wir uns zunächst an die Aussagen, die wir vor allem im ersten und vierten Kapitel über marktwirtschaftliche Ordnungen getroffen haben. Dort stellten wir unter anderem fest, dass marktwirtschaftliche Ordnungen im Vergleich zu planwirtschaftlichen Systemen vor allem unter Effizienzkriterien Vorteile aufweisen. Dies äußert sich einmal darin, dass eine möglichst große Menge an Waren und Dienstleistungen hergestellt, also ein Punkt in der Nähe oder im Idealfall auf der „Transformationskurve" realisiert wird. Zum anderen sorgt der Markt dafür, dass die Struktur der Produktion, das heißt Art und Menge der erzeugten *privaten* Güter und Dienstleistungen, an den Präferenzen der Konsumenten ausgerichtet ist. Allerdings gibt es einige Ausnahmen, wo der Markt versagt beziehungsweise wo die Effizienz der Marktversorgung eingeschränkt ist.

Gleichzeitig haben wir festgestellt, dass der Markt nicht an der Bedürftigkeit beziehungsweise an (positiv nicht begründbaren) Verteilungszielen, sondern an der Leistung und ihrer Bewertung durch die Marktteilnehmer ausgerichtet ist. Und schließlich haben wir auf die Erfahrung verwiesen, dass in den Marktwirtschaften westlicher Prägung immer wieder mehr oder weniger starke Konjunkturschwankungen zu verzeichnen sind.

Mit diesen Charakteristika marktwirtschaftlicher Ordnungen sind zugleich die Bereiche angesprochen, in denen staatliche Aktivitäten nach überwiegender Auffassung als gerechtfertigt angesehen werden. Dies sind die Bereiche der staatlichen Allokationspolitik, der staatlichen Distributions- sowie der staatlichen Stabilisierungspolitik. Diese Aufgabenfelder der öffentlichen Hand gelten als unumstritten. Nicht ganz unumstritten ist die Frage, ob die allgemeine Verwaltung eine Staatsaufgabe sein sollte. Eine Begründung hierfür lässt sich aus der Vorstellung

---

[115] Grossekettler (1999), S. 521.

eines Staatsvertrages ableiten. In den folgenden Abschnitten werden wir den Bereich der öffentlichen Verwaltung aussparen.

V.2.1   Marktversagen und Marktunvollkommenheiten

Zunächst gibt es verschiedene Fälle, in denen gegen das Effizienzkriterium verstoßen wird, in denen also der Markt versagt beziehungsweise nicht zu einer optimalen Versorgung der Bevölkerung führt.

Das betrifft das klassische Betätigungsfeld des Staates, die Bereitstellung sogenannter *öffentlicher Güter*, auch *Kollektivgüter* genannt. Zur Begründung dessen, was zu den Kollektivgütern zu zählen ist, werden, wie wir bereits im letzten Kapitel erfahren haben, zwei Kriterien herangezogen:

- die „Nichtanwendbarkeit des Ausschlussprinzips" sowie

- die „Nichtrivalität im Konsum".

Ein Gut gilt dann als ausschlussfähig, wenn ein potentieller Nutzer von dem Konsum dieses Gutes ausgeschlossen werden kann. Diese Ausschlussmöglichkeit ist eine notwendige Bedingung für die Möglichkeit, einen Preis für ein Gut zu erheben. Ein Gut gilt dann als rivalisierend, wenn der eigene Konsum des Gutes durch die gleichzeitige Nutzung dieses Gutes durch einen anderen Konsumenten beeinträchtigt wird.

Das Ausschlussprinzip versagt, wenn bei einem Gut, sofern es überhaupt bereitgestellt wird, kein Mitglied der Gesellschaft oder der betreffenden Gruppe vom Konsum dieses Gutes ausgeschlossen werden kann. Dies gilt beispielsweise dann, wenn von staatlicher Seite die Voraussetzungen zur Landesverteidigung geschaffen werden. Der militärische Schutz kommt allen zugute, gleichgültig ob die Bürger bereit sind, sich an den Kosten für diese Maßnahme zu beteiligen oder nicht. Niemand kann von der Verteidigung ausgeschlossen werden. Andere Beispiele wären etwa die Straßenbeleuchtung oder der Schutz durch einen Deich.

Die Frage, ob beispielsweise die Landesverteidigung ein „reines" öffentliches Gut ist, bedarf einer differenzierten Antwort. Sind militärische Aktivitäten, die ein Gut Verteidigung produzieren, gleichmäßig über eine Region verteilt und schrecken potentielle Angreifer von einem Angriff ab, so hat dieses Gut den Charakter eines reinen öffentlichen Gutes, da beide Kriterien (Nichtrivalität, Nichtausschließbarkeit) auf diesen Fall angewendet werden können (Abbildung V.1a).

Schreckt die Produktion von Verteidigung nicht alle potentiellen Angreifer der eigenen Landesgrenzen ab und tritt der Kriegsfall ein, so besitzt dieses Gut nur eingeschränkt öffentlichen Charakter, da die Konsumenten im Kriegsgebiet vom Konsum ausgeschlossen sind (Abbildung V.1b).

Das zweite Kriterium, welches spezifisch öffentliche Güter auszeichnet, ist die Nichtrivalität im Konsum. Dies bedeutet, dass innerhalb etwaiger Kapazitätsgren-

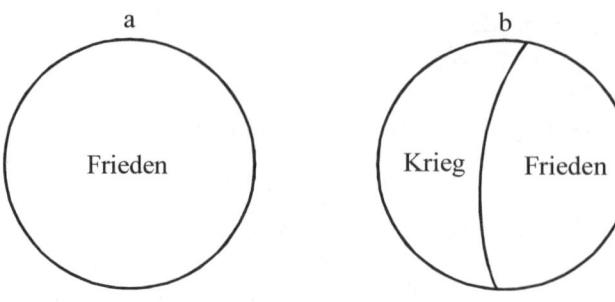

Abbildung V.1

zen das betreffende Gut von einer weiteren Person in Anspruch genommen werden kann, ohne dass der Konsum der ursprünglichen Nutzer beeinträchtigt wird. Sofern das Gut überhaupt bereitgestellt wird, kommt also jeder in gleicher Weise in den Genuss dieses Gutes, unabhängig von der Zahl der Konsumenten. Die vom Einzelnen konsumierte Menge x_i ist deshalb identisch mit der Gesamtmenge X dieses Gutes:

$$x_1 = x_2 = \ldots = x_n = X.$$

Auch hier kann wiederum auf die obengenannten Beispiele der Landesverteidigung, der Straßenbeleuchtung oder der Deichanlagen verwiesen werden.

Im Gegensatz zu den Kollektivgütern, die immer gemeinsam von der gesamten Gruppe konsumiert werden, gilt für Individualgüter die Bedingung, dass die Summe der individuell konsumierten Mengen gleich der Gesamtmenge ist, also

$$x_1 + x_2 + \ldots + x_n = X.$$

Mit der Bereitstellung öffentlicher Güter sind (mindestens) zwei größere Probleme verbunden:

Das erste Problem betrifft die Frage, ob aufseiten der Bevölkerung eine Zahlungsbereitschaft für derartige Güter vorhanden ist. Trotz zweifellos existierender Bedürfnisse wird man eine solche Bereitschaft im Allgemeinen wohl verneinen müssen. Häufig wird in diesem Zusammenhang so argumentiert, dass in derartigen Fällen jeder darauf hofft, dass andere das entsprechende Gut erwerben, so dass er selbst – quasi als „Trittbrettfahrer" – kostenlos in den Genuss dieses Gutes kommen würde. Würde diese Argumentation zutreffen und jeder so denken, so würde eine Bereitstellung derartiger Güter über den Markt vollständig unterbleiben. Zumindest aber – und das erscheint realistisch – muss davon ausgegangen werden, dass diese Güter über den Markt in zu geringer, also nicht in optimaler Menge bereitgestellt werden, der Markt also zu einer Unterversorgung mit öffentlichen Gütern führt. Von daher wird in derartigen Fällen gefordert, dass der Staat diese Güter selbst bereitstellen und die Finanzierung über Zwangsabgaben vornehmen soll.

Machen wir uns diese Zusammenhänge anhand einer sehr einfachen Auszahlungsmatrix klar, in dem die möglichen Ergebnisse für die Bereitstellung eines öffentlichen Gutes („public good provision") diskutiert werden:

Das „Public-Good-Provision"-Spiel
(öffentliche Güter)

	$K \geq \hat{K}$	$K < \hat{K}$
Contribute	$1 - C_i$	$- C_i$
Opt Out	1	0

Ein Individuum habe die Alternativen „Contribute" (Beitrag zur Finanzierung des
öffentlichen Gutes) oder „Opt Out" (Freifahrer- oder Zahlungsvermeidungsverhal-
ten). Wird das öffentliche Gut volumenmäßig oberhalb einer kritischen Schwelle
($K \geq \hat{K}$) angeboten, so „verdient" das Individuum bei Zahlungsvermeidung 1
Geldeinheit, da es das öffentliche Gut in diesem Umfang ohne eigene Kosten
nutzen kann. Trägt das Individuum durch eigene Beiträge zur Finanzierung des
öffentlichen Gutes bei, so ist die alternativen Auszahlung $1 - C_i$. K kann auch als
der tatsächliche Anteil Beiträge entrichtender Individuen, $\hat{K}$ dagegen als der
kritische Anteil der beitragszahlenden Individuen betrachtet werden. Wird das
öffentliche Gut volumenmäßig unterhalb einer kritischen Schwelle ($K < \hat{K}$)
angeboten, so ist der Nutzen für das betreffende Individuum bei Zahlungsverwei-
gerung gleich Null bzw. sogar negativ, wenn es Beiträge entrichtet: $- C_i$. Es ist nun
offensichtlich, wenn man zeilenweise die Auszahlungen miteinander vergleicht,
dass ein Individuum die Strategie „Opt Out" immer der Strategie „Contribute"
vorziehen wird. Daher wird für hinreichend großes $\hat{K}$ die Zelle in der Südwestecke der Matrix auch das Nash-Gleichgewicht (vgl. oben) sein.

Was ändert sich, wenn das in Frage stehende Gut nicht als öffentliches Gut,
sondern als „Club-Gut" angeboten wird? Bei Clubgütern funktioniert bekanntlich
das Ausschlussprinzip durch die Erhebung von Clubmitgliedschaftsbeiträgen. Die
Rivalität im Konsum kann dagegen durch Koordination (Bsp.: Belegungsplan von
Tennisplätzen) gegenüber privaten Gütern deutlich reduziert werden. Es herrscht
„begrenzte Rivalität". Die entsprechende Auszahlungsmatrix sieht nun wie folgt
aus:

Das „Public-Good-Contributions"-Spiel
(Club-Güter)

	$K \geq \hat{K}$	$K < \hat{K}$
Contribute	$1 - C_i$	$- C_i$
Opt Out	0	0

Ganz wesentlich ändert sich die Auszahlung in der Südwestecke: Wer keine Clubbeiträge zahlt, kann nicht an dem Clubgut partizipieren. Schlüsselt man die individuellen Kosten der Bereitstellung des Gutes auf, so können allgemeine Kostenelemente (Θ) von individuellen Kostenelementen (S) unterschieden werden: $C_i = \Theta + S$. Beide Kostenelemente können einem Zufallsprozess unterliegen. Für das einzelne Individuum sind die Konstellationen in der zweiten Spalte irrelevant, denn ohne einen positiven Clubnutzen feststellen zu können, wird es sich für eine Mitgliedschaft nie interessieren. Da nun aber die individuellen Kosten der Bereitstellung selbst eine Zufallsvariable sind, muss der Erwartungswert dieser Kosten, $E[C_i]$, kleiner als eins sein, damit eine Clubmitgliedschaft überhaupt in Betracht gezogen wird. Die Clubtheorie hat im übrigen eine Bedingung formuliert, welche die Aufnahme zusätzlicher Mitglieder betrifft: Danach muss dafür der Zusatzbeitrag zur Kostenreduktion durch die Erhöhung der Beitragssumme gerade gleich den zusätzlichen „Verstopfungskosten" (congestion costs) entsprechen, die ein weiteres Clubmitglied auslöst.

Das zweite Problem betrifft den folgenden Zusammenhang: Selbst wenn ein Ausschluss möglich wäre, wäre eine Versorgung über den Markt jedoch suboptimal. Dies ist darauf zurückzuführen, dass sich die Kosten der Bereitstellung nicht ändern, wenn sich die Gruppe, die das Gut konsumiert, um eine Person vermindern oder erhöhen würde, da bei öffentlichen Gütern die Grenzkosten einer gestiegenen Inanspruchnahme tendenziell gleich null sind. In derartigen Fällen wäre aufgrund der Nichtrivalität im Konsum aus volkswirtschaftlicher Sicht eine Versorgung über den Markt suboptimal. Denn bei einem Ausschluss bestimmter Bevölkerungskreise, die den geforderten Preis nicht zu zahlen bereit sind, würde sich bei gegebenen und konstanten Kosten (Grenzkosten gleich null) des Angebots lediglich die Nutzenseite vermindern, so dass eine volkswirtschaftlich suboptimale Situation gegeben wäre.

Um dieses Argument besser zu verstehen, betrachten wir das Beispiel einer im Prinzip mautpflichtigen Brücke anhand von Abbildung V.2.

Bei öffentlicher Bereitstellung einer Brücke und der Nutzung bis zur Kapazitätsgrenze X_2 treten keine Wartezeiten und somit keine Grenzkosten der Nutzung auf. Es findet eine Kapazitätsauslastung, das heißt eine effiziente Nutzung statt, bei der die Maut Null ist. Bei Kapazitätsüberschreitung entstehen Wartezeiten, deren Grenzkosten von Seiten der Nutzer mit denen eines Umweges verglichen werden können.

Bei privater Bereitstellung der Brücke ist mit einer Mautgebühr der Höhe p_1 zu rechnen. Zu diesem Preis wird die Brücke entsprechend der Nachfragefunktion X_1-mal überquert. In diesem Fall entsteht ein Effizienzverlust, welcher der Fläche AX_1X_2 (Verlust an Konsumentenrente) entspricht. Im Punkt A beträgt die marginale Zahlungsbereitschaft für eine zusätzliche Überquerung gerade p_1. Findet nun eine Mautsenkung bis $p = 0$ statt, so steigen die marginalen Zahlungsbereitschaften und die Anzahl der Überquerungen steigt bis auf X_2. Die durchschnittliche Zah-

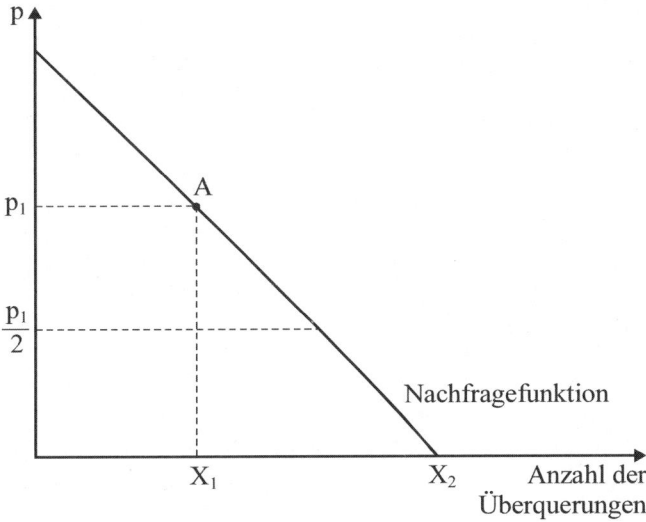

Abbildung V.2

lungsbereitschaft ergibt sich aus $p_1/2$, so dass sich der durchschnittliche Effizienzverlust aus $p_1(X_2-X_1)/2$ berechnet. Das Beispiel der Brücke illustriert die Effekte, die von einer staatlichen vs. privaten Bereitstellung eines öffentlichen Gutes ausgehen.

Eine clubtheoretische Lösung des Problems liegt zwischen den Extremen der privaten und der rein öffentlichen Lösung: Um Kapazitätsüberschreitungen und damit Verstopfungserscheinungen zu verhindern, kann das Überqueren der Brücke aus der Sicht der Öffentlichkeit den Charakter eines Clubgutes annehmen. Das einzelne Clubmitglied hat auch hier eine Maut zu entrichten, diese muss aber die bereits oben geschilderte Mitgliedsaufnahmebedingung erfüllen und ist daher differenziert zu gestalten. Je nachdem, wie „voll" („leer") die Brücke bereits (noch) ist, sind höhere Mautgebühren zu entrichten.

Alternativ können wir auch den Fall untersuchen, in dem ein prinzipiell privates Gut wie Strom (Verbrauch) einmal staatlich und einmal privat angehoben wird (siehe Abbildung V.3).

Bei der kostenlosen, öffentlichen Bereitstellung eines privaten Gutes, wird dieses solange konsumiert, bis der Grenznutzen aus dem Konsum Null ist. Dem stehen jedoch reale Grenzkosten GK_1 der öffentlichen Hand zur Bereitstellung dieses Gutes gegenüber. Der Wohlfahrtsverlust lässt sich durch die Fläche ABX_2 messen. Er entspricht der Differenz zwischen den Gesamtkosten für eine Produktionsausdehnung von X_1 auf X_2 (Fläche AX_1X_2B) und dem Nutzenzuwachs bei einer Ausdehnung des Konsums von X_1 auf X_2 (Fläche AX_1X_2). Der „Überkonsum" kommt zustande, weil Konsumenten durch die kostenlose Bereitstellung nicht die

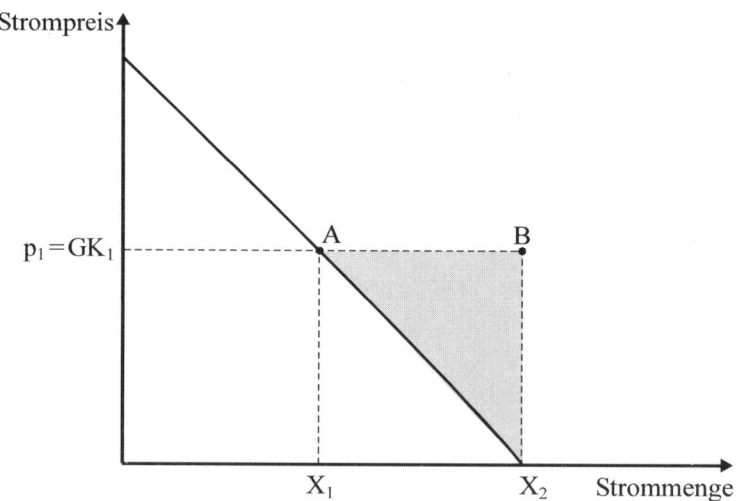

Abbildung V.3

„Grenznutzen-gleich-Grenzkostenregel" beachten, sondern eine Menge bis zu einem Grenznutzen von Null konsumieren.

Natürlich ist es bei den beiden genannten Kriterien – Versagen des Ausschlussprinzips und der Nichtrivalität im Konsum – in den meisten Fällen eine graduelle Frage, inwieweit sie erfüllt sind. Betrachten wir hierzu beispielsweise die Autobahnen. Wie die Praxis in Frankreich, Italien oder Spanien zeigt, ist hier eine Anwendung des Ausschlussprinzips grundsätzlich möglich. Auch die erfolgreiche Einführung der Vignette in der Schweiz und Österreich oder des Mautsystems für LKWs in Deutschland spricht dafür. Ganz zu schweigen von den Möglichkeiten der Telematik, hier zu einer genauen Erfassung und damit zu einer einfachen Abrechenbarkeit der in Anspruch genommenen Leistungen zu gelangen. Dennoch erweist sich vom Grundsatz her im Verkehrsbereich eine Anwendung des Ausschlussprinzips als wesentlich schwieriger als bei den privaten Gütern, wenngleich die Praxis in den südeuropäischen Ländern belegt, dass die Entscheidung für eine öffentliche Bereitstellung der Straßenwege in erheblichem Maße politisch bestimmt ist. Auch das zweite Kriterium, die Nichtrivalität im Konsum, ist auf den Autobahnen – wenn wir an manche Verkehrsnachrichten denken – häufig nur sehr bedingt gegeben. Diverse Streckenabschnitte sind sicherlich bereits heute über ihre Kapazitäten hinaus belastet, bei anderen ist dies abhängig von der Tages- oder auch Jahreszeit (man denke etwa an die A8 München-Salzburg während der Ferienzeiten).[116]

---

[116] Sobald – wie in den genannten Fällen – die Nichtrivalität im Konsum aufgehoben ist, ergeben sich Fragen einer Optimierung der Nutzung.

Eine sehr enge Fassung der genannten Kriterien würde deshalb dazu führen, dass kaum ein Gut als spezifisch öffentlich zu bezeichnen wäre und damit in dieser Hinsicht eine Rechtfertigung für staatliches Handeln entfallen würde. Gleichwohl weist der Grad, zu dem die beiden Kriterien erfüllt sind, den richtigen Weg, um eine öffentliche Bereitstellung verschiedener Güter zu begründen. Von daher herrscht weitgehende Einigkeit darüber, sowohl das Versagen des Ausschlussprinzips als auch die Nichtrivalität im Konsum als Kriterien zur Abgrenzung öffentlicher Güter beizubehalten, jedoch die Anforderung an die Erfüllung dieser Kriterien nicht allzu streng zu handhaben, sondern hier eher von einer weiten Fassung auszugehen. Akzeptiert man ein solches Vorgehen, so zählen sicher die Bereiche Landesverteidigung, innere Sicherheit oder Verkehr aufgrund des Kollektivgutcharakters zu den ureigensten Gebieten staatlicher Tätigkeit.

Während bei den öffentlichen Gütern von einem Marktversagen gesprochen werden kann, gibt es andere Fälle, in denen eine private Versorgung über den Markt zwar funktioniert, die dabei erzielten Ergebnisse jedoch nicht optimal sind. Ein erstes Beispiel hierfür ist das Vorliegen spezieller Kostenstrukturen, die ein staatliches Angebot der betreffenden Güter oder Leistungen angezeigt erscheinen lassen. Ein besonders anschaulicher Fall ist der des *natürlichen Monopols*. Auf der Produktionsebene liegen hier steigende Skalenerträge vor, das heißt, bei höherer Faktoreinsatzmenge steigt die Produktionsmenge überproportional an. Die Kosten wachsen mit steigender Faktoreinsatzmenge somit nur unterproportional, so dass die Grenzkosten folglich im gesamten Bereich unterhalb der Durchschnittskosten liegen.[117] Die Folge dieser Kostenstruktur ist die Entstehung eines natürlichen Monopols. Aufgrund der Marktmacht des Monopolisten wird ein effizientes Ergebnis verfehlt, welches die Gleichheit von Grenzzahlungsbereitschaft der Nutzer, also des Preises, und der Grenzkosten fordert. Gleichzeitig wäre eine solche Lösung für einen privaten Anbieter gar nicht möglich, da dieses Unternehmen einen Verlust erzielen würde (Preis unterhalb der Durchschnittskosten).

Der Staat kann nun entweder versuchen, dem privaten Monopolisten einen Preis vorzuschreiben, der gerade noch kostendeckend ist (Preis gleich Durchschnittskosten). Diese Lösung ist allerdings nicht effizient. Alternativ kann der Staat die Leistung selbst anbieten, so dass ein öffentliches Unternehmen entstehen würde. In diesem Fall kann ein Angebot zu Grenzkosten erfolgen. Der dabei entstehende Verlust muss dann aber durch die Erhebung von Steuern finanziert werden. Machen wir uns diese Zusammenhänge anhand der folgenden Abbildung V.4 klar.

Wir erkennen den für ein natürliches Monopol typischen Verlauf der Durchschnittskosten (DK), die im gesamten Bereich oberhalb der Grenzkosten (GK)

---

[117] „Bei linearen Kostenkurven mit Fixkosten sind die Durchschnittskostenkurven durchgehend fallend. Es wird von Subadditivität gesprochen wenn gilt: $K(x) < \sum K(x_i)$, was nichts anderes heißt, als dass ein Produzent günstiger produziert als mehrere" (Blümle 2005, S. 2).

liegen. Punkt B stellt ein allokatives Optimum dar, denn hier liegt der Schnittpunkt von Preisabsatzkurve und Grenzkosten. Allerdings wird diese Lösung kaum zustande kommen, da bei einer Ausbringungsmenge von x_0 und einem Preis von p_0 ein Stückverlust in Höhe von BD und ein Gesamtverlust von p_0BDp_1 auftreten würde. Ein nach Gewinnmaximierung strebender Monopolist würde den Punkt C entsprechend der Cournotschen Logik anstreben, so dass das Wertepaar x_M/p_M zustande käme. Ein solches Ergebnis wäre politisch jedoch nicht akzeptabel. Eine staatliche Lösung des Problems könnte nun wie folgt aussehen: Das natürliche Monopol bekommt als Vorgabe (Regulierungslösung) den Preis p_S, welcher dem Schnittpunkt E der Durchschnittskostenkurve mit der Nachfragekurve entspricht. Für die dazu gehörige Ausbringungsmenge gilt:

$x_0 > x_S > x_M$.

Alternativ verbleibt dem Staat die Möglichkeit, das Monopol zu „übernehmen", entsprechend dem Punkt B, also zu Grenzkosten anzubieten und den entstehenden Verlust über Steuern zu finanzieren.

Beispiele für die unterstellten Kostenstrukturen des natürlichen Monopols finden sich vor allem in solchen Bereichen, in denen das Angebot an das Vorhandensein eines Netzes gebunden ist, etwa bei der Wasserversorgung, bei der Kommunikation oder dem schienengebundenen Verkehr. Allerdings zeigt die Diskussion um den Zugang Dritter zum Schienennetz der Deutschen Bahn oder den Telekommunikationsmarkt, dass in derartigen Fällen auch durchaus Wettbewerbslösungen denkbar sind.

„Eine Frage ist dabei, ob ein (natürliches, die Verfasser) Monopol durch potentiel-

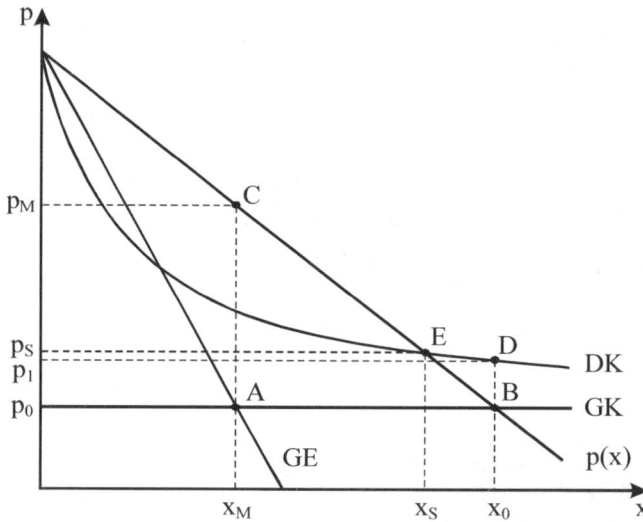

Abbildung V.4

le Konkurrenz angefochten werden kann. Besteht die Gefahr, dass ein anderer Anbieter bei hohen Gewinnen in den Markt eintritt, so wird der Monopolist u.U. von Anfang an durch eintrittsverhindernde Preissetzung einen niedrigeren Preis setzen und damit eine bessere Marktversorgung gewährleisten. Für die Beurteilung, ob ein Monopol anfechtbar ist, wird die Unterscheidung zwischen Sunk costs (versunkene Kosten) und Fixkosten wichtig. Fixkosten sind ja längerfristig nicht fix. Eine gebaute Lagerhalle kann z.B. bei Betriebseinstellung vermietet oder verkauft werden. Bei versunkenen Kosten ist dies nicht der Fall, sie zeichnen sich durch vollständige Irreversibilität aus (z.B.: eine Gasleitung kann nur als Gasleitung verwendet und nicht für andere Zwecke genutzt bzw. vermietet oder verkauft werden.)." (Blümle 2005, S. 1).

Ein zweiter, sicherlich wesentlich wichtigerer Grund für eine nichtoptimale Versorgung über den Markt beruht auf der Existenz *externer Effekte*. Wie wir bereits im Kapitel zur Theorie der Wirtschaftspolitik gesehen haben, liegen dann externe Effekte vor, wenn der Nutzen eines Wirtschaftssubjekts nicht nur von den eigenen, sondern auch von den ökonomischen Aktivitäten anderer Wirtschaftssubjekte abhängt, ohne dass hierfür Entgelte oder Kompensationszahlungen geleistet werden. So treten beispielsweise externe Effekte in Form sozialer Kosten immer dann auf, wenn ein Unternehmen die Umwelt belastet, diese Belastungen aber von Dritten, nämlich der Allgemeinheit, getragen werden. Die Kosten, mit denen das Unternehmen in diesem Fall kalkuliert, umfassen jedoch nur die privaten Kosten, also diejenigen Kosten, die in der betrieblichen Kostenrechnung in Erscheinung treten. Da die ebenfalls verursachten sozialen Kosten keine Berücksichtigung finden, wird von einem aus volkswirtschaftlicher Sicht zu geringen Kostenniveau ausgegangen, das hergestellte Produkt wird demnach zu billig angeboten. Die Nachfrage ist dementsprechend größer, als es den tatsächlichen Kosten der Produktion entspricht und damit aus volkswirtschaftlicher Sicht zu hoch – eine Argumentationskette, die sich zum Beispiel leicht auf den Verkehrssektor anwenden lässt. In derartigen Fällen ist es Aufgabe des Staates, durch eine Internalisierung der externen Kosten dafür zu sorgen, dass sich die Produktion an den volkswirtschaftlichen Kosten, das heißt an der Summe aus privaten und sozialen Kosten, orientiert. Hierzu bietet sich vor allem die steuerliche Belastung an, die etwa in Form einer emissionsabhängigen Kraftfahrzeugsteuer oder auch einfach in einer entsprechenden Erhöhung der Mineralölsteuer ihren Niederschlag finden könnte. Dort, wo eine Internalisierung im Wege der steuerlichen Belastung nicht möglich ist, kommen alternativ Ver- und Gebote oder beispielsweise die Vorgabe von Grenzwerten, also im Allgemeinen die Ordnungspolitik („Zertifikatelösung"), in Frage.

Jedoch gibt es nicht nur externe Effekte, die als soziale Kosten Dritte belasten, sondern auch solche, die in Form eines externen Nutzens Dritten zugute kommen. Als Beispiel kann auf Forschungsergebnisse verwiesen werden, die etwa im Rahmen betrieblicher Forschungs- und Entwicklungsaktivitäten erzielt und häufig auch durch Dritte verwertet werden können. Sofern derartige Ergebnisse unentgeltlich oder nur gegen geringe Gebühr benutzt werden können, übersteigt der volkswirtschaftliche den privaten Nutzen. Anders als beim Vorliegen sozialer Kosten haben wir es hier in der Regel mit einer aus volkswirtschaftlicher Sicht zu geringen Produktion zu tun, da der externe Nutzen bei der Entscheidungsfindung keine Beachtung findet. Das entsprechende Mittel, um hier zu einer Internalisierung der externen Effekte zu gelangen, besteht nun in der Subventionierung bestimmter privater beziehungsweise privatwirtschaftlicher Aktivitäten.

Häufig werden derartige Begründungen von Verbandsseite für ganze Branchen vorgebracht, um damit staatliche Unterstützungszahlungen einzufordern. Ohne auf die Argumente im Einzelnen einzugehen, kann zum Beispiel auf die Landwirtschaft oder den Bergbau verwiesen werden, die unter anderem für sich reklamieren, zur Sicherung der heimischen Produktion und damit zur Unabhängigkeit vom Ausland beizutragen. Darüber hinaus nimmt die Landwirtschaft für sich in Anspruch, zur Erhaltung des Landschaftsbildes beizutragen. Folgt man streng der Theorie externer Effekte, dürfte der Agrarsektor nur dort und insoweit subventioniert werden als er selbst für positive Externalitäten sorgt.

Ein letzter Bereich schließlich, der im Zusammenhang mit nicht befriedigenden Marktergebnissen zu nennen ist, betrifft die so genannten „meritorischen" und „demeritorischen" Güter. Typischerweise liegt Rivalität im Konsum vor und das Ausschlussprinzip gilt. Und zwar handelt es sich hierbei um eine nicht unumstrittene Begründung für staatliches Handeln, die letztlich einen Eingriff in die freie Entscheidung der Konsumenten, also einen Verstoß gegen das Prinzip der Konsumentensouveränität, nach sich zieht.

Ohne staatliche Korrektur – so die Argumentation – bestünde bei bestimmten Gütern, etwa im Ausbildungssektor, die Gefahr, dass diese entsprechend den individuellen Präferenzen zu wenig nachgefragt werden. Die Ursache hierfür wird bei diesen so genannten *meritorischen* Gütern darin gesehen, dass der Nutzen derselben durch die Individuen zu gering bewertet wird. In derartigen Fällen sei es deshalb Aufgabe des Staates, dem hier der bessere Informationsstand zugesprochen wird, in die Entscheidungsfreiheit der privaten Wirtschaftssubjekte einzugreifen[118] – eine Begründung, die beispielsweise auch zur Rechtfertigung der Sozialversicherungspflicht herangezogen werden kann.

Systematisiert man die vorhandenen Begründungen, so gibt es davon im wesentlichen drei: Erstens das Vorliegen positiver externe Effekte (wie Impfungen, s.u.), zweitens die häufige Beobachtung, wonach eine „demokratisch legitimierte Expertengruppe" eine Konsumentenbeeinflussung für gerechtfertigt (Schulpflicht) hält und drittens die Annahme, dass Präferenzen der Konsumenten, etwa durch Rekla-

---

[118] Allerdings kann man mit Bezug auf den Ausbildungssektor fragen, ob der Staat die Bildungsangebote auch selbst bereitstellen muss. Alternativ wäre denkbar, dass sich der Staat auf die Anordnung einer allgemeinen Schulpflicht beschränkt und die Bereitstellung entsprechender Angebote den Privatschulen überlässt. Das von diesen Schulen erhobene Schulgeld in Verbindung mit der erbrachten Ausbildungsleistung würde damit Konkurrenzkriterien unterliegen.

me, in nicht wünschenswerter Weise beeinflusst werden. Oft ist das entsprechende Angebot jedoch verteilungspolitisch motiviert, so z.B. die „Bildungschancen für alle Bürger", unabhängig vom Einkommen der Eltern. Oft geht es also mehr um Gesichtspunkte der Distribution als der Allokation. Die Verteilungswirkungen verschiedener stattlicher Angebote werden jedoch kontrovers beurteilt (z.B. bei Theater, universitärer Bildung und Nahverkehr). Der Staat sichert das Angebot oft auch nur durch Gesetze. z.B. bei der Lohnfortzahlung im Krankheitsfall. Diese Themen könnten eigentlich (besser) durch die Tarifpartner geregelt werden. Auch Aufklärungsaktionen (AIDS), Subventionen (umweltschonende Behandlung von Flächen; Stillegungsprämien) und steuerliche Maßnahmen (Absetzbarkeit von Pflege im Haushalt) sind denkbar. Ein direktes staatliches Angebot ist also i. d. R. die Ausnahme. Meritorische Güter „an sich" (Immanuel Kant) gibt es nicht. Es bestehen lediglich Vorstellungen über solche Güter/Dienstleistungen bei "wohlinformierten Politikern". Politische Ideologien und historische Entwicklungen spielen daher eine große Rolle für Umfang und Bedeutung meritorischer Güter. Auch aus diesem Grunde sind sie häufig umstritten und sollten daher regelmäßig politisch überprüft werden.

Neben den meritorischen Gütern, deren Wert nach Ansicht des Staates von den Individuen zu niedrig eingeschätzt wird, gibt es auch so genannte *demeritorische* Güter, mit denen es sich genau umgekehrt verhält. Beispiele sind etwa der Alkohol- oder der Drogenkonsum, bei denen die individuellen Entscheidungen durch den Staat, etwa über eine entsprechende Alkoholsteuer, nach unten zu korrigieren sind, weil die Folgen von den Privaten nicht hinreichend bedacht werden.

Damit haben wir – ausgehend von den öffentlichen Gütern über diverse Marktunvollkommenheiten vor allem aufgrund externer Effekte bis hin zu den meritorischen und demeritorischen Gütern – verschiedene Bereiche angesprochen, in

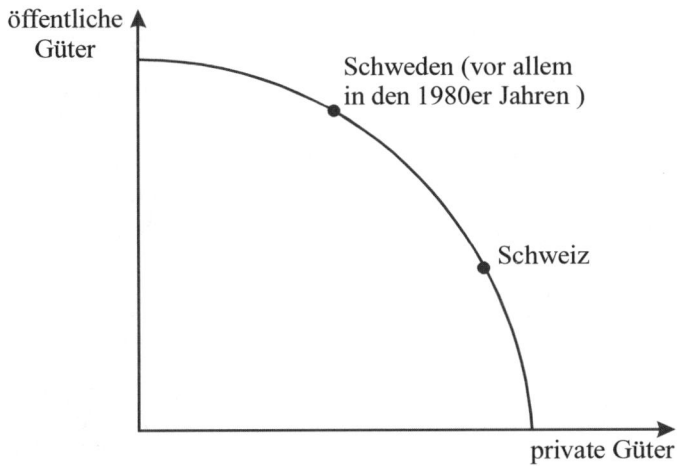

Abbildung V.5

denen staatliches Handeln notwendig, gerechtfertigt oder zumindest vertretbar erscheint. Mit der Festlegung dieser Aktionsfelder, die wohl die klassischen Aufgaben des Staates abdecken, ist jedoch noch nichts über den genauen Umfang dieser Aktivitäten und damit letztlich über Höhe und Struktur des Staatshaushalts ausgesagt. Wie Abbildung V.5 verdeutlicht, lässt sich das Entscheidungsproblem wiederum mit Hilfe einer Transformationskurvendarstellung veranschaulichen, wenn man auf der Ordinate die Gesamtheit der öffentlichen Güter und auf der Abszisse die Gesamtheit der privaten Güter abträgt.

Die zu realisierende Aufteilung, die global durch die Staatsquote, also den Anteil der staatlichen Ausgaben am Sozialprodukt, beschrieben werden kann, muss letztlich als politische Entscheidung angesehen werden. So hatte Schweden[119] in den 1980er Jahren eine Staatsquote von teilweise über 55 %, während sich der staatliche Anteil in der Schweiz auf rund ein Drittel des Sozialprodukts beläuft. Allerdings ist diese politische Entscheidung nicht unabhängig von den Präferenzen der Bürger, denn im Wege der Wahlen bestehen zumindest gewisse Einflussmöglichkeiten für den Wähler, seine Vorstellungen zum Ausdruck zu bringen.[120]

Fragen wir uns im Rahmen eines kleinen Exkurses, in welcher Menge ein öffentliches Gut nach Effizienzgesichtspunkten bereitgestellt werden sollte.

Gegeben sei ein privates Gut X, das von den Individuen A und B rivalisierend konsumiert wird:

$$X^A + X^B = X.$$

Das öffentliche Gut G wird dagegen von A und B gemeinsam – also nicht rivalisierend – konsumiert:

$$G^A = G^B = G.$$

In Abbildung V.6 finden wir in der oberen Hälfte die Produktionsmöglichkeitenkurve PP für die Güter X und G, die (üblicherweise) konkav verläuft. Weiterhin beinhaltet sie eine Indifferenzkurve des Individuums B, die das willkürlich festgelegte Nutzenniveau U^B repräsentiert.

„Subtrahiert" man die Indifferenzkurve U^B von der Transformationskurve PP, so erhält man im unteren Teil des Diagramms die Residualkurve TT; diese zeigt die maximalen Konsummöglichkeiten für das Individuum A, wenn B das Nutzenniveau U^B realisiert.

---

[119] Eine ausführliche Analyse von Aufstieg und Fall des schwedischen Wohlfahrtstaates zwischen 1970 und 1995 findet sich bei Blümle/Sell (1998).

[120] Im Rahmen dieser Einführung verzichten wir darauf, alternative Bereitstellungsmechanismen für öffentliche Güter zu diskutieren. Dazu zählen: Wahlen, Wanderung (also Abstimmung mit den Füßen) und steuerliche Anreize zur Offenbarung der wahren Präferenzen der Bürger. Allerdings werden wir weiter unten ein Kalkül vorstellen, das es erlaubt, das Zustandekommen von Budgets für Bürokratien zu erklären.

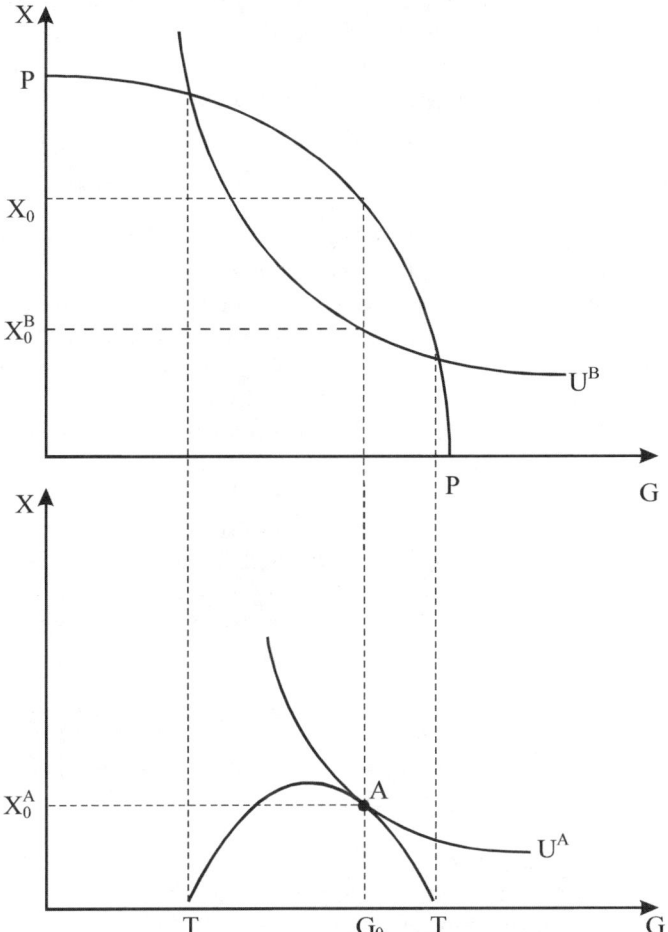

Abbildung V.6

Mit Punkt A ist nun diejenige Güterkombination dargestellt, die dem Individuum A – bei gegebenem Nutzenniveau des Individuums B – den maximalen Nutzen gewährt. Daher ist unter diesen Bedingungen G_0 die optimale Höhe in der Bereitstellung des öffentlichen Gutes G. Das private Gut X wird effizient auf die beiden Individuen in den Mengen X_0^B und X_0^A verteilt.

Entscheidend für die Ableitung des effizienten Angebotes des öffentlichen Gutes ist die Wahl des Nutzenniveaus U^B. Wählt der Zentralplaner ein anderes Nutzenniveau, so verändert sich die Residualkurve TT und damit auch das effiziente Angebot von G. Es existieren daher im Prinzip unendlich viele effiziente Angebote öffentlicher Güter. Die Auswahl eines bestimmten effizienten Angebotes des öffentlichen Gutes ist mit Hilfe des Konzepts der Pareto-Optimalität also nicht mehr möglich. Vielmehr hängt die Auswahl von verteilungspolitischen Vorstellungen ab, die sich in unserem Modell in der Wahl des Nutzenniveaus U^B niederschlagen. Wie in dem Fall, in dem nur private Güter in einer Ökonomie existieren, benötigen wir für eine weitere Auswahl so genannte „Gerechtigkeitskriterien".

V.2.2   Verteilung

Neben den gerade dargelegten Aufgabenfeldern des Staates, die unter dem Begriff einer Verbesserung der Allokation, das heißt einer Verbesserung im Einsatz der Produktionsfaktoren, zusammengefasst werden können, gibt es eine weitere Rechtfertigung für staatliches Handeln, nämlich die Korrektur der durch das Marktgeschehen bedingten Verteilung. Die aus dem Marktprozess resultierende Verteilung ist vor allem an den Leistungen und nicht an der Bedürftigkeit orientiert. Dies führt gegebenenfalls zu der Notwendigkeit, die primäre Marktverteilung durch entsprechende Umverteilungsmaßnahmen zu korrigieren, um so zu einer sekundären Verteilung zu gelangen, die den möglichst allgemein akzeptierten Gerechtigkeitsvorstellungen nahe kommt. Auch hier kann natürlich die Frage nur auf politischem Wege entschieden werden, welche verteilungspolitischen Ziele angestrebt werden sollen, das heißt, welche Verteilung von Einkommen und Vermögen als gerecht anzusehen ist. Der Einfluss der Bevölkerung auf die politische Zielfindung ist wiederum auf die Wahlen beschränkt.

Bei den Maßnahmen, die dem Staat zur Erfüllung seiner verteilungspolitischen Aufgaben zur Verfügung stehen, kann zwischen zwei Ebenen unterschieden werden. Die erste Ebene betrifft die Heranziehung der einzelnen Mitglieder der Gesellschaft zur Finanzierung öffentlicher Ausgaben. Vor allem mit Hilfe einer progressiv ausgestalteten Einkommensteuer wird hier eine Nivellierung der Verteilung angestrebt. Die zweite Ebene bezieht sich auf die Leistungsabgabe des Staates. Dabei kann die Leistungsabgabe zum einen in der direkten Übertragung von Zuschüssen, den so genannten Transferzahlungen (zum Beispiel Wohngeld oder Kindergeld), bestehen. Zum anderen sind aber auch mit der Bereitstellung öffentlicher Güter, die von allen kostenlos genutzt werden können – etwa im Bildungsbereich –, nivellierende Verteilungseffekte verbunden.

Problematisch ist eine Verteilungspolitik des Staates – wie im Falle Schwedens während der 1970er und 1980er Jahre – besonders dann, wenn dieser den Versuch unternimmt, über die Gestaltung von Löhnen und Gehältern im öffentlichen Sektor einen nivellierenden Einfluss auf die personelle Einkommensverteilung insgesamt zu gewinnen. Werden nämlich für gleiche Fähigkeiten (bei ganz unterschiedlichen Leistungen) gleiche Löhne bezahlt, so ergibt sich daraus ein doppelter Fehlanreiz. Wer „zuviel" bekommt (gemessen an seiner Leistung), erfährt gewissermaßen eine unverdiente „Rente", die ihn zu weiterer Qualifikation nicht ermuntert. Wer dagegen „zu wenig" erhält, wird demotiviert und ebenfalls von weiteren Qualifikationsversuchen abgehalten.

Insgesamt gilt, dass staatliche Verteilungspolitik nur vor dem Hintergrund bestimmter Gerechtigkeitsmaßstäbe vorstellbar ist. In der normativen ökonomischen Theorie finden sich hier zwei extreme Auffassungen wieder: zum einen der *Utilitarismus* eines Jeremy Bentham (1748–1832) und zum anderen die *Gerechtigkeitstheorie* von John Rawls (1921–2002). Für Bentham ist Umverteilung möglich und erwünscht, wenn dadurch die Nutzen*summe* der Mitglieder der Gesellschaft erhöht wird.

Rawls zufolge kommt es immer (nur) auf das ärmste Mitglied einer Gesellschaft an. So würde nach dem Standpunkt von Rawls eine Maßnahme schon dann als wohlfahrtserhöhend angesehen werden, wenn diese den Nutzen der Reichen erheblich erhöht und den des Ärmsten nur um wenig, obwohl im Zuge dieser Maßnahme die Ungleichheit steigt. Wenn die Annahmen über den Grenznutzen des Geldes, die wir oben treffen werden, annähernd korrekt sind, stellt Bentham auf den Vergleich der Grenznutzen des Einkommens ab, während Rawls lediglich die absolute Nutzenänderung beim ärmsten Gesellschaftsmitglied betrachtet.

V.2.3   Stabilisierung

Schließlich liegt es nahe, den Staatshaushalt aufgrund seiner Größe – er umfasst immerhin rund 50 % des Bruttoinlandsprodukts – zu nutzen, um das Wirtschaftsgeschehen in bezug auf die Ziele Wirtschaftswachstum, Preisniveaustabilität und Vollbeschäftigung zu beeinflussen. In Deutschland ergibt sich die entsprechende Aufgabenstellung für den Staat aus dem „Stabilitäts- und Wachstumsgesetz" von 1967.

Die Formulierung einer derartigen Aufgabenstellung setzt natürlich wiederum die Annahme voraus, dass Marktwirtschaften dem Prinzip nach als instabil und das aus dem Marktprozess resultierende Wirtschaftswachstum als unzureichend angesehen werden. Der sich dahinter verbergende Stabilitätspessimismus beruht letztlich im Wesentlichen auf den früher vorgestellten keynesianischen Vorstellungen und verlangt vom Staat die Verfolgung einer antizyklischen Finanzpolitik, um die kurzfristigen Nachfrageschwankungen auszugleichen. Mittlerweile ist der Stabilitätsoptimismus durch so etwas wie einen Stabilisierungspessimismus ersetzt worden. Ausgelöst durch die „Lucas-Kritik" und der sie stützenden Theorie der rationalen Erwartungen schwand der Glaube daran, dass Ausgabenveränderungen des Staates beschlossen werden könnten, ohne konterkarierende Reaktionen des privaten Sektors heraufzubeschwören.

Eine kurzfristige Dämpfung der Konjunkturschwankungen wird heute eher durch eine Politik der Angebotsverstetigung für möglich gehalten. Die Kritik am Versuch des Staates, die Nachfrage zu verstetigen, ist mittlerweile groß. Beispielsweise hat Barro 1974 die auf Ricardo zurückgehende Einsicht der Äquivalenz in den Wirkungen höherer staatlicher Defizite im Vergleich zu einer Steuerfinanzierung „wiederentdeckt". Demnach ist eine (defizit-finanzierte) expansive Ausgabenpolitik des Staates bei einem sehr langen Planungshorizont der Haushalte (einschließlich eines Vererbungsmotivs) zum Scheitern verurteilt. Wenn nämlich der zukünftige Finanzierungsbedarf des Staates in Gestalt von Steuererhöhungen antizipiert wird, dann ist es – um den gesamten Strom der Konsumausgaben über den Lebenshorizont hinweg zu verstetigen – rational, als Haushalt die Sparanstrengungen schon heute zu erhöhen. Somit kann sich der Staat nicht auf ein gegebenes Ausgabeverhalten der Privaten verlassen. Langfristig gilt es darüber hinaus, vor allem die Investitionstätigkeit (reales Kapital, Humankapital) und den technischen Fortschritt zu fördern, um für ein angemessenes Wachstum zu sorgen.

V.2.4   Zielkonflikte versus Zielharmonien

Bisher haben wir insgesamt drei Aufgabenfelder des Staates identifiziert, nämlich:

- Die Verbesserung der Allokation der Produktionsfaktoren aufgrund von Marktversagen und Marktunvollkommenheiten – Stichworte sind öffentliche und meritorische Güter, externe Effekte. Hierin liegen die Kernaufgaben der Staatstätigkeit.

- Die Korrektur der sich aus dem Marktprozess ergebenden Einkommens- und Vermögensverteilung.

- Und die Aufgaben der Konjunkturstabilisierung und Wachstumsförderung.

Nun stehen diese Zielsetzungen in der Regel nicht isoliert nebeneinander, sondern es bestehen vielfältige und unterschiedliche Beziehungen zwischen den Zielen. Von einem „Zielkonflikt" spricht man bekanntlich dann, wenn die Verfolgung eines Ziels die Erreichung eines anderen Ziels einschränkt. Das Vorliegen eines solchen Konfliktes, den wir bereits aus der Theorie der Wirtschaftspolitik kennen, sei an zwei Beispielen im Zusammenhang mit staatlichen Aktivitäten verdeutlicht:

- Die zusätzliche Bereitstellung öffentlicher Güter in Phasen der Hochkonjunktur verstößt gegen das konjunkturpolitische Ziel einer Nachfragedämpfung.

- Die verteilungspolitisch erwünschte Verschärfung der Progression bei der Einkommensteuer vermindert die Leistungsanreize und wirkt sich damit negativ auf das Wachstumsziel aus.

Jedoch wissen wir bereits, dass es auch den umgekehrten Fall einer „Zielharmonie" gibt. Hier trägt das Erreichen des einen Ziels zugleich zur Realisierung eines anderen Ziels bei. Beispiele im staatlichen Bereich hierfür sind:

- Die bereits erwähnte zusätzliche Bereitstellung öffentlicher Güter, jedoch in einer rezessiven Wirtschaftsphase, die durch einen Mangel an gesamtwirtschaftlicher Nachfrage gekennzeichnet ist.[121]

---

[121] Zusätzlich müsste von einer Konstanz im Ausgabeverhalten der Privaten ausgegangen werden können.

- Die kostenlose Abgabe öffentlicher Güter, die insgesamt nivellierend auf die Einkommensverteilung wirkt.

V.3   Öffentlicher Haushalt

Nach diesen ausführlichen Betrachtungen zur Rechtfertigung staatlicher Tätigkeit in einem marktwirtschaftlichen System wollen wir uns nun dem öffentlichen Haushalt zuwenden. Lässt man gesetzgeberische Maßnahmen außer Acht, so schlagen sich die Aktivitäten des Staates zur Wahrnehmung seiner Aufgaben in entsprechenden Ausgaben nieder, zu deren Finanzierung sich der Staat die notwendigen Einnahmen verschaffen muss. Diese Planung der öffentlichen Ausgaben und Einnahmen für eine bestimmte Periode, in der Regel für ein Jahr, geschieht im Haushaltsplan oder Budget. Hier erfolgt eine systematische Zusammenstellung der geplanten Ausgaben und der zur Deckung dieser Ausgaben vorgesehenen Einnahmen.

Aufgestellt wird der Haushaltsplan von der Exekutive. Stellt man auf den Bundeshaushalt ab, so wird dieser vom Finanzministerium vorgeschlagen und nach Beratung im Kabinett dem Bundestag zugeleitet. Hier erfolgt eine Beratung und Diskussion mit insgesamt drei Lesungen. Die erste Lesung wird mit der Haushaltsrede des Finanzministers eröffnet, die dritte Lesung endet mit der Verabschiedung des Haushaltsplans, der anschließend als Gesetz im Bundesgesetzblatt verkündet wird. Es folgen der Vollzug des Haushalts durch die Exekutive sowie nach Abschluss der Haushaltsperiode die administrative Verwaltungskontrolle, unter anderem durch den Bundesrechnungshof, sowie die politische Kontrolle mit Entlastung der Regierung durch das Parlament.

Für die Aufstellung und Abwicklung des Haushalts gelten eine Reihe von so genannten Budgetgrundsätzen, die zum Teil im Grundgesetz niedergelegt sind. Aus der Vielzahl der Grundsätze sollen hier nur zwei hervorgehoben werden, und zwar

- der Grundsatz der „Nonaffektion" und

- der Grundsatz der „Spezialität".

Nach dem Grundsatz der Nonaffektion ist eine Bindung bestimmter Einnahmen für bestimmte Ausgabenzwecke unzulässig, das heißt, sämtliche Einnahmen tragen zur Finanzierung der Gesamtheit aller Ausgaben bei. Von diesem Grundsatz gibt es nur wenige Ausnahmen. Eine betrifft beispielsweise die Energiesteuer (vormals Mineralölsteuer), deren Aufkommen zu rund 50 % für den Straßenbau reserviert ist. Eine andere ist die so genannte „Ökosteuer", deren Aufkommen zur Absenkung und Stabilisierung der Beiträge zur staatlichen Rentenversicherung verwendet wird. Aber auch der zeitlich befristete Solidaritätszuschlag („Soli") zur Finanzierung des Aufbaus der Infrastruktur in Ostdeutschland kann in diesem Zusammenhang genannt werden.

Der Grundsatz der Spezialität verlangt, dass Ausgaben nur in der vorgesehenen Höhe, nur für den vorgesehenen Zweck und nur in dem dafür vorgesehenen Zeitraum getätigt werden dürfen. Bewilligte Mittel, die im Planungszeitraum nicht für den vorgesehenen Zweck in Anspruch genommen werden, verfallen deshalb und dürfen nicht für andere Aufgaben oder zu einem späteren Zeitpunkt verausgabt werden. Sofern unvorhergesehene Ausgaben auftreten, für die keine Reserven vorhanden sind, dürfen diese nur im Fall eines „unabweisbaren Bedürfnisses" vom Finanzminister bewilligt werden. Eine nachträgliche Billigung durch das Parlament ist erforderlich. Sofern es sich dabei jedoch um Ausgabenänderungen größeren Umfangs handelt, muss ein so genannter „Nachtragshaushalt" aufgestellt werden, für den wiederum die gleichen Prinzipien wie für den Jahreshaushalt gelten.

Bevor wir uns den beiden Seiten des Staatshaushalts, nämlich einmal den öffentlichen Ausgaben und zum anderen den öffentlichen Einnahmen, näher zuwenden wollen, erscheint es sinnvoll, zunächst einige Bemerkungen zum Problem der Abgrenzung des Begriffs „Staat" vorauszuschicken, da selbst in den offiziellen Statistiken mit unterschiedlich weiten Begriffsfassungen operiert wird.

Unstrittig ist eigentlich nur, dass die Gebietskörperschaften, also Bund, Länder und Gemeinden einschließlich der Nebenhaushalte, zum Beispiel dem Fonds Deutsche Einheit, zum Staat zu rechnen sind. Diese enge Fassung liegt der Finanzstatistik zugrunde. Im Rahmen der Volkswirtschaftlichen Gesamtrechnung werden darüber hinaus die Sozialversicherungen (so genannte Parafisci) hinzugerechnet. Des Weiteren könnten noch folgende Positionen einbezogen werden:

- die öffentlichen Unternehmen beziehungsweise die öffentliche Beteiligung an Privatunternehmen,

- internationale Zusammenschlüsse beziehungsweise Organisationen – so verfügt beispielsweise die EU über eigene Einnahmen aus Abschöpfungen und Zöllen – sowie

- die so genannten Hilfsfisci, also Zwangsversicherungen (z.B. Handwerksinnungen), Kirchen, Kammern und öffentlich-rechtliche Institutionen (z.B. öffentlich-rechtliche Rundfunkanstalten).

Je nach der gewählten Abgrenzung kommt man somit zu einem anderen Volumen, welches dem öffentlichen Bereich zuzurechnen ist. Die bereits mehrfach erwähnte Staatsquote von rund 50% – dies ist nachzutragen – bezieht sich auf den Anteil der Ausgaben der Gebietskörperschaften, also von Bund, Ländern und Gemeinden einschließlich der zugehörigen Nebenhaushalte sowie der Sozialversicherungen am Bruttosozialprodukt.

V.3.1   Zur Bestimmung des öffentlichen Budgets im Bürokratieansatz

Wir haben bisher einiges über die Verfahren gehört, die zur Verabschiedung eines Budgets in der Demokratie führen. In den Modellen der ökonomischen Theorie der Politik, die wir teilweise schon im Kapitel zur Theorie der Wirtschaftspolitik kennen gelernt haben, wird die These geäußert, dass nicht das Parlament, sondern letztlich die Bürokratie, also die Verwaltung, gegenüber dem Parlament durchsetzt, welches Budget zustande kommt. Dieser Gedanke lässt sich an einem einfachen grafischen Modell veranschaulichen (vgl. Abbildung V.7).

Im oberen Teil der Abbildung sind die gesamten Kosten und Nutzen dargestellt, die im Zusammenhang mit der Bereitstellung eines Bürokratiebudgets (X) anfallen

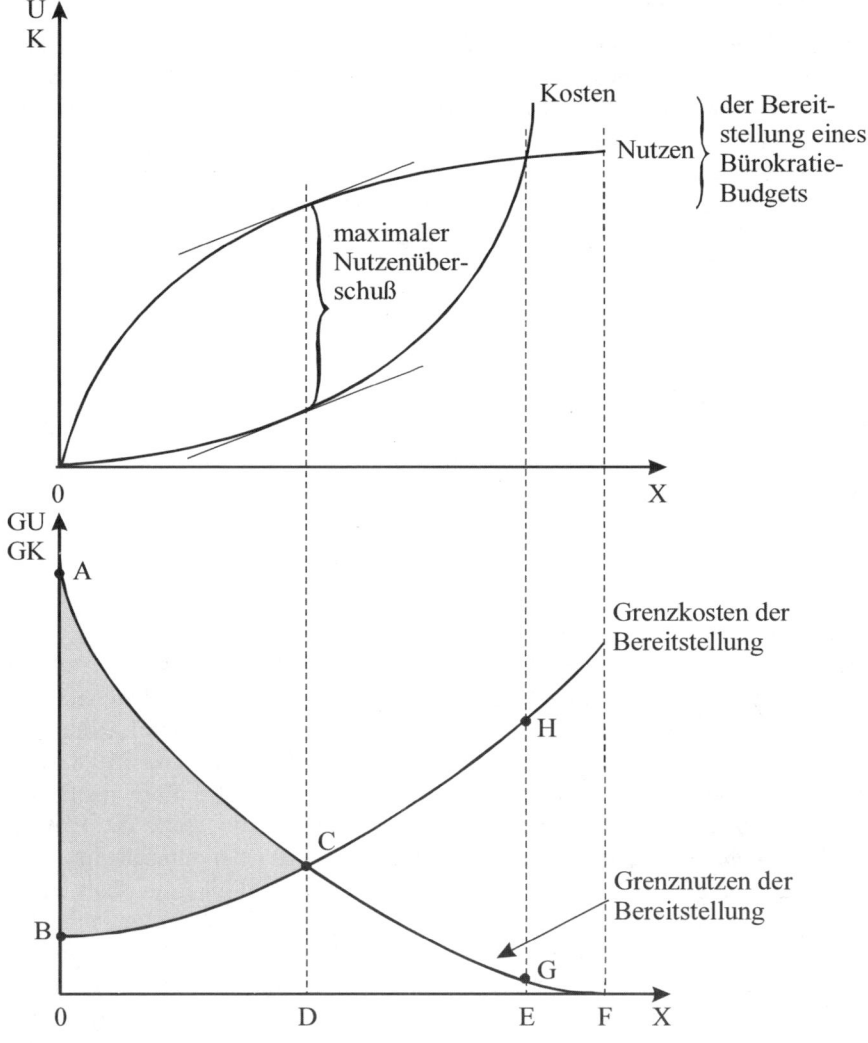

Abbildung V.7

mögen. Auf der Nutzenseite steht zum Beispiel das mit der Höhe des Budgets positiv korrelierende Angebot an öffentlichen Gütern zu Buche, auf der Kostenseite die Belastung des Haushalts durch ordentliche Einnahmeerfordernisse und/ oder durch den Bedarf an Kreditfinanzierung. Besäße nun das Parlament eine präzise Vorstellung über den Verlauf und die Lage der Kosten- und Nutzenkurven, dann läge es nahe, genau jenen Budgetumfang zu wählen, bei dem ein maximaler Nutzenüberschuss zustande kommt. Dies wäre in der Grafik verbunden mit der Wahl des Punktes D. Wie man dem unteren Teil der Grafik entnehmen kann, stimmen bei dieser Budgethöhe Grenznutzen und Grenzkosten der Budgetbereitstellung überein, und es entstünde ein Überschuss in der Größenordnung der schraffierten Fläche mit den Eckpunkten ABC. So weit so gut.

Realistischerweise ist jedoch davon auszugehen, dass das Parlament, welches einigermaßen weit entfernt ist von den „realen Verwaltungsabläufen", überhaupt nicht über ausreichende Informationen verfügt, um die optimale Budgethöhe bestimmen zu können. Die Bürokratie selbst ist natürlich an einem möglichst großen Budget interessiert, zumal sie, anders als die Politiker, die Quittung für eine steigende Steuerbelastung und/oder Staatsverschuldung an der Wahlurne nicht (oder zumindest nicht direkt) zu fürchten hat. Das größte überhaupt vorstellbare Budget liegt beim Punkt F in der Grafik: Hier wird der Grenznutzen (GU) gerade gleich null, wir hätten hier also so etwas wie eine „Sättigungsmenge" des Budgets. Eine solche Lösung erscheint aber auch bei einer noch so „ausgekochten" Bürokratie kaum durchsetzbar, sofern sie, wie wir dem oberen Teil der Grafik entnehmen, mit höheren Kosten als Nutzen verbunden ist. Die maximale Budgethöhe, die für die Bürokratie erreichbar erscheint, liegt bei Punkt E: Hier wird ein Kostenüberhang vermieden, gleichzeitig verschwindet der in D vorhandene Überschuss, da dem Zugewinn von ABC jetzt in gleicher Höhe ein Verlust von CGH gegenübersteht. Realistische Lösungen liegen demnach zwischen D und E.

V.3.2   Öffentliche Ausgaben

Betrachtet man die öffentlichen Ausgaben näher, so sind verschiedene Systematisierungen möglich. Besonders geläufig ist die Gliederung der Ausgaben nach den Aufgabenbereichen, die sich vor allem beim Bundes- sowie bei den Länderhaushalten findet. Bei einem Gesamtvolumen des Bundeshaushalts von 259,8 Mrd. Euro im Jahr 2005 – denen Einnahmen in Höhe von 228,4 Mrd. Euro sowie eine Nettokreditaufnahme von 31,2 Mrd. Euro gegenüberstanden – hatte der Etat für „Soziale Sicherung, soziale Kriegsfolgen und Wiedergutmachung" mit 138,0 Mrd. Euro eine überragende Bedeutung. Der Verteidigungshaushalt hat in den letzten Jahren sukzessive an Bedeutung verloren und umfasste im Jahr 2005 27,7 Mrd. Euro, also ein knappes Viertel der oben beschriebenen Sozialausgaben. Allein die Zinsausgaben des Bundes lagen im selben Jahr 2005 bei 37,4 Mrd. Euro, ein Betrag, der fast eineinhalb mal so groß war wie der Verteidigungetat. Die Nettokreditaufnahme lag im Jahr 2005 über den investiven Ausgaben des

Bundes von 23,8 Mrd. Euro. Das Grundgesetz schreibt dem Finanzminister vor, die Nettokreditaufnahme in einem Haushaltsjahr nicht über den investiven Teil der Ausgaben des Bundes auszudehnen.

Für eine ökonomische Beurteilung der staatlichen Aktivitäten sind jedoch andere Gliederungsprinzipien der Ausgaben von größerer Bedeutung, die an den Kriterien der volkswirtschaftlichen Gesamtrechnung orientiert sind. Folgende Übersicht vermittelt einen Einblick in die Strukturen des Jahres 2005.

Im Jahr 2005 lag der Anteil der konsolidierten Ausgaben des Staates am Bruttoinlandsprodukt (BIP) bei 46,65%. Dies bedeutet jedoch nicht – und das ist die entscheidende Aussage, wenn man sich die Struktur dieser Ausgaben näher ansieht –, dass der Staat auch fast 50 % des Sozialprodukts für sich in Anspruch nimmt. Denn in den Gesamtausgaben des Staates sind – wie die Tabelle zeigt – auch die monetären Sozialleistungen an die privaten Haushalte und die Subventionen an die Unternehmen, also Einkommensübertragungen ohne ökonomische Gegenleistungen, enthalten. Bei diesen Ausgabearten, die im Jahr 2005 knapp die Hälfte der Staatsausgaben ausgemacht haben, entscheidet der Staat lediglich, welchen privaten Wirtschaftssubjekten diese Gelder zufließen. Die eigentliche Entscheidung über die Verwendung dieser Gelder trifft jedoch nicht der Staat, sondern ist Sache der privaten Wirtschaftseinheiten. Dem Prinzip nach handelt es sich also bei den monetären Sozialleistungen und Subventionen um durchlaufende Positionen, das heißt, die von den privaten Wirtschaftseinheiten stammenden Einnahmen werden zur Verausgabung an andere private Wirtschaftseinheiten weitergeleitet.

Die so genannte „Staatsquote" ist eine Messziffer, bei der als Bezugsgröße das BIP herangezogen wird. Die Staatsquote im weiteren Sinn ist definiert als:

$$\frac{C_{St} + I_{St} + Z + A_{Zins}}{Y} = \text{Staatsquote},$$

wobei A_{Zins} die Zinsausgaben wiedergibt und Z für die Ausgaben für monetäre Sozialleistungen und Subventionen steht. Von den in der Staatsquote zusammengefassten Ausgaben muss man die eigentlichen Konsumausgaben (C_{St}) des Staates hervorheben. Diese lassen sich gedanklich und auch statistisch in folgende Transaktionen beziehungsweise Positionen aufspalten. Zum einen handelt es sich um Leistungen, zum anderen um den Eigenverbrauch beziehungsweise die Nichtmarktproduktion des Staates. Der Eigenverbrauch umfasst das Angebot staatlicher Leistungen (Verteidigung, Verwaltung etc.), das alle inländischen Wirtschaftssubjekte nutzen können. In der Bundesrepublik betrugen die Konsumausgaben des Staates im Jahr 2005 419,64 Mrd. Euro. Der Anteil der staatlichen Investitionen am BIP ist mit 1,34% sehr niedrig: Hier zeigt sich eine für die Zukunft möglicherweise folgenschwere staatliche Investitionslücke, die gerade im härter gewordenen internationalen Standortwettbewerb von Bedeutung ist.

Bruttoinlandsprodukt zu Marktpreisen (2247,40 Mrd. €=100 %)	Private Ausgaben	
	Konsolidierte Ausgaben des Staates (1048,48 Mrd. €; 46,65%)	Vorleistungen (96,09 Mrd. €; 4,28 %)
		Arbeitnehmerentgelte (167,51 Mrd. €; 7,45 %)
		Sonstige Produktionsabgaben (0,05 Mrd. €; 0,002 %)
		Soziale Sachleistungen (167,47 Mrd. €; 7,45 %)
		Vermögenseinkommen (62,00 Mrd. €; 2,76 %)
		Monetäre Sozialleistungen (430,20 Mrd. €; 19,14 %)
		Subventionen (26,76 Mrd. €; 1,19 %)
		Sonstige Transferzahlungen (35,33 Mrd. €; 1,57 %)
		Vermögenstransfers (34,28 Mrd. €; 1,53 %)
		Staatliche Bruttoinvestitionen (30,22 Mrd. €; 1,34 %)
		Nettozugang an nichtprod. Vermögensgütern (–1,43 Mrd. €; –0,064 %)

Quelle: Statistisches Bundesamt (2006).

Wie Grossekettler (1999, S. 591) feststellt, handelt es sich bei der Staatsquote um eine unechte Quote, da sie zusammen mit der Privatausgaben- und der Außenbeitragsquote eine Summe ergibt, die größer als eins ist. Dies ist deshalb so, weil ein Teil der Staatsausgaben – wie beispielsweise die monetären Sozialleistungen – für den privaten Sektor eine direkte Quelle eigener, privater Ausgaben darstellt. Im Jahre 2005 betrug diese „unechte" Staatsquote für die Bundesrepublik Deutschland 46,65%.

V.3.3   Öffentliche Einnahmen

Die Haupteinnahmequelle des Staates bilden die Steuern, die gemeinsam mit den Gebühren und Beiträgen sowie den Erwerbseinkünften des Staates die ordentlichen Einnahmen ausmachen. Demgegenüber werden die Krediteinnahmen als außerordentlich angesehen.

Während Steuern Zwangseinnahmen ohne spezielle Gegenleistungen darstellen, stehen den Gebühren und Beiträgen spezielle Gegenleistungen gegenüber. Der Unterschied zwischen den beiden letztgenannten Einnahmearten besteht darin, dass Gebühren nur dann zu zahlen sind, wenn bestimmte staatliche Leistungen auch tatsächlich in Anspruch genommen werden, zum Beispiel Passgebühren, während Beiträge unabhängig von der tatsächlichen Inanspruchnahme lediglich aufgrund der Vermutung eines Vorteils erhoben werden, zum Beispiel Anlieger-beiträge oder die gesamten Beiträge zu den Sozialversicherungen.

Die Erwerbseinkünfte des Staates stammen aus öffentlichen Unternehmen, zum Beispiel im Bereich der Energie- und Wasserversorgung, und aus Beteiligungen des Staates an privaten Unternehmen, zum Beispiel aus dem Aktienbesitz an der Telekom. Mit voranschreitender Privatisierung (Deutsche Telekom, Lufthansa) wird diese Einkunftsart künftig eine immer geringere Rolle spielen.

Näher betrachtet werden sollen im Folgenden die Steuereinnahmen sowie der öffentliche Kredit.

V.3.3.1   Steuern

Die gesamte Steuerlast einschließlich der Sozialversicherungsbeiträge beläuft sich in Deutschland im Jahr 2005 auf 39,5%. Dazu tragen die Steuerquote mit 21,9% und die Sozialbeitragsquote mit 17,6% bei. Diese so genannte Abgabenquote liegt durchaus im Schnitt der westlichen Industriestaaten. So beläuft sich diese Quote in Schweden und Dänemark auf etwa 50%, in den USA, in Japan und in der Schweiz beträgt sie rund 30%.

Um einen Überblick über die Vielzahl der erhobenen Steuern zu gewinnen, gibt es eine Reihe von Einteilungs- beziehungsweise Gliederungskriterien. Die wohl bekannteste und älteste Einteilung unterscheidet zwischen direkten und indirekten Steuern. Meistens wird bei dieser Unterscheidung auf den Aspekt der Überwälzbarkeit der Steuern abgestellt. Dabei geht es um die Frage, ob der Steuerschuldner, das heißt derjenige, der den Tatbestand erfüllt, an den die Steuerpflicht anknüpft, mit dem Steuerträger – das ist derjenige, der die Steuerlast letztlich zu tragen hat – identisch ist. Bei den direkten Steuern, also beispielsweise bei der Lohn- und Einkommensteuer, ist davon auszugehen, dass Steuerschuldner und Steuerträger zusammenfallen. Bei den indirekten Steuern dagegen – Standardbeispiel ist die Mehrwertsteuer – kann eine Überwälzbarkeit angenommen werden, da diese Steuern in der Regel über den Preis weitergegeben und damit – wie bei der Mehrwertsteuer – letztlich vom Käufer getragen werden. Der Leser möge sich selbst mit Hilfe der Preismengen-Diagramme, die wir im Kapitel „Mikroökonomie" verwendet haben, überlegen, wie die Nachfrageseite beschaffen sein muss, damit es den Anbietern gelingen kann, Wert- oder Stücksteuern auf die Marktgegenseite (weitgehend) zu überwälzen!

Dennoch kann die Einteilung in direkte und indirekte Steuern nicht voll befriedigen, da die Überwälzbarkeit nicht allein durch die betreffende Steuerart, sondern in erheblichem Umfang auch durch andere Faktoren, zum Beispiel die Wettbewerbssituation oder die Konjunkturlage, bestimmt wird. Zwar wird bei der Verwendung dieses Kriteriums häufig auf den Willen des Gesetzgebers Bezug genommen – indirekte Steuern wären dann solche Steuern, die nach dem Willen des Gesetzgebers überwälzt werden sollen –, dennoch muss die Eindeutigkeit dieses

Kriteriums insgesamt in Frage gestellt werden. Andere Kriterien, auf die hier nur hingewiesen werden kann, betreffen zum Beispiel die Frage nach dem Steuerpflichtigen beziehungsweise dem Steuerschuldner und führen zu der Unterscheidung von Haushalts- und Unternehmenssteuern. Nach dem Steuerobjekt, also dem Tatbestand, welcher der Steuerpflicht zugrunde liegt, kann zwischen Aufwands-, Einkommen-, Ertrag-, Vermögen-, Verkehr- und Verbrauchsteuern unterschieden werden. Bei der Unterscheidung von Subjekt- und Objektsteuern oder – anders ausgedrückt – von Personal- und Realsteuern kommt es darauf an, ob bei der Steuerfestsetzung die persönlichen Umstände des Steuerpflichtigen berücksichtigt werden, zum Beispiel der Familienstand bei der Einkommensteuer, oder ob die Steuer an objektiven Tatbeständen ansetzt, zum Beispiel dem Einheitswert eines Grundstücks oder an der verkauften Menge.

Schließlich – und auf diese Einteilung soll näher eingegangen werden – kann nach dem Empfänger des Steueraufkommens zwischen Bundes-, Länder- und Gemeindesteuern unterschieden werden. Dabei gibt es zum einen Steuern, die ausschließlich einer bestimmten Gebietskörperschaft zufließen. Eine Übersicht über die Verteilung der Steuern bietet die folgende Aufstellung.

Verteilung der Steuern auf		
Bund	Länder	Gemeinden
• Branntweinsteuer	• Biersteuer	• Gewerbesteuer
• Kaffeesteuer	• Erbschaftsteuer	• Grundsteuer
• Mineralölsteuer	• Feuerschutzsteuer	
• Schaumweinsteuer	• Kfz-Steuer	
• Stromsteuer	• Spielbankenabgabe	
• Tabaksteuer	• Vermögensteuer	
• Verbrauchsteuern		
• Versicherungsteuer		
• Zölle		
• Zwischenerzeugnissteuer		

Die aufkommensmäßig wichtigsten Steuern jedoch – das sind vor allem die Lohn- und Einkommensteuer, die Körperschaftsteuer, die Umsatz- oder Mehrwertsteuer sowie die Gewerbesteuer(umlagen), auf die zusammen rund drei Viertel des gesamten Steueraufkommens entfallen – sind so genannte Verbund- oder Gemeinschaftssteuern. Diese Steuern werden nach einem bestimmten Schlüssel auf Bund und Länder oder auf Bund, Länder und Gemeinden aufgeteilt, der in der folgenden Tabelle dargestellt ist.

| Anteil an den Gemeinschaftssteuern (2005) von | | |
Bund	Länder	Gemeinden
• Einkommensteuer, inkl. Lohnsteuer 42,5%	• Einkommensteuer, inkl. Lohnsteuer 42,5%	• Einkommensteuer, inkl. Lohnsteuer 15%
• Zinsabschlagsteuer 44%	• Zinsabschlagsteuer 44%	• Zinsabschlagsteuer 12%
• Umsatzsteuer 53,1 %	• Umsatzsteuer 44,8 %	• Umsatzsteuer 2,1%
• Körperschaftsteuer 50%	• Körperschaftsteuer 50%	

Quelle: Bundesministerium der Finanzen (2006), S. 12.

In nachstehender Abbildung V.8 kann man die zeitliche Entwicklung der Steuereinnahmen aller Gebietskörperschaften zwischen 1991 und 2005 erkennen. Bei den Angaben zur Lohnsteuer und zur veranlagten Einkommensteuer handelt es sich um „Nettogrößen", also jeweils nach Abzug der Steuererstattungen des Bundesamtes für Finanzen.

Deutlich zu sehen ist dabei die herausragende Stellung der Einkommensteuer sowie der Mehrwertsteuer. Die genaue Aufteilung dieser Gemeinschaftssteuern erfolgt im Rahmen des so genannten Finanzausgleiches. Hier wird unter Beachtung der entsprechenden Grundgesetzartikel (Art. 70 ff. und 104a ff.) sowohl die Verteilung der Aufgaben als auch die Verteilung der Einnahmen auf die einzelnen Gebietskörperschaften geregelt.

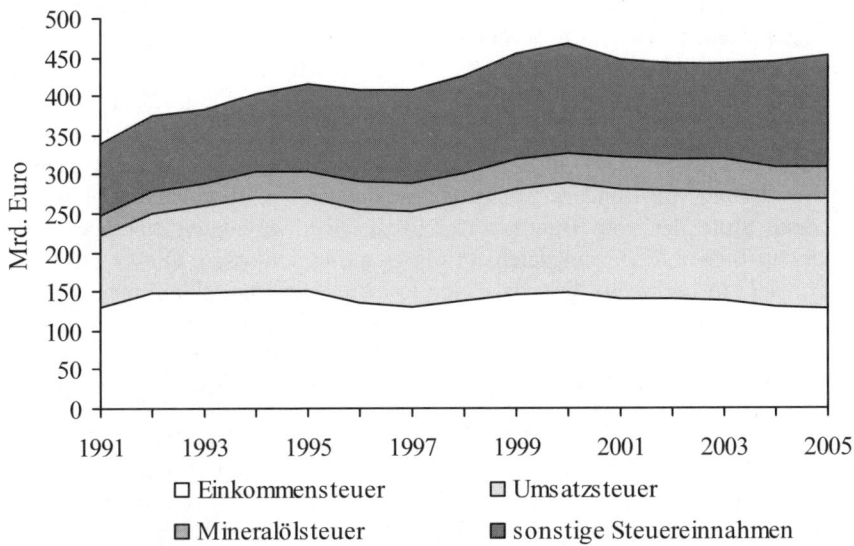

Quelle: Bundesministerium der Finanzen (2006), S. 14 ff. und (2006b).

Abbildung V.8

Bundesaufgaben sind vor allem die Landesverteidigung, die Außenpolitik sowie Teile der Verkehrspolitik, der Finanzverwaltung und des Sozialwesens. In den Aufgabenbereich der Länder fallen vor allem die Bildungs- und Kulturpolitik, die Rechtspflege, die Wirtschaftsförderung sowie das Polizeiwesen. Den Gemeinden sind insbesondere Aufgaben im Bereich des Sozial- und Gesundheitswesens zugewiesen, außerdem sind ihnen bestimmte Aufgaben vom Bund sowie von den Ländern übertragen (zum Beispiel Bundesfernstraßen, Kreiswehrersatzämter). Im Rahmen des Finanzausgleichs von besonderem Interesse sind die so genannten Gemeinschaftsaufgaben von Bund und Ländern, die in Art. 91a des Grundgesetzes geregelt sind. Hierzu gehören unter anderem der Ausbau und Neubau von Hochschulen, die Verbesserung der regionalen Wirtschaftsstruktur sowie der Küstenschutz. Außerdem ist nach Art. 91b Grundgesetz eine Zusammenarbeit bei der Bildungs- und Wissenschaftspolitik möglich.

Es ist naheliegend, dass Umfang und Struktur der einzelnen Aufgaben im Zeitablauf Schwankungen unterliegen, die eine entsprechende Anpassung oder Korrektur der Einnahmenverteilung notwendig machen. Ein wesentliches Mittel hierzu bilden die eben genannten Gemeinschaftssteuern, über die die vertikale Verteilung der Einnahmen auf Bund, Länder und Gemeinden geregelt werden kann. Daneben gibt es auf horizontaler Ebene sowohl einen Länder- als auch einen Gemeindefinanzausgleich, der dem unterschiedlichen Finanzbedarf und der unterschiedlichen Finanzkraft der einzelnen Länder beziehungsweise Gemeinden eines Landes Rechnung tragen soll. Seit dem Urteil des Bundesverfassungsgerichts vom 11. November 1999 war der Gesetzgeber – nachdem eine Reihe von Geberländern unter den Bundesländern (Baden-Württemberg, Bayern und Hessen) Klage erhoben hatten – gefordert, zunächst ein so genanntes „Maßstäbegesetz" und, darauf aufbauend, ein neues Ausführungsgesetz für den Länderfinanzausgleich ins Parlament einzubringen. Der Deutsche Bundestag hat daraufhin am 5. Juli 2001 das Gesetz über „verfassungskonkretisierende allgemeine Maßstäbe für die Verteilung des Umsatzsteueraufkommens, für den Finanzausgleich unter den Ländern sowie für die Gewährung von Bundesergänzungszuweisungen" verabschiedet. Damit wurde die erste Stufe der vom Bundesverfassungsgericht verlangten Neuregelung des bundesstaatlichen Finanzausgleichs erfolgreich abgeschlossen. Dieses „Maßstäbegesetz" legt insbesondere fest, dass eine Reihenfolgevertauschung unter den Ländern im Hinblick auf ihre Finanzkraft durch den Länderfinanzausgleich auszuschließen ist. Als abstraktes Bedarfskriterium für die Länderfinanzen hat das Bundesverfassungsgericht die jeweilige Einwohnerzahl eines Landes zugrunde gelegt.

Nach diesen etwas ausführlicheren Anmerkungen zur Verteilung der Steuern auf die verschiedenen Gebietskörperschaften wenden wir uns nun der aus Sicht der Steuerzahler sicherlich wichtigeren Frage nach den Grundsätzen der Besteuerung zu. Vor allem interessiert uns hier die Frage, in welchem Umfang der einzelne Bürger zum Gesamtaufkommen der Steuern beitragen soll. Sofern man unterstellt, dass die Höhe des Gesamtaufkommens durch die als notwendig erachteten Staatsaufgaben vorgegeben ist, geht es also primär um die Frage einer gerechten

Verteilung der Steuerlasten. In diesem Zusammenhang werden zwei Prinzipien diskutiert, nämlich einmal eine Steuerverteilung nach dem so genannten *Äquivalenzprinzip* und zum anderen eine Steuerverteilung nach dem so genannten *Prinzip der Leistungsfähigkeit*.

Nach dem „Äquivalenzprinzip" wird der Staat als Zweckgemeinschaft verstanden, dessen Aufgabe in der Bereitstellung der Kollektivgüter besteht, da eine Versorgung mit diesen Gütern über den Markt nicht oder nicht in optimaler Weise funktioniert. Folgt man diesem Verständnis, das aus einer individualistischen Staatsauffassung resultiert, so sind die Beziehungen zwischen Bürgern und Staat als Tauschbeziehungen zu verstehen, bei denen die Steuern als spezielles Entgelt für die in Anspruch genommenen Leistungen des Staates zu interpretieren sind.[122] Folglich sollten die Steuerzahlungen des einzelnen Bürgers am Umfang beziehungsweise am Anteil der von ihm beanspruchten Staatsleistungen orientiert sein, wobei nach der klassischen Theorie höhere Einkommen beziehungsweise Vermögen durchaus stärker besteuert werden können, da hier ein größeres Interesse am Staatsschutz beziehungsweise den staatlichen Leistungen unterstellt werden kann. Außerdem wäre nach diesem Prinzip eine Zweckbindung der Steuern vorzusehen, also eine Verausgabung der betreffenden Steuern nur für solche Aufgaben, für die sie als Entgelt erhoben wurden. Damit würde natürlich gegen den Budgetgrundsatz der Nonaffektion verstoßen werden.

Wichtiger jedoch sind zwei Einwände, die gegen dieses Verteilungsprinzip der Steuerlasten vorgebracht werden. Der erste Einwand betrifft die generelle Frage der Praktikabilität einer solchen Steuerverteilungsregel. In den meisten Fällen – man denke zum Beispiel an die Landesverteidigung – erscheint es unmöglich, das Äquivalent für die in Anspruch genommene Staatsleistung zu bestimmen. Dies gilt sowohl, wenn man auf den Nutzen der in Anspruch genommenen Leistung abstellt, als auch für den Fall, dass man die dadurch verursachten Kosten als Basis wählt. Der Haupteinwand jedoch richtet sich nicht auf die Praktikabilität, sondern auf die verteilungspolitischen Implikationen dieses Prinzips. Da die Verteilungswirkungen einer an diesem Prinzip orientierten Finanzierung der Staatsleistungen möglicherweise nicht den allgemeinen Gerechtigkeitsvorstellungen entsprechen, wird das Äquivalenzprinzip mehrheitlich abgelehnt und statt dessen eine Besteuerung nach dem „Leistungsfähigkeitsprinzip" gefordert.

Das Leistungsfähigkeitsprinzip fragt nicht nach den Vorteilen, die der Einzelne aus den Staatsleistungen zieht, sondern einzig und allein nach einer gerechten Finanzierung der als notwendig erachteten Aufgaben. Im Grunde folgt das Leistungsfähigkeitsprinzip dem so genannten „Opferprinzip" der Finanzwissenschaftler des 19. Jahrhunderts, wonach derjenige, der mehr hat, auch mehr geben soll. Zugrunde liegt also keine individualistische, sondern eine organische Staatsauffassung, bei

---

122 Demgemäß vertritt die klassische Assekuranztheorie der Staatstätigkeit die Auffassung, dass die Steuer eine Art Versicherungsprämie darstelle, die den Leistungsansprüchen (Rechts- und Vermögensschutz) der Bürger genügt.

der der Staat nicht als Zusammenschluss der Individuen, sondern als ein Gebilde sui generis verstanden wird.

Die Finanzierung der notwendigen Staatsausgaben wird dann als gerecht angesehen, wenn der Einzelne hierzu gemäß seiner individuellen Leistungsfähigkeit beiträgt. Eine Anwendung dieses Prinzips setzt daher zunächst voraus, dass man sich auf einen geeigneten Indikator verständigt, an dem die individuelle Leistungsfähigkeit gemessen werden kann. Nach herrschender Auffassung ist es vor allem das Einkommen, das einen solchen Maßstab darstellt. Will man demnach ein Steuersystem, das im Wesentlichen an der Leistungsfähigkeit orientiert ist, so muss die Einkommensteuer die zentrale Rolle spielen. Betrachtet man in diesem Zusammenhang das Steuersystem der Bundesrepublik Deutschland, so kann man feststellen, dass die am Einkommen ansetzenden Steuern mit knapp 50 % den weitaus größten Beitrag zum Gesamtaufkommen leisten.

Wird das Einkommen als geeigneter Indikator für die individuelle Leistungsfähigkeit akzeptiert, so stellt sich als nächstes die Frage nach der Tarifgestaltung, das heißt die Frage nach der Belastung unterschiedlicher Einkommenshöhen. Die theoretische Begründung hierzu wird in der Regel im Rahmen der bereits oben erwähnten „Opfertheorien" geliefert, wonach alle Wirtschaftssubjekte das gleiche Opfer erbringen sollen.

Was aber heißt gleiches Opfer? Die Opfertheorien stellen hierzu auf den Einkommensnutzen ab, wobei sie unterstellen, dass der Nutzen des Einkommens $U(Y)$, wie in Abbildung V.9 dargestellt, nur unterproportional mit dem nominalen Geldeinkommen ansteigt. Eine mögliche Version der Opfertheorien verlangt nun, die Wirtschaftssubjekte so zu besteuern, dass jeder ein gleiches *absolutes* Opfer im Sinne eines absolut gleichen Nutzenentgangs zu erbringen hat. Dies würde zum Beispiel bedeuten, dass bei einem Einkommen von Y_R eine Einkommensteuer in Höhe von T_R abzuführen wäre, bei einem Einkommen von Y_A dagegen nur eine solche von T_A, sofern $-\Delta U(Y_A) = -\Delta U(Y_R)$.

Beim Konzept des gleichen *relativen* Opfers wird dagegen gefordert, dass jeder Steuerpflichtige auf den gleichen *Anteil* seines aus dem Einkommen gezogenen Nutzens zugunsten der Steuer zu verzichten hat (vgl. Abbildung V.10). Es muss also für einen „Armen" (A) wie für einen „Reichen" (R) gelten:

$$-\frac{\Delta U(Y_R)}{U(Y_R)} = -\frac{\Delta U(Y_A)}{U(Y_A)}.$$

Aus dieser Regel ergeben sich jetzt die abzuführenden Steuerbeträge T_A und T_R.

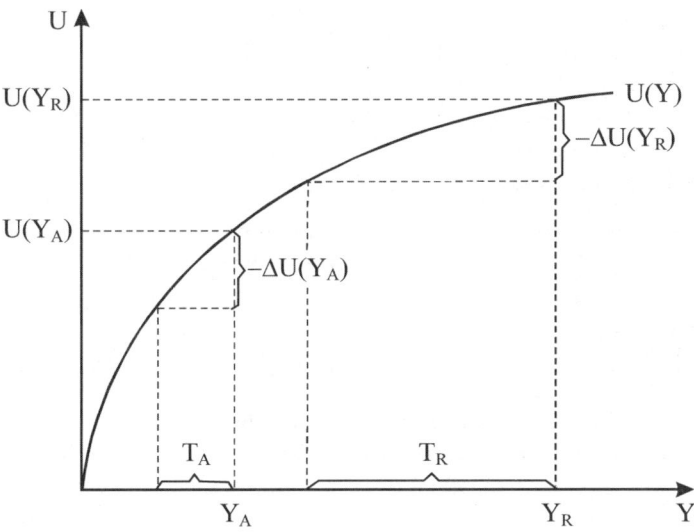

Abbildung V.9

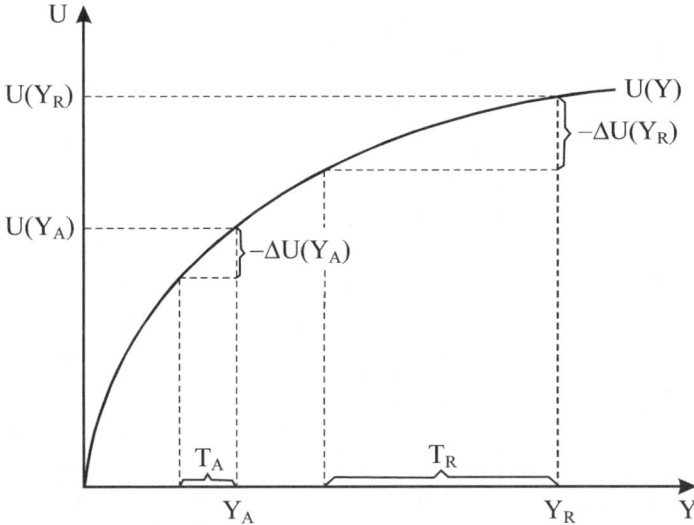

Abbildung V.10

Bei Annahme einer degressiv ansteigenden Nutzenkurve des Einkommens würde aus einer Besteuerung gemäß dem absoluten Opferprinzip ein progressiver Einkommensteuertarif folgen. Ein solcher Tarif verlangt, dass der Anteil der Steuer am Einkommen, also der Durchschnittssteuersatz, mit zunehmendem Einkommen ansteigt, wie dies beispielsweise in der folgenden Tabelle dargestellt ist. Ein progressiver Tarif in der Einkommensteuer hat zweifellos einen nivellierenden

Effekt auf die Einkommensunterschiede. Dieser Effekt ist verteilungspolitisch möglicherweise erwünscht, allerdings bleibt er unter Umständen nicht ohne negative Folgen für die Leistungsfähigkeit beziehungsweise Leistungsbereitschaft der Steuerpflichtigen. Untersuchungen zum Wohlfahrtsstaat schwedischer Prägung haben beispielsweise ergeben, dass die Neigung zur Humankapitalbildung in Folge einer nivellierenden Lohn- und Steuerpolitik erheblich zurückging.

Einkommen	Steuerbetrag	Durchschnittssteuersatz
$Y_A = 50.000\,€$	$T_A = 10.000\,€$	$T_A/Y_A = 20\,\%$
$Y_R = 100.000\,€$	$T_R = 30.000\,€$	$T_R/Y_R = 30\,\%$

In Deutschland ist der Einkommensteuertarif im Berechnungsjahr 2005 nach folgendem Schema aufgebaut: Zunächst existiert ein Grundfreibetrag von 7.664 € für Alleinstehende. Nur das über dieses Existenzminimum hinausgehende Einkommen wird versteuert, wobei es lineare Zonen in den Einkommensgrenzen 7.665 € bis 12.739 € und 12.740 € bis 52.151 € gibt.

Das folgende gegenüber der „Steuerwirklichkeit" stark vereinfachte Zahlenbeispiel, soll die Konstruktion des progressiven Einkommensteuertarifs in Deutschland verdeutlichen. Es gelte folgender Tarif:

- Das Einkommen zwischen 7.665 € und 12.739 € wird mit 15% versteuert.

- Das Einkommen zwischen 12.740 € und 52.151 € wird mit 23% versteuert.

- Das Einkommen oberhalb von 52.152 € wird mit 42% versteuert.

Die Anwendung eines solchen Steuertarifs sei exemplarisch für ein Einkommen von $Y_1 = 15.000\,€$ und $Y_2 = 30.000\,€$ demonstriert.

Einkommen	Steuerbetrag	Durchschnittssteuersatz
$Y_1 = 15.000\,€$	$T_1 = 7.665 \cdot 0{,}0 + 5.074 \cdot 0{,}15 + 2.260 \cdot 0{,}23$ $= 1.280{,}90\,€$	$T_1/Y_1 = 8{,}54\,\%$
$Y_2 = 30.000\,€$	$T_2 = 7.665 \cdot 0{,}0 + 5.074 \cdot 0{,}15 + 17.260 \cdot 0{,}23$ $= 4.730{,}90\,€$	$T_2/Y_2 = 15{,}77\,\%$

Aus diesem Rechenbeispiel wird deutlich, das bei einer Verdoppelung des Einkommens mehr als das Doppelte an Einkommensteuer gezahlt werden muss, mithin ein progressiver Tarif vorliegt. Entsprechend der Progression muss demzufolge auch der Durchschnittssteuersatz mit steigendem Einkommen steigen.

Der Steuersatz, mit dem der letzte verdiente Euro besteuert wird, heißt Grenzsteuersatz. Dies ist vereinfachend der Steuersatz der letzten Tarifzone. Für unser Beispiel gilt also:

Einkommen	Grenzsteuersatz
8.000 €	15,0 %
30.000 €	23,0 %
120.000 €	42,0 %

Entsprechend variiert die Steuerersparnis, wenn etwa 1.000 € vom Einkommen in Abzug gebracht werden können. Auf der Grundlage der hier angenommenen Grenzsteuersätze würde die Ersparnis zwischen 150 € und 420 € schwanken.

Diese im Leistungsfähigkeitsprinzip respektive in der daraus folgenden Progression begründete Bevorzugung höherer Einkommen bei einer Verminderung der Bemessungsgrundlage sind der Grund, warum häufig gefordert wird, die Kinderfreibeträge durch ein erhöhtes einkommensunabhängiges Kindergeld zu ersetzen. Ein Kinderfreibetrag führt zu um so höheren Entlastungswirkungen, je höher der Grenzsteuersatz beziehungsweise je höher das Einkommen ist. Ein einkommensunabhängiges Kindergeld dagegen führt unabhängig vom Grenzsteuersatz zu einem nominal gleich großen Vorteil.

Abbildung V.11 veranschaulicht noch einmal den Einkommensteuertarif in Deutschland, wie er sich im Jahre 2005 darstellt.

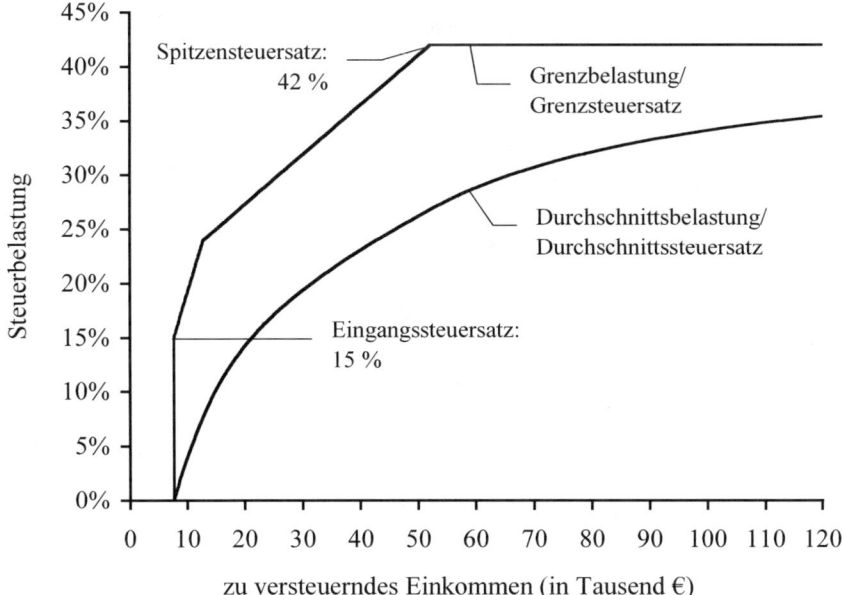

Abbildung V.11

V.3.3.2   Öffentlicher Kredit

Die zweite wichtige Einnahmequelle des Staates stellt die öffentliche Kreditaufnahme dar. Da die Verschuldung des Staates seit Bestehen der Bundesrepublik mehr oder weniger kontinuierlich, in manchen Perioden[123] stark überproportional, angestiegen ist, interessiert in der Öffentlichkeit vor allem die Frage nach den Grenzen der Staatsverschuldung.[124] Auch im Rahmen dieser Einführung soll auf einige Aspekte dieser Fragestellung eingegangen werden.

Zunächst jedoch sollen einige zentrale Begriffe, die im Zusammenhang mit der öffentlichen Kreditaufnahme von Bedeutung sind, geklärt und verschiedene Zahlen zum Umfang der Staatsverschuldung vorausgeschickt werden.

Beginnen wir mit dem Unterschied zwischen Bruttokreditaufnahme und Nettokreditaufnahme. Die Bruttokreditaufnahme kennzeichnet die gesamte Neuverschuldung einer Periode. Bringt man hiervon die Rückzahlungen, das heißt die Tilgung alter Kredite, in Abzug, gelangt man zur Nettokreditaufnahme. Die Nettokreditaufnahme gibt an, um wie viel der Gesamtschuldenbestand innerhalb der Periode zugenommen hat.

Beispiel:

Staatsschuld in t_0		1.000
Bruttokreditaufnahme	300	
Tilgung alter Kredite	200	
Nettokreditaufnahme	100	
Staatsschuld in t_1		1.100

Ein weiterer wichtiger Begriff ist der so genannte Schuldendienst. Hierunter versteht man die während einer Periode getätigte Tilgung zuzüglich der während dieser Periode geleisteten Zinszahlungen. Bei Annahme einer durchschnittlichen Verzinsung von 7 % beliefe sich der Schuldendienst in unserem Beispiel auf:

Schuldendienst = 200 + 70 = 270.

Das heißt, in diesem Fall verbliebe von einer Bruttokreditaufnahme von 300 lediglich ein Betrag von 30, der nicht durch den Schuldendienst beansprucht und damit für andere Zwecke eingesetzt werden könnte.

---

[123]   Insbesondere im Zuge der deutschen Einheit.

[124]   Damit sind nicht die kurzfristigen Kassenkredite angesprochen, die auch bei einem ausgeglichenen Haushalt bisweilen aus Liquiditätsgründen aufgenommen werden müssen, um ein zeitliches Auseinanderfallen von Einnahmen und Ausgaben zu überbrücken. Gemeint sind vielmehr die sogenannten Haushaltskredite, die bereits bei der Aufstellung des Haushalts eingeplant werden, um einen Teil der Ausgaben zu finanzieren.

Die gesamte Staatsverschuldung von Bund, Ländern und Gemeinden einschließlich der öffentlichen Nebenhaushalte hatte sich nach der deutschen Vereinigung (1990) von gut 1 Billionen DM (ca. 500 Mrd. €) innerhalb von nur fünf Jahren auf knapp 2 Billionen DM (ca. 1 Billion €) im Jahr 1995 fast verdoppelt. Seitdem hat sie sich auf einen Wert von 1,5 Billionen € in 2005 erhöht. Dies entspricht einer durchschnittlichen Staatsverschuldung je Einwohner von 17.600€ (1995 noch: 25.000 DM oder ca. 12.500 €).[125]

Im Jahr 2005 entfielen von der gesamten Staatsschuld 60,3% (1995: rund 38 %) auf den Bund, 32,4% (etwa 26%) auf die Länder und 5,8% (knapp 10%) auf die Gemeinden. Die restlichen 1,5% (26%) verteilen sich auf den Fonds „Deutsche Einheit" und auf das ERP-Sondervermögen.[126]

Die Staatsschuldenquote – das ist der Anteil der gesamten Staatsschuld am Bruttoinlandsprodukt – belief sich entsprechend den Maastricht-Kriterien auf 68,6% im Jahr 2005 (1995: 58,0%; 2001: 61,8%). Dies ist im internationalen Vergleich eine durchschnittlich gute Quote, bei der allerdings in Rechnung zu stellen ist, dass sich der Staat im Zuge der Währungsreform von 1948 vom größten Teil seiner Verpflichtungen befreien konnte. Noch im Jahre 1980 lag die Staatsschuldenquote bei lediglich 31,7%!

Neben der Staatsschuldenquote, die sich auf die gesamte in der Vergangenheit aufgelaufene Schuld bezieht, wird vielfach auch mit der Defizitquote argumentiert. Bei dieser Quote wird auf die laufende Neuverschuldung, das heißt die Nettokreditaufnahme, abgestellt und diese ins Verhältnis zum Bruttoinlandsprodukt gesetzt. In Deutschland lag diese Quote sowohl 1995 (3,3%) als auch 1996 (3,4%) bei einem Wert von leicht über 3%. 1997, dem Stichjahr für die Qualifikation zur EWU, lag die Defizitquote bei 2,7%. In diesen Größenordnungen bewegen wir uns seitdem: Im Jahr 2001 lag die Quote wieder bei 2,7%. Das Jahr 2000 war in Deutschland im Hinblick auf die Defizitquote ein besonderes, da die Versteigerung von Mobilfunklizenzen (UMTS) es dem Bund ermöglichte, einen Etatüberschuss für den Gesamtstaat (+1,2 %) zu erwirtschaften. Für den Gesamtstaat hätte sich bei einer Bereinigung des Etats um die UMTS-Erlöse noch eine Defizitquote von 1,3% ergeben. Die in den letzten Jahren (2004, 2005) „erreichten" Defizitquoten von 3,7 bzw. 3,3% stellen europäische „Spitzenwerte" dar und lassen die Glaubwürdigkeit und Verlässlichkeit der deutschen Finanzpolitik im Rahmen der EWWU in einem schlechten Licht erscheinen.[127]

Sowohl die Staatsschuldenquote als auch die Defizitquote zählen zu den Kriterien, auf die im Maastrichter Vertrag im Hinblick auf die Voraussetzungen für eine

---

[125] Vgl. auch für die folgenden Angaben: Deutsche Bundesbank, Monatsberichte, verschiedene Jahrgänge und Statistisches Bundesamt (2006a).

[126] Zum 1. Juli 1999 erfolgte eine Übernahme der Schulden des Kreditabwicklungsfonds/Erblastentilgungsfonds, des Ausgleichsfonds Steinkohleneinsatz sowie das Bundeseisenbahnvermögens durch den Bund.

[127] Vgl. Sell (2004).

Europäische Währungsunion Bezug genommen wird. Für die Staatsschuldenquote wird dort eine Obergrenze von 60% angegeben, als Grenzwert für die Defizitquote gilt 3%. Auf das Abkommen von Maastricht und die dort getroffenen Entscheidungen wollen wir nun etwas ausführlicher eingehen.

V.3.3.3   *Die Konvergenzkriterien des Maastrichter Vertrages (1992)*

Die „Konvergenzkriterien", landläufig auch als „Maastricht-Kriterien" bezeichnet, wurden 1992 bei einem Treffen der Mitgliedsstaaten der Europäischen Union (EU) im holländischen Maastricht erarbeitet und beschlossen. Diese Kriterien sollten alle Kandidaten nach Möglichkeit erfüllen, um in die Europäische Währungsunion (EWU) aufgenommen zu werden. Im Frühjahr 1998 wurde auf einem europäischen Gipfel eine Prüfung – auf Basis des Stichjahres 1997 – durchgeführt, aus der insgesamt elf Länder hervorgingen, mit denen am 1. Januar 1999 die EWU begonnen wurde. Die Auflagen des Maastrichter Vertrages mit seinen fünf Kriterien haben wir bereits in Abschnitt III.6.5.3 kennen gelernt. Die ersten drei Kriterien werden auch als „monetäre Kriterien" bezeichnet; ihre Einhaltung soll sicherstellen, dass die entsprechenden Länder schon vor der Währungsunion eine größtmögliche Konvergenz bei der Inflation und den Inflationserwartungen (Zinskriterium) erreicht haben, so dass es bei ihren bilateralen Wechselkursen zu keinen großen Schwankungen mehr kommen dürfte.

Die letzten beiden Kriterien sind dagegen die so genannten „fiskalischen Kriterien". Ihre Größenordnung ist nicht willkürlich, sondern entspringt einer einfachen ökonomischen Überlegung: Zur Zeit des Vertragsabschlusses von Maastricht betrug die Schuldenquote im Durchschnitt der EU ca. 60%. Gleichzeitig unterstellte man für die Zukunft eine Wachstumsrate des nominalen Bruttoinlandsproduktes von 5%. Daraus ergibt sich „zwangsläufig" – wenn die Schuldenquote nicht mehr steigen soll –, dass die Defizitquote höchstens 3% betragen darf. Machen wir uns den Zusammenhang analytisch klar:

$$\left(\frac{\dot{D}}{Y}\right) = \frac{\dot{D}Y - D\dot{Y}}{Y^2} = \frac{\dot{D}}{Y} - \frac{D}{Y}\hat{Y} \overset{!}{=} 0 \quad \Rightarrow \quad \frac{\dot{D}}{Y} \overset{!}{=} \frac{D}{Y}\hat{Y}$$

oder

$3\% = 60\% \cdot 5\%.$

D sei der Schuldenstand, $\dot{D} = dD/dt$ die Neuverschuldung, Y das nominale Bruttoinlandsprodukt und $\hat{Y}$ $(= \dot{Y}/Y)$ die Wachstumsrate desselben. Bei Anwendung der Quotientenregel für Ableitungen ergibt sich, dass die Defizitquote unter den gemachten Annahmen nicht über 3% steigen darf!

Budgetdefizite und Gesamtverschuldung (EU 15) in % des BIP

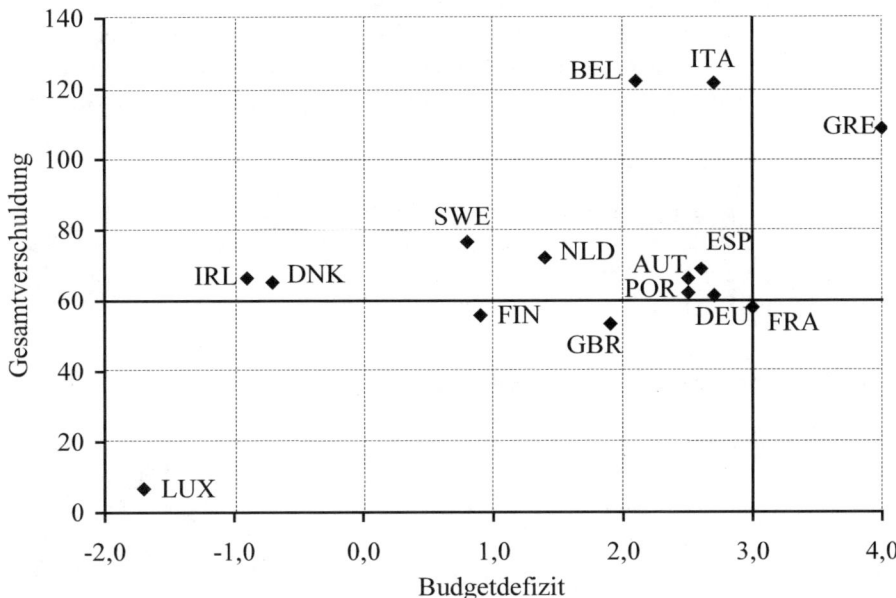

Abbildung V.12

Inflationsrate und Zinssätze (EU 15)

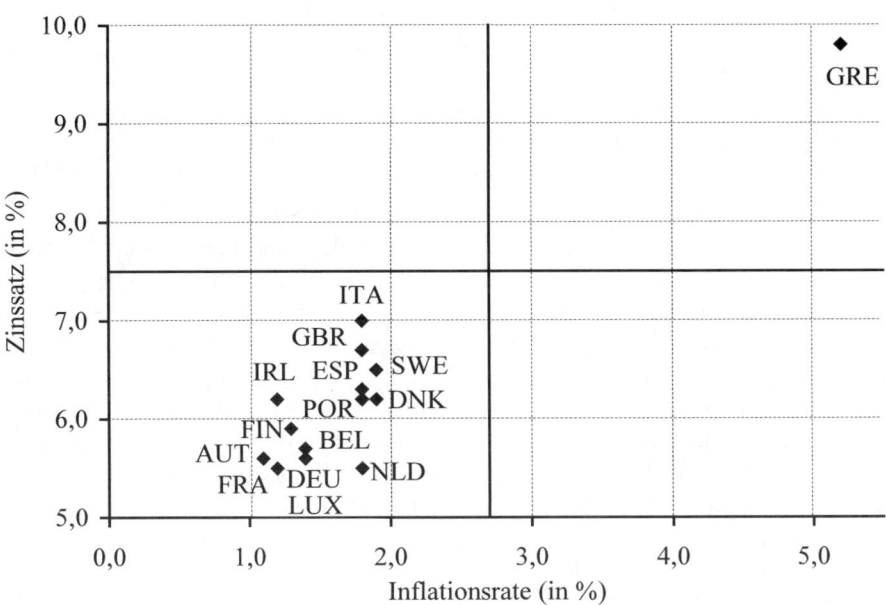

Abbildung V.13

In den oben stehenden Abbildung V.12 und V.13 sind die „Erfüllungsgrade" der Maastricht-Kriterien im Jahr 1997 – also in dem Stichjahr für die Prüfung der Kandidaten – für alle 15 EU-Staaten festgehalten. Es zeigte sich, dass bei den fiskalischen Kriterien streng genommen nur Luxemburg mühelos und Finnland sowie Großbritannien knapp in der Lage waren, die Hürde zu nehmen. Frankreich stellte hingegen einen Grenzfall dar. Deutschland verfehlte – sehr knapp – die geforderte Verschuldungsquote.

Wesentlich günstiger verhielt es sich bei den quantitativen monetären Kriterien. Hier schafften es eigentlich alle Kandidaten, die Qualifikationshürden zu überspringen – bis auf Griechenland, dessen Beitritt zur Euro-Zone dann auch folgerichtig auf den 1. Januar 2001 verschoben wurde.[128]

V.3.3.4   Grenzen der Staatsverschuldung

Kommen wir damit zu der in der Öffentlichkeit besonders intensiv diskutierten allgemeinen Frage, ob und gegebenenfalls wo eine Grenze für die Staatsverschuldung auszumachen sei. Um die Antwort vorwegzunehmen: Eine quantitativ genau festlegbare Grenze für die Verschuldung des Staates kann sicher nicht angegeben werden. Wohl aber gibt es eine Reihe von Aspekten, die bei einer weiteren Verschuldung des Staates zu beachten sind, so dass von daher in verschiedener Hinsicht Grenzen angedeutet werden können.[129]

Beginnen wir mit den rechtlichen Bestimmungen, die sich auf die Nettoneuverschuldung beziehen. Hier bestimmt Art. 115 Grundgesetz:

> „Die Aufnahme von Krediten sowie die Übernahme von Bürgschaften ..., die zu Ausgaben in künftigen Rechnungsjahren führen können, bedürfen einer ... Ermächtigung durch das Bundesgesetz. Die Einnahmen aus Krediten dürfen die Summe der im Haushaltsplan veranschlagten Ausgaben für Investitionen nicht überschreiten; Ausnahmen sind nur zulässig zur Abwehr einer Störung des gesamtwirtschaftlichen Gleichgewichts."

Im Kern wird also die Kreditaufnahme an die Höhe der investiven Ausgaben gebunden, sofern nicht aus konjunkturellen Gründen eine höhere Verschuldung angezeigt ist. Sieht man davon ab, dass derartige institutionell-rechtliche Bestimmungen mit qualifizierter Mehrheit geändert – hier also aufgeweicht – werden können, so sind doch die Vorschriften recht vage und erlauben kaum die Formulierung eindeutiger Grenzen für die Kreditaufnahme. Dies gilt sowohl hinsichtlich der Frage einer Abgrenzung der investiven Ausgaben, mehr noch hinsichtlich der Festlegung der zulässigen Verschuldungsgrenze in konjunkturellen Schwächeperioden. Eine ernsthafte Begrenzung der Staatsverschuldung durch Art. 115 Grundgesetz kann deshalb wohl kaum erwartet werden.

---

[128] Im Spätsommer 2004 musste die neue konservative Regierung Griechenlands einräumen, dass vermutlich alle Angaben des Landes zu den fiskalischen Kriterien seit 1997 nicht der Wahrheit entsprachen.

[129] Vgl. zum folgenden auch Baßeler/Heinrich/Koch (1995), Kap. 15.

Ein zweiter Aspekt, der hier betrachtet werden soll, bezieht sich auf das Verhältnis von Schuldendienst – also von Zins und Tilgung – und Inlandsprodukt. Bei insgesamt steigender Staatsverschuldung ist aus ökonomischer Sicht die Frage zu stellen, ob die Gesamtschuld und damit der Schuldendienst schneller, gleich schnell oder langsamer wächst als das Inlandsprodukt und damit verbunden das Steueraufkommen. Steigen Gesamtschuld und Inlandsprodukt mit gleicher Rate, dann bleibt die Belastung, das heißt der für den Schuldendienst aufzubringende Anteil des Inlandsprodukts, für die Volkswirtschaft konstant. Anders verhält es sich, wenn die Staatsverschuldung schneller wächst als das Inlandsprodukt, denn nun ergibt sich im Laufe der Zeit eine zunehmende Belastung für die Bevölkerung. Jedoch ist eine vorübergehend steigende Belastung der Bevölkerung durch einen wachsenden Schuldendienst nicht von vornherein abzulehnen. Zum einen ist zu fragen, aus welchen Gründen die Staatsschulden steigen. So kann es durchaus vertretbar sein – wie dies auch in dem entsprechenden Grundgesetzartikel zum Ausdruck kommt –, aus konjunkturellen Gründen einen überproportionalen Anstieg der Staatsverschuldung temporär zu akzeptieren. Zum anderen kommt es nicht allein auf die Veränderung der Belastung an, sondern ebenso auf deren absolute Höhe. So kann bei geringer Staatsverschuldung in der Ausgangssituation durchaus für einen gewissen Zeitraum ein überproportionaler Anstieg in Kauf genommen werden, während bei extrem hohem Niveau der Staatsschuld ein proportionales Wachstum zum Inlandsprodukt mit konstanter Belastung der Bevölkerung bereits zu hoch sein kann. Von daher kann ein Vergleich der Wachstumsraten von Staatsschuld und Inlandsprodukt lediglich einen Anhaltspunkt liefern, nicht jedoch einen Maßstab, der ein abschließendes Urteil erlaubt.

Was aber entscheidet über die Frage, ob eine aktuell gegebene Belastung durch den Schuldendienst akzeptabel ist oder als zu hoch angesehen werden muss? Auch auf dieses dritte Problem gibt es keine eindeutige Antwort. Dennoch dürfte die Beurteilung wesentlich davon abhängen, wie stark durch den Schuldendienst die Freiheit der Budgetgestaltung eingeengt wird oder – anders ausgedrückt – welcher Handlungs- und Gestaltungsspielraum nach Begleichung des Schuldendienstes noch verbleibt. Einen Anhaltspunkt hierzu liefert sicher der Anteil der Tilgungszahlungen (195,2 Mrd. Euro) am Gesamtbudget (259,8 Mrd. Euro), der im Bundeshaushalt 2005 etwa 75% betrug. Eine Interpretation dieser Quote, die besagt, dass etwa jeder dritte Euro für die Tilgung von Altschulden aufgewendet werden muss, lässt jedoch wiederum erheblichen Spielraum für die Beurteilung offen.

Ein vierter Aspekt, der in diesem Zusammenhang diskutiert wird, ist die Frage der Rechtfertigung einer Belastung zukünftiger Generationen. Allgemein anerkannt wird eine Beteiligung zukünftiger Generationen an der Finanzierung von Investitionen, die langfristig genutzt werden (Pay-as-you-use-Prinzip), und an solchen Ausgaben, die aufgrund außergewöhnlicher Ereignisse, etwa infolge einer Naturkatastrophe, anfallen und die aus Gerechtigkeitsgründen auf mehrere Generationen verteilt werden sollen (Inter-generation-equity-Prinzip).[130] Allerdings trifft in beiden Fällen die reale Beanspruchung die gegenwärtige Generation, da auch bei einer Kreditfinanzierung der Ausgaben die Ansprüche des Staates an das Inlandsprodukt sofort wirksam werden. Der Unterschied zu einer Steuerfinanzierung besteht ausschließlich in der Verteilung der Finanzierungslast.

Ein fünfter Aspekt, der hier angesprochen werden soll, betrifft das so genannte „crowding out"-Problem. Hintergrund dieses Problems ist der Einfluss der staatlichen Kreditaufnahme auf den realen Marktzins und damit auf die private Investitionstätigkeit. Denn mit zunehmender Kreditnachfrage des Staates am Kapitalmarkt dürften der Tendenz nach die Zinsen steigen und damit die privaten Investitionen – soweit zinsabhängig – zurückgehen. Durch die staatliche Kreditnachfrage würde damit die private Investitionsgüternachfrage verdrängt – ein Phänomen, welches als crowding out-Effekt am Kapitalmarkt bezeichnet wird. Unter diesem Aspekt bedarf es also einer Abwägung der gesamtwirtschaftlichen Auswirkungen der kreditfinanzierten Staatsausgaben und der verminderten privaten Investitionstätigkeit, etwa hinsichtlich der Beschäftigungs- oder Produktivitätswirkungen. Man beachte jedoch, dass bei Gültigkeit von Ricardianischer Äquivalenz mit der steigenden Kreditaufnahme des Staates auch die Spartätigkeit des privaten Sektors der Haushalte angeregt wird. „In extremis" kann unter diesen Umständen crowding out völlig ausbleiben.

Bis zu einem gewissen Grade lassen sich die crowding out-Effekte vermeiden, wenn sich der Staat bei der Notenbank verschuldet.[131] In diesem Fall tritt er nicht direkt in Konkurrenz zu den privaten Investoren, sondern die staatlichen Kredite werden letztlich im Wege der Geldschöpfung finanziert. Man spricht in diesem Zusammenhang auch von der „Inflationsteuer":[132] Der Staat beschafft sich bei der Notenbank Zahlungsmittel, um auf dem Gütermarkt expansiv tätig werden zu können. Dies wird im Allgemeinen – selbst wenn noch keine Vollbeschäftigung erreicht ist – zu Preissteigerungen führen und den Realwert des Geldvermögens, insbesondere der Kassenhaltung, der privaten Akteure schmälern. Wenn der private Konsum aber u. a. eine Funktion von der Höhe der Realkasse ist, wird private Konsumnachfrage durch den Staat verdrängt. Die Inflationsteuer birgt demnach erhebliche Gefahren für die Stabilität des Preisniveaus, so dass hier unter wirtschaftspolitischen Aspekten eine, allerdings wiederum nicht genau quantifizierbare Obergrenze für die Neuverschuldung existiert.

---

[130] In diesem Zusammenhang könnte man auch an die enormen Ausgaben zur Finanzierung des Aufbaus in Ostdeutschland denken.

[131] Es ist allerdings zu berücksichtigen, dass es der EZB per Gesetz untersagt ist, Defizite des Staates zu finanzieren. Außerdem findet auch durch Inflation crowding out statt.

[132] Der Begriff kennzeichnet die Finanzierung von Staatsausgaben mit Hilfe der Notenpresse. Lateinamerikanische Schwellenländer haben in den 1970er und 1980er Jahren verstärkt auf diese Finanzierungsform zurückgegriffen.

Als Ergebnis bleibt damit festzuhalten, dass für die Höhe der Staatsverschuldung keine exakt bestimmbare Grenze existiert. Es gibt lediglich eine Reihe von Aspekten, die helfen können, hier zu einer Einschätzung zu gelangen.

V.3.3.5   Der Stabilitäts- und Wachstumspakt von 1997

Bevor wir im letzten Abschnitt dieses Kapitels Möglichkeiten und Grenzen der Finanzpolitik zur Beeinflussung von Konjunktur und Wachstum kennen lernen werden, ist es zweckmäßig, sich zunächst mit einer weiteren „Europäischen Randbedingung", das heißt einer Beschränkung im Handlungsspielraum der 15 EU-Staaten, zu beschäftigen.

Der so genannte „Stabilitäts- und Wachstumspakt" wurde in zwei aufeinander folgenden Regierungskonferenzen der Europäischen Union vorbereitet (Dublin, Dezember 1996) und beschlossen (Amsterdam, Juni 1997). Er trat mit dem Beginn der Europäischen Wirtschafts- und Währungsunion (EWWU) zum 1. Januar 1999 in Kraft und läuft im Kern darauf hinaus, fiskalische Disziplin auch während (und nicht nur vor Beginn) der funktionierenden EWWU einzufordern. Des Weiteren reklamiert der Pakt auch indirekt eine fiskalische Koordination zwischen den beteiligten Ländern. Manche Autoren gehen sogar soweit, den Stabilitätspakt als eine Art Ersatz beziehungsweise Surrogat für die (noch) fehlende gemeinsame europäische Stabilitätskultur zu betrachten. Mit Hilfe des Defizitkriteriums, welches ja bereits für die Qualifizierung zur Teilnahme an der Währungsunion maßgeblich war, soll verhindert werden, dass ein Land eine legere Fiskalpolitik durchführt, sich über Gebühr neu verschuldet und dabei den größer gewordenen europäischen Kapitalmarkt in Anspruch nimmt. Ist die Neuverschuldung ausreichend groß, so wird es im Regelfall zu einer Zinssteigerung kommen. Alle anderen Teilnehmerstaaten sehen sich nunmehr gleichfalls diesem höheren Zinsniveau gegenüber. Hohe Zinsen jedoch haben einen dämpfenden Einfluss auf die Konjunktur in Europa, was die EZB wiederum in Versuchung bringen könnte, durch eine expansive Geldpolitik die kurzfristigen Zinsen zu verringern. Allerdings ist im Stabilitätspakt der Zusammenhang zwischen der möglichen Zielverletzung einerseits und den zu erwartenden Strafen andererseits weder durch einen Regelmechanismus fixiert, noch ist mit einer unverzüglichen Strafdurchsetzung zu rechnen.[133] Auch haben ja Finanzwissenschaftler früh darauf hingewiesen, dass das 3 %-Ziel zwar einem ökonomischen Kalkül folgt, aber letztlich nicht axiomatisch begründet werden kann.

Der Inhalt des Vertrages von Amsterdam ist sehr vielschichtig; er sieht als Disziplinierungsinstrument zum ersten eine regelmäßige Überprüfung der Einhaltung des Defizitkriteriums („excessive deficit") vor. Zweitens führen eingetretene Zielver-

---

[133] Das musste die EU-Kommission Ende des Jahres 2002 schmerzlich erfahren, als es der ECOFIN-Rat ablehnte, gegenüber Deutschland das Defizitverfahren zu eröffnen, obwohl alle „objektiven Voraussetzungen" dafür erfüllt waren.

letzungen zur Nachprüfung, ob das fragliche Land angemessene Maßnahmen („appropriate measures") ergriffen hat, um das Defizit wieder unter die 3 %-Schranke zurückzuführen. Ist dies nicht der Fall, so kann drittens frühestens ein Jahr nach der ersten eingetretenen Zielverletzung eine unverzinsliche Einlage bei der Europäischen Zentralbank von dem betreffenden Land abverlangt werden. In der Folge kommt es viertens immer wieder zu Erfolgskontrollen, die entweder am Ende zur Rückzahlung der Einlage führen oder im schlimmsten Fall, ca. vier Jahre nach der Veröffentlichung der erstmaligen Zielverletzung, die Zwangseinlage in eine echte Strafzahlung („fine") umwandeln. In der nachfolgenden Übersicht (S. 482) geben wir den EU-Stabilitätspakt als Ablaufschema wieder, aus dem – im Sinne eines Entscheidungsbaums – entnommen werden kann, wann und in welchem Ausmaß Zielverletzungen zu Strafen führen können. (Hier ist exemplarisch auf das Budgetjahr 2001 abgestellt.)

Darüber hinaus verlangt die EU-Kommission von den Staaten jährlich die Vorlage so genannter „Stabilitäts- und Konvergenzprogramme". Darin spezifizieren die EU-Staaten die von ihnen im laufenden Haushaltsjahr „angestrebte" Defizitquote, welche selbstredend deutlich unter der kritischen Grenze von 3% liegen sollte. Das eigentliche Ziel besteht darin, den nicht konjunkturell bedingten Teil des Defizits – das so genannte „strukturelle Defizit" – völlig zu eliminieren und innerhalb weniger Jahre einen ausgeglichenen Haushalt vorzulegen. Dann nämlich würden sich (im übrigen unproblematische) Defizite lediglich im Konjunkturabschwung einstellen, normale Konjunkturlagen und der Boom könnten genutzt werden, um die Staatsverschuldung allmählich abzutragen. Es muss nicht weiter erläutert werden, dass die nationalen Regierungen bei der Erstellung der jährlichen Stabilitätsprogramme der typischen Prognoseunsicherheit unterliegen, insbesondere im Hinblick auf das Wirtschaftswachstum. Zu optimistische Vorausschätzungen erhöhen logischerweise das Risiko, die Vorgaben nicht zu erreichen, auch wenn sie einen gewissen positiven Selbsterfüllungseffekt in der heimischen Wirtschaft auslösen mögen. Zu zurückhaltende Prognosen sind umgekehrt dazu geeignet, die eigenen Vorgaben für die EU leichter erfüllbar zu machen, allerdings um den Preis möglicher Nachteile im Inland.

Wegen dieser Schwierigkeiten für die nationalen Finanzminister sollten allerdings keine Krokodilstränen vergossen werden: Immerhin liegt es in ihrer Hand, durch die „Gestaltung" der öffentlichen Ausgaben (mehr als die der Einnahmen) die Defizitquote wieder „auf Kurs" zu bringen. Der Spielraum (sowohl der erlaubte wie auch der nicht erlaubte) der EU-Finanzminister ist allerdings noch größer: Erlaubt ist es, wenn sich die angekündigten jährlichen Defizitquoten als gänzlich unrealistisch erweisen, diese einer Revision zu unterziehen und die Ankündigungen zu korrigieren. Die EU spricht in diesem Fall von „aktualisierten Programmen". Unerlaubt ist dagegen folgendes Verfahren: Bereits in der Vergangenheit haben einige EU-Länder ihre realen (also faktisch eingetretenen) Zahlen verspätet mitgeteilt. Dies geschah meistens durch Meldung veralteter Zahlen, die zu einem den jeweiligen Regierungen genehmen Zeitpunkt dann aktualisiert wurden.

Seit 2001 haben Frankreich, Deutschland und Portugal nicht nur wiederholt die Defizitobergrenze verletzt, sie sind auch Sorgenkinder der Stabilitätsprogramme.[134] Im Falle Portugals kündigte sich die Negativentwicklung bereits in den seit 1999 regelmäßig verfehlten Zielen der Stabilitätsprogramme, also bereits zwei Jahre vor der erstmaligen Verletzung der Defizitobergrenze, an.

In einer zweiten Gruppe von Ländern befinden sich Großbritannien, Italien, Griechenland und die Niederlande. Alle diese Länder haben in den letzten zwei bis drei Jahren zunehmend Schwierigkeiten, die Zusagen aus ihren nationalen Stabilitätsprogrammen einzuhalten. Einige von ihnen (nämlich die „Großen" Großbritannien und Italien) bewegen sich bereits auf die Defizitobergrenze deutlich zu. Dies bestätigt in gewisser Weise die These von De Haan et al. (2003), dass sich große Länder eher weniger Sorgen um einen Reputationsverlust machen/Angst vor Sanktionen der Partnerländer im ECOFIN-Rat entwickeln. Griechenland muss allerdings mittlerweile als „Sonderfall" betrachtet werden, da wohl alle für den Stabilitätspakt maßgeblichen Angaben seit dem Jahr 1987 regelrecht „getürkt" waren. Immerhin sind 3 der 4 südeuropäischen EU-Mitglieder, die bei der Aufnahme in die EWWU bekanntlich besonders kritisch beäugt wurden, in der ersten oder zweiten Gruppe von Ländern. Die früher geäußerte Skepsis gegenüber ihrer „Stabilitätskultur" war demnach nicht ganz unbegründet. Bei den restlichen Ländern der EU (dritte Gruppe) ist der Befund trotz einzelner Zielverfehlungen eher unauffällig.

Am 30. Juni 2005 billigten die EU-Staats- und Regierungschefs eine „Reform" des Euro-Stabilitätspakts. Was sind die zentralen Inhalte der „Reform"? Die europäischen Finanzminister hatten sich darauf verständigt, die Defizitobergrenze von drei Prozent und die Verschuldungsgrenze von 60 Prozent des Bruttoinlandsproduktes unverändert in Kraft zu lassen. Sie hatten jedoch vereinbart, bei der Beurteilung des Defizits künftig besondere Faktoren zu berücksichtigen. So gelang es dem damaligen deutschen Finanzminister Eichel durchzusetzen, die Kosten der Deutschen Einheit künftig als mindernd bei der Beurteilung des Defizits einzuführen: Ausgaben für die "Vereinigung Europas" können bei der Beurteilung eines gesamtstaatlichen Defizits in Zukunft berücksichtigt werden, „wenn diese einen negativen Effekt auf das Wachstum und die Haushaltslasten eines Mitgliedstaates haben." Die West-Ost-Transfers machen bekanntlich etwa vier Prozent der deutschen Wirtschaftsleistung aus und belaufen sich alljährlich auf schätzungsweise 80 Milliarden Euro. Zudem wird in Zukunft positiv berücksichtigt, dass Deutschland Nettozahler für die Europäische Union (EU) ist. Die EU wird künftig bei der Haushaltsbeurteilung auch Reformen der Renten- und Pensionssysteme berücksichtigen. Es soll zwar weiter Defizit-Strafverfahren geben, diese können jedoch bei Reform-Anstrengungen der Staaten und schlechter wirtschaftlicher Lage gestreckt werden. Geldbußen für Sünder dürften damit erst einmal in weite Ferne rücken. Derzeit, also im Jahr 2007, haben 10 von 27 Staaten zu hohe Defizite.

---

[134] Vgl. Monatsbericht der EZB 03/2004, S. 60.

März 2002
Budgetdefizit für 2001 wird veröffentlicht. Es liegt betragsmäßig über 3% des BIP. Gemäß Artikel 104c des Vertrages von Maastricht wird das Verfahren eingeleitet.

Bis Sommer 2002
Entscheidung: War das Defizit im Jahre 2001 exzessiv?

Ja

Nein

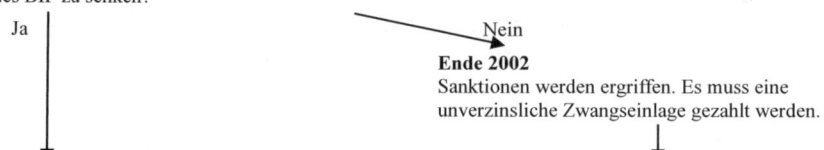

Bis Dezember 2002
Untersuchung durch den Europäischen Rat: Hat die betroffene Regierung angemessene Maßnahmen ergriffen, um das Budgetdefizit auf weniger als 3 % des BIP zu senken?

Das Verfahren wird eingestellt.

Ja

Nein

Ende 2002
Sanktionen werden ergriffen. Es muss eine unverzinsliche Zwangseinlage gezahlt werden.

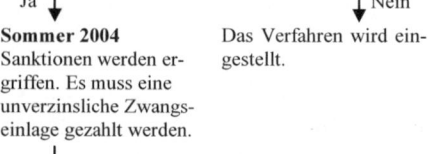

März 2004
Das Defizit aus 2003 wird veröffentlicht. Es erfolgt eine Untersuchung gemäß Artikel 104c des Vertrages von Maastricht. War das Defizit im Jahre 2003 exzessiv?

Ja   Nein

Sommer 2004
Sanktionen werden ergriffen. Es muss eine unverzinsliche Zwangseinlage gezahlt werden.

Das Verfahren wird eingestellt.

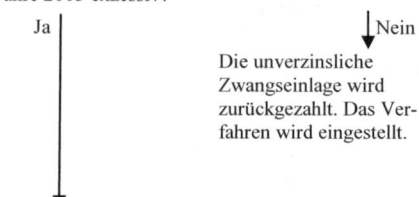

März 2004
Das Defizit aus 2003 wird veröffentlicht. Es erfolgt eine Untersuchung gemäß Artikel 104c des Vertrages von Maastricht. War das Defizit im Jahre 2003 exzessiv?

Ja   Nein

Die unverzinsliche Zwangseinlage wird zurückgezahlt. Das Verfahren wird eingestellt.

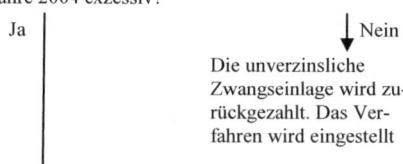

März 2005
Das Defizit aus 2004 wird veröffentlicht. Es erfolgt eine Untersuchung gemäß Artikel 104c des Vertrages von Maastricht. War das Defizit im Jahre 2004 exzessiv?

Ja   Nein

Die unverzinsliche Zwangseinlage wird zurückgezahlt. Das Verfahren wird eingestellt

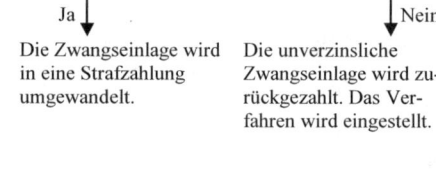

März 2005
Das Defizit aus 2004 wird veröffentlicht. Es erfolgt eine Untersuchung gemäß Artikel 104c des Vertrages von Maastricht. War das Defizit im Jahre 2004 exzessiv?

Ja   Nein

Die Zwangseinlage wird in eine Strafzahlung umgewandelt.

Die unverzinsliche Zwangseinlage wird zurückgezahlt. Das Verfahren wird eingestellt.

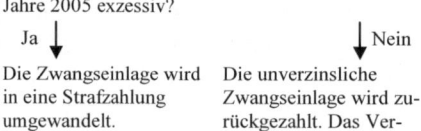

März 2006
Das Defizit aus 2005 wird veröffentlicht. Es erfolgt eine Untersuchung gemäß Artikel 104c des Vertrages von Maastricht. War das Defizit im Jahre 2005 exzessiv?

Ja   Nein

Die Zwangseinlage wird in eine Strafzahlung umgewandelt.

Die unverzinsliche Zwangseinlage wird zurückgezahlt. Das Verfahren wird eingestellt

Quelle: Sell (1998).

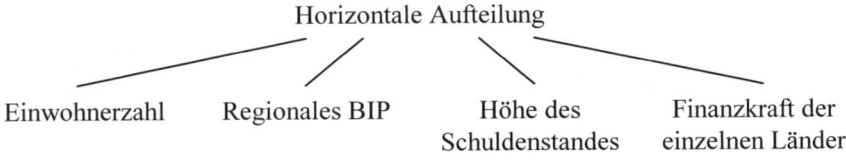

V.3.3.6   *Der nationale Stabilitätspakt in Deutschland*

Die Vorkehrungen des „nationalen Stabilitätspaktes" wurden im Kern auf der Sitzung des Finanzplanungsrates am 21. März 2002 zwischen dem Bund einerseits und den 16 Ländern sowie vier Vertretern der Kommunen andererseits, ausgehandelt. Die Tatsache, dass man sich zwischen Bund und Ländern auf eine Reduktion des Ausgabenwachstums für die Jahre 2003 und 2004 einigen konnte, wurde als ein deutliches Signal für den politischen Willen gewertet, den unangenehmen Seiten der Haushaltskonsolidierung nicht auszuweichen. Anders werden nämlich zu Recht solche Maßnahmen beurteilt, die in erster Linie auf eine Erhöhung der Einnahmen abzielen. In den folgenden beiden Übersichten sind die wesentlichen Merkmale des nationalen Stabilitätspakts zusammengefasst.

Vorausgegangen war eine wichtige Einigung zwischen den Beteiligten in §4, Absatz 3 des Maßstäbegesetzes: „Danach verpflichten sich Bund und Länder, durch eine gemeinsame Ausgabenlinie die Bestimmungen des EG-Vertrages und des europäischen Stabilitäts- und Wachstumspaktes zur Begrenzung des gesamtstaatlichen Defizits einzuhalten". Damals war allerdings die Umsetzung dieser Verpflichtung noch völlig offen geblieben. In dieser Hinsicht war bereits das Zustandekommen der Verabredungen im Finanzplanungsrat als wichtiger Erfolg für die fiskalische Umsetzung des Stabilitäts- und Wachstumspaktes nach innen zu werten.

Hervor zu heben ist zunächst, dass Bund und Länder sich in der „vertikalen Aufteilung" auf eine (allerdings unterschiedlich ausgeprägte) Begrenzung des Ausgabenwachstums in den Jahren 2003 und 2004 verständigt hatten. Hinzu kam eine Verabredung, welche Gruppe welchen Anteil am gesamtstaatlichen Defizit im Jahr der angepeilten „Punktlandung" (2004) haben sollte. Mittlerweile wissen wir allerdings, dass das gesamtstaatliche Defizit erst im Jahr 2006 wieder unter der Marke von 3% des BIP zu liegen kam.

	Vertikale Aufteilung	
	Ausgabenwachstum in 2003/2004	Gesamtwirtschaftliches Defizit ab 2004
Bund	≤ 0,5 %	45 %
Land	≤ 1 %	55 %

Horizontale Aufteilung

Einwohnerzahl   Regionales BIP   Höhe des Schuldenstandes   Finanzkraft der einzelnen Länder

Mit den Verabredungen aus dem Jahr 2002 war eine implizite Festlegung über die angestrebten Defizitquoten des Bundes (einschließlich der Sozialversicherungen) einerseits und der Länder (einschließlich der Kommunen) andererseits verbunden. Ungewissheit bestand dagegen weiterhin über die „horizontale Aufteilung" der Aufgaben im nationalen Stabilitätspakt zwischen den Ländern und Kommunen untereinander.

Die Vorschläge, die zur Zeit diskutiert werden, haben alle den Anspruch, mit Hilfe eines oder weniger einfacher und gut nachvollziehbarer Indikatoren die Lasten der Ausgaben- und damit der Defizitbegrenzung unter Ländern und Kommunen zu verteilen. Von Wolfgang Wiegard, dem Vorsitzenden des Sachverständigenrates zur Begutachtung der gesamtwirtschaftlichen Entwicklung (SVR), stammt die Idee, sich an der *Einwohnerzahl* der jeweiligen Bundesländer zu orientieren. Der bestechende Vorteil dieses Vorschlags liegt darin, dass es sich bei der Einwohnerzahl um ein weitgehend *exogenes* Kriterium handelt, welches kurzfristig von der Politik kaum beeinflusst und dessen Zustandekommen in der Vergangenheit auch nur indirekt der Politik angelastet werden kann.

Deutlich weniger exogen ist das *Kriterium des regionalen* bzw. länderweit abgegrenzten *Bruttoinlandsprodukts* (BIP) bzw. *Pro-Kopf-Einkommens* (PKE), weil es konkurrierende Hypothesen darüber gibt, inwieweit ein Bundesland mit seinem Ausgaben- und Defizit-, bzw. Schuldengebaren in der Vergangenheit positiv, per Saldo gar nicht oder gar negativ auf das wirtschaftliche Leistungspotential des eigenen Landes Einfluss genommen hat. Rein arithmetisch hat dieses Kriterium den Vorteil, dass sich damit leicht Abweichungen, beispielsweise von der durchschnittlichen Defizitquote (oder dem Median der Defizitquoten) und/oder Ausgabenquote der Länder berechnen lassen. Dann bliebe – aber das Problem haben im Grunde genommen alle vorgeschlagenen Indikatoren – immer noch die Frage offen, wie Abweichungen nach oben und nach unten in Ausgabenbegrenzungs- bzw. Defizitvorgaben zu „übersetzen" sind.

Eher problematisch und jedenfalls ganz und gar nicht exogen sind zuletzt die Kriterien „*Höhe des Schuldenstandes*" und „*Finanzkraft der Länder*" pro Kopf einzuschätzen. Soll ein Bundesland seine Ausgaben bzw. sein Defizit stärker als andere begrenzen, wenn es bereits einen überdurchschnittlichen Schuldenstand erreicht hat? Ein solches Land ist ja schon in seinem laufenden Haushalt – mit einem vergleichsweise hohen Anteil an Zinszahlungen – zum Zwecke des Haushaltsausgleichs gezwungen, einen entsprechend großen Überschuss im Primärsaldo zu „erwirtschaften". Eine überdurchschnittliche Ausgabenbegrenzung könnte daher schnell zu Lasten wichtiger öffentlicher Aufgaben, etwa im Bereich der Infrastruktur, gehen. Den horizontalen Finanzausgleich mit dem nationalen Stabilitätspakt zu verknüpfen, klingt zunächst einmal plausibel. Im Detail liegt allerdings Zündstoff: Sollen sich Länder mit einer geringen Finanzkraft („Nettoempfänger") von den Ländern mit einer größeren Finanzkraft („Nettozahler") das mittelfristige Ziel des Haushaltsausgleichs gleichsam „finanzieren" lassen?

Völlig offen geblieben ist bislang die Frage der Sanktionsmöglichkeiten, wenn wichtige Bestandteile des nationalen Stabilitätspakts von den Verantwortlichen nicht eingehalten werden. Das gilt sowohl für den Bund gegenüber den Ländern und Kommunen als auch für die zuletzt genannten untereinander. Wie der Sachverständigenrat zu recht erinnert, wird in Deutschland „die Durchsetzung der Verschuldungsgrenzen ... durch verfassungsrechtliche Grenzen erschwert. Nach Artikel 109 Absatz 1 GG sind Bund und Länder in ihrer Haushaltswirtschaft selbständig und voneinander unabhängig; Artikel 28 Absatz 2 GG billigt den Gemeinden das Recht zu, alle Angelegenheiten der örtlichen Gemeinschaft in eigener Verantwortung zu regeln"[135].

Neue Bewegung in die Thematik brachte im Jahr 2006 der Finanzminister Baden-Württembergs, Gerhard Stratthaus: Er schlug für die Zukunft sogar ein Neuverschuldungsverbot der Bundesländer vor. Als Übergangslösung sollten sich die Bundesländer an der in der Vergangenheit durchschnittlichen Neuverschuldung orientieren dürfen. Dem ersten, sehr weit gehenden Vorschlag schloss sich der sächsische Ministerpräsident Georg Milbradt an. Im Finanzplanungsrat, an dem Kommunen, Länder und der Bund mitwirken, gehen die Vorschläge z. Zt. eher in die Richtung verbindlicher Defizitobergrenzen, die gesetzlich verankert von einem unabhängigen „Stabilitätsrat" (Bundesbank, SVR, etc.) überwacht werden und deren Verletzung „zwingende Folgen" (Sanktionsmechanismus) nach sich ziehen sollen. Auch an die Festlegung eines Gesamtschuldenstandes für alle Gebietskörperschaften wird gedacht.

V.4   Finanzpolitik

Wir wollen damit unseren Überblick über den öffentlichen Haushalt mit seiner Ausgaben- und Einnahmenseite abschließen und uns im letzten Teil dieses Kapitels mit den Möglichkeiten befassen, die öffentlichen Finanzen gezielt im Rahmen der Wirtschaftspolitik einzusetzen. Dabei unterscheiden wir zwischen dem Einsatz der Finanzpolitik zur Konjunkturstabilisierung, zur Wachstumsförderung und schließlich zur Beeinflussung der Einkommens- und Vermögensverteilung.

V.4.1   Konjunkturstabilisierung durch die Finanzpolitik

Hinsichtlich der Frage, inwieweit die Finanzpolitik für konjunkturpolitische Ziele eingesetzt werden kann, haben wir uns bereits bei unseren theoretischen Überlegungen zur Makroökonomie mit dem Grundkonzept auseinandergesetzt. Aufbauend auf der Keynesschen Lehre haben wir dort zunächst die Grundzüge einer antizyklischen Haushaltspolitik kennen gelernt. Letztlich besteht der Kerngedanke

---

[135] Vgl. Sell (2003).

einer solchen Politik darin, dass dem Staat die Aufgabe zufällt, die gesamtwirt-schaftliche Nachfrage zu verstetigen. Das heißt, in rezessiven Phasen mit zu geringer Gesamtnachfrage soll sich der Staat verschulden, um mit zusätzlichen staatlichen Ausgaben den Einbruch bei der privaten Nachfrage zu kompensieren. Umgekehrt soll der Staat in Zeiten der Hochkonjunktur Budgetüberschüsse bilden, welche zur Zurückzahlung der Staatsschuld eingesetzt werden sollen, um so durch eine Verminderung der öffentlichen Nachfrage einer Überhitzung der Konjunktur entgegenzuwirken.

Welchen Einfluss der Staat im keynesianischen Modell mit seiner Haushaltspolitik auf die Gesamtwirtschaft ausübt, lässt sich recht einfach verdeutlichen. Dabei unterstellen wir, dass die Einnahmen des Staates ausschließlich aus den bei den privaten Haushalten erhobenen direkten Steuern stammen und die Ausgaben des Staates nur für Käufe von Waren und Dienstleistungen sowie für Transferzahlun-gen an die privaten Haushalte getätigt werden. Dies bedeutet, dass wir der Ein-fachheit halber von indirekten Steuern sowie von Subventionen an den Unternehmenssektor abstrahieren.

Für eine geschlossene Volkswirtschaft ist dann zunächst von der Nachfragelei-chung

$$Y^N = C + I + A_{St}$$

auszugehen. Für die weiteren Betrachtungen werden nicht nur die privaten Investi-tionen, sondern auch die Ausgaben des Staates für Waren und Dienstleistungen als autonom, das heißt, nicht durch das Modell bestimmt, angenommen:

$$I = I_{pr} = I^a \qquad \text{und} \qquad A_{St} = A_{St}^a.$$

Wesentliche Änderungen im Vergleich zu unserer bisherigen keynesianischen Modellstellung für eine geschlossene Volkswirtschaft ergeben sich jedoch bei der Konsumfunktion. Denn es wird vereinfacht davon ausgegangen, dass der private Konsum vom verfügbaren Einkommen abhängt, das heißt, wir müssen das Brutto-einkommen um die von den Haushalten zu zahlenden direkten Steuern (T) vermin-dern und gleichzeitig die an die Haushalte geleisteten Transfereinkommen (Z) hinzurechnen. Dies führt zu folgender Form der Konsumfunktion:

$$C = C_{pr} = C^a + c(Y - T + Z).$$

Setzt man diese Verhaltensfunktionen in die Nachfragegleichung ein, so erhält man

$$Y^N = c(Y - T + Z) + C^a + I^a + A_{St}^a.$$

Im Gleichgewicht muss die geplante Nachfrage der tatsächlichen Produktion entsprechen, das heißt, es gilt wiederum die Gleichgewichtsbedingung

$$Y^N = Y.$$

Auf dieser Grundlage kann man folgende Gleichung für das Gleichgewichtseinkommen errechnen:

$$Y = \frac{c}{1-c}(-T+Z) + \frac{1}{1-c}(C^a + I^a + A_{St}^a).$$

Für unsere Überlegungen interessiert zunächst insbesondere, wie sich eine Veränderung bei den einzelnen Komponenten der Staatstätigkeit auf das Gleichgewichtseinkommen und damit auf die Beschäftigung auswirkt. Hierüber Auskunft geben die relevanten Einkommensmultiplikatoren, die sich unmittelbar aus der obigen Gleichung ableiten lassen:

$$\Delta Y = -\frac{c}{1-c}\Delta T \qquad \Delta Y = \frac{c}{1-c}\Delta Z \qquad \Delta Y = \frac{1}{1-c}\Delta A_{St}^a.$$

Für $c = 0,8$ nimmt der Multiplikator für die direkten Steuern und die Transferzahlungen den Wert minus 4 beziehungsweise 4, der Staatsausgabenmultiplikator den Wert 5 an.

Wir können nun die Auswirkungen von Budgetänderungen auf der Einnahmen- und Ausgabenseite auf das Volkseinkommen und damit die Beschäftigung aus *keynesianischer* Sicht beschreiben:

- Eine isolierte Erhöhung der direkten Steuern ohne Kompensation auf der Ausgabenseite führt aufgrund der Entzugseffekte zu einer, wie der Steuermultiplikator zeigt, um ein Vielfaches stärkeren Senkung des Gleichgewichtseinkommens. In unserem Zahlenbeispiel würde eine Steuererhöhung von 1.000 € bei einem Multiplikator von minus 4 zu einem Rückgang des Gleichgewichtseinkommens um 4.000 € führen.

- Eine Erhöhung der Transferzahlungen wirkt quasi spiegelbildlich zu den Steuern. Der Multiplikator hat dem absoluten Betrage nach den gleichen Wert, nämlich 4, so dass eine isolierte Erhöhung der Transferzahlungen um 1000 € eine Steigerung des Gleichgewichtseinkommens um 4000 € nach sich ziehen würde. Dies bedeutet, dass bei einer Erhöhung der Transferzahlungen, die aus einer gleich großen Erhöhung der direkten Steuern finanziert würde, das Gleichgewichtseinkommen gar nicht berührt würde.

- Und schließlich gehen von einer isolierten Erhöhung der staatlichen Ausgaben für Güter und Dienste ebenfalls expansive Wirkungen aus. Und zwar sind, wie aus dem Wert des Staatsausgabenmultiplikators zu ersehen ist, der in unserem Beispiel 5 beträgt, die expansiven Wirkungen hier stärker als bei den Transferzahlungen. Dies bedeutet, dass von einer steuerfinanzierten Erhöhung der staatlichen Ausgaben für Güter und Dienste – anders als von einer steuerfinanzierten Erhöhung der Transferzahlungen – sehr wohl expansive Wirkungen ausgehen. Das heißt, dass sich auch mit einem ausgeglichenen Budget, wenn die Staatsausgaben für Güter und Dienste getätigt werden, ex-

pansive Impulse auf die Volkswirtschaft ausüben lassen. So würde beispielsweise eine steuerfinanzierte Erhöhung der staatlichen Ausgaben für Güter und
Dienste um 1.000 € im gleichen Umfang – also ebenfalls um 1.000 € – zu einer
Steigerung des Gleichgewichtseinkommens führen. Dieser Zusammenhang
wird auch als *Haavelmo-Theorem* bezeichnet. Allerdings gilt dieses mit der
Einschränkung, dass die Einkommensteuer bei den Haushalten als Pauschal-
steuer erhoben wird.

Hierbei handelt es sich jedoch nur um einen Sonderfall. Die allgemeinen Aussagen, die aus diesen modelltheoretischen keynesianischen Betrachtungen folgen und
welche die Grundlagen für die bereits bekannte diskretionäre, antizyklische Finanzpolitik bilden, lassen sich wie folgt zusammenfassen:

• Eine expansive Haushaltspolitik verlangt, dass der Staat die Steuern senkt
  (Verminderung der Entzugseffekte) und/oder seine Ausgaben erhöht (expansive Nachfrageeffekte). Da eine solche Politik bei einem ausgeglichenen Budget
  nicht möglich ist, sind die daraus resultierenden Budgetdefizite durch eine
  staatliche Kreditaufnahme zu finanzieren.

• Eine kontraktive Haushaltspolitik wird dadurch erreicht, dass der Staat die
  Steuern erhöht (Verstärkung der Entzugseffekte) und/oder seine Ausgaben
  senkt (kontraktive Nachfrageeffekte). Die dabei erzielten Budgetüberschüsse
  sind allerdings zum Abbau der in der Hochkonjunktur eingegangenen Verschuldung zu verwenden.

Wie ebenfalls bereits erwähnt wurde, liegt ein besonderes Problem der antizyklischen keynesianischen Haushaltspolitik in den zeitlichen Verzögerungen zwischen
dem Erkennen eines Handlungsbedarfs und der Wirkung der betreffenden Maßnahmen. Diese Lag-Problematik bei den diskretionären, das heißt situationsabhän-
gig beziehungsweise fallweise getroffenen Maßnahmen birgt die Gefahr, dass die
Wirkungen erst dann einsetzen, wenn sich die Konjunktursituation bereits wieder
geändert hat. Die Folge wäre eine prozyklische Verstärkung. Ein Beispiel hierfür
sind etwa die nach dem 11. September 2001 von dem amerikanischen Präsidenten
George W. Bush in den amerikanischen Kongress eingebrachten Vorschläge für
ein staatliches Ausgabenprogramm. Mit diesem wollte er einen weiteren, durch das
Terror-Attentat auf das World-Trade-Center ausgelösten Abschwung in der privaten Nachfrage kompensieren. Als das Paket im Kongress im Frühjahr 2002 immer
noch nicht verabschiedet war, zeigte die amerikanische Konjunktur bereits deutliche Aufwärtstendenzen.

Den Vorzug verdienen deshalb Maßnahmen, die aufgrund einer gewissen Automatik die Verzögerungen möglichst gering halten. Besonders hervorzuheben ist in
diesem Zusammenhang einmal die so genannte „built-in-flexibility" der progressiven Einkommensteuer. Denn diese Steuer führt dazu, dass das Steueraufkommen
aufgrund der Progressionswirkung im Konjunkturaufschwung überproportional
ansteigt und umgekehrt bei einem Nachlassen der Konjunktur überproportional
zurückgeht. Damit werden bei konstanten Ausgaben genau jene Nachfrageeffekte

erreicht, die aufgrund der jeweiligen Konjunktursituation erwünscht sind. Gleiches gilt dem Prinzip nach für die Arbeitslosenversicherung, denn auch hier haben wir im Konjunkturaufschwung mit zunehmender Beschäftigung einen Anstieg der Beiträge bei rückläufigen Unterstützungszahlungen, während sich in Zeiten der Rezession mit abnehmender Beschäftigung die Beitragszahlungen vermindern und die Unterstützungsleistungen anwachsen.

Jedoch bleibt auch bei derartigen automatischen Stabilisatoren, die zudem volumenmäßig beschränkt sind, das generelle Problem bestehen, dass die Maßnahmen natürlich nur dann greifen können, wenn die Ursache der jeweiligen Situation auch tatsächlich konjunkturell bedingt, das heißt, auf eine zu geringe beziehungsweise zu hohe Nachfrage zurückzuführen ist. Die Bekämpfung struktureller Arbeitslosigkeit dagegen, die auf Schrumpfung einzelner Branchen oder Sektoren zurückzuführen ist, würde grundsätzlich andere Maßnahmen verlangen, die eher dem Bereich der Wachstumspolitik zuzurechnen sind, dem wir uns weiter unten zuwenden wollen.

Nach neuklassischen Vorstellungen lässt sich allerdings eine „naive" keynesianische Multiplikatoranalyse staatlicher Finanzpolitik – wie oben demonstriert – so nicht durchführen; vielmehr sind die rationale Erwartungsbildung der privaten Wirtschaftssubjekte sowie deren mögliche Irrtumsarten zu berücksichtigen. Ein Modell, in dem diese Aspekte integriert werden können, stammt von Volbert Alexander (1985/1990): [136]

$$Y = Y \left[\overset{+}{A}, \overset{+}{E}, \overline{K} \right]$$

$$A^N = A^N \left[\overline{\frac{1}{p}}, \overset{-}{t_I^e}, \overset{-}{t_{MW}^e}, \overset{+}{Z_U^e}, \overset{+}{A_{St}} \right]$$

$$A^A = A^A \left[\left(\overset{+}{\frac{1}{p^e}} \right), \overset{-}{t_{AE}^e}, \overset{-}{t_S^e}, \overset{-}{Z_H^e}, \overline{ALG^e} \right]$$

$$A^A \overset{!}{=} A^N$$

$$E^N = E^N \left[\overline{p_E}, \left(p_w \overset{+}{-} p_w^e \right), \overline{t_E^e} \right] = E^A = E.$$

---

[136] Alexander (1985), S. 172. Ein Plus oder ein Minus über den Variablen steht für das Vorzeichen der partiellen Ableitung der Funktion nach der entsprechenden Variablen.

In der ersten Gleichung ist unterstellt, dass der reale Output durch die Produktionsfaktoren Arbeit (A), Energie (E) und einen konstanten Kapitalstock ($\overline{K}$) determiniert wird. Die Arbeitsnachfragefunktion (A^N) drückt aus, dass die Unternehmer sich hier nicht nur vom Reallohn (l/p), sondern (negativ) auch von den erwarteten Lohnzusatzkosten t_l^e, vom erwarteten Mehrwertsteuersatz (t_{MW}^e) sowie (positiv) von erwarteten Subventionen (Z_U^e) und staatlichen Ausgaben, etwa in Gestalt von Direkteinstellungen von Personal (A_{St}) leiten lassen. Das Arbeitsangebot (A^A) wird seinerseits positiv bestimmt durch den erwarteten Reallohn (l/p^e), negativ hingegen von den erwarteten Einkommens- (t_{AE}^e) und Sozialabgabesätzen (t_S^e). Bei der Abwägung zwischen Einkommen und Freizeit werden die Haushalte auf höhere erwartete Transferzahlungen (Z_H^e) sowie Arbeitslosengeldzahlungen (ALG^e) mit einer Einschränkung ihres Arbeitsangebotes reagieren. Es folgt die Gleichgewichtsbedingung für den Arbeitsmarkt. Die letzte Gleichung schließlich beschreibt die Energienachfrage (E^N) bei einem vollkommen elastischen Energieangebot (E^A); die Energienachfrage reagiert negativ auf einen höheren realen Energiepreis (p_E) sowie auf höhere erwartete Energiesteuersätze (t_E^e); positiv entwickelt sie sich dagegen, wenn die tatsächliche Weltinflationsrate die erwartete übersteigt ($p_w - p_w^e$), denn dann können die Nachfrager die Kosten ihrer Energieimporte inflationär entwerten, E^N steigt.

Nach Auflösung der fünf (linear spezifizierten) Gleichungen zur Bestimmung von A und Y erhält man:

$$A = a_0\left(p - p^e\right) + a_1 \begin{bmatrix} -a_{11}t_l^e - a_{12}t_{MW}^e + a_{13}Z_U^e + a_{14}A_{St} - a_{15}t_{AE}^e \\ -a_{16}t_S^e - a_{17}Z_H^e - a_{18}ALG^e \end{bmatrix},$$

mit a_0, a_1 und $a_{1i} > 0$ (i = 1 ... 8) sowie

$$Y = b_0\left(p - p^e\right) - b_1 t_E^e - b_2 p_E + b_3\left(p_w - p_w^e\right) + b_4 \begin{bmatrix} -b_{41}t_l^e - b_{42}t_{MW}^e + b_{43}Z_U^e \\ +b_{44}A_{St} - b_{45}t_{AE}^e - b_{46}t_S^e \\ -b_{47}Z_H^e - b_{48}ALG^e \end{bmatrix},$$

mit b_0, b_1, b_2, b_3, b_4 und $b_{4i} > 0$ (i = 1 ... 8).

Wir erkennen folgendes: Im Unterschied zur einfachen keynesianischen Analyse haben Transfers hier ganz unterschiedliche Effekte; solche an Haushalte (Unternehmen) reduzieren (erhöhen) ceteris paribus das volkswirtschaftliche Güterangebot. Auch ein antizipiertes höheres Arbeitslosengeld senkt Output und Beschäftigung. In Übereinstimmung mit dem keynesianischen Ansatz senken antizipierte höhere Steuer- und Abgabensätze Output und Beschäftigung.

Bemerkenswert sind die positiven Einflüsse von Überraschungen: Nicht nur ein unerwartet höheres inländisches Preisniveau (ein unerwartet niedrigerer Reallohn), sondern auch unerwartet hohe Weltmarktpreise (unerwartet niedrigere reale Energiekosten) wirken belebend auf Einkommen und Beschäftigung.

V.4.2   Staatliche Wachstumsförderung und Verteilungspolitik

Wie wir bereits an anderer Stelle gesehen haben, besteht ein wesentliches Ziel der Wachstumspolitik darin, Menge und Qualität der verfügbaren Produktionsfaktoren zu steigern und den technischen Fortschritt zu fördern. Außerdem haben wir auf die wachstumspolitische Bedeutung von Infrastrukturinvestitionen hingewiesen. Mit den nachfolgenden Ausführungen soll ein Überblick über einige Ansatzpunkte einer wachstumsorientierten Finanzpolitik gegeben werden.

Sicherlich bedarf es keiner näheren Erläuterungen, dass über entsprechende steuerliche Anreize die Zahl der Arbeitskräfte – entweder über eine Erhöhung der Erwerbsquote oder über die Zuwanderung ausländischer Arbeitskräfte – bei Bedarf gesteigert werden kann. Ein Beispiel hierfür ist die Anhebung der Grenze für steuerfreie Beschäftigungen.

Wichtiger für den Wachstumsprozess dürften jedoch Maßnahmen sein, die auf eine schnelle Überwindung struktureller Arbeitslosigkeit abzielen. Um Arbeitskräfte, die in schrumpfenden Branchen oder Sektoren freigesetzt werden, in aufstrebende Wirtschaftszweige zu integrieren, sind Maßnahmen gefordert, welche die Mobilität erhöhen, das heißt Maßnahmen, die darauf hinwirken, dass die Arbeitskräfte auch in neuen Tätigkeitsfeldern und in anderen Regionen zu arbeiten bereit und in der Lage sind. Eine Förderung kann etwa durch die Finanzierung entsprechender Umschulungsmaßnahmen oder durch Umzugsbeihilfen erfolgen.

Ein Zielkonflikt zwischen Wachstums- und Verteilungspolitik könnte in der Progression der Einkommensteuer zu sehen sein. Denn während unter verteilungspolitischen Gesichtspunkten eine starke Progression gegebenenfalls erwünscht ist, bestehen hingegen aus wachstumspolitischer Sicht Bedenken. Mit zunehmender Progression der Einkommensteuer muss nämlich damit gerechnet werden, dass aufgrund zu geringer Anreize das Arbeitsangebot respektive die Leistungsmotivation zurückgehen. So gesehen ist die Finanzpolitik aus wachstumspolitischen Überlegungen heraus gehalten, einer Beeinträchtigung durch eine zu hohe Progression entgegenzuwirken.

Neben dem quantitativen Arbeitsangebot ist die Qualität des Produktionsfaktors Arbeit von Bedeutung. Damit angesprochen ist vor allem der Bereich der Aus- und Weiterbildung, der insbesondere durch entsprechende Ausgaben für die Infrastruktur, zum Beispiel für Universitäten, gefördert werden kann. Aber auch Maßnahmen wie das Bafög oder entsprechende Kinderfreibeträge für Studenten sind hier zu nennen.

Um die Investitionstätigkeit und damit das Wachstum des Kapitalstocks zu fördern, bedarf es vor allem günstiger Rahmenbedingungen. Diese wurden in

Deutschland in der jüngeren Vergangenheit etwa durch die Abschaffung der Gewerbekapitalsteuer deutlich verbessert. Die Finanzpolitik hat die Möglichkeit, durch eine sehr maßvolle Ertragsbesteuerung der Unternehmen, über entsprechende Steuervergünstigungen – etwa Abschreibungserleichterungen oder Investitionsprämien – stimulierend zu wirken. Auch die Gewährung öffentlicher Darlehen oder Bürgschaften kann hilfreich sein. Gleiches gilt für eine Beteiligung des Staates am Risiko der Investitionen, indem ein entsprechender Verlustvor- beziehungsweise -rücktrag in Perioden mit Gewinnerzielung eingeräumt wird. Parallel zu den vorgenannten Maßnahmen kommt einer Förderung der Ersparnisbildung eine wichtige Rolle zu (z. B. 5. Vermögensbildungsgesetz).

Dass mit einer Förderung der Investitionstätigkeit zugleich die Einführung des technischen Fortschritts erleichtert wird, ist unmittelbar einsichtig, da neue Produkte oder neue Produktionsverfahren meistens nur mit neuen Maschinen beziehungsweise neuen Produktionsanlagen realisierbar sind. Darüber hinaus kann der Staat durch eigene Forschung, vor allem im Grundlagenbereich, sowie durch eine staatliche Förderung der eher anwendungsorientierten privaten Forschungs- und Entwicklungsaktivitäten direkt auf den technischen Fortschritt Einfluss nehmen. Ferner zu nennen sind in diesem Zusammenhang Investitionen in Bildungs- und Forschungseinrichtungen sowie die laufende Finanzierung entsprechender Ausgaben für das in diesen Einrichtungen tätige Personal.

Schließlich kann das Wachstum speziell durch solche Investitionen, zum Beispiel in den Verkehrs- oder Energiebereich, gefördert werden, die in einem komplementären Verhältnis zu den privaten Investitionen stehen und diese ergänzen, das heißt deren Produktivität erhöhen.

Betrachten wir als letztes die Möglichkeiten der Finanzpolitik, die Einkommens- und Vermögensverteilung in eine gewünschte Richtung zu beeinflussen. Bereits ausführlich diskutiert wurde die progressive Ausgestaltung der Einkommensteuer, die als Kernstück einer verteilungspolitisch orientierten Finanzpolitik anzusehen ist. Allerdings wird die nivellierende Wirkung der progressiven Einkommensteuer zum Teil durch die Mehrwertsteuer und die speziellen Verbrauchsteuern konterkariert. Denn die Konsumquote von Beziehern niedriger Einkommen ist deutlich höher als die der besser verdienenden Bevölkerungsteile, so dass die geringeren Einkommen einer prozentual gesehen stärkeren Belastung unterliegen. Andererseits wird die progressive Einkommensteuer jedoch durch spezielle Unterstützungszahlungen, zum Beispiel durch Sozialhilfe (bzw. Arbeitslosengeld II/Hartz IV), Wohngeld oder Bafög, die wiederum auf eine Verringerung der Einkommensdifferenzen abzielen, ergänzt. Gleiches gilt im Übrigen für die in der Regel kostenlose Bereitstellung einer großen Anzahl von Kollektivgütern, die von der Leistungsseite her für eine größere Gleichheit sorgen. Allerdings wirkt beispielsweise eine Subventionierung des Theater- oder Opernbesuches deutlich regressiv, wenn man berücksichtigt, welche (nämlich die „besserverdienenden") Bevölkerungsteile vorwiegend auf dieses Angebot zurückgreifen. Schließlich ist auf die

Erbschaftssteuer hinzuweisen, die zumindest innerhalb gewisser Grenzen auf eine Nivellierung der Vermögensverteilung zugunsten der weniger Vermögenden hinwirkt.

Ein durch den Prozess der Globalisierung zunehmend wichtiger gewordener Aspekt betrifft den weitgehend immobilen Produktionsfaktor „gering qualifizierter Arbeit". Dessen Reichlichkeit hat etwa durch die Integration Chinas und der ehemaligen sozialistischen Planwirtschaften in Mittel- und Osteuropa in die Weltwirtschaft absolut und relativ zugenommen, was für seine Entlohnung nicht ohne Konsequenz geblieben ist: Viele nennen ihn daher den Verlierer der Globalisierung, während der (weitgehend mobile) Produktionsfaktor Kapital als Gewinner gilt. Wie können Arbeitnehmer, die heute gering qualifizierte Arbeit anbieten, am Gewinn der Globalisierung partizipieren? Dafür kommen wohl vor allem folgende drei Wege in Frage: Zum einen durch Weiter- und Höherqualifikation, also den Erwerb von Humankapital. Zum zweiten durch Beteiligung am Produktivvermögen der Volkswirtschaft, also den Erwerb von physischem Kapital. Schließlich durch vermehrte eigene Spartätigkeit der Arbeitsnehmer und diversifizierte Anlage der Ersparnisse in einem Portfolio, also durch Erwerb von Finanzkapital.

Durch diese Strategien wird sowohl dem Wachstums- als auch dem Verteilungsziel gedient; dem Verteilungsziel, weil sich die Schiefe bzw. Streuung der Einkommensverteilung bei einer Optimierung von Aus- und Weiterbildung der Tendenz nach im Wesentlichen auf die Ungleichheit der Begabungen und Talente reduziert. Dem Wachstumsziel, weil eine Optimierung von Aus- und Weiterbildung das Produktivitätspotential einer Volkswirtschaft ausschöpft.

Die Beteiligung am Produktivvermögen wird häufig durch eine Aufsplittung der Lohnzahlungen in Bar- und Investivlohn organisiert. Die reduzierten Lohnauszahlungen verbessern die Wettbewerbsfähigkeit der Unternehmen und tragen insoweit zum Unternehmenswachstum bei. Andererseits verschaffen Investivlöhne den Arbeitnehmern Ansprüche auf das Eigenkapital und sorgen für eine größere Streuung im Unternehmensbesitz. Ein erhöhtes Sparen der Arbeitnehmer begünstigt einerseits die Kapitalakkumulation, wirkt zum anderen aber dämpfend auf das Gewinneinkommen und damit egalisierend auf die Verteilung. Denn für die Gesamtnachfrage (ohne Staat) gilt:

$$Y^N = C + I \,.$$

Das Einkommen wird zugleich auf Löhne (L) und Gewinne (G) aufgeteilt:

$$Y^N = L + G \,.$$

Einsetzen der ersten in die zweite Zeile und Auflösen der Gleichung nach den Gewinnen ergibt (bei Berücksichtigung der gruppenspezifischen Konsum- und Sparströme):

$$G = C + I - L = C^A + C^G + I - C^A - S^A = I + C^G - S^A .$$

Schließlich führt eine Diversifizierung der Ersparnisse im Wege des Erwerbs von Finanzkapital zu einer geringeren Streuung des Geldkapitals, aber auch zu einer Verbesserung in der Effizienz der Kapitalallokation.

Quellen und Literaturempfehlungen

Alexander, V. (1985): Die Rolle der Fiskalpolitik in makroökonomischen Gleichgewichtsmodellen mit rationalen Erwartungen, in: Milde, H./Monissen, H.G. (Hrsg.): Rationale Wirtschaftspolitik in komplexen Gesellschaften. Stuttgart: Kohlhammer, S.165–174.

Alexander, V. (1990): Fiscal Policy and Potential Output in a Model with Rational Expectations, in: Weltwirtschaftliches Archiv 126 (1990), Heft 3, S. 432–455.

Apolte,, T. (1995): Die Theorie der Clubgüter, in: WiSt, Heft 12, Dezember, S. 610-616.

Baßeler, U./Heinrich, J./Koch, W.A. (1995): Grundlagen und Probleme der Volkswirtschaft, 14. Aufl., Stuttgart: Schäffer-Poeschel.

Baßeler, U./Heinrich, J./Utecht, B. (2002): Grundlagen und Probleme der Volkswirtschaft, 17. Aufl., Stuttgart: Schäffer-Poeschel.

Berg, H./Cassel, D./Hartwig, K.-H. (2003): Theorie der Wirtschaftspolitik, in: Bender, D. et al. (Hrsg.): Vahlens Kompendium der Wirtschaftstheorie und Wirtschaftspolitik, Bd. 2, 8. Aufl., München: Vahlen, S. 171–298.

Blümle, G./Sell, F. L. (1998): A Positive Theory of Optimal Personal Income Distribution and Growth, in: Atlantic Economic Journal 26 (1998), Heft 4, S. 331–352.

Blümle, G. (2005): Wirtschaftswissenschaftliches Stichwort: Monopol, Skalenerträge und natürliche Monopole. Mimeo, Freiburg.

Blümle, G. (2005a): Verteilungstheorie und Verteilungspolitik. Mimeo, Freiburg.

Blümle, G. (2005b): Theorie der öffentlichen Güter. Mimeo, Freiburg.

Blum, U. (2003): Volkswirtschaftslehre, 4. Aufl., München u. a.: Oldenbourg.

Bundesministerium der Finanzen (2002): Gesetz über den Finanzausgleich zwischen Bund und Ländern (Finanzausgleichsgesetz – FAG), Berlin.

Bundesministerium der Finanzen (2006): Bund-Länder-Finanzbeziehungen auf der Grundlage der geltenden Finanzverfassungsordnung, Ausgabe 2005, Berlin.

Bundesministerium der Finanzen (2006a): Monatsberichte, verschiedene Ausgaben, Berlin.

Bundesministerium der Finanzen (2006b): Kassenmäßige Steuereinnahmen nach Steuerarten in den Kalenderjahren 2002-2005, Internetversion: http://www.bundesfinanzministerium.de/cln_06/nn_4158/DE/Steuern/Steuerschaetzung __einnahmen/Steuereinnahmen/001.html, 7.12.2006.

De Haan, J. et al. (2003): The End of the Stability and Growth Pact?, CESifo Working Paper Nr. 1093, München: CESifo.

Deutsche Bundesbank (2006): Monatsberichte, verschiedene Ausgaben, Frankfurt a. M.

Europäische Zentralbank (2006): Monatsberichte, verschiedene Ausgaben, Frankfurt a. M.

Financial Times Deutschland (2006, 2007). Verschiedene Ausgaben, Hamburg und Berlin.

496   V Finanzwissenschaft

Grossekettler, H. (1999): Öffentliche Finanzen, in: Bender, D. et al. (Hrsg.): Vahlens Kompendium der Wirtschaftstheorie und Wirtschaftspolitik, Bd. 1, 7. Aufl., München: Vahlen, S. 519–672.

Herz, D. (1998): Währungspolitik, Bayerische Landeszentrale für politische Bildungsarbeit, München.

Peffekoven, R. (1992): Öffentliche Finanzen, in: Bender, D. et al. (Hrsg.): Vahlens Kompendium der Wirtschaftstheorie und Wirtschaftspolitik, Bd. 1, 5. Aufl., München: Vahlen, S. 479–560.

Petersen, H. G. (1993): Finanzwissenschaft I, 3. Aufl., Stuttgart u. a.: Kohlhammer.

Sell, F.L. (1998): Zu den Wirkungen des Stabilitätspaktes in der Europäischen Währungsunion, in: Ifo-Studien 44 (1998), Heft 3, S. 233–266.

Sell, F.L. (2001): Should the European Growth and Stability Pact be Relaxed? The European Stability Pact Under Scrutiny, in: Intereconomics 36, Heft 6, S. 286–288.

Sell, F.L. (2003):, Fiskalpolitik in der Währungsunion: Erste Erfahrungen mit dem Europäischen Stabilitäts- und Wachstumspakt, in: Nitz, S.(Hrsg.), Theoretische und wirtschaftspolitische Aspekte der internationalen Integration, Berlin: Duncker & Humblot S. 69–88.

Sell, F.L. (2004): Die Stabilitätsprogramme der EU: Anspruch und Wirklichkeit, in: Wirtschaftsdienst 84 (2004), Heft 5, S. 331–340.

Sell, F.L. (2007): Aktuelle Probleme der Europäischen Wirtschaftspolitik. 2., stark erweiterte Auflage. Lucius & Lucius, Stuttgart.

Spermann, A. (1995): Finanzwissenschaft, in: Blümle, G./Francke, H.-H. (Hrsg.): Kompendium der Verwaltungs- und Wirtschaftsakademie Freiburg – Bd. 1: Volkswirtschaftslehre, 1., Aufl., Freiburg i. Br.: Rombach, S. 359–390.

Statistisches Bundesamt (2006): Einnahmen und Ausgaben des Staates in der Abgrenzung des ESVG 95,
Internetversion: http://www.destatis.de/basis/d/vgr/vgrtab11.php, 7.12.2006.

Statistisches Bundesamt (2006a): Finanzen und Steuern: Schulden er öffentlichen Haushalte, Fachserie 14, Reihe 5, Ausgabe 2005, Wiesbaden.

Statistisches Bundesamt (2006b): Pressemitteilungen vom 22. Februar 2005 und 22. Februar 2006 zur Maastricht-Defizitquote, Internetversion:
http://www.destatis.de/presse/deutsch/pm2005/p0750121.htm,
http://www.destatis.de/presse/deutsch/pm2006/p0730121.htm, 7.12.2006.

Wellisch, D. (2000): Finanzwissenschaft I: Rechtfertigung der Staatstätigkeit, München: Vahlen.

Sachwortverzeichnis

 Springer   springer.de

Ökonomie des Sozialstaats

F. Breyer, Universität Konstanz; **W. Buchholz**, Universität Regensburg

In Deutschland werden mehr als 30 Prozent des Sozialprodukts für Soziales ausgegeben. In diesem Buch werden einerseits normative Begründungen sowohl für staatliche Umverteilungsmaßnahmen als auch für die Existenz einer Sozialversicherung mit Zwangsmitgliedschaft mit den Methoden der neoklassischen Wirtschaftstheorie unter Gerechtigkeits- und Effizienzkriterien diskutiert. Zum anderen werden die Elemente des Systems der Sozialen Sicherung systematisch auf ihre Wirkungen hin untersucht und alternative Gestaltungsformen verglichen. Schließlich wird untersucht, wie der Sozialstaat reformiert werden kann.

2007. XII, 327 S. 59 Abb. Brosch.
ISBN 978-3-540-40939-7 ► € (D) 29,95 | € (A) 30,80 | sFr 46,00

Lehrbuch der Sozialpolitik

H. Lampert, Universität Augsburg; **J. Althammer**, Ruhr-Universität Bochum

Das Buch bietet einen von den Rezensenten anerkannten kompetenten Überblick über Geschichte, Theorie, Handlungsfelder und Reformprobleme der staatlichen Sozialpolitik. Durch zahlreiche Tabellen, Schaubilder, Übersichten, Literaturhinweise und ein ausführliches Sachregister trägt es ebenso wie durch seine allgemeinverständliche Darstellung didaktischen Erfordernissen Rechnung. Das Buch ist ein Standardwerk. Die achte Auflage berücksichtigt alle Neuregelungen der letzten Jahre und beschreibt damit den neuesten Stand des Gebiets.

8., überarb. u. vollst. aktualisierte Aufl. 2007. XXVI, 590 S. 13 Abb. Brosch.
ISBN 978-3-540-70911-4 ► € (D) 32,95 | € (A) 33,88 | sFr 50,50

Empirische Wirtschaftsforschung und Ökonometrie

P. Winker, Universität Gießen

Praktische Anwendung und wissenschaftliche Analyse in den Wirtschaftswissenschaften basieren zunehmend auf dem Einsatz empirischer Methoden. Dieses Buch führt Studierende der Wirtschaftswissenschaften und benachbarter Fächer in die Methoden der angewandten Wirtschaftsforschung und Ökonometrie ein. Inhaltlich umfasst das Buch die Bereiche Daten (Grundlage und Aufbereitung), Wirtschaftsindikatoren, Input-Output-Analyse, ökonometrische Verfahren, Trend- und Saisonbereinigung sowie Simulation und Prognose. Dabei wird ein enger Bezug zu praktischen Anwendungen und ein intuitiver Zugang angestrebt, ohne auf eine formale Darstellung der Methoden zu verzichten.

2. vollständig überarb. Aufl. 2007. XIII, 334 S. 99 Abb. Brosch.
ISBN 978-3-540-36778-9 ► € (D) 24,95 | € (A) 25,65 | sFr 38,50

Arbeitsmarktökonomik

W. Franz, Zentrum für Europäische Wirtschaftsforschung (ZEW), Mannheim

Dieses Buch bietet die für den deutschsprachigen Raum umfassendste Darstellung des Arbeitsmarktgeschehens. Ein besonderes Gewicht liegt auf der engen Verzahnung von theoretischen mit empirischen Analysen unter Berücksichtigung des institutionellen Regelwerkes auf dem Arbeitsmarkt und verbunden mit wirtschafts-, insbesondere arbeitsmarktpolitischen Handlungsalternativen. Das Problem der Arbeitslosigkeit und ihre Bekämpfung nimmt hierbei einen besonders breiten Raum ein. Zahlreiche „Fallbeispiele" stellen Bezüge zu aktuellen Entwicklungen her.

6., vollst. überarb. Aufl. 2006. XVI, 491 S. 36 Abb. Brosch.
ISBN 978-3-540-32337-2 ► € (D) 29,95 | € (A) 30,80 | sFr 46,00

Bei Fragen oder Bestellung wenden Sie sich bitte an ► Springer Distribution Center GmbH, Haberstr. 7, 69126 Heidelberg ► **Telefon:** +49 (0) 6221-345-4301
► **Fax:** +49 (0) 6221-345-4229 ► **Email:** SDC-bookorder@springer.com ► € (D) sind gebundene Ladenpreise in Deutschland und enthalten 7% MwSt;
€ (A) sind gebundene Ladenpreise in Österreich und enthalten 10% MwSt. ► Preisänderungen und Irrtümer vorbehalten. ► Springer-Verlag GmbH,
Handelsregistersitz: Berlin-Charlottenburg, HR B 91022. Geschäftsführer: Haank, Mos, Gebauer, Hendriks

012995x

Volkswirtschaftslehre 1

Grundlagen

W. Lachmann, Universität Erlangen-Nürnberg, Nürnberg

Die Grundlagen der Volkswirtschaftslehre werden in vier Bereichen dargestellt. Im ersten Teil geht es um die Einordnung der Volkswirtschaftslehre, um ordnungspolitische, wirtschaftsethische und dogmengeschichtliche Fragen. In einem zweiten Teil wird das mikroökonomische und in einem dritten Teil das makroökonomische Grundgerüst dargestellt, wobei auch Fragen der Verteilung und der Wachstumstheorie angesprochen werden. Im vierten Teil geht es um die Anwendung der Wirtschaftstheorie auf wirtschaftspolitische Fragestellungen.

5., überarb. u. erw. Aufl. 2006. XIV, 344 S. 94 Abb. Brosch.
ISBN 978-3-540-30086-1 ► € (D) 24,95 | € (A) 25,65 | sFr 38,50

Mikroökonomik

Eine Einführung

F. Breyer, Universität Konstanz

Gegenstand des Buches ist die Erklärung des Angebots- und Nachfrageverhaltens von Haushalten und Unternehmungen und ihr Zusammenwirken auf Güter- und Faktormärkten. Zentrales Analysekonzept ist dabei das (allgemeine) Gleichgewicht. Das Buch macht von der algebraischen Methode rigoros Gebrauch. Es werden auch moderne dualitätstheoretische Konzepte verwendet: das Envelope-Theorem und die Optimalwertfunktionen (Kosten- und Gewinnfunktion, indirekte Nutzen- und Ausgabenfunktion). Die Studierenden erhalten mit diesem Lehrbuch einen kompakten Überblick über das mikroökonomische Instrumentarium.

3., verb. Aufl. 2007. XII, 215 S. 85 Abb. Brosch.
ISBN 978-3-540-69230-0 ► € (D) 17,95 | € (A) 18,46 | sFr 27,50

Grundzüge der mikroökonomischen Theorie

J. Schumann, Universität Münster; **U. Meyer**, Universität Bamberg; **W. J. Ströbele**, Universität Münster

Ein Muss für Studenten der VWL und BWL: Mit diesem Buch verstehen und erlernen sie wie Marktwirtschaft funktioniert. Auf die Entscheidungen von Haushalten und Unternehmen bauen hier die Theorien der marktlichen Koordination bei (un)vollständiger Konkurrenz auf. Die Autoren beziehen auch die Märkte für Produktionsfaktoren und erschöpfbare Ressourcen mit ein. Besonderes Gewicht legen sie auf neuere Entwicklungen und Erweiterungen wie z.B. Unsicherheit und Risiko mit Anwendungen auf Versicherungsmärkte, unvollständige Information und "neue Mikroökonomik", asymmetrische Information von Prinzipal und Agent.

8., überarb. Aufl. 2007. XVIII, 542 S. 223 Abb. Brosch.
ISBN 978-3-540-70925-1 ► € (D) 24,95 | € (A) 25,65 | sFr 38,50

Einführung in die Mikroökonomik

Gütermärkte, Faktormärkte und die Rolle des Staates

B. Woeckener, Universität Stuttgart

Das Lehrbuch führt systematisch in die Grundlagen der Mikroökonomik ein. Es behandelt die Entscheidungen von Unternehmen und privaten Haushalten auf Güter- und Faktormärkten sowie die Marktgleichgewichte, die aus der Wechselwirkung beider Seiten entstehen. Ausführlich betrachtet wird die Rolle des Staates in der Marktwirtschaft: Der Staat muss einen freien Marktzutritt garantieren und marktkonforme Instrumente bei der Einkommensumverteilung und bei der Internalisierung externer Effekte wählen.

2006. XII, 261 S. 113 Abb. (Springer-Lehrbuch) Brosch.
ISBN 978-3-540-30596-5 ► € (D) 22,95 | € (A) 23,60 | sFr 35,50

Bei Fragen oder Bestellung wenden Sie sich bitte an ► Springer Distribution Center GmbH, Haberstr. 7, 69126 Heidelberg ► **Telefon:** +49 (0) 6221-345-4301
► **Fax:** +49 (0) 6221-345-4229 ► **Email:** SDC-bookorder@springer.com ► € (D) sind gebundene Ladenpreise in Deutschland und enthalten 7% MwSt;
€ (A) sind gebundene Ladenpreise in Österreich und enthalten 10% MwSt. ► Preisänderungen und Irrtümer vorbehalten. ► Springer-Verlag GmbH,
Handelsregistersitz: Berlin-Charlottenburg, HR B 91022. Geschäftsführer: Haank, Mos, Gebauer, Hendriks

012993x